全国高等院校古籍整理研究工作委员会"九五"规划立项项目

国家社科基金项目03BZS008

国家社科基金滚动资助项目2012（31）BZS008

参加本课题初期资料搜集工作成员：

龚延明　浙江大学古籍研究所原所长、教授，现任浙江大学宋学研究中心学术委员会主任

薛亚军　浙江大学古籍研究所博士毕业，现任浙江理工大学非遗研究所所长、教授

金滢坤　浙江大学古籍研究所博士毕业、现任北京师范大学历史学院教授

国家古籍整理出版专项经费资助项目
广西古籍工作规划项目

———

中国历代登科总录
龚延明　主编

隋唐五代登科总录

龚延明　金滢坤　许友根　编著

1

GUANGXI NORMAL UNIVERSITY PRESS
广西师范大学出版社
·桂林·

隋唐五代登科总录

SUI TANG WUDAI DENGKE ZONGLU

出版统筹：刘隆进
项目组长：梁鑫磊 邹旭勇
责任编辑：
   第一册 尤晓澍 梁鑫磊 周廉承 曾 翔
   第二册 邹旭勇 梁嗣辰 韦南山 王佳睿
   第三册 郭春艳 楼晓瑜 郭展炜 黎永娥
   第四册 王 专 黄安然 黄丽艳 倪小捷
助理编辑：黄晓坚 杨俊毅
装帧设计：徐俊霞 俸萍利［广大迅风艺术］
责任技编：伍先林

图书在版编目（CIP）数据

隋唐五代登科总录：全4册 / 龚延明，金滢坤，许友根
编著. -- 桂林：广西师范大学出版社，2024.3
  （中国历代登科总录 / 龚延明 主编）
  ISBN 978-7-5598-6793-3

  Ⅰ. ①隋… Ⅱ. ①龚… ②金… ③许… Ⅲ. ①科举考试－
人名录－中国－隋唐时代②科举考试－人名录－中国－五代十
国时期 Ⅳ. ①K827=4

  中国国家版本馆CIP数据核字（2024）第034642号

广西师范大学出版社出版发行
（广西桂林市五里店路9号 邮政编码：541004 ）
（网址：http://www.bbtpress.com）
出版人：黄轩庄
全国新华书店经销
广西广大印务有限责任公司印刷
（桂林市临桂区秧塘工业园西城大道北侧广西师范大学出版社
集团有限公司创意产业园内 邮政编码：541199）
开本：787 mm×1 092 mm 1/16
印张：109.5 字数：2 200 千
2024年3月第1版 2024年3月第1次印刷
定价：1280.00元（全4册）

如发现印装质量问题，影响阅读，请与出版社发行部门联系调换。

总　序

寒暑二十载，重拾千秋科举人物
——《中国历代登科总录》总序

龚延明

　　亘古至今，中国历史上没有一种官吏铨选制度，延续时间之漫长、在国内外影响之巨大，能与科举制度相比。科举取士制度，自隋至清，行用了一千三百年之久，承担起为中国官僚政府源源不断输送管理人才的使命与责任。皇帝与士大夫"共治天下"①，是科举制持续推行的动力；"无情如造化，至公如权衡"②，是科举制能成为中国古代社会唯一不可取代的铨选制度的根本；以儒家"斯文"作为取士标准，应举者慨然以从政、治国、平天下为己任，科举登第成为中国古代知识分子励志的目标。中国科举又是世界文明的一个辐射源，其影响力扩及东亚和西方。可以说，中国科举制，是君主维护和强化中央集权、治理大国的利器，具有塑造中国古代知识分子立身治国形象、打造中国大一统和合文化形态、构建东亚儒家文化圈与催生现代西方文官制度的普世价值。

　　唯其如此，唐代后期社会动荡、战乱不止，科举考试没有中止。五代军阀争斗不息，政权更迭如走马灯，科举考试没有间断。两宋三百年间，宋辽、宋金、宋蒙战争，未曾打断三年一举的科举考试；南宋高宗在自家性命难保的险境下，宁可下放

---

　　① 《邓广铭全集》第五卷邓广铭点校《陈亮集》(增订本)附录《建康军节度判官陈亮诰》，河北教育出版社，2005 年，第418页。

　　② 宋欧阳修《欧阳修全集·奏议集》卷一七《论逐路取人札子》，中华书局，2001 年，第 1716 页。

到地方进行类省试,也未曾中断三年一次的科举考试;度宗咸淳十年(1274),南宋临近灭亡,还进行了最后一次科举考试。辽、西夏、金、元朝虽为少数民族所建政权,无不实行过科举制度。清末,1900年,八国联军攻进北京,慈禧太后与光绪皇帝出逃,次年仍下令补考乡试和会试。科举与国运相联,成为中国封建社会皇帝权力的象征之一,是国家机器正常运行的重要标志,是调节国家政策的杠杆,是士大夫梦想所寄,是凝聚民心的纽带。科举对中国古代社会政治、军事、教育、文化、经济、风俗、人心之影响,无与伦比,至今在海内外犹不绝余响。自宋以后,中国社会是科举社会。科举出身的精英人物,曾经是唐宋以下中国社会各个领域活动的主角。研究中国古代社会,离不开科举研究,否则绝不可能完整认识中国古代社会的政治与文化。

中国科举不仅在中国。日本最先仿行中国科举考试制度,时间在公元7—8世纪。[①]《日本诗纪》中载有《贺诸进士及第》,其中《贺野达》诗云:"登科二字值千金,孝养何愁无斗储?"[②]可见日本科举及第即授官,所得俸禄可供养父母。朝鲜是海外实行科举制时间最长的国家。从公元958年起至1894年止,实行了936年。[③]其制既学习唐宋,又有自己的创造。奉使到过高丽国的宋使者徐兢在其名著《宣和奉使高丽图经》中说:"若夫其国取士之制,虽规范本朝,而承闻循旧,不能无小异。"[④]科举制在朝鲜影响之大,仿佛中国,至视为"我国公道,唯在科举"[⑤]。越南推行科举制长达844年(1075—1919),仅次于朝鲜,然其废罢科举时间比中国还要晚14年。科举取士,在越南具有权威性和实用性,被视为"科举抡才,实关盛典"[⑥]。科举制在周边国家的传播,为构建儒家文化圈发挥了巨大的作用,其功至伟。

中国科举考试的先进文化,为西方欧美国家所学习、所效仿。西方人把中国科举考试,与中国四大发明相比。英国人罗伯特·英格尔斯评论英国东印度公司采用了中国科举考试的竞争原则时说:"这种中国人的发明创造在印度充分发展,预示着或许将来有一天,它会像火药、印刷术一样,在国家制度,甚至是欧洲的国家制度中,引起一次伟大变革。"事实正是如此:英格尔斯当时的预言并没有错,东印度公司实行的文官考选制度为英国文官制度的建立积累了经验、开辟了道路,考试选才机制像一桶火药轰开了政党分肥制的大门,科举制最终通过英国对世界

---

① 关于科举考试制度传入日本的史实,可详参高明士《隋唐贡举制度对日本的影响》,见氏著《隋唐贡举制度》第七章,台北文津出版社,1999年,第376—398页。[日]《朝野群载》卷一三《纪传》上:"《登科记》云:神龟五年戊辰,始行进士试。"
② 萧瑞峰《日本有没有实行过科举制度——读日本汉诗献疑》,《文史知识》1995年第7期。
③ 刘海峰《中国科举文化》四《科举文化的影响》之二《朝鲜科举的模仿与创造》,辽宁教育出版社,2010年,第368页。
④ 宋徐兢《宣和奉使高丽图经》卷四〇《同文·儒学》。
⑤ [韩]《增补文献备考》卷一八七《选举考·科制》。
⑥ [越]《大南实录正编》第二纪卷一八九,明命十九年二月。

各国的文官制度产生了重大而深远的影响。① 美国学者罗纳德认为:"中国的科举制度,随着时间的推移得到传播,并成为世界其他国家实施和发展行政精英制度的基础。毫无疑问,美国公务员竞争考试的特点主要受英国的影响,而英国的公务员制度来源于中国。"②美国学者顾立雅明确肯定了中国科举考试制度在建立现代世界文官制度中的重要作用,指出"这是中国对世界的最大贡献"③。因此,刘海峰教授顺理成章地提出:科举制是中国的"第五大发明"。科举制成为一个推动世界文明发展的重要动力。

然而,科举制的公平竞争原则,由于权势、复杂的社会关系和人的私心交织干预而受到破坏,加上传统保守的考试内容趋于僵化,科举制施行千年之后,已跟不上社会进步的潮流,其弊病日益凸显,批评之议蜂起,终于在清光绪三十一年八月初四(1905年9月2日),为清政府所废除。此举成为"数千年之中莫大之举"。中国又走上了摸索、重建适应现代国家机器运转的人才培养选拔机制的漫长道路。其影响之广之深,难以尽言。风俗人心之茫然失落,价值观的转变,儒学地位的动摇,教育文化之破旧立新,士人阶层的分化,中国在废弃科举制后,经历着空前的思想观念、价值体系与文化教育大变革。

科举制废除百年以来,人们在不断反思,对科举制的评价渐渐变得客观和富于理性。站在21世纪时间的高峰,回眸已经渐行渐远的十三个世纪的科举岁月,人们越来越认识到科举制是一份值得人类总结的制度文化遗产。海内外无数学者对中国科举历史进行了深入的研究,科举研究论著成千上万,加深了对科举制得失的科学认识。研究中国科举史一个多世纪了,《中国科举史》已出版了好多部,科举研究已形成了"科举学",成了一门显学。然而遗憾的是,迄今为止,还没有撰编过一部断代《登科总录》,未能提供一份比较完整的历代登科名录及登科人的生平资料,也就是说,连有多少人登科的"家底"都未摸清,中国科举史研究能说充分建立在科学的基础上吗? 我在考虑要把这件具有重大意义的工作做起来。

1996年,我时任杭州大学古籍研究所所长。由我牵头,提出《中国历代登科总录》课题,向全国高等院校古籍整理研究工作委员会申请立项。是年10月,该课题立项获得批准。2003年,《中国历代登科总录》批准列入国家社科基金项目。2012年,国家哲学社会科学规划办组织专家,对全国重大项目进行中期评估,《中国历代登科总录》列为评估对象之一。经过严格评审,本课题获得高度评价,9月

① 刘海峰《中国科举文化》四《科举文化的影响》之一《科举制有如四大发明》,辽宁教育出版社,2010年,第409页。

② Leonard S. Hsu, *Sun Yat-sen:His Political and Social Ideals*. University Park, Los Angeles:University of South Califonia Press, 1933.

③ H. G. Creel, *The Beginnings of Bureaucracy in China:The Origin of the Hsien*, Journal of Asia Studies, Vol.23, Feb, 1964, p.183.

3 日得到全国哲学社会科学规划办公室《关于国家社会科学基金滚动资助的通知》(社科规划办通字〔2012〕31 号),特批准予以滚动资助,并同意延长到 2017 年完成。

本课题《中国历代登科总录》,旨在担当起为中国科举史研究打下基础的艰巨任务。如果把整个中国科举史研究比作一座大楼的话,那么,《中国历代登科总录》就是这座大楼的坚实地基。显然,《中国历代登科总录》的撰编与出版,将为科举史研究提供最基础的科举人物数据库和资料,有了它,历代登科科目及其登科人数的变化、进士的地理分布、科举与地域经济、科举与地方文化教育等研究就得以铺开。因此,《中国历代登科总录》的推出,具有填补空白的学术意义。

《中国历代登科总录》体例,统一要求每一登科人都需要有一小传,包括其姓名、字号、籍贯、登科年、登科科目、初授官、经历官、最高官或终任官,并需要一一书证支撑。故尔,本课题是一项前人未曾做过的全新的工作。

《中国历代登科总录》分五大卷:

一、《隋唐五代登科总录》(220 万字)

中国科举制度起源于隋。[①] 唐代科举走向定型。据统计,唐代举行过 268 榜,共录取秀才、进士、明经、孝廉、制举等约 10200 人;五代举行过 47 榜,约取进士等1500 人。唐代科举有清徐松《登科记考》可资参考。然《登科记考》所利用的文献局限性较大,后人不断予以补正。光订补专著就有三部:孟二冬《登科记考补正》(三册)、许友根《〈登科记考补正〉考补》、王洪军《登科记考再补正》。其他学者订补,如陈尚君《〈登科记考〉正补》、张忱石《唐代登科人名录拾遗》、胡可先《徐松〈登科记考〉补正》等等,不胜枚举。这为做《隋唐五代登科总录》提供了较好的基础。我们所做的《隋唐五代登科总录》,根据《中国历代登科总录》统一体例进行,非止步于登科名录的搜集,需要在名录搜集的基础上,进而撰写登科人小传与提供书证。举例说明如下:

【李义琳】字叔璩。秦州成纪人。武德七年登进士第。释褐初授虞州桐乡县尉。仕至砀山县令。

吴钢主编《全唐文补遗》第五辑(624)《周故宋州砀山县令李府君神道铭并序》:"君讳义琳,字□处。陇西成纪人也。弱冠射策及第,解褐虞州桐乡县尉……累迁赵州赞皇、宋州砀山县令……享年八十有二,以垂拱二年十月三日,遘疾卒于怀州河内县之私第。"

---

① 邓嗣禹《中国科举制度起源考》:"科举之制,肇基于隋,确定于唐。"《史学年报》1934 年第 2 卷第 1 期。祖慧、龚延明《科举制定义再商榷》,《历史研究》2003 年第 6 期。

《隋唐五代墓志汇编·洛阳卷》第七册《李义琳及夫人魏氏合葬墓志》:"君讳义琳,字□□。陇西成纪人也……弱冠射策及第,解褐虞州桐乡县尉……春秋八十有二,以垂拱二年十月三日,遘疾卒于怀州河内县之私第。"

《洛阳新获墓志》四〇《唐故宋州砀山县令李府君神道铭并序》(长安二年六月五日):"君讳义琳,字叔璩,陇西成纪人也……弱冠射策及第,解褐虞州桐乡县尉……享年八十有二,以垂拱二年十月三日,遘疾卒于怀州河内县之私第。"

按:胡可先《徐松〈登科记考〉补正》、孟二冬《登科记考补正》均列李义琳于武德七年进士,以补徐松《登科记考》之阙。

二、《宋代登科总录》(1000 万字)

宋代没有断代《登科录》。做《宋代登科总录》是从零开始。

两宋共举行过 118 榜科举试,各种科目登第人共约有 11 万人。而完整保留下来仅两榜,一榜是《绍兴十八年同年小录》,计 330 人;一榜是《宝祐四年登科录》,计 601 名,合 931 人,不到总数的百分之一。其余 10 万多人,或已湮没,或散落在茫茫史籍之中,须从现存宋代典籍及后世相关史料中去寻觅,正如沙里淘金。经过课题组同人坐冷板凳,从宋代基本史籍、文集笔记、人物传记、方志、碑刻等大量文献资料中,终于搜集到 4 万登科人名录和有关资料。在掌握了 4 万登科人资料基础上,为每个登科人撰写一小传,包括姓名、字号、籍贯、登科年、登科科目、初授官、经历官、最高官或终任官等。小传之下,附有书证。书证通常列两条以上;如有疑窦处,则予以考证,力求无证不信,言必有据。

三、《辽金元登科总录》(约 220 万字)

辽代共举行过 55 榜科举考试,据张博泉统计,约录取进士 2211 人。金代科举榜次与录取人数,学界分歧较大,据薛瑞兆、张博泉统计,一为 6317 人,一为 6150 人,比较接近。元代科举试举行了 16 榜,据陈高华统计,共录取约 1200 人。(西夏实行科举 80 年,由于资料缺乏,具体榜次未详。)

辽金元三朝,除了元代原始登科录保存有《元统元年进士录》一种,再没有留下一榜《登科录》。这几个王朝的科举史料,相对较少。可喜的是,有关这几个朝代的文献汇编先后整理出版,如《全元文》《全辽金文》《全金诗》《元诗选》,以及相关石刻史料的出版,给搜集登科人资料带来了便利,科举研究成果,呈现日益发展的势头。辽代有高福顺《辽朝科举制度研究》,金代有薛瑞兆的《金代科举》(该书已考订出进士 1317 人)。相比较,元代科举研究比较深入,成果较多。如萧启庆《元代进士辑考》,陈高华《元泰定甲子科进士考》《两种〈三场文选〉中所见元代科举人物名录》,桂栖鹏《元代进士研究》和武汉大学余来明《元代进士题名征略》(见氏著《元代科举与文学》)。以上研究成果,可资《辽金元登科总录》利用。然因《中国历代登科总录》体例的统一要求,登科名录搜集是第一步,进一步则需要按小传的内容,扩大资料搜集范围,继而根据小传内容,一一附上书证。

四、《明代登科总录》(2000 万字)

众所周知,明代登科资料较为丰富。天一阁、北图、台湾等藏书单位尚保存有明代数十种《登科录》,并有《明代进士题名碑录》等原始资料,以及近人朱保炯等编的《明清进士题名碑录索引》,可作为研究基础和参考。但必须利用诸如天一阁藏《明代登科录》《会试录》等国内外现存的原始《登科录》《会试录》与人物总集、文集、笔记、碑传、方志等资料,工作量非常大。明代举行过 89 榜科举试,我们在《明清进士题名碑录索引》基础上,重新考订了明代进士总数,为 24595 人。[①] 2021年已出版,25 册、2000 万字。

五、《清代登科总录》(约 2000 万字)

清代举行过 112 榜科举试,其录取人数众说纷纭,如范金民说 26815 人,何炳棣说 26747 人,陈国生说 26393 人,吴建华说 26847 人,等等。在本课题前期资料搜集工作中,我们曾请两位博士生李润强(现为甘肃省委党校教授)、毛晓阳(现为闽江学院教授)专门就清代进士人数进行考订,李润强统计结果为 26848 人、毛晓阳为 26849 人,这与吴建华 26847 人非常接近。清代登科人,虽有《清代进士题名碑录》《明清进士题名碑录索引》、房兆楹等《增校清朝进士题名碑录》可作为研究基础和参考,但必须利用原始《登科录》与人物总集、碑传,诸如《中国科举录汇编》《中国科举录续编》中收录的清代《登科录》,国家第一历史档案馆收藏的清代《登科录》《会试录》、大小《金榜》,日本内阁文库藏清代《进士登科录》《进士会试录》《进士履历》和《清代朱卷集成》《清代缙绅录集成》《清代官员履历档案全编》《国朝耆献类征》《清代诗文集汇编》《清代碑传集》(三编)等大宗资料,以及清代浩瀚的方志,搜集登科人物资料及编撰小传与书证,工作量巨大。

如上所述,《中国历代登科总录》,根据现存古籍与新出土文献,收录自隋至清1300 年间科举考试录取的登科人,总人数达近 20 万人,总字数达 5000 余万字。《中国历代登科总录》是迄今为止,国内外规模最大的关于中国古代人物的传记资料。

《中国历代登科总录》曾在国内外国际学术会议上作过介绍,受到了海内外同行充分肯定和高度关注,被誉为"二十一世纪科举研究第一大工程"。

《中国历代登科总录》的学术价值,除了上述将为中国科举研究打下坚实的数

---

① 龚延明、邱进春《明代进士总数考》,《浙江大学学报》2006 年第 3 期。

据基础,具有填补空白的学术意义之外,还有以下三个方面:

一、《中国历代登科总录》所运用的书证资料,均出自第一手文献资料,具有翔实可靠的权威性。《中国历代登科总录》,所引用文献资料不下千种。传统庋藏的古籍与新出土的文献,凡涉及登科人资料的,我们皆力尽所能,设法予以搜集、披阅、爬梳、整理、考辨。每搜集到一位进士的传记资料,我们都有一份收获的喜悦。在此基础上,为每个登科人写一小传,全书近20万人要写近20万个小传。没有坚韧不拔、甘坐冷板凳的毅力,是难以做到的。

二、做课题与学术研究相结合,以保证《中国历代登科总录》的科学性、准确性,以及解疑释难的学术质量。比如,科举制从何时开始?是唐朝还是隋朝?这是关系到《中国历代登科总录》起点的大问题。为此,我们首先对科举制起源进行了深入研究,认同了中国科举制始于隋的观点,于是我们第一卷就命名为《隋唐五代登科总录》,此研究成果以《科举制定义再商榷》为题发表于《历史研究》。关于唐代科目,首先遇到考试科目的问题,如"孝廉"是不是科举科目?不少唐代科举史专著,不视孝廉为科目,孟二冬《登科记考补正》即视"孝廉"为明经科的别称。为此,我们先对孝廉举进行了专门研究,得出了孝廉举为唐前期的正式科目的结论,此成果以《唐孝廉科置废及其指称演变》发表在《历史研究》。① 这就保证了《唐代登科总录》所收各科目登科人的准确性。

又,宋代科举制度变化较大,在我们撰写过程中碰到的问题较多,如宋代"进士"之鉴别、宋代宗室科举之特殊性、特奏名、上舍释褐、贡士举、恩科、词科、州郡县名的变化等等,都是必须搞清楚的学术问题,这直接关系到收录登科人的标准、范围与小传的正确性。我们课题组成员边做课题,边进行学术研究,解决课题中遇到的难点、疑点。其研究成果都已充分反映在《宋代登科总录》中,并陆续发表在学术刊物上。例如《宋代及第进士之鉴别》②、《宋代宗室科举考试述论》③、《关于宋代童子科的几个问题》④、《两宋"上舍释褐"考述》⑤、《北宋徽宗朝"贡士"与"进士"考辨——兼评〈皇宋十朝纲要〉编撰体例》⑥。

又如明代,所资利用的登科资料较多,但文献资料中存在问题也不少。如《明代进士题名碑录》,所收进士就有讹误和遗漏,需要一一订补,其中洪武十八年(1385)一榜,因该榜题名碑为明成祖朱棣所仆倒,致《明代进士题名碑》所收洪武十八年榜进士缺179名进士;《明清进士题名碑录索引》已补入129名,尚缺50名。

① 龚延明《唐孝廉科置废及其指称演变》,《历史研究》2012年第2期。
② 龚延明《宋代及第进士之鉴别》,《文史》第41辑,中华书局,1996年。
③ 祖慧《宋代宗室科举考试述论》,《历史研究》2011年第3期。
④ 祖慧、周佳《关于宋代童子科的几个问题》,《中国史研究》2005年第4期。
⑤ 祖慧《两宋"上舍释褐"考述》,《文史》第4辑,中华书局,2007年。
⑥ 龚延明《北宋徽宗朝"贡士"与"进士"考辨——兼评〈皇宋十朝纲要〉编撰体例》,《文献》2007年第4期。

这50名,经我们考证,终于补齐,并对《碑录》中差错进行了校补。这一研究成果已反映在我们的论文《明洪武十八年进士发覆》①上。做《清代登科总录》,常接触到八股文高手登科的资料,为什么清代科举考试要用八股文?这是个萦绕在我们心中难以回避的问题。对此,我们也进行了探讨,发现试卷程文用八股文,是便于确定阅卷的评判标准,统一评分标准则有助于加快阅卷速度。此成果以《论清代科举八股文的衡文标准》②为题,发表在《中国社会科学》。把做课题与学术研究相结合,赋予了《中国历代登科总录》厚重的学术功底特色。

三、《中国历代登科总录》能够为我国古代文、史、哲研究开阔视野,它提供了较全面的自隋唐以下的中国古代文化精英的传记资料,有助于推进文、史、哲专门史研究的深入。《中国历代登科总录》收录近20万登科人,每个登科人都是经历拼搏登上龙门的社会精英。在中国政治、军事、经济、文化等各个领域,扮演了重要角色。要了解和研究中国政治史、思想史、军事史、教育史、文学史、社会史,他们都是绕不过去的人物。《中国历代登科总录》所提供的科举出身的中国古代社会精英人物的传记资料,大部分是新开发出来的资源,便于文、史、哲研究工作者充分利用,从而推动人文社科各种专门史的深度发展。

历经将近二十个寒暑,《中国历代登科总录》已进入收获季节。2014年,《宋代登科总录》(14册,1000万字),首先出版。这一阶段性成果面世之后,立即受到学术界欢迎,得到高度评价,先后获得2015年浙江省第十八届哲学社会科学优秀成果一等奖、2020年第八届教育部高等学校科学研究优秀成果奖(人文社会科学)二等奖。这一份荣誉,是《中国历代登科总录》课题团队艰辛付出的最好回报。紧接着,《明代登科总录》,广西师大出版社组织最强的编审队伍,尽最大的努力,以最快速度,于2021年问世,全书25册、近2000万字。继而,将陆续出版《隋唐五代登科总录》《辽金元登科总录》《清代登科总录》。我们课题组全体成员,期盼《中国历代登科总录》这一国家社科基金重大课题成果,能得到海内外学人的欢迎、批评和指正。

2023年1月20日
于浙江大学文学院暨浙大宋学研究中心

① 龚延明《明洪武十八年进士发覆——兼质疑明清进士题目碑录索引》,《浙江大学学报(人文社会科学版)》2007年第3期,《中国社会科学文摘》2007年第4期、人大复印资料2007年《明清史》第7期转载。
② 龚延明、高明扬《论清代科举八股文的衡文标准》,《中国社会科学》2005年第4期。

目　录

叙　例

一、科举制始于隋,定于唐,五代沿续。这是一千三百一十六年(589—1905)中国科举史,头三百七十年(589—959)的创建期。其特点是科目繁杂、科举期从不定期到基本上定为每年一次,录取人数少,止个位数到两位数。特别是五代十国时期,藩镇割据,战乱不休,科举考试仅维持而已。隋唐五代,没有留下原始的登科录。这给了解、掌握这一时期科举人物,带来很大困难,也留下了很大的研究空间。好在清徐松首先整理了唐、五代登进士资料,出版了名著《登科记考》。这是中国历代登科录的开山之作。因为是开山之作,其挂漏也多。推动《登科记考》的订补工作且具有代表性的,是孟二冬《登科记考补正》和许友根《〈登科记考补正〉考补》。但,以上著作都没有收录隋代登科人物;此外,除进士科、制科两科,唐、五代其他科目的登科人物收录甚少。这是《登科记考》体例不足之处。

作为《中国历代登科总录》子课题的《隋唐五代登科总录》,突破了徐松《登科记考》不收隋代登科人的局限,收录了隋代登科人物94人。其次,在《登科记考》以及后人对《登科记考》陆续订补的基础上,《隋唐五代登科总录》团队以"竭泽而渔"的硬功夫,搜罗隋唐五代各种科目科举及相关的人物传记资料,并对唐、五代登科人物,进一步扩容,收录更全,订正了现有同类书的讹误,使《隋唐五代登科总录》所收录的各种科目登科人物,达到5542人之多!相比之下,徐松《登科记考》收录进士、制科等2087人,孟二冬《登科记考补正》新增补进士661人,许友根

《〈登科记考补正〉考补》新增唐代进士113人，三者相加，总共为2861人。而《隋唐五代登科总录》，新增了2587人，几乎增加一倍！隋代94人尚未计在内。《隋唐五代登科总录》创记录地辑录了现存文献中隋唐五代登科人物5542人！这是目前为止，收录隋唐五代登科人数最多的科研成果。

二、本书尽最大努力挖掘、寻找隋唐五代存世的第一手科举文献资料，全面利用正史、野史、实录、文集、总集、笔记、碑刻、墓志、方志、游记中的进士、制科、明经、诸科等登科人物传记资料。这是空前的隋唐五代进士数据的大普查。

三、本书极具独创性地为每一位登科人撰写小传，罗列详细书证，这成为基础性资料工具书最具特色的价值。小传包括姓名、字号、籍贯、家世、登科年、登科科目、初授官、经历官、最高官或终任官等内容。

四、登科人小传之下，附有足以支撑小传的史料依据，即资料来源与内容，也就是书证。所引材料有疑、有误者，酌加按语或括注予以考订或说明。

五、本书按朝代及榜次先后顺序编排。每榜登科录排列次序，进士或诸科第一名，列在各榜次之首；第一名以下，按姓名笔画顺序排列。

六、无榜次或年月未详者，以"附录"列于正文之后。

七、书后有登科人物索引，以供读者查阅。

隋唐五代科举制总论

龚延明

第一章　隋代科举

科举制起源于隋,定于唐。自隋始创科举取士,至清光绪三十一年乙巳(1905)废罢科举:"自丙午科(1906)为始,所有乡、会试一律停止。各省岁、科考试亦即停止"①,中国科举制行用了一千三百年。凡事开头难,良好的开端是成功的一半。科举制从隋代健步走来,在唐代稳固确立,这是中国科举史上开天辟地的时期。

第一节　科举制度创始于隋朝

隋朝(581—618)之科举取士,是在罢九品中正制后②,用人制度的重大改革。然属草创之始,尚在摸索之中,一切皆未有定制。有关科举制起源的问题,学术界有不同观点,有始于唐,甚至于始于汉之说。需加以辨正之。

关于中国科举制起源的讨论,从 20 世纪以来就赓续不断,异说纷呈。回顾种种科举制起源说时可以发现,关于"科举制"定义之不同,是导致起源说产生较大差异的重要原因。刘海峰说:"科举起源问题不仅仅是史实的考证问题,而且牵涉'科举'的定义问题,只有明确'科举'一词的内涵,才能取得对科举起始时间的共识。"③对此,我们颇有同感。本文拟就学术界提出过的关于科举制的定义及与之关联的科举制起源说作一综述与评论,并在此基础上提出界定科举制的标准及科举制起源的看法。

一、对"科举制"不同定义的评述

中国古代选举制度主要经历了世卿世禄制、察举制、九品中正制、科举制几个发展阶段。按说,九品中正后演变为科举制,似不成问题。然而,由于两汉察举制按科目举士,与科举制按科目取士有形似之处,遂给科举制定义及其起源带来难以统一的纷争。兹择其有代表性的不同论点论述如下。

---

① 刘锦藻撰《清朝续文献通考》卷八七《选举考》四《举士·光绪三十一年》,浙江古籍出版社,1988 年,第 8457 页。
② 唐杜佑《通典》卷一七《杂议论》中:"左监门卫录事参军刘秩论曰:'隋氏罢中正,举选不本乡曲,故里闾无豪族。'"中华书局,1988 年,第 417 页。
③ 刘海峰《科举制的起源与进士科的起始》,《历史研究》2000 年第 6 期。

（一）"分科举人""分科举人、考试进用"之说

何谓"科举"？韩国磐说："所谓科举，就是分科举人。"①黄炎培称："如果真要说科举的起源，该说西汉，当时的制度，不早已分科射策么？"②沈任远说："科举就是以科目考试选举人才。"③徐连达、楼劲认为："汉代的察举与唐代的科举基本一致……皆朝廷统一部署下，以按科取士、考试进用为特征的官僚选拔制度。"④按照这个标准界定的"科举"定义，在考察中国科举起源时，限于把握两个要素：一是朝廷分设科目举人，二是经过考试选用为官（举与选分开）。然而，这个标准十分宽泛，因此，从古到今，认为科举始自汉代不乏其人。如唐人刘肃说："汉高祖十一年，始下求贤诏。武帝元光元年，始令郡国举孝廉各一人，贡举之法，起于此矣。元帝令光禄勋举四科，以吏事。后汉令郡国举孝廉。魏、晋、宋、齐互有改易，隋炀帝改置明、进二科。国家因隋制，增置秀才、明法、明字、明算，并前为六科。"⑤南宋章如愚认为："故科目肇于汉，兴于隋，著于唐，而备于宋朝，此诚擢贤之路也。"18 世纪朝鲜官员赵思忠谓："大抵科举之制，非古也。古之取人之道，礼乐以成其材，询咨以简其贤。降其后世，[乡举]里选之法坏，而汉之科法创焉。"⑥在他们看来，科举取士之制始自西汉之科目举人，即察举制与科举制一也。

然而，魏晋南北朝也有分科举人、对策考试的情况，于是又有学者主张科举制萌芽于或始自南北朝。如唐长孺提出："南北朝后期北朝的举秀孝和南朝的明经射策，从考试内容上特别是从放宽门第限制上说，已经为唐代科举制度开辟了道路。"⑦罗宏曾认为"我国科举取士……的考试制度在两晋南北朝后期已经开始出现，只不过没有形成制度化而已"⑧。万绳楠确指"科举制实际开始于梁朝"⑨。其主要依据是《梁书·武帝纪》天监八年（509）五月壬午之诏书："负帙成风，甲科间出……其有能通一经、始末无倦者，策实之后，选，可量加叙录，虽复牛监、羊肆、寒品、后门，并随才试吏，勿有遗隔。"

而明确以"分科举人"为科举制的韩国磐，则认为"科举制创始于隋朝，'炀帝始建进士科'。以此选士，来担任封建政府的官吏"⑩。

同样以"分科举人，间以考试"为标准的日本史家宫崎市定，即主张隋代中央掌握选举大权，科举制度始于隋开皇间："科举的起源，宜由北齐以来逐渐重视考试的秀才科着眼，而不宜由进士科的创立着眼，迨隋文帝废中正制度，秀才科完全归中央掌握，是为科举制的起源。"⑪与之相同观点的沈任远也认为："科举之制始于隋，盛于唐，经宋、元、明、清，至

---

① 韩国磐《略述科举制度》，《历史教学》1960 年第 4 期。
② 黄炎培《中国教育史要·序言》，商务印书馆，1931 年。
③ 沈任远《隋唐政治制度》，台北商务印书馆，1976 年，第 207 页。
④ 徐连达、楼劲《汉唐科举异同论》，《历史研究》1990 年第 5 期。
⑤ 唐刘肃《大唐新语》卷一〇《厘革》，中华书局，1984 年，第 153 页。
⑥ [韩]古典刊行社编《增补文献备考》卷一八八《选举考》，韩国东国文化社，檀纪四二九〇年（1957），第 194 页。
⑦ 唐长孺《南北朝后期科举制度的萌芽》，《魏晋南北朝史论丛》，河北教育出版社，2000 年，第 586 页。
⑧ 罗宏曾《魏晋南北朝文化史》，四川人民出版社，1989 年，第 87 页。
⑨ 万绳楠《魏晋南北朝史论稿》，安徽教育出版社，1983 年，第 235 页。
⑩ 韩国磐《唐朝的科举制度与朋党之争》，《隋唐五代史论集》，生活·读书·新知三联书店，1979 年，第 267 页。
⑪ [日]宫崎市定《科举》，中央公论新社，1946 年，第 15—17 页。

清末方废除。"①西方学者往往把科举制度英译为考试制度,把西汉察举制度中的对策、射策,与科举制中的乡试、会试等同起来,于是不少西方汉学家认为中国科举制度始于汉朝。如杜布斯在《汉书》英译本对《汉书·文帝纪》十五年(前165)诏书:"举贤良能直言极谏者,上亲策之,傅纳以言"作注时说:"这是文官考试制度之起始。"②

需要特别注意的是,汉代察举的前提是按科目察以德行,合格者作为贡士,上贡中央,再行射策或对策考试,考试并非贯彻始终。《后汉书》卷六一《左雄传》:"郡国孝廉,古之贡士,出则宰民,宣协风教,若其面墙,则无所施用。孔子曰:四十不惑;《礼》称强仕。请自今孝廉年不满四十,不得察举。皆先诣公府(三公府,即宰相府),诸生试家法(儒学)、文吏课笺奏。"此条记载的内容,将汉代郡国察举孝廉到中央,再行考试"家法"或"笺奏"。反映在汉顺帝阳嘉元年(132)的诏书上,则简化成:"初令郡国举孝廉,限年四十以上;诸生通章句,文吏能笺奏,乃得应选。"(《后汉书》卷六《顺帝纪》)两汉察举权分掌于地方大吏与中央。察德行以荐举孝廉或秀才等人才,权在二千石等地方长官;射策以文,近于覆试,只决定名次高下、量材录用,权则在中央官员。如东汉陆康,"字季宁,吴郡吴人也……康少仕郡,以义烈称。刺史臧旻举为茂才,除高成令"(《后汉书》卷六十一《陆康传》)。又如冯豹:"长好儒学……举孝廉,拜尚书郎。"察举权在地方,通常一旦被举,就已踏上仕途。三国时,察举制已经很难实行,不重德行,一味强调试经,对此,魏三公府曾提出批评:"三府议,举孝廉本以德行,不复限以试经。"(《三国志》卷一三《魏书·华歆传》)这从另一个侧面反映了汉代察举制度的特点,郡县先察德行以荐士,后试文以授官两个步骤。

自东汉初,对察举制作了改革,对地方荐举权加大了考察力度:"务授试以职",即凡是荐举到中央的举人,须经举主所在官司实习:"世祖诏:方今选举,贤佞朱紫错用……今以后,审四科辟召,及刺史、二千石察茂才、尤异、孝廉之吏,务尽实核,选择英俊、贤行、廉法、平端于县邑,务授试以职。有非其人,临计过署。不便习官事,书疏不端正,不如诏书,有司奏罪名,并正举者。"③

汉代察举上贡、射策后即授官,"选"与"用"不分。而唐代取士之制中的考试,已无汉代先察德行以荐举这一环,而是径直通过地方与中央考试取士。《新唐书·选举志》上载:"唐制,取士之科,多因隋旧……其科之目,有秀才,有明经,有俊士,有进士……每岁仲冬,州、县、馆、监举其成者送之尚书省;而举选不由馆、学者,谓之乡贡,皆怀牒自列于州、县。试已,长吏以乡饮酒礼……既至省,皆疏名列到,结款通保及所居,始由户部集阅,而关于考功员外郎试之。"唐代登科后,仅取得入仕之资格;授官,尚需通过吏部身、言、书、判之铨试。如韩愈经过四次礼部会试,才获进士及第;三次赴吏部试未能通过,不得一官:"四举于礼部乃一得,三选于吏部卒无成,九品之位其可望?"(《韩愈文集》卷三《上宰相书》)故王鸣盛读新旧《唐书》特别列出一条《登第未即释褐》:"东莱吕氏(宋吕祖谦)云:'唐制得

① 沈任远《隋唐政治制度》,第206页。

② H.H.Dubs,*The History of the Former Han Dynasty*,Vol.1.Baltimore:Waverely Press,Inc.,1938,P.259.

③ 汉应劭《汉官仪》卷上,清孙星衍等辑本,周天游点校《汉官六种》,中华书局,第125页。

第后,不即释褐,或再应皆中,或为人论荐,然后释褐。'此条极为中肯。如《新书·选举志》云:'选未满而试文三篇,谓之宏词,试判三条,谓之拔萃,中者即授官。'此盖指登第后未得就选,故曰选未满,中宏词、拔萃即授官。此吕氏所谓再应皆中,然后释褐也。"①

显然,察举制度中的考试(对策或射策),与唐宋以后科举考试是性质不同的两回事。察举制中的考试,是"举"与"选"分开,即由地方按科目(如孝廉、秀才)荐举到中央,凡被荐举的均已获得做官资格(入仕),并未经考试,只据"德行"考察为依据。贡举到中央,然后由尚书或公府、御史主持射策(将疑难问题写在简策上,不让人看到,然后将所有策题放在一起,由被举的孝、秀任意取一回答),按成绩高、下,分甲科、乙科,然后授以官职。而唐宋以下科举考试,从地方到中央,都须经过统一笔试选拔,所考察的不是以"德行"为主,而是以"文词"为主。唐代科举考试合格,即明经登科、进士及第等等,仅取得入仕资格,还须经吏部科目试(铨试)合格方能授官。中外一些学者对此往往未加严格区别,这不能不影响到对"科举制"与"察举制"是完全不同的两种选举制度的认识。上引黄炎培、徐连达等认为汉代察举与唐宋科举都符合"分科举人、考试进用"的标准,两者是一致的,并不符合历史事实。

由于以"分科举人、考试选用"为界定"科举"的标准太宽泛,因此,即使在同一标准下,也不能取得对科举制起源于何时的统一认识,如上所述,有主张西汉说、南北朝说、隋朝说等等。显然,这个标准,尚难客观地反映唐宋以后科举制的本质特点。诚如阎步克所评论的:"认为科举是'分科举人',这是一种老说法。但汉代察举就早已是分科举人了,因此这种说法对于探讨科举制的成立问题并无帮助。"②

(二)"以进士科设置起始为科举制起源"说

邓嗣禹在《中国考试制度史》中提出:"世人以科举始于隋,因自《周礼》而后,以进士为科者,自隋始也。"③何忠礼则将"以进士科为主要取士科目"列为界定"科举制"起源的三个因素之一,他主张科举制始于唐,不同意始于隋,其中一个主要原因就是"隋无进士科"。事实上,他仍把进士科之设置列为界定"科举制"定义的主要标尺。④许树安赞同以进士科创置为科举制度起源的观点:"进士科以考试策问为主,一般把隋炀帝创置进士科作为科举制度正式产生的标志。"⑤林白等《中国科举史话》:"进士科的创置,标志着科举制度的确立。"⑥孙培青等主张:"进士科的开始标志着科举制的产生。"⑦李新达对此作了进一步阐释:"自秦汉至明朝,我国封建社会的选举制度,主要经历了察举制、九品中正制、科举制三个发展阶段。因科举制以进士科为主要科目,故从唐代开始,人们就以进士科的首次出现为标志,对科举制的创建时间提出不同看法……我认为,科举制的基本特点是:

① 清王鸣盛《十七史商榷》卷八一《登第未即释褐》,上海书店,2005年,第705页。
② 阎步克《察举制度变迁史稿》,辽宁大学出版社,1991年,第314页。
③ 邓嗣禹《中国考试制度史》,台北学生书局,1982年,第8页。
④ 何忠礼《科举制起源辨析——兼论进士科首创于唐》,《历史研究》1983年第2期。
⑤ 许树安《古代选举及科举制度概述》,天津人民出版社,1985年,第55页。
⑥ 林白、朱梅苏《中国科举史话》,江西人民出版社,2000年,第9页。
⑦ 孙培青主编《中国教育史》(第2版),华东师范大学出版社,2000年,第162页。

以进士科为主,定期考试,平等竞争,择优录取……正因为进士科在唐代诸科中最名贵,得人最盛,所以,科举制才能在唐代得以确定。"①刘海峰在界定狭义"科举"的标准时,直截了当地予以定格:"进士科后来发展成为科举中的惟一常科,因而将其设立时间作为科举制的起始,也是自然而然之事。以'分科举人'为内涵的广义科举概念逐渐被以'进士科举'为内涵的狭义科举概念所代替……隋炀帝能够在传统取士科目之外创设足以开启新局面的新科目,无论如何都具有划时代的意义。"②按照"以进士科创置为科举制创始"之说,虽看似标准明确、单一,但仍存在一个"进士科"起于何时的问题,因而众说纷纭。有的认为汉代"举秀才"就是"举进士",将进士科起始时间追溯到汉。比如唐人陈黯就说:"进士科由汉迄唐,为擢贤之首也。寰瀛之大,亿兆之众,岁贡其籍者,数才于千,有司升其名者,复止于三十,其不为贵而且稀乎?"③唐玄宗开元二十五年(737)敕书称:"今之明经、进士,则古之孝廉、秀才。"④有一种意见认为,进士科始创置于隋,如唐代著名史家杜佑、唐代朝官杨绾、薛登等等:"炀帝始建进士之科。"⑤"近炀帝始置进士科,当时犹试策而已。"⑥"炀帝嗣兴,又变前法,置进士等科,于是后生之徒,复相效仿,因陋就寡,赴速邀时,缉缀小文,名之策学。"⑦

按说,唐朝最接近隋朝,唐人对隋朝的制度应该比较了解。可是,同为唐人,有的却认为进士科始置于本朝,如赵儋在唐代最早一部《登科记》的序中说:"(高祖)武德五(四)年,诏有司特以进士为选士之目,仍古道也。"⑧牛希济说:"国家武德初,令天下冬季集贡于京师,天子制策,考其功业辞艺,谓之进士,已废于行实矣。"⑨唐武宗时,宰相李德裕谓:"李唐御统,艰阙制度,立进士之科。"⑩大中十年(856),郑颢知贡举,宣宗向郑颢要《科名记》,颢上表曰:"自武德以后,便有进士、诸科。"⑪

古人意见已不统一,今人同样纷争不已。何忠礼在《科举起源辨析——兼论进士科首创于唐》一文中,彻底否定隋朝有进士科。他说:"在当前史学界中占统治地位的意见认为进士科首创于隋,并把它作为科举起源于隋的主要根据,他们所持的理由虽然不少,却没有一条是令人信服的。"

多数学者主张进士科始于隋,可是即使同为主张进士科始设于隋朝的学者,对于具体时间又有不同主张。有认为始于开皇十五(595)或十六年的,如韩国磐:"据各书记载,以

① 李新达《中国科举制度史》,台北文津出版社,1995 年,第 106—110 页。
② 刘海峰《科举制的起源与进士科的起始》,《历史研究》2000 年第 6 期。
③ 清董诰《全唐文》卷七六七,陈黯《送王棨序》,中华书局,1983 年,第 7984 页。
④ 宋王溥《唐会要》卷七五《帖经条例》,上海古籍出版社,2006 年,第 1631 页。
⑤ 《通典》卷一四《选举》二,第 343 页。
⑥ 《全唐文》卷三三一,杨绾《条奏贡举疏》,第 3356 页。
⑦ 《全唐文》卷二八一,薛登《论选举疏》,第 2851 页。
⑧ 宋王应麟《玉海》卷一一五《唐进士举》,江苏古籍出版社·上海书店联合出版,1987 年,第 2128 页。
⑨ 《全唐文》卷四八六,牛希济《贡士论》,第 8891 页。
⑩ 宋夏竦《文庄集》卷二○《李德裕非进士篇》,载《宋集珍本丛刊》第 2 册,线装书局,2000 年,第 605 页。
⑪ 唐裴庭裕《东观奏记》卷上,载《全唐五代笔记》,三秦出版社,2012 年,第 2427 页。

房玄龄十八岁举进士的时间推算,进士科在开皇十五或十六年时已经出现。"①日本学者宫崎市定在《九品官人法研究》一书中,根据"(隋开皇七年)制:诸州岁贡三人",其中包含了进士科,因此认定"开皇七年制诸州举人为科举之始。"②而美国学者贾志扬在《宋代科举》中提出,科举制度始于隋开皇九年:"被宋代所继承的科举制度是隋朝于589年创立的。"③至于主张进士科始设于隋炀帝时,并作为科举制起源的观点,意见也不统一。有认为始于炀帝大业元年(605),如陈直以隋北地太守陈思道"弱冠及进士第……以大业二年卒"为据,推定进士科始于大业元年。④朱熹《通鉴纲目》则认为大业二年"始建进士科",并纪于太子昭之下、杨素卒之前⑤,而据《隋书·炀帝纪》:"大业二年七月甲戌,太子薨;乙亥,杨素薨。"即进士科置于大业二年七月,又是一家之言。范文澜则将隋炀帝大业三年定为设置进士科之年:"607年,隋炀帝定十科举人,其中有'文才秀美'一科,当即进士科。隋炀帝本人是个文学家,创立进士科,以考诗赋为主,是不足为奇的。这是科举(主要是进士科)制度的开始。"⑥刘海峰在其专文《科举制的起源与进士科的起始》中,对诸家论点一一予以辩驳,最后肯定《隋书·炀帝纪》载炀帝大业元年闰七月所颁振兴选举和学校的诏令所透露出来的重要消息:"诸在家及见入学者,若有笃志好古、耽悦典坟,学行优敏、堪膺时务,所在采访,具以名闻,即当随其器能,擢以不次。"应为进士科创建的时间。以上几家论点都过于拘泥于进士科始置于哪一年,且又缺乏令人信服的直接证据。即如刘海峰所依据的隋炀帝大业元年诏书,其中并未提及"进士科"或"进士",岂能以推论当结论?

显然,强调以进士科初置为科举制创始的标准,似又难说得通。何忠礼对此最矛盾,在《科举制起源辨析——兼论进士科首创于唐》一文中,他既以隋无进士科而否定科举制始于隋,又对以进士科之设作为科举制创始之标准提出尖锐的批评:"若考虑到进士科对后世的深远影响,将它列为科举制的特点之一尚较妥当;但科目名称毕竟不能决定选举性质,若将它看作科举制的唯一特点,甚至把科举制理解为'考进士的制度',便是错误的了。"我们认为,这个批评是正确的。因为,隋朝开皇间废除九品中正制,需要一种新的选举制度来代替,即分科目贡举(此又不同于汉代由地方荐举秀孝到中央当官)考试。纵观隋文帝、炀帝两朝,所设的科目不止进士科,最早的有秀才科、进士科、明经科。学界在讨论科举制起源时,经常引用的唐人薛登的奏疏:"炀帝嗣兴,又复前法,置进士等科。"他指的是"进士等科"。这个"等"字很重要,可是为不少人所忽略了。唐人刘肃在《大唐新语》卷一〇中说:"隋炀帝改置明、进二科,国家因隋制。"有关隋代登科名录留存的史料虽极少,但还能找到一些隋朝人登进士科、明经科的资料。秀才科,如杜正玄"隋开皇十五年,举秀才,试策高第"(《北史》卷二六《杜铨传》)。又如《隋书》卷七六《王贞传》载,王贞于

① 韩国磐《关于科举制度创置的两点小考》,《隋唐五代史论集》,第295页。
② [日]宫崎市定《九品官人法研究》(第2版),同朋舍出版部,1974年,第526页。
③ [美]贾志扬(Jhin Chuffec)《宋代科举》,台北东大图书公司,1995年,第23页。
④ 陈直《古籍述闻》,《文史》第3辑,中华书局,1963年。
⑤ 宋朱熹《通鉴纲目》卷三六,大业二年秋七月。
⑥ 范文澜《中国通史简编》,人民出版社,1965年,第13页。

开皇年间举秀才:"王贞,字孝逸,梁郡陈留人也。少聪敏,七岁为学,善《毛诗》《礼记》《左氏传》《周易》,诸子百家,无不尽览……开皇初,汴州刺史樊叔略引为主簿。后举秀才,授县尉。"进士科,如杨纂"大业中,进士举,授朔方郡司法书佐"①。张损之"隋大业中进士甲科,位至侍御史、尚书水部郎"②。明经科,如孔颖达"隋大业初,举明经高第,授河内郡博士"③。韦云起"隋开皇中明经举,授符玺直长"④。在隋朝,秀才科试方略,即使尚书通过,还须经宰相复试方能授官,难度很大。"隋代举秀才止十余人。"⑤可见,隋朝秀才、进士、明经三科目,至少是并列,难谓进士科优并于秀才、明经二科之上。也就是说,在考虑科举制科目起源时,没有理由只看进士科之设,而忽略秀才科与明经科之设。在探溯科举源头时,不能用宋朝王安石变法后进士科逐渐取代其他科目,成为后世唯一的科目(其实,制科始终保留)作为标准,削足适履去取代王安石变法以前的历史。主张"分科举人"即科举的韩国磐,反对以"进士科"代替"科举制"的说法,意见十分中肯:"唐朝常设科目如秀才、明经、进士等科,隋朝时都已出现;因为有这些科目,还有'二科''十科''四科'等特科,在唐朝时则为制科,有贤良方正、博学宏辞、才堪经邦、文以经国等科名,分科举人,所以才称为'科举制度'。以后各朝相沿,但主要是沿袭了进士科,却从而把进士一科称为'科举制度',这就失掉了本有许多科目,分科举人的原义了。"⑥有的学者甚至提出,诸科合并为"进士科"一科以后,已不成其为"科举"了:"隋唐时期,也就是科举制度建立初期,考试包括许多科目。从总体上来说,可以分为常举与制举两类……其中进士与明经两科最为重要。宋代以后,科举考试逐渐集中到进士一科,分科的特征逐渐消失,考试的时间以及考试的方法也有了较大的改变。严格地说,诸科合并以后,科举制度的分科特征已经消失,继续称这一制度为'科举',事实上已经不大合适。"⑦

不能以设进士科为科举制起源理由之二,无论是隋,或是唐初,进士科并非如唐中叶以后成为最炫目之科举科目。科举制确立于唐代,这在学术界已成公论,已无疑问。然唐初,俊士、秀才科与进士科并列,直到高宗咸亨(670—673)以后,进士科才开始突出:"永徽以前,俊、秀二科犹与进士并列。咸亨之后,凡由文学举于有司者,竞集于进士矣。"⑧

在文学科目之外,与经学科明经相比,唐前期明经科之地位不但不亚于进士科,而且还先于进士科,所谓"取士之科,以明经为首;教人之本,则义理为先"⑨。唐睿宗曾降《申劝礼俗敕》:"县令字人之本,明经为政之先,不稍优异,无以劝奖。"《玉海》卷一一五《唐明经举》载:"明经为名相者:裴行俭、裴炎、狄仁杰、敬晖、崔玄暐、杜景佺、贾耽、卢迈、杜暹、

---

① 《旧唐书》卷七七《杨纂传》,中华书局,1975 年,第 2673 页。
② 《全唐文》卷三九三,独孤及《唐故河南府法曹参军张公(从师)墓表》,第 3992 页。
③ 《旧唐书》卷七三《孔颖达传》,第 2601 页。
④ 《旧唐书》卷七五《韦云起传》,第 2631 页。
⑤ 《旧唐书》卷七〇《杜正伦传》,第 2541 页。
⑥ 韩国磐《关于科举制度创置的两点小考》,《隋唐五代史论集》,第 295 页。
⑦ 任爽、石庆环《科举制度与公务员制度——中西官僚政治比较研究》,商务印书馆,2001 年,第 14—15 页。
⑧ 五代王定保《唐摭言》卷一《述进士上篇》,见上海古籍出版社编《唐五代笔记小说大观》下册,第 1577 页。
⑨ 《全唐文》卷五一四,顾少连《请以口问经义录纸上以便依经疏对奏》,第 5221 页。

董晋、徐有功、卢仁愿、裴漼、谞胄、陈子昂、王义方、玄感、贾至、李杰、许孟容、裴子余、尹思贞、褚无量、王彦威、丁公著、韦绶、叔夏、归崇敬、穆宁、崔衍、良佐,皆为明臣。"[1]

诚如岑仲勉指出,进士科突出是中唐以后事,"唐代科举法,最隆重者曰制科……此外,尚有秀才、明经、进士、明法、书、算六项;秀才位最高,贞观后因事废绝……中唐以后进士科之重用,始属于必然性"[2]。

与特科——制科相比,唐代最得人才之科实为制科。唐人在进士、明经及第后,往往再举制科。相反,却无制举得第后再去应进士举或明经科者。原因是制举得第后,立即释褐授官,其待遇优于常科。"(唐)有得进士第后又中制科者,如《刘蕡传》,蕡擢进士第,又举贤良方正能直言极谏科;《儒学传》,马怀素擢进士第,又中文学优赡科;《文艺传》,阎朝隐连中进士、孝悌廉让科、隐逸科;贺知章擢进士、超群拔类科,是也。有得明经第后又中制科者,如归崇敬擢明经,调国子直讲,举博通坟典科,对策第一,迁四门博士是也。"[3]唐代由制举出身"至宰相者七十二人"[4]。贤良方正科合格十六人,前六名中五名官至宰相。[5]事实上至宋代情况才有所改变,"然宋之得才,多由进士,而以是科(制科)应诏者少"[6]。因此,在科举制正式确立的唐代,特别是唐初,以进士科之设立作为唐代科举制的主要衡量标准,并以进士科之设作为科举制产生的标志,也是不符合史实的。

(三)"一切以程文为去留"说

何忠礼在《科举制起源辨析——兼论进士科首创于唐》一文中,根据南宋陆游《老学庵笔记》卷五中关于科举的议论"一切以程文为去留",作为界定科举制定义的一条重要标准,认为基本上可以概括科举制以下三个特点:"第一,士子应举,原则上允许'投牒自进',不必非得由公卿大臣或州郡长官特别推荐。这一点,应是科举制最主要的特点,也是与荐举制最根本的区别。第二,'一切以程文为去留'。换言之,举人及第或黜落必须通过严格的考校才能决定。第三,以进士科为主要取士科目,士人定期赴试。"金诤接受了这个观点:"科举制度最重要的特点在于:一、'投牒自进'……三、严格考试,录取与否完全决定于考场文章优劣。"[7]周东平在批评何忠礼三个科举制标准时,认为"投牒自进……实无关科举宏旨",而"一切以程文为去留……尚可视为科举制的特征之一"[8]。主张"一切以程文为去留"的学者,何忠礼、金诤等,即认为自唐以后才有可能,这也是科举制始于唐的重要依据。而阎步克则认为:"自东汉顺帝时孝廉已行试经,晋代始秀才对策'一策不通,不得选',南北朝秀孝试策,均有不及第不授官之规定,北朝还确有落第者可考。因此'一切

---

[1] 《玉海》卷一一五《唐明经举》,第2126页。

[2] 岑仲勉《隋唐史》卷下《唐史》,高等教育出版社,1957年,第183—184页。

[3] 《十七史商榷》卷八一《考史·得第得官又应制科》,第707页。

[4] 宋王应麟《困学纪闻》卷一四《考史·贞元十年》,上海古籍出版社,2008年,第1612页。

[5] 宋洪迈《容斋续笔》卷一三《贞元制科》,上海古籍出版社,1996年,第369页。

[6] 《宋史·选举志》二《制科》,中华书局,1997年,第3645页。

[7] 金诤《科举制度与中国文化》,上海人民出版社,1990年,第48页。

[8] 周东平《关于科举制起源的几点意见》,《历史研究》1984年第6期。

以程文为去留',已经不能构成科举与察举的最后分界之点了。"①意思是说,若以考试成绩为标准定去留,则可以追溯到东汉、南北朝。笔者认为,阎氏如何理解"程文"(笔试试卷)还有商榷余地,然而他提出的,"一切以程文为去留",不能作为科举制创置之始,是值得重视的。即使以唐宋初科举情况而论,也并非如何忠礼套用南宋陆游所说的"一切以程文为去留"。

众所周知,唐代科举考试,行卷、求知己之风盛行,公荐、通榜占很大比重,寒士靠试卷成绩被录取登科的比例是很少的。②如《唐摭言》卷六《公荐》载唐文宗大和二年(828),礼部侍郎崔偓知贡举,未试,已确定该榜第一人至第五人:"崔偓侍郎既拜命于东都试举人……时吴武陵任太学博士策蹇而至……[投]进士杜牧《阿房宫赋》……郾大奇之。武陵曰:'请侍郎与状头。'郾曰:'已有人。'曰:'不得已即第五人。'"更奇的是,唐宣宗大中十年(856)黄门侍郎郑颢知贡举,他不是靠自己阅卷来确定应举人之去留,而托有名望的崔雍提供合格名单,此即唐人所谓"通榜",同书卷八《通榜》载:"郑颢都尉第一榜,托崔雍员外为榜。雍甚然诺,颢从之。雍第推延,至榜除日,颢待榜不至……颢不得已,遂躬自操觚。夜艾,寿儿以一蜡弹丸进颢,即榜也。颢得之,大喜,狼忙札之,一无更易。"唐代举子为了博得一第,功夫仍用在考场之外的行卷、省卷上,以寻求社会名流、达官贵人"知己",从而获得"公荐""通榜"机会。故唐人评论科举取士时说:"盖有司选士,非贿即势。"③五代王定保谓:"今之得举者,不以亲则以势;不以贿则以交……其不得举者,无媒无党;有行有才,处卑位之间。"④"行卷"活动,一直延续到宋初。宋人笔记还保留着宋初举子行卷的情景,吴处厚《青箱杂记》卷六云:"王公随雅嗜吟咏,有《宫词》云:'一声啼鸟禁门静,满地落花春日长。'又《野步》云:'桑斧刊春色,渔歌唱夕阳。'皆公应举时行卷所作也。"王随于太宗淳化五年(994)中省元、殿试进士第四人,其得省元与中高第是否与行卷有关,已不得而知。然王随应举期间曾从事行卷活动,却是事实。又有太宗朝会试时,许举子向知举官投文并起作用的记载:"柳开少好任气,大言凌物。应举时,以文章投主司于帘前,凡千轴,载以独轮车……时张景能文有名,唯袖一书帘前献之,主司大称赏,擢景优等。时人为之语曰:'柳开千轴,不如张景一书。'"⑤直到北宋真宗景德间,始行试卷弥封制,才禁止公卷,行卷活动渐渐平息:"初,贡士踵唐制,犹用公卷,然多假他人文字,或佣人书之。景德中,尝限举人于试纸前亲书家状,如公卷及后所试书体不同,并驳放;其假手文字,辨之得实,即斥去,永不得赴举。贾昌朝言:'自唐以来,礼部采名誉,观素学,故预投公卷;今有封弥、誊录法,一切考诸试篇,即公卷可罢。'自是不复有公卷。"(《宋史·选举志》一)

其实,为学术界熟知的陆游名言"一切以程文为去留",何文引用时亦有断章取义之嫌,《老学庵笔记》卷五原句如下:"本朝进士,初亦如唐制,兼采时望。真庙时,周安惠公

① 阎步克《察举制度变迁史稿》,第 314 页。
② 参见程千帆《唐代进士行卷与文学》,上海古籍出版社,1980 年。
③ 《新唐书》卷一二二《魏元忠传》,中华书局,1975 年,第 4346 页。
④ 《唐摭言》卷六《公荐》,见《唐五代笔记小说大观》下册,第 1629 页。
⑤ 宋沈括著,胡道静校证《梦溪笔谈校证》卷九,第 182 条,上海古籍出版社,1987 年,第 397 页。

起,始建糊名法,一切以程文为去留。"显然,陆游所指的进士科考试,宋真宗朝以前沿唐制,"兼采时望",直到真宗朝采用试卷糊名法以后,才开始"一切以程文为去留"。自唐初、五代十国至宋真宗朝,科举制实施已历经三百余年,怎么能将三百年后的"一切以程文为去留"作为科举制创始的重要标准呢? 应当说,自北宋真宗朝以后进一步严密考试制度,禁止"公荐"、建立试卷"糊名""弥封""誊录"等一系列制度后,"一切以程文为去留"是符合实际的。然而,且不论北宋初行卷实际情况如何,至少在科举制确立阶段之唐朝,此标准作为界定"科举制"是不适用的。

(四)"投牒自举"说

在区分察举制、九品中正制与科举制之不同特点时,士子"投牒自举",被视为界定科举制的重要特点,此点为大多数学者所接受。这个区别,唐人杨绾首先予以揭示:"凡国之大柄,莫先择士。自先哲后,皆侧席待贤;今之取人,令投牒自举,非经国之体也。望请依古制县令察孝廉……自县至省,不得令举人辄自陈牒……明经、进士并停。"①杨绾上奏欲罢以"投牒自举"为特征的明经、进士科,恢复汉代的地方官荐举为特征的察举制度。且不去评说杨绾这一历史倒退的举动,但此事揭橥了唐朝科举取士制与汉代察举荐士制的一个根本区别,即在于国家是否允许士人按科目"投牒自举"。俞大纲十分肯定"投牒自进"是界定"科举制"的重要标准:"不得以进士设科年代,以定考试制度始于何时……若谓朝廷开科待人,士子投牒自进,始可谓完形之考试制度,则当以唐为始。"②邓嗣禹即据此标准,认定科举制确立于唐:"隋置进士科,似非科目之比。是举人投牒自应之制,盖昉于唐。"但他又认为隋朝"已有公同考试,特因其制,不彰不备,仅具雏形,故谨慎作结曰:科举之制,肇基于隋,确定于唐"③。阎步克明确地支持邓嗣禹的观点:"我们探讨科举成立的起点之时,就必须抓住使二者(按指察举与科举)最后区分开来的那一特征。我以为邓嗣禹对科举特点的概括是非常准确的,王朝设科而士人自由投考,这就是科举与察举的根本区别……这样,我们事实上又回到三十年代邓嗣禹、俞大纲的结论那里去了,就是说,进士科始之于隋,而科举制度,则确立于唐代。"④笔者认为,士子应举许"投牒自举",这确实是最能体现科举制开放性、透明性、公平性的重要特点,也是与察举制、九品中正制区别开来的重要界线。

二、"科举制"定义

上述关于科举制定义的诸种不同观点,比较统一的是,科举制首先是分科目,其次是许举子"投牒自举",再次是"公同考试"(统一考试)。至于不少人主张"以进士科创置为科举制之始"及"一切以程文为去留"的标准,不符合隋唐"科举取士"的历史实际,不宜作为界定创立时期"科举制"的依据。而宋神宗王安石变法以后,科举取士以进士科为主,兼

---

① 《全唐文》卷三三一,杨绾《条奏贡举疏》,第3357页;《新唐书·选举志》,第1167页。
② 邓嗣禹《中国科举制度起源考》,《史学年报》1934年第2卷第1期。
③ 邓嗣禹《中国考试制度史》,第15—16页。
④ 阎步克《察举制度变迁史稿》,第314、316页。

有制科,"一切以程文为去留"完全符合历史实际,是正确的。特别是在明清,"所谓科举,几乎成了举用进士的别名"①。然而,仅以分科目、投牒自举、公同考试三条标准,又不能完全、准确地反映出一个全新的、具有强大生命力的新的选举制度——科举制的内涵与特征。

笔者以为,科举制之所以能历经一千三百年而不废,首先,它的取士大权掌握在中央,有利于君主集权,不像察举制由地方与中央分权。汉代科目荐举取士之权多半在郡国。《汉旧仪补遗》上卷:"郡国举孝廉各一人,谓御史举试。"《汉旧仪》上卷:"刺史举民有茂才,移名丞相,丞相召考。"而地方所荐举之士贡送到中央,就取得了做官资格,或经御史,或尚书,或三公府考试,实际上只是复试分高下次第。"汉举贤良,自董仲舒以来,皆对策三道……当时未有黜落法,对策者皆被选,但有高下尔。"②黄留珠在研究和分析汉代察举制特征时说:"应该强调指出的是,两汉取士,察举乃关键的一步,而对策之类的考试,不过量才录用而已。"③正因为地方官吏掌握了关键的贡士之权,其执行的好坏直接影响到朝廷官僚队伍的素质与能力。到了东汉,察举就成了地方官舞弊的工具,日趋腐败,"州郡牧守承顺风旨,辟召选举释贤取愚"(《后汉书》卷七八《曹节传》)。选士权掌握在地方官员手中,有利于地方势力的强大,这势必会对中央集权构成威胁。于是,就有了魏晋九品中正制取代察举制之改革。在九品中正制下,中央派官员到各地担任中正,专门负责察举一地的贤良。这一举措也表明中央希望借此控制选士权的愿望。但终因派往地方的中正与当地官僚豪族相勾结,遂使选士大权演变成了地方门阀世族囊中之物,"中正取士,权归著姓"(《晋书》卷四八《段灼传》)。此种选举法,不利于中央集权。因此隋文帝即位,废罢九品中正法,一命以上皆归吏部:"隋氏罢中正,选举不本乡曲,故里闾无豪族,井邑无衣冠,人不土著,萃处京畿……五服之内,政决王朝,一命免拜,必归吏部。"④隋朝实行按科举士、中央考试制度,已非复汉之察举,实已肇中国历史上新型的选举制度——科举制之萌芽。因此,在界定科举制定义时,必须考虑到选士大权集中于中央,即应由国家按科招考、士子"投牒自举"、朝廷派专门官员统一出题考试。这样的选士制度,打破了地方官员垄断选举权的可能;由于许士子自由报考,使选举制度建立在广阔的社会基础之上;中央派专职官员统一命题考试应举人,按成绩高下录取就有可能,从而也就打开了公开竞争入仕的道路。

其次,科举制的另一个重要特征在于"以文取士"。在讨论"考试"标准时,学者也许会困惑于察举制与科举制均有"考试",两者很难区分。其实,我们深入地探讨一下还是能够区别的。汉代察举制是重"德行",考试为辅,"德行"关不过,不可能得到州郡荐举;考试是次要的,不过是"量才录用"而已。而唐宋科举制取士,则重考试文词。同样都有考试,汉代察举制度重在"以德取士",而隋唐以下科举制则"以文取士"。"'以德取人'就是

① 徐连达、楼劲《汉唐科举异同论》,《历史研究》1990 年第 5 期。
② 宋叶梦得《石林燕语》卷九,中华书局,1984 年,第 133 页。
③ 黄留珠《中国古代选官制度述略》,陕西人民出版社,1989 年,第 110 页。
④ 《通典》卷一七《选举》五,引唐刘秩议论,第 417 页。

察举制的唯一倾向。"①而"当代以文取士,谓之举业……以文取士,文犹诗也"②。孙培青等也看到了这一区别:"依据考试成绩来选拔人才的科举制,既不同于以德取人的两汉察举制,又不同于以门第取人的魏晋以来九品中正制。隋唐以前的选士制度是以荐举为主、考试为辅;隋唐以后的科举制,是以考试为主、荐举为辅。"③主张科举制是以考试为主,就是以文取士。对于这一点,何怀宏说得更明确:"在察举时代,尤其是早期,选拔的标准看来更是重视'质',更重视'德行'。而且,当时入仕之途较广,标准也呈多样,甚至'吏能'也一度受到重视。自东汉末年起,则由重视综合了品行、学业的'名望',演成一段由'望族'支配的历史。后期,察举则越来越重考试,直至发展到完全以考试为中心,以考试为选官的主渠道的科举制度。选拔的标准也越来越偏重'文',偏重形式,一切'以文为定',并由内容较广泛的诗赋之'文',演变到内容较窄的经义之'文',又由形式较灵活的、广义的经义之'文',演变到形式较固定刻板的'八股文'。"④

早在唐朝时,就已经有人指出科举制是以文取士。孙樵曰:"唐朝以文索士,二百年间,作者数十辈。"⑤唯其如此,言者视科举制以文取士为"非古"而提出批评:"当唐之时,言其选举之弊:一曰不求德行,而第考文章之末艺为非古。薛登曰:'古之取士,必考素行之原,询乡曲之誉。汉世求士,亦观其行硕。'刘峣曰:'国家以礼部为考试之门,考文章于甲乙,故天下驱驰于才艺,不务德行。'"⑥在西方人眼中,中国科举制度,就是"以文取士"的考试制度:"旅行者现在面对的是中国体制中的一个幻影——贡院(代指科举制度)。它曾使启蒙时代的欧洲那样神往。耶稣会教士在散布赞赏情绪之余,于18世纪中叶把这种制度搬到法国他们自己的教会学校,组织了一整套的考试和会考……这种以文取士和形式主义的结构,一直延续到帝国的末年。"⑦

"以文取士"的考试标准之确立,不始于唐而始于隋。隋朝统治者将选举权收归中央后,其考试内容必然随之改变。在两汉魏晋南北朝之察举制、九品中正制下,选士主要依靠地方上察举、推举,因此有条件、也有可能按"德行""誉望"的标准来选拔人才,并将本地区(州、郡、国、县)内的有资格荐孝廉、秀才或贤良贡送到中央,由中央考试授官。而隋朝将选士大权收归中央后,"则一命以上之官皆由朝授,岁选动以万计,而后世爵禄益贵、奔竞成习,欲以无形之德行、不可凭之毁誉,人人察而异之,其所得岂不难哉!……郡县之权悉归朝廷,而欲效贡士之常,不可得已"⑧。即是说隋朝已不可能实行像察举制、九品中正制由地方向中央按"德行"、采"誉望"贡士了,只能采取有形可审、有据可凭的"试文"办法了,于是"以文取士"的科举制应运而生:"及至隋唐,遂专以文词取士,而尚德之举不

---

① 阎步克《察举制度变迁史稿》,第12页。

② 明袁宏道《与友人论时文》,收入明贺复徵编《文章辨体汇选》卷二四六。

③ 孙培青主编《中国教育史》(第2版),第160页。

④ 何怀宏《选举社会及其终结:秦汉至晚清历史的一种社会学阐释》,生活·读书·新知三联书店,1998年,第113页。

⑤ 《全唐文》卷七九四,孙樵《与高锡望书》,第8323页。

⑥ 宋章如愚《山堂先生群书考索续集》卷三八《选举·唐选举之弊》。

⑦ [法]阿兰·佩雷菲特《停滞的帝国:两个世界的撞击》,生活·读书·新知三联书店,1997年,第457、460页。

⑧ 《山堂先生群书考索续集》卷三八《宰相门·选举·唐》。

复见矣。"①"专以辞赋,隋唐陋习。问以经义,宋元遗制。彼以声韵为学,此以记诵为能。"②据此,可以认定,"以德取士"为主还是"以文取士"为主,这是察举制、九品中正制与科举制的根本区别。明邱浚就两汉察举制、魏晋南北朝九品中正制与科举制根本区别评论道:"夫三代以前,乡举里法之行,取士专以德行为本。汉制孝廉、茂材等科,皆命公卿大夫、州郡举有经术、德行之士;试以治道,然后官之。魏晋以降,所举秀、孝,犹取经术,州郡皆置中正,以品其才行。虽其立法,未必尽善,然清谨之士犹知有所畏忌,不敢放恣,恐有言行之疵,以为终身之累。至是,隋有进士之举,始专试士以文辞,士皆投牒自进,州里无复察举之制矣。"他的结论是,自隋始置进士科,"盖始专以文辞试士也"③。需要指明的是,邱浚是就宋人真德秀所言"隋始置进士科"发表评论的。事实上,隋朝除进士科之外,秀才科、明经科等等也是试以文辞。但邱浚已敏锐地注意到选举制度演进的阶段性及各自特点,注意到"专试文士"与"投牒自进"之必然联系,在察举制、九品中正制下,士子不可能"投牒自进";而一旦选举制转变为"以文取士","投牒自进"大门就打开了,区别于察举制、九品中正制的科举制就应运而生。沈任远更明确地点出:"自隋九品中正用人流弊百出,改立科举制度,专以文辞取试士,不复顾及言行,此取士之法一大变也。"④

综上所述,关于科举制定义,可作出如下界定:

(一)设进士、明经、制科等科目招考,取士权一归中央,由朝廷定专司、专官知贡举;

(二)招考向全社会开放,原则上许平民或官员"投牒自举"报考;

(三)地方与中央定期、定点举行二级以上考试,命题统一,"以文取士"。

据此,隋朝选举制介于察举制、九品中正制与科举制之间,但已废罢九品中正制,又非复两汉察"德行"为主的荐举制。而从中央收掌分科考试举人之权,所设"以文取士"之秀才、进士、明经等科,及定期、定点考试,又为唐朝所沿袭看,隋朝已打开了通向科举制的道路,应当将隋代取士制度划入科举制范畴。《隋书》记载:"(隋开皇七年正月)乙未,制诸州岁贡三人。"(《隋书·高祖纪》上)有学者据此以开皇七年(587)为隋朝始开贡举取士之年。至于隋朝二帝,对催生科举制诞生,则各有贡献。隋文帝于开皇间采取了立常贡制度,重文抑武"令武力之子,俱可学文,人间甲仗,悉皆除毁,有功之臣,降情文艺,家门子侄,各守一经"(《隋书·高祖纪》开皇九年诏),废九品中正制等措施;"及炀帝又变前法,置进士等科",确立"以文取士",这都是一脉相承的。故尔,不必拘泥于隋朝某一皇帝有开创之功。入唐,国家设科招考,士子"怀牒自列于州县",中央命礼部专官知贡举,地方与中央定时、定点,统一命题考试,"以文取士"(不限于试卷成绩,还兼采文学誉望)条件都已具备。毫无疑义,中国科举制度确立于唐朝。

"科举制始于隋唐,隋炀帝始置科举之法,彼豪杰特起,而一天下之难也,故以科举销

① 宋朱熹《贡举学校私议》,收入《全宋文》第 251 册,安徽教育出版社,2006 年,第 272 页。

② 《增补文献备考》卷一八八《选举考》,第 194 页。

③ 明邱浚《大学衍义补》卷九《正百官·清入仕之路》,收入《文渊阁四库全书》第 712 册,第 126 页。

④ 沈任远《隋唐政治制度》,第 207 页。

天下英雄气。唐兴，革隋之弊，独此不改。"①

第二节　隋朝科举制的雏形特点

隋朝是中国科举制发端时期，尚无一套稳定的考试取士机制。因此，缺少明确的关于科举制度诏令等的记载。

关于隋代的科举考试取士情况，虽难以了解清楚，但还是有一些资料可以钩沉出来，从中探到一些信息的。

如开皇十五年(595)，杜正玄举秀才，尚书试策已获高第，宰相杨素复试，"乃手题使拟司马相如《上林赋》、王褒《圣主得贤臣颂》、班固《燕然山铭》、张载《剑阁铭》《白鹦鹉赋》……正玄及时并了。素读数遍，大惊曰：'诚好秀才！'命曹司录奏。属吏部选期已过，注色令还，期年重集"。开皇十六年，正玄弟杜正藏应秀才举，这一次考试，"苏威监选，试拟贾谊《过秦论》及《尚书·汤誓》《匠人箴》《连理树赋》《几赋》《弓铭》，应时并就……丙第，授纯州行参军"(《北史》卷二六《杜铨传》附《正玄、正藏》)。这二条记载，反映了这么几个情况：其一，士子按科目应举，隋朝有秀才科；其二，举子到中央后，由吏部尚书试策，据对策成绩高低定等级。获高等者，由宰相复试。宰相亲自命题。合格者，即授官。

此外，唐初科举考试之制，沿袭隋旧，依此而论，由唐初之制，也可窥见隋朝科举考试方法之一斑："大唐贡士之法，多循隋制。上郡岁三人，中郡二人，下郡一人，有才能者无常数。其常贡之科，有秀才，有明经，有进士，有明法，有书算。自京师郡县皆有学焉。每岁仲冬，郡县、馆监课试其成者，长吏会属僚，设宾主，陈俎豆，备管弦，牲用少牢，行乡饮酒礼，歌《鹿鸣》之诗，征者艾，叙少长而观焉。既饯，而与计偕。其不在馆学而举者，谓之乡贡……到尚书省，始由户部集阅，而关于考功课试，可者为第。"②

据此，唐代科举试每年冬天举行一次，正与上引开皇十五年、十六年试秀才，每年一次，定期举行，由地方送至尚书省考试相吻合。不过，隋朝秀才还须宰相复试后才能授官。又如唐初，高祖第一次颁科举诏："武德辛巳(四年)四月一日，敕诸州学士及早有明经及秀才、俊士、进士，明于理体，为乡里所称者，委本县考试，州长重复，取其合格，每年十月随物入贡。斯我唐贡士之始也。"(《唐摭言》卷一《统序科第》)此制可以推断系沿隋制。其中"州长重复"(州长亲试)，可从开皇年间相州刺史梁彦光例子看出，始于隋。"岐州刺史安定梁彦光，有惠政，隋主下诏褒美……久之，徙相州刺史……彦光至，发摘奸伏，有若神明，豪猾潜窜，阖境大治。于是招致名儒，每乡立学，亲临策试，褒勤黜怠。及举秀才，祖道于郊，以财物资之，于是风化大变，吏民感悦，无复讼者。"③此中，不依稀可以看出唐武德四年(621)诏所反映的科举考试二级制之源头在隋朝吗？沈兼士就汉魏按科考试与隋唐按科

---

① 宋章如愚《山堂考索·别集》卷一九《士门·科举》。
② 《通典》卷一五《选举》三，第353页。
③ 《资治通鉴》卷一七五《陈纪》，宣帝太建十三年。

考试之区别揭示道："按策试之法,从汉代开始,历魏晋南北朝而继续存在。其不同之点:即汉魏南北朝的选士,先由州郡保举,然后由朝廷策试;隋选'进士',是州郡策试于前,朝廷策试于后。前者是选举与考试并行,后者是纯粹地举行考试了。"①值得注意的是,梁彦光在相州境内倡导读书、应举风气,致使"风化大变",这可能是隋朝统治者决心废九品中正制、实行科举制以"一天下"的重要原因。下面就能钩沉的史料,概述一下隋朝科目设置。

一、隋朝设科招考、岁贡举人的出现

隋朝始设科举科目,已如上述。那么,科目取士是怎样进行的呢?

首先是州以科目岁贡举人。《隋书·高祖纪》:(开皇七年正月乙未)制:诸州岁贡三人。②

这说明从开皇七年(587)起,隋已定每岁贡士之制。且按科目贡士,开皇中,已有秀才科、明经科。如阴弘道(字彦卿),开皇十年(590)举秀才,③韦云起,雍州万年人。隋开皇中明经举,授符玺直长。④

隋炀帝以三代"选贤与能"为旗号,置进士科。"炀帝嗣兴,又变前法,置进士科。"⑤

大业三年(607)四月甲午(16日),又增置科目,降诏以十科取人:

> 自古明君哲后,立政经邦,何尝不选贤与能?
>
> 夫孝悌有闻,人伦之本;德行敦厚,立身之基。或节义可称,或操履清洁,所以激贪厉俗,有益风化。强毅正直,执宪不挠,学业优敏,文才美秀,并为廊庙之用,实乃瑚琏之资。才堪将略,则拔之以御侮;膂力骁壮,则任之以爪牙。爰及一艺可取,亦宜采录……文武有职事者,五品以上,宜依令十科举人。朕当待以不次,随才升擢。⑥

大业时,炀帝置进士科,已毋庸置疑。炀帝又增科目至"十科":孝悌有闻、德行敦厚、节义可称、操履清洁、强毅正直、执宪不挠、学业优敏、文才美秀、才堪将略、膂力骁壮。有文、有武。范文澜认为:"607年,隋炀帝定十科举人,其中有'文才美秀'当即进士科。"⑦隋文帝、炀帝以科目贡士、取士,显然已抛弃了九品中正制选士旧制,开启了设科招考新制:由州郡按科目举人解送朝廷为贡士,再经朝廷考试,依成绩取士的选官制度。这就是科举

① 沈兼士《中国考试制度史》,山东画报出版社,2019年,第67页。

② 《隋书》卷一《高祖纪》,中华书局,2019年,第25页。

③ 李明、刘呆远、李举纲《长安高阳原新出隋唐墓志》一六《大唐故奉义郎行太常博士骑都尉阴府君(弘道)墓志铭并序》,文物出版社,2016年,第53页。

④ 《旧唐书》卷七五《韦云起传》,第2631页。

⑤ 《旧唐书》卷一〇一《薛登传》,第3138页。

⑥ 《隋书》卷三《帝纪》第三《炀帝上》,第75—76页。

⑦ 范文澜《中国通史简编》第三编《隋至元》上册,第13页。

制度的发轫。

隋朝科目可分两类,一是贡举,开皇七年,始制诸州岁贡三人。如以隋炀帝大业三年全国一百九十郡计,①地方每年贡士数,理论上为570人。实际能贡多少,已不得而知。贡举属常科,计有秀才、明经、孝廉、进士等科。二是制举,如诏举贤良,诏举十科,诏举四科等。下面就文献记载,对隋朝科举制初创期贡举科目,予以梳理。

二、隋朝贡举科目的设置

隋朝设科举人考试,是一种崭新的制度。那么在隋朝,到底设置过哪些科目呢?

(一)常举贡举科目

关于隋代科目无明确记载,但唐宋文献多有间接提及,并可据登科名录予以力证。大体上,隋朝每岁贡举,有秀才、明经、明法、进士、明书、明算科,②有学者或谓尚有宾贡科。③笔者则认为犹有孝廉科。

(唐)杜佑《通典》卷十五《选举典·历代制》下:"大唐贡士之法,多循隋制……其常贡之科,有秀才,有明经,有明法,有进士,有书,有算。"

《新唐书》卷四四《选举志》:"唐制,取士之科,多因隋旧。然其大要有三:由学馆者曰生徒,由州县者曰乡贡,皆升于有司而进退之。其科之目,有秀才,有明经,有俊士,有进士,有明法,有明字,有明算,有一史,有三史,有开元礼,有道举,有童子……其天子自诏者曰制举。"

《册府元龟》卷六三九《贡举部总序》:"唐循隋制,诸郡贡士,常贡之科有秀才,有明经,有进士,有明法,有明书,有明算。"

《通典》与《册府元龟》所载六科与《新唐书·选举志》所载唐科目十一科中前六科完全吻合,此六科(秀才、明经、明法、进士、明书、明算)当沿用已久,属唐承继隋制可能性较大。不过,目前为止,从各种史料记载中,只能看到秀才、明经、进士、孝廉四科登科人,未及见有明法、明书、明算科三科登科人。为此,可以确定的隋代科目盖有秀才、明经、进士、孝廉四科。④

1.秀才科

隋设秀才科没有疑问。据唐人杜正伦称:"隋代举秀才止十余人。"⑤据笔者搜集,有十二人:刘焯、杜正玄、杜正藏、杜正伦、侯白、仲孝俊、许敬宗、赵构、赵孝钧、李宝、郭愻、王贞。示例如下:

① 《隋书·地理志》上:"(大业五年)大凡郡一百九十,县一千二百五十五。"
② 总主编杨学为、主编孙培青《中国考试通史》第七章《隋代的考试制度》页174:"关于隋代的设科,没有直接史料,但有间接史料……常贡的科目基本有六种:即秀才、明经、明法、进士、明书、明算。"
③ 高明士谓隋开皇七年创立"宾贡科":"开皇七年建置科举(正确名称应该称'贡举')制度时,共设有三科的说法不误,但愚意以为除秀才、明经二科沿用旧称而外,宜另立有一个科目:'宾贡科'。"氏著《隋唐贡举制度》第一章《隋代的贡举》。
④ 高明士谓:"《唐摭言》所载唐初科目有明经、秀才、俊士、进士等四科,似可视为直承隋大业末之制。"见氏著《隋唐贡举制度》第一章《隋代的贡举》。
⑤ 《旧唐书》卷七〇《杜正伦传》,第2541页。

《唐文续拾》卷一五阙名《郭柱国墓志》:"君讳盛,字德,太原人……父愍,隋朝举秀才,维岳降神,名章挺秀,敦诗阅礼,至操风云。"

《隋书》卷七五《儒林·刘焯传》:"刘焯,字士元,信都昌亭人也……遂以儒学知名,为州博士。刺史赵煚引为从事,举秀才,射策甲科。与著作郎王劭同修国史、兼参议律历,仍直门下省,以待顾问。"

《旧唐书》卷七〇《杜正伦传》:"杜正伦,相州洹水人也。隋仁寿中,与兄正玄、正藏俱以秀才擢第。"

《隋书》卷七六《文学·杜正玄传》:"杜正玄,字慎徽,其先本京兆人……开皇末,举秀才,尚书试方略,正玄应对如响,下笔成章。"

2.明经科

《隋书·高祖纪》载:"未有灼然明经及第。"①说明置明经科。新旧《唐书》《资治通鉴》《册府元龟》及出土的唐代墓志中,有不少关于隋明经登科人的宝贵资料。如《资治通鉴》载:"明经刘兰成纠合城中骁健百余人袭击之。"胡三省注曰:"刘兰成盖尝应明经,因称之。《新唐志》曰:'唐制取士之科,多因隋旧',则明经科起于隋也。"②下列举几例隋明经登科人:

《唐代墓志汇编》显庆一三五《骁骑尉苗君墓志铭》:"君讳明,字晖粲,颍川长社人也……父先,隋开皇二年州贡明经,行修廉洁孝悌,敦册甲科,起家游骑尉,至大业初,任上党郡主簿。"③

《旧唐书》卷七五《韦云起传》:"韦云起,雍州万年人。伯父澄,武德初国子祭酒、绵州刺史。云起,隋开皇中明经举,授符玺直长。"

《旧唐书》卷七三《孔颖达传》:"孔颖达字仲达。冀州衡水人也……隋大业初,举明经高第,授河内郡博士。"

3.孝廉科

孝廉科科目,未见设置。但史料中却保留有隋登孝廉科的官员七人:张行成、杜义宽、李仁瞻、王成、张仲葵、胡买、赵素。示例如下:

《旧唐书》卷七八《张行成传》:"张行成,定州义丰人也……大业末,察孝廉,为谒者台散从员外郎。王世充僭号,以为度支尚书。世充平,以隋资补宋州谷熟尉。又应制举乙科,授雍州富平县主簿,埋有能名。秩满,补殿中侍御史……转刑部侍郎、太子少詹事……(贞观)二十三年,迁侍中,兼刑部尚书。太宗崩,与高季辅侍高宗即位于太极殿梓宫前。寻封北平县公,监修国史……(永徽)二年八月,拜尚书左仆射。寻加授太子少傅……九月,卒于尚书省,时年六十七……谥曰定。"

---

① 《隋书》卷一《高祖纪下》,第37页。

② 宋司马光《资治通鉴》卷一八六《唐纪》二、高祖武德元年冬十月:"初,北海贼帅綦公顺帅其徒三万攻郡城……明经刘兰成纠合城中骁健百余人袭击之。"胡注:"刘兰成盖尝应明经,因称之。《新唐志》曰:'唐制取士之科,多因隋旧',则明经科起于隋也。"

③ 周一良主编、赵超副主编《唐代墓志汇编》显庆一三五《骁骑尉苗君墓志铭》,上海古籍出版社,1992年,第315页。

《新唐书》卷一○四《张行成传》："张行成，字德立，定州义丰人……隋大业末，察孝廉，为谒者台散从员外郎。后为王世充度支尚书。世充平，以隋资补谷熟尉。家贫，代计吏集京师，擢制举乙科，改陈仓尉……调富平主簿，有能名。召补殿中侍御史，纠劾严正……迁侍中、兼刑部尚书。高宗即位，封北平县公，监修国史……俄拜尚书左仆射、太子少傅。永徽四年，自三月不雨至五月，行成惧，以老乞身……未几，卒于尚书省舍，年六十七……谥曰定。"

《全唐文》卷九九五阙名《大唐故监察御史荆州大都督府法曹参军赵府君墓志铭》："公讳思廉，字思廉，天水人……父素，隋孝廉，丹阳郡书佐、皇舒州司马。"①

《全唐文》卷二九二张九龄《故果州长史李公碑铭并序》："公讳仁瞻，字某。赵郡房子人……隋大业中举孝廉。洎唐兴，调棣州司户参军。凡迁磁、相二州总管府户曹参军、宜州录事参军……既而迁金乡、晋陵二县令……以课最迁归州治中、郓州司马，加朝散大夫、行果州长史……某年月，卒于官。"

《全唐文》卷三一二孙逖《故滕王府咨议杜公神道碑》："公讳义宽，字某，姓杜氏，东都濮阳人也……繇是大业九年，以孝廉高第，授河东郡法曹……贞观二年，改授普州安康令。稍迁合州治中，转恒州别驾、雍州高陵令。拜朝散大夫、饶州长史。迁苏州司马兼滕王府咨议……春秋七十有二，永徽六年某月日，终于苏州。"

4.进士科

隋设进士科，史有明文。《旧唐书》卷一○一《薛登传》："炀帝嗣兴，又变前法，置进士等科。"（唐）杜佑《通典》卷一四《选举典》二《历代制》中："进士科，始于隋大业中。"此二书，明确指示隋炀帝大业间创置进士科。可是，据隋朝登进士科之官员登科时间算，有在炀帝时登进士的，如杨纂、孙伏伽、侯君素等，更有在隋文帝开皇间登进士的，如房玄龄、温彦博、杜正仪等。故尔，进士科到底是开皇间已有，抑是大业间创置，尚难确定。可以肯定的是，隋代科举科目已有进士科。本书已收录隋进士十人：杨纂、孙伏伽、侯君素、房玄龄、温彦博、杜正仪、张损之、许善心、张父会、李贞孝。

《全唐文》卷三九三独孤及《唐故河南府法曹参军张公（从师）墓表》：

> 唐逸士吴郡张从师，冲和纯粹，辩博宏达……初，公祖损之，隋大业中进士甲科，位至侍御史、尚书水部郎。

《新唐书》卷九六《房玄龄传》：

> 房玄龄，字乔，齐州临淄人……年十八，举进士，授羽骑郎，校雠秘书省……薨，年七十一。

---

① 《全唐文》卷九九五阙名《大唐故监察御史荆州大都督府法曹参军赵府君墓志铭》，第10310页。

据韩国磐《隋唐五代史论集》之《关于科举制度创置的两点小考》：

> 考房玄龄卒于贞观二十二年（公元 648 年），两《唐书》和《资治通鉴》等书的记载相同。按《旧唐书》终年七十岁上推，则十八岁时为开皇十六年（公元 596 年），按《新唐书》终年七十一岁上推，则十八岁时为开皇十五年（公元 595 年），亦即在开皇十五或十六年时，房玄龄被举为进士。因此，进士科必须是在开皇十五或十六年时已经出现。①

玄龄举进士在开皇年间。然，唐人多以隋炀帝大业间创置进士科。如薛登在武则天天授年间上疏曰："炀帝嗣兴，又变前法，置进士等科。"（《旧唐书》卷一〇一《薛登传》）则此说当存疑备考。

（二）制举科目

皇帝自诏、亲试举子，为制举。隋已有之。制举科目临时而置。炀帝十科，不同于秀才、明经、进士等常举科目，类于后世制科科目，如：执宪不挠、才堪将略、文才秀美等。其考试方法是射策，即皇帝出策题，举子对策。

《隋书·高祖纪》上："开皇二年正月甲戌，诏举贤良。"②

《新唐书》卷四四《选举志》："唐制，取士之科，多因隋旧。然其大要有三：由学馆者曰生徒，由州县者，曰乡贡……其天子自诏者曰制举。"

《隋书》卷三《炀帝纪》上："（大业三年夏四月）甲午，诏曰：'夫孝悌有闻，人伦之本；德行敦厚，立身之基。或节义可称，或操履清洁，所以激贪厉俗，有益风化。强毅正直，执宪不挠，学业优敏，文才秀美，并为廊庙之用，实乃瑚琏之资，才堪将略，则拔之以御侮，膂力骁壮，则任之以爪牙……宜依令十科举人。'"③

《隋书》卷三《炀帝纪》上："（大业五年六月）辛亥，诏诸郡学业该通、才艺优洽，膂力骁壮、超绝等伦，在官勤奋、堪理政事，立性正直、不避强御四科举人。"

《隋书》卷七七《隐逸传·崔廓传附子颐》："崔廓字士玄，博陵安平人……有子曰颐，颐字祖濬，七岁能属文，容貌短小，有口才。开皇初，秦孝王荐之，射策高第，诏与诸儒定礼乐，授校书郎，寻转协律郎……征为河南、豫章二王侍读……后征起居舍人……辽东之役，授鹰扬长史……宇文化及之弑帝也，引为著作郎，称疾不起。在路发疾，卒于彭城，时年六十九。"

《新唐书》卷九五《高士廉传》："高俭，字士廉，以字显，齐清河王岳之孙。父励乐安王，入隋为洮州刺史……仁寿中，举文才甲科，补治礼郎……会世大乱，京师阻绝，交趾太守丘和署司法书佐……高祖遣使徇岭南，武德五年与和来降，于是秦王领雍州牧，荐士廉

---

① 韩国磐《关于科举制度创置的两点小考》，《隋唐五代史论集》，第 296—297 页。
② 《隋书》卷一《高祖纪》上，第 17 页。
③ 《隋书》卷三《炀帝纪》上，第 76 页。

为治中,亲重之。"按:《隋书》卷三《帝纪第三·炀帝上》载大业三年(607)诏文武五品以上依令十科举人,高士廉举文才甲科,所应盖即十科中之"文才秀美"科。分科举人盖唐制举之先声。

《安南志略》卷十《历代羁臣》:"高俭,字士廉,齐清河王岳之孙。隋仁寿中举文才,中甲科,补户部吏。"

隋朝科举无门阀限制,文帝开皇九年颁求贤诏,"公卿、士、庶""有才必举"。① 只要有才,庶人也在贡举之列。但对下层群体仍有限制,即不许从事手工业和商人者应举。隋文帝开皇十六年降制:"工、商不得进仕。"②

---

① 《隋书·高祖纪》下,开皇九年夏四月壬戌条。
② 《隋书·高祖纪》下,开皇十六年六月甲午条。

第二章　唐代科举

第一节　有关唐代登科人的资料

科举制行用了将近 1300 年（隋大业三年至清光绪三十一年，607—1905），关于历朝登科人之记载，并不完整。明、清两朝有较完整的进士题名录保存下来。宋、元各有两榜进士题名，金有进士题名保存，其余均已散失。唐朝则无一榜完整登科记存留。现有的关于唐、五代《登科记考》，系清朝一代学者徐松的辑本，阙漏颇多。宋、辽、金、元尚无后人整理的较完整之登科记。

有关唐代科举试及第人的资料，最基本的自然属唐代人当时制作的登科记。《登科记》确肇始于唐。唐代诗人张籍在其《赠贾岛》诗中说："姓名未上《登科记》，身屈惟应内史知。"（《张籍诗集》卷四）张籍是盛唐人，可见，其时《登科记》已在社会流行。在这之前，唐中宗时，就已有人逐年记载登第进士的姓名，称作《进士登科记》，时人视为"千佛名经"甚至把它捧在头顶上（见封演《封氏闻见记》卷三《贡举》）。封氏说："好事者纪其姓名，自神龙（705—706）以来，迄于兹日，名曰《进士登科记》，亦所以昭示前良，发起后进也。"可见，初起，是由民间私人撰编《登科记》，素材采自登科人的通知书——金花贴子，也称榜贴。它以白绫为轴，贴以金花，上面写着知举官姓名、年岁、生辰，以及父、祖大名，其下录有本榜状元姓名、籍贯及同科登第人（名次及籍贯）。由朝廷专差送到及第进士的故里。郑颢在宣宗大中十年（856）所上登科记表中称："自武德以后，便有进士诸科，所传前代姓名，皆是私家记录。"（《唐语林》卷四）。据傅璇琮统计："唐人所编的登科记，在穆宗长庆（821—824）以前，就有十几种，大抵在宣宗以前的登科记，都系私人所编。"（《唐代科举与文学》第五页）《新唐书·艺文志》尚记录有三种：崔氏《唐显庆登科记》五卷，姚康《科第录》十六卷，李奕《唐登科记》二卷。据南宋人洪适《盘洲文集》卷三四《重编唐登科记序》说："崔氏《显庆登科记》所录进士及第人，始自高祖武德，迄于德宗贞元。官修《登科记》始于唐宣宗大中十年（856）。"《唐语林》对此有记载："宣宗尚文学，尤重科名。大中十年，郑颢知举，宣宗索登科记，颢表曰：'自武德以后，便有进士诸科，所传前代姓名，皆是私家记录。臣寻委当行祠部员外郎赵璘访诸科目记，撰成十三卷，自武德元年至于圣朝。'敕翰林，自今放榜后，仰写及第人姓名及所试诗赋题目进入。仰所司逐年编次。"郑颢（宣宗女婿)出面主持、由赵璘(《因话录》作者,曾任刺史)实际担任编纂的这部登科记,被载入《册府元龟》卷六四一《贡举部·条制》之三:"(大中)十年四月,礼部侍郎郑颢进诸家科目记十三卷,敕付翰林,自今放榜后仰写及第人姓名及所试诗赋题目进入内,仍付所司逐年编次。"其后宋人也曾编过唐代登科记,如乐史、洪适等。(见《玉海》卷一一五《选举》,记述了乐史上《登科记》三十卷,洪适《重编唐登科记》,据说前者明后期亡佚)。今天我们唯一能看到的一份《唐登科记总目》,可能是来自乐史《登科记》,存于《文献通考》卷二九《选举考》中。《通考》之《经籍考》值得注意的是,《通考》所载《唐登科记总目》所录以进士、诸科制科、秀才为主,上书拜官人也列入登科人。而"诸科"指"明法、明字、明算、史科、道举、开元礼、童子举"等,偏偏不包括人数最多之"明经科"(宋代,诸科包括明经)。如:武后光宅元年进士十六人,上书拜官并诸科九人。

马端临沿袭崔氏《显庆登科记》、乐史《登科记》之体例,仅载"进士,诸科姓名。"故徐松在《登科记考》之"凡例"中指出:《唐登科记总目》,"明经不在此数";且"明经为记传"所无。那么,除此以外,我们能利用哪些史籍研究唐代科举制和唐代登科人呢? 当然,首推徐松《登科记考》,它实际上是一部唐、五代科举考试编年史,也提供了迄今为止所有著作中最完整的一份进士、明经及诸科、制举及第人记录。其后有岑仲勉、张忱石、陈尚君等近现代人都作过考补。《文献》上有刊载,岑仲勉之补考作为《登科记考》之附录采入。陈尚君的补考已发表五万字,见于广西师大出版社出版之《唐代文学研究》。

杜佑《通典》卷一三至一八之《选举典》、《文献通考》卷二九《选举考》之二《举士》主要讲唐代,《文献通考》卷二九《选举考》之三《举士》讲至五代科举制及《五代登科记总目》(按:也是不载明经及第人)。其次《唐会要》卷七六,有制举及第人271个名单。

新、旧《唐书》之本纪、列传及《新唐书》之《选举志》、(宋)计有功《唐诗纪事》、(元)辛文房《唐才子传》十卷,《唐大诏令集》《册府元龟》中之制举专章。《唐代墓志汇编》《全唐文》《全唐诗》,及唐代笔记《唐摭言》《唐语林》(宋王谠)、《太平广记》五百卷、《隋唐嘉话》《大唐新语》《朝野佥载》《因话录》《刘宾客嘉话录》《玄怪录》《续玄怪录》《独异志》《博异志》《剧谈录》《封氏闻见记》。宋代,有钱易《南部新书》、孙光宪《北梦琐言》《唐五代士大夫轶事》等等。笔记部分,可参方积六等编《唐五代五十二种笔记小说人名索引》。此外《唐郎官石柱题名考》(清赵钺和劳格)、《万姓统谱》《元和姓纂》(唐林宝)都有不少及第人之史料。关于五代时期的科举史料,除上面已提到的几部政书外,有新、旧《五代史》《九国志》(宋路振)、《十国春秋》(清吴任臣),两部《南唐书》(宋陆游与马令)、《五代史补》(宋陶岳)等,以及《全五代诗》《全唐五代词》。传记索引工具书,即有傅璇琮等著《唐五代人物传记资料综合索引》。

正史、文集、笔记、碑刻之外,重要的史料渊薮,就是方志。

第二节　唐朝科举制的确立——唐代科举的体貌特征

唐代朝廷已有科举取士的自觉,逐步建立起一整套科举考试的制度,唐朝科举制已然确立。先宏观地考察一下唐代科举取士的措施。

唐建国之初,人才十分缺乏。为了招揽人才,高祖武德四年(621)四月一日下诏:

> 敕诸州学士及白丁,有明经及秀才、俊士、进士,明于理体,为乡里所称者,委本县考试,州长重复,取上等人,每年十月随物入贡。斯我唐贡士之始也。(《唐摭言》卷一)

此为唐代最早的关于科举取士的诏书。唐太宗时,科举取士之制得到进一步推行,他借科举考试收罗"天下英雄"(同上书卷一五)。然唐初,每年录取的进士、明经及第人,为数并不多。据徐松《登科记考》统计,贞观时每年平均所取进士仅为 9 人。至高宗时,"承平既久,人康俗阜,求进者众,选人渐多"(《通典》卷一五《选举》三),科举取士之数量才明显增加,高宗总章以后,每年平均取进士 24 人。武则天十分重视科举,尤其是制举,几乎变成常选,明于慎行《谷山笔麈》卷八:"唐天授元年,武后亲策贡士于洛城殿,此殿试之始也。长安二年正月,初设武举,其制有长垛、马射……身材之选,此武举之始也。"从垂拱四年至长安二年(688—702)十五年间,举行了十一次制举考试,"文第高者持授以美官",开元名相姚崇、张说都出自武则天时的制科。武则天于长安二年(702)创立武举科,于载初元年(689)亲自在洛城殿策问贡人,开后世殿试之先例,这对唐代科举制的长足发展,起了很大的推动作用。科举出身的高级官员比例,至武则天时已占了一半:唐太宗时期占3.4%,唐高宗时期占 25%,武则天时期占 50%。

唐初,秀才、进士均试策。至则天神龙(中宗已即位)元年(705),进士科规定需考诗赋,从此,以诗赋取士的风气大盛。开元以后"缙绅闻达之路惟文章"(独孤及《毗陵集》卷一一《顿丘李公墓志》)。于是,中小地主和下层平民子弟读书人通过科举入仕,特别是通过进士科及第获取高位的人日益增多,从而激起了凭借门荫起家的权贵的反抗。这导致了唐代的朋党之争,最突出的是宪宗朝的牛李党争。出身赵郡士族的李德裕,公开鼓吹"朝廷显官,须公卿子弟为之。何者?少习其业,且熟朝廷事,台阁之仪,不教而自成。寒士纵有出人之才,固不能闲习也。"(《新唐书·选举志》)李德裕、郑覃等李党几次提出要废罢进士科。文宗认为"此科置已二百年""轻薄敦厚,色色有之"(《旧唐书·郑覃传》),未予同意。科举制终于在唐代固定地被建立起来,成为唐代取士的正途。宪宗以后,进士出身在宰相中比例始终占据多数,标志着科举制在选官中的主导地位已完全确立:

	宪宗	穆宗	敬宗	文宗	武宗	宣宗	懿宗
宰相总数	29	14	7	24	15	23	21
进士比例(%)	58.6	57.1	85.7	75	80	87	81

(引自吴宗国《科举制与唐代高级官吏的选拔》刊《北京大学学报(哲学社会科学版)》1982 年第 1 期)

文宗曾感叹地说:"去河北贼(指河朔三镇)非难,去此朋党实难!"(《旧唐书·李宗闵传》)陈寅恪就牛李党争评论说:"牛李两党的对立,其根本在两晋南北朝以来山东士族与唐高宗武后之后由进士词科进用之新兴阶级,两者互不相容。"(《唐代政治史述论稿》)。

从开国皇帝唐高祖武德四年降敕行科举,武德五年(622)首次举行贡举试,取秀才一人、进士四人。此后逐岁举行,至唐末帝哀帝李柷天祐四年(907)唐亡国,举行最后一榜科举试,取进士二十一人、诸科二人止。唐代"二百八十九年,逐岁取进士"①。科举考试取士制度,已成为唐代的国策。毫无疑义,科举制在唐代完全确立,成了选举制的一个部分。

但唐科举制取士,远未发达,在诸途选士中,明经、进士及第,每年不过百人,流外出身每岁二千余人,不足十分之一,不如胥吏之得仕。② 但高端人才进士出身占比高,据统计,唐代 378 名宰相中,登科出身为 214 人,约占 57%。③ 这已昭示着科举取士的广阔前景。

唐代为中国科举史上科举制确立时期,主要表现在科举考试整个流程的明确,具体表现在以下十一条。

唐代科举,逐步建立起一套科目考试取士制度。主要内容为:

一、州县士人可投状报考"贡士"(举人)。《新唐书·选举志》:"举选不由馆、学者,谓之乡贡,皆怀牒自列于州、县。"④这是选举制度上的一个突破。无论是汉代察举制,还是魏晋南北朝九品中正制,都不允许通过个人投状走入仕途。而唐代已在国子监、州县学举送贡举人之外,打开半扇"自由报考"的大门。所谓"怀牒",就是投状。高明士称:"牒,就是状,也就是家状。内容包括籍贯、三代名讳等。"⑤州、府贡士名额有限额,上州三人、中州二人、下州一人。

二、科举考试定级、定点,统一由中央尚书省组织举行。唐代实施解试、省试二级考试。地方州、县考试称"解试"。赴京师到尚书省考试称"省试",省试设于吏部,玄宗开元二十四年(736)后,移于礼部,由礼部侍郎专知贡举试。考试场所在吏部或礼部南院,后称贡院。贡院之名后世沿用不废,直至清代。

三、科举考试定时。常举,一岁一考。每年孟冬(十月),州、县、馆、监完成解试,将合格贡士(举人)送之尚书省试,称省试。《唐摭言》卷十五)载:

> 高祖武德四年四月十一日,敕诸州学士及白丁,有明经及秀才、俊士,明于礼体,为乡曲所称者,委本县考试,州长重覆,取上等人,每年十月随物入贡。至五年十月,诸州共贡明经一百四十三人,秀才六人,俊士三十九人,进士三十人。⑥

唐黄滔《省试——吹竽》:"齐竽今历试,真伪不难知……以此论文学,终凭一一窥。"⑦

---

① 元马端临《文献通考》卷二九《选举考》二《唐登科记总目》,中华书局,1986 年,第 276—280 页。
② 宋洪迈《容斋三笔》卷六《减损入官人》,上海古籍出版社,1996 年,第 489 页。
③ 张希清、毛佩琦、李世愉主编《中国科举制度通史》,上海人民出版社,2015 年,第 5 页。
④ 《新唐书》卷四四《选举志》。
⑤ 高明士《隋唐贡举制度》第二章《唐代的贡举制度》第二节《考试过程及其改进》,第 100 页。
⑥ 《唐摭言》卷十五《杂记》,见《唐五代笔记小说大观》下册,第 1703 页。
⑦ 《全唐诗》卷七〇六《黄滔》三《省试——吹竽·乾符二年》,中华书局,1960 年,第 21 册,第 8124 页。

次年正月或二月举行省试。试卷阅毕,登科人统一在礼部南院东墙张榜公布,称"放榜"。《唐摭言》载:

> 进士旧例于都省(尚书都省)考试,南院放榜,南院乃礼部主事受领文书于此,凡板样及诸色条流,多于此列之。张榜墙乃南院东墙也。别筑起一堵,高丈余,外有墙垣,未辨色,即自北院将榜就南院张挂。①
>
> 唐黄滔《送人明经及第东归》:"十问九通离义床,今时登第信非常。亦从南院看新榜,旋束春关归故乡。"②

四、科举考试设定科目。科举本称贡举。贡举前身是察举。贡举由馆、学与州县举送自行投牒报考合格士子至尚书,侧重于贡士。科举,是分科取士,侧重于科举按不同科目考试取士。虽然考试官称"知贡举",但流行的称呼仍是"科举"而不是贡举。

唐代科目,初,沿隋制,武德四年、五年,有明经、秀才、俊士、进士四科(按:见上引《唐摭言》)。唐太宗以后,增至六科:秀才、明经、进士、明法、书、算。《唐六典》载:

> (考功)员外郎掌天下贡举之职。开元二十四年,敕以为权轻,专令礼部侍郎一人知贡举。凡诸州每岁贡人,其类有六:一曰秀才,二曰明经,三曰进士,四曰明法,五曰书,六曰算。③

以上六科,是唐代常举的基本科目,杜佑《通典》认同:

> 其常贡之科,有秀才,有明经,有进士,有明法,有书,有算。④

《通典》又说:贞观中,罢秀才科。"自是士族所趋向,唯明经、进士而已。"

明经科包含五经、三经、二经、学究等科。

据《新唐书·选举志》,尚有一史、二史、开元礼、道举、童子科等。此为太宗朝后陆续增置。

常科之外有制举:"其天子自诏者曰制举。"⑤

武则天长安二年(702)增置武举。《通典·选举》载:

---

① 《唐摭言》卷十五《杂忆》,见《唐五代笔记小说大观》下册,第 1703 页。
② 《全唐诗》卷七〇五《黄滔》二《送人明经及第东归》,第 21 册,第 8116 页。
③ 唐李林甫等《唐六典》卷二《考功员外郎》,中华书局,1992 年,第 44 页。
④ 《通典》卷一五《选举》三《考绩·大唐》,第 353 页。
⑤ 《新唐书》卷四四《选举志》,第 1159 页。

长安二年,教人习武艺,其后每岁如明经、进士之法,行乡饮酒礼,送于兵部。①

唐代科举试科目众多,但综观唐朝二百八十九年科举史,可以看出,科目设置有生有灭,有基本常科,有次要的偏科,不能一概而论。秀才科以其尤异高难度,实施不过三四十年,至取不了人而罢。道举因玄宗迷恋道教而设,曾在天宝间盛极一时,也不过点缀而已。明法、明字、明算都是偏于一隅。三史科、开元礼,中唐后才置,属支流末节。傅璇琮《唐代科举与文学》谓:

> 在唐代,做到宰相和六部大员,及地方州郡长官的,很多是通过进士、明经和制科而逐步得到升迁。进士、明经和制科代表了唐代科举制的主要特点,也是唐代高级官员入仕的重要途径。②

五、主考试官称主司,副贰称副主司。固定由考功员外郎知贡举;开元二十五年(737)后,以考功员外郎位轻,"不足以临多士,乃使礼部侍郎掌焉"③。则改由礼部侍郎知。礼部侍郎阙,由他官代知,称"权知贡举"。试前,已确定知举官,常态化。《册府元龟·贡举部·总序》:

> 武德旧制,以考功郎中监试贡举,贞观以后,则考功员外郎专掌之……明皇开元二十四年制,令礼部侍郎专掌贡举……其后,礼部侍郎缺人,亦以它官主之,谓之'权知贡举'。其知贡举者,皆朝廷美选。④

中唐以后,多用中书舍人权知贡举。《文献通考·选举考》:

> 开元时,以礼部侍郎专知贡举,其后或以他官领,多用中书舍人及诸司四品清资官。⑤

值得注意的是,任命知贡举官与贡试(省试)有时间差。通常,本年十月、十一月任命知举官,至来年春考试。这显然有利于主司与举子交通关节。为国抢才,志在公道。朝廷采取了防范措施。中、晚唐知举官已有锁院制度之立。《唐摭言·争解元》记载:

① 《通典》卷十五《选举》三《考绩·大唐》,第354页。
② 傅璇琮《唐代科举与文学》,陕西人民出版社,1989年,第40页。
③ 《大唐新语》卷一〇《厘革》,第153页。
④ 宋王钦若等《册府元龟》卷六三九《贡举部·总序》,中华书局,1966年,第7661页下栏。
⑤ 《文献通考》卷三〇《选举考》三《举士·梁太祖》论,第281页上栏。

（长庆四年，李宗闵知贡举）合肥李群遂束书就贡。比及京师，已锁贡院，乃捶院门请引见。公问其所止。答云："到京后时，未遑就馆。"合肥神质瑰秀，主（主司）、副（副主司）为之动容。因曰："不为作状头，便可延于吾庐矣。"①

大中元年（847），魏扶知贡举，题诗曰：

> 梧桐叶落满庭阴，锁闭朱门试院深。曾是昔年辛苦地，不将今年负前心。②

唐代实行锁院制度的目的，是限制知贡举者在知贡举期间的自由，隔绝其与外界的联系，以免请托、漏题，引发舞弊问题。③

六、考试分三场举行。明经：帖经、经义（问大义十条）、时务策（三道）三场。进士：帖经，试诗、赋（各一篇），时务策（五道）三场。④

一场以一日为限，上午卯时（五至七时）发试卷开考，酉时（下午五至七时）收卷，可延迟，晚上至三烛尽（半夜）。唐张鷟《龙筋凤髓判》：

> 太学生刘仁范等，省试落第，挝鼓申诉，准式卯时付问头，酉时收策试。日晚，付头不尽经业。更请重试。⑤

太学生刘仁范等，按规定傍晚七时收卷，"不尽经业"，策试试卷未答完，收卷。

然，唐肃宗时，已见酉时未尽答卷，许"烧烛三条"："唐制，举人试日，既暮，许烧烛三条。"⑥

三场所考，每场定去留，第一场试至关重要。《旧唐书·韦涉传》："曩者主司取与，皆以一场之善，登其科目，不尽其才。"⑦唐黄滔《下第诗》："辞家从早岁，落第在初场。"⑧

三场试次序，唐前期，先帖经，次杂文（诗、赋），最后试策。《唐六典·礼部·礼部尚书》："凡进士先帖经，然后试杂文及策。"⑨中唐以后，以诗赋为第一场，第二场帖经，第三场试策。《册府元龟·贡举部·条制》："（大和八年）十月，礼部奏进士举人……试诗赋、

---

① 《唐摭言》卷二《争解元》，见《唐五代笔记小说大观》下册，第1589页。

② 《文献通考》卷三〇《选举考》三《举士·梁太祖》论，第281页上栏。宋钱易著、梁太济笺证《南部新书溯源笺证》戊卷，中华书局，2013年，第239页。

③ 张希清、毛佩琦、李世愉主编《中国科举制度通史》，第405、406页。

④ 岑仲勉《隋唐史》卷下《唐史》，第183页。

⑤ 唐张鷟《龙筋凤髓判》卷二《国子监二条》《丛书集成初编》本。

⑥ 宋胡仔《苕溪渔隐丛话·后集》卷二十一《王禹玉》，人民文学出版社，1993年，第159页；元马端临《文献通考》卷二九《选举考》二《举士·唐》，唐肃宗乾元初条注。

⑦ 《旧唐书》卷九十四《韦安石传·子陟》，第2959页。

⑧ 《全唐诗》卷七〇四《黄滔》一《下第》，第21册，第8101页。

⑨ 《唐六典》卷四《礼部》。

帖经、时务策五道。"①

七、常科与制举之别。明经、进士科等常科及第后,只取得入仕资格,称为"出身",须经吏部铨选试通过,方得命以职事。有科举"出身二十余年的选人,而不禄者"②,即不能通过吏部试而获一命者。韩愈进士及第后,三试吏部而不成。韩愈《答崔立之书》③:

> 及来京师,见有举进士者,人多贵之……因诣州县求举,四举而后有成,亦未即得仕……凡二试于吏部,一既得之,而又黜于中书。虽不得仕,人或谓之能焉。
>
> 注曰:唐进士礼部既登第后,吏部试之,中其程度,然后命之官。公(韩愈)贞元八年第进士,至是三试吏部不售。斯立(崔与之)以书勉之。而公以书答之也。

《文献通考·选举考》谓:

> 唐士之及第者,未能便解褐入仕,尚有试吏部一关。韩文公三试于吏部无成,则十年犹布衣。且有出身二十年不获禄者。④

天子自诏试士,称制举,即皇帝亲试于殿廷者。制举科目繁多。如贤良方正、直言极谏、博通坟典达于教化、军谋宏远堪任将帅等等。制举登第者,立即授予官职。如杜牧"以进士登第,又制举登乙科,解褐,弘文馆校书郎"制举第四等,即授弘文馆校书郎。⑤ 张无择登明经第,复应制举,中精通经史科,补弘文馆校书郎。⑥ 制举登第后,升迁很快。王应麟《困学纪闻》称:

> 唐制举之名,多至八十有六,凡七十六科,至宰相者七十二人。⑦

制举因登第即解褐授官,优于他科,故尔,制举在唐代为最隆重之科:

> 唐代科举最隆重者,曰制科。名目繁多,随时不同……已中进士,亦应制科,且有一应再应者。入选之人,每次不过三数名,又非岁岁举行。⑧

---

① 《册府元龟》卷六四一《贡举部·条制三》,第 7684 页下栏。
② 高明士《隋唐贡举制度》第二章《吏部选试》一《铨选》,第 113 页;《通典》卷一五《选举》三《考绩·大唐》,第 359 页。
③ 唐韩愈撰,马其昶校注,马茂元整理《韩昌黎文集校注》第三卷《答崔立之书》,上海古籍出版社 1986 年,第 166—167 页。《唐摭言》卷十五《杂记》,见《唐五代笔记小说大观》下册,第 1703 页。
④ 《文献通考》卷二九《选举考》二《唐登科记总目》论,第 280 页。
⑤ 《旧唐书》卷一四七《杜佑传·子牧》,第 3986 页。
⑥ 唐白居易撰,朱金城笺《白居易集笺》卷四一《唐故通议大夫和州刺史吴郡张公神道碑铭并序》,上海古籍出版社,1998 年,第 2682 页。
⑦ 《困学纪闻》卷十四《考史》,第 1612 页。
⑧ 岑仲勉《隋唐史》卷下《唐史》,第 183 页。

在唐代,"争霸群英",非制科莫属,而非进士科。清王鸣盛《十七史商榷》,对此有所综述:

> 有得进士第后又中制科者,如《刘蕡传》,蕡擢进士第,又举贤良方正能直言极谏科;《儒学传》,马怀素擢进士第,又中文学优赡科;《文艺传》,阎朝隐连中进士、孝悌廉让科、隐逸科,贺知章擢进士、超拔群类科,是也。有得明经第后又中制科者,如归崇敬擢明经,调国子直讲,举博通坟典科,对策第一,迁四门博士,是也。有得官后中制科者,如张鷟登进士第,授岐王府参军,以制举皆甲科,再调长安尉;殷践猷为杭州参军,举文儒异等科,是也。不能罗列,随取几条以见之。①

八、设宾贡科,以待外国留学生应举。大唐之盛,使邻国羡慕向风,吸引了东亚、西亚、中亚外国学子来华应举登科。因其中华儒家经典文化学养,逊于唐本土士子,于是朝廷特为设置宾贡科,始设时间为穆宗之后,以满足外国学子的渴求。严耕望《新罗留唐学生与僧徒》一文谓:

> 唐代科举取士,登第者光宠殊异。外国学生之留唐习业者,自亦羡慕而愿意就试,然其学艺程度,究竟远逊于华人,故唐政府特设宾贡科以待之。其他诸国学子固有登宾贡科第者,但究竟少数,而新罗自长庆至五代登第者盖近百人。②

唐代宾贡科,约始设于唐穆宗长庆元年(821)杜师礼榜,有新罗金云卿登第,附于榜末。此事见于高丽崔瀣《拙藁千百·送奉使李中父还朝序》:

> 长庆初,有金云卿者,始以新罗宾贡题名杜师礼榜。

《桂苑笔耕》作者新罗人崔致远,《新唐书·艺文志》著录:

> 崔致远《四六》一卷,又《桂苑笔耕》二十卷,高丽人,宾贡及第,高骈淮南从事。③

据高明士考证,曰崔致远"高丽人,误"。除新罗、高丽留学生宾贡及第外,尚有渤海人,如乌炤度、高元固等"入唐应宾贡试";大食人李彦昇、波斯人李珣等。④

九、唐代每榜录取人数不多,平均二十人。据《唐登科记总目》,进士科少的一榜只取

① 《十七史商榷》卷八一《考史·得第得官又应制科》,第707页。
② 严耕望《新罗留唐学生与僧徒》,见氏著《唐史研究丛稿》,香港:新亚洲研究所,1969年,第432页。
③ 《新唐书》卷六〇《艺文志》,第1617页。
④ 高明士《隋唐贡举制度》第三章《宾贡科的起源与发展》,第148—153页。

一人,如调露二年(680)进士一人、永隆二年(681)进士一人;最多者,开元元年(713)进士七十一人。中宗以后,录取二十人以上,晚唐定额为三十人。据《唐摭言》:

> 圣唐有天下,垂二百年,登进士科者三千余人。①

马端临《文献通考·选举·唐登科记总目》引用了这段记载,并予以引申:

> 《唐摭言》:"圣唐有天下,垂二百年,登进士科者三千余人。"以此证之,则每岁所放不及二十人。《登科记》不误矣。②

十、唐代进士、明经登第,只取得铨选入仕资格,不能直接释褐入仕。其制为,应省试及第后的登科人,须于"省内试判二道后,具判中堂及具成状申铨、团奏,请定冬集"③。这就是关试。通过关试取得春关之后,吏部南曹据登科人的科目、及成绩等级,在其春关上写明应待选的年限。待选年限有具体规定。唐玄宗开元三年(715)六月,诏:

> 其明经、进士擢第者,每年委州长官访察,行业修谨,书判可观者,三选听集。并诸色选人者,若有乡闾无景行,及书判全弱,选数纵深,亦不在选限。④

及第人待选,为选人。选人待选之制,至唐后期未变。

唐文宗大和九年(835),中书门下奏:"起来年进士及第后,三年任选,委吏部依资尽补州府参军、紧县簿尉。"⑤

新进士三五年能经吏部试注官,还属幸运者。有的及第进士,竟拖至二十年尚未授官者:中唐时,有姓孟的一位进士,"中杨叶"已二十年,犹一袭青袍浪迹江湖:

> 孟子以乡举秀才,射策甲科,二十年矣。同时中杨叶者,今或蔚为六官亚卿(尚书省六部侍郎),或彤襜虎符,秩二千石(州刺史),而孟子犹羸马青袍客江潭间,遇与不遇,何其廖廔也!⑥

十一、唐代科举考试,不唯在考场,在考场之外,"战斗"已经打响。应举士子通过行卷、公荐、通榜等途径,千方百计给主司官留下印象分,此印象分,往往成为取士的参考分。

① 《唐摭言》卷二《恚恨》,见《唐五代笔记小说大观》下册,第1591页。
② 《文献通考》卷二九《选举考》二《登科记总目》,第280页。
③ 《五代会要》卷二二《吏曹裁制》,中华书局,1985年,第272页。
④ 《册府元龟》卷六三五《铨选部·考课》,第7622页。
⑤ 《册府元龟》卷六四一《贡举部·条制三》,第7684页。
⑥ 唐独孤及《毗陵集》卷一六《送孟评事赴都序》,文渊阁《四库全书》第1072册,第283页。

典型的例子是韩愈公荐举人。洪迈《容斋四笔·韩文公荐士》谓：

> 唐世科举之柄，颛付之主司，仍不糊名。又有交朋之厚者为之助，谓之通
> 榜……未引试之前，其去取高下，固已定于胸中矣！
>
> 韩文公与祠部陆员外书云："执事与司贡士者相知识，彼之所望于执事者，至
> 而无间，彼之职在乎得人，执事之职在乎进贤，如得其人而授之，所谓两得矣。"①

韩愈通过执事（祠部员外郎陆修），向知贡举官，推荐（公荐）自己认可的"贤士"十人：
侯喜、侯云长、刘述古、韦群玉（按：此四人属首荐），沈杞、张苰、尉迟汾、李绅、张后余、李
翊。时贞元十八年（802），中书舍人权德舆知举，放进士二十三人，"尉迟汾、侯云长、韦纾
（群玉）、沈杞、李翊"五人登第。十九年，权德舆以礼部侍郎知举，放二十人，侯喜登第。永
贞元年（805），放二十九人，刘述古登第。"通三榜，共七十二人，而韩所荐者预其七。元和
元年，崔郏下放李绅，又放张后余、张苰。"则韩愈所公荐十人，先后全部登进士第。这当然
是个例。但已可见试前"公荐""通榜"的影响力。

那么，韩愈又通过什么途径，得知此十位举子的才学的呢？是士子行卷、温卷。《云麓
漫钞》载：

> 唐之举人，先借当世显人，以姓名达于主司，然后以所业投献，逾数日又投，
> 谓之"温卷"。②

这就是士子投所习举业文章给当世名人，以博得好印象，期获得一荐。《文献通考》记载更
为具体：

> 天下之士，什什伍伍，戴破帽、骑蹇驴，未到门百步，辄下马，奉币刺，再拜，以
> 谒于典客者，投其所为之文，名之曰"求知己"。如是而不问，则再如前所为者，名
> 之曰"温卷"，如是而又不问，则又执贽于马前，自赞曰："某人上谒者。"③

韩愈以文名采誉天下，故能得到他的公荐，达于主司，这就是举子通过行卷于名人，获
其推荐，实举子之幸。"唐人应举者，卷轴所为诗文，投之卿大夫，谓之行卷。"行卷之外，还
有纳省卷之制。程千帆《唐代进士行卷与文学》云：

> 进士到礼部应试（即所谓省试，礼部属尚书省）之前，除了上面所谈的要向有

---

① 宋洪迈《容斋四笔》卷五《韩文公荐士》，上海古籍出版社 1996 年出版，第 670 页。

② 宋赵彦卫撰《云麓漫钞》卷八，中华书局，1996 年，第 135 页。

③ 《文献通考》卷二九《选举考》二《举士》，第 274 页。

地位的人投行卷之外,还要向主司官纳省卷。①

据唐李商隐《与陶进士书》,省卷是纳贡院的:

时独令狐补阙最相厚,岁岁为写出旧文纳贡院。②

行卷与纳省卷是有别的,清冯诰注《樊南文集·与陶进士书》说得分明:

唐人应举者,卷轴所为诗文,投之卿大夫,谓之行卷。

唐时进士必先写旧文,纳贡院,不徒凭一日之短长也。

唐无弥封、誊录试卷等制度。或谓唐武则天时,曾实行"糊名考判,立格注官",但于天册万岁元年(695)十月则罢。唐玄宗开元十年(722)九月敕:"今年吏部选人,宜依例糊名试判,临时考第奏闻。""依例",即说明以前曾施行过选人注官"糊名考判"法。但此糊名非科举试中试卷糊名之制,而是科举试及第取得出身资格后的选人,赴吏部铨试,行"糊名"之法。③ 举人试卷糊名,乃宋朝之制。

第三节　唐代科举制度分论

一、唐科举科目

唐代科举项目,主要是进士、明经和制举,总的又分为岁举常选与制举非常选两大类。以下分类简述之。

(一) 常选

一般指岁举性科目。唐代常选科目,有增减、前后总计不下几十种,《新唐书·选举志》所载十二种,其中明经又分为七种。④ 但较常见者为六种,《唐六典》载:"一曰秀才,试方略第五条。此科取人稍峻,贞观以后遂绝。二曰明经,三曰进士,四曰明法,五曰书,六曰算。"⑤

1.秀才科　唐以前,与科举无关。原为汉代察举科目,历至隋唐初成为最高科等。《通典·选举》:"初,秀才科等最高。"⑥至唐,武德四年(621)秀才科与进士科同置。苏鹗

---

① 程千帆《唐代进士行卷与文学》,第7—8页。

② 唐李商隐著,清冯诰详注,钱振伦、钱振常笺注《樊南文集》卷八《与陶进士书》,上海古籍出版社,1988年,第443页。

③ 《唐会要》卷七五《选部》下《杂处置》,第1609页。

④ 《新唐书》卷四四《选举志》,第1159页。

⑤ 《唐六典》卷四《礼部尚书》。

⑥ 清赵翼撰,曹光甫点校《陔余丛考》卷二八《秀才》,上海古籍出版社,2011年,第527页;《通典》卷一五《选举》三《考绩·大唐》,第354页。

《苏氏演义》:"近代以诸科取士甚多。武德四年,复置秀才、进士两科。"①《文献通考·选举考》二《举士·唐》:武德五年"秀才一人,进士四人。凡秀才试方略策五道,以文理通、粗为上上、上中、上下、中上,凡四等"②。《通典》谓:"贞观中,有举而不第者,坐其州长,由是废绝。"③(卷一五《选举典》三《历代制》)杜佑此说未尽确。据马端临《唐登科记总目》,贞观十一年(637)、十二年、十三年、十四年、十五年、十八年、十九年皆有秀才登科。事实上,高宗永徽二年(651),才正式下令停举。《玉海》卷一一五《唐六科》:"按《登科记》:永徽元年,犹有秀才刘鉴一人。二年始停秀才举。"④

须注意的是,开元、天宝以后,仍有"秀才"之称谓出现,这就需要鉴别,它可能是指进士科(或也指称明经),或者泛指读书人,非指秀才科及第人。如《全唐诗》卷三八,孔绍东《别徐永元秀才》诗:

> 金汤既失险,玉石乃同焚。
> 坠叶还相覆,落羽更为群。⑤

孔绍东隋末任监察御史,国破,入唐为内史舍人,并未应举,此仅为泛称读书有才干之人。天宝以后,则多以秀才称指进士。如权德舆《唐故扬州兵曹参军萧府君(惟明)墓志铭》:"天宝中举秀才,数上,行过乎谦,竟不得居甲乙科。"⑥此处所云"举秀才",即实指举进士科。甲、乙科系进士及第之等级。

《通典·选举》三:"按《令文》,科第秀才与明经同为四等,进士与明法同为二等。然秀才之科久废,而明经虽有甲乙丙丁四科,进士有甲乙二科。自武德以来,明经唯有丁第,进士唯乙科而已。"⑦

很多场合,以秀才泛指应举士子,如权德舆《送裴秀才贡举》:

> 儒衣风自清,去抵汉公卿。
> 宾贡年犹少,篇章艺已成。

《送郑秀才贡举》:

> 西风笑意何? 知随贡举科。⑧

① 唐苏鹗撰,吴企明点校《苏氏演义》卷上,中华书局,2012 年,第 18 页。
② 《文献通考》卷二九《选举考》二《举士》《唐登科记总目》,第 271、276 页。
③ 《通典》卷一五《选举》三《考绩·大唐》,第 354 页。
④ 《玉海》卷一一五《唐六科》,第 2124 页。
⑤ 《全唐诗》卷三八《别徐永元秀才》,第 491 页。
⑥ 唐权德舆《权德舆诗文集》卷二五《唐故扬州兵曹参军萧府君(惟明)墓志铭》,上海古籍出版社,2008 年,第 383 页。
⑦ 《通典》卷一五《选举》三《历代制下·大唐》,第 357 页。
⑧ 《权德舆诗文集》卷五《送裴秀才贡举》,第 87 页;同前书卷《送郑秀才贡举》,第 83 页。

《玄怪录》卷一《郭代公》:"代国公郭元振开元中下第,自晋之汾,夜行阴晦失道,见一大宅,公使仆前曰'郭秀才见'。"①此"秀才"均泛指应举举子。

2.俊士科 与唐代其他科目相比较,俊士科的史料最少,难以窥见其全貌。现将有关俊士科几条重要记载转引如下:

> 自武德辛巳岁(四年,621 年)四月一日,敕诸州学士及早有明经及秀才、俊士、进士,明于理体,为乡里所称者,委本县考试,州长重复,取其合格,每年十月随物入贡。斯我唐贡士之始也。②
>
> 唐制,取士各科,多因隋旧……其科之目,有秀才,有明经,有俊士,有进士,有明法,有明字,有明算,有一史,有三史,有开元礼,有道举,有童子。③

据以上记载,初唐之有俊士科,当肇始于隋,并与秀才、进士、明经等科并列。武德五年(622),取俊士 14 人、秀才 1 人:

> (武德)五年十月,诸州共贡明经一百四十三人,秀才六人,俊士三十九人,进士三十人。十一月引见,敕付尚书省考试。十二月,吏部奏付考功员外郎申世宁考试,秀才一人、俊士十四人,所试并通。敕放选与理入官;其下第人各赐绢五匹。④

唐武德五年,诸州贡俊士 39 人,经省试,录取 14 人,约 2.8 人取 1 人。相比之下,秀才更难考,6 人取 1 人,明显地有别于俊士。清王鸣盛说:"进士与俊士,实同名异。"⑤。"实同名异",什么意思呢?侯力认为:"所谓实同,即指考试内容及录取标准归于一致,既然实同,何以名异?推其设立初衷,当与两科分别就不同应考对象而设有关。按唐代学制中四门学分四门生和俊士生来看,俊生当指四门学中专应俊士科的生徒。换言之,俊士是为'庶人子为俊士生者'所设的贡举科目。而进士科因其在隋代的地位低于秀才及明经科,应举及第者的家世也多不显达,考生来源应主要为中、低品官的子弟。"⑥可以说,俊士科,是以寒门庶族为对象的贡举科目。

俊士科设于何时?侯力推论:开皇中罢九品中正制,实行分科取士制后,俊士生成为四门学中的独立类别以及俊士科的相应设立,则是这种配套改革的直接结果。唐初的俊

① 牛僧孺《玄怪录》卷一《郭代公》,见《唐五代笔记小说大观》上册,第 355 页。
② 《唐摭言》卷一《统序科第》,见《唐五代笔记小说大观》下册,第 1577 页。
③ 《新唐书》卷四四《选举志》,第 1159 页。
④ 《唐摭言》卷一五《杂记》,见《唐五代笔记小说大观》下册,第 1703 页。
⑤ 《十七史商榷》卷八一《取士大要有三》,第 703 页。
⑥ 侯力《唐代俊士科考论》,《中国史研究》1999 年第 1 期。

士科源自开皇之制,而非大业之制。

俊士科与秀才、进士科一样,考试内容为答策。《唐摭言·试杂文》:

> 进士科与俊、秀同源异派,所试皆答策而已。①

唐代俊士科存在时间不长,随着士庶关系的变化,门阀士族集团的衰落,进士科的异军突起,俊士科与秀才科渐为进士科所代替。《唐摭言·述进士上篇》:

> 永徽以前,俊、秀二科犹与进士并列,咸亨之后,凡由文学举于有司者,竞集于进士矣。②

俊士科在开元以前存在,停废于天宝十二载(753 年),《册府元龟·贡举部条制》:

> (天宝十二载七月)诏天下举人不得充乡试,皆须补国子监生及郡县学生,然后听举。四门俊士停。③

但刘海峰《唐代俊士科辨析》,则持否定态度。认为"唐代俊士科并不是以四门学俊士生为取士对象的贡举常科,而是面向庶民的四门学部分学生的入学选拔考试科目。俊士即俊士生,始于隋炀帝大业元年,其存在时间不是止于天宝十二载而是一直实行到唐末。俊士科或俊士制具有某些类似科举的性质,它的设立和衰微反映出参政权向平民开放和教育机会下移的历史发展趋势。"④

3. 进士科 唐代进士科始设于高祖武德四年(辛巳,621 年)。《唐摭言·统序科第》:

> 始自武德辛巳岁四月一日,敕诸州学士及早有明经及秀才、俊士、进士,明于理体,为乡里所称者,委本县考试,州长重复,取其合格,每年十月随物入贡。斯我唐贡士之始也。⑤

诸州贡明经 143 人,秀才 6 人,俊士 39 人,进士 30 人。其中秀才 1 人,俊士 14 人放选入官。次年,各州荐送合格进士三十人,十二月考试(见同上书卷一五《杂记》)。起初,进士科与秀才、明经、明法、明字等科并列,列为岁举常贡之一。但很快,进士科的地位就超过了其他科目,成为唐代士子选考之最佳科目。

---

① 《唐摭言》卷一《试杂文》,见《唐五代笔记小说大观》下册,第 1582 页。
② 《唐摭言》卷一《述进士上篇》,见《唐五代笔记小说大观》下册,第 1577 页。
③ 《册府元龟》卷六四〇《贡举部·条制二》,第 7674 页。
④ 刘海峰《唐代俊士科辨析》,《中国史研究》2000 年第 2 期。
⑤ 《唐摭言》卷一《统序科第》,见《唐五代笔记小说大观》下册,第 1576 页。

唐众科之目,进士为尤贵,而得人亦最为盛。岁贡常不减八九百人。缙绅虽位极人臣,而不由进士者,终不为美。其推重谓之"白衣公卿",又曰"一品白衫";其艰难谓之"三十老明经,五十少进士"。①

唐代及第进士分甲、乙二科。玄宗以前,虽有甲、乙二科之分,但罕有甲科及第者。故《通典》(卷一五《选举·进士》)谓"自武德以来,明经唯有丁第,进士唯乙科而已。"②赵翼在《陔余丛考》卷二九《甲榜乙榜》中补充说:"杜氏《通典》,谓进士有甲乙两科,武德以来第进士唯乙科。《旧唐书》,玄宗亲试敕曰:'近无甲科,朕将存其上第。'《杨绾传》:'玄宗试举人,登甲科者三人,绾为之首,其乙科凡三十余人。'是甲乙科谓进士也。"③

除分甲、乙科之外,又有名次之分。《旧唐书》卷一二八《颜真卿传》:"开元中,举进士,登甲科。"卷一六三《王质传》:"元和六年,登进士甲科。"④徐松《登科记考》卷一三《贞元八年》:"陈羽……礼部侍郎陆贽下第二人登科。欧阳詹……第三人。李观……《摭言》贞元八年,欧阳詹居第三人,李观第五人。"同上书卷五《开元五年》:"刘巘第十三人及第,王泠然第十九人及第。"⑤

唐人中进士第也称"中杨叶",(唐)独孤及《送孟评事赴都序》:

孟子以乡举秀才,射策甲科,二十年矣。同时中杨叶者,今或蔚为六官亚卿(尚书省六部侍郎)⑥。

唐代的进士、明经,无论等第高下,名次先后,他们在及第后只是取得出身,并不能马上授官,还须经过吏部铨试,合格方称"释褐",即脱去百姓所服麻布衣,进入仕途,所以,当欧阳詹贞元八年(792)虽以第三名及进士第,在亲友相贺时,仍叹"犹着褐衣何足羡"(欧阳詹《及第后酬故园亲故》)。在吏部铨试通过前,唐代第进士往往出就方镇幕府。贞元十二年、十五年,韩愈分别为汴州董晋节使幕府、徐泗濠张建封节使幕府下节推官。"吾佐我徐州"(《祭十二郎文》),《旧唐书》卷一三八《赵憬传》:"大凡才能之士,名位未达,多在方镇。"⑦或再应制科,制科及第后即可授官,并得到较快升迁。

唐代进士科礼部试,与考者不下千人,而及第者,多时不过30人。据《登科记考》统计,终唐之世计289年,贡举进士为266次,及第进士6442人,按《通典·选举》计,每年应举数"多则二千人,少犹不减千人"。唐代总计约50万人次参加了进士礼部试,平均每年

① 《文献通考》卷二九《选举考》二《举士·唐》,第275页。

② 《通典》卷十五《选举》三《历代制下·大唐》,第357页。

③ 《陔余丛考》卷二九《甲榜乙榜》,第560页。

④ 《旧唐书》卷一二八《颜真卿传》,第3589页;同前书卷一六三《王质传》,第4267页。

⑤ 清徐松《登科记考》卷十三《贞元八年》,中华书局,1984年,第463、465页。《登科记考》卷五《开元五年》,第187页。

⑥ 《毗陵集》卷一六《送孟评事赴都序》,第1072册,第283页。

⑦ 《旧唐书》卷一三八《赵憬传》,第3778页。

及第在 23 人至 24 人之间。诚为《通典》所谓"其进士大抵千人得第者百一二；明经倍之，得第者百十一二。"①

下表为唐初至唐末历朝每年进士及第数之平均数统计：

帝王	及第人数（人/年）	帝王	及第人数（人/年）
高祖（618—626）	3	宪宗（806—820）	28
太宗（627—649）	9	穆宗（821—824）	26
高宗（650—683）	13.7	敬宗（825）	34
武后（684—704）	21.8	文宗（826—840）	30
中宗（705—709）	26	武宗（841—846）	25
睿宗（710—711）	28	宣宗（847—858）	29
玄宗（712—755）	26.7	懿宗（859—872）	28
肃宗（756—761）	22.2	僖宗（873—888）	25
代宗（762—779）	24.5	昭宗（889—903）	22
德宗（780—804）	23.7	哀宗（904）	22
顺宗（805）	29		

4.明经科 综观唐代科举取士之制，进士科占主要地位，其次是明经和制举。清代著名学者王鸣盛说："终唐世为常选之最盛者，不过明经、进士两科而已。"②所谓明经，指通晓儒家经典。唐太宗时，命孔颖达撰《五经正义》一书，作为唐代明经科考试的依据。唐代把儒家经典分为大经《礼记》《春秋左氏传》，中经（《诗经》《周礼》《仪礼》），小经（《周易》《尚书》《春秋公羊传》《春秋穀梁传》）。何谓明经科？《新唐书·选举志》谓：

> 明经之别，有五经，有三经，有二经，有学究一经；有三礼，有三传，有史科。③

吴宗国《唐代科举制度研究》提出"明经系各科"的概念：

> 《新志》所云，包括了唐朝各个时期所设立的有关明经的科目，其中学究一经、三礼、史科不纯是贡举。

与明经系各科相类的，还有开元礼举。开元礼或谓始于唐德宗贞元二年（786），《唐会要·开元礼举》：

---

① 《通典》卷十五《选举》三《历代制下·大唐》，第 357 页。
② 《十七史商榷》卷八一《取士大要有三》，第 703 页。
③ 《新唐书》卷四四《选举志》，第 1159 页。

贞元二年六月十一日敕:开元礼,国家盛典,列圣增修,今则不列学科……自今以后,其诸色举人中,有能习开元礼者,举人同一经例。①

需要特别指出的是,三礼、三传、三史诸科,与明经系的明经、三经、五经不同,已有出身者及前资官亦可参加考试。因此,它们既是贡举的科目,同时又是吏部科目选的科目:

至于学究一经,和三礼、三传等一样,既是礼部科目,又是吏部科目。②

其后,吴氏又将"明经系"改称为"明经类",其实区别不大:明经类各科分五经、三经、二经、学究一经、三礼、三传、史科等。明经科为总称。③

但徐松认为史科不在明经科之内,另属诸科:

《玉海》引《中兴书目》云:"崔氏《登科记》一卷,载进士、诸科姓名。"是诸科之名始于崔氏,乐史沿而不改。所谓诸科者,谓明法、明字、明算、史科、道举、开元礼、童子也,明经不在此数。④

明经科考试分通二经(大经、小经各一,或中经二)、通三经(大、中、小经各一)、通五经(大经都通,其他各一),《论语》《孝经》则须通考。"凡贡举人……通二经以上者,为明经。"(《唐六典》卷〇《上州中州下州官吏》)

"三传科""三史科",始置于唐穆宗长庆三年(823):"谏议大夫殷侑奏礼部贡举请置三传、三史科。从之。"(《旧唐书·穆宗纪》)"三传"是指解读《春秋》的三本书:《春秋左氏传》《春秋公羊传》《春秋穀梁传》。"三史"是指"前三史":《史记》《汉书》《后汉书》。

"三礼科"始置于贞元五年(789)。三礼,指《周礼》《仪礼》《礼记》。应举者,"每经问大义三十条,试策三道"。每经通25道以上、策通二道以上及第,"依资与官"。(《通典·选举》三)

明经科考试,最初,"止试策"(《通典》卷一五《选举》三)。永隆二年(681)以后,加帖经。开元二十五年(737)后,又加试"时务策三道"。分三场:先贴文(填充),然后口试经问大义十条,最后答时务策三道。《新唐书·选举志》实际上主要是第一、二场。贴文,就是填充题,第一经须考十贴(另外,《孝经》二贴,《论语》八贴,每贴试三字通六以上为及格)。(见《唐大诏令集》卷一〇六《条流明经进士诏》、《册府元龟》卷六三九《贡举部·条制考试明经进士诏》)

在唐代,每岁平均录取明经及第人为百人。考明经要比考进士易:"大抵千人得第者,

---

① 《唐会要》卷七六《开元礼举》,第1653页。

② 吴宗国《唐代科举制度研究》,辽宁大学出版社,1992年,第29、31页。

③ 吴宗国《唐代科举制度研究》,北京大学出版社,2010年,第35页。

④ 《登科记考·凡例》,第4页。

百一二;明经倍之,得第者十一二。"①

据《登科记考》,应该说,明经科选拔了不少人才。但有一个奇特的现象是:唐代人所撰《登科记》不载明经及第人,至徐松《登科记考》中所载明经及第人最少。徐松在"凡例"中说:

> 《玉海》引《中兴书目》云:"崔氏《登科记》一卷,载进士、诸科姓名。"是诸科之名始于崔氏,乐史沿而不改。所谓诸科者,谓明法、明字、明算、史科、道举、开元礼、童子也,明经不在此数。何以明之?明经每岁及第将二百人,其数倍蓰于进士,而《登科记》总目所载诸科人数皆少于进士……《韩文五百家注》每详科目,惟牛堪明经及第,注文一无征引,知明经为记所无矣。

这反映了唐代人对明经科之轻视。这无疑给后世对唐代科举制之研究带来困难。傅璇琮先生在《唐代科举与文学》一书中指出:"徐松注意到唐人登科不记载明经及第者姓名,这是一大发现,很有价值。当然这只是一种现象,为什么会这样,就需要我们加以研究……如果我们能从一些散见的材料中,勾稽明经试的有关情况,进行一些考索,这对于我们进一步了解唐代的科举制度,以及研究唐代的文人生活,都是会有帮助的。"②

在唐代,明经及第人,也有种种别称。如"前明经"(与"前进士"相对)。郑处海《明皇杂录》:"(卢)从愿少家相州,应明经,常从五举,制策三等,授夏县尉,自前明经至吏部侍郎才十年。"③也有称"秀才"的。《旧唐书》卷一八九《儒学》下《冯伉传》:"(伉)大历初登五经秀才科,授秘书郎。"徐松称:"五经秀才即五经登第也。"或别称为"孝廉",《孟浩然集》卷三《送张参明经举兼向泾州觐省》:"孝廉因岁贡,怀橘向秦川。"

唐代有举明经后,再举进士者;也有进士及第后,复举明经者。此点,与宋代不同。如欧阳詹《送常熟许少府之任序》:"君十三举明经,十六登第;后三举进士,皆屈于命。去冬,以前明经从常调。"《新唐书》卷一六二《许孟容传》:"京兆长安人。擢进士异等,又第明经,调校书郎。"至有两举明经者:韩愈《唐故江西观察使韦公墓志铭》:

> 举明经第,选授峡州远安令,以让其庶兄。入紫阁山,事从父熊,通五经登科,历校书郎、咸阳尉。④

唐代明经科地位,呈从高到低的下降趋势。唐前期明经科之地位不但不亚于进士科,而且还先于进士科,所谓"取士之科,以明经为首;教人之本,则义理为先"⑤。唐睿宗曾降

---

① 《玉海》卷一一五《唐明经举》,第2126页。

② 傅璇琮《唐代科举与文学》,第112页。

③ 唐郑处海撰、田廷柱点校《明皇杂录》下,中华书局,1994年,第34页。

④ 《韩昌黎文集校注》卷六《唐故江西观察使韦公墓志铭》,第374页。

⑤ 《全唐文》卷五一四顾少连《请以口问经义录纸上以便依经疏对奏》,第5221页。

《申劝礼俗敕》:"县令字人之本,明经为政之先,不稍优异,无以劝奖。"《玉海》卷一一五《唐明经举》载:"明经为名相者:裴行俭、裴炎、狄仁杰、敬晖、崔玄暐、杜景佺、贾耽、卢迈、杜暹、董晋、徐有功、卢仁愿、裴漼、谞胄、陈子昂、王义方、玄感、贾至、李杰、许孟容、裴子余、尹思贞、褚无量、王彦威、丁公著、韦绶、叔夏、归崇敬、穆宁、崔衍、良佐,皆为明臣。"①

开元以后,则进士科居于领先地位,明经就退居下风了:

> 开元以后,进士出身逐渐成为"士林华选",整个社会出现了"父教其子,兄教其弟,无所易其业""五尺童子耻不言文墨"的局面。②

明经名声不及进士。《唐语林·识鉴》载:

> 李珏字待价,赵郡赞皇人。早孤,居淮南,养母以孝闻。举明经,华州刺史李绛见而谓之曰:"日角珠庭,非常人也。当掇进士科,明经碌碌,非子发迹之地。"一举不第,应进士举,许孟容为礼部,擢上第。③

又如,明经可以纳钱得第,而进士则不许。《文献通考·选举考》载:

> 唐肃宗至德二年(757)七月,宣谕使、侍御史郑叔清奏:"准敕纳钱百千文与明经出身。"④

然,明经名声虽不及进士,但取士却比进士多。唐人权德舆说:

> 明经者,仕进之多数也!⑤

事实确是如此。《登科记考》载:

> (武德五年)十月,诸州共贡明经一百四十三人,秀才六人,俊士三十九人,进士三十人。⑥

《唐会要·贡举》载:

---

① 《玉海》卷一一五《唐明经举》,第 2126 页。
② 张希清、毛佩奇、李世愉主编《中国科举制度通史》,第 111 页;《通典》卷十五《选举》三《历代制下·大唐》,第 358 页。
③ 宋王谠撰,周勋初校证《唐语林校证》卷三《识鉴》,中华书局,1987 年,第 263 页。
④ 《文献通考》卷三十五《选举考》八《赏选进纳》,第 335 页。
⑤ 《权德舆诗文集》卷四一《书·柳福州书》,第 628 页。
⑥ 《登科记考》卷一《武德五至七年》,第 4 页。

（大和）九年十二月，中书门下奏：今月九日，阁内面奉进止，令条流进士人数，及减下诸色入仕人等。准大和四年格，及第不得过二十五人，今请加至四十人。明经准大和八年正月敕，及第不得过一百一十人。今请再减下十人。①

从上引可见，以大和九年（835）所定进士、明经及第上限数，进士为 40 人，而明经则为 100 人。明经大大超过进士数。

5.诸科　在唐代常科中，除上述秀才、进士、明经三科，还有明法、明字、明算三科以及孝廉科、童子科、道举等，可总称为"诸科"。

明法、明字、明算，都是考核专门人才的。

明法　唐初，每岁举明法。《旧唐书·刑法志》："（永徽三年）下诏：律学未有定疏，每年所举明法，遂无凭准。"②唐高宗于是命长孙无忌等撰定律令格式。"凡明法，试律、令，取识达义理，问无疑滞者为通。所试律、令，凡每部试十帖，策试十条（律七条、令三条）。"③甲、乙两等，全通为甲，通八以上为乙，自七以下为不第。④　至唐末五代，明法科久无人应。和凝称：臣窃见明法一科，久无人应。请减其选限。⑤

明字　又称明书、书学。据《新唐书·选举志》："凡书学，先口试，通，乃墨试《说文》《字林》二十条，通十八为第。"⑥（按：《通典》谓皆通者为第，与《新唐书》有不同之处）。唐代有书学（学校）每年招 30 人（后减为 13 人）读六年，经国子监考试后及格，许送省试。

明算　又称算学、算。属数学科。据《通典·选举》三："算者试《九章》《海岛》《孙子》《五曹》《张丘建》《夏侯阳》《周髀》《五经》《缀术》《缉古》，帖各有差。兼试问大义，皆通者为第。"⑦学生分二班，学习年限较长。一班学《九章》《海岛》《孙子》《五曹》《张丘建》《夏侯阳》《周髀》《五经》，六年完成；二班学《缀术》《缉古》，五年完成学业。⑧

明算科目始置于唐，刘肃《大唐新语》载：

隋炀帝改置明、进二科。国家因隋制，增置秀才、明法、明字、明算，并前为六科。⑨

唐初武德置而又废。高宗显庆元年（656）复置，三年后又废。龙朔三年（663）又复，并分东、西都置学。全部学业完成（一班为六年，二班为五年）。结业后，参加国子监试，及

①　《唐会要》卷七六《贡举》中《进士》，第 1636 页。

②　《旧唐书》卷五〇《刑法志》，第 2141 页。

③　《唐六典》卷四《礼部尚书》，第 109 页。

④　《通典》卷一五《选举》三《历代制下·大唐》，第 357 页。

⑤　《册府元龟》卷六四二《贡举部·条制四》，第 7696 页。

⑥　《新唐书》卷四四《选举志》，第 1162 页。

⑦　《通典》卷一五《选举》三《历代制下·大唐》，第 357 页。

⑧　《唐六典》卷二一《国子监·算学》，第 563 页。

⑨　《大唐新语》卷一〇《厘革》，第 153 页。

格,参加省试。明算科及第,铨选后,授予从九品下官,不受重视。学校(国子监算学学业考试)与科举(省试)衔接,省试试卷也分两种。

孝廉科 隋已见置孝廉科。唐代亦置孝廉科,但《新唐书·选举志》列载的众科目中,则未提孝廉科。据笔者《唐孝廉科置废及其指称演变》的考述:

> 唐代孝廉科设置可分三个阶段,分属三种类型:一是唐初沿隋制,保留孝廉科,属常科;二是贞观十七年,手诏举孝廉茂材异等之士,此举孝廉,属制科;三是代宗宝应二年,应礼部侍郎杨绾之奏请,复设孝廉科,即自宝应二年至建中元年,这十余年间,又曾设孝廉科,此乃常科。之后,终唐之世,不复设孝廉举。①

上引说明唐代科举常科科目中,曾短暂地设置过孝廉科,时间为唐武德初至贞观十七年(618—643)、宝应二年至建中元年(763—780),前后共存在42年。如:

> 胡俨,字长威,安定临泾人。武德初,"以孝廉举,授登仕郎"②。
> 逯君怀,河内河阳人。唐孝廉,释褐幽州参军。③

《唐会要·孝廉举》:

> 宝应二年六月二十日,礼部侍郎杨绾奏请每岁举人,依乡举里选,察秀才、孝廉,敕令公卿以下集议……敕旨:"每州每岁察孝廉,取在乡间有孝悌、廉耻之行荐焉。委有司以礼待之,试其所通之学。五经之内,精通一经,兼能对策,达于治体者,并量行业授官。"④

举例:

> 归登,字冲之,雅实弘厚,事继母以孝称。(代宗)大历七年,举孝廉高第,补四门助教。⑤

代宗大历七年(772),离宝应二年(763)置孝廉科九年,归登登孝廉科高第授官。

① 龚延明《唐孝廉科置废及其指称演变》,《历史研究》2012年第2期。
② 河南省文物研究所、河南省洛阳地区文管所编《千唐志斋藏志》上册,武德初《文林郎新喻丞胡俨墓志》,文物出版社,1984年,第14页。
③ 周绍良、赵超编《唐代墓志汇编》,神功003《大周故中大夫夏官郎中逯府君墓志并序》,上海古籍出版社,1992年,第701页。
④ 《唐会要》卷七六《孝廉举》,第1651、1652页。
⑤ 《旧唐书》卷一四九《归登传》,第4019页。

建中元年(780)六月罢孝廉科。①

6.道举 李唐王朝,一方面攀附老子为本家,崇尚玄元圣主之教,即道教;另一方面,出于政治需要,除了依靠儒家,还借助道家实现文德政治的理想和目标,追慕尧舜而下的圣君的"以道化人"境界,造成文质彬彬、淳朴自然的世风习俗。玄宗开元二十九年(741)正月,据说玄宗梦见了老子,遂于是年设置道举科。《新唐书·选举志》:"(开元)二十九年,始置崇玄学,习《老子》《庄子》《文子》《列子》,亦曰道举……举送、课试如明经。"②

至德二载(757),卢克义"(弱冠)道举及第,选授汴州封丘主簿"③。

道举科,曾于宝应二年(763)停罢,五年后,于大历三年(768)复置。④ 此后作为常科科目,行至唐末。故,史籍或谓,"以道举入仕者,岁岁有之"⑤。

7.童子科 唐代童子科科目,源于汉代察举童子郎之制。汉朝,学童"能讽书九千字以上,乃得为史。"⑥,唐代正式列为科目之一。条件是"十岁以下能通一经,及《孝经》《论语》,卷诵文十通者予官;通七,予出身"⑦。后年限放宽,"实年十一、十二以下"。《旧唐书·宣宗纪》:

> (宣宗大中十年)三月,中书门下奏:"据礼部贡院见置科目:开元礼、三礼、三传、三史、学究、道举、明算、童子科等九科,近年取人颇滥……其前件九科,臣等商量,望起大中十年,权停三年……起今日后,望令天下州府荐送童子,并须实年十一、十二已下,仍须精熟一经,问皆全通,兼自能书写者。如违制条,本道长吏亦议惩法。"从之。⑧

五代以后至明清,虽其间时断时续,童子科始终列为科举项目之一,这是对超常智力儿童的选拔与培养,在中国教育史甚至世界教育史上都颇有意义。

8.武举 唐代武艺人才选拔,初无常科,临时设制科招试。如唐高宗永隆元年(680)设"岳牧举",高宗亲御武成殿试原武陟县尉员半千:

> 永隆元年,岳牧举,武陟县尉员半千及第。上御武成殿,亲问曰:"兵书云:天阵、地阵、人阵,何谓也? 半千对曰:"臣观载籍,多谓天阵谓星辰孤虚也,地阵谓山川向背也,人阵谓偏伍弥缝也。以臣愚见,谓不然也。夫师出以义,有若时雨,得天之时,此天阵也;兵在足食,且耕且战,得地之利,此地阵也;士卒轻利,将帅

---

① 《唐会要》卷七六《孝廉举》,第1653页。
② 《新唐书》卷四四《选举志》,第1164页。
③ 胡戟、荣新江《大唐西市博物馆藏墓志》325号《卢克义墓志》,第705页,北京大学出版社,2012年。
④ 《唐会要》卷七六《崇玄生·道举附》,第1661页;《登科记考》卷一〇《宝应二年》,第355页。
⑤ 唐高彦休撰,阳羡生点校《唐阙史》卷下《大清宫玉石像》,见《唐五代笔记小说大观》下册,第1361页。
⑥ 《文献通考》卷三五《选举考》八《童科》,第329页。
⑦ 《新唐书》卷四四《选举志》,第1162页。
⑧ 《旧唐书》卷一八下《宣宗纪》,第634页。

和睦,此人阵也。若有兵者,使三者去矣,其何以战?"

唐高宗赏识员半千之对答,以岳牧举及第。① 这可视为武举之发轫,但非设立武举常举。

至武则天长安二年(702),创立武举选拔武艺人才制度。这是中国科举制度史上一项里程碑式的创新。《新唐书·选举志》载:

> 其外,又有武举,盖其起于武后之时,长安二年,始置武举。其制,有长垛、马射、步射、平射、筒射;又有马枪、翘关、负重、身材之选。②

《唐会要》载:

> 长安二年正月十七日敕:天下诸州,宜教武艺,每年准明经、进士贡举例送。③

武举设立之初,由兵部员外郎一员主持考试。"员外郎一人,掌贡举及杂请之事。"④(《旧唐书·职官志》二《兵部员外郎》)玄宗开元二十六年(738),改由兵部侍郎主持武举考试:

> 开元二十六年十一月十四日敕:所设武举,以求材实,仕进之渐,期为根本,取舍之间,尤宜审慎。比来所试,但委郎官,品位既卑,焉称其事。自今以后,应武举人等,宜令侍郎专知。⑤

按:兵部员外郎从六品上,兵部侍郎正四品下。

其后武举,在唐代列为常科。把军事人才的选拔,置于较为广阔的社会基础上,使之制度化、规范化。按规定,每岁举行考试一次。武科应举人来源,唯有"乡贡"一途,因在唐代未设武学。"乡贡"举子有勋官、品子以及平民。德宗贞元十四年(798)至宪宗元和三年(808)曾停武举十年:

> 贞元十四年九月敕:乡贡武举并应百只箭及三十只箭人等,今年宜权停……
> 自是迄于贞元,更不复置。
> 元和三年五月,兵部奏:"伏准贞元十四年九月敕,乡贡举人权停者。伏以取

---

① 《唐会要》卷七六《制科举》,第 1641 页。
② 《新唐书》卷四四《选举志上》,1170 页。
③ 《唐会要》卷五九《兵部侍郎》,第 1210 页。
④ 《旧唐书》卷四三《职官志》二《兵部员外郎》,第 1835 页。
⑤ 《唐会要》卷五九《兵部侍郎》,第 1210 页。

士之方,文武并用,举选之制,国朝旧章。参调者既积资劳,入仕者必先贡举。自经停废,今已十年,别趋幸门,渐绝根本。典彝具在,可举而行。其乡贡举恐须准式却置。"敕旨依奏。①

武举试分两级,先是州府试,然后由州府贡至兵部,孟冬(每岁十月)赴省试:

> 若州府岁贡,皆孟冬随朝集使以至省,勘责文状而引试焉,亦与计科偕。②
> 旧制,凡武举,每岁孟冬,亦与计偕。有二科,一曰平射;二曰武举。③

武举在唐代社会不受重视。这是由于唐前期一百多年,正处于结束战争后的和平时期,政府禁止私人携带刀枪弓箭,习武之人少而又无用武之地;其次,唐朝政府官僚队伍主要由文人出身人组成,特别是中、高级官员,多为进士出身,因此文科举,尤其是进士科,人趋之若鹜,"士不由文学而进,谈者所耻。"这就影响到武举及第人留存于文献记载者甚少。欧阳修也以"武举不足道",所修《新唐书》不载武举人。这就给收录唐代武科及第人带来了困难。

(二)制举

与常科相对,唐代又有非常设之制举,又称制科、特科、特举、高科。属非常之选,源于汉代的制诏举人。《新唐书·选举志》曰:

> 所谓制举者,其来远矣! 自汉以来,天子常称制诏道其所欲问而亲策之。④

"其为名目,随其人主临时所欲,而列为定科者。"⑤其目的,一为"待非常之材",以防常科遗材;二为仿效汉帝"征辟"之制,以示求贤之意。唐代凡制举登第,不经吏部铨选直接授官。唐代制举与常科并峙蠹立,是重要科目。陈飞《制举试策》说:

> "制举"在唐代科举中与"常科"并峙鼎立,自成体系,是唐君主取士命官的重要形式,也是唐士人入仕进身的重要渠道,甚至是更加便捷的途径。⑥

唐代制举始于何时? 学界意见不一。或谓唐初(618)即已置,迟至高宗显庆三年

---

① 《唐会要》卷五九《兵部侍郎》,第1211页。
② 《唐六典》卷五《兵部员外郎》,第160页。
③ 《唐会要》卷五九《兵部侍郎》,第1209页。
④ 《新唐书》卷四四《选举志》,第1169页。
⑤ 《新唐书》卷四四《选举志》,第1169页。
⑥ 陈飞《唐代试策考述》,中华书局,2002年,第223页。

（658）。① 傅璇琮主张制科始设于唐太宗贞观十一年（637）。② 其依据为《册府元龟》卷六四五《贡举部·科目》："唐太宗贞观十一年四月诏：其有孝悌淳笃兼闲时务、儒术该通可为师范、文词秀美才堪著述、明识治体可委字民，并志行修立为乡闾所推者，举送洛阳宫。"③

制举起始时间意见不一，源于对制举试标准理解的不同，可以继续商榷。然制举之举行与否，宜与应制举试人联系起来考察。故傅璇琮又疑惑地说：

> 其实在唐代的史料中，高祖时就有制举记载，如《旧唐书》卷七十四《崔仁师传》说："崔仁师，定州安喜人。武德初，应制举，授管州录事参军。"《新唐书》卷九十二本传也有"武德初擢制举"。④

据此，唐武德初，已行制举取士试，是可以认同的。

唐代科举科目"至繁""甚众"，《玉海》说有 59 科。《困学纪闻》作 86 科，《云麓漫钞》谓 108 科，《唐会要》则称有 63 科，并列出科目，看似繁多，其实只文字上有差异，按性质可归类为四种：贤良方正直言极谏、博通坟典达于教化、军谋宏远堪任将军、详明政术可以理人，"其名最著"⑤。

唐代制举科目名称，大体皆"随时而起"，《选举志》难以列举。王鸣盛《十七史商榷》卷八一《制举科目》说：岁举常选，备列其科之目，此定制也。而制举亦有科名，其见于各传者，若姚崇举"下等成章科"，张九龄举"道侔伊吕科"，高适举"有道科"，王翃举"才兼文武科"，马遂举"孙吴倜傥善兵法科"，韦皋之佐正贯举"详闲吏治科"，樊宗师举"军谋宏远科"，郑珣瑜举"讽谏主文科"，严善思举"销声幽薮科"，此类不可枚举。而《志》中皆不列其目者，此非定制，其名皆随时而起，《志》中不能缕述。⑥

制科是"天子自诏"。《通典》又说"其制诏举人，不有常科。皆标其目而搜扬之，试之日或在殿廷，天子亲临观之"⑦。制举由天子征辟，各地名士，由州府荐举于京都应试。在唐代制科较发达，礼遇重于进士、明经等科。试场与常科不同，设在殿廷。由于是在天子名义下进行的，试前由皇帝赐食。如唐玄宗开元二十六年（738）亲试举人：

> （开元二十六年）八月甲申，亲试文词雅丽举人，命有司置食……并宜坐食，

① 陈飞《唐代制举科目年表·唐武德元年》，见氏著《唐代试策考述·附表一》，第 299 页；吴宗国《唐代科举制度研究》，第 68 页。

② 傅璇琮《唐代科举与文学》第六章《制举》，第 135 页。

③ 《册府元龟》卷六四五《贡举部·科目》，第 7727 页。

④ 傅璇琮《唐代科举与文学》第六章《制举》，第 135 页。

⑤ 《玉海》卷一一五《选举·制举科目图》，第 2130 页；《困学纪闻》卷十四《考史·唐制举之名》，第 1612 页；《云麓漫钞》卷六，第 99—103 页；《唐会要》卷七六《制科举》，第 1641—1644 页；《新唐书》卷四四《选举志》，第 1169 页。

⑥ 《十七史商榷》卷八一《制举科目》，第 707 页。

⑦ 《通典》卷一五《选举》三《历代制下·大唐》，第 357 页。

食讫就试。有郭纳、姚子彦等二十四人升第,皆量资授官。①

食讫就试,试中送茶汤。元稹诗:"天子下帘亲考试,宫人手里过茶汤。"②考试,或由皇帝亲策,或皇帝坐观。

唐代应制举,限制较宽,荐举为主,"宜令京官五品以上及诸州总管、刺史,各举一人";"其有志行可录,才用未申,亦听自举"。③因而应制科人数量较大,"多则二千人,少犹不减千人"④,此是宋代应者寥寥所不可同日而语的。然唐代每次制举录取人数甚少,每次每科或1—3人,或十六七人。据《唐会要·制科举》所列每次制举取士人数记载统计:自唐高宗显庆三年至宣宗大中十二年(658—858)200年共举行79科,共取272人,平均每科取3—4人。"所收百才有一"⑤。录取最多一次为大和二年(828)举"贤良方正能直言谏科",共19人,但应举者人数甚众。其录取原则"若无异才,宁缺勿滥"。如玄宗天宝十载(751)试"怀才抱器"科制举人,"所答咸皆少通",结果通场下第。⑥

唐代制科培养了不少高级官员。《困学纪闻》载:"唐制举之名,多至八十有六,凡七十六科,至宰相七十二人。"占宰相总数的1/5(总数为369人)⑦《容斋续笔·贞元制科》:"唐德宗贞元十年贤良方正科十六人,裴垍为举首,王播次之,隔一名而裴度、崔群、皇甫镈继之,六名之中,连得五相,可谓盛矣!"⑧

唐代由制举入仕而为名臣贤相者有:王旦、裴度、颜真卿、张九龄、崔融、白居易、苏颋、崔翘、牛僧孺、崔浩、冯万石等。

按唐科举制,制举登第分为五等。但第一、二等始终空阙,第三等是甲科,或称敕头,如《南部新书》丙卷载:"崔元翰晚年取应,咸为首捷,京兆解头,礼部状头,宏词敕头,制科三等敕头。"⑨第四等以下称乙科或乙第。制科入甲等者,或授左拾遗(从八品上),进士及第经吏部试授官者,无一得八品官者,可见制科待遇高于进士科,升迁亦较进士快。故尔,在唐代,有举进士第后再应制科者,有明经及第后应制科者,也有现任官应制科者,却无第制科后再去应试进士或明经科者。

唐人尚有一人连中制举数科者,如李怀远、孙逖,连中四科,裴守真连中六科,员半千、陆元方、崔融、阳峤连中八科。

关于唐代科举考试科目,清人王鸣盛从大处着眼,概括得比较清楚:

---

① 《册府元龟》卷六四三《贡举部·考试一》,第7711页。

② 唐元稹《元稹集·外集》卷七《自述·作王建宫词》,中华书局,1982年,第692页。

③ 宋宋敏求《唐大诏令集》卷一〇二《政事·荐举》上《京官及总管刺史举人诏·武德五年三月》,学林出版社,1992年,第471页。

④ 《通典》卷一五《选举》三《历代制下·大唐》,第357页。

⑤ 《唐会要》卷七六《制科举》,第1641—1651页;《册府元龟》卷六四一《贡举部·条制二》,第7674页。

⑥ 《册府元龟》卷六四三《贡举部·考试一》,第7711页。

⑦ 《困学纪闻》卷一四《考史》,第1612页;《容斋续笔》卷一三《贞元制科》,第369页。

⑧ 《容斋续笔》卷一三《贞元制科》,第369—370页。

⑨ 《南部新书溯源笺证》丙卷之四六《崔元翰晚年取应》,第111、112页。

科之目,共有十二,盖特备言之。其实,若秀才则为尤异之科,不常举;若俊士与进士,实同名异;若道举,仅玄宗一朝行之,旋废。若律、书、算学,虽常行,不见贵。其余各科不待言。大约终唐世为常选之最盛者,不过明经、进士两科而已。①

第四节　唐代科举考生的生源

唐朝对参加考试的生源,有资格限制。凡常科的生源,规定是生徒与乡贡。

一、生徒

所谓生徒是官学生和馆学生。官学生,包括国子监所属六学:国子学三百人(以文、武三品以上子、孙,或从二品以上曾孙,及勋官二品、县公和京官四品带三品勋封之子充),太学生五百人,以五品以上子孙、职事官五品期亲,或三品官曾孙充之。四门学一千三百人,其中五百人由勋官三品以上无封、四品有封及文武七品以上官之子充;另外八百人,由庶人俊秀者充。律学生五十人,书学生三十人,算学生三十人,以八品以下子及庶人之通律、书、算学者充。

州、县学生,上州六十人,中州五十人,下州四十人;京县五十人,上县四十人,中县三十五人,下县二十人。

凡入六学之学生,由尚书省补、国子监祭酒统管。州、县学生,由州、县长官补,具体由长史执行。②

馆生,指门下省弘文馆生三十人,东宫崇文馆生二十人。其来源为贵族子弟:皇亲——皇帝缌麻亲以上宗室,国戚——皇太后、皇后大功以上亲属,宰相、散官一品、京官从三品以上与中书、黄门侍郎之子充。③

每岁十一月(仲冬),馆、监贡举学成之生徒,送尚书省,称贡士,参加尚书省礼部举行的省试。

二、乡贡

所谓乡贡,是士子"怀牒自列于州、县",则自愿报名,经州、县考试合格,然后由州、县长官设乡饮酒礼,会僚属,请宾客,陈俎豆,备管弦乐,用少牢祭礼,歌《鹿鸣》之诗,叙老少长幼之礼,送贡士赴尚书省参加省试,由吏部考功员外郎主持考试。④ 唐初,规定每州贡有人数之限,后"实无常数"。常科,通常每年举行一次。

---

① 《十七史商榷》卷八一《取士大要有三》,第 702 页。
② 《新唐书》卷四四《选举志》,第 1159—1160 页。
③ 《新唐书》卷四四《选举志》,第 1160 页。
④ 《新唐书》卷四四《选举志》,第 1161 页。

三、制举

制举为非常选,"其天子自诏者曰制举,所以待非常之才焉"①(《新唐书·选举志》上),其生源不限,有出身、无出身、入仕或未入仕。

对于应举人,均有德行方面要求,否则有司不予举送。唐宪宗《严定应试人事例敕》规定:

> 自今以后,州府所送进士,如迹涉轻狂,兼亏礼教,或曾为官司科罚,或曾任州府小吏,有一事不合入清流者,虽薄有词艺,并不得申送入。②

随着科举制日渐定型,应举人数不断增多,朝廷对各地解送贡士数有了较明确规定,以唐中后期武宗会昌五年(845)《举格》分配解额为例:

> 公卿百僚子弟及京畿内士人,寄客外州府举士人等,修明经、进士业者,并隶名所在监及官学,仍精加考试,所送人数:其国子监,明经旧格每年送三百五十人,今请送三百人;进士依旧格送三十人;其隶名明经,亦请送二百人;其宗正寺进士送二十人。其东监、同、华、河中所送进士不得过三十人,明经不得过五十人。其凤翔、山南西道、东道、荆南、鄂岳、湖南、郑、滑、浙西、浙东、鄜、坊、宣、商、泾、邠、江南、江西、淮南、西川、东川、陕、虢等道所送进士不得过一十五人,明经不得过二十人。其河东、陈、许、汴、徐、泗、易、定、齐、德、魏、博、泽、潞、幽、孟、灵、夏、淄、青、郓、曹、兖、海、镇、冀、麟、胜等道,所送进士不得过一十人,明经不得过十五人。金、汝、盐、丰、福建、黔府、桂府、岭南、安南、邕、容等道所送进士不得过七人,明经不得过十人。其诸支郡所送人数,请申观察使为解都送。不得诸州各自申解……如病败,不近词理,州府妄给解者,试官停见任用阙。③

从上述敕文可知,每年贡举到京师的贡士,人数不少,起码在千人以上。五代词人牛希济曾对此有所描绘:

> 郡国所送,群众千万,孟冬之月,集于京师,麻衣如雪,纷然满于九衢。④

四、武举生源

唐代未设武学。武举考生的来源,靠乡贡。只要通兵法、有武艺者,不论何人,皆可应举。《唐六典·兵部员外郎》载:

---

① 《新唐书》卷四四《选举志》,第1159页。
② 《全唐文》卷六一《宪宗皇帝·严定应试人事例敕》,第653页。
③ 《唐摭言》卷一《会昌五年举格节文》,见《唐五代笔记小说大观》下册,第1576—1577页。
④ 《全唐文》卷八四六,牛希济《荐士论》,第8890页。

凡应举之人有谋略、才艺、平射、筒射,皆待命以举。若州府岁贡,皆孟冬随朝集使以至省。①

第五节　唐代科举考试程序

唐代科举二级试,已定型。

一、解送试

解送试分两类:一类为馆监州县学生徒解送试,一类为州县乡贡解送试。乡贡,先经县试,合格者,举于州或府,再经州试或府试,合格者,然后解送之中央,参加省试。时间为每岁仲冬。唐杜佑《通典·选举典》三《历代制下·大唐》:

> 大唐贡士之法,多循隋制。上郡岁三人,中郡二人,下郡一人,有才能者无常数。其常贡之科,有秀才,有明经,有进士,有明法,有书算。自京师郡县皆有学焉。每岁仲冬,郡县、馆监课试其成者,长吏会属僚,设宾主,陈俎豆,备管弦,牲用少牢,行乡饮酒礼,歌《鹿鸣》之诗,征耆艾、叙少长而观焉。既饯,而与计偕。其不在馆学而举者,谓之乡贡。旧《令》诸郡虽一、二、三人之限,而实无常数。②

关于乡贡解送试,马端临《文献通考·选举考》,表述得更为明确:

> 举选不由馆学者,谓之乡贡,皆怀牒自列于州县,试已,长吏以乡饮酒礼,会属僚,设宾主,陈俎豆,备管弦,牲用少牢,歌《鹿鸣》之诗,因与耆艾叙长少焉。③

关于乡贡资格试情形,韩愈《赠张童子序》曾有所记载:

> 天下之以明二经举于礼部者,岁至三千人。始自县考试定其可举者,然后升于州若府,其不能中科者,不与是数焉。州若府,总其属之所升,又考试之如县,加察详焉,定其可举者,然后贡于天子而升之有司,其不能中科者,不与是数焉,谓之乡贡。④

---

① 《唐六典》卷五《兵部员外郎》,第160页。
② 《通典》卷十五《选举典》三《历代制下·大唐》,第353页。
③ 《文献通考》卷二九《选举考》二《举士·唐制》,第271页。
④ 《韩昌黎文集校注》卷四《序·赠张童子序》,第249、250页。

二、省试

唐初,京师馆学生徒与州县乡贡士经试获举状后,一律解送户部集中审验,然后报吏部考功由考功司员外郎主持课试——省试。因中央的科举试在尚书省举行,故称"省试"。

> 有司者(礼部)总州府之所升而考试之,加察详焉,第其可进者,以名上于天子而藏之,属之吏部,岁不及二百人,谓之"出身"。① (按:唐代明经、进士科省试合格登第,称"出身",有出身,即有资格待吏部铨选入仕。)

> (乡贡)到尚书省,始由户部集阅,而关于考功课试,可者为第。

> 既至省,皆疏名列到,结款通保及所居。始由户部集阅,而关于考功员外郎试之。②

白居易《省试性习相远近赋》,自注:

> 中书侍郎高郢下试,贞元十六年二月十四日,及第第四人。③

省试时间,在三、四月间。

主持省试官,唐高祖武德时,由吏部考功司郎中充,唐太宗贞观间,降低资格,改派考功司员外郎,说明当时对科举试尚未予以足够重视。及至唐玄宗开元二十四年(736),考功员外郎李昂被举人诋诃,"朝议以郎官地轻,故移于礼部",以礼部侍郎掌省试事,礼部选士自此始。④

礼部下设贡院,考试、阅卷等均在贡院举行。主考官称知贡举,别称"主司""主考""主文"。除礼部侍郎知贡举外,皇帝或临时差遣门下侍郎、户部侍郎、中书舍人等充任主考官。当某官出阙,以它官代,则称"权知贡举"。《册府元龟·贡举部》对礼部试主司记载变化,记载分明:

《册府元龟·贡举部·总序》:

> 武德旧制,以考功郎中监试贡举,贞观以后,则考功员外郎专掌之……明皇开元二十四年制,令礼部侍郎专掌贡举。初,因考功员外李昂诋诃进士李权文章,大为权所凌讦,朝议以郎官地轻,故移于礼部。又诏,应试进士等唱第迄,具所试送中书门下详覆。是年,始置礼部贡举印。其后,礼部侍郎缺人,亦以它官主之,谓之"权知贡举"。其知贡举者,皆朝廷美选。⑤

---

① 《韩昌黎文集校注》卷四《序·赠张童子序》,第250页。
② 《通典·选举》三《历代制下·大唐》,第353页;《新唐书》卷四四《选举志》,第1161页。
③ 《白居易集笺校》卷三八《省试性习相远近赋》,第2599页。
④ 《通典·选举》三《历代制下·大唐》,第355页。
⑤ 《册府元龟》卷六三九《贡举部·总序》,第7661页下栏。

礼部侍郎等主考官之亲故有应考者,为避嫌,另设"别头试"。德宗贞元十六年(800)罢别头试,至宪宗元和十三年(818)又复别头试。

考试分三场举行。详见本章第二节第六条。

开元间,省试毕,所阅卷须送中书门下(宰相)详覆,后罢。元和十三年(818)又恢复旧制,将省试举人杂文复送中书门下。穆宗长庆三年(823)礼部侍郎王起建言,省试及第人放榜之前,须先报中书门下详覆:"故事,礼部放榜,而中书门下始详覆。今请先详覆,而后放榜。"(《新唐书·选举志》上)。唐文宗大和八年(834),以宰相王涯之请,礼部取士,不再先报中书门下详覆后才放榜:"文宗大和八年,宰相王涯以为礼部取士,乃先以榜示中书,并非至公之道。自今一委有司,以所试杂文、乡贯、三代名讳送中书门下。"(《文献通考》卷二九《选举考》二《举士·唐制》)

第六节　唐代科目考试内容

考试内容,因科目不同而异;亦因时而渐变,唐初与唐中后期就不完全相同。按类别,可分为常科、制科与武科。

一、常科考试内容

(一)进士科　唐进士科考试内容,有一个变化过程。初期,从唐武德五年(622)至高宗调露二年(680),这六十年间,只考策文,如问怎样选拔人才、怎样做到宽猛相济处理案件等。单场试策时间至太宗贞观八年(634)止。从贞观八年起,加试"读经、史一部":

> 初,秀才科等最高,试方略策五条,有上上、上中、上下、中上,凡四等。贞观中,有举而不第者,坐其州长,由是废绝。自是士族所趋向,唯明经、进士二科而已。其初,止试策,贞观八年,诏加进士试读经、史一部。[①]

到了调露二年(680),考功员外郎刘思立建议加试贴经、杂文。次年(永隆二年,681)即为朝廷所接纳、推行。这样,进士科考试就举行三场:贴经、杂文(文赋,包括诗)、试策。《唐会要·进士》载:

> 调露二年四月,刘思立除考功员外郎。先时,进士但试策而已,思立以其庸浅,奏请帖经及试杂文,自后因以为常式。[②]

[①] 《通典》卷十五《选举》三《历代制下·大唐》,第354页。
[②] 《唐会要》卷七六《贡举中·进士》,下册,第1633页。

高宗《条流明经进士诏·永隆二年八月》:

> 自今以后,考功试人,明经试帖,取十帖得六以上者;进士试杂文两首,识文律者,然后并令试策。①

唐玄宗《条流考试明经进士诏》:

> (自今以后)其进士宜停小经,准明经例,帖大经十帖,取通四以上。然后准例试杂文及策。②

唐中期以后,进士科考试三场次序有所改变,变为第一场诗赋,第二场贴经,第三场策文,初场不及格,就落第,不得考第二场。每场定去留。

> 先是,进士试诗赋及时务策五道,明经策三道。建中二年,中书舍人赵赞权知贡举,乃以箴、论、表、赞代诗赋,而皆试策三道。太和八年,礼部复罢进士议论而试诗赋。文宗从内出题以试进士,谓侍臣曰:"吾患文格浮薄,昨自出题所试差胜。"乃诏:"礼部岁取登第者三十人,苟无其人不必充其数。"时文宗好学嗜古,郑单以经术位宰相,深嫉进士浮薄,屡请罢之。帝曰:"敦厚浮薄,色色有之。进士科取人二百年矣!不可遽废。"因得不罢。③

牛希济《贡士论》:

> (进士)大率以三场为试,初以词赋,谓之杂文,复对所通经义,终以时务为策目。④

唐科举试,不论前期,还是中后期,都是每场定去留:

> 天宝十一载,进士试一大经,能通者试文赋,又通而后试策五条,皆通,中第。⑤

既然进士考试分三场,而又每场定去留,首场考试成绩乃是关键。首场一旦被黜落,

---

① 《唐大诏令集》卷一〇六《条流明经进士诏·永隆二年》,第 502 页。
② 《全唐文》卷三一《元宗》十二《条制考试明经进士诏》,第 345 页。
③ 《文献通考》卷二九《选举考》二《举士·唐》,第 275 页。
④ 《全唐文》卷八四六《牛希济·贡士论》,第 8891 页。
⑤ 《文献通考》卷三一《选举考》四《举士·宋宝元二年》引李淑奏,第 289 页。

则无资格进入第二场考试。黄滔《下第》诗,就是因为首场试即未能通过:

> 昨夜孤灯下,阑干泣数行。辞家从早岁,落第在初场。①

唐前期,将帖经列为首场,是表明对儒家经典的尊重。后来改为诗赋(杂文)列为首场,则是出于首场考试地位重要。"主司取与,皆以一场之善,登其科目"②。考诗赋,有格律声韵可依,对于主司来说,较能客观地掌握录取标准;其次,也受到社会上重视诗歌的影响。胡震亨《唐音癸签》谓:"唐进士重诗赋者,以策论惟剿旧文,帖经只抄义条,不若诗赋可以尽其才。又世俗偷薄,上下交疑,此则按其声病,可塞有司之责。虽知为文华少实,舍是,益汗漫无所守耳。"③至唐后期,帖经退为最后一场考试,帖经的地位渐不被重视,甚至帖经被落,可以用诗赋补考,谓之"赎帖"。贾岛诗称:

> 不惟诗著籍,兼又赋知名,议论于题称(策论),《春秋》对问精。④

此诗即反映了进士试三场次序的又一变化:诗赋、策论、帖经。

1.试杂文 高宗调露二年(680),考功员外郎刘思立建言:明经多抄义条,进士唯诵旧策,皆无实才,而有司以人数充第。永隆二年(681),朝廷在听取了刘思立等奏请,并斟酌了进士科考试的要求乃诏:"进士试杂文二篇,通文律者然后试策。"⑤

杂文,初指撰拟箴、表、论、赞等,后渐有赋,或有诗。杂文专试诗、赋,已是玄宗天宝时期。徐松《登科记考》"永隆二年条"按语:"按:杂文两首,谓箴、铭、论、表之类,开元间始以赋居其一,或以诗居其一,亦有全用诗赋者,非定制也。杂文之专用诗赋,当在天宝之间。"⑥

进士所试的诗作,都是五言律诗,限定十二句。如白居易《白居易集》卷三八《玉水记方流诗》,原题下注:"以流字为韵,六十字成":

> 良璞含章久,寒泉彻底幽。矩浮光滟滟,方折浪悠悠。
> 凌乱波纹异,萦迥水性柔。似风摇浅濑,疑月落清流。
> 潜颍应傍达,藏真岂上浮? 玉人如不见,沦弃即千秋!⑦

试赋,也有韵数多寡、平仄次序要求。洪迈《(唐)试赋用韵》称:

---

① 《全唐诗》卷七〇四《黄滔》一《下第》,第 21 册,第 8101 页。

② 《旧唐书》卷九二《韦安石传·附子陟》,第 2959 页。

③ 明胡震亨《唐音癸签》卷一八《诂考三·进士科故实》,上海古籍出版社,1981 年,第 196—197 页。

④ 《全唐诗》卷五七三《贾岛》三《送雍陶及第归成都宁亲》,第 17 册,第 6654 页。

⑤ 《新唐书》卷四四《选举志》,第 1163 页。

⑥ 《登科记考》卷二《永隆二年》按语,第 70 页。

⑦ 《白居易集笺校》卷三八《玉水记方流诗》,第 2602 页。

　　唐以赋取士，而韵数多寡、平侧次序，元无定格，故有三韵者……有五韵者……有六韵者……有七韵者……八韵有二平六侧者……有三平五侧者……自大和以后，始以八韵为常。①

　　作赋限于350字以上。如贞元时吕温《礼部试鉴止水赋》，题下注："'澄虚纳照遇物分形'为韵，任不依次用，限三百五十字以上。"②六字韵脚者，如白居易《省试性习相远近赋》："以'君子之所慎焉'为韵，依次用，限三百五十字以上成。"③

　　举子如"有犯韵及诸杂违格，不得放及第"④。

　　2.试策　唐初，进士试时务策，至唐末未变，《唐语林》："唐朝初，进士（试）时务策五道。"⑤

　　《新唐书·选举志》：

　　　　凡进士，试时务策五道。⑥

　　时务策，对当前社会现实问题，提出对策。但策题须从儒家经典或三史（《史记》、《汉书》或《后汉书》、《三国志》）中命题。难度较大。白居易《进士策问五道》，留下了当年进士时务策命题的历史资料，其中一道策题出自《礼记》：问"事君有犯无隐"与"为人臣者不显谏"这两句互有矛盾的话，该如何理解？如何事君？也有直接从当前国家碰到的实际问题发问，其中第四道题即为："百官职田分配不均，斯者积弊之甚也，得不思革乎？"⑦

　　3.帖经　进士试帖经，自贞观八年（634）始。至玄宗朝开元二十五年（737），进士科加帖大经一场。

　　例：颜元孙于武周垂拱二年（686）登进士第，省试杂文"既丽且新"，时务策五道全通，得高分，而最后一场帖经"通六"，不得高第，"屈于常第"：

　　　　（君讳元孙）举进士……省试《九河铭》《高松赋》。故事，举人就试，朝官毕集，考功郎刘奇乃先标榜君曰："铭、赋二首，既丽且新；时务五策，词高理赡，惜其帖经通六，所以不□（疑为'甲'字之阙），屈从常第，徒深悚怍。"由是名动天下。解褐鼓城主簿。⑧

---

① 《容斋续笔》卷一三《试赋用韵》，第368—369页。
② 唐吕温《吕衡州集》卷一《礼部试鉴止水赋》，文渊阁《四库全书》第1077册，第600页。
③ 《白居易集笺校》卷三八《省试性习相远近赋》，第3599页。
④ 《册府元龟》卷六四二《贡举部·条制四》，第7694页下栏。
⑤ 《唐语林校证》卷八，第713—714页。
⑥ 《新唐书》卷四四《选举志》，第1162页。
⑦ 《白居易集笺校》卷四七《进士策问五道·元和二年为府试官》，第2863、2866页。
⑧ 《全唐文》卷三四一《颜真卿》六《朝议大夫守华州刺史上柱国赠秘书监颜君（元孙）神道碑铭》，第3457页。

按《格》:"凡进士,试时务策五道,帖一大经,经、策全通为甲第,策通四、帖过四以上为乙第。"对照颜元孙省试成绩:五道策全通,帖经仅达六通,不能得甲第,而落入乙第(常第)。①

《唐摭言·试杂文》载:"至神龙元年(705),方行三场试。故常列诗赋题目于榜中矣。"②

中唐以后,三场次序为:第一场试赋(杂文),第二场帖经,第三场策文。《太平广记》卷一七九《阎济美》:"初举,刘单侍郎下杂文落;第二举,坐王侍郎杂文落第。"

至唐后期,帖经放在最后一场,地位下降,如帖经不及格,许试诗放过,谓之赎帖:"天宝初,达奚珣、李岩相次知贡举,进士声名高而帖落者,时或试诗放过,谓之'续帖'。"③

(二)明经科 唐代科举取士,最主要的两科为进士科与明经科。明经科为仅次于进士科的重要考试科目。清王鸣盛《十七史商榷》称:"终唐世为常选之最盛者,不过明经、进士两科而已。"④

所谓明经,指学习、明了儒家经典。唐代科举考试规定大经为《礼记》《春秋左氏传》,中经《诗》《周礼》《仪礼》,小经《易》《尚书》《春秋公羊传》《春秋穀梁传》。明经科内,又分"通二经"(大经、小经各一,或中经二),"通三经"(大经、中经、小经各一)、"通五经"(大经皆通,余经各一)。⑤

唐后期,又从明经科中分出"三礼科""三传科"。

唐代明经考试内容,经历了三个发展变化阶段。初,止试策一场。至高宗永隆二年(681),加试帖经,改为试二场。及至玄宗开元二十五年(737)又增试时务策三道,变为试三场,此后就稳定下来,成为常制。

一、唐初,明经科"止试策"一场。

杜佑《通典》载:

自是士族所趋向,唯明经、进士二科而已。其初,止试策,贞观八年,诏加进士试读经、史一部。⑥

如唐初钱元修,即以试策明经及第。唐罗隐《扬威将军钱公列传》:"公讳元修,字文通……贞观五年,策试通经,补长兴县博士。"⑦

二、高宗永隆二年(681)试二场,加帖经。

① 《新唐书》卷四四《选举志》,第1162页。

② 《唐摭言》卷一《试杂文》,见《唐五代笔记小说大观》下册,第1582页。

③ 《唐语林校证》卷八,第714页。

④ 《十七史商榷》卷八一《取士大要有三》,第703页。

⑤ 《新唐书》卷四四《选举志》,第1160页。

⑥ 《通典》卷一五《选举》三《历代制下·大唐》,第354页。

⑦ 《全唐文》卷八九七《罗隐·扬威将军钱公列传》,第9367页。

高宗调露二年(680),考功员外郎刘思立奏进士、明经二科皆加帖经。① 至永隆二年(681)朝廷乃降《条流明经进士诏》:

> 自今以后,考功试人,明经试帖,取十帖得六以上者……然后并令试策。②

三、玄宗开元二十五年(737),增试时务策,自此定为试三场。

高宗朝永隆二年明经考试二场确定后,稳定了近六十年。至玄宗开元二十五年正月,玄宗又降《条制考试明经进士诏》,对二科考试内容,又予以调整。明经科,增加时务策的考试内容,考试场次增为三场,从而增加了明经科目考试的难度。诏曰:

> 今之明经、进士,则古之孝廉、秀才。近日以来,殊乖本意……明经以帖诵为功,罕穷旨趣,安得为敦本复古,经明行修……令答时务策三首,取粗有文性者与及第。③

开元二十五年后,明经科考试分三场:第一场帖文;第二场口试;第三场试时务策。"凡明经,先帖文,然后口试,经问大义十条,答时务策三道。"④

帖文,每一经须考十帖,"取通五以上";问大义十条,取通六以上;答时务策三道,"取粗有文理者与及第。"⑤

第一场通过了,才有资格参加第二场口试。

第二场口试,经问大义十条(经问大义或称试策)。开元前或用书面回答,称试墨策十道。天宝时人封演《封氏闻见记》:

> 国初,明经取通两经,先帖文,乃按章疏试墨义十道……其后明经停墨策,试口义,并时务策三道。⑥

《册府元龟·贡举部》载:

> (元和)七年十二月,权知(贡举)、礼部侍郎韦贯之奏:"试明经请停墨义,依旧《格》问口义。"从之。⑦

---

① 《通典》卷一五《选举》三《历代制下·大唐》,第354页。

② 《唐大诏令集》卷一〇六《条流明经进士诏·永隆二年》,第502页。

③ 《全唐文》卷三一《元宗》十二《条制考试明经进士诏》,第344页。

④ 《新唐书》卷四四《选举志》,第1161页。

⑤ 《通典》卷一五《选举》三《历代制下·大唐》,第356页。

⑥ 唐封演《封氏闻见记》卷三《贡举》,辽宁教育出版社,1998年,第8—9页。

⑦ 《册府元龟》卷六四〇《贡举部·条制二》,第7680页。

口试或墨试经问大义,具体情况,在权德舆《权载之文集》卷四〇《明经策问七道》,有试题:

> 《左氏传》
>
> 问:《春秋》者,以仲尼明周公之志而修经,丘明爱仲尼之经而为传,元凯悦丘明之传而为注。然则夫子感获麟之无应,因绝笔以寄词,作为褒贬,使有劝惧。是则圣人无位者之为政也,其于笔削义例,皆岂用周法矣? 左氏有无《经》之《传》,杜氏又错《传》分《经》,诚多艳富,虑失根本。既学于是,颇尝思乎?①

有问卷,无明经举子答卷。

但在《文献通考》卷三〇《选举考》三《举人》中,保存有浙江东阳吕氏家塾所刊吕夷简应本州乡举时的试卷,"因知墨义之式,盖十余条"。如:

> 有云:"'作者七人矣',请以七人之名对。"则对曰:"七人某某也。谨对。"
> 有云:"'见有礼于其君者,如孝子之养父母也'。请以下文对。"则对云:"下文曰见无礼于其君者,如鹰鹯之逐鸟雀也。谨对。"

吕夷简是北宋初人,引文所反映的是宋制,但离唐末、五代不远,当有所本。②

明经科应试举子,为了准备考试,需背诵经文、注疏几十万字,往往皓首穷经,耗费了一生最宝贵的青春年华和精力,还只能"十不及一"多数徒劳无功。对此,唐代举子韩愈曾痛心陈词:

> 天下之以明二经举于礼部者,岁至二千人,始自县考试……定其可举者,然后贡于天子而升之有司……有司者总州府之所升而考试之,加察看详焉,第其可进者,以名上于天子而藏之,属之吏部,岁不及二百人,谓之出身。能在是选者,厥维艰哉! 二经章句,仅数十万言,其传注在外,皆诵之,又约知其大说,由是举者,或远至十余年,然后与乎三千之数,而升于礼部矣;又或远至十余年,然后与乎二百之数,而进于吏部矣,斑白之老半矣。昏塞不能及者,皆不在是限,有终身不得与者焉。③

(三)秀才科 试方略策五道,按文理通、粗分为上上、上中、上下、中上四等为及第,四等以下不及第。

---

① 《权德舆诗文集》卷四〇《明经策问七道》,第617页。
② 《文献通考》卷三〇《选举考》三《举士·宋》按语,第283页。
③ 《韩昌黎文集校注》卷四《序·赠张童子序》,第249、250页。

（四）**明法科**　试律七条、令三条，全通为甲第，通八为乙第。

（五）**明字科（书学）**　先口试，通，书面考试《说文》《字林》二十条，通十八为及第。

（六）**明算科（算学）**　先问答大义十条，明数造术，详明术理，然后为通；再试《九章》三条、《海岛》《孙子》《五曹》《张丘建》《夏侯阳》《周髀》《五经算》各一条，十通六；《记遗》《三等数》帖读十得九，为及第。又，试《缀术》《辑古》者，录大义问答，明数造术，详明术理，无注者合数造术，不失义理，然后为通；再试《缀术》七条，《辑古》三条，十通六；《记遗》《三等数》帖读十得九，为及第。落于经者，虽通六，不为及第。①

（七）**开元礼科**　通大义百条，策三道者，超资与官；大义通七十、策通二者，及第；以下为不及格。散官、试官能通者，依正员（按：散官、试官参加考试，属吏部科目选）。

初，开元礼修成，未列入科目。唐德宗贞元二年（786）六月十一日敕："自今以后，其诸色举人中，有能习开元礼者，举人同一经例；选人不限选数许习。但问大义一百条，试策三道，全通者，超资与官；义通七十条、策通两道以上者，放及第。"②

（八）**三礼科**　唐德宗贞元五年（793），三礼科始设。五月二日敕："自今以后，诸色人中，有习三礼者，前资及出身人，依科目例选。吏（礼）部考试白身，依贡举例。"

吏、礼部考试，每经问大义三十条，试策三道……全通为上等，特加超奖。大义，每经通二十五条以上、策通两道以上，为次等，依资与官。如先是员外、试官者，听依正员例。③

（九）**三传科**　唐穆宗长庆二年（822）始设三传科。

二月谏议大夫殷侑奏："伏请置三传科（《左传》《公羊传》《穀梁传》）以劝学者。"

《左传》问大义五十条，《公羊》《穀梁》各问大义三十条、策三道。义通七以上、策通二以上，与及第。④

（十）**三史科**　三史指《史记》、"两汉书"（即《汉书》《后汉书》）、《三国志》。与三传科同时设立于长庆二年。

考试内容：每史问大义一百条、策三道。义通七、策通二以上为及第。能通一史者，白身视五经三传，有出身及前资官视学究一经。三史皆通者，特加奖擢。⑤

需要注意的是，三礼科、三传科、三史科与开元礼科一样，既是贡举人科举试科目（属礼部试），又是已有出身人及前资官人吏部科目选的科目，这是不同于进士科与明经科之处。

（十一）**童子科**　凡十岁以下能通一经及《孝经》《论语》，每卷诵文十道全通者，予官，通七予出身。唐代宗广德二年（764），"童子每岁贡者亦停"。此条记载说明，广德二年前，童子科试每年举行。"大历三年（768）四月，复置童子科举，每岁本贯申送礼部，同明经考试。取十岁以下，习一经兼《论语》《孝经》。每卷诵文十，全通者，与官；通七以上者，与

---

① 《新唐书》卷四四《选举志》，第1162页；《文献通考》卷二九《选举考》二《举士·唐》，第271页。

② 《唐会要》卷七六《贡举》中《开元礼举》，第1653页。

③ 《唐会要》卷七六《贡举》中《三礼举》，第1654页。

④ 《唐会要》卷七六《贡举》中《三传·三史附》，第1655页。

⑤ 《宋史》卷四四《选举志上》，1162页；《唐会要》卷七六《贡举》中《三传·三史附》，第1655页。

童子科出身。"①

童子科及第后待遇不一,或授官、或予出身,大历十年(775)曾停童子科,并非岁贡,故不属常科。杨绾曾说:"(童子科)不在常科,同之岁贡,恐长侥幸之路。"(《旧唐书》卷一一九《杨绾传》)唐代著名的神童有杨炯、员半千。由于童子科出身待遇优厚,成为少年跻身仕宦的途径,伪"神童"就不断出现。故或停或罢。但终其唐代,未能废绝。宣宗大中十年(856)对童子科有所改革,年龄放宽至十一、十二岁以下:"其童子,近日诸道所荐送者,多年龄已过,伪称童子。考其所业,又是常流。起今以后,望令天下州府,荐童子须实年十一、十二以下,仍须精熟一经,问全通,兼能自书写者。如违制条,本道长吏亦议惩罚。"②

(十二)道举科 始设于唐开元二十九年(741),延续至五代后晋天福五年(940),虽中间略有断,实相沿二百年之久。应属唐代常科中之一大科。③

唐玄宗自设道举:《命两京诸路各置玄元皇帝庙诏》:"两京及诸州各置玄元皇帝庙一所,每年依道法斋醮。兼置崇玄学,生徒于当州县学生数内均融量置,令习《道德经》及《庄子》《文子》《列子》。待业习成,每年准明经举送至省(考试)。置助教一人。"④

此诏颁降时间,据《册府元龟》所载,当为开元二十九年正月:"(开元)二十九年(741)正月,于京师置崇玄馆,诸州置道学,生徒有差(京都各百人,诸州无常员,习《老》《庄》《文》《列》,谓之四子,荫与国子监同),谓之道举,举送课试与明经同。"⑤

道举科之考试内容,在《老子》《庄子》《文子》《列子》之内,其标准与明经科同,即(一)帖经十道,得五为通;(二)口试大义十条,得六为通;(三)答时务策三道。

二、制科考试内容

制科,是皇帝亲诏,临时设科出题,由应举对策。其内容为治国之道、国家大事及应对灾异等:"观当时策目,所访者皇王之要道,邦家之大务……固不专以灾异也。"⑥

唐代制举以试策文为主。唐张九龄《曲江文集》卷七《敕处分举人》:"顷年策试,颇成弊风,所问既不切于时宜,所对亦何关于政事。"⑦可见,制举策文,本来应政事有关,必须切合时宜。或谓曾加试诗赋。《唐会要》卷七六《贡举》中《制举科》"天宝十三载十月一日,御勤政楼,试四科举人,其辞藻宏丽,问策外,更试诗赋各一道。制举试诗赋自此始。"⑧《旧唐书·玄宗纪》:"(天宝十三载)是秋,上御勤政楼试四科制举人,策外加试诗、赋各一首。制举加诗赋,自此始。"⑨《册府元龟·贡举部·考试》称:"其词藻宏丽科,问策外更试

① 《唐会要》卷七六《贡举》中《童子科》,第1656页;《册府元龟》卷六四〇《贡举部·条制二》,第7678页。
② 《册府元龟》卷六四一《贡举部·条制三》,第7686页。
③ 周启成《唐道举考略》,龚延明、黄金贵主编《古典文献与文化论丛》,中华书局,1997年。
④ 《全唐文》卷三一《玄宗皇帝·命两京诸路各置玄元皇帝庙诏》,第350页。
⑤ 《册府元龟》卷六三九《贡举部·条制一》,第7672页;并参《新唐书》卷四四《选举志》,第1164页。
⑥ 《宋会要辑稿·选举》一〇之一二七《制科》注文引宋仁宗监察御史袁询言,第5468页。
⑦ 唐张九龄《曲江文集》卷七《敕处分举人》,文渊阁《四库全书》第1066册,第107页。
⑧ 《唐会要》卷七六《贡举》中《制举科》,第1649页。
⑨ 《旧唐书》卷九《玄宗纪》,第229页。

律、赋各一首。"①按：此指辞藻宏丽科加试诗赋，他科不得而知。

现举张九龄《曲江文集》所载一制科策问：

> 问：兴化致治，必俟得人。求贤审官，莫先慎举……今欲均井田于要服，遵兵赋于革车，恐习俗滋深，虑始难就，揆今酌古，其衷若何？且惠在安人，政惟重穀。顷承平既久，居泰易盈，编户流亡，农桑莫赡，精求良吏，未之能补。遂其施，则莫惩游食，峻其科禁，则虑扰疲人，革弊适时，应有良术。子等并明于国体，允应于旁求，式陈开物之宜，无致循常之对。②

举子对策，往往敢于直言批评时政。如唐穆宗长庆元年（821），沈亚之应贤良方正能直言极谏科策文说：

> 伏读睿问，周视圣旨，见陛下思天灾之病也，臣愚以为皆由尚书六曹之本坏而致乎然也，今请统而条指之。
>
> 睿问有念人俗之凋讹，及于卒乘之数，货币之资，臣请以今户部、兵部之坏举之。睿问有思才周于文武，本固在于士农，臣请以今礼部、工部之坏举之。睿问有欲以辨行之真伪，臣请以吏部之滥举之。睿问有朝廷之缺，臣请以刑部之失举之。③

三、武举考试内容

武举省试有二科：一为平射，试射长垛三十发，不出第三院（外院，即第三环），为中第。二为武举，武举科考试内容分为以下诸项：

1.射长垛，2.马射，3.马枪，4.步射，5.穿札，6.材貌（身材），7.言语，8.举重，9.翘关（《唐六典》谓举五次为上第，《新唐书·选举志》谓举十次为上第）。此外，据《新唐书》尚有负重之试（负米二十斛行二十步为合格），据《通典》卷一五《选举》三又有穿札之试。以上项目考试，通五个上等为及第。

杜佑《通典》卷十五《选举》三，保存了唐代武举考试内容的宝贵记载：

> 长安二年，教人习武艺。其后，每岁如明经、进士之法，行乡饮酒礼，送于兵部。其课试之制，画帛为五规（按：规，即环），置之于垛，去之百有五步，列坐引射，名曰"长垛"（弓用一石力，箭重六钱）。又穿土（按：垒土）为埒（按：埒，矮墙），其长与垛均，缀皮为两鹿，历置其上，驰马射之，名曰"马射"（鹿子长五寸、

---

① 《册府元龟》卷六四三《贡举部·考试》，第7711、7712页。
② 唐张九龄《曲江文集》卷一六《策问》，文渊阁《四库全书》第1066册，第175页。
③ 宋李昉等编《文苑英华》卷四九二，沈亚之《对贤良方正能直言极谏文》，中华书局，1966年，第3册，第2517页。

高三寸,弓用七斗以上力)。又断木为人,载方版于顶,凡四偶人,互列埒上,驰马入埒,运枪左右触,必版落而人不踣,名曰"马枪"(枪长一丈八尺、径一寸五分,重八斤;其木人上版,方三寸五分)。皆以偎好不失者为上。兼有步射、穿札、翘关、负重、身材、言语之选,通得五上者为第。①

第七节　唐代科举考试官员

一、贡举试考试官

唐初,高祖武德间,科举考试,"以考功郎中试贡士",贞观间,"则以考功员外掌之"。②考功郎中从五品上,考功员外郎从六品上,地位不高。随着科举取人制度日益走向正轨,涌入试场士子越来越多,省郎日益镇不住规模日趋宏大的试场,至开元二十四年(736)春,最终发生了考官李昂与考生李权冲突的事件,"议者以员外郎位卑,不能服众"。改由礼部侍郎主持贡举试。③

唐人刘肃所著《大唐新语》对此有较详细记载:

> 开元二十四年,李昂为考功,性刚急,不容物,乃集进士,与之约曰:"文之美恶,悉知之矣;考校取舍,存乎至公。如有请托于人,当悉落之。"昂外舅尝与进士李权邻居,相善,为言之于昂。昂果怒,集贡士数权之过。权曰:"人或猥知,窃闻之于左右,非求之也。"昂因曰:"观众君子之文,信美矣。然古人有言,瑜不掩瑕,忠也。其有词或不安,将与众详之,若何?"众皆曰:"唯。"及出,权谓众曰:"向之斯言,意属吾也。昂与此任,吾必不第矣。文何籍为?"乃阴求瑕。

> 他日,昂果摘权章句小疵,榜于通衢以辱之。权引谓昂曰:"礼尚往来。来而不往,非礼也。鄙文之不臧,既得而闻矣。而执事有雅什,尝闻于道路,愚将切磋,可乎?"昂怒而应曰:"有何不可!"权曰:"'耳临清渭洗,心向白云闲。'岂执事辞乎?"昂曰:"然。"权曰:"昔唐尧衰怠,厌倦天下,将禅许由。由恶闻,故洗耳。今天子春秋鼎盛,不揖让于足下,而洗耳何哉?"昂闻,惶骇,诉于执政,以权不逊,遂下权吏。

> 初,昂以强愎不受属请,及有吏议,求者莫不允从。由是庭议,以省郎位轻,不足以临多士。乃使吏(礼)部侍郎掌矣。宪司以权言不可穷竟,乃寝罢之。④

此次试场冲突事件发生后,玄宗开元二十四年三月降敕,省试知举官改由礼部侍郎

---

① 《通典》卷十五《选举》三《历代制下·大唐》,第354、356页。
② 《大唐新语》卷一〇《厘革》,第153页。
③ 《资治通鉴》卷二一四,第6814页。
④ 《大唐新语》卷一〇《厘革》,第153页。

> （开元）二十四年，考功员外郎李昂为举人诋诃，帝以员外郎望轻，遂移贡举于礼部，以侍郎主之。礼部选士自此始。①

《唐大诏令集·令礼部掌贡举敕》：

> 敕：每岁举人，求士之本，专典其事，宁不重钦？顷年以来，唯考功郎中所职，位轻事重，名实不同。故尽委良吏长官，又铨猥积（按：据《曲江集》卷七所载此敕，此句为"欲尽委长官，又铨选猥积"）。且六官之职，例体是同，况宗伯掌礼，宜主宾荐。自今以后，每诸色举人及斋郎等简试，并于礼部集，既众务烦杂，仍委侍郎专知。②

《资治通鉴》时间记载明确至日期：

> （开元二十四年）三月壬辰（十二日），敕自今委礼部侍郎试贡举人。③

从此之后，唐朝科举选士，由礼部掌管。所谓"礼部选士，自此始。侍郎亲移试考功，谓之别头"④。与开元二十四年（736）由礼部主科举试同步，知举官亲故应试者，移吏部考功司试，称"别头试"。

值得注意的是，开元二十四年，确定知贡举官通常由礼部侍郎担当之后，或因礼部侍郎阙，即用他官。此风一开，礼部侍郎专知局面打破。傅璇琮《唐代科举与文学》谓："中唐以后，兵部侍郎、户部侍郎、中书舍人、工部侍郎、吏部侍郎等官，皆曾差遣知贡举，但称'权知贡举'。其中又以中书舍人权知贡举为多。"⑤《文献通考》是这样说的："开元时，以礼部侍郎专知贡举。其后，或以他官领，多用中书舍人及诸司四品清资官。唯会昌中，命太常卿王起知贡举，时亦检校仆射。"⑥

唐代知贡举官权力很大，出试题、评阅试卷、决定取舍以及确定名次，都由知举官决定。唐代知举官负责出试题。诗赋题目有出于儒家经书的，有出自史书的，但也有凭己意出题的，如元和二年（807）试《贡院楼北新栽小松诗》、贞元四年（788）试《曲江亭望慈恩寺杏园花发诗》等，比较自由，这在宋以后各朝无论如何是不可能的。故宋人叶梦得谓："唐

---

① 《新唐书》卷四四《选举志》，第 1164 页。
② 《唐大诏令集》卷一〇六《政事·贡举·令礼部掌贡举敕》，第 502 页。
③ 《资治通鉴》卷二一四，第 6814 页。
④ 《文献通考》卷二九《选举考》二《举士·唐》，第 273 页。
⑤ 傅璇琮《唐代科举与文学》，第 221—222 页。
⑥ 《文献通考》卷三〇《选举考》三《举士·后梁》，第 281 页上栏。

礼部试,诗赋题不皆有所出,或自以意为之。"①唐代未实行糊名制,因此,知贡举官取舍进士,是在知道应试人情况下进行的,难免受知贡举官主观印象之影响,而且公开允许"公荐"与"通榜"。也就是说,知贡举官在斟酌、确定应试人及第与否,试卷成绩并非唯一标准,试卷之外的平日作品(卷轴),权贵、社会名流及与知举官有厚交的朋友的推荐意见——公荐,都可以作为决定取舍的依据。宋洪迈《容斋四笔》卷五《韩文公荐士》条说:

> 唐世科举之柄,专付之主司,仍不糊名。又有交朋之厚者为之助,谓之通榜。故其取人也,畏于讥议,多公而审。亦有胁于权势,或挠于亲故,或累于子弟,皆常情所不能免也。若贤者临之则不然,未引试之前,其去取高下,固已定于胸中矣。②

显然,唐代科举试取人制度,仍受九品中正制须考察举子平素行为的影响,它尚未成熟,因此,除了权衡举子考场程文成绩,还要审查举子在试前平素学业的成绩。文士们为了让主考官能了解自己的学业,在考前就进行积极活动,即将自己的作品,送请有社会声望、有学问、有政治地位的人看,通过他们的宣传或对主考官推荐即通榜,以有利于争取进士及第,或者直接将作品送给知贡举官。这种活动,在唐代称"行卷"。这是公开的,也是习以为常的。

可见,在唐代,科举考试取士,表面上固然是知贡举官一人最后作出决定,实际上并非完全如此,而是由知贡举官与通榜者共同决定进士及第名单。如唐宣宗大中十年(856)郑颢知贡举,托崔雍为榜,崔雍提出名单后,郑颢居然照办,这在宋代简直匪夷所思。《唐摭言·通榜》:

> 郑颢都尉第一榜,托崔雍员外为榜。雍甚然诺……(雍遣)寿儿以一蜡弹丸进颢,即榜也。颢得之,大喜,狼忙札之,一无更易。③

又,唐德宗贞元十八年(802),权德舆为知贡举官,颇采通榜者之荐:

> 贞元十八年,权德舆主文,陆傪员外通榜帖,韩文公荐十人于傪,其上四人曰侯喜、侯云长、刘述古、韦纾;其次六人:张苰、尉迟汾、李绅、张俊余。而权公凡三榜,共放六人,而苰、绅、俊余不出五年内,皆捷矣。④

显然,韩愈作为有声望的推荐者,简直成了通榜者了,他推荐了十人名单于通榜者陆

---

① 《石林燕语》卷八,第113页。
② 《容斋四笔》卷五《韩文公荐士》,第669—670页。
③ 《唐摭言》卷八《通榜》,见《唐五代笔记小说大观》下册,第1643页。
④ 《唐摭言》卷八《通榜》,见《唐五代笔记小说大观》下册,第1643页。

傪,陆傪即为此名单转给主司权德舆,权德舆十分重视,三榜内录取了六人,其余被推荐的四人,又转给其后主司,先后又放了其中三人。这不过是权德舆得到推荐的一个名单而已,不能排除还有其他人推荐、通榜。

唐代盛行投卷风。投卷有两种:一是举子在省试前,向主司官纳省卷,此又称公卷。一是向有地位、有声望的人投行卷。两者内容可能一样,所投对象则有别。省卷成千累百地集中于知贡举官一人,难以细阅或尽阅。未必能发现人才;故尔,行卷的效果会更好一些,举子也更重视投行卷,行卷可一投再投,称"温卷"。《云麓漫钞》:

> 唐之举人,先借当世显人,以姓名达之主司,然后以所业投献。逾数日又投,谓之温卷。如《幽怪录》《传奇》等皆是也,盖此等文备众体,可以见史才、诗笔、议论。至是士则多以诗为贽,今有唐诗数百种行于世者,是也。①

投公卷与投行卷两者有别,元结《文编·序》:

> 天宝十二年,漫叟以进士获荐,名在礼部。会有司考校旧文,作《文编》纳于有司……侍郎杨公见《文编》,叹曰:'以上第污元子耳,有司得元子是赖。'……明年,有司于都堂策问群士,叟竟在上第。②

《唐音癸签·进士科故实》:

> 举子麻衣通刺,称"乡贡",由户部关礼部,各投"公卷";亦投行卷于诸公卿间,旧尝投、今复投者,曰"温卷",礼部例得采名望收录。凡造请权要谓之"关节"。激扬声价,谓之"往还"。士成名多以此。③

唐代行卷风尚,与进士科紧密相联。由于进士科出路比其他科目都好,竞争特别激烈。又由于进士科考试重文词,其录取又要参考平素学业、誉望,因此,进士科举子们对行卷特别看重,期望通过投行卷,使主司能了解自己的真正创作水平和见识抱负。当然,这也逼使举子们努力提高自己的文学修养,写出好作品,从而使行卷风尚在客观上又推动了唐代文学发展。

二、制举试考官

制举试,名义上由皇帝亲试。因为制举不同于贡举,它是"(天子)自诏四方德行、才

---

① 《云麓漫钞》卷八,第135页。
② 唐元结《次山集》卷一〇《文编序》,文渊阁《四库全书》,第1071册,第581页。
③ 《唐音癸签》卷一八《诂笺三·进士科故实》,第198页。

能、文学之士"①。"试之日,或在殿廷,天子亲临观之"②。故制举试也称廷试或殿试。

高宗、玄宗、德宗、代宗都曾亲试举人。如唐代宗"试制科于宣政殿,或有词连乖谬者,即浓笔抹之至尾;如辄称旨者,必翘足朗吟,翌日,则遍示宰臣、学士曰:'此皆朕门生也。'是以公卿大臣以下无不服上藻鉴也!"③

元稹《自述》诗有赞:

> 延英引对碧衣郎,江砚宣毫各别床。
> 天子下帘亲考试,宫人手里过茶汤。④

元稹于德宗贞元十九年(803)应制举才识兼茂明于体用科及第,此诗即记此事。

但皇帝亲试在制举试中毕竟不是主流。实际上,大多数制举考官,还是朝廷临时派遣的官员,承担撰策题、审阅策文,称之为考策官;考试完毕,即返回原职。考策官,挑知名之士,通常为三四人。如长庆元年(821)十一月制举试,考策官为中书舍人白居易、膳部郎中陈岵、考功员外郎贾𩅿,库部郎中庞严,都是名流。"(贾𩅿)文史兼美,四迁至考功员外郎。长庆初,策召贤良,选当时名士考策,𩅿与白居易俱为考策官。选文人以为公。"⑤

制举试无别头试。因为制举试名义上由天子亲试,故考策官之亲故不必避嫌另试。

第八节　唐取士等级与出路

在唐代,取士途径有三种:一、科举出身入仕,二、杂色入流,三、以门荫入仕。在唐代,就取士(含流外胥吏)总数来说,门荫与杂色入流大大超过科举入仕者。开元十七年(729),国子祭酒上言:"自数年以来,省司定限,天下明经、进士及第,每年不过百人。"⑥非科举入流,即诸色入流人数,以唐高宗显庆(656—661)间为例"每年入流数过一千四百人"。武后垂拱(685—688)前后,"诸色入流,每岁尚二千人,方于明经、进士,多十余倍"⑦。唐后期,科举取士人数,仍保持着较少的比例,"进士、明经,岁大抵百人,吏部得官至千人"⑧。即科举入仕与诸色入流人数为1∶10之比例。

然而,需要特别指出的是,在唐代科举入仕称为"出身入仕",被视为正途。至唐后期,越来越多的高级官僚子弟,不是通过门荫入仕,而是通过科举试登进士、诸科入仕。进士科,成为高级官吏主要来源。玄宗开元元年至二十二年期间(713—734年),科举出身的

---

① 《新唐书》卷四四《选举志》,第1169页。

② 《通典》卷一五《选举》三《历代制下·大唐》,357页。

③ 唐苏鹗《杜阳杂编》卷上,第1379页。

④ 《元稹集》卷六〇《外集》卷七《补遗》一《诗·自述》,第692页。

⑤ 《旧唐书》卷一六九《贾𩅿传》,第13册,第4407页。

⑥ 《全唐文》卷二九八,吴兢《谏限约明经进士疏》,第3027页。

⑦ 《全唐文》卷二九八,吴兢《谏限约明经进士疏》,第3027页。

⑧ 《新唐书》卷一六二《许孟容传》,第5001页。

宰相共 18 人（其中进士 8 人），占这个时期宰相总数 27 人的 2/3。至唐宪宗后，进士出身（不包括诸科）任宰相者已占了多数，直至唐亡。对此，吴宗国《唐代科举制度研究》做过细致统计①：

	宪宗	穆宗	敬宗	文宗	武宗	宣宗	懿宗
宰相总数	29	14	7	24	15	23	21
进士出身者	17	9	7	19	12	20	20

也有学者对唐代科举取士的地位评价不高。如李弘祺认为"在唐代，科举考试并未在社会中发挥重要作用，也未能成为争取向上社会流动的主要手段。科举制发展到唐代后半叶，在政府选官取士过程中开始变得重要起来"②。李弘祺这个观点可供商榷。

唐代除了制举合格后即授官和小部分武举及第授官，常科（如进士、明经）等登科后，仅取得入仕资格；需要进一步通过吏部试合格，方能释褐入仕。以上是总的情况。下面按分科概述之。

一、进士科等第与出路

进士登科者，按成绩分为甲、乙第，别称甲、乙两科。杜佑《通典》卷一五《选举》三《历代制下·大唐》：

> 进士所试一大经及《尔雅》，帖既通而后试文、试赋各一篇，文通而后试策，凡五条。三试皆通者为第。经、策全通为甲第，通四以上为乙第。
>
> 按令文，科第秀才与明经同为四等，进士与明法同为二等。然秀才之科久废，而明经虽有甲、乙、丙、丁四科，进士有甲、乙二科，自武德以来，明经唯有丁第，进士唯乙科而已……其进士，大抵千人得第者百一二。③

杜佑的记载，说唐自唐高祖武德以来，明经及第只有丁第，进士只有乙科，并不确切。说唐玄宗以前尚可，玄宗以后，进士登甲科者屡见不鲜，见于《旧唐书》列传中之例：

> 开元中，（颜真卿）举进士，登甲科。④
> 崔元翰年近五十，始举进士，邵异其文，擢第甲科。⑤
> 元和六年，（王质）登进士甲科。⑥

---

① 吴宗国《唐代科举制度研究》第八章《科举在选举中地位的变化》，第 181 页。
② 李弘祺《宋代官学教育与科举》第六章《科举考试》，台北联经出版事业公司，1994 年，第 159—160 页。
③ 《通典》卷一五《选举》三《历代制下·大唐》，第 357 页。
④ 《旧唐书》卷一二八《颜真卿传》，第 3580 页。
⑤ 《旧唐书》卷一三七《于邵传》，第 3766 页。
⑥ 《旧唐书》卷一六三《王质传》，第 4267 页。

清朝学者赵翼已注意到此,他在《陔余丛考》卷二九《甲榜乙榜》中指出:

> 今世(清朝)谓进士为甲榜,以其曾经殿试,列名于一、二、三甲也。举人谓之一榜。后以进士有甲榜之称,遂以一为乙,而以举人为乙榜……杜氏《通典》,进士有甲、乙两科,武德以来第进士唯乙科。《旧唐书》玄宗亲试敕曰:"近无甲科,朕将存其上第。"《杨绾传》:玄宗试举人,登甲科者三人,绾为之首,其乙科凡三十余人。是甲乙科俱进士也。①
>
> 除了分甲、乙两等之外,及第进士按其成绩,排列名次,这就是第几人及第之类。如开元五年进士二十五人,刘廷玉第十三人及第,刘巘第十七人及第。②

唐代进士及第后,只能取得出身,不能立即授官(释褐)。取得"出身",意味着取得入仕资格。然后,须经吏部铨试合格,方可释褐授官。吏部试对新进士来说,是一道关口,亦称关试。王鸣盛《十七史商榷·登第未即释褐》:"唐制,得第后不即释褐,或再应皆中,或为人论荐,然后释褐。"③礼部及第后再应吏部的释褐试,称"关试"。胡震亨《唐音癸签》说道:

> 关试,吏部试也,进士放榜敕下后,礼部始关吏部,吏部试判两节,授春关,谓之关试,始属吏部守选。④

"关"就是"关白",是官府之间一种通告性的文书。

《文心雕龙·书记》:"百官询事,则有关、刺、解、牒。"⑤所谓礼部始关吏部,就是礼部将及第举子的姓名及有关材料移交给吏部,吏部则试判两节,叫做关试;因为吏部关试放在春天进行,故尔又叫春关。关试以后,及第举子就归吏部管了。王定保《唐摭言·关试》称:

> 吏部员外,其日于南省试判两节,诸生谢恩,其日称门生,谓之"一日门生"。自此方属吏部矣。⑥

唐代著名文学家韩愈,于贞元八年(792)登进士第,未能入仕;贞元十年(794)应博学

① 《陔余丛考》卷二九《甲榜乙榜》,第560页。
② 《登科记考》卷五《开元五年·进士二十五人》,第187页。
③ 《十七史商榷》卷八一《登第未即释褐》,第705页。
④ 《唐音癸签》卷一八《诂笺三·进士科故实》,第198页。
⑤ 南朝梁刘勰著、黄叔琳注,李详补注,杨明照校注拾遗《增订文心雕龙校注》卷五《书记》,中华书局,2012年,第350页。
⑥ 《唐摭言》卷三《关试》,见《唐五代笔记小说大观》下册,第1597页。

宏词科,被黜。贞元十一年三上宰相书求仕,未果。登第十年还是布衣,在《上宰相书》中,沉痛地说:

> 正月二十七日,前乡贡进士韩愈……四举于礼部乃一得,三选于吏部卒无成。九品之位其可望,一亩之宫其可怀。遑遑乎四海无所归,恤恤乎饥不得食,寒不得衣。① (按:进士乙等释褐,通常从九品下阶叙。)

在唐代,进士及第后授官尚属非易。只有通过关试或吏部科目试(博学宏词、书判拔萃科),方能顺利释褐入仕。如:

> 杨发,字至之,大和四年登进士第,又以书判拔萃,释褐校书郎、湖南观察推官,再辟西蜀从事。入朝为监察,转侍御史,累迁至礼部郎中。② 按:此属科目选。

又,通过关试判两道,佳者登于科第,“谓之入等”,故唐开元后,又称平判入等:

> 郭元振,(咸亨四年,673)年十八,擢进士第……其年(弘道元年,683)判入高等……授梓州通泉尉。③

吴宗国《唐代科举制度研究》第五章《科目选》认为,平判入等正式设立是在开元十八年至二十四年(730—736)之间④:

> 初,选部旧制:每岁孟冬以书判选多士。至开元十八年,乃择公廉无私工于文者,考校甲、乙、丙、丁科,以辨论其品。是岁公(权彻)受诏与徐安贞、王敬从、吴巩、裴脁、李宙、张烜等十学士参焉。凡所升奖,皆当时才彦。考判之目,由此始也。⑤
>
> 开元二十四年,置平判入等,始于颜真卿。⑥

颜真卿于开元二十四年(736)“吏部擢判入高等,授朝散郎、秘书省著作局校书郎”⑦。

---

① 《韩昌黎文集校注》卷三《上宰相书》,第155页。

② 《旧唐书》卷一七七《杨收传·附兄发》,第4595页。

③ 《全唐文》卷二三三,张说《兵部尚书代国公郭公行状》,第2353页。

④ 吴宗国《唐代科举制度研究》第五章《科目选》,第101页。

⑤ 《全唐文》卷三九〇,独孤及《唐故朝议大夫高平郡别驾权公神道碑铭并序》,第3972页。

⑥ 《唐语林校证》卷八,第713页。

⑦ 《全唐文》卷五一四,殷亮《颜鲁公行状》,第5224页。

二、明经等第与出路

明经及第,分甲、乙、丙、丁四科。然现存史料中,明经登第者,或谓"明经高第",或称"明经上第",或为"明经擢第",罕见以甲、乙、丙、丁分者:

> 《旧唐书·唐休璟传》:"唐休璟,京兆始平人也。……休璟少以明经擢第。"[1]
>
> 《太平广记》载:"汝南周氏子,吴郡人也。家于昆山县。元和中,以明经上第,调选,尉昆山县。"[2]
>
> 《旧唐书·李承传》:"李承,赵郡高邑人……举明经高第。"[3]

然,杜佑《通典·选举》谓:

> 明经虽有甲、乙、丙、丁四科……唯有丁第。[4]

此说法出于一时之制,综观唐二百余年制度之变化,非"唯有丁第",也有上第(当为甲、乙第)。偶也见有"明经甲科"者,《玉海·唐明经举》:

> 王彦威、崔良佐明经中甲科。[5]

唐代明经,前期颇受重视。"伏以取士之科,以明经为首;教人之本,则义理为选。"(《全唐文》卷五一四顾少连《请以□问经义录纸上以便依经疏对奏》)。唐睿宗曾降《申劝礼俗敕》:"县令字人之本,明经为政之先,不稍优异,无以劝奖。"

以明经出身成为唐代名相的有:裴行俭、裴炎、狄仁杰、敬晖、崔玄暐、杜景佺、贾耽、卢迈、杜暹、董晋,等等。[6]

三、武举等第与出路

唐代武举考试,主要考核武艺,不考兵法书。据《通典·选举》,课试项目有"长垛"(105 步之外远射)、"马射"(骑马驰射)、"马枪"(驰马运枪)、"步射"(射草人)、"翘关"(举重)等。成绩分为上等、次上、次三等。

此外,还考试言语(答策问)、考察身材。以上诸项考试,"通得五上者为第",即五个

---

① 《旧唐书》卷九三《唐休璟传》,第 2978 页。
② 宋李昉等《太平广记》卷四六二《禽鸟·周氏子》,中华书局,1961 年,第 3789 页。
③ 《旧唐书》卷一一五《李承传》,第 3378—3379 页。
④ 《通典》卷一五《选举》三《历代制下·大唐》,第 357 页。
⑤ 《玉海》卷一一五《唐明经举》,第 2126 页下栏。
⑥ 《玉海》卷一一五《唐明经举》,第 2126 页下栏。

项目都"完好不失",方能获武举及第。①

关于武举及第后之出路,根据举子的身份(平民、品子与勋官、宿卫人等不同身份),及任期情况,决定授帖仗、散官或职事官。《唐六典·兵部尚书》:

> 武贡之第者,勋官五品以上并三卫执仗、乘,若品子年考已满者,并放选;勋官六品以上(按《唐会要·兵部尚书》作"六品以下",为是)并应宿卫人及品子五考以上者,并授散官,谓"军士战官";余并帖仗(按:充三卫执仗)。②

武举科初创时期,武举及第人,初授官官品比文科进士为高。以名将郭子仪为例:

> 郭子仪……始以武举高第,补左卫长史。③

左卫长史,武官,从六品上。④ 十六卫皆设长史,为上佐官。左卫长史,系左卫僚佐,掌判本卫所属诸曹及五府、外府廪禄,卒伍、军团之名数,器械、车马之多少。小事得专达,每岁秋,赞大将军考课。⑤ 与之比较,进士及第经吏部科目试后,初授官为从九品下或从九品上,相差甚远。唐代武举及第人记载较少,徐松《登科记考》未载武举及第人。

四、制举等第与出路

唐代制科登第后,即授官,此为与进士科不同之处。

制举登科,按成绩分为五等:一、二、三、四、五等。但第一、第二等虚设,不授与人。实际上第三等为最高等,称甲科,或称敕头、状元,《南部新书》载:

> 崔元翰晚年取应,咸为首捷,京兆解头、礼部状头、宏词敕头,制科三等敕头。⑥

第四等以下称乙科或乙第。三、四、五等各分上、次。例《放制举人敕》:

> 才识兼茂明于体用科第三次等元稹、韦惇,第四等独孤郁、白居易、曹景伯、韦庆复,第四次等崔韶、罗让、元修、薛存庆、韦珩,第五上等萧俛、李璠、沈传师、柴宿。达于吏理可使从政科第五上等陈岵等……其第三次等人委中书门下优与

---

① 《通典》卷一五《选举》三《历代制下·大唐》,第354—355页。

② 《唐六典》卷五《兵部员外郎》注文,第160页;《唐会要》卷五九《兵部尚书》注文,第1209页。

③ 《旧唐书》卷一二○《郭子仪传》,第3449页。

④ 《旧唐书》卷四四《职官·武官·左右卫》,第1898页。

⑤ 《新唐书》卷四九上《百官志》,第1280页。

⑥ 《南部新书溯源笺证》丙卷46,第111—112页。

处分,第四等、第五上等,中书门下即与处分。①

宋代仍沿唐故事,制举分为五等:

> 故事,制科分五等,上二等皆虚,惟以下三等取人,然中选者亦皆第四等,独
> 吴正肃公(育)尝入第三等,后未有继者。至嘉祐中,苏子瞻、子由乃始皆入第三
> 等。已而子由以言太直,为考官胡武平所驳,欲黜落,复降第四等。设科以来,止
> 吴正肃与子瞻入第三等。故子瞻谢启云:"误占久虚之等。"②

制举入等,甲科优与授官,如元稹、庞严,即授与从八品上的左拾遗;第四、第五等,所
授官亦比进士为高。

制举及第后待遇优于其他科目,因此唐代士人有进士、明经及第后再应试制举,有现
任官应制举试者。相反,无制举及第后再去应明经、进士的情况。清王鸣盛《十七史商
榷·得第得官又应制科》说:

> 有得进士第后又中制科者,如《刘蕡传》,蕡擢进士第,又举贤良方正能直言
> 极谏科;《儒学传》,马怀素擢进士第,又中文学优赡科;《文艺传》,阎朝隐连中进
> 士,孝悌廉让科、隐逸科,贺知章擢进士、超群拔类科,是也。有得明经第后又中
> 制科者,如归崇敬擢明经,调国子直讲,举博通坟典科,对策第一,迁四门博士,是
> 也。有得官后又中制科者,如张鷟登进士第,授岐王府参军,以制举皆甲科,再调
> 长安尉;殷践猷为杭州参军,举文儒异等科,是也。③

唐代制举登第人即可释褐。这是优于进士、明经之处。更重要的是,制科所授官,多
为县尉、正字、校书乃至拾遗、补阙等可以不限资次,越级升迁的清官,并可登上宰相。如
"德宗贞元十年(794),贤良方正科十六人,裴垍为举首,王播次之,隔一名而裴度、崔群、皇
甫镈继之,六名之中,连得五相,可谓盛矣"(宋洪迈《容斋续笔》卷十三《贞元制科》)。唐
代由制举中第而"至宰相者七十二人"(宋王应麟《困学纪闻》卷十四《考史》)。因此,唐代
制举及第,无异于登上了仕途的快车道,要比后世制举得人为多。

---

① 《唐大诏令集》卷一〇六《政事·制举·放制举人敕·元和元年》,第498页。
② 《石林燕语》卷二,第26页。
③ 《十七史商榷》卷八一《得第得官又应制科》,第707页。

［附］　唐代科目选

唐代科目,有礼部科举试与吏部科目试之别。这个差别,今人常有混为一事之误;即使在唐代,也出现过礼部科目试与吏部科目试混淆不清的情况。因此,在唐文宗大和元年(827)中书门下曾上奏,予以甄别纠正:

> 凡未有出身、未有官,如有文学,只合于礼部应举。有出身、有官,方合于吏部科目选。近年以来,格文差误,多有白身及用散、试官,并称乡贡者,并赴科目选。及注拟之时,即妄论资次,曾无格例,有司不知所守。
>
> 其有宏辞拔萃、开元礼、学究一经,则有定制,然亦请不任用在散试官限。
>
> ……如有出身及有正员官,本是吏部常选人,则任于吏部不限选数,应科目选。
>
> ……如考试登科,并依资注与好官。唯三史则超一资授官。①

显然,礼部科举试与吏部科目试,系两种不同性质考试。对此,杜佑《通典》也曾明确地指出:

> (德宗贞元)五年(789)五月敕:自今以后,诸色人中有习三礼者,前资及出身人,依科目选例,吏(礼)部考试白身依贡举例,礼部考试。②

一、吏部科目试产生的原因

在唐代,礼部所主持的科举试,其目的在于给及第者以"出身"之资格,即给予应举及第人以入仕之资格,但"出身"不等于"入仕"。"出身人",属于选人范畴,要取得一官,即通常所谓"释褐",还必须经吏部铨选试制。唐初,吏部铨选试制,并无所谓"科目试",只是到了唐高宗时,入仕人数不断增加,如总章(668—670)时,参加吏部铨选人数多达万人③,而官阙有限定之数,难以安排,待阙人愈积愈多,影响社会安定。为此,裴行俭、裴光庭父子,先后设立长名姓历榜、循资格:"初,吏部求人,不以资考为限,所奖拔唯其才,往往得俊乂任之。士亦自奋。其后士人猥众,专务趋竞,铨品枉桡。光庭惩之,因行俭长名榜,乃为《循资格》,无贤不肖,一据资考配拟,又促选限尽正月。"④《循资格》设立于唐玄宗开元十八年(730)。自此,官吏的应选释褐试和升迁都有资历和年限的规定,"一据资格配

---

① 《唐会要》卷七七《贡举》下《科目杂录》,第1657页。
② 《通典》卷一五《选举》三《历代制下·大唐》,第358—359页。
③ 《唐会要》卷七四《掌选善恶》,第1593页。
④ 《通典》卷一五《选举》三《历代制下·大唐》,第361页;《新唐书》卷一〇八《裴行俭传·子光庭》,第4090页。

拟"①。

任何事物都是一分为二的。长名姓历榜、循资格暂时解决了待阙人数日益增多带来的铨选困难,却产生了才干之士与平庸之辈在仕途中同命运的弊病,这对政府选拔人才是十分不利的,直接影响国家管理能力与效率;此外,对才能之士也是一个打击,失去了脱颖而出的机会,挫伤了"士亦自奋"的上进心。

武则天当政时,为了解决这一新矛盾,采用大开制科,不拘一格选拔才能之士的措施。但制举由皇帝临时下诏举行,并非每年进行。且到了唐玄宗开元之后,不再通过制举选拔人才,仍一依《循资格》铨选官吏。这样,使有才能之士的擢拔和升迁复失去了机会,引起了士大夫日益增长的不满情绪。开元二十一年(733),继裴光庭死后之次年,中书令萧嵩上书要求停止《循资格》。六月二十八日,朝廷为此下了一道诏书:

> 顷者,有司限数及拘守循资,遂令铨衡不得探拔天下贤俊,屈滞颇多。凡人三十始可出身,四十乃得从事,更造格限,分品为差,若如所制之文,六十尚不离一尉。有才能者始得如此,稍敦朴者,遂以终身。由是取人,岂为明恕!自今以后,选人每年总令赴集,仍旧以三月三十日为限。其中有才优业异,操行可明者,一委吏部临时擢用。贵于取实,何限常科。②

《旧唐书·裴光庭传》:"光庭卒后,(萧)嵩又奏请一切罢之。"③

尽管下诏要纠正《循资格》压制人才的弊病,"要吏部临时擢用""才优业异、操行可明者",但实际操作困难很大,诏书成了一纸空文,"有司以循资格便于己,犹蹈行之。是时,官自三师以下一万七千六百八十六员,吏自佐史以上五万七千四百一十六员。而入仕之途甚多,不可胜纪"④。

可以想见,国家正员官为一万七千多,而每年赴集铨选之选人则超出一万多,仕途何能容纳?《循资格》势在必行。然而,管理国家必须选拔有才干之士的实际需要,加之朝野舆论的压力,政府不得不在铨选制度上予以适当调整,这就是吏部科目试拔萃科、宏词科之设立,及选人考判采取依成绩分等第的"平判入等"措施。诚如《通典》所载:

> 初,吏部选才,将亲其人,覆其吏事,始取州县案牍疑议,试其断割,而观其能否,此所以为判也。后日寝久,选人猥多,案牍浅近,不足为难,乃采经籍古义,假设甲乙,令其判断。既而来者益众,而通经正籍又不足以为问,乃征僻书、曲学、隐伏之义问之,惟惧之能知也,佳者登于科第,谓之"入等";其甚拙者,谓之"蓝缕",各有升降。选人有格限未至,而能试文三篇,谓之"宏词",试判三条,谓

---

① 《新唐书》卷一〇八《裴行俭传·子光庭》,第4090页。
② 《册府元龟》卷六三九《铨选部·条制二》,第7553页。
③ 《旧唐书》卷八四《裴行俭传·子光庭》,第2807页。
④ 《资治通鉴》卷二一三《唐纪》二十九《玄宗开元二十一年(733)六月》,第6802页。

之"拔萃",亦曰"超绝"。词美者,得不拘限而授职。①

宏词、拔萃科初属制科。正式列为吏部主持的擢拔贤才的科目试,盖在开元初年、十九年。平判入等确立时间在开元二十四年(736)。但这期间,均属过渡、形成期,并不完善,至开元二十四年后,才逐渐以法制形式确立下来,作为每年举行的一种铨选制度。

二、唐代吏部科目选

关于唐代吏部科目选的设置,可分为两个阶段。

1.第一阶段,为唐玄宗开元初至德宗兴元间(713—784),吏部科目试设拔萃与宏词(或称博学宏词)两科。

(1)**拔萃科** 作为吏部科目选设置时间,在开元初年。《旧唐书·张九龄传》:"登进士第,应举登乙第……九龄以才鉴见推,当时吏部试拔萃选人及应举者,咸令九龄与右拾遗赵冬曦考其等第,前后数四,每称平允。开元十年,三迁司勋员外郎。"②从此条记载,可以看出,张九龄于玄宗朝主持"吏部试拔萃"时,已与试应科举试人分开,此即意味着,拔萃试已脱离礼部科举试科目之范畴。而在此之前,拔萃科是置于制举范畴之列的。如《册府元龟·科目》:"大足元年,理选使孟诜试拔萃科。崔翘、郑少微及第。"③《唐会要·制科举》:"大足元年,理选使孟诜试拔萃科,崔翘、郑少微及第。"④

由上二例可见,时至大足元年(701),拔萃科仍未能从制举中分离出来。直到玄宗开元间,才明确制举科中,不复有拔萃科,而归入吏部科目选,已见上引《旧唐书·张九龄传》。

(2)**博学宏词科** 和拔萃科一样,宏词最初也是制科之一种,如《登科记考·开元五年·博学宏词科》:"博学宏词科:按博学宏词置于开元十九年,则比犹制科也。李蒙……《定命录》云:'李蒙宏词及第,注华阴县尉。'"⑤

然至开元十九年(731),则罢制科博学宏词,列宏词为吏部科目选。《旧唐书·萧昕传》:"少补崇文进士,开元十九年,首举博学宏词,授阳武县主簿。天宝初,复举宏词,授寿安尉。"⑥据此,马端临《文献通考》将唐玄宗开元十九年博学宏词科试视为制举试,未确。⑦

(3)**平判入等** 既非科举试,又非吏部科目试,系由吏部主持的选人铨选试判分等之称。如:"(刘)宪弱冠举进士……初,则天时,敕吏部糊名考选人判,以求才彦。(刘)宪与王迪、司马锽、梁载言相次判入二等。"⑧

① 《通典》卷一五《选举》三《历代制下·大唐》,第361—362页。

② 《旧唐书》卷九九《张九龄传》,第3097—3098页。

③ 《册府元龟》卷六四五《贡举部·科目》,第7729页。

④ 《唐会要》卷七六《制科举》,第1642页。

⑤ 《登科记考》卷五《开元五年》,第188页。

⑥ 《旧唐书》卷一四六《萧昕传》,第3961页。

⑦ 《文献通考》卷三三《选举考》六《贤良方正》,第313页。

⑧ 《旧唐书》卷一九〇中《刘宪传》,第5016、5017页。

当然,由选人试判演变为平判人等有一个过程,其正式设立在开元十八年至二十四年(730—736)之间:

> 初,选部旧制:每岁孟冬以书判选多士。至开元十八年,乃择公廉无私工于文者,考校甲、乙、丙、丁科,以辨论其品。是岁,公(权彻)受诏与徐安贞、王敬从、吴巩、裴胐、李宙、张炟等十学士参焉。凡所升奖,皆当时才彦。考判之目,由此始也。①

《唐语林》卷八载:"开元二十四年,置平判人等,始于颜真卿。"《全唐文》卷五一四,段亮《颜鲁公行状》:"吏部擢判入高等,授朝散郎、秘书省著作局校书郎。"②其后,平判人等成为吏部铨选的经常制度。

2.吏部科目试发展的第二阶段

唐德宗贞元以后,吏部科目试又有新变化,可视为其发展之又一阶段。除宏词、拔萃科照常进行外,贞元二年(786)以后,陆续设立了开元礼、三礼、三传、三史等科目选人铨试的科目。需要注意的是,以上这些科目,同时又是贡举科目。这就有一个鉴别问题,即举凡由吏部主持、有官阶出身人应者,为吏部科目选;而由礼部主持、白身人应举者,即为贡举试,属资格试。对此,《册府元龟》记载很清楚:

> 又有吏部科目,曰宏词、拔萃、平判官(当为平判入等),皆吏部主之。又有三礼、三传、三史、五经、九经、开元礼等科,有官阶出身者,吏部主之;白身者,礼部主之。其吏部科目,礼部贡举,皆各有考官。③

又,贞元二年六月十一日敕:

> 自今以后,其诸色举人中,有能习开元礼者,举人同一经例:选人不限选数许习,但问大义一百条,试策三道,全通者超资与官。④

从上引德宗贞元二年(786)敕可以看出,开元礼作为礼部应试科目,视与应试明经一经相同。开元礼登科之后,为选人,已获得注官资格,有选限,待选。然,开元礼选人,"不限选数",许习开元礼,经"问大义一百条,试策三道",全通者,立即"超资与官"。显然,前者为科举试科目,后者为吏部科目。

---

① 《全唐文》卷三九〇,独孤及《唐故朝议大夫高平郡别驾权公神道碑铭并序》,第3972页。
② 《唐语林校证》卷八,第713页;《全唐文》卷五一四,段亮《颜鲁公行状》,第5224页。
③ 《册府元龟》卷六三九《贡举部·总序》,第7662页。
④ 《唐会要》卷七六《开元礼举》,第1653页。

三、吏部科目试之性质

在论述吏部科目试产生的原因时,已说明吏部科目试是对《循资格》的一种补充,有利于擢拔选人中才干之士。因此,它突破了《循资格》规定的选限,即选人或官员、罢任官员,不必拘守规定的选限(待阙一选、二选之类),直接应试,如能通过试判或试授官。显然,唐朝政府是在以《循资格》待平常之士的前提下,用科目选来选拔才能之士,从而满足政府对不同层次官吏的需要,这是吏部科目设置的实质所在。

与礼部贡举试不同之处:其一,由吏部主持,属于铨选的范围;其二,每岁举行,不像制科临时举行,无定时;其三,考试时间,与吏部铨选时间同,与科举试时间分开;其四,选人应举者,先当"诣州府求举"(《韩昌黎集》卷一六《答崔立之书》);其五,吏部考定后,要经过中书门下的复查审核。韩愈进士及第后。"二试于吏部,一既得之,又黜于中书"①,即是一例。

宋代博学宏词科属制举,而唐代博学宏词科属吏部科目试,后人或对此分辨不清。徐松就曾指出:"唐之博学鸿词科,岁举之。阎氏若璩以王应麟弟兄所应之博学宏词即昌黎所应之词科,误也。"②

---

① 《韩昌黎集校注》卷一六《答崔立之书》,第 167 页。

② 《登科记考》卷七《开元十九年》,第 259 页。

第三章　五代十国科举制

　　五代十国（907—960），五代指后梁、后唐、后晋、后汉、后周。十国，南方有吴、南唐、吴越、前蜀、后蜀、楚、闽、南平、南汉，北方有北汉。

　　五代科举取士之制不废，五代科举继承唐衣钵，一切仍唐之旧。《旧五代史·选举志》："按《唐六典》：凡选授之制，天官卿掌之，所以正权衡而进贤能也；凡贡举之政，春官卿掌之，所以核文行而第隽秀也。洎梁氏以降，皆奉而行之，纵或少有厘革，亦不出其轨辙。"[①]此谓五代选举（铨选与科举），一依《唐六典》，吏部尚书、侍郎掌官吏铨选，礼部尚书、侍郎掌科举。五代自后梁而下，虽有裁损、更改，但总不离大唐定制范围，未见有所创新。

　　十国没有全部实行科举考试，其中曾推行过科举制的有吴、南唐、南汉及前蜀、后蜀五国。吴越本国未行科举，但向中原贡士，以求取科第。楚及南平（荆南）行中原王朝年号，未有科举之设置。

　　马端临《文献通考·选举》称：

　　　　五代五十二年，其间惟梁与晋各停贡举者二年，则降敕以举子学业未精之故。至于朝代更易、干戈攘抢之岁，贡举固未尝废也。然每岁所取进士，其多者，仅及唐盛时之半。土宇分割，人士流离，固无怪其然。[②]

　　五代皇帝虽是军阀出身，但对科举均很重视。后梁建国，即行科举。后唐同光二年（924），宰相提出停科举一年，唐庄宗不同意："举、选二门，国朝之重事，但要精确，难议权停。"[③]由于君主重科举，故尔，使科举制能在五代贯彻始终。后梁开平元年（907）四月，朱温即皇帝位，七月，即颁有关科举考试条制的敕令："近年举人，当秋荐之时不亲试者，号为拔解。今后宜止绝。"四年十二月，兵部尚书、权知贡举姚洎奏：'近代设文科、选胄子，所以

[①]　《旧五代史》卷一四六八《选举志》，中华书局，2015 年，第 2303 页。

[②]　《文献通考》卷三〇《选举考》三《举士》，第 283 页。

[③]　《旧五代史》卷一四六八《选举志》，第 2304 页。

纲维名教,崇树邦本也。'"①"近年",当指李唐王朝行科举之时事,后梁接续唐制而不废,故有此敕。此年(元年)二月唐朝已放榜,故后梁未行科举试。开平二年,即举行梁建国后第一次科举试:"开平二年正月癸酉……诸道贡举一百五十七人,见于崇文门。"②《文献通考·选举考·五代登科记总目》载:是榜,取进士十八人、诸科五人。③ 十国中,以杨行密所建立的吴国,最早实行科举制。按《资治通鉴》说法,吴天祐六年(909年,即后梁开平三年),已兴科举:"淮南初置选举,以骆知祥掌之。"④然尚无其他材料可证明"初置选举",确系科举考试。但杨吴政权,实行科举制是没有问题的。如宋马令《马氏南唐书》所载:"萧俨,庐陵人也。甫十岁,诣广陵,以童子擢第。"⑤

五代原始科举录文献荡然无存。值得珍惜的是《文献通考·选举》给我们留下一份《五代登科记总目》,从这份《登科记总目》可以明了五代共举行了46次科举考试,在兵戈不休的52年中,仅6年停举。46榜录取进士703人、诸科1572人。这个数据,显示了五代与唐迥异的一个特点。唐代中后期,进士科取士最盛,而明经、诸科所取甚少。至五代后期倒了过来,明经、诸科为取士主流,进士登科甚少。"五代自晋汉以来,明经、诸科中选者,动以百人计。盖帖书、墨义,承平之时,鄙其学而不习,国家亦贱其科而不取。故惟有以攻诗赋中进士举者为贵。丧乱以来,文学废坠,为士者,往往从事乎帖、诵之末习,而举笔能文者,固罕见之。国家亦姑以是为士子进取之途。故其所取反数倍于盛唐之时也。国初,诸科取人亦多于进士,盖亦承五季之弊也。"⑥

《五代登科记总目》,反映了五代统治者对科举的重视。五代皇帝虽皆武将出身,然对行科举为国之长久治安之策,均有共识。自梁太祖朱温开平二年(908)始开科举,至后周世宗显德六年(959)末榜,后梁诏停三次贡举、后晋停一次贡举,其他后唐、后汉、后周均未停贡举。

其间颇有裁损停废,如制举之停罢,科目减省,取士人数减少等。因有关五代科举史料语焉不详,难以通窥全貌。现据现存文献,尽量予以挖掘、爬梳,理出五代科举的梗概。

第一节　科举考试科目

五代科举考试科目,沿晚唐之制,有制举,有常科。然因战乱频仍,王朝短祚,科举试规模缩小、科目置废无常、守成不足、创新不逮,是中国科举史中一个举而不力的阶段。其科目,以进士科为第一,唐朝常科众多科目,至五代发生归并的趋向,九经、五经、明经为一类,五科(三礼、三传、三史、开元礼、学究一经)为一类,总称"诸科"。此外尚有不稳定的

---

① 《旧五代史》卷一四六八《选举志》,第2303、2304页;《册府元龟》卷六四一《贡举部·条制三》,第7688页。
② 《旧五代史》卷四《梁纪》四《太祖纪》,第67页。
③ 《文献通考》卷三〇《选举考》三《举士·五代登科记总目》。
④ 《资治通鉴》卷二六七《后梁纪》二《太祖开平三年四月》,第8709页。
⑤ 宋马令《马氏南唐书》卷二二《归明传》上,文渊阁《四库全书》第464册,第348页。
⑥ 《文献通考》卷三〇《选举考》三《举士》,第283页。

童子科、明法、明算、宾贡科等。制科已衰落。概言之,在五代,除进士、明经两科普遍设立,其余科目多废置不常。

后梁初建,即开科举,(开平二年)四月二十一日,以兵部尚书姚洎知举。①

后唐长兴元年(930),曾减省科目,但进士科保留:"(长兴元年八月三日)其贡院据见应进士、九经、并五科、童子外,诸色科名并罢。"②

后唐对唐科目有所削减,保留进士科、九经、五经、明经、五科、童子科。值得注意的是,"五科"是沿唐代之称,与九经、明经等分开。"五科"即"三礼、三传、三史、开元礼、学究一经",总称"诸科"。《五代会要·科目杂录》:

> (后唐天成三年,928)七月十三日,敕:"应将来三传、三礼、三史、开元礼、学究等考试,本业毕后,引试对策时,宜令主司于时务中,采取要当策题,精加考校……(长兴四年二月十六日)礼部贡举奏请新立条件如后:一、九经、五经、明经呈帖由之时,试官书通之后,或不及格者,喝'落后'(下略)。一、五科常年驳榜出,多称屈塞。"③

从《五代会要》关于科目的记载,可以大致看出,沿唐代科目设置,五代文科常科科目有:进士科、九经、五经、明经、明算与诸科:五科(三礼、三传、三史、开元礼、学究)④及明算、明法、宾贡、童子科等。常科之外,有制科,制科有名无实,后周曾复置。下面一一陈述之。

一、常科

五代十国科举考试科目,沿唐制,以进士科、明经科为主,其余诸科,名义上保存,实行过程中有减无增。要说变化,唐代无"诸科"之称。五代将明经与诸科(九经、五经及三礼、三传)等区分开来:"(天福五年四月)礼部侍郎张元奏曰:'窃窥前代,未设诸科,始以明经,俾升高第。自有九经、五经之后,及三礼、三传以来,孝廉之科,遂因循而不废……今广场大启,诸科并存,明经者悉包于九经、五经之中,无出于三礼、三传之内,若无厘革,恐未便宜,其明经一科,伏请停废。'"⑤十国所设科目,具体已难详。在曾经推行科举试的诸国当中,以南唐为最多。南唐所设科目,基本上也是沿袭李唐之制,"略用唐故事"⑥。据现有资料统计,南唐所举考试科目至少有进士、明经、三礼、三传、九经、明法、童子科等。⑦ 下面就五代十国科举科目一一予以阐述。

---

① 《五代会要》卷二二《制举》,第281页。
② 《五代会要》卷二二《制举》,第276页。
③ 《五代会要》卷二三《科目杂录·天成三年、长兴四年》,第287页。
④ 张希洁、毛佩奇、李世愉主编《中国科举制度通史》,第112页。
⑤ 《旧五代史》卷一四八《选举志》,第2305页。
⑥ 清吴任臣撰,徐敏霞、周莹点校《十国春秋》卷二五《南唐》十一《江文蔚传》,中华书局,1983年,第1册,第353页。
⑦ 陈秀宏《十国科举制度考略》,《文史》2002年第4辑。

（一）进士科

进士科是五代每年一次（中间只停过四次）正常进行的科举考试科目。据马端临《五代登科记总目》，五代科举考试第一榜为后梁开平二年（908），取进士 18 人；又据《玉芝谈荟·历科状元》这一榜状元为崔邈。① 后梁共举行 13 榜科举考试，共取进士 189 人，每榜取士在 11 人至 20 人之间。平均每榜取进士 14.5 人。后唐举行过 13 榜考试，取进士 156 人，平均每榜取 12 人。后晋举行过 8 榜科举试，共取进士 112 人，平均每榜 14 人。后汉举行过 4 榜科举试，共取进士 84 人，平均每榜取进士 21 人。后晋举行过 9 榜科举试，共取进士 113 人，平均每榜 12.5 人。十国科举，也以进士科为主科。如南唐保大间，江文蔚知贡举，"略用唐故事，放进士庐陵王克贞等三人及第"②。

五代 46 榜，榜榜试进士科举子，计取进士 703 人。五代每一朝都将进士科置于首位。后唐天成五年（930）正月二十三日奏："今年凡应进士举，而所试文、策及格，帖经或不及通三，与放及第。"③《五代会要·进士》："后唐同光三年三月，敕：今年新及第进士符蒙正等，宜令翰林学士承旨卢质就本院覆试。仍令学士使杨彦璩监试……桑维翰差无纰缪，稍有词华。其王激升第一，桑维翰第二，符蒙正第三，成僚第四。"④

五代进士放榜后，略依唐制举行一系列庆祝活动。如后唐天成二年（927）十二月敕："新及第进士有闻喜宴，今后逐年赐钱四百贯。"⑤闻喜宴后，有春关宴："（后唐清泰）二年七月，御史中丞卢损言：'天成二年二月敕，每年进士合有闻喜宴、春关宴，并有司所出春关牒用绫纸，并官给……'诏曰：'春关冬集绫纸、闻喜、关宴所赐钱，并仍旧官给，余从之。'"⑥

进士举例：

郑致雍 开平二年（908）登进士科，释褐秘书省校书郎，历翰林学士。

（五代）孙光宪撰《北梦琐言·座主门生同入翰林》云："封舜卿，梁时知贡举。后门生郑致雍同受命入翰林为学士……当时议者以为座主辱门生。同光初，致仕。"⑦

（宋）钱易《南部新书·庚》："郑致雍……场中翘首，一举状头。脱白授校书郎，入翰林。"⑧

《旧五代史·封舜卿传》云："封舜卿，仕梁，为礼部侍郎，知贡举。开平三年，奉使幽州，以门生郑致雍从行，复命之日，又与致雍同受命入翰林为学士。"⑨开平二年（908）进士

————————

① 《文献通考》卷三〇《选举考》三《五代登科录总目》，第 282 页；明徐应秋撰《玉芝谈荟》卷二《历科状元》，《笔记小说大观》，江苏广陵古籍刻印社，1984 年，第 11 册，第 87 页。

② 《十国春秋》卷二五《南唐》十一《江文蔚传》，第 1 册，第 353 页。

③ 《五代会要》卷二二《进士》，第 277 页。

④ 《五代会要》卷二二《进士》，第 277 页；《文献通考》卷三〇《选举考》三《举士》，第 281 页上栏。

⑤ 《五代会要》卷二二《进士》，第 277 页。

⑥ 《册府元龟》卷六四二《贡举部·条制四》，第 7698 页。

⑦ 五代孙光宪撰，贾二强点校《北梦琐言》卷一九《座主门生同入翰林》，中华书局，2002 年，第 347 页。

⑧ 《南部新书溯源笺证》，第 331 页；《旧五代史》卷六八《封舜卿传》，第 902 页。

⑨ 《旧五代史》卷六八《梁书·封舜卿传》，第 1053 页。

科条作"郑雍,一作郑致雍".①

江文蔚 后唐长兴二年(931)登进士.

《十国春秋·江文蔚传》:"江文蔚,字君章,建安人.博学,工属文.后唐长兴中举进士,为河南府馆驿巡官."注引偶隽云:"文蔚,长兴二年卢华榜下进士八人,与张沇、吴承范、殷鹏、范禹偶为学士."②

刘蟠 字士龙,滨州渤海人.汉乾祐二年(949)举进士,解褐益都主簿.

《全唐文补遗·大周棣州开元寺故宗主临坛律大德瑯琊颜上人(弘德)幢子记》:"蟠忝《周南》《召南》之科,漏大乘小乘之趣.让请书而无计,详形状以挥毫."按刘蟠撰文时署:"登仕郎、前守青州益都县主簿."

《宋史·刘蟠传》云:"刘蟠,字士龙,滨州渤海人.汉乾祐二年举进士,解褐益都主簿."③

(二)明经科

沿唐置.唐时,"明经科"何谓?《唐六典》称:"凡贡举人,通二经以上为明经."④《新唐书·选举志》:"明经之别,有五经、三经、二经、有学究一经,有三礼、三传、有史科……所以待非常之才."⑤中唐之前,唐明经科是诸科目总称,"五经、三经、二经、学究;三礼、三传、史科",皆囊括在内,自然太泛,后来产生分化.九经、五经、三经独立置科;三礼、三传、史科,开元礼、学究合称"五科",又有明法、明算、宾贡、童子科等专科.狭义明经科,指自选一经至三经者.诸科崛起.五代,在进士科之外的有明经、诸科.五代明经科,与九经、五经、学究有别,独立置科目.

后晋天福五年(940)四月,曾罢明经科:

(天福五年)四月敕:"明经、童子、宏词、拔萃、明算、道举、百篇等科并停."

然三年后,开运元年(944)即恢复,开运元年八月诏:

明经、童子之科,前代所设,盖期取士,良谓通规……其明经、童子二科,今后复置.⑥

明经举例:

马缟 后唐同光二年(924)明经登第.

---

① 《登科记考》卷二五《后梁太祖·开平二年》,第936页.

② 《十国春秋》卷二五《南唐》十一《江文蔚传》,第1册、第353页.

③ 吴钢主编《全唐文补遗》第六辑,显德五年(958)二月三日刘蟠撰《大周棣州开元寺故宗主临坛律大德瑯琊颜上人(弘德)幢子记·显德五年(958)二月三日》,三秦出版社,1994年,第2页;《宋史》卷二七六《刘蟠传》,第9388页.

④ 《唐六典》卷三〇《三府督护州县官吏》,748页.

⑤ 《新唐书》卷四四《选举志》,第1159页.

⑥ 《旧五代史》卷一四八《选举志》,第2305—2306页.

孟二冬《登科记考补正》卷二十五《后唐庄宗·同光二年》:"明经科　马缟　张补云:《旧五代史》本传,'马缟少嗜儒学,以明经及第。'《弘治保定郡志》:注云:'同光二年,明经、诸科八十八人。举明经、宏辞二科,马缟,唐人。'孟按:《续唐书》所录同《新五代史》。"①

谢凫　字和卿,河朔人,开运中,明经中第,至周任瀛州录事参军,赠国子博士。

《无为集·故通直郎签书商州军事判官厅公事谢君墓志铭》:"君讳季康,字和卿。其先河朔人……高祖讳凫,始以儒学自立,开运中,明经中第,至周任瀛州录事参军,赠国子博士。"②

侯陟　淄州长山人,后汉末举明经,后周初试校书郎。

《宋史·侯陟传》云:"侯陟,淄州长山人。汉末,举明经。周广顺初,试校书郎。"③

(三)诸科(九经、五经、三礼、三传、三史、开元礼、学究、明算、明法、道举、童子科、百篇)

五代十国科举科目,常科中除进士科、明经科,有诸科之设。进士与诸科成为五代两大科目。诸科为三礼、三传、三史、开元礼、学究、五经、九经、明算、百篇、明法、道举、童子科等科,其间或罢、或复,置废不常。《旧五代史·选举志》:"(开运元年)十一月,工部尚书、权知贡举窦贞固奏:'进士考试杂文及与诸科举人入策,历代以来,皆以三条烛尽为限。'"据此条记载,五代常科科目分进士科与诸科两大类。又,后周显德六年(959)诏令,更为明确地表明,每年科举分进士、诸科两大科目:

(显德六年正月)甲戌诏:每年新及第进士及诸科闻喜宴,宜令宣徽院指挥排比。④

五代有一个沿用唐制的习惯称呼,即"五科",五科指三传、三礼、三史、开元礼、学究一科。"清泰二年九月,礼部贡院奏:'奉长兴元年敕,进士、五经、九经、明经、五科、童子外,诸色科目并停。缘由有明算、道举人,今欲施行。'"⑤此"五科"系总名。"(后唐同光)四年正月,五科举人许维岳等一百人进状:'伏见新定格文,三礼、三传,每科止放两人,方今三传一科五十余人,三礼三十余人,三史、学究一十人。'"这一记载,已点明三礼、三传、三史、学究属五科。又:"(天成三年)七月十三日敕:应将来三传、三礼、三史、开元礼、学究等考试……"此为五科连称,其中开元礼系属五科之一。此外,明法科,于《五代会要》中有专门

① 孟二冬《登科记考补正》卷二五《后唐庄宗·同光二年(924)·明经科》,北京燕山出版社,2003年,第1070页。
② 曾枣庄、刘琳主编《全宋文》三八册,《无为集》卷一二《故通直郎签书商州军事判官厅公事谢君墓志铭》,上海辞书出版社、安徽教育出版社,2006年,第243页。
③ 《宋史》卷二七〇《侯陟传》,第9273页。
④ 《旧五代史》卷一一九《周书》十《世宗纪六》,第1833页。
⑤ 《五代会要》卷二三《缘举杂录》,第284页。

列条记载:"后唐长兴二年七月一日敕:其明法科,今后宜与开元礼科同其选数。"①综上所述,五代曾举行之科举科目,除进士科、制科以外,有明经、诸科,诸科包括九经、五经、三礼、三传、开元礼、三史、学究、明法、明算、道举、童子科、百篇等科。

诸科登科人例:

(1)九经科 五代沿置九经科不废。后唐清泰二年九月,礼部贡院奏"长兴元年敕:'进士、五经、九经、明经、五科(三传、三礼、三史、学究、开元礼)、童子外,诸色科目并停。'缘由有明算、道举人,今欲施行。"②

(2)明算科 五代后梁、后唐设置。长兴元年罢,清泰元年(934)复置。后晋天福五年(940)四月,罢明算科,未见复置。

《旧五代史·唐书·末帝纪》:"(清泰二年九月)己酉,礼部贡院奏:'进士请夜试,童子依旧表荐,重置明算、道举。举人落第,别取文解。五科试纸,不用中书印,用本司印。'并从之。"③(天福五年)四月敕:"明经、童子、宏词、拔萃、明算、道举、百篇等科并停。"④

举例:

宋延美 长兴元年明算科及第,吏部关试后落下。

(宋)王溥《五代会要·杂处置》云:长兴元年"十一月,吏部南曹关试今年及第举人进士李飞等七十九人,内三礼刘莹、李铣、李守文,明算宋延美等五人,所试判语皆同。"⑤

(3)三史科 五代三史科属五科,也称诸科。五科包括:三传、三礼、三史、开元礼、学究科。《五代会要·科目杂录》:"(后唐同光)四年正月,五科举人许维岳等一百人进状:'伏见新定格文,三礼、三传,每科止放两人,方今三传一科五十余人,三礼三十余人,三史、学究一十人。若每年止放两人及一人,逐年又添初举……伏见咸通、长庆举人元无定式;又,同光元年春榜,亦是一十三人。请依元年例放人。'敕从之。"此条列举了五科中的四科:三礼、三传、三史、学究。还有一科为何科?天成三年(928)七月十三日敕书中提及五科:"应将来三礼、三传、三史、开元礼、学究等考试,本业毕后,引试对策时……应九经、五经、明经帖书文格后,引试对义时。"可见,这五科与九经、五经、明经是两种科目归类。果然,长兴四年(933)二月十六日,礼部贡院所奏新立条件,明确地将两类科目分开:"一九经、五经、明经呈帖由之时,试官书通之后,有不及格者……一、五科常年驳榜出,多称屈塞"。⑥

举例:

尹拙 颍州汝阴人。梁贞明五年(919)举三史及第,调补下邑主簿。

《宋史·儒林传》:"尹拙,颍州汝阴人。梁贞明五年,举三史,调补下邑主簿。"⑦

① 《五代会要》卷二三《明法》,第285页。
② 《五代会要》卷二三《缘举杂录》,第284页。
③ 《旧五代史》卷四七《唐书》二十三《末帝纪中》,第749页。
④ 《旧五代史》卷一四八《选举志》,第2305—2306页。
⑤ 《五代会要》卷二二《杂处置》,第354页。
⑥ 《五代会要》卷二三《科目杂录》,第286、287页。
⑦ 《宋史》卷一九〇《儒林传》,第13871页。

《登科记考》卷二五《贞明六年到同光二年》:"诸科一人:尹拙。①

(4)**三礼科** 沿唐置。五代归入"五科"。

《五代会要·杂处置》云:长兴元年"十一月,吏部南曹关试今年及第举人进士李飞等七十九人,内三礼刘莹、李铣、李守文,明算宋延美等五人,所试判语皆同。"②《五代会要·科目杂录》:"(后唐同光)四年正月,五科举人许维岳等一百人进状:'伏见新定格文:三礼、三传,每科止放两人。'"③

举例:

刘莹、李铣、李守文 《五代会要·杂处置》云:"长兴元年十一月,吏部南曹关试今年及第举人进士李飞等七十九人,内三礼刘莹、李铣、李守文。"

(5)**学究科** 沿唐置。五代归入"五科"。

《五代会要·科目杂录》:"(后唐同光)四年正月,五科举人许维岳等一百人进状:'伏见新定格文:三礼、三传,每科止放两人,方今三传一科五十余人,三礼三十余人,三史、学究一十人。若每年止放两人及一人,逐年又添初举,伏见咸通、长庆举人元无定式;又,同光元年春榜,亦是一十三人。请依元年例放人。'敕从之。"④此条列举了五科中的四科:三礼、三传、三史、学究。

学究科,至后周有新的变化。学究科原是试一经,即一经一科。然,广顺三年(953),"学究请今后《周易》《尚书》并为一科。每经对墨义三十道,仍问经考试。《毛诗》依旧为一科。"⑤学究试二经,这是一个变化。

举例:

黄仁颖 泉州人,贞明四年(918)登学究科,后唐同光中登进士第。

(宋)徐铉《稽神录·登第皂荚》云:"泉州文宣庙,庭宇严峻,学校之盛,冠于藩府。庭中有皂荚树,每州人将登第,即生一荚,以为常矣。梁贞明中,忽然生二荚有半,人莫谕其意。乃其年,州人陈逖,进士及第,黄仁颖,学究及第。仁颖耻之,复应进士举。至同光中,旧生半荚之后,复生全荚。其年仁颖及第。"⑥

《玉芝谈荟·历代状元》:"唐同光中……状元黄仁颖。"

(6)**明法科** 后唐长兴二年(931)见置。此后未见废罢。

《旧五代史·明宗纪》:"(长兴二年)六月丁巳朔,复置明法科,同开元礼。"⑦《五代会要·明法》:"后唐长兴二年七月一日,敕:其明法科,今后宜与开元礼科同其选数。兼赴举之时,委贡院别奏。请会诸法试官,依格例考试。"后晋天福六年(941)五月十五日敕:"明

① 《登科记考》卷二五《贞明六年到同光二年》,第944页。

② 《五代会要》卷二二《杂处置》,第273页。

③ 《五代会要》卷二三《科目杂录》,第268页。

④ 《五代会要》卷二三《科目杂录》,第268页。

⑤ 《册府元龟》卷六四二《贡举部·条制四》,第7703页。

⑥ 宋徐铉《稽神录》卷五《登第皂荚》,收入上海师范大学编《全宋笔记》第八编,大象出版社2007年,第7册,第86页;《太平广记》卷四○七《草木二·登第皂荚》引《稽神录》,第3295页;《玉芝堂谈荟》卷二《历代状元》,第883页。

⑦ 《旧五代史》卷四二《唐书》十二《明宗纪六》,第664页。

法一科,今后宜令五选集合格注官日,优与处分。"后周广顺三年正月:"户部侍郎、权知贡举赵上交奏:'明法元帖律令各十五帖、对义二十道。今年后罢帖律令,试墨义六十道。'从之。"①

(7)开元礼 后唐见置。至后周仍置。《五代会要·明法》:"后唐长兴二年七月一日,敕:其明法科,今后宜与开元礼科同其选数。兼赴举之时,委贡院别奏。请会诸法试官,依格例考试。"《旧五代史·明宗纪》:"(长兴二年)六月丁巳朔,复置明法科,同开元礼。"②《册府元龟·贡举部·条制》:"(广顺)三年,户部侍郎、权知贡举赵上交奏:'……开元礼、三史,元对义三百道,欲各添义五十道。'"③

(8)童子科 沿置。后晋天福五年(940)四月,曾罢童子科:

> (天福五年)四月敕:"明经、童子、宏词、拔萃、明算、道举、百篇等科并停。"

然四年后,开运元年(944)即复童子科,开运元年(944)八月诏:

> 明经、童子之科,前代所设,盖期取士,良谓通规……其明经、童子二科,今后复置。④

举例:

郭忠恕 字恕先,或云国宝,洛阳人,后唐同光二年(924)登童子科,后周又以明经中第。历掌书记,宋官至国子博士。

(清)吴任臣撰,徐敏霞、周莹点校《十国春秋》卷一〇八《北汉五·郭忠恕传》:"郭忠恕字恕先,洛阳人。幼敏慧,七岁童子及第……乾祐初,湘阴公赟镇徐州,辟为推官。"⑤

孟二冬《登科记考补正》:"后唐同光二年,诸科二人:郭忠恕,同光二年,童子登科。见《册府元龟》。《五代史补》:'郭忠恕,七岁童子及第。'王禹偁《五哀诗·故国子博士郭公忠恕诗》云:'在昔举神童,广场推杰出。'原注:'公应举时,口念《尚书》,手写《论语》。'"⑥

赵美 改名赵匡赞,避讳改赞,幽州人。天成四年(929)特赐童子科及第。

《十国春秋》卷五三《后蜀六·赵匡赞传》:"赵匡赞字元辅,本名美,后更今名,幽州蓟人也……后避宋太祖偏讳,遂去'匡'名赞云。是知其本名美,后改名为匡赞,入宋后又去匡名赞。《旧五代史》所言'臣孙赞'者,乃史臣避讳改称。"⑦

《册府元龟·总录部(二十五)·幼敏第三》:"赵美,幽州节度使德钧之孙。天成四年

---

① 《五代会要》卷二三《缘举杂录》,第286页。
② 《旧五代史》卷四二《唐书》十二《明宗纪六》,第664页。
③ 《册府元龟》卷六四二《贡举部·条制四》,第7700页。
④ 《旧五代史》卷一四八《选举志》,第2305—2306页。
⑤ 《十国春秋》卷一〇八《北汉五·郭忠恕传》,第1529页。
⑥ 孟二冬《登科记考补正》卷二五《同光二年甲申》,第1070页。
⑦ 《册府元龟》卷七七五《总录部·幼敏三》,第8981页。

正月,德钧奏美年五岁,默念何论《孝经》,令于汴州取解就试,敕:'都尉之孙,能念儒书,备彰家训,不劳就试,特与成名。宜赐别敕及第,仍附今年春榜。'"①

(四)宾贡科

五代沿唐制,设宾贡科,允许外国留学生应举。后唐规定每榜只许放宾贡科一人及第。长兴元年(930)有高丽人高策、郑朴两人赴省试,高策及第,郑朴先于省试通过,后为中书门下覆试犯韵黜落。

宾贡科废置不常。《五代会要·缘举杂录》:"长兴元年六月,中书门下奏:'此后宾贡,每年只请放一人。'"②

举例:

周渥　后唐天成四年(929)前宾贡进士及第。

《全唐文补遗·千唐志斋新藏专辑》:"天成四年(929)十月十七日《大唐故兴国推忠功臣光禄大夫检校太保守左金吾卫大将军致仕兼御史大夫上柱国昌黎县开国伯食邑七百户韩公(恭)墓志铭》,署名'前宾贡进士周渥撰'。"③

二、制科

后梁沿置。其后罢辍。后周显德四年(957)复置三科"贤良方正能直言极谏,经学优深可为师法,详闲吏理达于教化":

> 制策悬科,前朝盛事,莫不访贤良于侧陋,求谠正于箴规,殿廷之间,帝王亲试,其或大裨于国政、有益于时机,则必待以优恩,縻之好爵,拔奇取异,无尚于兹。得士者昌,于是乎在。爰从近代,久废此科,怀才抱器者,郁而不伸,隐耀韬光者,晦而不出;遂致翘翘之楚,多至于弃捐;皎皎之驹,莫就于縻絷。遗才滞用,阙孰甚焉。应天下诸色人中,有贤良方正能直言极谏,经学优深可为师法,详闲吏理达于教化者,不限前资、见任职官、黄衣草泽,并许应诏。其逐处州府,依每年贡举人式例,差官考试,解送尚书吏部,仍量试策论三道,共三千字以上,当日内取文理具优、人物爽秀,方得解送。取来年十月集上都。其登朝官亦许上表自陈。④

从上引五代末显德四年复制举诏,可以看出,五代制举考试程式,一依唐朝。

十国,前蜀不设常科,而推行制科。所设制举科目,计有贤良方正能直言极谏,达于教化,明于吏才,政术精详,军谋宏远,韬光待用,藏器俟时,智辨过人,辞华出格,隐迹山林,

① 《册府元龟》卷六四二《贡举部·条制四》,第7694—7695页。
② 《五代会要》卷二二《制举》,第283页。
③ 《全唐文补遗》之《千唐志斋新藏专辑》,第423页。
④ 《五代会要》卷二二《制举》据五代结束的显德四年复制举诏,第275页。

闻称乡里,识通兵机,博通经史,沉滞丘园等科目。① 后主王衍御文明殿试制科,布衣蒲禹卿合格,"帝以其言有益,擢为右补阙。"②从"蒲禹卿对策切直,执政皆切齿,欲诛之"记载,蒲禹卿似应"贤良方正能直言极谏"科。

举例:

余渥、李愚 后梁开平三年(909)登博学宏词科。

《册府元龟》卷六四一《贡举部·条制三》云:"是年(后唐明宗天成二年)四月,中书奏:……礼部贡院牒,称具成德军解送到前进士王蟾状……今检《登科录》内,于伪梁开平三年,应宏词登科二人:前进士余渥、承旨舍人李愚。"③

(宋)王溥《五代会要》卷二二《宏词拔萃》:"(后唐天成二年四月二日)礼部贡院牒称:'据成德军解送到前进士王蟾状……伏缘近年别无事例,今检《登科录》内,于伪梁开平三年,应宏词登科二人,前进士余渥、承旨舍人李遇。'"④

《登科记考》卷二五开平三年(909)云:"博学宏词科二人:余渥,李愚。"⑤

三、宏辞与拔萃科

五代有宏词与书判拔萃科,但属吏部科目选,不得算制举:"(后唐天成二年)礼部贡院牒称:据成德军解送到前进士王蟾状,请罢设深州司公(功)参军,应宏词举。前件人准格例应重科,合在吏部。……今检《登科录》内,于伪梁开平三年,应宏词登科二人:前进士余渥、承旨舍人李遇;考官二人:司勋郎中崔景、员外郎张贻宪。"又:"长兴元年八月三日,尚书吏部据礼部贡院牒称:'送到附试请应书判拔萃前虢州卢氏县主簿张岫,对六节判,四通二粗,例入第五等上。其所试判,今录奏闻。'奉敕:'宜付附所司。今后吏部所应宏词、拔萃,宜并权罢。'"⑥据此,五代宏词拔萃科合格人,收进《登科录》内,与其他经吏部铨选考试合格除官人不同,带有准科举属性。可视为五代科举非常科科目。宏词、拔萃,后梁、后唐皆举行。晋、汉、周不明。如后梁开平三年,有前进士二人应宏词科:"今检《登科录》内,于伪梁开平三年,应宏词登科二人:前进士余渥、承旨舍人李遇;考官二人司勋郎中崔景、员外郎张贻宪。"⑦

第二节 科举考试程序

五代科举考试程序,大体依唐制,并无改变。常科考试分二级,一为解试,在秋季举

---

① 清吴任臣《十国春秋》卷三六《前蜀》二《高祖本纪》下,第505—508页;清陈鳣《续唐书》卷二五《蜀世家》。
② 《十国春秋》卷三七《前蜀》三《后主本纪》第537页。
③ 《册府元龟》卷六四一《贡举部·条制三》,第7408页。
④ 《五代会要》卷二二《宏词拔萃》,第276页。
⑤ 《登科记考》卷二五《开平三年·博学宏词科》,第938页。
⑥ 《五代会要》卷二二《宏词拔萃》,第276页。
⑦ 《五代会要》卷二二《宏词拔萃》,第276页。

行,亦称秋荐、秋赋、乡荐。二为礼部贡院试,即省试,也称省闱、春闱。制科不定。

一、常举二级考试制

五代梁、唐、晋、汉、周科举试,沿唐制,一年一次,五代52年,"其间惟梁与晋各停贡举二年,则降敕以举子学业未精之故。至于朝代更易、干戈攘抢之岁,贡举未尝废也"①。十国,间或设置,"兵乱之际,往往废堕。"《五代通录》载:

> 自梁开平至周显德末,未尝无科举。而偏方小国(十国),兵乱之际,往往废堕。如江南(南唐)号为文雅最盛,然江文蔚、韩熙载皆后唐时中士第。宋齐邱、冯延巳,仕于南唐,皆白衣起家,为秘书郎;然则,南唐前此未尝设科举。科举昉于此时耳!②

(一)乡贡试

贡试,亦称秋试、秋荐、秋闱、解试。这是一级科举试。

凡解试,地方诸道,由州、府主持;京师,分别由宗子寺、国子监及京府主持。《册府元龟·贡举部》载:

> (后唐天成四年)十月,中书门下条流贡举人事件:应诸道州、府解送诸色举人,须准元敕,差有才艺公正官考试及格,然可给解,仍具所试诗赋义目帖由送省。如逐州府解内不竖出前件指挥事节,所司不在引试之限。礼部贡院考试诸色贴经举人,今后据所业经书对义之时,逐经须将生卷与熟卷中半考试……除诸州府解送举人外,余有于河南府寄应及宗正寺、国子监生等,亦须准上指挥。③

考试官一人,由各地观察使选择艺业精通官员充本贯(州、府)考试官。

> (天成)三年七月四日,尚书工部侍郎任赞奏:"今后伏请宣下诸州府,所有诸色举人,不是家在远方,水陆隔越者,逐处选宾从官僚中艺学精博一人,各于本贯一例分明比试。如非通赡,不许妄给文解。"敕:"宜令今后诸色人,委奏逐处观察使,慎择其词艺及通经官员,各据所业考试。及格者,即与给解,仍具所试诗赋、帖经通、粗数,一一申省。未及格者,不得徇私发解。"④

解试在秋季举行:"梁开平元年七月,敕'近年举人,当秋荐之时,不亲试者号为拔解,

---

① 《文献通考》卷三〇《选举考》三《举士》按语,第282—283页。
② 《文献通考》卷三〇《选举考》三《举士》引《五代通录》,第281页下栏。
③ 《册府元龟》卷六四一《贡举部·条制三》,第7692—7693页。
④ 《五代会要》卷二三《缘举杂录》,第281—282页。

今后宜止绝。'"①上文所言"秋荐",即为解试。

诸色举人,解试合格,即授以文解。连同家状,得解者考试成绩,即所试诗赋、帖经通数多少、粗数多少,一一登记"帖由",在冬十月前由州府津送礼部称贡人,如:

> (后唐天成四年)十月一日,中书门下条流贡举人事件:应诸道州府解送诸色举人,须准元敕,差有才艺公正者官考试及格,然后给解。仍具所试诗赋义目帖由送省。
>
> 天成元年(926)八月敕:"应三京、诸道今年贡举人,可依常年例取解,仍令随处量事,津送赴阙。"②

文解到省后,须核查对所称"贯属州府户籍",如相符,"京百司给解就试"。③

"其将来秋赋,诸寺监及诸州府所解送进士第,亦准去年十一月一日敕,考其诗、赋、义目帖由等,并解送赴省。如或不依此解送,当司准敕,并不引送试。"④解送举人到省,规定以十月为限:

> (后唐明宗长兴)三年正月诏曰:"贡举之人,辛勤颇甚。每年随计,终日食贫,须宽奖劝之门,俾释羁栖之叹。今后落第举人,所司已纳家状者,次年便付所司就试,并免再取文解。兼下纳文解之时,不再拘以三旬,但十月内到者,并与收受。"⑤

经礼部审核后,方许得解举人来年引试。并规定,得解举人依唐制务必在次年正月元日,作为贡物赴朝会,列在各道所献方物之前,"以备充廷之礼"。如贡士人数多,选派诸科解头赴朝堂陈列:

> (后唐长兴三年)十二月,礼部贡院奏:"准《会要》,长寿二年七月十日左拾遗刘承庆上疏曰:'伏见比年以来,天下诸州府所贡方物,至元日皆陈在御前,惟贡人独于朝堂列拜。伏请贡人至元日列在方物之前,以备充廷之礼。'制曰:'可。'近年,直至锁院前赴应天门外朝见。今后请令举人复赴正仗。仍缘今岁已晚,贡士未齐,欲且据现到人点引,牒送四方馆。至元日,请令通事舍人一员,引押朝贺,列在贡物之前。或以人数不少,即请只取诸科解头一人就列。其余续到者,候齐日,别令朝见。如蒙允许,当司即于都省点别习仪。"奉敕:"宜准元敕处

① 《旧五代史》卷一四八《选举志》,第2303页。
② 《五代会要》卷二三《缘举杂录》,第281—282页。
③ 《五代会要》卷二三《缘举杂录》,第282页。
④ 《五代会要》卷二二《进士》,第278页。
⑤ 《册府元龟》卷六四二《贡举部·条制四》,第7696页。

分,余宜依。"①

(二)省试

乡贡试合格举人,于次年赴尚书省礼部贡院试,即省试。省试合格为及第,张榜公布。

得解进士于省试之前,须先纳省卷于礼部。所谓省卷,指进士习作,包括诗、赋、论各一卷,杂文、歌篇二卷,共五卷。神道碑、墓志铭之类不在纳省卷之列:(显德二年)三月,尚书礼部侍郎、知贡举窦仪奏:"其进士请今后省卷,限纳五卷以上。于中须有诗、赋、论各有一卷,余外杂文、歌篇,并许同纳,只不得有神道碑、志文之类。"②

所有省试之举人,于考试前五日,得向礼部贡院交纳试纸,盖上中书省印,再交付贡院院司保管。③

贡举人考试之日,先于省门外等候,皇城司派公干人监督。入贡院前,按年齿排队进入就试。考试期间,贡院关门。至门开时试毕,先交卷者须交历子(个人准考凭证之类),由试官画上交卷时间,然后先出。进士杂文考试诸科试策至迟不过晚上点只蜡烛。"清泰二年九月,礼部贡院奏:奉长兴二年二月敕,进士引试,早入晚出,今请依旧例,进士试杂文,并点门入省,经宿就试。从之。"④

省试,置知举官。唐制,科举归礼部管,由礼部侍郎知举。唐中期以后,若本司官阙,即命他司官如中书舍人、翰林学士等知举。五代亦如是。主持省试的官员,并非全是礼部侍郎,由皇帝临时任命而定。清徐松《登科记考》列出五代各榜知举官姓名,可以参考。杜文玉《五代十国制度研究》对此记载,考订了其中失误处,列出《五代时期知贡举官员姓名及本官一览表》,其中本司官礼部尚书、礼部侍郎知贡举官 16 员,比例最高。其次是中书舍人 8 员,第三位是翰林学士 5 员。他司官,尚有尚书左仆射、兵部尚书、工部尚书、户部侍郎等知举者。⑤

值得注意的是,长兴三年(932)知举官卢华为考功员外郎,长兴四年知举官为主客郎中和凝,皆是四品以下官员,"说明五代时期已打破了唐代诸司官员知贡举者须是四品以上清资官的惯例。"⑥

考试官　知举官外,置阅卷考试官。具体人数不详。如天福六年、七年任知举官的礼部侍郎张允,于五年(940)四月奏:"每岁明经一科,少至五百以上,多及一千有余,举人如是繁多,试官岂能精当?"⑦仅明经一科,每岁赴省试就在五百至一千人之间,尚有进士科、

① 《册府元龟》卷六四二《贡举部·条制四》,第 7696 页。

② 《五代会要》卷二二《进士》,第 279 页。

③ 《册府元龟》卷六四二《贡举部·条制四》,第 7698 页。

④ 《五代会要》卷二二《进士》,第 278 页。

⑤ 《登科记考》卷一至卷二十六,第 4—1024 页;杜文玉《五代十国制度研究》第一章《贡举制度》二《知举官的变化》之《五代时期知贡举官员姓名及本官一览表》,人民出版社,2006 年,第 10—13 页。

⑥ 杜文玉《五代十国制度研究》第一章《贡举制度》二《知举官的变化》之《五代时期知贡举官员姓名及本官一览表》,第 10 页。

⑦ 《旧五代史》卷一四八《选举志》,第 2305 页。

"五科"举人,一榜省试举人知多少? 显然仅靠知举官是不可能完成阅卷的。张允所言"试官",当是知举官之外的考试官。

《五代会要·缘举杂录》载:

> (长兴)四年二月十六日,旧例:侵晨张榜后,知贡院官及考试官以下便出。请今年张榜后,知贡举官并考试官,至晚出。①

以此可见,知举官之下有众多阅卷考试官。

省试地点是礼部贡院。后周广顺二年(952)二月:"礼部侍郎赵上交奏:'贡院诸科,今欲不试泛义,其口义五十道,改试墨义十道。'从之。"②

省试时间,昼以继夜为主,或止以昼日。

后唐明宗长兴二年(931)二月,宰相曾下堂帖于礼部贡院,询问进士夜试有何条格。其实五代进士夜试,指昼试延长至夜深(三只蜡烛点尽),并无夜试之事(进士试杂文有"经宿"之例):"(长兴)二年二月礼部贡院奏:当司奉堂帖,夜试进士有何条格者? 敕旨,秋来赴举备有常程,夜后为文曾无旧制。王道以明规是设,公事须白昼显行,冀盛观光犹敦劝善……其进士并令排门齐入就试,至门开时试毕。内有先了者,上历画时,旋令先出。其入策亦须昼试。应诸科对策并依此例,余准前后敕格处分。夜试进士非前例也。"③

唐明宗长兴二年二月癸巳,诏:"贡院旧例,夜试进士,今后昼试,排门齐入,即日方试毕。"④

长兴二年改令科举试只准昼试,不许夜试,一度施行。至后晋开运元年(944)又复许延长至晚:"(后晋开运元年)十一月,工部尚书、权知贡举窦贞固奏:'进士考试杂文及与诸科举人入策,历代以来皆以三条烛尽为限。长兴二年,改令昼试。伏以悬科取士,有国常规、沿革之道虽殊,公共之情难失。若使就试两廊之下,挥毫短景之中,视晷刻而惟畏稽迟,演词藻而难求妍丽,未见观光之美,但见同款疑答之由。既非师古之规,恐失取人之道。今于考试之时,准旧例:以三条烛为限。'……十二月敕:礼部贡院自前考试进士,皆以三条烛为限,并诸色举人等有怀挟书册,不令就试。宜并准旧施行。从窦贞固奏也。"⑤

考试场次,每学科试三场,逐场成绩定去留:

> (天成五年正月二十三日)今年凡应进士举,所试文(杂文,即诗赋)、策(对策)及格,帖经或不及通三,与放及第。⑥

---

① 《五代会要》卷二三《缘举杂录》,第 284 页。
② 《旧五代史》卷一四八《选举志》,第 2305 页。
③ 《册府元龟》卷六四二《贡举部·条制四》,第 7696 页。
④ 《旧五代史》卷四二《唐书》十八《明宗纪》,第 659 页。
⑤ 《册府元龟》卷六四二《贡举部·条制四》,第 7696 页。
⑥ 《五代会要》卷二二《进士》,第 277 页。

上引记载表明:进士三场试,诗赋、策、帖经。天成五年(930)新规,如对策与诗赋二场试合格,帖经不及格,也放及第。

后周广顺三年(953)正月,因知贡举官赵交泰奏言,一度罢帖经。然过了半年,八月进士科仍需帖经、对义一场试:

> 周广顺三年正月,户部侍郎、权知贡举赵交泰奏:"进士元试诗、赋各一首,帖经二十帖,对义五道。今欲罢帖经、对义,别试杂文二首,试策一道。"从之。至其年八月,刑部侍郎、权知贡举徐台符奏:"请别试杂文二首外,其帖经、对义,亦依元格。"从之。①

诸科三场,如三礼科:解试、省试第一场试《礼记》,第二场试《周礼》,第三场试《仪礼》。三传科,解试、省试第一场试《左传》,第二场试《公羊传》,第三场试《穀梁传》。② 其诸科举人,请第一场十否者,殿五举;第二场、第三场十否者,殿三举。其三场内,有九否者,并殿一举。其进士及诸科所殿举数并于所试卷子上朱书,封送中书门下,请行指挥;及罪发解官等。③

五代十国科举考试,沿唐制,省试三场,逐场定去留。《册府元龟》载:"后唐明宗长兴元年二月敕:⋯⋯此后贡院应试三传、三礼,宜令准进士、九经、五经、明经例,逐场皆须去留,不得候终场方定。"④按:长兴元年前,试三传、三礼,皆以终场定去留,致"肤浅者侥求而望事",故有此敕。

《文献通考·选举考》载:"后周太祖广顺三年敕:礼部贡院于引试之前,精加考校,逐场去留。无艺者,虽应举年深,不得饶借场数。有艺者,虽遭黜落,并许陈诉。"⑤

(三) 覆试

五代省试合格登第人,尚有一系列法定的正式认可的流程。

考试官阅卷毕定等之后,送中书门下"细览详覆"。五代虽仍无殿试,却有中书门下之覆试。后唐同光三年(925)定制:"今后应礼部每年所试举人杂文、策等,候过堂日,委中书门下仔细详覆奏闻。"⑥如后唐长兴元年(930)中书覆试新及第进士十五人,有犯韵及错字者,经重试,落第九人:

> (后唐明宗长兴元年)六月:"中书门下奏:'敕新及第进士所试新文,委中书门下细览详覆。方具奏闻,不得辄徇人情,有隳事体。'中书于今年四月二十九

---

① 《五代会要》卷二二《进士》,第278页。
② 《册府元龟》卷六四二《贡举部·条制四》,第7703页。
③ 《册府元龟》卷六四二《贡举部·条制四》,第7703页。
④ 《册府元龟》卷六四二《贡举部·条制四》第7694页。
⑤ 《文献通考》卷三〇《选举考》三《举士》,第281页。
⑥ 《五代会要》卷二二《进士》,第277页。

日,帖贡院,准元敕指挥中书量重具详覆者。李飞赋内三处犯韵。李谷一处犯韵,兼诗内错书'青'字为'清'字,并以词翰可嘉,望特恕此误……与及第其李飞、樊吉、夏侯珙、吴油、王德柔、李谷等六人。卢价……孙澄……李象……师均……杨文龟……杨仁逊……其卢价等七人望许令将来就试,仍放,再取文解。高策赋内,于字韵内使依字,疑其海外(按:海外,指高丽)音讹,文意稍可,望特恕此。其郑朴赋内,言股肱诗中十千字犯韵;又言玉珠。其郑朴许将来就试,亦放,取解。仍自此宾贡每年只放一人,仍须事艺精奇。"①

据此,长兴元年,知举官张文宝试进士,原放十五人,经中书覆审,落第八人,只取七人:李飞、樊吉、夏侯珙、吴油、王德柔、李谷、高策(按:此为宾贡科,高丽人。徐松《登科记考》误为驳放)。

五代省试覆试,或由翰林学士担当。"后唐同光三年四月敕:今年新及第进士符蒙正等,宜令翰林学士承旨卢质就本院覆试。仍令学士使杨彦璠监试。"②

十国也有覆试制。如南唐后主李煜于乾德二年(964)春三月,"命吏部侍郎、修国史韩熙载知贡举,放进士王崇古等九人;即又命中书舍人徐铉覆舒雅等五人。雅等不就,乃御殿命题亲试,以中书官莅其事,五人皆见黜。"③此覆试,原命中书舍人徐铉主持,因新进士不服,后主王衍不得不亲自命题覆试,阅卷、评定成绩则由宰相操作。结果省试通过的舒雅等五人,经覆试全部被除名。这次覆试,虽由皇帝命题,但不算殿试。因为是榜放进士九人,其中点名覆试的为五人。而未经覆试的王崇古等四人,反而成为新及第进士。

又如南唐元宗李璟时,有覆考榜。《十国春秋·南唐·后主本纪》载:

(伍乔)入金陵应进士举。及试《画入卦赋》《霁后望钟山诗》。故事,中选者,主司必延之升堂置酒。时有宋贞观者,首就坐,张洎续至。主司贤洎文,揖贞观南坐,引洎坐于西。酒数行,(伍)乔始上卷,主司叹为杰作,乃徙贞观处席北,洎处席南,而以乔居宾席。无何,覆考榜出,乔得第一,洎、贞观次之,时称主司精衡鉴焉。元宗大爱乔文,命勒石,以为永式。④

从上文所述事实说明,南唐科举在省试后举行覆试,并将覆试成绩张榜公布,已成为定制。五代十国之所以重视覆试,原因在于其时社会战乱频仍,"事业荒芜",举子总体素质差。此外主考官不能较业抢才、杜绝阿私,致所中科名"多有滥进,或以年劳而得第,或因媒势以出身",或"受取解人情礼物"等等。结果导致黜落者"便起怨嗟,谤议沸腾,是非蜂起,至有伪造制敕之语"。为了平息群议,以示公正,不得不行覆试:"既慊舆情,颇干浮

① 《册府元龟》卷六四二《贡举部·条制四》,第7694页。
② 《五代会要》卷二二《进士》,第277页。
③ 《十国春秋》卷一七《南唐》三《后主本纪》,第243页;同前书卷三十一《舒雅传》,第449页。
④ 《十国春秋》卷三一《南唐》十七《列传·伍乔传》,第447页。

论,须令覆试,俾塞群言。"①这从一个侧面,说明了一种制度,总是在实践中不断完善的。可以这样说,五代十国科举覆试制度,开辟了通向北宋殿试制度的道路,是科举考试殿试制度的萌芽。

（四）放榜及其后的活动

放榜也称张榜。张榜公布录取名单,这是一种正式确认及第的手续。五代沿唐制,中书覆试后即放榜之制。

窦仪《条陈贡举事例奏》:

> 又切览《唐书》,见穆宗朝礼部侍郎王起奏,所试贡举人试迄申送中书,候覆迄下当司,然后大字放榜。是时从之。臣欲请将来考试及第进士,先具姓名、杂文申送中书,奏覆迄,下当司,与诸科一齐放榜。②

张榜时间,通常是在天刚拂晓时。登第人名单一张榜,贡院考官立即出院,怕榜下落第人喧闹。长兴四年(933)规定,贡院考官不能在张榜后出院,要等候至当日傍晚出院,以便处理落第人一些投诉。为了避免落第人闹事,御史台专门差人于榜下伺察。《五代会要·缘举杂录》载:

> （长兴）四年二月十六日,旧例:侵晨张榜后,知贡院官及考试官以下便出。请今年张榜后,知贡举官并考试官,至晚出。③

进士、诸科、明经科登第举人,于放榜后,进行一系列谢恩、相识、庆贺活动（按:后唐长兴四年改至朝堂）。谢恩时,行列队舞蹈礼,此为向皇帝谢恩,接着,齐赴国子学,谢孔子等先师。然后,与知举官相识,拜谢。此后,举行同年期集会,等候发给及第敕命。其间穿插"过堂"（赴中书、吏部、兵部拜谢）及"过枢密院"（后罢过枢密院）。"（后唐长兴）四年二月十六日,礼部贡院奏:……今年放榜及第人看毕,便缀行五凤楼前,列行舞蹈谢恩,迄,赴国学谢先师。然后与知贡举相识。期集。只候敕命。兼过堂及过枢密院。"④后唐以前,及第人与知举官相识,举行"选胜宴"。过堂日,设幕次,办筵席。后晋天福五年废除:"天福五年三月,诏:'及第举人与主司选胜筵宴,及中书舍人靴鞋接见举人,兼兵部、礼部引人过堂之日,幕次酒食会客,悉宜废之。'"⑤

闻喜宴　朝堂谢恩后,新进士举行闻喜宴庆贺活动。每年由官府赐给活动费400贯:

---

① 《册府元龟》卷六四一《贡举部·条制三》,第7689页。
② 《全唐文》卷八六二,(五代)窦仪《条陈贡举事例奏》,第9039页。
③ 《五代会要》卷二三《缘举杂录》,第284页。
④ 《五代会要》卷二三《缘举杂录》,第284页。
⑤ 《册府元龟》卷六四二《贡举部·条制四》,第7699页,并参《旧五代史·选举志》。

"（后唐）天成二年十二月敕：新及第进士，有闻喜宴，今后逐年赐钱四百贯。"①五代平均每榜约 14 人，平均每人 29 贯多，此数目不算小。

关试　五代十国一依唐制，除制科外，登第人不得马上释褐授官。尚须赴吏部关试。即须经吏部南曹关试，取得待选年限凭证。这也是由礼部将及第人移交吏部待选的礼仪性考试。关试出判题，及第人答以判语。五代时，登科人对关试甚不重视。如后唐天成三年（928）三月敕所言："每年访闻及第举人，牒送吏部关试判题，虽有判语，全无祗见，各书'未详'。仍或正身不至。如此乖谬，须议除去。"②这是说，及第举人对吏部关试，有的不到场考试，即使参加关试的举人，判语（答卷）上居然有仅写"未详"者。十分乖谬，为此，朝廷进行了整顿。

> 敕：此后应关送举人，委南曹官吏准格考试。如是进士并经学及第人，曾亲笔砚，其判语即须缉构文章，辨明治道。如是无文章，许直书其事，不得只书"未详"。如关试时正身不到，又无请假字，即牒贡院申奏停落。③

上引敕表明，对关试要求并不高，只要及第举人到场考试，"亲笔砚"，能撰写辨明治道的文章就行。即使不写文章，据判题直书其事也行。如不能亲自到场参加关试，交过请假条，也不追究。但既未请假，或参加关试，判语只写"未详"二字者，即要受到惩罚："牒送贡院申奏停落。"意味着将遭取消及第资格的处分。可见，关试确是一道由礼部贡院关送到吏部待选的手续。通过关试，南曹开具的过关试名单交吏部铨，同时授予选人"春关"。春关名单不能漏写，如漏写过关试选人，知举官要受罚，如：

> 明宗天成四年，中书舍人、知贡举卢詹进纳春关状，内漏失五经四人姓名，罚一月俸。④

春关　待选人选限满后，春关赴吏部铨曹注官。后唐天成四年（929）七月，朝廷降敕，提高授春关规格：

> 今年新及第人给春关，并于敷政门外宣赐。⑤

统一在敷政门外，唱春关名单，一一给赐，以示隆重，也是防止吏部南曹官吏在发放春关时，从中刁难贸利。

---

① 《五代会要》卷二二《进士》，第 277 页。
② 《五代会要》卷二三《缘举杂录》，第 282 页。
③ 《五代会要》卷二三《缘举杂录》，第 282 页。
④ 《册府元龟》卷六五一《贡举部·清正》，第 7803 页。
⑤ 《五代会要》卷二三《缘举杂录》，第 282 页。

科举试由礼部主持，关试由吏部主持，分工甚明。后唐同光二年（924）十月敕讲得分明：

> 贡院擢科，考详所业；南曹试判，激劝为官。①

授春关以后，尚需守选，选限满，再赴中书陈状、考试，合格后方能授官："（后唐同光）五年二月九日敕：'其进士科已及第者，计选数年满日，许令就中书陈状，于都堂前各试本业诗赋、判文。其中才艺灼然可取者，便与除官。如或事业不甚精者，自许准添选。'"②

除了进士闻喜宴，登第人有"春关宴"活动。春关宴（省称关宴）活动经费也由官府支拨："（清泰）二年七月，御史中丞卢损言：'天成二年二月敕：每年进士合有闻喜宴、春关宴，并有司所出春关牒用绫纸并官给。臣等以举人既成名第，宴席所费属私，况国用未充，枉有劳费。请依旧制不赐。'诏曰：'春关冬集绫纸、闻喜宴、关宴所赐钱，并仍旧官给。'"③

二、制举

五代十国之制科，从总体上说，罕见实施。后梁沿置，其后罢辍。后周显德四年（957）复置三科"贤良方正能直言极谏，经学优深可为师法，详闲吏理达于教化"。

其制举考试程序为：一、凡投牒应举者，先行解试："应天下诸色人中，有贤良方正能直言极谏、经学优深可为师法、详闲吏理可为教化者，不限前资、见任职官（包括登朝官）、黄衣草泽，并许应举。其逐处州府，依每岁贡举人试，例差官别考试，解送尚书吏部。"二、由尚书吏部主持对解送到部的应举人进行量试："仍量试策论三道，共三千字以上，当日内成。取文理俱优、人物爽秀者，方得解选。"三、亲试。量试通过人，于"来年十月，集上都。"④

十国中前蜀不行常科，独行制科。前蜀高祖王建武成元年（908）所发布的敕文，就推行制举：

> 帝御文明殿试制科。策文曰："炎汉致治，始策贤良。巨唐思皇，爰求茂异。讲邦国治乱之体，陈天人精禨之原。岂角虚文，盖先硕德。朕念守器之重，识为君之难。思得奇才，以凝庶绩。因举故事，以绍前修。子大夫抱道逢时，投书应诏，必有长策，以副虚怀。何以使三农乐生，五兵不试，刑狱无枉，赋敛无加。以何策可以定中原，以何道可以卜长世。朕当亲览，汝无面从。"⑤

① 《册府元龟》卷六三三《铨选部·条制五》，第7588页。
② 《旧五代史》卷一四八《选举志》，第2304页。
③ 《册府元龟》卷六四二《贡举部·条制四》，第7689页。
④ 《册府元龟》卷六四五《贡举部·科目》，第7734页。
⑤ 《十国春秋》卷三七《前蜀》三《后主本纪》，第537页；并见《全唐文》卷一二九《前蜀后主王衍·制科策问》，第1293页。

从这一道制举试策命题,可以看出,考问内容不出唐之传统,皆有关国计民生、政权巩固等大事,献计献策。

白衣蒲禹卿对策切直,执政皆切齿,欲诛之。帝以其言有益,擢为右补阙。此亦说明制举及第者,即授官。

第三节　科举考试内容

五代十国科举考试内容,缺乏系统记载。从零散资料看,亦不出唐代贡举考试内容之"轨辙"。下面分科简述。

一、进士科考试内容

沿唐制,试三场。首次试诗赋,次场试帖经,三场试时务策。"周广顺三年正月,户部侍郎、权知贡院赵交泰上奏:'进士元试诗、赋各一首,帖经二十帖、对义五道。今欲罢帖经、对义,别试杂文二首、试策一道。'从之。至其年八月,刑部侍郎、权知贡举徐台符奏:'请别试杂文二首外,其帖经、帖义,亦依元格。'从之。"①

据此条奏书,进士科考试,试诗赋、帖经与对义、试策三场。五代因战事频繁,举子学业未精,其所试诗赋多不合体式。后唐长兴元年(930),特命翰林学士为举子作诗赋范本:"(长兴元年)十二月,每年贡举人所试诗赋多不依体式。中书奏请下翰林院,命学士撰诗、赋各一首,下贡院,以为举人模式……依诗格、赋枢考试进士。"②

十国进士科考试,以诗赋为主。策论、经义偶亦为考试内容。"初,景之袭父位也,属中原多故。……跨据江、淮三十余州,擅鱼盐之利,即山铸钱,物力富盛,尝试贡士《高祖入关诗》。颇有窥觎中土之意。"③也试策论:"(罗颖)开宝中,诣金陵举进士第,例以黄衣守选……初,就举金陵,试《销刑鼎赋》《儒术之本论》。有司以邓及为第一,颖为末缀。榜既上,后主迁颖第二。"④进士试也有对经义、法律之内容。"昇元中,议者以文人浮薄,多用经义、法律取士。锴耻之,杜门不求仕进。"⑤

二、诸科与明经考试内容

五代十国诸科、明经考试内容,大体沿唐后期之制,试经义与试策。考试经义的量较大。后周广顺三年(953)前后有所变动。变动前考试内容为:

九经科——帖经120帖,对墨义、泛义、口义共60道,策5道。

五经科——帖经80帖,对墨义50道,对策5道。

① 《五代会要》卷二二《进士》,第276页;修订本《旧五代史》卷一四八《选举志》,第2308页。
② 《册府元龟》卷六四二《贡举部·条制四》,第7695页。
③ 《宋史》卷四七八《南唐世家》,第13856页。
④ 宋马令《马氏南唐书》卷二三《归明传》下第十九《罗颖》,文渊阁《四库全书》第464册,第355页。
⑤ 宋陆游《陆氏南唐书》卷五《徐锴传》,文渊阁《四库全书》第464册,第411页。

明法科——帖律令 10 帖,对律令墨义 20 道,策试 10 道。

学究科——念书 20 道,对墨义 20 道,策 5 道。

三礼科——对墨义 90 道,策 5 道。

三传科——对墨义 110 道,策 5 道。

开元礼科——对墨义 300 道,策 5 道。

三史科——对墨义 300 道,策 5 道。①

明经科——帖经 50 帖,对义 50 道。②

五代诸科、明经考试内容为三项,一为考经义;二为帖书,背经书;三为试策论,策论多为时务策:"(天成三年)七月十三日敕:应将来三传、三礼、三史、开元礼、学究等考试,本业(按:指试经史)毕后,引试对策时,宜令主司须于时务中,采取要当策题,精加考校。不必拘于对属,须有文章……应九经、五经、明经帖书文格后,引试对义时,宜令主司于大义泛出经问义五道,于帘下书[于]试祇[纸],只令隔帘[逐段]解说,但不失注疏义理,通二、通三,然后便令念疏。如是熟卷,并须全通,仍无失错。始得入帘,亦须于时务中选策题,精加考校……其义问、念疏、对策,逐件须有去留。"③

童子科——念经书、背经书。"童子每岁就试,止在念书、背经。"④

三、制举考试内容

五代未见举行,后周虽降敕复制举科,但未见实施。十国中,前蜀制举发达。应制科人,主要考对策,由皇帝亲试。《全唐文》录有前蜀后主王衍制科策问一道:"炎汉致治,始策贤良。巨唐思皇,爰求茂异。讲邦国治乱之体,陈天人精禨之原。岂角虚文,盖先硕德。朕念守器之重,识为君之难。思得奇才,以凝庶绩。因举故事,以绍前修。子大夫抱道逢时,投书应诏,必有长策,以副虚怀。何以使三农乐生,五兵不试,刑狱无枉,赋敛无加。以何策可以定中原,以何道可以卜长世。朕当亲览,汝无面从。"⑤

从这一道制举试策命题,可以看出,考问何以"使三农乐生,五兵不试,刑狱无枉,赋敛无加",内容皆就国计民生、统一中原、国家巩固等,献计献策。

第四节　考官与录取标准

一、考官

五代十国科举考官,有知举官(或称权知举官)与考试官两种。沿李唐后期之习,知贡举官已不限于差遣礼部侍郎,而用他官条举,称"权知贡举"。如后梁开平间,以兵部尚书

---

① 《册府元龟》卷六四二《贡举部·条制四》,广顺三年九月徐合符奏,第 7701 页。

② 《册府元龟》卷六四二《贡举部·条制四》,广顺三年正月赵上交奏,第 7700 页。

③ 《五代会要》卷二三《科目杂录》,第 287 页。

④ 《册府元龟》卷六四二《贡举部·条制四》,天福五年四月张允奏,第 7699 页。

⑤ 《十国春秋》卷三七《前蜀》三《后主本纪》,第 537 页;并见《全唐文》卷一二九《前蜀后主王衍·制科策问》,第 1293 页。

杨涉、姚洎权知贡举;后晋天福三年(938)三月,以翰林学士承旨、兵部侍郎崔棁权知贡举。① 后唐长兴四年(933),以翰林学士、主客郎中和凝权知贡举。② 明宗天成四年(929),中书舍人、知贡举卢詹纳春关。③ 后晋张允,"迁礼部侍郎,凡三典贡部"④。后周广顺三年(953),以户部侍郎赵上交权知贡举,翰林学士承旨、刑部侍郎、知制诰徐台符权知贡举等。⑤

　　《文献通考》总结说,李唐开元前,专以礼部侍郎知贡举。开元以后,"或以他官领,多用中书舍人及诸司四品清资官。唯会昌中,命太常卿王起知贡举,时亦检校仆射。五代时,或以兵部尚书,或以户部侍郎、刑部侍郎为之,不专主于礼侍矣。"⑥邵晋涵于《旧五代史·选举志》在梁开平元年(四年之误)"兵部尚书、权知贡举"下,加了个注文:"唐时知贡举皆用礼部侍郎。梁开平中,始命兵部侍郎杨涉权知贡举。"⑦不确。用他官兼知贡举,必带"权"字,实始于唐代。五代不专用礼侍知贡举、或以他官权知贡举,其实仍沿唐后期之制,并无创新。需注意载籍中或将"权知贡举"省称"知贡举",落"权"字,这不能视为真知贡举。如《册府元龟》所云:"(长兴)四年二月,知贡举和凝"(《册府元龟》卷六四二《贡举部·条制四》),宋人笔记《渑水燕谈录》也省称和凝知贡举:"和鲁公凝,梁贞明三年薛廷珪下第十三人及第。后唐长兴四年,知贡举,独爱范鲁公质文,语范曰:'君文合在第一,暂屈居第十三人,用传老夫衣钵。'时人为荣"⑧。其实和凝仍为"权知贡举",上文省略一"权"字。《旧五代史》本传载:"唐天成中,(和凝)入拜,殿中侍御史,历礼部、刑部二员外,改主客员外郎、知制诰。寻诏入翰林充学士,转主客郎中充职,兼权知贡举。"⑨五代,知举官权力很大,决定录取人与录取名次。故尔,责罚亦严。如上引《渑水燕谈录》中所记述和凝权知贡举时,他可以将进士第一名范质,故意安排在第十三名。每榜取士决定权在知举官,不必报皇帝审批。

　　为了避免知举官不公,减少考官与考生冲突,须经中书或词臣覆试。一旦发现谬滥,知举官即受处罚。如后周显德二年(955),礼部侍郎刘温叟权知贡举,取进士李覃等16人,经覆试,仅取4人,黜落12人。"刘温叟失于选士,颇属因循,据其过,合行谴谪。"⑩

　　除权知贡举官,五代尚设考试官。五代应举人数逐渐增加如后晋天福五年(940)权知举官张允奏:"每岁明经一科,少至五百以上,多及一千有余举人,如是繁多,试官岂能精当?"⑪仅明经一科,应举人就达500至1000余人,它如诸科、进士科,每岁应举人当在"不

　① 《旧五代史》卷一四八《选举志》,第2303、2304页。
　② 《旧五代史》卷一二七《和凝传》,第1944页。
　③ 《册府元龟》卷六五一《贡举部·清正》,第7803页。
　④ 《旧五代史》卷一〇八《张允传》,第1664页。
　⑤ 《册府元龟》卷六四二《贡举部·条制四》,第7700页。
　⑥ 《文献通考》卷三〇《选举考》三《举士·梁太祖开平元年》,第281页。
　⑦ 《旧五代史》卷一四八《选举志》,第2304页注文。
　⑧ 宋王辟之撰,吕友仁点校《渑水燕谈录》卷六《贡举》,中华书局,1981年,第69页。
　⑨ 《旧五代史》卷一二七《和凝传》,第1944页。
　⑩ 《册府元龟》卷六四二《贡举部·条制四》,第7702页上栏。
　⑪ 《册府元龟》卷六四二《贡举部·条制四》,第7702页上栏。

下三千人"："（显德二年）五月，翰林学士、尚书礼部侍郎、知贡举窦仪上言：'至时就试，不下三千，每岁登科罕逾一百。'"①知举官不可能独任阅卷、评卷之责。故五代另设考试官。长兴四年："礼部贡院新立条件：一、九经、五经、明经呈帖经之时，试官书通、否后，有不及格者唱落。"②此条记载说明，各科省试，均有考试官阅卷，而且逐场考试，逐场批定，公布成绩，宣布每场考试通过名单和黜落名单。据后唐明宗天成二年（927）正月礼部贡院奏，五经（《诗经》《尚书》《周礼》《仪礼》《周易》）每经设一考试官："（天成）二年正月尚书礼部贡院奏：'五经考试官……伏缘今年科目人数转多，却欲依旧请考试官各一员。如蒙允许，续具所请官名。'奉敕宜依。"③

此外，礼部考试官试科举科目与吏部科目试考试官试宏词、拔萃有别：

> （天成）二年四月，中书奏：礼部贡院申，当司奉今月六日敕：吏部流内铨状申，据白院状申当司准礼部贡院牒，称其成德军解送到前进士王蟾状，请罢摄深州司功参军，应宏词举……奉中书门下牒：奏敕宜令礼部贡院就五科举人考试者。伏以举、选公事，皆有格条。准新定格敕文，宏词、拔萃，准《长庆二年格》，吏部差考试官二人，与知铨尚书、侍郎同考试，闻奏。又准备《格》，节文内，准太和元年十月二十三日敕，应礼部诸色贡举人，及吏部诸色科目选人。凡无出身及未有官，只合于礼部应举；有出身、有官合于吏部赴科目选。其诸应宏词举前进士王蟾当司当年放及第后，寻已开过吏部迄。若应宏词，例待南曹判成……况缘五科考试官只考学业，难于同考宏词者。奉敕，王蟾宜令吏部准往例差官考试。④

二、录取标准

五代科举取士，不同科目有不同考试内容，也有相同考试内容。如帖经、对策，为进士科、诸科共同考试内容。不同科目不同考试内容，进士科考试赋、文论，为诸科、明经所无。诸科考明经考对义、口义，则为进士科所无。至于明法科、童子科等自有专门考试内容。现就不同考试内容，录取标准作一简述。

（一）帖经 即填充题，填对填错，标准明确，无可辨驳。诸科、明经试帖经，顺理成章。进士科为什么要试帖经呢？据后唐天成四年（929）敕所述的理由是："奉敕：进士帖经。本朝旧制，盖欲明先王之旨趣，润才子之文章。"进士帖经，通三，即合格。⑤

（二）对义 诸科、明经帖经考试合格后，方能进入第二场引试对义。对义考试题五道，由考试官从大经中出题。这五道都是问答题，写在纸上。然后由应举人隔帘，用口头回答、解说。在阐释经义时，要运用疏、注所含义理。五道问答题对二道、三道，就算合格。

---

① 《册府元龟》卷六四二《贡举部·条制四》，第7702页下栏。
② 《册府元龟》卷六四二《贡举部·条制四》，后唐长兴四年二月条，第7697页上栏。
③ 《册府元龟》卷六四一《贡举部·条制三》，后唐天成二年正月条，第7691页下栏。
④ 《册府元龟》卷六四一《贡举部·条制三》，后唐天成二年四月条，第7690、7691页下栏。
⑤ 《册府元龟》卷六四一《贡举部·条制三》后唐明宗天成四年十月条，第7693页；天成三年条，第7691页上栏。

接下去还得诵读经疏。所念疏如果是与五道经义题所关联的疏,要求全通,没有读错字。这样,对义这一场考试就算通过了,可转入第三场策试。"应九经、五经、明经帖书及格后,引试对义时,宜令主司于大经挑问义五通,于帘下书于试纸,令隔帘逐段解说,但要不失疏注、义理,通二、通三,然后便令念疏。如是熟卷,并须全通、仍无失错,始得入策。"①

(三)对时务策　诸科、明经、进士科均须进行对策考试。对策不讲究"属对",即在做四六骈文上没有特别要求,但文字要通顺:"(天成三年春)是月敕:应将来三传、三礼、三史、开元礼、学究等考试,本业毕后,引试对策时,宜令主司须于时务中采取要当策题,精详考校,不必拘于对属,须有文章,但能周通,文字典切,即放及第……九经、五经、明经帖书后,引试对义……通二、通三,然后便令念疏。如是熟卷,并须全通,仍无失错。始得入帘。亦须于时务中选策题,精当考校。如精于笔砚,留意者,得,则以四六对。仍须理有指归,言关体要。"②据上所述,五代试策,在属对(四六体)上要求不高,主要是讲求文章通顺、用字典切、理有指归、言关体要。

(四)试诗、赋　进士试诗、赋,讲究词翰和韵律。词翰的评判随意性较大,得看试官水平。而韵、律则比较客观。五代进士科试诗赋,因韵律不合而被黜落者不少。"(后唐明宗长兴元年)六月,中书门下奏:敕新及第进士所试新文,委中书门下细览评覆……中书量重具详覆者。李飞赋内三处犯韵,李谷一处犯韵,兼诗内错书'青'字为'清'字,并以词翰可嘉,望特恕此误。今后举人词赋属对,并须要切,或有犯韵及诸杂违格,不得放及第……卢价赋内'薄伐'字合使平声字,今使侧声字,犯格。孙澄赋内'御'字韵,使'宇'字,已落韵;又使'膂'字,是上声;'有'字韵中,押'售'字,是去声;又有'朽'字犯韵。诗内'田'字犯韵……卢价等七人望许令将来就试,仍放,再取文解。高策赋内,于字韵内使依字,疑其海外(按:高策为高丽王国宾贡举人)音讹,文意稍可,望特恕此。"③长兴元年,中书门下覆试省试合格进士十五人,因韵律不合而被黜落者八人,仅取七人。说明韵律在录取过程中的重要性。当然,"词翰可嘉"也是重要标准,偶有犯韵律,而词翰、文意佳者,仍录取。

(五)明法科试律令　属专门学科考试,以试律令为主。它的录取标准是:"明法试律令十条,以识达义理、问无疑滞者为通。"④

(六)童子科　念书、背书亦属于特殊科目。该科目主要是考童子念书、背书。它的录取标准是:年龄不高,念书合格,吐词分明,不念错字。"敕:近年诸道解送童子,皆越常规,或年齿渐高,或精神非俊,或道字颇多讹舛,或念书不合格文……仍下贡院:将来诸道应解送到童子,委主司精专考较,须是年颜不高、念书合格、道字分明兼无蹇失,即放及第。仍依天成三年例,主司未出院间便引就试,与诸科举人同日放榜,不得前却。"⑤

---

① 《册府元龟》卷六四一《贡举部·条制三》后唐明宗天成四年七月条,第7692页。
② 《册府元龟》卷六四一《贡举部·条制三》后唐明宗天成四年七月条,第7692页。
③ 《册府元龟》卷六四二《贡举部·条制四》后唐明宗长兴元年六月条,第7694页上、下栏。
④ 《册府元龟》卷六四二《贡举部·条制四》后唐明宗长兴元年六月条,第7696页上栏。
⑤ 《册府元龟》卷六四一《贡举部·条制三》后唐明宗天成三年七月条,第7692页上栏。

第五节　登科人出路

　　五代沿唐之制,进士、诸科、明经、童子科等登第后,取得入仕资格,不能直接释褐授官。登第后须经吏部关试,合格,授春关。然后持春关赴吏部南曹冬集,归吏部铨选除官。通常,授春关后,不论进士、诸科登科人,均需守选。守选年限不一。守选期满,方得正式除官。"(天成三年)十月三日敕:每年访闻及第举人,牒送吏部关试判题……委南曹官吏准格考试。如是进士并经学及第人,曾亲笔砚,其判语即须缉构文章、辨明治道。如是无文章,许直书其事,不得只书'未详'。如关试时,正身不到,又无请假字,即牒贡院申奏停落。"①由此可见,每年及第举人,必须经吏部关试合格,方能入籍吏部,守选待除官。李肇《唐国史补·叙进士科举》:"籍而入选,谓之春关。"②如果不赴关试,出身资格就要取消,入选资格随之也取消。五代童子科及第人,同样取得入仕资格。"童子每当就试,只在念书、背经,则难以精详。对卷则不能读诵。及名成贡院,身返故乡,但刻日以取官,更无心而习业,滥觞徭役,虚占官名。"③

　　守选选限,诸科目登科人不同。少为两选、三选,多至八选、十选。五代登科人入仕,亦非易事。如诸科及第人,须守八选(等候八年),因此,不少登科人从中举到授官,往往年龄已老:"孤平举士,才年四十,始得经学及第,八年合选,才受一官。"④

　　五代战乱不止,登科人往往于兵火中丢失春关之类文书。失去出身文书,等于失去入仕资格。五代政府对此颇予关注,比较宽容,允许补发。"自天下乱离,将五十载。无人不遇兵革,无处不遭焚烧,性命脱免者,尚或甚稀,文书全者固应极少。"⑤"其失坠春关冬集者,宜公所司取本人状。当及第之时,何人知举、同年及第人数几何?……即更勘本贯,得同举否……如实,则别取旨,有官三人保明施行。"⑥

　　十国制科合格,即使布衣出身,马上释褐授官。"(前蜀)乾德四年春二月,帝(王衍)御文明殿试制科……白衣蒲禹卿对策切直,执政皆切齿,欲诛之。帝以其言有益,擢为右补阙。"⑦

　　五代十国是武人的天下,科举出身之人仕途不畅。进身政府高层人数不多,其比例大

---

　　①　《五代会要》卷二三《缘举杂录》,第282页。

　　②　唐李肇《唐国史补》卷下《叙进士科举》,见《唐五代笔记小说大观》上册,第193页。按:原文作"籍而入选,谓之春闱。"编者误认"関"(关)为"闈"(闱)。现据《山堂肆考》卷八十四《前进士》:"李肇《国史补》:籍而入选,谓之春关。"订正。见上海古籍出版社编《四库类书丛刊》,1992年,第975册,第571页。

　　③　《册府元龟》卷六四二《贡举部·条制四》,后晋天福五年四月条,第7699页。

　　④　《册府元龟》卷六三三《铨选部·条制五》,后唐闵帝应顺元年闰正月条,第7593页上栏。

　　⑤　《册府元龟》卷六三二《铨选部·条制四》,后唐庄宗同光四年二月条,第7580页上栏。

　　⑥　《册府元龟》卷六三三《铨选部·条制五》,后唐明宗长兴二年四月条,第7589页上栏。

　　⑦　《十国春秋》卷三七《前蜀》三《后主本纪》,第537页。

大低于李唐王朝。如南唐江文蔚曾以翰林学士知贡举,元宗李璟因其"以公取才",甚为赞赏。可是,"执政又皆不由科第进,相与排沮"。致"贡举遂复罢"。① 然五代,也有以进士出身入相者,如桑维翰、和凝、范质、王溥等,皆为一代名相。

① 《十国春秋》卷二五《江文蔚传》,第353页。

上

隋登科总录

秀才科

【王贞】字孝逸,梁郡陈留人。开皇初,汴州刺史樊叔略引为主簿,后举秀才,授县尉。

《隋书》卷七六《文学传·王贞传》:"王贞字孝逸,梁郡陈留人也。少聪敏,七岁好学,善《毛诗》《礼记》《左氏传》《周易》,诸子百家,无不毕览。善属文词,不治产业,每以讽读为娱。开皇初,汴州刺史樊叔略引为主簿,后举秀才,授县尉,非其好也,谢病于家。"

【王通】字仲淹,绛州龙门人,唐初诗人王勃祖父。仁寿三年(603)举秀才,射策高第。十九除蜀州司户,辞不就列。大业年间潜心学术,讲学为业。大业十三年(617)五月卒,春秋三十二。门人考行,谥曰文中子。

《全唐文》卷一三三,薛收《隋故徵君文中子碣铭》:"夫子讳通,字仲淹,姓王氏,太原人……十八举本州秀才,射策高第。十九除蜀州司户,辞不就列。大业伊始,君子道消,达人远观,潜机独晓,步烟岭,卧云溪,轩冕莫得而干,罗网莫得而迮,时年二十二矣。以为卷怀不可以垂训,乃立则以开物;显言不能避患,故托古以明义。怀雅颂以濡足,览繁文而援手,乃续诗书,正礼乐,修元经,赞易象。道胜之韵,先达所推;虚往之集,于斯为盛。渊源所渐,著录逾于三千;堂奥所容,达者几乎七十。两加太学博士,一加著作郎。夫子绝宦久矣,竟不起矣……以大业十三年五月甲子,遘疾终于万春乡甘泽里第,春秋三十二……门人考行,谥曰文中子。礼也。收学不至谷,行无异能,奉高迹于绝尘,期深契于终古。"按:以大业十三年(617)卒,春秋三十二推之,王通十八岁秀才及第时在仁寿三年(603)。

《全唐文》卷一九一,杨炯《王勃集序》:"祖父通,隋秀才高第,蜀郡司户书佐、蜀王侍读。大业末,退讲艺于龙门。其卒也,门人谥之曰文中子。"

《旧唐书》卷一九〇上《文苑上·王勃传》:"王勃字子安,绛州龙门人。祖通,隋蜀郡司户书佐。大业末,弃官归,以著书讲学为业。"按:据杜淹所撰《文中子世家》、司马光《文中子补传》等,王通未曾举秀才。今录存俟考。

【仲孝俊】济州人。为汝南郡主簿,举秀才,除晋州司法。

(清)严可均《全上古三代秦汉三国六朝文》卷二八《陈叔毅修孔子庙碑》:"大隋大业七年辛未岁七月甲申朔二日乙酉,济州秀才前汝南郡主簿仲孝俊作文"。又是书作者小传云:"孝俊,济州人,为汝南郡主簿,举秀才,除晋州司法。"

【刘焯】字上元,信都昌亭人。隋初举秀才,射策甲科。曾历员外将军、云骑尉、太学博士。

《北史》卷八二《儒林下·刘焯传》:"刘焯,字士元,信都昌亭人也。犀额龟背,望高视远,聪敏沉深,弱不好弄。少与河间刘炫结盟为友,同受《诗》于同郡刘轨思,受《左传》于广平郭懋,尝问《礼》于阜城熊安生,皆不卒业而去。武强交津桥刘智海家,素多坟籍,焯就之读书,向经十载,虽衣食不继,晏如也。遂以儒学知名,为州博士。隋开皇中,刺史赵煚引为从事。举秀才,射策甲科。与著作郎王劭同修国史,兼参议律历。仍直门下省,以待顾问。俄除员外将军……除云骑尉。炀帝即位,迁太学博士,俄以品卑去职。数年,复被征以待顾问。"

《隋书》卷四六《赵煚传》："赵煚字贤通,天水西人也……（隋高祖）践祚,煚授玺绂,进位大将军,赐爵金城郡公,邑二千五百户,拜相州刺史。朝廷以煚晓习故事,征拜尚书右仆射。视事未几,以忤旨,寻出为陕州刺史,俄转冀州刺史。"按:赵煚开皇时曾为冀州刺史,则刘焯为隋初秀才及第。

《隋书》卷七五《儒林传·刘焯传》："刘焯,字士元,信都昌亭人也。父洽,郡功曹。焯犀额龟背,望高视远,聪敏沈深,弱不好弄。少与河间刘炫结盟为友,同受《诗》于同郡刘轨思,受《左传》于广平郭懋,常问《礼》于阜城熊安生,皆不卒业而去。武强交津桥刘智海家素多坟籍,焯与炫就之读书,向经十载,虽衣食不继,晏如也。遂以儒学知名,为州博士。刺史赵煚引为从事,举秀才,射策甲科。与著作郎王劭同修国史,兼参议律历,仍直门下省,以待顾问。俄除员外将军。后与诸儒于秘书省考定群言。因假还乡里,县令韦之业引为功曹……炀帝即位,迁太学博士,俄以疾去职。数年,复被征以待顾问,因上所著《历书》,与太史令张胄玄多不同,被驳不用。大业六年卒,时年六十七。"按:据《隋书》卷一八《律历志下》,刘焯卒于大业四年,则其享年六十五。

（宋）王钦若等《册府元龟》卷五五四《国史部（一）·选任》："刘焯,以儒学知名,举秀才,射策甲科。与著作郎王劭同修国史。"

【许敬宗】字延族,杭州新城人。隋礼部侍郎善心子。举秀才,授淮阳郡司法书佐。江都之难,善心为宇文化及所害。流转,投于李密,密以为元帅府记室,与魏徵同为管记。入唐后召补秦府学士。贞观八年,累除著作郎,兼修国史,迁中书舍人。高宗显庆元年,加太子宾客,册拜侍中,监修国史。三年,进封郡公。龙朔二年,从新令改为右相,加光禄大夫。三年,册拜太子少师、同东西台三品。咸亨三年薨,年八十一。册赠开府仪同三司、扬州大都督,陪葬昭陵。有文集八十卷传世。

《旧唐书》卷八二《许敬宗传》："许敬宗,杭州新城人,隋礼部侍郎善心子也。其先自高阳南渡,世仕江左。敬宗幼善属文,举秀才,授淮阳郡司法书佐,俄直谒者台,奏通事舍人事。江都之难,善心为宇文化及所害。敬宗流转,投于李密,密以为元帅府记室,与魏徵同为管记。武德初,赤牒拟涟州别驾。太宗闻其名,召补秦府学士。贞观八年,累除著作郎,兼修国史,迁中书舍人……累迁给事中,兼修国史。十七年,以修《武德》《贞观实录》成,封高阳县男,赐物八百段,权检校黄门侍郎。高宗在春宫,迁太子右庶子。十九年,太宗亲伐高丽,皇太子定州监国,敬宗与高士廉等共知机要。中书令岑文本卒于行所,令敬宗以本官检校中书侍郎……二十一年,加银青光禄大夫。高宗嗣位,代于志宁为礼部尚书。敬宗嫁女与蛮酋冯盎之子,多纳金宝,为有司所劾,左授郑州刺史。永徽三年,入为卫尉卿,加弘文馆学士,兼修国史。六年,复拜礼部尚书,高宗将废皇后王氏而立武昭仪,敬宗特赞成其计。长孙无忌、褚遂良、韩瑗等并直言忤旨,敬宗与李义府潜加诬构,并流死于岭外。显庆元年,加太子宾客,寻册拜侍中,监修国史。三年,进封郡公,寻赠其父善心为冀州刺史……龙朔二年,从新令改为右相,加光禄大夫。三年,册拜太子少师、同东西台三品,并依旧监修国史……咸亨元年,抗表乞骸骨,诏听致仕,仍加特进,俸禄如旧。三年薨,年八十一。高宗为之举哀,废朝三日,诏文武百官就第赴哭,册赠开府仪同三司、扬州大都督,陪葬昭陵。文集八十卷。"

《新唐书》卷二二三上《奸臣上·许敬宗传》:"许敬宗字延族,杭州新城人。父善心,仕隋为给事中。敬宗幼善属文,大业中举秀才中第,调淮阳书佐,俄直谒者台,奏通事舍人事。"

【阴弘道】字彦卿,武威姑臧人。祖荣,梁散骑常侍、新州刺史。父颢,梁尚书、金部郎;隋仪同大将军、昌城县令。弘道开皇十年(590)举秀才,入唐蒙授正议大夫、临溪县令。贞观元年除国子助教。七年,又授太常博士,制《大唐新礼》,又加奉义郎,奉敕为大学士,于弘文馆修书。贞观十四年卒,春秋六十有七。

李明、刘呆运、李举纲《长安高阳原新出土隋唐墓志》一六,贞观十四年(640)二月二十九日《大唐故奉义郎行太常博士骑都尉阴府君(弘道)墓志铭并序》:"公讳弘道,字彦卿,武威姑臧人,汉大将军阴识之后也。曾祖子春,梁侍中、左卫将军、梁秦二州刺史。祖荣,梁散骑常侍、新州刺史。父颢,梁尚书、金部郎;隋仪同大将军、昌城县令,以儒学知名。公天才奇伟,命世挺生。一见不遗,五行具览。九流七略,莫不穷其妙赜,尽其精微。年十七,举秀才,隋蜀王号曰神童,留而不遗,雅相期遇,敬之若宾。及大唐龙兴,公亲率义兵,归诚圣化,蒙授正议大夫、临溪县令。贞观元年,诏赐束徵,令定历,除国子助教。七年,又徵授太常博士,制《大唐新礼》,又加奉义郎,奉敕为大学士,于弘文馆修书。十四年二月三日,遘疾,卒于京师长兴里之私第,春秋六十有七。公著书论、算术、诗赋凡百馀卷,盛行于世。名位未迁,壑舟遽徙。呜呼天道,与善如何。即以其月廿九日,旋葬于长安之高阳原。"按:以卒于贞观十四年(640),春秋六十七推之,弘道年十七举秀才,时在开皇十年(590)。

【纪庆】丹阳人。隋举秀才。隐居华岳。

《全唐文补遗》第八辑,阙名撰开元二十年(732)五月十九日《彭城故洺州曲周县令纪府君(会)墓志并序》:"君讳会,字冲远,丹阳人也……大父庆,隋举秀才,隐居华岳。"按:志主卒于开元二十年。

【杜正玄】字慎徽,本贯京兆。八世祖曼,为石赵从事中郎,因家于相州洹水。世以文学相授。尤聪敏,博涉多通。兄弟数人,俱未弱冠,并以文章才辩籍甚三河之间。开皇末,举秀才,授晋王行参军,转豫章王记室,卒官。

《隋书》卷七六《文学传·杜正玄传》:"杜正玄字慎徽,其先本京兆人,八世祖曼,为石赵从事中郎,因家于邺。自曼至正玄,世以文学相授。正玄尤聪敏,博涉多通。兄弟数人,俱未弱冠,并以文章才辩籍甚三河之间。开皇末,举秀才,尚书试方略,正玄应对如响,下笔成章。仆射杨素负才傲物,正玄抗辞酬对,无所屈挠,素甚不悦。久之,会林邑献白鹦鹉,素促召正玄,使者相望。及至,即令作赋。正玄仓卒之际,援笔立成。素见文不加点,始异之。因令更拟诸杂文笔十余条,又皆立成,而辞理华赡,素乃叹曰:'此真秀才,吾不及也。'授晋王行参军,转豫章王记室,卒官。弟正藏。"

《旧唐书》卷七〇《杜正伦传》:"杜正伦,相州洹水人也。隋仁寿中,与兄正玄、正藏俱以秀才擢第。隋代举秀才止十余人,正伦一家有三秀才,甚为当时称美。"

【杜正伦】本贯京兆。八世祖曼,为石赵从事中郎,因家于相州洹水。开皇末,举秀才,授调武骑尉。唐贞观元年,擢兵部员外郎。显庆元年,擢黄门侍郎,兼崇贤馆学士,进同中书门下三品。

《旧唐书》卷七〇《杜正伦传》:"杜正伦,相州洹水人也。隋仁寿中,与兄正玄、正藏俱以秀才擢第。隋代举秀才止十余人,正伦一家有三秀才,甚为当时称美。正伦善属文,深明释典。仕隋为羽骑尉。武德中,历迁齐州总管府录事参军。太宗闻其名,令直秦府文学馆……(贞观)四年,累迁中书侍郎……显庆元年,累授黄门侍郎,兼崇贤馆学士,寻同中书门下三品。二年,兼度支尚书,仍依旧知政事。俄拜中书令,兼太子宾客、弘文馆学士,进封襄阳县公。三年,坐与中书令李义府不协,出为横州刺史,仍削其封邑。寻卒。有集十卷行于代。"

《新唐书》卷一〇六《杜正伦传附杜咸传》:"杜正伦,相州洹水人。隋世重举秀才,天下不十人,而正伦一门三秀才,皆高第,为世歆美。调武骑尉。太宗素知名,表直秦王府文学馆。贞观元年,魏徵荐其才,擢兵部员外郎……太子监国,诏正伦行左庶子,兼崇贤馆学士……显庆元年,擢黄门侍郎,兼崇贤馆学士,进同中书门下三品。又兼度支尚书,仍知政事。迁中书令,封襄阳县公。"

【杜正藏】字为善,本贯京兆。八世祖曼,为石赵从事中郎,因家于相州洹水。弱冠举秀才,授纯州行参军,历下邑正。大业中,学业该通,应诏举秀才,兄弟三人俱以文章一时诣阙,论者荣之。

《隋书》卷七六《文学传·杜正玄传附弟正藏传》:"杜正玄字慎徽……弟正藏。正藏字为善,尤好学,善属文。弱冠举秀才,授纯州行参军,历下邑正。大业中,学业该通,应诏举秀才,兄弟三人俱以文章一时诣阙,论者荣之。著碑诔铭颂诗赋百余篇。又著《文章体式》,大为后进所宝,时人号为文轨,乃至海外高丽、百济,亦共传习,称为《杜家新书》。"

《旧唐书》卷七〇《杜正伦传》:"杜正伦,相州洹水人也。隋仁寿中,与兄正玄、正藏俱以秀才擢第。隋代举秀才止十余人,正伦一家有三秀才,甚为当时称美。"

【李茂】渤海蓚人。隋贡秀才。不仕。

《唐代墓志汇编》垂拱〇四一,垂拱三年(687)十月二十九日《大唐乾封主簿樊浮丘李夫人墓志铭并序》:"夫人姓李,渤海蓚人也……高祖洁,齐镇远将军司徒右长史;曾祖茂,隋贡秀才,不仕。"按:茂当为秀才登科,高尚不仕。

【赵孝钧】天水人。隋秀才登科,初补校书郎,转益州城都宰。

《全唐文补遗》第五辑,开元二十七年(739)八月二十四日《唐故卫尉寺主簿赵府君(庭)墓志铭并序》:"公讳庭,字璧,天水人也……曾祖讳文举,周秩冀王府长史,隋瀛洲刺史、新昌县伯。祖讳孝钧,隋秀才登科,初补校书郎,转益州城都宰。烈考德王,皇朝散大夫、大理寺丞。"

【赵构】天水人。隋秀才。历官侍御史、民部郎中、毛州刺史。

《唐代墓志汇编》天宝〇六九,天宝四载(745)十月十三日《大唐故监察御史荆州大都督府法曹参军赵府君(思廉)墓志铭并序》:"公讳思廉,字思廉,天水人……祖构,隋秀才、侍御史、民部郎中、毛州刺史。父素,隋孝廉、丹阳郡书佐,皇舒州司马。"按:据墓志,思廉弱冠明经登甲科,以卒于大足元年(701),春秋六十六,则其弱冠岁在永徽六年。

【侯君素】名白,以字行,魏郡临漳人。隋初举秀才,为儒林郎。曾参与修国史,有《旌异记》十五卷行于世。

《北史》卷八三《文苑传·李文博传附侯白传》:"开皇中,又有魏郡侯白,字君素,好学有捷才,性滑稽,尤辩俊。举秀才,为儒林郎。"

《隋书》卷五八《陆爽传附侯白传》:"陆爽字开明,魏郡临漳人也……爽同郡侯白,字君素,好学有捷才,性滑稽,尤辩俊。举秀才,为儒林郎……高祖闻其名,召与语,甚悦之,令于秘书修国史。每将擢之,高祖辄曰'侯白不胜官'而止。后给五品食,月余而死,时人伤其薄命。著《旌异记》十五卷行于世。"

(唐)苏鹗《苏氏演义》卷下:"侯白,字君素,魏郡邺人。始举秀才,隋朝颇见贵重,博闻多知,谐谑辩论,应对不穷,人皆悦之。"

(五代)王定保《唐摭言》卷一《述进士上篇》:"而进士,隋大业中所置也。如侯君素、孙伏伽,皆隋之进士也明矣。然彰于武德而甲于贞观。"按:据《隋书》,侯君素隋文帝时已卒,《唐摭言》云其大业进士,似误。

(宋)李昉等《太平广记》卷二四八《诙谐四·侯白》:"隋侯白,州举秀才,至京。机辩捷,时莫之比。"

【郭康】太原人。隋举秀才。官洛阳县尉。

《全唐文补遗》千唐志斋新藏专辑,天宝七载(748)十一月六日《大唐故临川郡崇仁县丞郭府君(福该)墓志铭并序》:"君字上品,讳福该,太原人也。祖康,隋秀才、洛阳县尉。"

【徐纯】字惇业,东海人。隋初秀才升第。开皇九年(589)除兖州长史。

周绍良《唐代墓志汇编》贞观〇五五,贞观□年十一月十六日《隋故仪同三司兖州长史徐府君(纯)墓志并序》:"君讳纯,字惇业,东海人也……以秀才升第,调国子学生,频迁兼著作。君研覈该练,酬校精敏,蠹简咸理,鱼豕必甄。隋文帝问罪江陼,君乃卷帙整锐,以军功授三司仪同。开皇九年,除兖州长史……以大业九年三月九日终于里舍,春秋五十有八。"按:据墓志所述仕历,徐纯当于开皇初年秀才升第。

进士科

【许善心】北新城人。隋进士及第。

光绪《畿辅通志》卷三四《选举表》二《隋·进士》:"许善心,北新城人。"

【孙伏伽】贝州武城人。隋大业中进士。

(五代)王定保《唐摭言》卷一《述进士上篇》:"而进士,隋大业中所置也。如侯君素、孙伏伽,皆隋之进士也明矣。"

按:《登科记考》以《玉芝堂谈荟》为据系为武德五年进士科状元,孙氏为隋大业进士,且已入官为仕。本书分别录载孙伏伽于隋大业、唐武德进士,以俟后考。

【杜正仪】本贯京兆。八世祖曼,为石赵从事中郎,因家于相州洹水。兄弟数人,并以文章才辩籍甚三河之间。大业中,贡充进士。

《北史》卷二六《杜铨传附杜正藏传》:"正玄弟正藏,字为善,亦好学,善属文。开皇十六年,举秀才……大业中,与刘炫同以学业该通,应诏被举。时正藏弟正仪贡充进士,正伦为秀才,兄弟三人同时应命,当世嗟美之。著作郎王劭奏追修史,司谷大夫薛道衡奏拟从事,并以见任且放还。九年,从驾征辽,为夫余道行军长史。还至涿郡,卒。"

【李贞孝】唐山人。隋举进士。

光绪《畿辅通志》卷三四《选举表》二《隋·进士》:"李贞孝,唐山人。"

【杨纂】华州华阴人,后迁居蒲城。祖俭,周东雍州刺史。父文伟,隋温州刺史。大业中,进士举,授朔方郡司法书佐。唐贞观初,官长安令,赐爵长安县男。官至户部尚书。永徽初卒,赠幽州都督,谥曰敬。

《旧唐书》卷七七《杨纂传》:"杨纂,华州华阴人也。祖俭,周东雍州刺史。父文伟,隋温州刺史。纂略涉经史,尤明时务。少与琅邪颜师古、敦煌令狐德棻友善。大业中,进士举,授朔方郡司法书佐,坐杨玄感近属除名,乃家于蒲城。义军渡河,于长春宫谒见。累授侍御史。数上书言事,因被召问,擢为考功郎中。贞观初,长安令,赐爵长安县男……三迁吏部侍郎。八年,副特进萧瑀为河南道巡察大使,与瑀情有不协,屡相表奏,瑀因以获罪。纂寻拜尚书左丞。纂既长于吏道,所在皆有声绩。俄又除吏部侍郎。前后典选十余载,铨叙人伦,称为允当。然而抑文雅,进酷吏,观时任数,颇为时论所讥。后历太常少卿、雍州别驾,加银青光禄大夫。复为尚书左丞,迁太仆卿,检校雍州别驾。迁户部尚书。永徽初卒,赠幽州都督,谥曰敬。"

《新唐书》卷一〇六《杨弘礼传附杨纂传》:"纂字续卿,弘礼族父。大业时,第进士,为朔方郡司法书佐。坐玄感近属,废居蒲城。高祖度河,上谒长春宫。迁累侍御史。数上书言事,称旨,除考功郎中。贞观初,为长安令,赐爵长安县男……后为吏部侍郎,有俗才,抑文雅,进黜吏,度时舞数以自进。终户部尚书,赠幽州都督,谥曰恭。"

【陈思道】隋进士及第,授北地太守。迁谏议大夫,大业二年(606)卒。

1963年《文史》第3辑载有陈直《古籍述闻》,录载1920年洛阳出土的《隋北地太守陈思道墓志》残文:"公弱冠及进士第,授北地太守,迁谏议大夫,以大业二年卒。"陈直据此主张进士科始于隋炀帝大业元年(605)。参见刘海峰《科举制的起源与进士科的起始》,载《历史研究》2000年第6期。

王其祎、周晓薇《隋代墓志铭汇考》,《隋□北地□□陈公墓志铭》:"君讳思道,京兆府万年县人也……公弱冠及进士第,授北地郡守,迁谏议大夫,后以直谏□辜。以大隋大业二年八月二十一日卒于家。"按:《汇考》编者认为墓志有疑点,可参看。

【张父会】安定乌氏人。隋国子进士。武德初,佐五府兵曹,郑县令、通事舍人,历幽、原二州长史,同州别驾、洛州长史,济、□二州刺史。

《全唐文补遗》第三辑,魏承休撰开元五年(717)三月廿日《唐齐州山茌县丞张府君(齐丘)墓志铭并序》:"□讳齐丘,安定乌氏人……祖父会,隋国子进士。武德初,佐五府兵曹、郑县令、通事舍人,历幽、原二州长史,同州别驾、洛州长史,济、□二州刺史。"

【张损之】吴郡人。大业中进士甲科。官至侍御史诸曹员外郎。

《全唐文》卷三九三,独孤及《唐故河南府法曹参军张公(从师)墓表》:"有唐逸士吴郡张从师,冲和纯粹,辩博宏达,卓荦好古,傥荡逸群。言不近名,惟代耕是谋;贞不绝俗,以忘机为心。秀才高第,起家临濮县尉,历冯翊、伊阙二县主簿,乾元元年拜监察御史。御史中丞郑炅(一作旻)之拥旄济江,辟为从事,转河南府法曹参军。凡历官五政,享年五十八……初公祖损之,隋大业中进士甲科,位至侍御史、尚书水部郎。损之生烈考泫(一作法),以硕学丽藻,名动京师,亦举进士,自监察御史为会稽令。"

民国《吴县志》卷一一《选举表三·进士·吴县》:"隋炀帝大业:张损之。历官侍御史、水部郎。"注云:右隋进士可考者一人。

【苗裕】字君绰,颍川长社人。隋举进士。官至朝散大夫。

《全唐文补遗》第八辑,嗣圣元年(684)十月二十九日《唐朝散大夫苗君(裕)墓志铭》:"君讳裕,字君绰,颍川长社人也……公以隋开皇二年州贡进士,行修廉洁,射策甲科。起家授朝散、游骑尉。"按:志云苗裕卒于嗣圣元年(684),春秋八十六,其出生应在开皇十八年(598),志又云其开皇二年(582)州贡进士,显然矛盾。疑志文录其生卒年或州贡进士年有误。附此俟考。

【房玄龄】名乔,以字行,齐州临淄人。祖熊,字子绎,褐州主簿。父彦谦,隋泾阳令。年十八举进士,授羽骑尉。贞观三年,拜太子少师,兼礼部尚书。明年,代长孙无忌为尚书左仆射,改封魏国公,监修国史。二十三年卒,年七十,册赠太尉、并州都督,谥曰文昭。

《旧唐书》卷六六《房玄龄传》:"房乔,字玄龄,齐州临淄人。曾祖翼,后魏镇远将军、宋安郡守,袭壮武伯。祖熊,字子绎,褐州主簿。父彦谦,好学,通涉《五经》,隋泾阳令,《隋书》有传。玄龄幼聪敏,博览经史,工草隶,善属文……年十八,本州举进士,授羽骑尉……(贞观)三年,拜太子少师,固让不受,摄太子詹事,兼礼部尚书。明年,代长孙无忌为尚书左仆射,改封魏国公,监修国史……(二十三年)薨,年七十。废朝三日,册赠太尉、并州都督,谥曰文昭,给东园秘器,陪葬昭陵。"按:房玄龄为隋代科举出身可以定论,但其究竟是开皇年间的秀才还是大业年间的进士,学术界存在不同看法。

《新唐书》卷九六《房玄龄传》:"房玄龄字乔,齐州临淄人。父彦谦,仕隋,历司隶刺史。玄龄幼警敏,贯综坟籍,善属文,书兼草隶。开皇中……年十八,举进士。授羽骑尉,校雠秘书省……太宗以敦煌公徇渭北,杖策上谒军门,一见如旧,署渭北道行军记室参军……进尚书左仆射,监修国史,更封魏……会诏大臣世袭,授宋州刺史,徙国梁,而群臣让世袭事,故罢刺史,遂为梁国公。未几,加太子少师……晋王为皇太子,改太子太傅,知门下省事……薨,年七十一,赠太尉、并州都督,谥曰文昭。"

(清)王昶《金石萃编》卷五〇《房玄龄碑》:"公讳玄龄……年十有八,俯从宾贡。"

【黄凤麟】江夏人。隋进士。官比部员外郎。

民国十年重刊本《湖北通志》卷一二三《人物一·选举表·进士》:"隋,进士,黄凤麟,江夏人。比部员外郎。"

明经科

【□业】姓未详,字玄泰,鲁邹邑昌平乡阙里人。隋开皇中州贡明经,仕至昌州司马、镇南府车骑将军。入唐后,以耆德老成拔授为官。

《全唐文补遗》第五辑,贞观十九年(645)十一月九日《□业墓志》:"君讳业,字玄泰,鲁□平乡阙里人也。祖仲和,齐□州州都。父那延,齐骠骑将军……(君)以隋开皇中州贡明经,仕登员外。后□朝请大夫、昌州司马、镇南府车骑将军……大唐受命,搜扬耆德,君以年逾耳顺,岁践悬车,遂□室洛阳,求仁养志。以贞观十七年拔授魏州贵□□□,固所以尊事老成,矜年尚齿也。至十九年十月五日,卒于私第,春秋八十有八。"按:志主姓氏待考,籍贯当为邹邑昌平乡,《史记·孔子世家》:"孔子生鲁昌平乡陬邑。"司马贞《索隐》释云:"孔子居鲁之邹邑昌平乡之阙里也。"

【王琰】并州太原人,后迁洛州河南。隋明经及第。任吉州录事参军。

《全唐文补遗》千唐志斋新藏专辑,李休复撰神功二年(698)正月十日《大周王府君(尚恭)墓志铭并序》:"君讳尚恭,字知礼,其先并州太原人也。次后因官,徙为洛州河南人焉……父琰,明经及第,隋任吉州录事参军。"

【韦云起】雍州万年人。隋开皇中明经举,授符玺直长。仁寿时,进授通事舍人。大业初,改为通事谒者。入唐后历官司农卿、西麟州刺史、夔州刺史、遂州都督、益州行台民部尚书转行台兵部尚书。

《旧唐书》卷七五《韦云起传》:"韦云起,雍州万年人。伯父澄,武德初国子祭酒、绵州刺史。云起,隋开皇中明经举,授符玺直长……仁寿初,诏在朝文武举人,述乃举云起,进授通事舍人。大业初,改为通事谒者……义宁元年,授司农卿,封阳城县公。武德元年,加授上开府仪同三司,判农圃监事……四年,授西麟州刺史,司农卿如故。寻代赵郡王孝恭为夔州刺史,转遂州都督,怀柔夷獠,咸得众心。迁益州行台民部尚书,寻转行台兵部尚书。"

《新唐书》卷一○三《韦云起传》:"韦云起,京兆万年人。隋开皇中,以明经补符玺直长。"

【孔颖达】字冲远,冀州衡水人。隋大业初明经及第,授河内郡博士。入唐历国子博士、给事中、国子司业等,贞观十二年(638)拜国子祭酒,二十二年(648)卒,陪葬昭陵,赠太常卿,谥曰宪。

《旧唐书》卷七三本传:"孔颖达字冲远,冀州衡水人也。祖硕,后魏南台丞。父安,齐青州法曹参军。颖达八岁就学,日诵千余言。及长,尤明《左氏传》《郑氏尚书》《王氏易》《毛诗》《礼记》,兼善算历,解属文……隋大业初,举明经高第,授河内郡博士……武德九年,擢授国子博士。贞观初,封曲阜县男,转给事中。时太宗初即位,留心庶政,颖达数进忠言,益见亲待……(贞观)六年,累除国子司业。岁余,迁太子右庶子,仍兼国子司业。与诸儒议历及明堂,皆从颖达之说。又与魏徵撰成《隋史》,加位散骑常侍。十一年,又与朝贤修定《五礼》,所有疑滞,咸谘决之……十二年,拜国子祭酒,仍侍讲东宫。十四年,太宗幸国学观释奠,命颖达讲《孝经》,既毕,颖达上《释奠颂》,手诏褒美……十七年,以年老致仕。十八年,图形于凌烟阁,赞曰:'道光列第,风传阙里。精义霞开,揆辞飚起。'二十二年卒,陪葬昭陵,赠太常卿,谥曰宪。"

(宋)王钦若《册府元龟》卷五九七《学校部(一)·选任》:"孔颖达,字仲达,冀州衡水人。隋大业初举明经高第,授河南郡博士……贞观六年,累除国子司业……十二年,拜国子祭酒。"

《新唐书》卷一九八《儒学上·孔颖达传》:"孔颖达字仲达,冀州衡水人……隋大业初,举明经高第,授河内郡博士。"

【刘兰成】隋明经及第。

《资治通鉴》卷一八六《唐纪二》武德元年(618)冬十月载有明经刘兰成事迹:"初,北海贼帅綦公顺帅其徒三万攻郡城……明经刘兰成纠合城中骁健百余人袭击之。"胡三省注曰:"刘兰成,盖尝应明经科,因称之。"

【孙子起】汝州郏城人。隋以明经应举及第,授沇州司法参军事,司隶从事等。入唐后历滍阳、涟水二县令、轻车都尉。

《全唐文补遗》第三辑,张嘉祯撰开元二十九年(741)正月《故荆州大都督府长史上柱国乐安县开国伯孙公(俊)之碑并序》:"祖子起,射策登科,解褐授许州襄城县令、汝州郏城县令……父处约,进士擢第,授校书郎。"

《全唐文补遗》第四辑,咸亨三年(672)十一月廿二日《唐故司成孙公(处约)墓志铭并序》:"公讳处约,字茂道,本□乘乐安人也……曾祖灵怀,后魏直阁将军,平原内史,安康、清河二郡太守,子孙遂居清河之鄃县……考子起,以明经应举,射策高第,隋授沇州司法参军事,司隶从事,襄城郡司□□□,皇朝滍阳、涟水二县令、轻车都尉……因官汝颍,又编贯于襄城郡之郏城县焉。"

【辛俭】字处俭,陇西狄道人。隋大业中,明经及第,举对策高第。武德元年除太子舍人,历官上轻车都尉、上宜县令、治中县令、通直散骑常侍、彭王府咨议参军、遂州都督府司马,官终朝请大夫、太子中允。

《秦晋豫新出墓志蒐佚续编》二〇三,贞观二十年(646)十一月二日《大唐故朝请大夫太子中允辛府君(俭)墓志铭并序》:"君讳俭,字处俭,陇西狄道人也……隋大业中,以明经举对策高第。王师东讨,以君为行军录事参军,武德元年除太子舍人;五年授上轻车都尉、上宜县令。秩满,迁隆州治中。十年授通直散骑常侍、彭工府咨议参军、遂州都督府司马,寻入为朝请大夫守太子中允。及宫厅迁于容州,以贞观十八年八月十二日卒于配所,春秋五十有九。"

【张爽】南阳人。隋明九经出身。官文林郎。

《唐代墓志汇编》天宝〇〇九,天宝元年(742)五月十六日《□□□□行冀州参军张府君墓志文并序》:"□□□本南阳人也……莫大之业,曷可与京乎? 高祖文立,隋朝蜀王府骑兵参军;祖爽,隋文林郎、明九经出身。"

【钱昂】吴兴长城人。隋明三经及第,解褐为宋州单父县长。入唐后官至朝散大夫行豫州司马。

《全唐文补遗》千唐志斋新藏专辑，咸亨五年(674)七月二十一日《大周故朝散大夫行豫州司马钱君(昂)墓志铭并序》："君讳昂，吴兴长城人也……隋起家国子生明三经擢第，解褐为宋州单父县长。"

【傅交益】字交益，卫州共城人。隋明经及第，授蜀郡博士。入唐后，历眉州通义县丞、宜州司兵参军、殿中侍御史、宜州录事参军、扬州都督府法曹参军等，官终始州黄安县令。

《全唐文补遗》第二辑，龙朔三年(663)十二月二十七日《大唐故始州黄安县令傅君(交益)墓志》："君讳交益，字交益，望隆北地，贯隶颍川。属隋氏云亡，朝市迁贸，移居汲郡，因而家焉，遂为卫州共城人也……隋明经入贡，解褐蜀郡博士，改授眉州通义县丞，寻除宜州司兵参军，又擢殿中侍御史，出为宜州录事参军，转扬州都督府法曹参军，迁始州黄安县令……以永徽元年五月十五日遘疾不救，终于黄安县之官舍。春秋六十有二。"

孝廉科

【王成】字胡仁。开皇四年(584)征孝廉入第，释褐任木工监。迁左校署监。

《隋代墓志铭汇考》第六册，《王成墓志》："君讳成，字胡仁……大隋开皇四年，征孝廉入第，释褐任木工监。俄迁左校署监。"

【王陇】太原人。父洪，隋汾州别驾。隋孝廉，授贝州餰县户曹，入唐官至杭州於潜县令。

《唐代墓志汇编》开元〇三三，开元三年(715)十月二十五日《大唐故明经举王府君(师)墓志铭并序》："君讳师，字行则，太原人也……祖洪，周本郡从事，隋汾州别驾……父陇，隋孝廉，贝州餰县户曹，皇朝定州安喜县丞、杭州於潜县令。"

【王德仁】琅琊临沂人。隋举孝廉，授剑州临津县主簿。

《唐代墓志汇编》天宝二〇五，天宝十一载(752)八月二十八日《大唐故钜鹿郡南和县令□(王)府君念墓志铭并序》："公讳念，字同光，琅琊临沂人也……曾祖讳德仁，隋举孝廉，授剑州临津县主簿；祖讳玄默，唐应制，再登甲科，累授汴州浚仪县令；父讳□庆，唐举孝廉擢第，优游经史，不趋于名。"按：据墓志，王氏当为科举世家。

【吕祥】河南伊阙人。隋孝廉及第。不仕。

《全唐文补遗》第二辑，咸亨元年(670)十月十六日《唐故隋车骑将军吕君(道)墓志铭并序》："君讳道，字安，河南伊阙人也……祖璋，东魏邺郡临漳令……父祥，隋孝廉举上第，寻而高尚不仕。"

【刘幹】沛国彭城人。隋孝廉。汉王记室、瀛州任丘令。

《全唐文补遗》第八辑，垂拱二年(686)七月十一日《彭城刘君(善)志铭并序》："君讳善，字毅，沛国彭城人也……父幹，隋孝廉、汉王记室、瀛州任丘令。"

【严弘信】冯翊重泉人。隋举孝廉。唐历云阳县主簿、坊州录事参军。

《全唐文补遗》第三辑，张希迴撰开元六年(718)正月十四日《大唐故朝散大夫行尚书兵部郎中上柱国冯翊严府君(识玄)墓志铭并序》："公讳识玄，字识玄，冯翊重泉人也……曾祖伟，隋以文行见推，举孝廉，官终高梁县令。祖弘信，怀才抱器，举孝廉，皇朝历云阳县主簿、坊州录事参军。”

【严伟】冯翊重泉人。隋举孝廉。官终高梁县令。

《全唐文补遗》第三辑,张希迥撰开元六年(718)正月十四日《大唐故朝散大夫行尚书兵部郎中上柱国冯翊严府君(识玄)墓志铭并序》:"公讳识玄,字识玄,冯翊重泉人也……曾祖伟,隋以文行见推,举孝廉,官终高梁县令。祖弘信,怀才抱器,举孝廉,皇朝历云阳县主簿、坊州录事参军。”

【杜文宽】京兆杜陵人,隋举孝廉第。历汴州司兵、相州邺县令。

《全唐文补遗》第二辑,开元三年(715)十月二十二日《唐中大夫安南都护府长史权摄副都护上柱国杜府君(忠良)墓志铭并序》:"公讳忠良,字子直,京兆杜陵人也……公曾祖讳伽那,隋举孝廉擢第,徐州司户、大兴县令、武贲中郎将……大父文宽,隋举孝廉第,汴州司兵,迁相州邺县令。”按:杜忠良卒于先天二年(713)九月一日,年六十六。

【杜伽那】京兆杜陵人。隋举孝廉擢第。历徐州司户、大兴县令、武贲中郎将。

《全唐文补遗》第二辑,开元三年(715)十月二十二日《唐中大夫安南都护府长史权摄副都护上柱国杜府君(忠良)墓志铭并序》:"公讳忠良,字子直,京兆杜陵人也……公曾祖讳伽那,隋举孝廉擢第,徐州司户、大兴县令、武贲中郎将……大父文宽,隋举孝廉第,汴州司兵,迁相州邺县令。”按:杜忠良卒于先天二年(713)九月一日,年六十六。

【李操】陇西狄道人。隋孝廉。

《全唐文补遗》第九辑,显庆二年(657)鹑尾月《大唐故朝散大夫潞州大中正李君(楚)之墓志铭并序》:"公讳楚,字叔秀,陇西狄道人也……祖纂,齐长平郡守、屯留侯。父操,隋孝廉。”

【杨志明】陕州芮城县人。隋孝廉举擢第。任晋阳郡丞。

《全唐文补遗》第五辑,万岁通天二年(697)十月二十一日《大周故陕州桃林县博士杨君(政)墓志铭并序》:"君讳政,字武,弘农华阴人也……七代祖震任陕州太守,故今为芮城县人焉……祖志明,素隋孝廉举擢第,任晋阳郡丞。”按:杨政卒于调露年间,春秋五十五。

【张□】名未详,籍隶清河,家于淮阴。举孝廉。

《隋书》卷六四《张奫传》):"张奫字文懿,自云清河人也,家于淮阴……仁寿中,前潭州总管,在职三年卒。有了孝廉。”按:张奫有了孝廉,此"孝廉"究竟是其子之名,还是中第之科目名,尚需史料证实。暂以科目名录存,俟考。

【张□】名未详,字仲葵,南阳人。大业中,以孝廉辟。补上谷易县丞。

《全唐文补遗》第四辑,贞观十八年(644)十月九日《唐张仲葵墓志铭》:"君讳□,字仲葵,南阳人也……(公)大业中,以孝廉辟,补上谷易县丞。”按:据墓志,仲葵祖刀,齐魏郡顿丘令。父茂,隋襄州长史。

【张处平】中山义丰人。隋举孝廉。入唐历监察御史、绛州侍中兼霍王府长史、郑王府司马兼□潞二州司马。

《全唐文补遗》第一辑,郎余令撰仪凤四年(679)正月二十一日《唐故尚书吏部郎中张府君(仁袆)墓志铭》；"君讳仁袆，字道穆，中山义丰人也……大父希文，隋定州主簿……□处平，隋博陵郡察孝廉，皇朝监察御史，累迁绛州侍中兼霍王府长史、郑王府司马兼□潞二州司马。"按：仁袆卒于仪凤三年(678)七月廿三日，春秋五十八。

《全唐文补遗》第五辑，张仁袆撰上元三年(676)正月十日《大唐故宣义郎行虢州弘农县丞张君(仁燮)墓志并序》："君讳仁燮，字道邕，中山义丰人也……曾祖哲，后魏南秦州司马。祖希文，隋本州主簿。考处平，皇朝监察御史、郑王府司马。"按：墓志未载仁燮卒年，春秋四十六。

【张行成】字德立，定州义丰人。隋大业中举孝廉。王世充僭号，以为度支尚书。入唐以隋资补宋州谷熟尉。又应制举乙科，授雍州富平县主簿。历侍中兼刑部尚书、尚书左仆射、太子少傅。

《旧唐书》卷七八《张行成传》："张行成，定州义丰人也……大业末，察孝廉，为谒者台散从员外郎。王世充僭号，以为度支尚书。世充平，以隋资补宋州谷熟尉。又应制举乙科，授雍州富平县主簿……（贞观）二十三年，迁侍中，兼刑部尚书……（永徽）二年八月，拜尚书左仆射。寻加授太子少傅。四年……九月，卒于尚书省，时年六十七。"

《新唐书》卷一〇四《张行成传》："张行成字德立，定州义丰人……隋大业末，察孝廉，为谒者台散从员外郎。后为王世充度支尚书。世充平，以隋资补谷熟尉。家贫，代计吏集京师，擢制举乙科，改陈仓尉。"

【张护】汝南郾城人。隋太学生应孝廉举。历司隶从事、闵乡令、鄂州永兴令。

《全唐文补遗》第八辑，上元三年(762)三月四日《唐故右监门中郎将张府君(胫)墓志铭并序》："君讳胫，字德纯，汝南郾城人也……祖洛客，周大冢宰库真，隋车骑将军，转右卫车骑将军……父护，隋太学生策第，又应孝廉举，拜司隶从事、闵乡令，迁鄂州永兴令。"按：张护当为太学生举孝廉入仕。

【赵素】天水人，父构，隋秀才及第，历侍御史、民部郎中、毛州刺史。隋孝廉登科。历隋丹阳郡书佐，唐舒州司马。

《唐代墓志汇编》天宝〇六九，天宝四载(745)十月十三日《大唐故监察御史荆州大都督府法曹参军赵府君(思廉)墓志铭并序》："公讳思廉，字思廉，天水人……祖构，隋秀才、侍御史、民部郎中、毛州刺史。父素，隋孝廉、丹阳郡书佐，皇舒州司马。"按：据墓志，思廉弱冠明经登甲科，以卒于大足元年(701)，春秋六十六，则其弱冠岁在永徽六年。

【胡俨】字长威，安定临泾人。隋以孝廉举授登仕郎。唐武德五年(622)除吏部文林郎，选袁州新喻县丞。

《唐代墓志汇编》贞观〇二七，贞观六年(632)九月四日《大唐故文林郎新喻县丞胡府君(俨)墓志铭》："君讳俨，字长威，安定临泾人也……祖永，魏东平、雁门二郡太守；父质，巴郡功曹、北澧州司法参军事……（君）隋日以孝廉举授登仕郎，武德五年除吏部文林郎，选袁州新喻县丞……以贞观五年六月□日终于县，春秋卅六。"

【郭悊】太原人。父康，隋秀才及第，官洛阳县尉。悊举孝廉。不仕。

《全唐文补遗》千唐志斋新藏专辑，天宝七载(748)十一月六日《大唐故临川郡崇仁县丞郭府君(福该)墓志铭并序》:"君字上品,讳福该,太原人也。祖康,隋秀才、洛阳县尉。父悊,郡举孝廉,高尚其志,不求官达。"

【郭廉】太原人。隋征异士。察孝廉。

《全唐文补遗》千唐志斋新藏专辑,开元二十六年(738)十一月八日《大唐故朝请大夫守巂州都督府别驾兼昆明军副使上柱国郭府君(瑜)墓志并序》:"公讳瑜,字无暇,太原人也……高祖廉,隋征异士,察孝廉,不幸早逝。"

【裴怀节】河东闻喜人。隋举孝廉,释褐太仆丞。迁相州临漳令。

《全唐文补遗》第七辑,龙朔三年(663)十月五日《大唐故宫府大夫兼检校司驭少卿裴君(皓)墓志铭并序》:"君讳皓,字圆照,河东闻喜人也……父怀节,隋举孝廉,释褐太仆丞,迁相州临漳令。"

制科

【王安】字海宁,河南偃师人。开皇年间制举及第,授恒州真定县主簿。炀帝时官至冀州斌强县令。

《全唐文补遗》第一辑,贞观十年(636)五月十七日《唐故蒲州虞乡县丞王君(安)之志》:"君讳安,字海宁,河南偃师人也……祖通,豫州大中正。父道,洛州主簿。君少游闾里,非英俊不群。书记博览,同侣嘉其睿哲。刺史杨处洛以君才堪理务,举涉龙门,试策甲科。起家恒州真定县主簿,后迁散员郎。浑国修贡,王子入朝,以君秘密特遣监蕃。炀皇亲伐辽东,拔君任沧海道行军司马。军还,授太仆寺典牧署丞,复除冀州斌强县令。"按:王安"试策甲科",当为制举出身。

【王卿】字元庆,太原祁人。隋开皇年射策甲科,解褐任光州光山县丞。

《全唐文补遗》第二辑,显庆元年(656)十二月十九日《大唐故王君(卿)故任夫人墓志铭并序》:"君讳卿,字元庆,太原祁人也……以藻粹百家,耕耘六籍。摘词则成绮组,捨笔则起风云。君自举高才,射策甲科,解褐任光州光山县丞……春秋卅九,大业三年七月廿五日,终于光山县官舍。"按:王卿射策甲科解褐授县丞,则为制科。以卒年推之,其擢第当在开皇年间。

【王绩】字无功,绛州龙门人。隋大业中应孝弟廉洁举,授扬州六合县丞。

《全唐文》卷一三一,王绩小传云:"绩字无功,绛州龙门人。隋大业中应孝弟廉洁举,授扬州六合县丞。弃官还乡里,躬耕于东皋,时人号为东皋子。贞观十八年卒。"

【长孙仁】字安世,河南洛阳人。隋开皇十四年(594)应贤良举,授所领军府司兵。除上台通事舍人。

《隋书》卷五一《长孙览传附从子炽传》:"炽字仲光,上党文宣王稚之曾孙也。祖裕,魏太常卿、冀州刺史。父儿,周开府仪同三司、熊绛二州刺史、平原侯……(炽)大业元年,迁大理卿,复为西南道大使,巡省风俗……子安世,通事谒者。"

《唐代墓志汇编》贞观○五九,《隋通事舍人长孙府君(仁)并夫人陆氏墓志》:"公讳仁,字安世,河南洛阳人也……曾祖裕,魏武卫大将军太常卿平原侯……祖儿,魏左光禄大夫,周勋绛熊三州刺史平原侯……父炽,隋大理大卿民部尚书靖公……(公)隋开皇十四年,诏举贤良,用厘庶务,应诏被举授所领军府司兵……又除上台通事舍人。"按:据墓志,长孙仁卒于武德四年(621)七月十一日,春秋五十一。

【史崇基】字洪业,雍州京兆人。开皇十八年(598)应诏试举,入居宿卫。二十年,授都督。

《秦晋豫新出墓志蒐佚续编》一六五,仁寿三年(603)十二月二十八日《大隋阳城公世子都督史君之墓志》:"君讳崇基,字洪业,雍州京兆人也。世掌史官,因而著姓……开皇十八年应诏试举,以君文武才堪入居宿卫。至廿年,重蒙选简乃授都督于君,诚曰屈才……仁寿二年终于淮海,春秋廿七。"

【刘林甫】广平易阳人。隋大业中制举及第,授扶风郡汧阳县长。入唐征为起居舍人,迁中书舍人,拜中书侍郎。贞观初,封乐平县男,除吏部侍郎。

《全唐文补遗》第三辑,刘献臣撰开耀元年(681)十一月七日《大唐故秘书少监刘府君(应道)墓志铭并序》:"府君讳应道,字玄寿,广平易阳人……乃家于顿丘……考乐平府君讳林甫,仕隋累佐大郡。大业中,诏天下举廉贞尤异之士,内外所推荐者七人,而公为其冠。后主好龙面抗印,无任贤之实,竟自汝南郡司户书佐,授扶风郡汧阳县长。高祖创业,征为起居舍人,迁中书舍人,拜中书侍郎。在枢密十余年。智效闻于海内。贞观初,封乐平县男,除吏部侍郎。"按:林甫应诏举及第,当为制举出身。

【苏夔】字伯尼,京兆武功人。仁寿末,诏举及第,拜晋王友。炀帝嗣位,迁太子洗马,转司朝谒者,进通议大夫。

《隋书》卷四一《苏威传附苏夔传》:"苏威,字无畏,京兆武功人也。父绰,魏度支尚书……子夔。夔字伯尼,少聪敏,有口辩。八岁诵诗书,兼解骑射。年十三,从父至尚书省,与安德王雄驰射,赌得雄骏马而归。十四诣学,与诸儒论议,词致可观,见者莫不称善。及长,博览群言,尤以钟律自命。初不名夔,其父改之,颇为有识所哂……仁寿末,诏天下举达礼乐之源者,晋王昭时为雍州牧,举夔应之。与诸州所举五十余人谒见,高祖望夔谓侍臣:'唯此一人,称吾所举。'于是拜晋王友。炀帝嗣位,迁太子洗马,转司朝谒者……以功进位通议大夫。坐父事,除名为民。复丁母忧,不胜哀而卒,时年四十九。"

【杜文贡】京兆杜陵人。大业三年(607)应辟,官岷州当夷县主簿。入唐授简州金水县尉,迁河阳津令。

《全唐文补遗》第二辑,显庆二年(657)二月二十六日《唐故京兆杜府君(文贡)墓志铭并序》:"君讳文贡,京兆杜陵人也……大业三年应辟,授岷州当夷县主簿……属皇运休明,衣冠有序,授简州金水县尉,迁河阳津令、河关□□……春秋七十有四,以贞观十九年九月八日,卒于私第。"按:据墓志,文贡曾祖植,周沧州乐陵县令;祖恺,隋怀州司功;父原始,隋鄂州江夏县令。又隋时应辟,当属制科。

【杜举】京兆杜陵人。隋大业五年(609)对策甲科。历官宁州司功参军、宋州柘城县令、亳州城父县令。

《全唐文补遗》第二辑,天授二年(690)二月七日《唐故南州刺史杜府君(举)志文并序》:"公讳举,京兆杜陵人也。曾祖嵩,周奉请郎、齐王府司马、幽州刺史、煦山公。祖忍,隋易州司马、毛州长史、燕郡通守、叠州总管,袭封煦国公。考舒,隋太府寺丞、少府少监、左卫将军……(公)大业五年对策甲科,解褐授宁州司功参军,从班例也。寻授宋州柘城,又转亳州城父二县令……贞观十五年九月廿日薨于荆府,春秋五十有五。"

【张义】字弘义,河内修武人。隋时应辟,授并州司兵。

《全唐文补遗》第二辑,显庆四年(659)七月二十七日《唐故隋并州司兵张君(义)墓志铭》:"君讳义,字弘义,河内修武人也……君含章以浦,挺秀理峰。澄玉润以飞英,抗琼枝以凝彩。潜思三史,学松以儒。命驾契鸡黍之欢,朝夕尽温清之礼。学优行著,策最文华,授并州司兵……显庆四年七月十日,终于立行坊私第,春秋七十四。"按:张义祖通,后魏益州司马。父宝,周齐州长史。据志文,张义"策最文华"后授并州司马,疑为制举出身。附此俟考。

【张伟节】太原祁人。隋应制举。入唐授邢州司法参军事、上大都督。

《全唐文补遗》第二辑,开元九年(721)十月十一日《唐故通议大夫瀛洲束城县令上柱国张府君(景旦)墓志铭并序》:"南阳张府君讳景旦,字昇明,太原祁人也……祖伟节,隋应制举,皇邢州司法参军事、上大都督。"

【张育】字永珍,魏郡邺人。大业中诏举擢才,任北平州录事参军。

《全唐文补遗》第四辑,贞观二十二年(648)二月二十一日《隋故平州录事参军张君(育)墓志》:"君讳育,字永珍,魏郡邺人也……隋诏举擢才,任北平州录事参军。岂谓福善无徵,哲人先萎,以大业十一年七月十六日,终于瀍涧里也。"按:据志文,张育当在大业年间应诏擢第。

【张瑾】字德琬,南阳西鄂人。仁寿二年(602)应诏举,任朔州总管司士。官至鲁山令。

《全唐文补遗》第八辑,贞观七年(633)二月十二日《唐故开府鄩城县令张君(瑾)墓志铭并序》:"君讳瑾,字德琬,南阳西鄂人……祖芝,太尉府司马、安光二州刺史……父寿,河南郡功曹、汾州中兵、护开府属……(君)开皇五年,洹水县功曹,九年,内黄县中正……十年,授儒林郎,十五年,任涿县丞……仁寿二年,刺史以志行清素应诏举,任朔州总管司士。四年,讨杨谅,授宣惠尉。大业六年,行鄩城县丞。十三年,护鲁山令……武德元年,密送城款,蒙授开府鄩城令。"按:张瑾武德元年(618)九月二十四日卒,春秋六十二。

【苗先】颍川长社人。隋开皇二年(582)州贡明经行修。廉洁孝悌,敦册甲科。起家游骑尉。

《全唐文补遗》第八辑,显庆五年(660)五月九日《苗明墓志》:"君讳明,字晖粲,颍川长社人也……父先,隋开皇二年州贡明经行修。廉洁孝悌,敦册甲科。起家游骑尉。"

【房基】字德本,清河人。大业七年(611)任国学生,应制举授宣议郎。官至翼城令。

《全唐文补遗》第六辑,永徽六年(655)二月二十日《大唐故翼城令饶阳男房府君(基)墓志铭并序》:"君讳基,字德本,清河人也……祖渊,周直阁将军,隋豫章郡守、安政公。父崱,隋右卫将军、礼部尚书、崇国公,皇朝朗浙二州刺史、饶阳男……(君)大业七年,任国学生。义究三科,文穷百遍,虽颜子入室,无以过也。既预宾贡,策应甲科,授宣议郎。"

【赵肃】字威,陇西天水人。大业九年(613)前后制举及第,授谒者台员外登仕郎。

《唐代墓志汇编》显庆〇一八,显庆元年(656)十月五日《唐故陇西天水赵府君(肃)墓志铭并序》:"君讳肃,字威,陇西天水人也……洎乎冠岁,誉美时侔,爰应嘉招,扬庭观国,授谒者台员外登仕郎。入金门而待诏,游石室以校文……春秋六十有三,以显庆元年九月七日遘疾,终于洛阳景行里第。"按:赵肃应召,授谒者台员外登仕郎,则为制举及第。以卒年推之,登第时间约在大业九年(613)左右。

【赵朗】字天敬,天水人。隋初射策甲第,授北海县令。

《隋代墓志铭汇考》第四册,大业九年(613)十月十五日《隋故偏威将军北海县令赵君(朗)墓志铭》:"君讳朗,字天敬,本天水人也……君三坟少敏,六艺壮该,口洽书诗,行冠规矩。信成名立,礼贡乡闾,诚著孝闻,时称利见。同宋玉于楚域,飞翰腾辞;等言偃于孔门,摛文掞藻。以君射箭甲第,特拔为北海县令。"按:据志文,赵朗卒于仁寿二年(602)正月十二日,春秋八十六。

【胡质】字孝质,安定临泾人。隋仁寿二年(602)举方正,除燕州司户参军。大业三年(607)迁巴郡司功书佐。

《全唐文补遗》第一辑,贞观四年(630)正月十九日《安定胡公(质)墓志铭》:"君讳质,字孝质,安定临泾人也……(君)隋仁寿二年,起家举方正,除燕州司户参军,大业三年,迁巴郡司功书佐。"按:胡质卒于贞观三年(829)八月十一日,春秋六十七。据墓志,其祖邕,东魏骠骑将军、南青州刺史。父永,北齐兖州司马、东莱太守。

【禹艺】字君才,蕲春人。大业年中制举及第,授武安丞。

《全唐文补遗》第三辑,贞观二十三年(649)十月二十八日《唐禹君(艺)墓志铭并序》:"君讳艺,字君才,蕲春人也。祖猷,齐侍中、中书令。父康,魏秘书郎、名州司马……(公)独负乡曲之誉,乃为州牧之知。于大业年中,观光上国,待诏金马,擢第云台,兼资本荫,授武安丞,俄转东宫……以贞观廿三年五月十七日,卒于三川第,春秋五十有六。"

【祖孝寿】隋举孝悌廉洁,授燕北府司兵,属行台员外郎。入唐后官至丹州咸宁令。

《全唐文补遗》千唐志斋新藏专辑,开元三年(715)十月二十五日《大唐故朝请大夫渠州司马上柱国祖府君(义臣)墓志铭并序》:"君讳义臣,其先殷人……考孝寿,隋孝悌廉洁举,燕北府司兵,属行台员外郎,皇朝丹州咸宁令。"

【耿文训】字威,陇西天水人。开皇四年(608)后制举及第,授文林郎。

《唐代墓志汇编》显庆一五五,显庆五年(660)十一月十二日《大唐故文林郎耿君(文训)墓志铭并序》:"君讳文训,钜鹿宋子人也……祖僙,周校书郎;父相,隋洹水令……君横经泮汜,进业虎闱,论盖解颐,辩兼藏耳。开皇四年,待诏金马。晚属时泰,爰应明杨,同淄川之甲科,类会稽之暮召,授文林郎,从班例也……显庆五年十月十六日,遘疾卒于私第,春秋七十有一,即以其年十一月十二日殡于邙山之际。"按:据墓志,文训卒于显庆五年(660),春秋七十一,则其出生于开皇九年(589)。疑墓志录文有误。

【席世文】字秦客,安定泾人。隋制科出身。官至朝散大夫、右台侍御史。

《全唐文补遗》千唐志斋新藏专辑,开元二十七年(739)十月二十六日《安定席君(庭诚)墓志铭并序》:"公讳庭诚,字秦客,安定泾人也……祖讳世文,学优登科,弹冠入仕。霜稜御府,清简帝心,终大隋朝散大夫、右台侍御史、袭乌氏郡开国□。"

【席纶】字龙,安定人。开皇末年以四经对诏,擢授左武卫兵曹。官至洛州河南县令。

《大唐西市博物馆藏墓志》四九,永徽五年(654)八月六日《大唐故洛州河南县令席君(纶)墓志铭并序》:"君讳纶,字龙,安定人,唐叔之后也……开皇末年,驾幸太学,亲临策试。遂以四经对诏,擢授左武卫兵曹。事观显于一时,美谈播于三辅……转授洛州河南县令。"

【郭通】字监远,太原介休人。开皇八年(588)诏举贤良,起家卫州汲县尉。十八年(598)除慈州滏阳县丞。仁寿三年(603)任沁州沁源县令。

《全唐文补遗》第四辑,贞观二年(628)十一月三十日《唐郭通墓志》:"君讳通,字监远,太原介休人也……开皇八年,诏举贤良,起家卫州汲县尉。十八年,除慈州滏阳县丞。匡赞有方,惠政遐举。仁寿三年,除沁州沁源县令……以仁寿三年十月十日,卒于第舍,春秋五十有八。"

【唐收】字士懋,信都唐阳人。大业年间应诏举,授密州诸城县尉。官至河阴令。

《秦晋豫新出墓志蒐佚》一〇八,唐玄镜撰贞观二十年(646)十月三日《周隋故河阴令唐君(收)铭》:"君讳收,字士懋,信都唐阳人也……幼擅主知,早摽民儁。笃志好学,弱冠便已大成。吏部尚书牛弘百辟之羽仪,一代之溁镜。乘轺建节,帛贲丘园,以君令□凤彰,首膺旌命,奏授密州诸城县尉。"按:据墓志,唐收卒于武德三年(620),时年四十五,则其应诏举当在大业年间。

【崔泰】字元平,博陵安平人。隋仁寿元年(601)应诏举,射策甲第。入唐历官万年县丞、苏州司马。

《全唐文补遗》第四辑,永徽六年(655)十月一日《大唐故苏州司马轻车都尉崔君(泰)墓志铭并序》:"君讳泰,字元平,博陵安平人也……仁寿元年,应诏举,射策甲第……大业中,召补左武卫兵曹……武德五年,转万年县丞……(贞观)八年,迁苏州司马。"按:据墓志,崔泰祖长瑜,浮阳郡守、太常卿,袭爵安平男;父子博,隋户部虞部侍郎、泗州刺史。

【崔赜】字祖浚,博陵安平人。开皇初,射策高第,授校书郎。历协律郎、起居舍人、越王长史等。

《隋书》卷七七《隐逸·崔廓传附子赜传》:"崔廓,字士玄,博陵安平人也。父子元,齐燕州司马……有子曰赜。赜字祖浚,七岁能属文,容貌短小,有口才。开皇初,秦孝王荐之,射策高第,诏与诸儒定礼乐,授校书郎。寻转协律郎,太常卿苏威雅重之。母忧去职,性至孝,水浆不入口者五日。征为河南、豫章二王侍读,每更日来往二王之第。及河南为晋王,转记室参军,自此去豫章……王入东宫,除太子斋帅,俄迁舍人。及元德太子薨,以疾归于家。后征授起居舍人。大业四年,从驾汾阳宫,次河阳镇……九年,除越王长史。于时山东盗贼蜂起,帝令抚慰高阳、襄国,归首者八百余人。十二年,从驾江都。宇文化及之弑帝也,引为著作郎,称疾不起。在路发疾,卒于彭城,时年六十九。"

【韩政】字宾王,昌黎人。大业年间制举登科,授黄梅县尉。

《全唐文补遗》第二辑,显庆二年(657)十月二十九日《唐故隋黄梅县尉韩君(政)墓志铭》:"君讳政,字宾王,昌黎人也……君成自华门,少而明敏。出悌入孝,长幼有伦。终笑尽言,进让无厌。加以学优业就,射策甲科。既尉黄梅,宣翼称最。"按:韩政卒于显庆二年(657)九月五日,春秋七十有四。据墓志,其"射策甲科"后任职隋黄梅县尉,则当为大业年间登科。

【温彦博】字大临,并州祁人,父君攸,北齐文林馆学士,入隋为泗州司马。开皇末,对策高策,授文林郎,直内史省。唐贞观四年(630)迁中书令,封虞国公,十年(636)迁尚书右仆射,明年卒,年六十三。赠特进,谥曰恭,陪葬昭陵。

《旧唐书》卷六一《温大雅传附温彦博传》:"温大雅字彦弘,太原祁人也……大雅弟彦博。彦博幼聪悟,有口辩,涉猎书记……开皇末,为州牧秦孝王俊所荐,授文林郎,直内史省,转通直谒者……贞观二年,迁御史大夫,仍检校中书侍郎事……十年,迁尚书右仆射。明年薨,年六十四。"按:有学者据《祁阳县志·乡贤传》所载,录温彦博为隋秀才,证据不足。参见何忠礼《科举制起源辨析——兼论进士科首创于唐》,载《历史研究》1983年第2期。

《新唐书》卷九一《温大雅传附彦博传》:"温大雅,字彦弘,并州祁人。父君攸,北齐文林馆学士,入隋为泗州司马,见朝政不纲,谢病归。大雅性至孝,与弟彦博、大有皆知名……彦博字大临,通书记,警悟而辩。开皇末,对策高策,授文林郎,直内史省。隋乱,幽州总管罗艺引为司马。艺以州降,彦博与有谋,授总管府长史,封西河郡公。召入为中书舍人,迁侍郎……太宗立,突厥归款,得还。授雍州治中,寻检校吏部侍郎……复为中书侍郎,迁御史大夫,检校中书侍郎事。贞观四年,迁中书令,封虞国公……十年,迁尚书右仆射,明年卒,年六十三……赠特进,谥曰恭,陪葬昭陵。"

【温绰】字处琨,太原祁人。仁寿二年(602)射策甲科,任赵州平棘县令。

《全唐文补遗》第八辑,咸亨元年(670)十一月二日《大唐故左领军宣化府统军温府君(绰)墓志铭并序》:"府君讳绰,字处琨,太原祁人……年十有八,射策甲科。应淄浦之贤良,迈洛京之才子。英妙之举,复在于斯。解褐登朝,任赵州平棘县令。"按:温绰卒于贞观七年(633),春秋四十九,则其十八岁时在仁寿二年(602)。又按其及第即授县令,当为制科。

科目未详

【□似昂】字高明,南阳常山人。开皇十四年(594)及第,授司徒寺主簿。大业三年(607)补信州大昌县令。

《隋代墓志铭汇考》第五册,大业十二年(616)二月二十五日《□似昂墓志》:"君讳似昂,字高明,殷王之苗裔,南阳常山人也……去开皇十四年,敕追入京。于时,天庭笔试,莫不琳琅。蒙授司徒寺主簿。至大业三年,又补信州大昌县主。"按:志主当为科举出身,科目未详。

【王韦】字文霸,太原祁人。仁寿三年(603)科举及第,隋任检校丰州蒲田县令。入唐授上骑都尉、江州寻阳县令。贞观五年(631),授扬州士曹参军事,历朝议郎、轻车都尉行贝州司马。

《唐代墓志汇编续集》咸亨〇二四,咸亨四年(673)十月四日《唐故贝州司马太原王府君(韦)墓志铭并序》:"君讳韦,字文霸,太原祁人,汉司徒允之后也……爰初弱冠,首应宾庭,驱龙浮馨之川,擢第惟扬之域……即于江左立功,检校丰州蒲田县令……皇朝授上骑都尉、江州寻阳县令……贞观五年,授扬州士曹参军事……寻迁朝议郎,加轻车都尉,行贝州司马……以贞观十九年七月十一日,终于官舍,春秋六十有二。"按:据志文,王韦当为科举及第,科目未详,以贞观十九年(645),春秋六十二推之,其弱冠岁在仁寿三年(603)。

【孔刚】鲁郡曲阜人。科举出身,科目未详。隋魏郡书佐。

《唐代墓志汇编》显庆〇四八,显庆二年(657)九月十七日《唐故阳城县白土乡君孔氏(玉)墓志铭》:"夫人讳玉,鲁郡曲阜人也……祖晟,北齐淮安□府参军;考刚,隋魏郡书佐;咸以秀举当年,德高时彦。"按:孔刚"以秀举当年",当为科举出身,科目未详。

【刘炫】大业中应诏被举。疑为科举出身,科目未详。

《北史》卷二六《杜铨传附杜正藏传》:"正玄弟正藏,字为善,亦好学,善属文。开皇十六年,举秀才。时苏威监选,试拟贾谊《过秦论》及《尚书汤誓》《匠人箴》《连理树赋》《几赋》《弓铭》,应时并就,又无点窜。时射策甲第者合奏,曹司难为别奏,抑为乙科。正藏诉屈,威怒,改为丙第,授纯州行参军。迁梁郡下邑县正。大业中,与刘炫同以学业该通,应诏被举。"按:据《隋》卷七六《文学传·杜正玄传附弟正藏传》,杜正藏大业中,学业该通,应诏举秀才,同时应诏被举之刘炫,所举科目未见史载,暂以科目未详录存。

【宋行】字钦仁,洺州广平人。科举出身,科目未详。大业中授宣德员外郎。武德七年(624)授越州都督府记室参军。贞观八年(634)除宣州溧水县令,迁虔州南康县令。

《全唐文补遗》第五辑,贞观十年(636)十一月十一日《大唐故宋君(行)墓志铭》:"君讳行,字钦仁,洺州广平人也……祖嵩,隋荆州荆阳县令。父幹,鸿胪典蕃令,寻除宋州雍丘县令……(君)弱冠冠(引者注:原文如此),出身于国子应举。大业中,授宣德员外郎。武德七年,诏授越州都督府记室参军……贞观八年,又除宣州溧水县令,俄迁虔州南康县令。"按:宋行以国子学生应举入仕,当为科举出身,科目未详。志载其卒于贞观九年(635)二月一日,春秋三十九。

【窦威】字文蔚,扶风平陆人。举秀异,射策甲科,授秘书郎。

《旧唐书》卷六一《窦威传》:"窦威,字文蔚,扶风平陆人,太穆皇后从父兄也。父炽,隋太傅。威家世勋贵,诸昆弟并尚武艺,而威耽玩文史,介然自守。诸兄哂之,谓为'书痴'。隋内史令李德林举秀异,射策甲科,拜秘书郎。秩满当迁,而固守不调,在秘书十余岁,其学业益广……大业四年,累迁内史舍人,以数陈得失忤旨,转考功郎中,后坐事免,归京师……武德元年,拜内史令……及寝疾,高祖自往临问。寻卒,家无余财,遗令薄葬。谥曰靖,赠同州刺史,追封延安郡公。葬日,诏太子及百官并出临送。有文集十卷。"按:窦威"举秀异"射策甲科,当为科举出身,科目未详。

《新唐书》卷九五《窦威传》:"窦威字文蔚,岐州平陆人。父炽,在周为上柱国,入隋为太傅……内史令李德林举秀异,授秘书郎。"

卷 一

唐高祖〔李渊〕朝〔618—626〕

武德四年辛巳(621)

四月十一日,敕诸州学生及白丁,有明经及秀才、俊士、进士,明于理体,为乡里所称者,委本县考试,州长重覆,取其合格,每年十月随物入贡。《唐摭言》。

武德五年壬午(622)

知贡举: 考功员外郎申世宁

秀才一人。

进士科四人:

【孙伏伽】贝州武城人,武德五年(622)进士科状元及第。

(明)徐应秋《玉芝堂谈荟》卷二《历代状元》:"唐宋以来,状元科第姓名可考者,唐高祖武德元年孙伏伽(止称第一人)。"

《登科记考》按语云:"《玉芝堂谈荟》载唐宋以来状元姓名,始于唐高祖武德元年孙伏伽,是孙伏伽为唐第一科状元。惟唐贡举始于武德五年,言元年者误。又按《旧书》,伏伽于武德元年上书,已授治书侍御史。五年免官,寻起为刑部郎中,岂免官时应举耶? 其时草昧初开,未可以常格论之。"

孟二冬《登科记考补正》卷一按:"《唐摭言》卷一《述进士上篇》:'进士,大业中所置也。如侯君素、孙伏伽,皆隋之进士也明矣。'《谈荟》之说未必可信。"

按:孙伏伽为隋朝进士,抑或唐朝进士;为武德元年状元,抑或武德五年状元,尚需新史料证实。现依徐松说录存俟考。参见《新唐书》卷一〇四《孙伏伽传》《登科记考》卷一武德五年(622)进士科、《登科记考补正》卷一武德五年(622)进士科孙伏伽条。

【李上德】魏州乐昌人。武德五年(622)进士及第。曾官司门郎中。

(五代)王定保《唐摭言》卷七《起自孤寒》:"武德五年,李义琛与弟义琰、从弟上德,三人同举进士。义琛等陇西人,世居邺城。国初,草创未定,家素贫乏,与上德同居,事从姑,定省如亲焉。随计至潼关,遇大雪,逆旅不容。有咸阳商人见而怜之,延与同寐处。居数日,雪霁而去。琛等议鬻驴,以一醉酬之;商人窃知,不辞而去。义琛后宰咸阳,召商人,与之抗礼。琛位至刑部侍郎,雍州长史;义琰,相高宗皇帝;上德,司门郎中。"

(宋)乐史《广卓异记》卷一九《兄弟三人同年及第》:"右按《登科记》:李义琛、弟义琰、弟上德,三人武德六年进士及第。"

(宋)李昉等《太平广记》卷一七九《贡举二·李义琛》:"武德五年,李义琛与弟义琰、三从弟上德同年进士……上德司门郎中。"

《登科记考》卷一武德五年(622)进士科录载李上德。按:《登科记考补正》卷一武德六年(623)进士科,以《广卓异记》为据,系李上德兄弟三人进士及第,今不取。

光绪《畿辅通志》卷三四《选举·唐·进士》:"高祖年,李上德,魏州人,武德五年第。"

【李义琰】陇西人,世居郱城,又称魏州昌乐人。武德五年(622)进士及第。官刑部员外郎,上元中进同中书门下三品,兼太子右庶子,曾相高宗。

《旧唐书》卷八一《李义琰传》:"李义琰,魏州昌乐人,常州刺史玄道族孙也。其先自陇西徙山东,世为著姓。父玄德,瘿陶令。义琰少举进士,累补太原尉……麟德中为白水令,有能名,拜司刑员外郎。上元中,累迁中书侍郎,又授太子右庶子、同中书门下三品……以足疾上疏乞骸骨,乃授银青光禄大夫,听致仕……垂拱初,起为怀州刺史。义琰自以失则天意,恐祸及,固辞不拜。四年,卒于家。"

(五代)王定保《唐摭言》卷七《起自孤寒》:"武德五年,李义琛与弟义琰、从弟上德,三人同举进士。"

(宋)乐史《广卓异记》卷一九《兄弟三人同年及第》:"右按《登科记》:李义琛、弟义琰、弟上德,三人武德六年进士及第。"

(宋)王钦若等《册府元龟》卷六五〇《贡举部(十二)·应举》:"李义琰,魏州昌乐人。常州刺史玄道族孙。少举进士,累补太原尉。"

(宋)李昉等《太平广记》卷一七九《贡举二·李义琛》:"武德五年,李义琛与弟义琰、三从弟上德同年进士。义琛等陇西人,世居郱城……义琰相高宗。"

《新唐书》卷一〇五《李义琰传》:"李义琰,魏州昌乐人,其先出陇西望姓。及进士第,补太原尉……徙白水令,有能名,擢司刑员外郎……累迁中书侍郎。上元中,进同中书门下三品,兼太子右庶子……义琰改葬其先,使舅家移茔而兆其所。帝闻,怒曰:'是人不可使秉政。'义琰惧,以疾乞骸骨,迁银青光禄大夫,听致仕,乃归田里。公卿以下悉祖饯通化门外,时人比汉疏广。垂拱初,起为怀州刺史,自以失武后意,辞不拜,卒。"

《登科记考》卷一武德五年(622)进士科录载李义琰。按:《登科记考补正》卷一武德六年(623)进士科,以《广卓异记》为据,系李上德兄弟三人进士及第,今不取。

正德《大名府志》卷七《人物志》:"李义琰,举进士,补太原尉。"(大名府南乐县人)

嘉靖《太原县志》卷一《名宦》:"李义琰,昌乐人,第进士。"

光绪《畿辅通志》卷三四《选举·唐·进士》:"高祖年,李义琰,魏州人,武德五年第,中书侍郎。"

【李义琛】陇西人,世居郱城,又称魏州昌乐人。武德五年(622)进士及第。官至刑部侍郎。

(五代)王定保《唐摭言》卷七《起自孤寒》:"武德五年,李义琛与弟义琰、从弟上德,三人同举进士。"

《旧唐书》卷八一《李义琰传》:"(李)义琰从祖弟义琛,永淳初,为雍州长史……出为梁州都督,转岐州刺史,称为良吏。卒官。"

(宋)李昉等《太平广记》卷一七九《贡举二·李义琛》:"武德五年,李义琛与弟义琰、三从弟上德同年三人进士。义琛等陇西人,世居邺城……琛后宰咸阳,召商人,与之抗礼亲厚,位至刑部侍郎雍州长史。"

(宋)乐史《广卓异记》卷一九《兄弟三人同年及第》:"右按《登科记》:李义琛、弟义琰、弟上德,三人武德六年进士及第。"

《新唐书》卷一〇五《李义琰传》:"义琰从祖弟义琛。义琛擢进士第,历监察御史……累迁刑部侍郎。为雍州长史,时关辅大饥,诏贫人就食商、邓,义琛恐流徙不还,上疏固争。左迁黎州都督,终岐州刺史。"

《登科记考》卷一武德五年(622)进士科录载。按:《登科记考补正》卷一武德六年(623)进士科,以《广卓异记》为据,系李上德兄弟三人进士及第,今不取。

正德《大名府志》卷七《人物志》:"李义琛,琰弟也,举进士。"(大名府南乐县人)

光绪《畿辅通志》卷三四《选举·唐·进士》:"高祖年,李义琛,魏州人,武德五年第。"

制科

【张弼】字义辅,南阳西鄂人。武德五年(622)应诏举贤良,射策甲科。官至始州黄安县令。

《大唐西市博物馆藏墓志》一〇二,调露元年(679)十月十四日《大唐故始州黄安县令南阳县开国公张府君墓志铭并序》:"公讳弼,字义辅,南阳西鄂人也……(武德)五年三月,诏举贤良,射策甲科,独高时辈……又膺令辟,为太子通事舍人……(太宗)六年,又应明诏,举直中书省……十年,除卫尉寺丞。又丁内忧,毁瘠殆灭。闻其号泣,梓树为其生寒;霈其涕泪,柏叶因而夺彩。服阕,应诏举。十四年,除尚书水部员外郎……寻又有诏,举县令。十九年,授承议郎,行魏县令……(永徽)五年十二月七日,终于县之官舍,春秋六十。"按:据墓志,张弼至少有四次应举制科,其中武德五年(622)贤良科一次,贞观年间三次。

武德六年癸未(623)

诸科

【卢医王】字医王,涿郡范阳人。武德六年(623)明法科及第。官终滑州匡城县丞。

《全唐文补遗》第八辑,崔尚撰景龙三年(709)十月二日《唐故滑州匡城县丞范阳卢府君(医王)墓志铭并序》:"府君讳医王,字医王,涿郡范阳人也……十八,举明法高第,起家补沁州绵上县尉。"按:以永淳二年(683)卒,享年七十八推之,医王明法及第在武德六年(623)。

制科

【甄庭言】字乳儿,中山人。武德六年(623)应诏举及第,授并州苇泽县尉。官终桂州始安县令。

《全唐文补遗》第八辑,咸亨四年(673)十月二十八日《唐故桂州始安县令甄府君(庭言)墓志铭并序》:"君讳庭言,字乳儿,中山人也……武德六年,应诏举射策高第,授并州苇泽县尉,言试吏也。"按:庭言卒于咸亨三年(672),春秋六十九。

武德七年甲申(624)

进士科

【云洪嗣】定兴人。武德七年(624)进士及第。历官汾州刺史、湖州刺史、郑州刺史、岐州刺史。

胡可先《〈登科记考〉匡补三编》:"明凌迪知《万姓统谱》卷二十云:'云洪嗣,武德七年进士,任湖州。'按《元和姓纂》卷三'定兴云氏':'弘允,汾州刺史。'岑仲勉《元和姓纂四校记》:'《姓氏应急篇》上有云弘嗣。允,疑原作胤,宋人避讳,改写为嗣也……洪又弘之讳改。'宋谈钥《嘉泰吴兴志》(吴兴丛书本)卷十四《郡守题名》:'云洪嗣,武德七年自右庶子授,迁郑州刺史。'郁贤皓《唐刺史考》:'按天授二年云洪嗣在岐州刺史任上被杀,见《新书·则天皇后纪》及《资治通鉴》。其刺湖决无可能在武德七年,《吴兴志》误,今系于高宗时。'郁说是。"

《登科记考补正》卷一武德七年(624)进士科录载云洪嗣。

【李义琳】字叔璩。秦州成纪人。武德七年(624)登进士第。释褐初授虞州桐乡县尉。仕至砀山县令。

《全唐文补遗》第五辑《周故宋州砀山县令李府君神道铭并序》:"君讳义琳,字□处。陇西成纪人也。弱冠射策及第,解褐虞州桐乡县尉……累迁赵州赞皇、宋州砀山县令……享年八十有二,以垂拱二年十月三日,遘疾卒于怀州河内县之私第。"

《隋唐五代墓志汇编·洛阳卷》第七册《李义琳及夫人魏氏合葬墓志》:"君讳义琳,字□□。陇西成纪人也……弱冠射策及第,解褐虞州桐乡县尉……春秋八十有二,以垂拱二年十月三日,遘疾卒于怀州河内县之私第。"

《洛阳新获墓志》四〇《唐故宋州砀山县令李府君神道铭并序》(长安二年六月五日):"君讳义琳,字叔璩,陇西成纪人也……弱冠射策及第,解褐虞州桐乡县尉……享年八十有二,以垂拱二年十月三日,遘疾卒于怀州河内县之私第。"

按:胡可先《徐松〈登科记考〉补正》、孟二冬《登科记考补正》均列李义琳于武德七年进士,以补徐松《登科记考》之阙。

武德八年乙酉（625）

诸科

【王植】字文端，太原晋阳人。武德八年（625）诸科明法及第。历官大理寺录事、长安县尉，又应诏举，迁魏州武阳县令，官终司宗寺丞上骑都尉。

《全唐文补遗》第三辑，龙朔二年（662）七月十九日《大唐故司宗寺丞上骑都尉王君（植）墓志铭并序》："君讳植，字文端，太原晋阳人也……祖才，隋胜州录事参军事。父兴，邢州柏人县令……（王植）年廿三，雍州贡明法省试擢第，授大理寺录事。丹笔无冤，黄沙绝滞。迁长安县尉，目览耳听，片言折狱。堆几之案云撤，盈庭之讼雾收。应诏举，迁魏州武阳县令，仍在京删定律令……以龙朔二年二月十日，寝疾卒于会稽郡，时年六十。"按：据墓志，王植年廿三时在武德八年（625）。

《登科记考补正》卷一武德八年（625）诸科录载王植。

武德九年丙戌（626）

科目未详

【李玄济】字乾拯，金州安康人。武德九年（626）射策甲科及第，蒙授广州都督府兵曹参军。官终纪王府主簿。

赵力光《西安碑林博物馆新藏墓志汇编》〇二四收录永徽五年（654）十二月二十九日《大唐故纪王府主簿李君（玄济）墓志铭》："君讳玄济，字乾拯，陇西狄道人也……君年甫二十，射策甲科，蒙授广州都督府兵曹参军。"按：据墓志，玄济卒于贞观十六年（642），春秋三十六，射策值是年。按王其祎等人系玄济武德七年（624）"应制及第"，孟二冬《登科记考补正》卷一录李玄齐，以其"射策甲科"为据改系进士及第。隋唐墓志文中，"射策甲科"是一个常见词语，其基本涵义是指科举应试者的考试成绩优秀，和考试科目之间没有什么直接联系。参见许友根《〈登科记考补正〉考补》。

【张懿】字长，南阳白水人。武德九年（626）科举及第，授将仕郎。

《全唐文补遗》第八辑，天授二年（691）正月十三日《大周故将仕郎张君（懿）墓志铭并序》："君讳懿，字长，南阳白水人也……弱冠筮仕，甲科擢第，爰授将仕郎，从班例也。"按：以龙朔三年（663）卒，春秋五十七推之，张懿擢第时在武德九年（626）。又：张懿究以何科擢第，尚待史料证实，暂列"科目未详"。

附考（高祖朝）

附考进士（高祖朝进士）

【马伯达】扶风茂陵人，父士儒，官隋江、亳二州刺史。入唐举进士，为怀河内尉。

《全唐文》卷七一四,李宗闵《马公家庙碑》:"元和十五年夏六月,有诏天平军节度使检校礼部尚书兼郓州刺史御史大夫扶风县开国伯马公作三庙于京师……公名惣,字会元,扶风茂陵人也……公之五代祖曰士儒,为隋江、亳二州刺史。亳州生伯达,入唐举进士,为怀河内尉,乐黄老长生之说,弃官从孙思邈游隐于茅山。河内生颀,举进士,又举八科士,于高宗天后朝为御史尚书兵部郎……兵部生光粹,五岁而能诗,举进士,为荥阳令,功化甚美,县人传之。荥阳生皇考讳伃,年十岁,则受《左氏春秋》,日记万言。后方以经明行高,历仕诸侯,由检校尚书职方郎中为吉州刺史,治行卓尤,升闻于朝,进襄州名,加赐命服,竟以官卒。"

【王勉】太原祁人。唐初进士及第,征贤良,皆上第。官至河中府宝鼎县令。

《刘禹锡集》卷三《唐故宣歙池等州都团练观察处置使宣州刺史兼御史中丞赠左散骑常侍王公(质)神道碑》:"文中(子)生福祚,为蔡州上蔡主簿。上蔡生勉,举进士,征贤良,皆上第,仕至河中府宝鼎令。"按:此王勉,即王质之曾祖。

《旧唐书》卷一六三《王质传》:"王质字华卿,太原祁人。五代祖通字仲淹,隋代末大儒,号文中子。通生福祚,终上蔡主簿。福祚生勉,登进士第,制策登科,位终宝鼎令。勉生怡,终渝州司户。怡生潜,扬州天长丞。质则潜之第五子。"

【苏亶】武功人。唐初进士及第。官至台州刺史。

郁贤皓《唐刺史考全编》卷一四四《江南东道·台州(临海郡)》贞观中录有苏亶,考云:"《旧书·苏瓌传》:'父亶,贞观中台州刺史。'《姓纂》卷三邺西苏氏及《新表四上》苏氏同。《全文》卷二三八卢藏用《太子少傅苏瓌神道碑》:'考秘书监、池台二州刺史、赠岐州刺史讳亶。'"

(明)康海《武功县志》卷三《选举志第七》载唐人举进士者有苏亶。

四库本《陕西通志》卷三〇《选举·唐·进士科》:"苏亶,武功人。"

【来济】扬州江都人。武德中进士及第。历通事舍人、考功员外郎、中书舍人等。永徽二年,拜中书侍郎兼弘文馆学士,永徽四年,同中书门下三品,六年迁中书令,终庭州刺史。

(唐)杜牧《樊川文集》卷一二《上宣州高大夫书》:"来济、上官仪、李玄义,皆进士也,后为宰相。"

《旧唐书》卷八〇《来济传》:"来济,扬州江都人,隋左翊卫大将军荣国公护子也。宇文化及之难,阖门遇害。济幼逢家难,流离艰险,而笃志好学,有文词,善谈论,尤晓时务……十八年,初置太子司议郎,妙选人望,遂以济为之,仍兼崇贤馆直学士。寻迁中书舍人,与令狐德棻等撰《晋书》。永徽二年,拜中书侍郎,兼弘文馆学士,监修国史。四年,同中书门下三品。五年,加银青光禄大夫,以修国史功封南阳县男,赐物七百段。六年,迁中书令、检校吏部尚书……显庆元年,兼太子宾客,进爵为侯,中书令如故。二年,又兼太子詹事。寻而许敬宗等奏济与褚遂良朋党构扇,左授台州刺史。五年,徙庭州刺史。龙朔二年,突厥入寇,济总兵拒之……没于阵。时年五十三,赠楚州刺史,给灵舆递还乡。有文集三十卷,行于代。"按:据济龙朔二年(662)春秋五十三卒推算,其生于大业六年(610),复以"举进士,贞观中累转通事舍人"语察之,济进士及第当在武德年间。

《新唐书》卷一〇五《来济传》："来济,扬州江都人。父护儿,隋左翊卫大将军。宇文化及难,阖门死之,济幼得免。转侧流离,而笃志为文章,善议论,晓畅时务,擢进士。贞观中,累迁通事舍人……除考功员外郎。十八年,初置太子司议郎,高其选,而以济为之,兼崇贤馆直学士。迁中书舍人。永徽二年,拜中书侍郎,兼弘文馆学士,监修国史。俄同中书门下三品,封南阳县男。迁中书令,检校吏部尚书……显庆初,兼太子宾客,进爵为侯……二年,兼詹事。寻坐褚遂良事,贬台州刺史。久之,徙庭州。龙朔二年,突厥入寇,济总兵拒之,谓其众曰:'吾尝缢刑罔,蒙赦死,今当以身塞责。'遂不介胄而驰贼,没焉,年五十三。赠楚州刺史,给灵輀还乡。"

(明)陶宗仪《书史会要》卷五："来济,扬州人……擢进士第,坐褚遂良事贬庭州刺史。"

《登科记考》卷二七《附考·进士科》录载来济。

嘉靖《浙江志》卷二四《官师志》:"(来济)志笃,为文章,善议论,晓畅时务,擢进士。"

【李义璋】字琬,陇西成纪人。进士及第。起家任襄州安养县尉。官至泗州录事参军。

《全唐文补遗》千唐志斋新藏专辑,景龙二年(708)五月《唐故泗州录事参军李君(义璋)墓志铭并序》:"公讳义璋,字琬,陇西成纪人也……生而歧嶷,幼而聪敏。术铭蚁垤,学富蓬山。陪悦市而观书,赋上林而得笔。虽汇征茅茹,未渐陆于遥天;而擢第桂枝,早从荣于下邑。起家任襄州安养县尉……去调露元年四月七日寝疾,春秋八十四,终于洛州合宫县崇业里私第。"按:义璋"擢第桂枝,早从荣于下邑",当为进士出身。

【李玄义】唐初进士。官至宰相。

(唐)杜牧《樊川文集》卷一二《上宣州高大夫书》:"来济、上官仪、李玄义,皆进士也,后为宰相。"

【来恒】南阳新野人,子景晖,字日新,官饶州刺史。进士及第。历官太子舍人、国子司业、忠硖二州刺史,官至黄门侍郎,同中书门下三品,谥懿公。

《河洛墓刻拾零》,蔡遊晋撰开元六年(718)正月十一日《大唐故银青光禄大夫饶州刺史来府君(景晖)墓志铭并序》:"公讳景晖,字日新,南阳新野人也……父恒,进士对策高第,解褐陕雍二州司士参军,迁太子舍人,加朝散大夫,职方郎中,主爵郎中,国子司业,忠硖二州刺史,太子少詹事,知兵部选事,又分掌吏部选事,益州大都督府长史,太府卿,黄门侍郎,同中书门下三品,赠润州刺史,谥懿公。"

【张景宪】南阳人。进士及第。官汾州司法参军。

《邙洛碑志三百种》,开元八年(720)正月二十日《唐朝议郎行绛州司户参军高阳许君夫人故南阳张氏墓志铭并序》:"夫人姓张氏,南阳人也……父景宪,皇进仕举,汾州司法参军,历落师受,才章遐博。"按:"进仕举",当为"进士举"。

附考明经（高祖朝明经）

【王岐】字太巍,祖籍太原,迁居河南。明经及第,授施州录事参军,又授师州录事参军。

《唐代墓志汇编》文明〇〇八,文明元年(684)八月五日《唐故师州录事参军王府君(岐)墓志铭并序》:"君讳岐,字太嶷,太原人也,因官宅土,今为河南人□……以明经擢第,释褐施州录事参军,又授师州录事参军。"按:王岐卒于贞观十八年(644)十月廿七日,享年七十五,则其明经擢第约在唐初。

【李诏】字旦,上党襄垣人。明经及第。历官豫州新蔡县丞,合州新明县丞。

《全唐文补遗》第五辑,开耀二年(682)正月十五日《大□合州□明县丞李君(诏)墓志》:"君讳诏,字旦,上党襄垣人也……曾祖庆,齐郡功曹。祖遵,齐州主簿……父操,皇朝宗帅……(李诏)年廿,明经举,射策高第,授豫州新蔡县丞。再迁合州新明县丞。"按:李诏终于调露元年(679)七月二十一日,春秋七十八,其明经及第约在武德年间。

《登科记考补正》卷一武德四年(621)明经科录载李诏。按:唐代科举始于武德五年(622),《登科记考》武德四年明言"不贡举",考云:"是年下诏,而举人至明年始集,故曰不贡举。"

【桑湛】黎阳临河人。明经及第。累官梓州飞乌、洛州温县二县令。

《唐代墓志汇编》神龙〇二八,神龙二年(706)五月十八日《大唐故中大夫上柱国行婺州东阳县令桑君(贞)墓志铭并序》:"君讳贞,字正道,黎阳临河人也……祖湛,明经高第,累迁梓州飞乌、洛州温县二县令。"按:墓主卒于神龙元年,六十八岁,则其祖中举当在武德至贞观年间,今系武德年间,俟考。

附考孝廉（高祖朝孝廉）

【刘义弘】字待诏,弘农郡人。唐初孝廉及第。历任绵州昌隆县尉、大理寺评事、左武卫兵曹参军。

《唐代墓志汇编》上元〇四四,上元三年(672)十一月二十一日《大唐故左武卫兵曹参军刘君(义弘)墓志》:"公讳义弘,字待诏,弘农郡人也。唐朝应诏孝廉及第,释褐绵州昌隆县尉、扬州江阳县尉、大理寺评事、左武卫兵曹参军。"按:义弘卒于显庆元年(656),享年五十五,其孝廉及第当在武德至贞观初年。

【李长卿】潞州长子县人,父德,隋朝散大夫守齐州刺史。唐初举孝廉,不仕。

《唐代墓志汇编》开元四六一,开元二十六年(738)正月十三日《唐故李府君(素)墓志铭并序》:"君讳素,字仁,陇西敦煌郡……故今为潞州大都督府长子县人也。祖讳德,隋朝散大夫守齐州刺史,擢秀中朝,试游心于郡县。父长卿,含光道圁,实养性于岩泉。唐举孝廉,肥遁不仕者。"按:据志文,长卿孝廉擢第约在唐初。

【李释】字元楷,赵郡赞皇人,祖道宗,魏驸马都尉、冠军将军、平阳郡太守,父全寿,隋侍御史。武德年间孝廉及第,释褐富平县尉。官终唐州慈丘县令。

《唐代墓志汇编续集》咸亨〇〇六《大唐故唐州慈丘县令李君(释)墓志铭并序》:"君讳释,字元楷,赵郡赞皇人。魏本郡太守、兰台大夫监李凤昇之曾孙也。祖讳道宗,魏驸马都尉、冠军将军、平阳郡太守;考讳全寿,隋侍御史……(公)以武德之岁,孝廉被举,射策甲科,擢富平县尉,转随州司户、和、庆二州录事参军,迁唐州慈州县令。"

【赵玄】天水人,孙赵义,永徽元年(650)进士。武德年间孝廉及第。官魏州顿丘县令。

《唐代墓志汇编》永淳〇二三,《大唐故淄州高苑县丞赵君(义)墓志铭并序》:"君讳义,字怀敬,天水人也……乃祖玄,皇朝孝廉,举魏州顿丘县令……父吉祥,宋州下邑县令……(赵义)永徽元载,应试甲科,选部随班,爰从散秩,授文林郎。"按:志主春秋五十四,调露二年(680)八月十二日卒于东都修善里,则其祖玄之孝廉及第当在武德年间。

附考制科(高祖朝制科)

【王勉】太原祁人。唐初进士及第,征贤良,皆上第。官至河中府宝鼎县令。

《刘禹锡集》卷三《唐故宣歙池等州都团练观察处置使宣州刺史兼御史中丞赠左散骑常侍王公(质)神道碑》:"文中(子)生福祚,为蔡州上蔡主簿。上蔡生勉,举进士,征贤良,皆上第,仕至河中府宝鼎令。"按:此王勉,即王质之曾祖。

《旧唐书》卷一六三《王质传》:"王质字华卿,太原祁人。五代祖通字仲淹,隋代末大儒,号文中子。通生福祚,终上蔡主簿。福祚生勉,登进士第,制策登科,位终宝鼎令。勉生怡,终渝州司户。怡生潜,扬州天长丞。质则潜之第五子。"

《登科记考》卷二七《附考·制科》录载王勉。

【田仁会】雍州长安人,祖轨,隋幽州刺史、信都郡公,父弘,陵州刺史,袭信都郡公。武德初应制举,授左卫兵曹。历官左武侯中郎将、平州刺史、郓州刺史、太常正卿,官终右卫将军,谥曰威。

《旧唐书》卷一八五上《良吏上·田仁会传》:"田仁会,雍州长安人。祖轨,隋幽州刺史、信都郡公。父弘,陵州刺史,袭信都郡公。仁会,武德初应制举,授左卫兵曹,累迁左武侯中郎将……永徽二年,授平州刺史,劝学务农,称为善政。转郓州刺史……五迁胜州都督……入为太府少卿。麟德二年,转右金吾将军……总章二年,迁太常正卿,咸亨初又转右卫将军,以年老致仕。仪凤四年卒,年七十八,谥曰威。"

《新唐书》卷一九七《循吏·田仁会传》:"田仁会,雍州长安人……仁会擢制举,仕累左武侯中郎将……永徽中,为平州刺史……五迁胜州都督……入为太府少卿,迁右金吾将军……转右卫将军,以年老乞骸骨。卒,年七十八,谥曰威……子归道,明经及第。"

【孙处约】字茂道,汝州郏城人。武德中进士及第。永徽元年复应制举,授著作佐郎。历礼部员外郎、考功员外郎、中书舍人、中书侍郎等,麟德元年拜相。

《全唐文补遗》第三辑,张嘉祯撰开元二十九年(741)正月《故荆州大都督府长史上柱国乐安县开国伯孙公(俊)之碑并序》:"曾祖祭高,直寝侍御史、武邑太守。祖子起,射策登科,解褐授许州襄城县令,汝州郏城县令……父处约,进士擢第,授校书郎。"

《唐代墓志汇编》咸亨〇六八,《唐故司成孙公(处约)墓志铭并序》:"公讳处约,字茂道,本□乘乐安人也……曾祖灵怀,后魏直阁将军,平原内史,安康、清河二郡太守,子孙遂居清河之郦县……考子起,以明经应举,射策高第,隋授□州司法参军事,司隶从事,襄城郡司□□□皇朝潢阳、涟水二县令、轻车都尉。器宇弘雅,机神秀发,禁止令行,刑清讼简。珪璋易达,虽德迈于中和;才命难并,而位穷于下秩。因官汝颖,又编贯于襄城郡之郏城县焉……（处约）初膺宾贡，特简帝心，擢第金门，升簪蓬阁，贞观元年，授校书郎……永徽元年，礼部尚书骠骑都尉申公应诏举，游情文藻，下笔成章，射策甲科。蒙敕授著作佐郎，又迁授礼部员外郎，转考功员外郎，弘文馆直学士，骑都尉，又频蒙敕授守考功郎中、上□都尉，又迁守给事中、中书舍人……显庆三年，诏加朝散大夫、弘文馆学□，余依旧任……寻迁朝议大夫、司礼少□伯、□车都尉，又授东台侍郎、知军国事□□□兼□□台事，□正除西台侍郎，□□□□□……麟德二年又授司礼少常伯、扈从□□□□诏加中大夫，仍依旧□。乾封二年诏除少司成……（咸亨）二年春，从驾东都，遂至危□。以其年岁次辛未五月景申朔四日癸亥薨于河南县□□坊之私第，春秋六十有九。"按：据志文，处约擢第金门当在武德中。

《旧唐书》卷八一《孙处约传》："孙处约者，汝州郏城人也。贞观中，为齐王祐记室。祐既失德，处约数上书谏之。祐既诛，太宗亲检其家文疏，得处约谏书，甚嗟赏之。累转中书舍人……三迁中书侍郎，与李勣、许敬宗同知国政。寻避中宫讳，改名茂道。坐事左转司礼少常伯。显庆中，拜少司成，以老疾请致仕，许之，寻卒。"

《新唐书》卷一〇六《孙处约传》："孙处约，始名道茂，汝州郏城人。贞观中，为齐王祐记室。祐多过失，数上书切谏。王诛，帝得其书，咨叹之，擢中书舍人。高宗即位，令杜正伦请增舍人员。帝曰：'处约一人，足办我事。'止不除。以论撰劳，数赐段物。再迁司礼少常伯。麟德元年，以西台侍郎同东西台三品。为少司成，以老致仕，卒。"

【孙愿】洛川人。武德年间四科举（制科）及第，授文林郎。

《唐代墓志汇编》神龙〇二六，神龙二年（706）五月七日《大唐故上柱国孙府君（惠）夫人李氏墓志并序》："君讳惠，字智藏，其先乐安人也。因官徙族，遂居洛川焉……祖愿，唐授文林郎，早沐诗书，预遵堂构。登四科而入仕，累辟金门；对三道以升贤，载飞云路。"按：志主卒于圣历元年（698）七月八日，春秋七十有三，则其生于武德八年（625）。愿为惠之祖父，按一世二十五年计算，则愿中举当在武德年间。

【严仁楷】冯翊重泉人。武德初制科及第。官新繁县尉。

《全唐文补遗》第三辑，张希迥撰开元六年（718）正月十四日《大唐故朝议大夫行尚书兵部郎中上柱国冯翊严府君（识玄）墓志铭并序》："公讳识玄，字识玄，冯翊重泉人也……父仁楷，学业传家，儒风习祖，才高命舛，仕不得途，皇朝应诏举授新繁县尉。"按：严识玄卒于开元五年（717），春秋六十四，则其父应诏举当在武德初年。

《登科记考补正》卷二七《附考·制科》录载严仁楷。

【李义府】瀛州饶阳人。唐初童子及第，贞观八年复进士及第。历监察御史、太子舍人、中书舍人等，永徽中拜中书侍郎、同中书门下三品。

《旧唐书》卷八二《李义府传》："李义府，瀛州饶阳人也。其祖为梓州射洪县丞，因家于永泰。贞观八年，剑南道巡察大使李大亮以义府善属文，表荐之。对策擢第，补门下省典仪。黄门侍郎刘洎、侍书御史马周皆称荐之，寻除监察御史。又敕义府以本官兼侍晋王。及升春宫，除太子舍人，加崇贤馆直学士，与太子司议郎来济俱以文翰见知，时称来、李……高宗嗣位，迁中书舍人。永徽二年，兼修国史，加弘文馆学士。高宗将立武昭仪为皇后，义府尝密申协赞，寻擢拜中书侍郎、同中书门下三品，监修国史，赐爵广平县男……

显庆元年，以本官兼太子右庶子，进爵为侯……寻兼太子左庶子。二年，代崔敦礼为中书令，兼检校御史大夫，监修国史、学士并如故。寻加太子宾客，进封河间郡公。三年……左贬义府为普州刺史……四年，复召义府兼吏部尚书、同中书门下三品，自余官封如故。龙朔元年，丁母忧去职。二年，起复为司列太常伯、同东西台三品……三年，迁右相，殷王府长史仍知选事并如故……（旋除名长流巂州）乾封元年，大赦，长流人不许还，义府忧愤发疾卒，年五十余。文集三十卷，传于代；又著《宦游记》二十卷，寻亡失。"

《新唐书》卷二二三上《奸臣上·李义府传》："李义府，瀛州饶阳人。其祖尝为射洪丞，因客永泰。贞观中，李大亮巡察剑南，表义府才，对策中第，补门下省典仪。刘洎、马周更荐之，太宗召见，转监察御史，诏侍晋王。王为太子，除舍人、崇贤馆直学士，与司议郎来济俱以文翰显，时称'来李'。高宗立，迁中书舍人，兼修国史，进弘文馆学士……永徽六年，拜中书侍郎、同中书门下三品，封广平县男，又兼太子右庶子，爵为侯……（显庆三年贬）义府普州刺史……明年，召为吏部尚书、同中书门下三品……殷王出阁，又兼府长史，稍迁右相……诏除名，流巂州……乾封元年，大赦，独流人不许还，义府愤恚死，年五十三。"

（明）徐应秋《玉芝堂谈荟》卷四《七岁有圣德》："李义府八岁举神童，《咏乌诗》有'上林如许树，不借一枝栖'之句。"按：《登科记考》卷一系义府贞观八年进士，未及其举神童事，义府如举神童，当在进士及第前之武德年间。

【陈怀俨】字道，颍川人。武德年间四科应诏，授襄州襄阳县尉。官至仁智宫监食货监丞。

《唐代墓志汇编》上元〇二七，上元三年（676）正月二十二日《大唐陈府君（怀俨）墓志并序》："君讳怀俨，字道，颍川人也……属四科明辟，遂以时务早第，授襄州襄阳县尉……改授仁智宫监食货监丞。"按：怀俨卒于上元二年（675）九月十二日，享年七十八，则其登第当在武德年间。

【张行成】字德立，定州义丰人，子洛客，官至雍州渭南令。擢制举乙科。官至尚书左仆射，太子少傅。

《旧唐书》卷七八《张行成传》："张行成，定州义丰人也……大业末，察孝廉，为谒者台散从员外郎。王世充僭号，以为度支尚书。世充平，以隋资补宋州谷熟尉。又应制举乙科，授雍州富平县主簿……（贞观）二十三年，迁侍中，兼刑部尚书……（永徽）二年八月，拜尚书左仆射。寻加授太子少傅。四年……九月，卒于尚书省，时年六十七。……子洛客嗣，官至雍州渭南令。"

《新唐书》卷一〇四《张行成传》："张行成字德立，定州义丰人……家贫，代计吏集京师，擢制举乙科，改陈仓尉。"

（宋）王应麟《玉海》卷一一五《选举·唐制举》："张行成代计吏集京师，擢制举乙科。"

《登科记考》卷二七《附考·制科》录载张行成。

【格处仁】字处仁，河南郡人。武德时应诏举，射策甲科，授洺州司户参军事。

《全唐文补遗》第七辑，垂拱元年（685）二月八日《唐故洺州司户参军事格府君（处仁）墓志铭并序》："君讳处仁，字处仁，河南郡人也……屈情随谍，任管州司户参军事。俄又应诏举,射策甲科,授洺州司户参军事。"按:格氏卒于贞观六年(632)五月十五日,春秋五十六,则其制举当在武德时。

【贾玄应】平阳人。唐初举贤良。官至令长。

《全唐文补遗》第六辑,杜芳撰天宝十二载(753)二月二十四日《唐故高士通直郎贾府君(隐)并夫人京兆杜氏墓志铭并序》:"公讳隐,字思敬,平阳人也。祖强,以隋爵秩入于皇朝,此不书之,自有家传。父玄应,郡举贤良,官至令长。"

【席泰】字义泉,安定人。武德中以四科应诏。官至建陵县令。

《唐代墓志汇编》永徽一一一,永徽五年(654)七月二十九日《大唐故建陵县令席君(泰)墓志铭并序》:"君讳泰,字义泉,安定人……武德中,随例任东宫左亲卫,雅誉所归,风猷自远。寻以四科应诏,擢补东宫右虞侯率府仓曹参军事。"

【唐河上】字嘉会,晋昌人。父俭,唐户部尚书、特进。武德初应诏举,官至殿中少监。

《全唐文补遗》第二辑,仪凤三年(678)二月十四日《大唐故殿中少监上柱国唐府君(嘉会)墓志铭并序》:"君讳河上,字嘉会,晋昌人也……释褐东宫千牛,陛景胄也。寻应诏射策乙第,授东宫通事舍人,又除尚书虞部员外郎。"按:志载河上祖彻,齐中书舍人、散骑常侍,隋戎顺二州刺史。父俭,唐户部尚书、特进。以仪凤三年(678)卒,春秋六十五推之,河上应诏在武德初。

【崔仁师】定州安喜人。武德初擢制举。曾官录事参军、殿中侍御史、度支郎中、给事中等。贞观二十二年迁中书侍郎、参知机务。终简州刺史。

《旧唐书》卷七四《崔仁师传》:"崔仁师,定州安喜人。武德初,应制举,授管州录事参军。五年,侍中陈叔达荐仁师才堪史职,进拜右武卫录事参军,预修梁、魏等史。贞观初,再迁殿中侍御史……十六年,迁给事中……后仁师密奏请立魏王为太子,忤旨,转为鸿胪少卿,迁民部侍郎。征辽之役,诏太常卿韦挺知海运,仁师为副,仁师又别知河南水运。仁师以水路险远,恐远州所输不时至海,遂便宜从事,递发近海租赋以充转输。及韦挺以壅滞失期,除名为民,仁师以运夫逃走不奏,坐免官……太宗还至中山,起为中书舍人,寻兼检校刑部侍郎……二十二年,迁中书侍郎,参知机务。时仁师甚承恩遇,中书令褚遂良颇忌嫉之。会有伏阁上诉者,仁师不奏,太宗以仁师罔上,遂配龚州。会赦还。永徽初,起授简州刺史,寻卒,年六十余。"

《新唐书》卷九九《崔仁师传》:"崔仁师,定州安喜人。武德初擢制举,调管州录事参军。陈叔达荐仁师才任史官,迁右武卫录事参军,与修梁、魏史。贞观初,改殿中侍御史……迁度支郎中……迁给事中……后密请魏王为太子,失帝旨,左迁鸿胪少卿。稍进民部侍郎。及征辽东……坐运卒亡命不以闻,除名。帝还至中山,起为中书舍人、检校刑部侍郎……二十二年,迁中书侍郎,参知机务,被遇尤渥。中书令褚遂良忌之,会有伏阁诉者,仁师不时上,帝大怒,流连州。永徽初,授简州刺史,卒。"

(宋)王应麟《玉海》卷一一五《选举·唐制举》:"武德初,崔仁师擢制举。"

卷
二

唐太宗（李世民）朝（627—649）

贞观元年丁亥(627)

正月乙酉,改元。《旧唐书》。

知贡举:考功员外郎卢承庆

进士科

【上官仪】字游韶,陕州陕县人。贞观元年(627)进士及第。历秘书郎、秘书少监等。龙朔二年(662)加银青光禄大夫、西台侍郎、同东西台三品(宰相)。麟德元年(664)卒。

(唐)杜牧《樊川文集》卷一二《上宣州高大夫书》:"来济、上官仪、李玄义,皆进士也,后为宰相。"

《旧唐书》卷八〇《上官仪传》:"上官仪,本陕州陕人也……贞观初,杨仁恭为都督,深礼待之,举进士。太宗闻其名,召授弘文馆直学士。累迁秘书郎……转起居郎,加级赐帛。高宗嗣位,迁秘书少监。龙朔二年,加银青光禄大夫、西台侍郎、同东西台三品,兼弘文馆学士如故……麟德元年,宦者王伏胜与梁王忠抵罪,许敬宗乃构仪与忠通谋,遂下狱而死,家口籍没。"

《新唐书》卷一〇五《上官仪传》:"上官仪字游韶,陕州陕人。父弘,为隋江都宫副监,大业末,为陈棱所杀。时仪幼,左右匿免,冒为沙门服。寖工文词,涉贯坟典。贞观初,擢进士第,召授弘文馆直学士。迁秘书郎……转起居郎。高宗即位,为秘书少监,进西台侍郎、同东西台三品……麟德元年,坐梁王忠事下狱死,籍其家。"

《登科记考》卷一贞观元年(627)进士科录载上官仪。

嘉靖《惟扬志》卷二一《人物列传》:"上官仪……善属文……举进士。"

【杨缄】字缄,弘农华阴人。贞观元年(627)进士及第,授校书郎。官终凉州都督府长史。

《全唐文补遗》千唐志斋新藏专辑,乾封元年(666)三月十八日《大唐凉州都督府长史上柱国华阳公杨府君(缄)墓志铭并序》:"公讳缄,字缄,弘农华阴人也……年廿,自太学生进士举,试策高第,补校书郎。"按:以麟德二年(665)卒,春秋五十八推之,杨缄二十岁及进士第时在是年。

【张越石】并州祁县人。贞观元年(627)进士及第。累进刑部侍郎。武后时,历秋官尚书,爵南阳侯。

(唐)刘肃《大唐新语》卷六《举贤第十三》:"张楚金年十七,与兄越石同以茂才应举。所司以兄弟不可两收,将罢越石。楚金辞曰:'以顺则越石长,以才则楚金不如。请某退。'时李绩为州牧,叹曰:'贡才本求才行,相推如此,可双举也。'令两人同赴上京,俱擢第。"按:李绩即李勣。

《旧唐书》卷一八七上《忠义上·张道源传》:"族子楚金。楚金,少有志行,事亲以孝闻。初，与兄越石同预乡贡进士，州司将罢越石而荐楚金，辞曰：'以顺则越石长，以才则楚金不如。'固请俱退。时李勣为都督，叹曰：'贡士本求才行，相推如此，何嫌双居也。'乃俱荐擢第。"《登科记考》卷一按语云："《旧书·李勣传》：'太宗即位，拜并州都督。'《太平广记》引《广人物志》亦云贞观元年勣为并州都督。楚金，并州人。"因系楚金兄弟贞观元年及第进士，姑从之。

（宋）李昉等《太平广记》卷二〇二《儒行·张楚金》："张楚金与越石同预乡贡进士，州司将罢越石而贡楚金，楚金辞曰：'以顺即越石长，以才即楚金不如。'固请俱退。李勣为都督，叹曰：'贡士本求才行，相推如此，何嫌双举？'乃荐擢第。（出《谭宾录》）"

《新唐书》卷一九一《忠义上·张道源传》："张道源，并州祁人，名河，以字显……族孙楚金有至行，与兄越石皆举进士。州欲独荐楚金，固辞，请俱罢。都督李勣叹曰：'士求才行者也。既能让，何嫌皆取乎？'乃并荐之。累进刑部侍郎……武后时，历秋官尚书，爵南阳侯。"

（宋）潘自牧《记纂渊海》卷三七："张楚金与兄越石同举，所司以兄弟不可两收将罢越石。楚金进曰：'以顺则越石长，以才则楚金不如，请俱退。'李勣时在中书，难曰：'国家贡举，本求才行，何妨双举。'遂俱进士擢第。"

《登科记考》卷一贞观元年（627）进士科录载张越石。按：孟二冬《登科记考补正》卷一贞观元年（627）改系张越石秀才科及第，其依据为《大唐新语》所云之"茂才应举"云云，此说乃为孤证，今仍从徐松之说，俟考。

光绪《畿辅通志》卷三四《选举·唐·进士·附录》："张越石，清河人。"

【张楚金】并州祁县人。贞观元年（627）进士及第。历官刑部侍郎、吏部侍郎、刑部尚书，则天朝赐爵"南阳侯"。著《翰苑》三十卷、《绅诚》三卷，并传于时。

（唐）刘肃《大唐新语》卷六《举贤第十三》："张楚金年十七，与兄越石同以茂才应举。所司以兄弟不可两收，将罢越石。楚金辞曰：'以顺则越石长，以才则楚金不如。请某退。'时李绩为州牧，叹曰：'贡才本求才行，相推如此，可双举也。'令两人同赴上京，俱擢第。"

《旧唐书》卷一八七上《忠义上·张道源传》："族子楚金。楚金，少有志行，事亲以孝闻。初，与兄越石同预乡贡进士，州司将罢越石而荐楚金，辞曰：'以顺则越石长，以才则楚金不如。'固请俱退。时李勣为都督，叹曰：'贡士本求才行，相推如此，何嫌双居也。'乃俱荐擢第。楚金，高宗时累迁刑部侍郎……则天临朝，历位吏部侍郎、秋官尚书，赐爵南阳侯。为酷吏周兴所陷，配流岭表，竟卒于徙所。著《翰苑》三十卷、《绅诚》三卷，并传于时。"

（宋）李昉等《太平广记》卷二〇二《儒行·张楚金》："张楚金与越石同预乡贡进士，州司将罢越石而贡楚金，楚金辞曰：'以顺即越石长，以才即楚金不如。'固请俱退。李勣为都督，叹曰：'贡士本求才行，相推如此，何嫌双举？'乃荐擢第。（出《谭宾录》）"

（宋）潘自牧《记纂渊海》卷三七《科举部·知贡举》："张楚金与兄越石同举，所司以兄弟不可两收将罢越石。楚金进曰：'以顺则越石长，以才则楚金不如，请俱退。'李勣时在中书，难曰：'国家贡举，本求才行，何妨双举。'遂俱进士擢第。"按："难曰"，当为"叹曰"。

《新唐书》卷一九一《忠义上·张道源传》:"张道源,并州祁人,名河,以字显……族孙楚金有至行,与兄越石皆举进士。州欲独荐楚金,固辞,请俱罢。都督李勣叹曰:'士求才行者也。既能让,何嫌皆取乎?'乃并荐之。累进刑部侍郎……武后时,历秋官尚书,爵南阳侯。"

《登科记考》卷一贞观元年(627)进士科录载张楚金。按:孟二冬《登科记考补正》卷一贞观元年(627)改系张越石秀才科及第,其依据为《大唐新语》所云之"茂才应举"云云,此说乃为孤证,今仍从徐松之说,俟考。

光绪《畿辅通志》卷三四《选举·唐·进士·附录》:"张楚金,清河人,越石弟。"按:清河为楚金郡望非籍贯。

【敬播】蒲州河东人。贞观元年(627)进士及第。历太子校书、著作郎、谏议大夫、给事中、越州都督府长史等。

《旧唐书》卷一八九上《儒学上·敬播传》:"敬播,蒲州河东人也。贞观初,举进士。俄有诏诣秘书内省佐颜师古、孔颖达修《隋史》,寻授太子校书。史成,迁著作郎,兼修国史……寻以撰实录功,迁太子司议郎。时初置此官,极为清望……永徽初,拜著作郎。与许敬宗等撰《西域图》。后历谏议大夫、给事中,并依旧兼修国史……后坐事出为越州都督府长史。龙朔三年,卒官。"

《新唐书》卷一九八《儒学上·敬播传》:"敬播,蒲州河东人。贞观初,擢进士第。时颜师古、孔颖达撰次《隋史》,诏播诣秘书内省参纂。再迁著作佐郎,兼修国史……永徽后,仕益贵,历谏议大夫、给事中……坐事出为越州长史,徙安州,卒。"

《登科记考》卷一贞观元年(627)进士科录载敬播。

明经科

【李义琰】字叔琬,陇西成纪人。贞观初年明经及第。官至卫州共城县令。

《全唐文补遗》千唐志斋新藏专辑,神龙二年(706)七月二十日《大唐故卫州共城县令李府君(义琰)墓志铭并序》:"君讳义琰,字叔琬,陇西成纪人也……贞观初载,时年十九,举孝廉射策甲科,除申州中山县尉。"志云义琰"以调露二年四月十七日,薨于东都河南县崇业里之私第,春秋七十有四"。按:据卒年推算,义琰十九岁时在武德八年(625),与贞观初年记载不一,疑撰者计算年岁有误。暂系贞观初年明经及第,俟考。

【张文瓘】字稚圭,魏州昌乐人,兄文琮,曾官户部侍郎。贞观初明经及第,补并州参军。历水部员外郎、云阳令等。乾封二年迁东台侍郎、同东西台三品。谥曰懿。

《旧唐书》卷八五《张文瓘传》:"张文瓘,贝州武城人。大业末徙家魏州之昌乐。瓘幼孤,事母兄以孝友闻。贞观初,举明经,补并州参军。时英国公李勣为长史,深礼之。累迁水部员外郎。时兄文琮为户部侍郎,旧制兄弟不许并居台阁,遂出为云阳令。龙朔年,累授东西台舍人、参知政事。寻迁东台侍郎、同东西台三品,兼知左史事……咸亨三年,官名复旧,改授黄门侍郎,兼太子左庶子。俄迁大理卿,依旧知政事……上元二年,拜侍中,兼太子宾客。大理诸囚闻文瓘改官,一时恸哭,其感人心如此。文瓘性严正,诸司奏议,多所纠驳,高宗甚委之……仪凤二年卒,年七十三,赠幽州都督,谥曰懿。以其经事孝敬皇帝,特敕陪葬恭陵。四子:潜、沛、洽、涉。中宗时,潜官至魏州刺史,沛同州刺史,洽卫尉卿,涉殿中监。父子兄弟五人皆至三品官,时人谓之‘万石张家’。”

《新唐书》卷一一三《张文瓘传》:“张文瓘,字稚圭,贝州武城人。隋大业末,徙家魏州之昌乐。幼孤,事母、兄以孝友闻。贞观初,第明经,补并州参军……再迁水部员外郎。时兄文琮为户部侍郎,于制,兄弟不并台阁,出为云阳令。累授东西台舍人,参知政事。乾封二年,迁东台侍郎、同东西台三品,遂与勣同为宰相。俄知左史事……改黄门侍郎,兼太子右庶子,又兼大理卿……后拜侍中,兼太子宾客……卒,年七十三,赠幽州都督,谥曰懿。以尝事孝敬皇帝,诏陪葬恭陵。”

《登科记考》卷二七《附考·明经科》录载张文瓘。《登科记考补正》卷一改系贞观元年(627)明经科,考云:“凡《新、旧书》言某某初者,皆系于元年。”按:此乃《登科记考》通例,今从之。

嘉靖《武城县志》卷七《人物志·贤达》:“(张文瓘)贞观初第明经,补并州参军。”

光绪《畿辅通志》卷三四《选举·唐·明经乡贡(太宗年)》:“张文瓘,昌乐人,本居武城,贞观年第,侍中。有传,旧志作进士。”

制科

【谢偃】卫州卫县人。贞观初制举登第。历高陵主簿、弘文馆直学士、魏王府功曹等,终湘潭令。

《旧唐书》卷一九〇上《文苑上·谢偃传》:“谢偃,卫县人也,本姓直勒氏。祖孝政,北齐散骑常侍,改姓谢氏。偃仕隋为散从正员郎。贞观初,应诏对策及第,历高陵主簿。十一年,驾幸东都,谷、洛泛溢洛阳宫,诏求直谏之士。偃上封事,极言得失。太宗称善,引为弘文馆直学士,拜魏王府功曹……十七年,府废,出为湘潭令,卒。文集十卷。”

《新唐书》卷二〇一《文艺上·谢偃传》:“谢偃,卫州卫人,本姓直勒氏,祖孝政,仕北齐为散骑常侍,改姓谢。偃在隋为散从正员郎。贞观初,应诏对策高第,历高陵主簿。太宗幸东都,方谷、洛坏洛阳宫,诏求直言,偃上书陈得失,帝称善,引为弘文馆直学士,迁魏王府功曹……府废,终湘潭令。”

《登科记考》卷一贞观元年(627)应制及第录载谢偃。

贞观四年庚寅(630)

进士科

【韦仁约】字思谦,京兆杜陵人,后徙襄阳。贞观四年(630)进士及第。历官幽州昌平县尉、殿中丞、尚书右司郎中、宗正卿、右肃政御史大夫同凤阁鸾台三品、兼知左台事。迁纳言,封博昌县开国男。出身仕宦之家,曾祖量、祖瑗、考德伦均入仕为官。

《全唐文补遗》第二辑,范履冰撰载初元年(690)一月七日《大唐故纳言上轻车都尉博昌县开国男韦府君(仁约)墓志铭》:"府君讳仁约,字思谦,京兆杜陵人也……曾祖量,梁中书黄门侍郎、司农卿、汝南县开国子。祖瑗,隋光州定城、庐州慎县、绛州高梁、荥阳郡阳武四县令。考德伦,皇朝瀛洲任丘县令……府君年甫弱冠,举国子进士,射策甲科,补幽州昌平县尉……授安州应城县令……加朝散大夫,改授殿中丞,寻转尚书右司郎中,未几,擢拜尚书左丞……转授宗正卿。右台初建,复授右肃政御史大夫同凤阁鸾台三品、兼知左台事。迁纳言,封博昌县开国男,食邑三百户……以永昌元年九月廿八日遘疾弥留,薨于神都承义里第,春秋七十有九……孤子承庆,嗣立、淑等。"按:以永昌元年(689),春秋七十九推算,仁约弱冠年在贞观四年(630)。

《旧唐书》卷八八《韦思谦传》:"韦思谦,郑州阳武人也。本名仁约,字思谦,以音类则天父讳,故称字焉。其先自京兆南徙,家于襄阳。举进士,累补应城令。"

《登科记考》卷二七《附考·进士科》录载韦思谦。《登科记考补正》卷一改系贞观四年(630)进士科,考云:"兹据墓志移正至本年。"

【许叔静】洛阳人,曾祖德,仕魏任冠军将军、陕州刺史,祖道贤,齐任平东将军、西河郡守,父嵩,隋末授衡州衡山县令。贞观四年(630)进士及第。历官德州平昌县尉、齐州临邑县丞、骑都尉、右武卫兵曹参军、睦州司户,官终始州司法。

《全唐文补遗》第五辑,显庆三年(658)七月五日《唐故始州司法□□□都尉许君墓志铭》:"君□□,字□□,洛阳人也……曾祖德,仕魏任冠军将军、陕州刺史。祖道贤,齐任平东将军、西河郡守…… 父嵩,隋末授衡州衡山县令……(君)贞观四年,年廿,俯从推荐,上允宾王。射策第高。即登钟□。□身德州平昌县尉,又迁齐州临邑县丞……以勋授骑都尉、右武卫兵曹参军,寻转睦州司户,又转始州司法。"按:《洛阳出土历代墓志辑绳》录载该墓志,谓志主讳某,字叔静。

【崔志道】字元闻,清河东武城人,曾祖公华,齐主客郎中、接陈使,祖大质,隋复州司兵参军事,父玄览,唐相州录事参军事。贞观四年(630)进士及第。历官泰州万春县尉、滑州司马,官终巫州龙标县令。

《千唐志斋藏志》三四一,卢献撰永淳元年(682)十一月十七日《大唐故巫州龙标县令崔君(志道)墓志铭并序》:"君讳志道,字元闻,清河东武城人也……曾祖公华,齐主客郎中、接陈使……祖大质,随复州司兵参军事。父玄览,皇朝相州录事参军事。……(君)逮乎弱冠,声猷籍甚,甫应宾庭,射策高第,解巾泰州万春县尉……加朝议郎□泽州司马,又转滑州司马……以公事左授巫州龙标县令。"按:崔氏卒于永淳元年(682),享年七十二,则其弱冠岁在贞观四年。

制科

【杨德深】字思远,弘农华阴人。贞观四年(630)制科及第。官至汙州录事参军事。

《河洛墓刻拾零》,嗣圣元年(684)正月二十三日《大唐故汙州录事参军事上骑都尉杨府君(德深)墓志铭并序》:"君讳德深,字思远,弘农华阴人也……年才弱冠,任国子生,龙门对策奏议者,通三鳢序经论科者第一。释褐岐州普闰县尉。秩满,转蒲州汾阴县主簿,累迁徐州滕县、渭州陇西二县丞,污州录事参军事、上骑都尉……以永淳二年九月廿九日,终于泗州徐城县之传舍,春秋七十有三。"按:德深以国子生身份"龙门对策奏议者,通三鳢序经论科者第一",当为制科出身。以永淳二年(683)卒,春秋七十三推之,其弱冠岁时在贞观四年。

贞观五年辛卯(631)

进士科

【毕粹】字思温,河南陆浑人。贞观五年(631)进士及第,授密州博士。官至德州平原县丞。

《唐代墓志汇编》咸亨〇七四,咸亨四年(673)正月二十二日《唐故德州平原县丞毕君(粹)墓志铭并序》:"讳粹,字思温,东平之盛族也。显族因官,家于□也,遂为河南陆浑之人焉……贞观五年,蒙召预本州进士。一枝升第,七步呈材,利用虽骋亨衢,敏学犹精通诰,其年遂授密州博士。"

【贾统】字知人,祖籍平阳,后迁洛阳,曾祖兴,魏荡寇将军、安昌郡守,祖宪,隋始州录事参军,父整,唐常州江阴县丞。贞观五年(631)进士及第,贞观二十三年(649)除并州太谷县尉。

《唐代墓志汇编》显庆〇一〇,显庆元年(656)七月二十七日《唐故并州太谷县尉贾君(统)墓志铭并序》:"君讳统,字知人,平阳人也,近徙三川,又为洛阳人也……曾祖兴,魏荡寇将军、安昌郡守。祖宪,隋始州录事参军。父整,皇朝常州江阴县丞……(君)年甫十八,为大使李靖所举,待诏金马,擢第云台,名冠褒然,策标称首,授文林郎。贞观廿三年,除并州太谷县尉。"按:贾统卒于显庆元年(656)六月,享年四十三,则其十八岁时在贞观五年(631)。

《登科记考补正》卷一贞观五年(631)进士科录载贾统,考云:"意《墓志》所记,其当为进士科之称首。"按:进士科之称首,则为唐代状元。唐人墓志屡见溢美之词,仅凭墓志所云"名冠褒然,策标称首",认定贾统为状元,证据不足。

明经科

【李谓】陇西成纪人。贞观五年(631)明经及第,授常州博士。后又制举高第,授贝州宗城县丞,转蒲州汾阴县丞。

《唐代墓志汇编》龙朔〇四三,龙朔二年(662)八月四日《大唐故蒲州汾阴县丞上柱国李府君(谓)墓志铭》:"君讳谓,陇西成纪人也……贞观五年,以国子监明经举策问高第,解巾蒙授常州博士,又迁慈州司仓参军事。又应诏举策,复高第,转授贝州宗城县丞,又授蒲州汾阴县丞。"

【钱元修】字文通,杭州临安人。贞观五年(631)策试通经。补长兴县博士,官终高平太守、扬威将军。

《全唐文》卷八九七,罗隐《扬威将军钱公列传》:"公讳元修,字文通。开国子之长子,性淳谨笃厚,甘澹泊,以清白自守。唐贞观五年策试通经,补长兴县博士。……拜高平太守、扬威将军。"

《登科记考》卷一贞观五年(631)明经科录载钱元修。

孝廉科

【贾贞】字松□,真定人,祖愿,齐□州司户参军事,父□,隋相州滏阳县令。隋义宁二年(618)授建节尉,贞观五年(631),以孝廉举房州参军事。

《全唐文补遗》第五辑,永徽二年(651)闰九月二十四日《(上阙)贾府君(贞)墓志铭并序》:"□讳贞,字松□,□□真定人也……祖愿,齐□州司户参军事……父□,隋相州滏阳县令……(君)贞观五年,以孝廉举房州参军事……贞观廿二年十二月三日,春秋六十有六,薨于本第。"

《登科记考补正》卷一贞观五年(631)明经科录载贾贞。按:唐武德初至德宗建中元年162年间,孝廉科始终为考试科目,其间,在玄宗开元二十四年至代宗宝应元年的26年曾有中辍。参见龚延明《唐孝廉科置废及其指称演变》,载《历史研究》2012年第2期,第180页。贾贞墓志明言其以"孝廉举"授房州参军事,则当为孝廉科及第。

制科

【明恪】字敬,平原鬲人。贞观五年(631)应诏举射策甲科,解褐襄州安养县尉。官终豫州刺史。

齐渊《洛阳新见墓志》,调露元年(679)十月二十三日《唐故豫州刺史明府君墓志铭并序》:"公讳恪,字敬,平原鬲人也……贞观五年应诏举射策甲科,解褐襄州安养县尉……应诏举授恒州灵寿县令……又应诏举授少府监丞转卫尉寺丞。"按:明恪卒于调露元年(679)七月一日,春秋七十八,则其贞观五年(631)应诏举时三十岁。

贞观六年壬辰(632)

明经科

【杜奇】字行文,京兆杜陵人。贞观六年(632)明经及第。官终并州寿阳县主簿。

《河洛墓刻拾零》,垂拱元年(685)十月十三日《唐故并州寿阳县主簿杜君(奇)墓志铭并序》:"君讳奇,字行文,京兆杜陵人也……弱冠,明经擢第,解褐授并州寿阳主簿。"按:杜奇卒于乾封三年(668),春秋五十六,则其弱冠明经擢第在贞观六年。

制科

【崔信明】青州益都人。隋大业中为尧城令。贞观六年,应诏举制科及第,授兴世丞,迁秦川令。高祖光伯,仕魏为七兵尚书。祖绍,北海郡守。有子冬日,武后时官黄门侍郎。

《旧唐书》卷一九〇上《文苑上·崔信明传》："崔信明,青州益都人也,后魏七兵尚书光伯曾孙也。祖绍,北海郡守……(信明)大业中为尧城令,窦建德僭号,欲引用之……遂逾城而遁,隐于太行山。贞观六年,应诏举,授兴世丞。迁秦川令。"

《新唐书》卷二〇一《文艺上·崔信明传》："崔信明,青州益都人。高祖光伯,仕魏为七兵尚书……(信明)隋大业中为尧城令。窦建德僭号……遂逾城去,隐太行山。贞观六年,有诏即家拜兴势丞。迁秦川令……信明子冬日,武后时位黄门侍郎。"

贞观七年癸巳(633)

进士科

【刘从仕】贞观七年(633)进士及第,曾官秦川令。

《永乐大典》卷二三四二引《古藤志》："李进士尧臣,藤之秦川人。登贞观七年第,累仕至交州刺史。赐其里门曰:'登俊',即今城南登俊坊是也。时刺史同榜进士刘从仕知秦川县,因率父老创桥南市,亦名曰'登俊'焉。"

《登科记考补正》卷一贞观七年(633)进士科增补刘从仕。

【李尧臣】祖籍秦川,滕州人,一说梧州镡津人。贞观七年(633)进士及第,官交州刺史。

《永乐大典》卷二三四二引《古藤志》："李进士尧臣,藤之秦川人。登贞观七年第,累仕至交州刺史。赐其里门曰:'登俊',即今城南登俊坊是也。时刺史同榜进士刘从仕知秦川县,因率父老创桥南市,亦名曰'登俊'焉。"

(明)李贤等《明一统志》卷八四《梧州府·人物·唐》："李尧臣,镡津人。贞观中第进士,累官至交州刺史。赐其里门曰'登俊'。"

《登科记考补正》卷一贞观七年(633)进士科增补李尧臣。

制科

【王大礼】京兆灞城人。贞观七年(633)制科及第,十四年又应贤良诏。官至曲沃县令、上骑都尉。

《全唐文补遗》第三辑,总章三年(670)二月二十九日《□□□□□曲沃县令、上骑都尉王君(大礼)墓志铭并序》："君讳大礼,字□,京兆灞城人也……贞观七年,应诏举射策□第,以□疾□□。贞观十四年,诏举贤良……贞观廿年,加勋上骑都尉,覃恩授也。其年,迁定州义丰县令……以永徽五年七月十二日,卒于绛州曲沃县之官舍,春秋五十二。"

【郑敞】字仲高,荥阳开封人。贞观七年(633)制举及第。历瀛州清苑、岐州雍县、益州新繁三县令,后为祠部员外郎、驾部郎中、洛阳县令等。仪凤三年卒。

《全唐文》卷二七五,薛稷《唐故洛州洛阳县令郑府君碑》："公讳敞,字仲高,荥阳开封人……贞观七年制策高第,授越州都督府参军事……入除左领军卫兵曹,又迁潞州司功参军事……召为通事舍人,留疾不拜,转瀛州清苑令……又为岐州雍县令……又除益州新繁令,加朝散大夫。入为司禋员外郎……转驾部郎中、检校洛阳令……朝以为能,出除洛阳县令……春秋六十九,仪凤三年十一月十七日,终于万年县之来庭里第。"

《登科记考》卷一贞观七年(633)应制及第录载郑敞。

【姬温】字思忠,河南洛阳人。贞观七年(633)制举及第。历官孟县令、太府寺丞、同州司马、绛州长史,官终昭陵令。

《全唐文补遗》第三辑,上元三年(676)正月二十二日《大唐故朝散大夫守昭陵令护军姬府君(温)墓志铭并序》:"公讳温,字思忠,河南洛阳人也……贞观七年,明扬仄陋,爰应招弓之礼,方申观国之才。祇问甲科,先登荣秩,蒙授承奉郎……授孟县令……显庆四年,授太府寺丞……寻除同州司马……咸亨三年,转绛州长史……寻授昭陵令。"按:据志文,姬温当为制举登科,《登科记考补正》卷一系为进士及第,今不取。

【强伟】字玄英,岐州扶风人。贞观七年(633)制举及第,授贞州宗城县丞。十四年(640),复应制举,授豪州钟离县令,终湖州长城县令。

《唐代墓志汇编》麟德〇二六,麟德元年(664)十一月二十八日《□□□□□□轻车都尉强君(伟)墓志铭并序》:"君讳伟,字玄英,扶风人也……贞观七年任国子生,应诏举,除贞州宗城县丞。至十四年,复应诏举,授豪州钟离县令……永徽五年,敕授辰州司马,又改授湖州长城县令……以麟德元年五月廿六日薨于长城县廨第,春秋七十有七。"

贞观八年甲午(634)

进士科

【李义府】瀛州饶阳人。唐初诸科及第,贞观八年(634)复进士及第。历监察御史、太子舍人、中书舍人等,永徽中拜中书侍郎、同中书门下三品。

《旧唐书》卷八二《李义府传》:"李义府,瀛州饶阳人也。其祖为梓州射洪县丞,因家于永泰。贞观八年,剑南道巡察大使李大亮以义府善属文,表荐之。对策擢第,补门下省典仪。黄门侍郎刘洎、侍书御史马周皆称荐之,寻除监察御史……高宗嗣位,迁中书舍人。永徽二年,兼修国史,加弘文馆学士。高宗将立武昭仪为皇后,义府尝密申协赞,寻擢拜中书侍郎、同中书门下三品,监修国史,赐爵广平县男。"

(宋)王钦若等《册府元龟》卷九七《帝王部(九十七)·奖善》:"李义府举进士,刘洎、马周荐之。太宗令咏乌,援笔为诗曰:'何惜邓林树,不借一枝栖?'太宗喜曰:'当尽借卿全树,何止一枝也!'寻除监察御史。"

《新唐书》卷二二三上《奸臣上·李义府传》:"李义府,瀛州饶阳人。其祖尝为射洪丞,因客永泰。贞观中,李大亮巡察剑南,表义府才,对策中第,补门下省典仪。刘洎、马周更荐之,太宗召见,转监察御史,诏侍晋王。王为太子,除舍人、崇贤馆直学士……永徽六年,拜中书侍郎、同中书门下三品,封广平县男,又兼太子右庶子,爵为侯。"

(明)徐应秋《玉芝堂谈荟》卷四《七岁有圣德》:"李义府八岁举神童,《咏乌诗》有'上林如许树,不借一枝棲'之句。"

《登科记考》卷一贞观八年(634)进士科录载李义府。

【裴皓】字圆照,河东闻喜人。贞观八年(634)进士及第。历官右屯卫骑曹参军。永徽元年以贤良应诏,除尚书兵部员外郎,官终宫府大夫兼检校司驭少卿。

《全唐文补遗》第七辑,龙朔三年(663)十月五日《大唐故宫府大夫兼检校司驭少卿裴君(皓)墓志铭并序》:"君讳皓,字圆照,河东闻喜人也……贞观八年,以茂才应举,射策甲科,授右屯卫骑曹参军,寻迁尚辇直长,转通事舍人……永徽元年以贤良应诏,除尚书兵部员外郎,寻迁守驾部郎中……俄迁兵部郎中,又转吏部郎中。五戎务殷,九流任切。参典其要,智效克彰。累加上轻车都尉,迁太子家令、兼检校太仆少卿。寻以官名改刑,授宫府大夫兼检校司驭少卿。"按:墓志作于永徽之后,所谓"茂才"即"进士"。

制科

【卢承礼】字子敬,范阳涿人。贞观八年(634)制举及第。官至湖州司马轻车都尉。

《秦晋豫新出墓志蒐佚》二一一,王绍宗撰垂拱三年(687)十月六日《唐故湖州司马轻车都尉卢府君墓志铭并序》:"公讳承礼,字子敬,范阳涿人也……贞观八年,有诏明扬,爰擢甲科,允兹上赏,补朝散郎,顷之,授并州大都督府户曹参军。"

诸科

【李慈】字体仁,赵郡人。贞观八年(634)童子科擢第,授将仕郎。官终雍州栎阳县丞。

《全唐文补遗》千唐志斋新藏专辑,证圣元年(695)腊月十一日《唐故雍州栎阳县丞李君(慈)墓志铭并序》:"君讳慈,字体仁,赵郡人也……年甫五岁,俊彩过人。十一,诵孝经、论语、周易、毛诗、尚书,便抗表自陈,明经擢第……太宗嘉之,特下明旨,授将仕郎,仍赐物卅段。"按:据志文,李慈当为童子科出身。以垂拱三年(687)卒,春秋六十四推之,李慈十一岁时在贞观八年。

贞观九年乙未(635)

制科

【李震】字景阳,曹州济阴人。贞观九年(635)以贵游应选,授千牛备身。官终梓州刺史。

《全唐文补遗》第二辑,麟德二年(665)十一月《大唐故梓州刺史赠使持节都督幽州诸军事幽州刺史李公(震)墓铭并序》:"公讳震,字景阳,曹州济阴人也……贞观九年,以贵游应选,授千牛备身。"按:李震应选身份为"贵游","贵游"乃是指无官职的王公贵族。入选后授职禁卫武官千牛备身。从志文推测,李震参加的当为制科考试,极有可能是武制举考试。

【杨全】字宝行,弘农华阴人,父士贵,隋谒者台登仕郎。贞观九年(635),射策高第,授将仕郎,不就,归隐。祖显,隋开封令。

《唐代墓志汇编》贞观一七一,贞观二十三年(649)七月二十一日《大唐故将仕郎杨君(全)墓志铭并序》:"君讳全,字宝行,弘农华阴人也。汉太尉震即君之远祖,自是迄今,缨冕相继。祖显,隋任开封令。父士贵,隋谒者台登仕郎……(君)以贞观九年,爰应旌命,射策高第,泛授散官。论例既多,俯同将仕。君以亲老子弱,不遑从政,闲居洛涘,十有余年。"按:《登科记考补正》卷一系杨全进士及第,证据不足,现以制科录载,俟考。

贞观十一年丁酉(637)

明经科

【王神授】太原晋阳人。贞观十一年(637)明经擢第,授岐州岐山县尉。后应藏器下寮举,对策高第,除并州太原主簿。应清节尤异举,对策高第,除雍州新丰县尉。官终洛州密县令。

《全唐文补遗》第八辑,长安三年(703)十月二日《唐故洛州密县令王府君(神授)墓志铭并序》:"公讳神授,太原晋阳人也……年十八,明经擢第,授岐州岐山县尉……定州司马高审行,微树贤之福,为子孙之基。表公藏器下寮,对策高第,除并州太原主簿。无何,三道使又表清节尤异,对策高第,除雍州新丰县尉。城连雍郭,邑故丰徙。厌国门之钤键,清推埋之薮窟。讴吟不归其宰,道路唯谣我尉。朝廷闻之,交相荐表。对策又高第。五任之中,舒卷分半。自岐山三移牒而不进级,自望都三甲科而不满岁……时中书令裴炎奸崄跋扈,公尝露板奏之,请收下狱。炎憾而潜运,竟出公为洛州密县令……公亦无何,乃卒于县舍,春秋六十五。裴炎竟以逆事伏诛。"按:据墓志,王神授卒年亦即裴炎伏诛之年,考《旧唐书·则天皇后纪》,裴炎被杀于光宅元年(684),则王神授十八岁明经擢第时在贞观十一年。

科目未详

【杨元亨】字復,弘农华阴人,父师,官慈州刺史。贞观十一年(637)射策甲科。官至宣州当涂县丞。

《秦晋豫新出墓志蒐佚》二八六,裴友直撰长安三年(703)十月十二日《大唐故宣州当涂县丞杨府君墓志铭并序》:"公讳元亨,字復,弘农华阴人也……年甫十八,射策甲科,授左监门卫兵曹参军。"按:元亨卒于麟德二年(665),春秋卅六,则其十八岁射策甲科时在贞观十一年(637)。

《千唐志斋藏志》七三二,开元二十一年(733)十月二十七日《大唐故朝议郎守邛州司马杨公(瑶)墓志铭并序》:"君讳瑶,字瑶,弘农华阴人也……祖师,慈州刺史,赠汾州刺史,谥忠武……父元亨,射策甲科,授郑王府典签。"

贞观十二年戊戌(638)

制科

【**孟恭**】字玄俨,琅琊平昌人。贞观十二年(638)诏举及第,授魏王府骑曹参军。官终楚州山阳县令。

《全唐文补遗》第八辑,贞观二十三年(649)十二月二日《大唐故楚州山阳县令孟君(恭)墓志铭并序》:"君讳恭,字玄俨,琅琊平昌人也……(贞观)十二年,应诏举,授魏王府骑曹参军……廿一年,授楚州山阳县令。"按:以贞观二十三年(649)卒,春秋五十六推之,孟恭应诏举时四十五岁。

贞观十三年己亥(639)

明经科

【**赵保隆**】字全祉,岐州扶风人。贞观十三年(639)明经及第,始授瀛州乐寿尉。多历主簿、县尉,终冀州武强主簿。

《唐代墓志汇编》开元〇三二,《唐故冀州武强县主簿天水赵府君(保隆)墓志之铭并序》:"君讳保隆,字全祉,本天水右姓,因官扶风,留为岐山人也……年廿,以明经入贡升第,以贞观廿二年始授瀛州乐寿尉,次授潞州上党主簿,次授宋州襄邑丞,次授歧州歧阳主簿,次授冀州武强主簿……春秋七十,以周永昌元年正月三日终于私第。"按:以墓志所载卒年推算,年廿明经及第在是年。

【**董本**】字行恭,洛州洛阳人。贞观十三年(639)明经及第,授文林郎。

《唐代墓志汇编》天授〇四五,天授三年(692)正月二十九日《大周故文林郎上柱国董君(本)墓志铭并序》:"君讳本,字行恭,陇西成纪人也。因官播迁,遂居焉……年廿一,明经及第,唐授文林郎,即公稽古之力也……维天授三年岁次壬辰正月戊辰朔八日乙亥寝疾,卒于洛阳县殖业坊之私第,春秋七十四。"按:以墓志所载卒年推算,廿一明经及第在是年。

贞观十四年庚子(640)

明经科

【**王德表**】字文甫,太原晋阳人。贞观十四年(640)明经及第,寻授蜀王府参军。官至瀛州文安县令。

《唐代墓志汇编》圣历〇二八,薛稷撰圣历二年(699)三月二十九日《大周故瀛州文安县令王府君(德表)墓志铭并序》:"公讳德表,字文甫,太原晋阳人……贞观十四年,郡县交荐,来宾上国。于时太学群才,天下英异,中春释菜,咸肄讨论。公以英妙见推,当仁讲序,离经辩义,独居重席。即以其年明经对策高第,左仆射梁国公房玄龄奏公学业该敏,特敕令侍徐王读书,寻迁蜀王府参军。"

制科

【王大礼】京兆灞城人。贞观七年(633)制科及第,十四年(640)又应贤良诏。官至曲沃县上骑都尉。

《全唐文补遗》第三辑,总章三年(670)二月二十九日《□□□□□曲沃县上骑都尉王君(大礼)墓志铭并序》:"君讳大礼,字□,京兆灞城人也……贞观十四年,诏举贤良,尚书右丞京兆韦悰以君业艺兼优,人材并茂,辄申内举之□□□□□□□□□曹参军。"

【李楚才】卫州卫县人。贞观十四年(640)制科及第。累迁原州百泉县令。

《全唐文》卷一九四,杨炯《原州百泉县令李君神道碑》:"君讳楚才,卫州卫县人也……贞观元年授长乐监,十四年应诏四科举,射策登甲第……累迁原州百泉县令。"

《登科记考》卷一贞观十四年(640)应制及第录载李楚才。

【强伟】字玄英,岐州扶风人。贞观七年(633)制举及第,授贞州宗城县丞。十四年(640)复应制举,授豪州钟离县令。终湖州长城县令。

《唐代墓志汇编》麟德〇二六,麟德元年(664)十一月二十八日《□□□□□□□轻车都尉强君(伟)墓志铭并序》:"君讳伟,字玄英,扶风人也……贞观七年任国子生,应诏举,除贞州宗城县丞。至十四年,复应诏举,授豪州钟离县令……永徽五年,敕授辰州司马,又改授湖州长城县令……以麟德元年五月廿六日薨于长城县廨第,春秋七十有七。"

贞观十六年壬寅(642)

科目未详

【张希会】字晋客,赵国中山人。贞观十六年(642)擢第。官至果州西充县令。

《全唐文补遗》第八辑,景龙三年(709)十月二十六日《大唐故果州西充县令张府君(希会)墓志铭并序》:"君讳希会,字晋客,赵国中山人……贞观十六年补国子生。其年擢第,选授隆州仓溪县丞。"按:希会上元二年(675)卒,享年五十六,贞观十六年(642)及第时年二十三,科目未详。又:《登科记考》云贞观十六年"不贡举",疑误。

贞观十七年癸卯(643)

明经科

【萧灌】字玄茂,兰陵人。贞观十七年(643)明经高第。历通事舍人及诸州司马等。

《全唐文》卷二二九,张说《赠吏部尚书萧公神道碑》:"公讳灌,字玄茂,兰陵人……年十八,明经高第,补代王功曹。王升储,改通事舍人,又换内直监……拜国子监丞。以婚姻之故,出为甘州司马,徙集、岚二州司马,转渝州长史……永淳元年八月,寓居穰县,终于苦盖,春秋五十有七。"按:以永淳元年(682)卒,年五十七推之,十八及第当在贞观十七年。

《登科记考》卷一贞观十七年(643)明经科录载萧灌。

【崔沉】字处道,博陵安平人。贞观十七年(643)明经及第,授文林郎。

《唐代墓志汇编》神龙〇三五,褚璟撰神龙二年(706)十月十四日《大唐故文林郎崔君(沉)墓志铭并序》:"君讳沉,字处道,博陵安平人,晋吏部尚书洪十一代孙也……贞观十七年,□贡明经高第,授文林郎。十八年遭疾,终于宋城县钦贤里第,年廿有四。"

科目未详

【皇甫文亮】字孔章,安定人。贞观十七年(643)射策高第。历官纪王府典签、岳州司法、大理评事、司农主簿,官至楚邓陇魏四州刺史、鸾台侍郎。

《河洛墓刻拾零》,垂拱四年(688)十月二十四日《唐故中散大夫楚邓陇魏四州刺史鸾台侍郎清平县开国男皇甫公(文亮)墓志铭并序》:"公讳文亮,字孔章,其先安定人……早符神用,弱冠,以太学生射策高第,起家纪王府典签、岳州司法、大理评事、司农主簿。"按:以垂拱三年(687)卒,春秋六十四推之,文亮弱冠射策高第时在贞观十七年。

贞观十八年甲辰(644)

知贡举:考功员外郎来济

进士科

【冉实】字茂实,河南人。贞观十八年(644)进士擢第。两应制举登第。历参军、县令等职,终官河州刺史。

《全唐文》卷二二八,张说撰《河州刺史冉府君神道碑》:"公讳实,字茂实。其先鲁国邹人也……今为河南人焉……弱冠太学生,进士擢第。遭家不造,府君捐馆……服阕,调并州大都督府参军。丁太夫人忧,过哀终丧,有如前制。应八科举,策问高第。授绵州司户参军,转扬州大都督府仓曹参军。又举四科,敷言简帝,除益州导江县令……加朝散大夫,除鄜州长史,仍加关内道支度使……因改恒州长史……乃徙拜凉州都督府长史,仍知赤水军兵马河西诸军支度使……迁使持节河州诸军事河州刺史,仍知营田使……享年七十有一,证圣元年二月十日,寝疾终于官舍。"按:以证圣元年(695)卒,年七十一推之,弱冠当在贞观十八年。

《登科记考》卷一贞观十八年(644)进士科录载冉实。

【张仁祎】字道穆,中山义丰人。贞观十八年(644)进士及第。初授岐州参军事,官至吏部郎中。

《唐代墓志汇编》仪凤〇二九,郎余令撰仪凤四年(679)正月二十一日《唐故尚书吏部郎中张府君(仁祎)墓志铭并序》:"君讳仁祎,字道穆,中山义丰人也……以对策甲科,起家岐州参军事,即贞观十八年也……永徽二年授汾州司法参军事,显庆三年,转齐州司法参军事……麟德二年,敕授宣义郎行监察御史。乾封二年,敕除殿中侍御史。总章元年,改为侍御史……咸亨元年,敕除太子右司议郎……岁除,徙尚书吏部员外郎……仪凤二年,拜尚书吏部郎中……以仪凤三年七月廿三日遘疾,终于雍州之胜业里,春秋五十有八。"

孝廉科

【史行简】字居敬,魏州冠氏人。贞观十八年(644)孝廉及第,授文林郎。官终汴州尉氏县主簿。

《全唐文补遗》第五辑,龙朔元年(661)三月十一日《大唐故汴州尉氏县主簿史君(行简)墓志》:"君讳行简,字居敬,魏州冠氏县凤楼乡大同里人也……弱冠举孝廉,解褐授文林郎,迁汴州尉氏县主簿……以显庆五年五月卅日,卒于官第,春秋卅有六。"按:据墓志,行简及第在是年。

《登科记考补正》卷一贞观十八年(644)明经科录载史行简。按:墓志明言行简"弱冠举孝廉,解褐授文林郎",则其当为孝廉科及第后释褐入仕。

【颜仁楚】字俊,河南洛阳人。贞观十八年举孝廉(644),授文林郎。龙朔元年,授庐州巢县令。麟德元年,授左卫长史。

《唐代墓志汇编》乾封〇〇六,乾封元年(666)二月二十三日《大唐故左卫长史颜君(仁楚)墓志铭并序》:"公讳仁楚,字俊,琅琊人也。先有仕魏,因家洛阳……弱冠州举孝廉,射策高第,授文林郎,贞观十有八年也……廿二年,授汾州孝义县尉……显庆元年,迁司礼事……至五年诏授都台都事……龙朔元年,诏授庐州巢县令……麟德元年,特征待诏北阙,擢迁奉医直长……帝有嘉焉,即年授左卫长史……以麟德二年十二月十一日薨于路,春秋卅有五。"

《登科记考补正》卷一贞观十八年(644)明经科录载颜仁楚。按:墓志明言仁楚"弱冠州举孝廉,射策高第",则其当为孝廉科及第。

贞观十九年乙巳(645)

进士科

【霍松龄】平阳永安人,贞观十九年(645)进士及第,授泾州参军事。官终洺州永年县丞。

《全唐文补遗》千唐志斋新藏专辑,霍朓撰天授二年(691)十月二十四日《故洺州永年县丞霍府君(松龄)墓志铭并序》:"君松龄,平阳永安人也……充赋京邑,擢第太常。"

《全唐文补遗》千唐志斋新藏专辑,长安三年(703)七月十三日《大周故洺州永年县丞霍君(松龄)墓志并序》:"君讳松龄,平阳人也……弱冠,以进士射策高第,授泾州参军事。"按:以垂拱四年(688)卒,年六十三推之,松龄弱冠时在贞观十九年(645)。

明经科

【皇甫玄志】字正平,安定朝那人。贞观十九年(645)明经及第,初授蜀王府参军。历恒州九门县主簿、魏州馆陶县主簿。

《唐代墓志汇编》天授〇〇九,天授二年(691)二月七日《大周唐故儒林郎行魏州馆陶县主簿皇甫君(玄志)墓志并序》:"君讳玄志,字正平,安定朝那人也……君少玩诗书,早登璧沼,升堂独得,高视金门。贞观十九年明经及第。学富三冬,兼闲六艺,朝廷延首,人物倾心。解褐授蜀王府参军事……秩满,永徽三年授恒州九门县主簿。翊政调人,常山靡化,绳违骋俊,全赵潜奸。亲丧去职,哀毁过礼。餐茶如痛,悲感乡邻,泣血衔酸,悽缠行露。服阕,显庆二年授魏州馆陶县主簿。"

孝廉科

【元罕】字客子,河南洛阳人。贞观十九年(645)举孝廉,初授商州上雒县尉,官终遂州方义县主簿。

《唐代墓志汇编》天授〇三五,天授二年(691)十月二十四日《唐遂州方义县主簿河南元府君(罕)墓志铭并序》:"公讳罕,字客子,河南洛阳人,魏昭成皇帝之后也……以唐贞观十九年州辟孝廉,射策上第,解褐任商州上雒县尉……改授遂州方义县主簿。"

《登科记考补正》卷一贞观十九年(645)明经科录载元罕。按:墓志载元罕"州辟孝廉,射策上第",则其当为孝廉科及第。

贞观二十年丙午(646)

知贡举:考功员外郎王师旦

进士科

【田备】贞观二十年(646)进士及第。

《登科记考》卷一贞观二十年(646)录载田备对策文,列于张昌龄对策文之后、郝连芃对策文之前,注云:"《文苑英华》,按今本脱文据《永乐大典》引补。"前此张昌龄同题作品已经《登科记考》卷一考证为贞观二十年登进士科所作,则田文亦当为同时登第之作也。

【张昌龄】冀州南宫人。贞观二十年(646)进士及第。曾官长安尉、襄州司户参军。

《封氏闻见记》卷三《贡举》:"贞观二十年,王师旦为员外郎,冀州进士张昌龄、王瑾并文词俊楚,声振京邑,师旦考其文策,为下等。"

《旧唐书》卷一九〇上《文苑上·张昌龄传》:"张昌龄,冀州南宫人。弱冠以文词知名,本州欲以秀才举之,昌龄以时废此科已久,固辞,乃充进士贡举及第……寻为昆山道行军记室……再转长安尉,出为襄州司户参军。"

(宋)李昉等《文苑英华》卷四九七《策二十一》载有张昌龄对《刑狱用捨》策文。

（宋）王钦若等《册府元龟》卷五五一《词臣部（二）·才敏》："张昌龄弱冠以文词知名，举进士及第。"

《登科记考》卷一贞观二十年(646)进士科录载张昌龄。

光绪《畿辅通志》卷三四《选举·唐·进士》："太宗年，张昌龄，南宫人，考功员外郎。"

【郝连梵】贞观二十年(646)进士及第。

（宋）李昉等《文苑英华》卷四九七《策二十一》载郝连梵对《刑狱用捨》策文，前此张昌龄同题作品已经《登科记考》卷一考证为贞观二十年登进士科所作，则郝文亦当为同时登第之作也。

明经科

【程思义】字思义，东平人。贞观二十年(646)明经及第。历峡州远安、豪州钟离、怀州河内三县丞，迁司刑评事。终兖州龚丘县令。

《唐代墓志汇编》长安〇三〇，长安三年(703)二月二十八日《唐故朝议大夫行兖州龚丘县令上柱国程府君（思义）墓志并序》："东平程君名思义，字思义，南兖州刺史楼之孙也……年十八，幽州贡明经及第……擢授峡州远安县丞，豪州钟离县丞，怀州河内县丞……迁司刑评事……出为兖州龚丘县令。"按：以长安三年(703)卒，春秋七十五推之，思义十八岁在是年。

【薛矩】字尚信，河东汾阴人。贞观二十年(646)乡贡明经及第，释褐冀州衡水县尉。官至洛州洛阳县尉。

《全唐文补遗》第八辑，调露元年(679)十二月二十六日《唐故朝散郎行洛州洛阳县尉薛君（矩）墓志铭并序》："君讳矩，字尚信，河东汾阴人也……弱冠，乡贡明经高第，释巾冀州衡水县尉。"按：以调露元年(679)卒，春秋五十三推之，薛矩明经及第在贞观二十年。

诸科

【张鷟】字成鷟，其先晋人。贞观二十年(646)明法及第。曾官介休主簿、洪洞丞。

《全唐文》卷二三二，张说撰《府君墓志铭》："府君讳鷟，字成鷟，姓张氏，其先晋人也……曾祖讳俊，河东从事；大父讳弋，字嵩之，通道馆学士；考讳恪，未仕即世。府君……年十九，明法擢第，解褐饶阳尉，丁王母忧去职……服阕，调长子尉，换介休主簿、洪洞丞……调露元年秋，奉使晋阳，遇疾辇归。药祷无降，冬十二月大渐，九日乙卯，弃背於县廨，春秋五十有二。"按：以调露元年(679)春秋五十二推之，其十九岁明法擢第，时在贞观二十年。

《登科记考》卷一贞观二十年(646)诸科录载张鷟。

贞观二十一年丁未（647）

知贡举：考功员外郎王师旦

进士科

【李惠】字惠，陇西成纪人。贞观二十一年（647）进士擢第，解褐沧州无极县主簿。官终雍州明堂县尉。

《全唐文补遗》第八辑，沈宇撰开元二十四年（736）十二月十五日《大唐故雍州明堂县尉陇西李府君（惠）墓志铭并序》："公讳惠，字惠，陇西成纪人也……公幼而聪敏，长好诗书。文章推海内之雄，言行居天下之最。年十九，进士擢第，解褐沧州无极县主簿。"又铭文曰："太常射策，甲科推美。仙闱妙择，作尉京都。"按：李惠仪凤二年（677）卒，春秋四十九，则其中进士在贞观二十一年（647）。

明经科

【任乂】字道敷，西河介休人。贞观二十一年（647）明经及第。官至朝议郎行定州安平县令、上柱国。

《全唐文补遗》千唐志斋新藏专辑，景龙二年（708）十一月二十七日《大唐故朝议郎行定州安平县令上柱国公士任府君（乂）墓志铭并序》："君讳乂，字道敷，西河介休人，汉河东太守棠之后也……年十八，国子监明经对策高第。解褐调补代州繁畤县尉。"按：以神龙二年（706）卒，春秋七十七推之，其十八岁明经及第时在贞观二十一年（647）。

【陈元敬】陈子昂之父，梓州射洪人。贞观二十一年（647）明经及第，拜文林郎。

《全唐文》卷二一六，陈子昂《我府君有周居士文林郎陈公墓志铭》："公讳元敬，字某，其先陈国人也。五世祖太乐，梁大同中为新城郡司马，生高祖方庆。方庆好道，得墨子五行秘书、白虎七变法，遂隐于郡武东山，生曾祖汤。汤为郡主簿，汤生祖通。通早卒，生皇考辩，为郡豪杰。公河目海口，燕颔虎头，性英雄而志尚元默，群书秘学，无所不览。年弱冠，早为州闾所服，耆老童幼，见之若大宾。二十二乡贡明经擢第，拜文林郎。"

《全唐文》卷二三八，卢藏用《陈子昂别传》："陈子昂字伯玉，梓州射洪县人也，本居颍川。四世祖方庆，得墨翟秘书，隐于武东山，子孙因家焉，世为豪族。父元敬，瑰伟倜傥，年二十，以豪侠闻，属乡人阻饥，一朝散万钟之粟而不求报，于是远近归之，若龟鱼之赴渊也。以明经擢第，授文林郎。"

《全唐文》卷七三二，赵儋《大唐剑南东川节度观察处置等使户部尚书兼御史大夫梓州刺史鲜于公为故拾遗陈公建旌德之碑》："公讳子昂，字伯玉。梓州射洪县人也。其先居于颍川。五世祖方庆好道，得墨子五行秘书白虎七变，隐于郡武东山，子孙因家焉。生高祖汤，汤为郡主簿。汤生曾祖通，通早卒。生祖辩，为郡豪杰。辩生元敬，瑰伟倜傥，弱冠以豪侠闻。属乡人阻饥，一朝散粟万斛，以赈贫者，而不求报。年二十二，乡贡明经擢第，拜文林郎。"

《登科记考》卷一贞观二十一年(647)明经科录载陈元敬。

【贾玄赞】字冲思,广川人。贞观二十一年(647)明经及第,授洛州博士。官至太学博士。

《全唐文补遗》第七辑,《大唐故朝散大夫行太学博士贾府君(玄赞)殡记》:"君讳玄赞,字冲思,广川人也……君家声渐庆,门德资神,方弘绛帐之风,自得缃帙之道。贞观十有八载,齿胄庠门。廿一年,以明经擢第,初任洛州博士,寻除太学国子等助教,又迁太学博士及详正学士。"按:墓志原注:据墓志拓本显示,此志有后人改刻痕迹。改刻处有:标题中"唐"改刻为"隋",文中"贞观十有八载"改为"开皇十有八载","垂拱元年"改为"大业十年","岁次乙酉"改为"岁次甲戌","六月乙亥朔"改为"六月辛未朔"。

【徐齐聃】字希道,郡望高平,东海郯人。贞观二十一年(647)五经及第,授曹王府参军。官至西台舍人,赠泗州刺史。

《全唐文》卷二二七,张说撰《唐西台舍人赠泗州刺史徐府君(齐聃)碑》:"公讳齐聃,字将道,姓徐氏,东海郯人也……公始以宏文生通五经大义,发迹曹王府参军……咸亨元年出为蕲州司马,二年坐事徙于钦州……岁余而没,春秋四十有三。"按:齐聃因子(令)坚官礼部侍郎,获赠泗州刺史,则张志撰于景龙中。以咸亨四年(673)卒,春秋四十三推之,齐聃弱冠年在永徽元年(650),然墓志明载其贞观二十一年(647)已获授曹王府参军,则其最迟应于贞观二十一年明经擢第,是时十七岁。又:张志与齐聃子令坚所撰墓志比对,齐聃之字、籍贯、令坚之名等均有不同,且撰志时间晚三十余年,则当以前志所载为是。

《大唐西市博物馆藏墓志》八九,徐令坚述上元三年(676)三月二十二日《大唐故前西台舍人徐府君墓志铭并序》:"先君讳齐聃,字希道,本高平人也……粤在弄章(璋),而神情照射;岁伊怀橘,而风彩嶷然。甫年小学,窥览不疲。镂金群玉之书,五行俱下;兰叶芝英之字,一见无忘。文藻温华,新声绝唱。年十余,太宗闻而召赋诗。受诏辄成,特蒙赏叹,因赐金装刀子一具。黄香之日下无双,多惭声实;葛瞻之聪明可爱,有愧风猷。年十四,为弘文馆学生,齿迹环林,连踪国胄,博通经史,具览群书。谈丛发而珠玉开,文锋举而琳琅坠。俄而才华藉甚,郁号文宗。于志宁模范一时,望隆百辟;张行成羽仪当代,职践荣班。至于当朝藻镜,先达名流,莫不申以远大之期,笃以忘年之好。弱冠策试,五经及第。贞观廿一年,授曹王府参军……以咸亨四年六月二日薨于配所。"

《登科记考补正》卷二七《附考·明经科》录载徐齐聃。

【薄仁】字范,雁门人。贞观二十一年(647)明经及第,授忻州行参军。官至沧州长芦县丞。

《唐代墓志汇编》开元〇〇一,开元二年(714)正月十七日《大唐故沧州长芦县丞薄府君(仁)墓志铭并序》:"公讳仁,字范,雁门人也……公年才弱冠,任国子监学生。灵府虚融,神姿实发。微言一览,洞晓三经,射策甲科,词锋颖脱,选众而举,爰授忻州行参军……以垂拱二年终于旅舍,春秋五十九。"按:以垂拱二年(686)卒,春秋五十九推之,薄仁弱冠年及第当在贞观二十一年。

贞观二十二年戊申（648）

知贡举：考功员外郎王师旦

明经科

【杜荣观】字荣观。贞观二十二年（648）明经及第。官至雍州咸阳县丞。

《邙洛碑志三百种》，长安三年（703）八月二十四日《有唐雍州咸阳县丞杜君（荣观）墓志铭并序》："君讳荣观，字荣观……弱冠，以任□国学生，明经高第，授著作局正字。"按：荣观卒于仪凤二年（677），享年四十九，其弱冠之岁为贞观二十二年。

【李志】字固业，赵郡元氏人。贞观二十二年（648）明经及第。官终沂州刺史。

《全唐文补遗》第八辑，景龙二年（708）十一月二日《唐故使持节沂州诸军事沂州刺史李府君（志）墓志铭并序》："君讳志，字固业，赵郡元氏人也……弱不好弄，幼而聪敏。五岁诵诗赋数万言，十五举明经。"按：李志久视元年（700）卒，春秋六十七，其明经及第时在贞观二十二年。

科目未详

【杨玄肃】弘农临高人。贞观二十二年（648）甲科及第，授邓王府参军。官至豪州招义县令。

《全唐文补遗》千唐志斋新藏专辑，垂拱二年（686）《大唐故承议郎行豪州招义县令杨君（玄肃）墓志铭并序》："君讳玄肃，弘农临高人也，汉太尉震之后……以贞观廿二年。国子学生，于时皆妙选英才，甲科及第。其年，即授邓王府参军。"按：以垂拱二年（686）春秋六十六推之，玄肃是年二十八岁。

贞观二十三年己酉（649）

知贡举：考功员外郎王师旦

进士科

【娄师德】字宗仁，郑州原武人。弱冠进士及第，初授江都尉。万岁通天二年，入为凤阁侍郎、同凤阁鸾台平章事。谥曰贞。

（唐）刘肃《大唐新语》卷七《容恕第十五》："娄师德弱冠进士擢第。"

（唐）杜牧《樊川文集》卷一二《上宣州高大夫书》："娄侍中师德，亦进士也，吐蕃强盛，为监察御史，以红抹额应猛士诏。"

《旧唐书》卷九三《娄师德传》："娄师德，郑州原武人也。弱冠，进士擢第，授江都尉……上元初，累补监察御史。属吐蕃犯塞，募猛士以讨之，师德抗表请为猛士。高宗大悦,特假朝散大夫,众军西讨,频有战功,迁殿中侍御史,兼河源军司马,并知营田事。天授初,累授左金吾将军,兼检校丰州都督,仍依旧知营田事……长寿元年,召拜夏官侍郎、判尚书事。明年,同凤阁鸾台平章事。则天谓师德曰:'王师外镇,必藉边境营田,卿须不惮勤劳,更充使检校。'又以为河源、积石、怀远等军及河、兰、鄯、廓等州检校营田大使。稍迁秋官尚书。万岁登封元年,转左肃政御史大夫,仍并依旧知政事。证圣元年,吐蕃寇洮州,令师德与夏官尚书王孝杰讨之,与吐蕃大将论钦陵、赞婆战于素罗汗山,官军败绩,师德贬授原州员外司马。万岁通天二年,入为凤阁侍郎、同凤阁鸾台平章事。是岁,兼检校右肃政御史大夫,仍知左肃政台事,以与王懿宗、狄仁杰分道安抚河北诸州。神功元年,拜纳言,累封谯县子。寻诏师德充陇右诸军大使,仍检校河西营田事。圣历二年,突厥入寇,复令检校并州长史,仍充天兵军大总管。是岁九月卒,赠凉州都督,谥曰贞。"

《新唐书》卷一〇八《娄师德传》:"娄师德,字宗仁,郑州原武人。第进士,调江都尉。上元初,为监察御史……有功,迁殿中侍御史,兼河源军司马,并知营田事。与虏战白水涧,八遇八克。天授初,为左金吾将军,检校丰州都督。衣皮咽士屯田,积谷数百万,兵以饶给,无转饷和籴之费。武后降书劳之。长寿元年,召授夏官侍郎,判尚书事,进同凤阁鸾台平章事……乃复以为河源、积石、怀远军及河、兰、鄯、廓州检校营田大使。入迁秋官尚书、原武县男,改左肃政御史大夫,并知政事。证圣中,与王孝杰拒吐蕃于洮州,战素罗汗山,败绩,贬原州员外司马。万岁通天二年,入为凤阁侍郎、同凤阁鸾台平章事。后与武懿宗、狄仁杰分道抚定河北,进纳言,更封谯县子、陇右诸军大使,复领营田。圣历三年,突厥入寇,诏检校并州长史、天兵军大总管。九月,卒于会州,年七十。赠幽州都督,谥曰贞,葬给往还仪仗……(师德)总边要、为将相者三十年,恭勤朴忠,心无适莫,方酷吏残鸷,人多不免,独能以功名始终,与郝处俊相亚,世之言长者,称娄、郝。"

《登科记考》卷一贞观二十三年(649)进士科录载娄师德。

明经科

【刘善】字毅,沛国彭城人。贞观二十三年(649)明经及第。

《全唐文补遗》第八辑,垂拱二年(686)七月十一日《彭城刘君(善)志铭并序》:"君讳善,字毅,沛国彭城人也……既而业峻垂惟,景应公车之选;艺均重席,即擢金门之科。以贞观廿二年,明经甲第。"按:刘善乾封二年(667)卒,春秋四十六,则其贞观二十三年(649)及明经第时二十八岁。

【侯知一】字惟一,上谷人。贞观末以经艺登科。历官蒲州参军、沛王府法曹、秦州士曹、晋州户曹、益州仓曹参军。官终太子詹事、渔阳郡开国公、上柱国。

《大唐西市博物馆藏墓志》一六五,先天元年(712)十月二日《大唐故太子詹事渔阳郡开国公上柱国侯公之墓志并序》:"君讳知一,字惟一,上谷人也……君幼标聪颖,敦早(早敦)儒素,礼乐克修,诗书是勗。贞观之末,以经艺登科,解褐蒲州参军,迁沛王府法曹、秦州士曹、晋州户曹、益州仓曹参军。"按:知一"以经艺登科",当为明经出身。

【逯贞】字仁杰,河内河阳人。贞观二十三年(649)明经及第。历任果州相如、杭州余杭、魏州顿丘等县尉,官至夏官郎中。

《唐代墓志汇编》神功〇〇三,《大周故中大夫夏官郎中逯府君(贞)墓志并序》:"君讳贞,字仁杰,河内河阳人也……弱冠岁赋明经,解褐果州相如、杭州余杭、魏州顿丘等县尉。"按:以万岁登封元年(696)年卒,春秋六十七推之,逯贞弱冠岁在是年。

附考(太宗朝)

附考秀才(太宗朝秀才)

【邓仁期】南阳人,父武,齐州刺史,子文思,进士及第,官怀州怀嘉县尉。应秀才辟。

《全唐文补遗》第七辑,袁偓撰顺天元年(759)十二月二十七日《□宁远将军左卫郎将彭城刘府君夫人南阳邓氏墓志铭并序》:"夫人姓邓氏,其先南阳人也……曾祖武,皇齐州刺史……祖仁期,皇秀才应辟。父文思,唐进士出身,怀州怀嘉县尉。"

《登科记考补正》卷二七《附考·进士科》录载邓仁期。按:邓氏卒于顺天元年,顺天为史思明年号(759—761),顺天元年即唐肃宗乾元二年(759),春秋七十四。据此推算,仁期应举时间当在贞观年间。唐代秀才科废于高宗永徽二年(651),贞观年间应秀才辟,则当为秀才及第。

【司马希奭】河内温人,祖运,隋国宾龙泉郡丞,封琅邪公,父玄祚,隋国宾琅邪公,唐朝膳部郎中、礼部侍郎、通直散骑常侍、琅邪县开国男。唐初举秀才,授梓州永泰主簿。官至雍州长安县尉。神龙初,追赠怀州长史。

《唐代墓志汇编》开元三三五,张修文撰开元十九年(731)十一月二十七日《大唐故薛王傅上柱国司马府君(诠)墓志铭并序》:"君讳诠,字元衡,河内温人也……曾祖运,隋国宾龙泉郡丞,封琅邪公;祖玄祚,隋国宾琅邪公,皇朝膳部郎中、礼部侍郎、通直散骑常侍、琅邪县开国男……父希奭,皇朝举秀才,解褐梓州永泰主簿,陕州芮城县丞,雍州万年、明堂、长安三县尉;甲科登第,策名筮仕,每安时以处顺,无朵颐而躁求。故才高于人,位不充量。神龙初,以长子中书侍郎锽追赠怀州长史……公则府君之第二子也。垂拱四年以成均生明经擢第,解褐湖州吉安县尉。"

按《登科记考补正》卷二七《附考·进士科》录载司马希奭,据志文,司马诠卒于开元十九年(731)六月二十二日,春秋六十有七,则其生于高宗麟德二年(664),据此推算,其父司马希奭举秀才应在太宗或高宗初期。

【杨和】秀才及第。官至陕州陕县丞。

《全唐文补遗》第八辑,开元二十七年(739)八月二十四日《唐故昭武校尉晋州丰宁府左果毅上柱国杨公(隐)墓志铭并序》:"公讳隐,字孝通,汉太尉公之后也……祖和,以秀才辟,唐历陕州陕县丞。"

【郑肃】字仁恭,荥阳开封人。贞观年间秀才及第,拜定州恒阳县尉。应诏明扬,以甲科除简州录事参军事。官至朝议大夫守刑部侍郎。

《唐代墓志汇编》嗣圣〇〇二,嗣圣元年(684)正月二十六日《大唐故朝议大夫守刑部侍郎郑公（肃）墓志铭并序》："公讳肃，字仁恭，荥阳开封人也……曾祖休明，后魏通直散骑常侍、阳夏郡守；祖弘直，北齐西北行台郎中、安平郡守；父赟道，隋安宜县令、庐江郡丞、同安郡通守……（郑肃）解巾以秀才拜定州恒阳县尉。俄丁内忧去职。复阙，授雍州始平县尉。应诏明扬，以甲科除简州录事参军事……迁监察御史，徙殿中侍御史，又除侍御史，转司元员外郎……寻为司平大夫，拜司刑大夫……又迁刑部侍郎。"按：郑氏卒于永淳二年（683）二月十二日，春秋七十有六，则其秀才及第当在贞观年间。

《登科记考补正》卷二七《附考·进士科》录载郑肃。按：唐代秀才科废于高宗永徽二年（651），《郑肃墓志》明言是以"秀才"身份"拜定州恒阳县尉"，则其当为秀才及第。

【崔玄亮】字景彻，博陵安平人。秀才及第，官至雍州泾阳县丞。

《全唐文补遗》第八辑，天授二年（691）十月二十三日《唐故雍州泾阳县丞博陵崔公（玄亮）墓志铭并序》："公讳玄亮，字景彻，博陵安平人也……以秀才举擢第，释褐除虢王府参军……以贞观廿三年，终于泾阳县之官舍，春秋卅有二。"

《全唐文补遗》千唐志斋新藏专辑，天授二年（691）十月二十三日《唐故奉议郎行兖州博城县令崔君（无竞）墓志铭并序》："君讳无竞，字从让，博陵安平人也……公（无竞父）玄亮，唐察孝廉秀才，并州祁县丞、雍州泾阳县丞。"按：《崔无竞墓志》云崔玄亮"唐察孝廉秀才"，而《崔玄亮墓志》则径言玄亮"以秀才举擢第"，当以《崔玄亮墓志》所载为是。又《登科记考补正》卷一四贞元十一年（795）、卷十五贞元十九年（803）分别载有进士、拔萃科出身之崔玄亮，时代不同，别是一人。

附考进士（太宗朝进士）

【马密】字道山，扶风人。进士出身，初授宋州单父县尉。官终青州千乘县丞。

《全唐文补遗》千唐志斋新藏专辑，长寿三年（694）正月二十二日《大周故青州千乘县丞扶风马君（密）墓志铭并序》："君讳密，字道山，扶风人也……惟君栖玄高逸，赍白上征。秀桂林之一枝，湛黄陂于万顷。解巾宋州单父县尉……以贞观廿一年十一月廿九日，卒于私第，春秋六十有五。"按：马密"秀桂林之一枝，湛黄陂于万顷"，当为进士出身。

【王退观】望出太原，雍州人。曾祖亮，隋信州刺史。祖俭，唐石州刺史。父谌，泸州都督。贞观年间进士及第，官终申州司马。

《全唐文》卷二一五，陈子昂《申州司马王府君墓志》："君讳某，字某，其先太原人也……曾祖亮，周开府仪同上大将军，隋信州刺史，樽俎之师也。祖俭，隋离石郡守，唐石州刺史，赠岳州总管，广武烈侯，社稷之器也。父谌，唐虞部郎中，荆州大都督司马，商壁鄜许冀五州刺史，加银青光禄大夫，泸州都督，金水敏侯，上柱国，廊庙之才也。敏侯有功于国，始赐土田，白茅苴之，在鄂之曲，因食菜，今为雍州人。君即敏侯之元子……年若干为国子生，其中射策甲科，解褐补吴王府参军事……举迁汾州平遥县令……加朝散大夫，迁岐州扶风县令……制加朝请大夫，授申州司马。"《登科记考》卷二七《附考·进士科》录载王退观，考云："陈子昂《申州司马王府君墓志》：'君讳某，字某，其先太原人也……父谌，泸州都督。君年若干为国子生，射策甲科。解褐补吴王府参军，迁岐州扶风县令。'按杨炯

《泸州都督王湛神道碑》：'长子朝散大夫、行扶风令遐观。'当即所谓王府君也，'湛'或'谌'之讹。"

【孔祯】一作"孔桢"。第进士。官终绛州刺史，封武昌县子。卒谥温。

《旧唐书》卷一九〇上《文苑上·孔绍安传》："孔绍安，越州山阴人，陈吏部尚书奂之子……子祯，高宗时为苏州长史……祯累迁绛州刺史，封武昌县子。卒，谥曰温。"

《新唐书》卷一九九《孔若思传》："孔若思，越州山阴人，陈吏部尚书奂四世孙……从父桢，第进士，历监察御史，门无宾谒，时讥其介。高宗时，再迁绛州刺史，封武昌县子，谥曰温。"

《登科记考》卷二七《附考·进士科》录载孔祯。

【卢□□】名未详，范阳人。唐初进士及第。

《全唐文补遗》第九辑，王璋撰顺天二年（760）八月三日《大燕卢府君夫人窦氏墓志铭并序》："□府君讳□，字克庄。其先，范阳人也。曾祖讳公立，隋豫章郡随军主簿。清明其心，博大其量。祖□□，唐进士及第。"

【权无待】天水略阳人，祖文诞，平凉公，父崇本，滑州匡城县令。进士及第。

《全唐文》卷四九三，权德舆《唐故通议大夫梓州诸军事梓州刺史上柱国权公（若讷）文集序》："公讳若讷，字某，天水略阳人……以至平凉公文诞，生滑州匡城县令崇本，即匡城府君第二子。纯嘏粹气，积为清和。文谊内富，英华外发。弱冠与伯氏无待、叔氏同光同游太学，连登上第。由是士林风动，一时向慕。言文章者，实归公门。永徽、开耀之后，以人文求士应诏，累践甲科。"

《登科记考》卷二七《附考·进士科》录载权氏若讷、无待、同光三人。

【权同光】天水略阳人，祖文诞，平凉公，父崇本，滑州匡城县令。同光进士及第。

《全唐文》卷四九三，权德舆《唐故通议大夫梓州诸军事梓州刺史上柱国权公（若讷）文集序》："公讳若讷，字某，天水略阳人……以至平凉公文诞，生滑州匡城县令崇本，即匡城府君第二子。纯嘏粹气，积为清和。文谊内富，英华外发。弱冠与伯氏无待、叔氏同光同游太学，连登上第。由是士林风动，一时向慕。言文章者，实归公门。永徽、开耀之后，以人文求士应诏，累践甲科。"

《登科记考》卷二七《附考·进士科》录载权氏若讷、无待、同光三人。

【权若讷】天水略阳人，祖文诞，平凉公，父崇本，滑州匡城县令。若讷进士及第，永徽后曾登制科，官至梓州刺史。

《全唐文》卷四九三，权德舆《唐故通议大夫梓州诸军事梓州刺史上柱国权公（若讷）文集序》："公讳若讷，字某，天水略阳人……以至平凉公文诞，生滑州匡城县令崇本，即匡城府君第二子。纯嘏粹气，积为清和。文谊内富，英华外发。弱冠与伯氏无待、叔氏同光同游太学，连登上第。由是士林风动，一时向慕。言文章者，实归公门。永徽、开耀之后，以人文求士应诏，累践甲科。"

《登科记考》卷二七《附考·进士科》录载权氏若讷、无待、同光三人；同卷附考·制科录载权若讷。

【关弃缛】河东人。贞观年间进士及第。

《全唐文补遗》第七辑,贞观十五年(641)四月《故庭州参军上柱国弘农杨公(庭芝)夫人阿史那氏白珉玉像铭并序》,署:"前乡贡进士河东关弃缛撰。"按:关氏撰志时未署官职,当为进士及第时间不久,尚未入仕。

《登科记考补正》卷二七《附考·进士科》录载关弃缛。

【沈存诚】贞观中进士及第。官至钱塘尉。

嘉泰《吴兴志》卷一六《贤贵事实》:"沈存诚,贞观中进士及第,官至钱塘尉。"

嘉靖《武康县志》卷七《儒林传》:"沈存诚,贞观中进士及第,官至钱塘尉。"

【杨福延】弘农华阴人。进士及第。官终朝散大夫雍州华原县令。

《全唐文补遗》千唐志斋新藏专辑,咸亨四年(673)十月四日《唐故朝散大夫雍州华原县令杨府君(福延)墓志铭并序》:"公讳福延,字□□,弘农华阴人也……既从茅茹之征,俄擢桂林之秀。解巾诏授丰州录事参军……(咸亨三年)十一月十三日,归终于华阴县之私第,春秋六十有四。"按:志主"既从茅茹之征,俄擢桂林之秀",当为进士出身。

【张伏果】进士及第,初授将仕郎。

《全唐文补遗》第八辑,万岁通天二年(697)《大周故将仕郎张君(伏果)夫人郑氏(德)墓志》:"夫人讳德,字陆娘,其先出荥阳郑庄公之后,因官居宅于洛,今为密县人也……洎乎笄年,言归张氏。南阳西鄂河间相后君府君讳言,君其子也,字伏果,进士擢第,授将仕郎。咸亨贰年陆月肆日,卒于私第……(夫人)春秋柒拾有伍,万岁通天贰年陆月贰拾柒日,卒于私舍。"

【郝处俊】安州安陆人。贞观第进士,授著作佐郎。袭爵甑山县公,官至中书令,拜东台侍郎,同东西台三品。

(唐)杜牧《樊川文集》卷一二《上宣州高大夫书》:"郝公处俊,亦进士也,为宰相时,高宗欲逊位与武后,处俊曰:'天下者,高祖、太宗之天下,非陛下之有,但可传之子孙,不可私以与后。'高宗因止。"

《旧唐书》卷八四《郝处俊传》:"郝处俊,安州安陆人也……贞观中,本州进士举,吏部尚书高士廉甚奇之,解褐授著作佐郎,袭爵甑山县公……总章二年,拜东台侍郎,寻同东西台三品……寻代阎立本为中书令。岁除,兼太子宾客、检校兵部尚书。"按:处俊卒开耀元年,年七十五。

《新唐书》卷一一五《郝处俊传》:"(郝处俊)及长,好学,嗜《汉书》,崖略暗诵。贞观中,第进士,解褐著作佐郎,袭父爵。"

《登科记考》卷二七《附考·进士科》录载郝处俊。

【郭正一】定州鼓城人。贞观时进士及第。曾官中书舍人等,永隆二年迁秘书少监、检校中书侍郎,同中书门下平章事。

《旧唐书》卷一九〇中《文苑中·郭正一传》:"郭正一,定州彭城人。贞观中举进士。累转中书舍人、弘文馆学士。永隆二年,迁秘书少监,检校中书侍郎,与魏玄同、郭待举并同中书门下平章事。宰相以平章事为名,自正一等始也。永淳二年,正除中书侍郎。正一在中书累年,明习旧事,兼有词学,制敕多出其手,当时号为称职。则天临朝,转国子祭酒,罢知政事。寻出为晋州刺史,入为麟台监,又检校陕州刺史。永昌元年,为酷史所陷,流配岭南而死,家口籍没,文集多遗失。"

《新唐书》卷一〇六《郭正一传》:"郭正一,定州鼓城人。贞观时,由进士署第,历中书舍人、弘文馆学士。永隆中,迁秘书少监,检校中书侍郎,诏与郭待举、岑长倩、魏玄同并同中书门下承受进止平章事。平章事自正一等始。永淳中,真迁中书侍郎。执政久,明习故事,文辞诏敕多出其手。刘审礼与吐番战青海,大败。高宗召群臣问所以制戎,正一曰:'吐蕃旷年梗寇,师数出,坐费粮赏。近讨则丧威,深入则不能得其巢穴。今上策莫如少募兵,且明烽候,勿事侵扰,须数年之迟,力有余,人思战,一举可破矣。'刘齐贤、皇甫文亮等议,亦与正一合,帝纳之。武后专国,罢为国子祭酒,出检校陕州刺史。与张楚金、元万顷皆为周兴所诬构,杀之,籍入其家,妻息流放。文章无存者。"

《登科记考》卷二七《附考·进士科》录载郭正一。

光绪《畿辅通志》卷三四《选举·唐·进士》:"太宗朝,郭正一,鼓城人,贞观年第,中书舍人。"

【康敬本】字延宗,康居人。贞观年中进士及第,授文林郎。官至晋州洪洞县丞。

《全唐文补遗》第二辑,咸亨元年(670)□月十四日《大唐故康敬本墓志铭》:"君讳敬本,字延宗,康居人也……以贞观年中乡贡光国,射策高第,授文林郎,寻除忠州清水县尉,改授豳州三水县尉……授晋州洪洞县丞。"

【盖畅】字仲舒,新安人。贞观中进士及第,贞观二十二年,授麟台正字。官至兖州曲阜县令。

《唐代墓志汇编》神功〇一三,《大周故处士前兖州曲阜县令盖府君(畅)墓志铭并序》:"君讳畅,字仲舒,信都人,因官徙居新安……君禀三德之余庆,崇五美以基身,学洞六爻,文该四始。起家进士,贞观廿二年,授麟台正字。"

【崔漪】博陵安平人。进士及第。

(唐)张说《崔君神道碑》:"君讳漪,博陵安平人,弱冠以门胄入国学,举进士。母弟汲,以明经同年擢第。大理卿张文瓘,人伦之表也,目君曰:'昔两刘并举,以为骖二龙焉。今两崔齐飞,可谓仪双凤矣。'"

《登科记考》卷二七《附考·进士科》录载崔漪。

【魏之遏】绵州人。唐初举进士。

《柳宗元集》卷九《唐故尚书户部郎中魏府君墓志》:"魏氏世墓于某县某原。唐兴,有闻士讳之遏者,与子及孙咸举进士,嗣为儒,家绵州。"

《登科记考》卷二七《附考·进士科》录载魏之遏,考云:"柳宗元《魏弘简墓志》:'唐兴,有闻士讳之遏者,与子及孙咸举进士,嗣为儒宗。'"

附考明经(太宗朝明经)

【王方】字平,太原人,祖钦,隋巴州刺史,袭高阳公,父都,唐凉州都督府长史。贞观中明经及第。官至幽州都督、上柱国、寿阳县男。

《全唐文补遗》第六辑,开元二十七年(739)二月十日《唐故幽州都督寿阳县男王府君(方)墓志》:"公讳方,字平,太原人也。曾祖迈,西魏上开府长上卫□将□□八柱国,高阳公。祖钦,隋巴州刺史,袭公……父都,皇凉州都督府长史……公尚幼而明经,既冠而得禄。初授宋州襄邑丞,次授太原县丞,转詹事府司直,改鸿胪寺丞,加朝散大夫、□王府司马,出为西、甘二州长史,迁卫州长史……除袁州刺史,转道州刺史……登司府少卿,迁幽州都督、上柱国、寿阳县男,食邑三百户。"按:以长安元年(701)卒,春秋七十八推之,王方明经及第当在贞观中。

【王义方】泗州涟水人。贞观初举明经。历晋王府参军、太子校书、儋州吉安丞、洹水丞、云阳丞、著作佐郎、侍御史,官终莱州司户参军。

《旧唐书》卷一八七上《忠义上·王义方传》:"王义方,泗州涟水人也。少孤贫,事母甚谨,博通《五经》,而謇傲独行。初举明经,因诣京师……俄授晋王府参军,直弘文馆……转太子校书。无何,坐与刑部尚书张亮交通,贬为儋州吉安丞……贞观二十三年,改授洹水丞……转云阳丞,擢为著作佐郎。显庆元年,迁侍御史……左迁莱州司户参军。秩满,家于昌乐,聚徒教授。母卒,遂不复仕进。总章二年卒,年五十五。撰《笔海》十卷、文集十卷。门人何彦光、员半千为义方制师服,三年丧毕而去。"

《新唐书》卷一一二《王义方传》:"王义方,泗州涟水人,客于魏……淹究经术,性謇特,高自标树。举明经,诣京师……补晋王府参军,直弘文馆……贬吉安丞……久之,徙洹水丞……迁云阳丞。显庆元年,擢侍御史……贬莱州司户参军。岁终不复调,往客昌乐,聚徒教授。母丧,隐居不出。卒,年五十五。"

(宋)计有功《唐诗纪事》卷六《任希古》:"字敬臣,棣州人……薛元超永徽初为中书舍人,荐希古、郭正一、王义方、孟和贞、崔融十余人,时论美之。"

《登科记考》卷二七《附考·明经科》录载王义方。

【王师顺】字克从,琅琊临沂人。贞观间明经擢第,授幽州范阳县尉。

《全唐文补遗》第五辑,神功元年(697)十月二十二日《王师顺墓志》:"公讳师顺,字克从,琅琊临沂人也……贞观之年,明经擢第,授幽州范阳县尉。"

【王挺】字正符,其先太原人,后迁洛阳,祖钒,隋幽州司马,父秀,隋岐州陈仓县令。约在贞观中明经擢第。调补邢州任县主簿。

《唐代墓志汇编续集》长寿〇〇二,长寿二年(693)二月十二日《大唐故邢州任县主簿王府君(挺)墓志铭并序》:"公讳挺,字正符,其先太原人也。乃考因官徙业,自北而南,始寓居于神都之洛阳县,故今为其人焉……祖钒,隋幽州司马……父秀,隋岐州陈仓县令……(公)以明经擢第,调补邢州任县主簿……龙朔元年十月十日遘疾,终于私第,春秋五十三。"按:据志文,王挺擢第约在贞观中。

【冯元常】相州安阳人。举明经第。高宗时官监察御史、剑南道巡察使。武后时官至广州都督。

《旧唐书》卷一八五上《良吏上·冯元常传》:"冯元常,相州安阳人,自长乐徙家焉,北齐右仆射子琮曾孙也。举明经。高宗时,累迁监察御史,为剑南道巡察使,兴利除害,蜀土赖焉。永淳中,为尚书左丞……则天不悦,出为陇州刺史。俄而天下岳牧集乾陵会葬,则天不欲元常赴陵所,中途改授眉州刺史……又转广州都督……寻为酷吏周兴所陷,追赴都,下狱死。"

《新唐书》卷一一二《冯元常传》:"冯元常,相州安阳人,其先盖长乐信都著姓。曾祖子琮,北齐右仆射。叔祖慈明,有文辞,仕隋为内史舍人……元常举明经及第,调浚仪尉。高宗时,擢累监察御史、剑南道巡察使。"

《登科记考》卷二七《附考·明经科》录载冯元常。

嘉靖《彰德府志》卷六:"(冯元常)举明经及第,调浚仪尉,高宗时擢累监察御史、剑南道巡察使。"

【邢政】洛州洛阳人,祖端,宇文朝任绛州太平县令,父参,隋任忻州司马仓部员外郎。贞观中明经及第,官上护军。

《唐代墓志汇编》长安〇六二,长安四年(704)八月七日《大周故处士邢府君(彦褒)墓志铭并序》:"君讳彦褒,其先河间人,后因官河南,今为洛州洛阳县人也。曾祖端,宇文之际,任绛州太平县令……祖参,隋任忻州司马仓部员外郎……父政,唐贞观中明经擢第,上护军。"

【任敬臣】字希古,棣州人。明经及第,又举制科。官终太子舍人。

《新唐书》卷一九五《孝友·任敬臣传》:"任敬臣字希古,棣州人。五岁丧母,哀毁天至。七岁,问父英曰:'若何可以报母?'英曰:'扬名显亲可也。'乃刻志从学。汝南任处权见其文,惊曰:'孔子称颜回之贤,以为弗如也。吾非古人,然见此儿,信不可及。'十六,刺史崔枢欲举秀才,自以学未广,遁去。又三年卒业,举孝廉,授著作局正字。父亡,数殒绝,继母曰:'而不胜丧,谓孝可乎?'敬臣更进饘粥。服除,迁秘书郎。休沐,阖门诵书。监虞世南器其人,岁终,书上考,固辞。召为弘文馆学士,俄授越王府西阁祭酒。当代,王再表留,进朝请郎。举制科,擢许王文学。复为弘文馆学士,终太子舍人。"

(宋)计有功《唐诗纪事》卷六《任希古》:"字敬臣,棣州人。五岁丧母,七岁问父何以报母?父曰:'扬名显亲可也。'乃刻志从学。年十六,刺史崔枢欲举秀才,自以学未广,遁去。后举孝廉。虞世南器其人。为弘文学士,终太子舍人……薛元超永徽初为中书舍人,荐希古、郭正一、王义方、孟和贞、崔融十余人,时论美之。"按:希古举孝廉当在贞观后期,此时云孝廉,当为明经科。

《登科记考》卷二七《附考·明经科》、同卷《附考·制科》录载任敬臣。

【仵愿德】名未详,以字行,偃师人,祖虢,隋荆州司马,父德,唐并州晋阳县令。约在贞观中明经擢第。官至文林郎。

《唐代墓志汇编》龙朔〇八一,龙朔三年(663)十一月十二日《大唐故文林郎仵府君(愿德)墓志铭并序》:"君字愿德,其先楚大夫员之后也,因官河洛,支庶家焉,故今为偃师亳邑乡人矣……曾祖显,齐赵州别驾;祖虢,隋荆州司马;父德,皇朝并州晋阳县令……(公)以经术擢第,授文林郎。"按:据志文,愿德当为明经擢第,以龙朔三年(663)卒,春秋六十八推之,时间约在贞观中。

【刘璿】字如璿,天水上邽人,祖官泾州安定县令,父官绵州龙安县令。贞观后期明经及第,高宗时又中八科举。官至兖州刺史。

《全唐文补遗》第五辑,长安二年(702)十一月二十七日《大周故兖州都督彭城刘府君(璿)墓志铭并序》:"公讳璿,字如璿,天水上邽人也……曾祖宇文朝黄瓜、白石二县令,隋康州司马。祖唐秦州总管府记室参军、检校上邽县令、泾州安定县令,父唐监察御史、绵州龙安县令……(君)五岁诵骚雅,七岁读诗书……十三游太学,虽篇章妙绝,取贵文场,而思理精微,更专儒术。寻而州乡推择,以明经充赋,射策甲科,选授益州唐隆县尉……八科举,制授雍州乾封县尉,累迁监察御史、殿中侍御史、侍御史、礼部员外郎、夏官郎中……改授中大夫、使持节都督兖州诸军事守兖州刺史……春秋七十二,长安元年十二月十五日终于官舍。"按:据志文,刘璿当在贞观后期明经及第,高宗时又中八科举。

(宋)李昉等《太平广记》卷二六九《酷暴三·诬刘如璿恶党》引《御史台记》:"刘如璿事亲以孝闻。解褐唐昌尉累迁乾封尉,为侍御史,转吏部员外。则天朝,自夏官郎中,左授都城令,转南郑令,迁司仆司农少卿秋官侍郎。时来俊臣党人,与司刑府史姓樊者不协,诬以反诛之。其子讼冤于朝堂,无敢理者,乃援刀自剖其腹。朝士莫不目而悚惕,璿不觉唧唧而泪下。俊臣奏云:党恶,下诏狱。璿诉曰:年老,因遇风而泪下。俊臣劾之曰:目下涓涓之泪,乍可因风。口称唧唧之声,如何取雪。处以绞刑。则天特流于瀼州。子景宪讼冤,得征还,复秋官侍郎。辞疾,授兖州都督。好著述,文集四十卷行于代。"

《新唐书》卷二〇九《酷吏·来俊臣传》:"俊臣诬司刑史樊戠,以谋反诛,其子诉阙下,有司无敢治,因自剖腹。秋官侍郎刘如璿为流涕,俊臣奏与同恶,如璿自诉年老而涕,吏论以绞,后为宥死,流汉州。"

【宇文斑】字叔珉,河南洛阳人。祖神举,使持节骠骑将军、开府仪同三司、京兆尹、柱国大将军、并潞肆石四州十二镇诸军并州总管东平郡公,赠少保。父谊,隋文皇帝挽郎,唐益州青城、瀛洲清苑二县令。国子生擢第,授道王府参军兼郑州参军事。官终同州长史。

《全唐文》卷一九三,杨炯撰《唐同州长史宇文公(斑)神道碑》:"公讳斑,字叔珉,河南洛阳人也……祖神举,使持节骠骑将军开府仪同三司京兆尹柱国大将军并潞肆石四州十二镇诸军并州总管东平郡公,赠少保……考谊,隋文皇帝挽郎,皇朝益州青城瀛洲清苑二县令……(斑)初仕国子生擢第,授道王府参军兼郑州参军事。横经太学,射策王庭,高阳才子,宣慈惠和之誉。"按:宇文斑卒于永淳元年(682)六月二十一日,享年六十五,则其擢第当在贞观年间。墓志云其"横经太学,射策王庭",疑为明经及第。

【孙义普】字智周,乐安人。唐初以明经擢第,释褐魏州昌乐县令。

《唐故魏州昌乐县令孙君墓志铭》:"君讳义普,字智周,乐安人也……曾祖信,魏拜露门博士……祖进,周晋州长史、魏州刺史……父乾,隋郾城、陈仓二县令……(君)以明经擢第,释褐魏州昌乐县令……子承景至孝有闻,高材缉誉,情深色养,有怀捧檄。上元之岁,从宦河东,奉以之官,获申温清。而祖春不驻,靖树难追,粤以二年正月二日终于官舍,春秋九十有三……承景今任雍州高陵县尉,聿遵先旨,改窆京畿。即以文明元年五月廿一日卜葬于高陵县之西南乐安乡之偶原,礼也。"按:据墓志,义普当为唐初明经擢第,今系太宗年间,俟考。

《登科记考》卷二七《附考·明经科》录载孙义普,考云:"字智周,乐安人、以明经擢第,释褐魏州昌乐县令。见《孙君墓志》。"

【苏卿】字仕隆,汝州梁县人,祖宣,隋盐亭太守,父相,隋兰州都督府户曹、唐太常卿。贞观中明经及第。累官至幽州录事参军,文明元年,授德州蓨县令。

《唐代墓志汇编》天授○四四,倪若水撰天授三年(692)正月十七日《大周故承议郎行德州蓨县令上骑都尉苏君(卿)墓志铭并序》:"公讳卿,字仕隆,汝州梁县人也,其先自武功徙焉。祖宣,隋东宫千牛、万年中正、盐亭太守……父相,隋兰州都督府户曹,唐润州司法、荆州松滋、金州黄土二县令,太常卿、上柱国……(公)唐贞观中,以国子明经擢第,累迁德州司功、虢州司仓、幽州录事参军事……文明元年,敕授德州蓨县令。"

【李无咎】字守真,范阳长城人。贞观中,国子明经高第。官终广州都督,袭封淮阴县开国公。

《全唐文补遗》千唐志斋新藏专辑,垂拱元年(685)十二月□四日《大唐故广州都督淮阴县开国公李府君(无咎)墓志文》:"公讳无咎,字守真,本陇西城纪人,汉末徙燕,今为范阳长城人也……贞观中,以国子明经高第,仍袭封淮阴县开国公……上元二年八月一日,薨于府之馆舍,春秋五十有五。"

【李嗣真】字承胄,赵州柏仁人。贞观举明经。曾官右御史中丞。卒赠济州刺史,谥曰昭。

《新唐书》卷九一《李嗣真传》:"李嗣真字承胄,赵州柏人人。多艺数,举明经,中之,累调许州司功参军……调露中,为始平令……永昌初,以右御史中丞知大夫事,请周、汉为二王后,诏可……出为潞州刺史。俊臣诬以反,流藤州,久得还。自筮死日,豫具棺敛,如言卒桂阳。有诏州县护丧还乡里,赠济州刺史,谥曰昭。"按:"柏仁"曾名"柏人"。

《登科记考》卷二七《附考·明经科》录载李嗣真。

光绪《畿辅通志》卷三四《选举·唐·明经乡贡》:"太宗年,李嗣真,柏仁人。官太常丞,封常山子,谥昭武。"

【狄知逊】父绪孝,官尚书左丞、右常侍、临颍男,子仁杰,官中书令、尚书右仆射,赠司空、梁国文惠公。约贞观时明经及第。官至琼州刺史。

《全唐文》卷九九三,阙名撰《大唐赠使持节邛州诸军事琼州刺史狄公(知逊)碑》:"父绪孝,唐行军总管大将军金紫光禄大夫尚书左丞使持节汴州诸军事……君即临颍公之第五子也……起家以国子明经擢第,补东宫内直……嫡子故中书令尚书右仆射赠司空梁国文惠公。"按:据《元和姓纂》卷一○《天水狄氏》:"孝绪,唐尚书左丞、右常侍、临颍男;生知逊,夔州刺史;生仁杰,纳言、内史令、梁国公文惠公。"可知志主为知逊,狄仁杰之父。其明经擢第约在贞观时。

【张玄弼】字神匡,范阳方城人,子束之。贞观中明经及第,入秘书省校书。累官至益州大都督府功曹参军。又制举贤良,未及拜官而死。

《唐代墓志汇编》天授〇三九，《唐故益州大都督府功曹参军事张君（玄弼）墓志铭并序》："府君讳玄弼，字神匡，范阳方城人也。阀阅游宦之资，详之碣文别传。五岁而孤，志学，伏膺于大儒谷那律。律为谏议大夫，绸书秘府。府君以明经擢第，随律典校坟籍……七徙职为益州府功曹参军事，以贤良征，册入甲科，未拜职，以龙朔元年五月十九日终于洛阳，春秋五十有五。"按：《旧唐书》卷一八九上《儒学上·谷那律传》言，律贞观中为谏议大夫，兼弘文馆学士，永徽初卒，是张氏明经及第当在贞观中。

《唐代墓志汇编》天宝一一一，丁凤撰天宝六载（747）十月十二日《唐故河南府参军张君（轸）墓志并序》："君讳轸，字季心，其先范阳方城人也。曾祖玄弼，皇秀才擢第，拜长安尉、益府功曹，赠都督安随郢沔四州诸军事、安州刺史。祖柬之，秀才擢第，宗社艰难，时危反正，特进中书令、监修国史、上柱国汉阳郡王、本州刺史，食封七百户。"按：此言玄弼秀才擢第，与本人墓志不同，此或误。

《登科记考》卷二七《附考·明经科》录载张玄弼。

【张贞】字直，合宫县人，祖瑀，隋任沧州盐山县令，父通，未仕。约在贞观中明经擢第，授部戎副尉。

《唐代墓志汇编》长寿〇〇八，长寿二年（693）正月十九日《南阳白水张君（贞）之墓铭》："讳贞，字直，南阳白水人也，因官北徙，今为合宫县人焉。祖讳瑀字珪，隋任沧州盐山县令……父讳通，字泰……（公）洎乎横经槐隧，刻鹤珍坚；鼓箧杏坛，彤龙遽就。方从观国，即应宾王，终腾上岫之鳞，会振凌霄之羽。寻而擢第，即授部戎副尉。"按：据志文，张贞当为明经及第，以长寿二年春秋七十二推之，其擢第约在贞观中。

按：唐有显庆六年（661）进士及第之张贞，别是一人。

【张知元】固安人。太宗年明经及第。

光绪《畿辅通志》卷三四《选举·唐·明经乡贡》："太宗年，张知元，固安人。"

【张知玄】岐人。兄弟五人皆以明经擢第。贞观中明经及第。

《旧唐书》卷一八五下《良吏下·张知謇传》："张知謇，蒲州河东人也，徙家于岐。少与兄知玄、知晦，弟知泰、知默五人，励志读书，皆以明经擢第……知玄子景升，知泰子景佚，开元中皆至大官，门列棨戟。"

《新唐书》卷一〇〇《张知謇传》："张知謇字匪躬，幽州方城人，徙家岐。兄弟五人，知玄、知晦、知泰、知默，皆明经高第，晓吏治，清介有守，公卿争为引重……知玄子景昇，知泰子景佚，开元中皆至大官，门列棨戟。"

（宋）王应麟《玉海》卷一一五《选举·唐明经举》："张知誉兄弟五人俱高第。"按："謇"误作"誉"。

《登科记考》卷二七《附考·明经科》录载张知玄。

光绪《畿辅通志》卷三四《选举·唐·明经乡贡（太宗年）》："张知玄，固安人。"

【张知晦】岐人。兄弟五人皆以明经擢第。贞观中明经及第。

《旧唐书》卷一八五下《良吏下·张知謇传》："张知謇，蒲州河东人也，徙家于岐。少与兄知玄、知晦，弟知泰、知默五人，励志读书，皆以明经擢第。"

《新唐书》卷一〇〇《张知謇传》："张知謇,字匪躬,幽州方城人,徙家岐。兄弟五人,知玄、知晦、知泰、知默,皆明经高第,晓吏治,清介有守,公卿争为引重。"

(宋)王应麟《玉海》卷一一五《选举·唐明经举》："张知誉兄弟五人俱高第。"按:"謇"误作"誉"。

《登科记考》卷二七《附考·明经科》录载张知晦。

光绪《畿辅通志》卷三四《选举·唐·明经乡贡(太宗年)》:"张知晦,固安人。"

【张知謇】字匪躬,岐人。兄弟五人皆以明经擢第。贞观中明经及第。历十一州刺史。中宗即位,拜左卫将军,加云麾将军,封范阳郡公。后以大理卿致仕,开元中卒。

《旧唐书》卷一八五下《良吏下·张知謇》："张知謇,蒲州河东人也,徙家于岐。少与兄知玄、知晦、弟知泰、知默五人,励志读书,皆以明经擢第。仪质瑰伟,眉目疏朗,晓于玄理,清介自守,故当时名公争引荐之,递历畿赤。知謇、知泰、知默,调露后又历台省。知謇,天授后历房、和、舒、延、德、定、稷、晋、洺、宣、贝十一州刺史,所莅有威严,人不敢犯。通天中,知泰为洛州司马,知默为秋官郎中。知謇自德州入计,则天重其才干,又目其状貌过人,命画工写之,以赐本者。曰:'人或有才,未必有貌,卿家昆弟,可谓两绝。'时人称之。寻以知泰为夏官、地官侍郎,益州长史,中台右丞。初,知謇为房州时,中宗以庐陵王安置房州,制约甚急。知謇与董玄质、崔敬嗣相次为刺史,皆保护,供拟丰赡,中宗德之。及神龙元年,中宗践极,自贝州追知謇为左卫将军,加云麾将军,封范阳郡公。知泰自兵部侍郎授右御史大夫,加银青光禄大夫,进封渔阳郡公。须发华皓,同贵于朝,时望甚美之。知泰以忤武三思,出并州刺史、天平军使,仍带本官。寻又为魏州刺史。景龙二年卒,优诏褒赠,谥曰定。时知謇为洛州长史、东都副留守。又历左、右羽林大将军,同、华州刺史,大理卿致仕。开元中卒,年八十。知謇敏于从政,性亮直,不喜有请托求进、无才而冒位者。故子侄经义不精,不许论举。知默尝与来俊臣、周兴等同掌诏狱,陷于酷吏,子孙禁锢。知泰,开元中累赠刑部尚书、特进。"

《新唐书》卷一〇〇《张知謇传》："张知謇,字匪躬,幽州方城人,徙家岐。兄弟五人,知玄、知晦、知泰、知默,皆明经高第,晓吏治,清介有守,公卿争为引重。调露时,知謇监察御史里行,知默左台侍御史。知謇历十一州刺史,所莅有威严,武后降玺书存问。万岁通天中,自德州刺史入计,后奇其貌,诏工图之,称其兄弟容而才,谓之两绝。又门皆列戟,白雀巢其廷,后数宠赐。知泰历益州长史、中台左丞、兵部侍郎,封陈留县公。中宗在房州,禁察苛严。知謇与董玄质、崔敬嗣继为刺史,供馈保戴不少弛。帝复位,拜知謇左卫将军,加云麾将军,封范阳郡公;知泰御史台大夫,加银青光禄大夫,封渔阳郡公。伯仲华首同贵,时以为荣。知泰忤武三思,故出为并州刺史、天兵军使。终魏州刺史,谥曰定。知謇历东都副留守、左右羽林大将军、同华州刺史,大理卿致仕。年八十,开元时卒。知謇敏且亮,恶请谒求进,士或不才冒位,视之若仇。每敕子孙'经不明不得举',家法可称云。武后革命,知泰奏置东都诸关十七所,讥敛出入。百姓惊骇,樵米踊贵,卒罢不用,议者羞薄之。知默与监察御史王守慎、来俊臣、周兴掌诏狱,数陷大臣。守慎虽其甥,恶鞫引之暴,不得去,请度为浮屠,后许之。而知默卒陷酷吏,子孙禁锢,为张氏羞。"

（宋）王应麟《玉海》卷一一五《选举·唐明经举》："张知誉兄弟五人俱高第。"按："謇"误作"誉"。

《登科记考》卷二七《附考·明经科》录载张知謇。

光绪《畿辅通志》卷三四《选举·唐·明经乡贡（太宗年）》："张知謇，固安人，大理寺卿。"

【张知泰】岐人。贞观中明经及第。历洛州司马、兵部侍郎、户部侍郎、益州长史、中台右丞等。中宗时官右御史台大夫，加银青光禄大夫，进封渔阳郡公。后出为并州刺史，转魏州刺史。谥曰定。

《旧唐书》卷一八五下《良吏下·张知謇》："张知謇，蒲州河东人也，徙家于岐。少与兄知玄、知晦，弟知泰、知默五人，励志读书，皆以明经擢第……知謇、知泰、知默，调露后又历台省……通天中，知泰为洛州司马，知默为秋官郎中……寻以知泰为夏官、地官侍郎，益州长史，中台右丞……及神龙元年，中宗践极，自贝州追知謇为左卫将军，加云麾将军，封范阳郡公。知泰自兵部侍郎授右御史大夫，加银青光禄大夫，进封渔阳郡公。须发华皓，同贵于朝，时望甚美之。知泰以忤武三思，出并州刺史、天平军使，仍带本官。寻又为魏州刺史。景龙二年卒，优诏褒赠，谥曰定……知泰，开元中累赠刑部尚书、特进。"

《新唐书》卷一〇〇《张知謇传》："张知謇，字匪躬，幽州方城人，徙家岐。兄弟五人，知玄、知晦、知泰、知默，皆明经高第，晓吏治，清介有守，公卿争为引重……调露时，知謇监察御史里行，知默左台侍御史……知泰历益州长史、中台左丞、兵部侍郎，封陈留县公……帝复位，拜知謇左卫将军，加云麾将军，封范阳郡公；知泰御史台大夫，加银青光禄大夫，封渔阳郡公。伯仲华首同贵，时以为荣。知泰忤武三思，故出为并州刺史、天兵军使。终魏州刺史，谥曰定……武后革命，知泰奏置东都诸关十七所，讥敛出入。百姓惊骇，樵米踊贵，卒罢不用，议者羞薄之。"

（宋）王应麟《玉海》卷一一五《选举·唐明经举》："张知誉兄弟五人俱高第。"按："謇"误作"誉"。

《登科记考》卷二七《附考·明经科》录载张知泰。

光绪《畿辅通志》卷三四《选举·唐·明经乡贡（太宗年）》："张知泰，固安人，魏州刺史，封渔阳公。"

【张知默】岐人。贞观中明经及第。历官左台侍御史、秋官郎中。尝与来俊臣、周兴等同掌诏狱，陷于酷吏，子孙禁锢。

《旧唐书》卷一八五下《良吏下·张知謇》："张知謇，蒲州河东人也，徙家于岐。少与兄知玄、知晦，弟知泰、知默五人，励志读书，皆以明经擢第……知謇、知泰、知默，调露后又历台省……通天中，知泰为洛州司马，知默为秋官郎中……知默尝与来俊臣、周兴等同掌诏狱，陷于酷吏，子孙禁锢。"

《新唐书》卷一〇〇《张知謇传》："张知謇，字匪躬，幽州方城人，徙家岐。兄弟五人，知玄、知晦、知泰、知默，皆明经高第，晓吏治，清介有守，公卿争为引重。调露时，知謇监察御史里行，知默左台侍御史……知默与监察御史王守慎、来俊臣、周兴掌诏狱，数陷大臣。

守慎虽其甥,恶鞫引之暴,不得去,请度为浮屠,后许之。而知默卒陷酷吏,子孙禁锢,为张氏羞。"

(宋)王应麟《玉海》卷一一五《选举·唐明经举》:"张知誊兄弟五人俱高第。"按:"睿"误作"誊"。

《登科记考》卷二七《附考·明经科》录载张知默。

光绪《畿辅通志》卷三四《选举·唐·明经乡贡(太宗年)》:"张知默,固安人。"

【奇玄表】字护,其先燕人,后迁洛阳,祖续,隋任并州太原县令,父师,未仕。约在贞观中明经擢第,官至相州林虑县丞。

《唐代墓志汇编》咸亨〇三五,咸亨二年(671)五月十四日《大唐故承务郎前相州林虑县丞奇府君(玄表)墓志铭并序》:"君讳玄表,字护,其先燕人也。自远系寓居惟豫,故今为洛阳县人焉……曾祖献,齐任齐州长史;祖续,隋任并州太原县令……父师……(公)括羽挺于东箭,鼓箧入于南雍。升第廊于匡衡,利用侔于敬仲。永徽之际,蒙授登仕郎……至麟德二年冬选,蒙拟相州林虑县丞。"按:据志文,玄表当为明经擢第,时间约在贞观中。

《登科记考补正》卷二七《附考·明经科》录载齐玄表,对玄表及第科目与时间的考证可参看。

【郑弘劼】字固,荥阳开封人。约贞观年间明经擢第,授阆州新井县丞。官至连州司户参军。

《河洛墓刻拾零》,开元二年(714)五月十日《唐故连州司户参军郑府君(弘劼)墓志铭并序》:"君讳弘劼,字固,荥阳开封人也……明经擢第,授阆州新井县丞。"按:弘劼卒于龙朔元年(661),春秋四十八。

【孟曜】汝州梁人,贞观年间明经及第。子诜进士及第,官至礼部侍郎。

(宋)李昉等《太平广记》卷一九七《博物·孟诜》引《御史台记》:"唐孟诜,平昌人也。进士擢第。父曜,明经擢第。"按:据《旧唐书》卷一九一《方伎·孟诜传》:"孟诜,汝州梁人也。举进士。垂拱中,累迁凤阁舍人……因事出为台州司马。后累迁春官侍郎。睿宗在藩,召为侍读。长安中,为同州刺史,加银青光禄大夫。神龙初致仕。"又《新唐书》卷一九六《隐逸·孟诜传》:"孟诜,汝州梁人。擢进士第,累迁凤阁舍人……出为台州司马,频迁春官侍郎。相王召为侍读。拜同州刺史。神龙初,致仕。"则诜父曜明经擢第当在贞观年间。

《登科记考》卷二七《附考·明经科》录载孟曜。

【郭愿】太原人。父政,官晋州司户参军。贞观年间国子明经及第。

《唐代墓志汇编续集》开元一七二吕指南撰开元二十七年(697)十月一日《(上渤)卫中郎郭府君(温)墓志铭并序》:"君讳温,字温,其先太原人也……曾祖政,皇朝晋州司户参军;祖愿,国子明经;父静,上柱国。"按:据志文,郭温卒于开元二十七年(697)七月十五日,则其祖愿及明经第,当在贞观年间。

【唐休璟】名璿,以字行,京兆始平人,祖宗,隋洛阳令朔方郡丞赠秦州都督,父官咸阳令赠岐州刺史。贞观末或永徽初明经擢第。相武后、中宗,封宋国公。卒赠荆州大都督,谥曰忠。

《全唐文》卷二五七,苏颋《右仆射太子少师唐璿神道碑》:"公讳璿,字休璟,晋昌酒泉人也……曾祖骠骑大将军开府仪同三司赠兖(一作襄)州刺史讳某。世位大将军二千石。大父洛阳令朔方郡赞特赠秦州都督讳某,烈考咸阳令赠岐州刺史讳某……公初髫而孤,入则孝,出则悌,承于母兄之旨;及冠而立,学以聚,问以辨,从于师党之言焉。张嘉运先授于《易》,森然可见者万象;贾公彦次授于《礼》,听匣可观者百度。射策高第,初补吴王典签,历绵州巴西尉、同州冯翊主簿。"按:据志文,休璟当在贞观末至永徽初明经擢第。

《旧唐书》卷九三《唐休璟传》:"唐休璟,京兆始平人也。曾祖规,周骠骑大将军、安邑县公。祖宗,隋大业末为朔方郡丞……休璟少以明经擢第。永徽中,解褐吴王府典签……垂拱中,迁安西副都护……圣历中,为司卫卿,兼凉州都督、右肃政御史大夫,持节陇右诸军州大使……擢拜右武威、右金吾二卫大将军。长安中……因迁夏官尚书、同凤阁鸾台三品……寻转太子右庶子,依旧知政事。以契丹入寇,复拜夏官尚书,兼检校幽、营等州都督,兼安东都护……中宗即位,召拜辅国大将军、同中书门下三品,封酒泉郡公……未几,加特进,拜尚书右仆射……寻迁中书令,充京师留守,俄加检校吏部尚书。又以宫僚之旧,赐实封三百户,累封宋国公……由是起为太子少师、同中书门下三品,监修国史,仍封宋国公。休璟年逾八十,而不知止足,依托求进,为时所讥。景云元年,又拜特进,充朔方道行军大总管,以备突厥,停其旧封,别赐实封一百户。二年,表请致仕。许之……延和元年七月薨,年八十六,赠荆州大都督,谥曰忠。子先慎袭爵,官至陈州刺史。次子先择,开元中为右金吾卫将军。"

《新唐书》卷一一一《唐休璟传》:"唐璿字休璟,以字行,京兆始平人。曾祖规,为后周骠骑大将军。休璟少孤,授《易》于马嘉运,传《礼》于贾公彦,举明经高第。为吴王府典签,改营州户曹参军。会突厥诱奚、契丹叛,都督周道务以兵授休璟,破之于独护山,数馘多,迁朔州长史……垂拱中,迁安西副都护……圣历中,授凉州都督、右肃政御史大夫、持节陇右诸军副大使……擢为右武威、金吾二卫大将军……进拜夏官尚书、同凤阁鸾台三品……改太子右庶子,仍知政事。会契丹入塞,复以夏官尚书检校幽营等州都督、安东都护……帝复位,召授辅国大将军、同中书门下三品、酒泉郡公……加特进、尚书右仆射,赐邑户三百,封宋国公。是岁大水,上疏自劾免,不许。累迁检校吏部尚书。景龙二年致仕。未几,复起为太子少师、同中书门下三品,监修国史。景云初,以特进为朔方行军大总管,备突厥;停旧封,别赐百户。明年,复请老,给一品全禄。延和元年卒,年八十六,赠荆州大都督,谥曰忠。"

《登科记考》卷二七《附考·明经科》录载唐休璟。

【黄元徽】贞观中明经及第,又中制举。官司刑丞。

《全唐文补遗》第七辑,长安四年(704)十一月二日《黄君墓志》:"父元徽,唐明经□,制举对策,□□□□□丞□德□□□言应物……公即司刑丞之长子。"按:据志文,黄君卒于长安四年(704),春秋七十一,则其父元徽第明经、中制举当在贞观年间。

【崔汲】博陵安平人。明经及第。

张说《崔君神道碑》:"君讳漪,博陵安平人,弱冠以门胄入国学,举进士。母弟汲,以明经同年擢第。大理卿张文瓘,人伦之表也,目君曰:'昔两刘并举,以为骖二龙焉。今两崔齐飞,可谓仪双凤矣。'"

《登科记考》卷二七《附考·明经科》录载崔汲。

【康国安】会稽人。祖孝范,官临海县令。父英,官江宁县令。约在太宗时明经及第。官至博士、白兽门内供奉、崇文馆学士,卒赠杭州长史。

《全唐文》卷三四四,颜真卿撰《银青光禄大夫海濮饶房睦台六州刺史上柱国汲郡开国公康使君(希铣)神道碑铭》:"君讳希铣,字南金……僧朗生陈给事中、五兵尚书宗谔,为山阴令,子孙始居会稽,遂为郡人焉。曾祖孝范,江夏王府法曹、临海县令。祖英,隋齐王府骑曹、江宁县令,皇朝随郡王行军仓曹。父国安,明经高第,以硕学掌国子监,领三馆进士教之,策授右典戎卫录事参军,直崇文馆太学助教,迁博士白兽门内供奉、崇文馆学士,赠杭州长史。"按:国安约在太宗时明经及第。

【蒋俨】常州义兴人。贞观中擢明经第。官至太子詹事,卒后赠礼部尚书。

《旧唐书》卷一八五上《良吏上·蒋俨传》:"蒋俨,常州义兴人。贞观中,为右屯卫兵曹参军……永淳元年,拜太仆卿;以父名卿,固辞,乃除太子右卫副率……文明中,封义兴县子,历右卫大将军、太子詹事,以年老致仕。垂拱三年卒于家,年七十八。文集五卷。"

《新唐书》卷一〇〇《蒋俨传》:"蒋俨,常州义兴人。擢明经第,为左屯卫兵曹参军。太宗……授朝散大夫。为幽州司马,刘祥道以巡察使到部,表最状,擢会州刺史。再迁殿中少监,数陈时政病利,高宗辄优纳。进蒲州刺史……永隆二年,以老致仕。未几,复召为太仆卿,以父讳辞官,徙太子右卫副率……俨寻徙右卫大将军,封义兴县子,以太子詹事致仕。卒,年七十八。中宗立,以旧恩赠礼部尚书。"按:蒋俨当为贞观中明经。

【裴行俭】字守约,绛州闻喜人。贞观中举明经,又应诏举,迁长安令。高宗时官吏部侍郎,官至礼部尚书,兼右卫大将军,封闻喜县公。

《全唐文》卷二二八,张说《赠太尉裴公神道碑》:"公讳行俭,字守约,河东闻喜人也……明经,补左屯卫仓曹。诏举转雍州司士,迁金部户部二员外,历都官郎中、长安令……为吏部侍郎,加银青光禄大夫……迁礼部尚书,加上柱国,又特降恩命兼右卫大将军……乃封公闻喜县开国公。永淳元年卒。"

《旧唐书》卷八四《裴行俭传》:"裴行俭字守约,绛州闻喜人。父仁基,隋光禄大夫……(行俭)幼引荫补弘文生。贞观中,举明经,调左屯卫仓曹参军。"

《新唐书》卷一〇八《裴行俭传》:"行俭幼引荫补弘文生,贞观中举明经,调左屯卫仓曹参军。"

《登科记考》卷二七《附考·明经科》、《登科记考补正》卷二七《附考·明经科》分别录载裴行俭。

附考孝廉(太宗朝孝廉)

【司马玄素】河内温人。约贞观年间孝廉及第,不仕。

《邙洛碑志三百种》,开元五年(717)七月二十三日《唐司马崇敬墓志》:"公讳崇敬,字子莫,河内温人也……父玄素,皇朝应孝廉举,不仕。"按:崇敬卒于开元五年(717),春秋六十。其父应孝廉举当在贞观年间。

【刘胡】字素,彭城丛亭里人。贞观中孝廉及第,擢文林郎,寻而称疾不仕。

《唐代墓志汇编》圣历〇四二,圣历三年(700)正月二十一日《大周故文林郎彭城刘府君(胡)墓志铭并序》:"君讳胡,字素,彭城丛亭里人也……曾祖瓒,齐南辩州刺史;祖愕,隋洛州司户……父让,唐永丰仓丞……(君)才优岁贡,以乡举擢文林郎,寻而称疾不仕。子奇乐道,竟不过于孝廉;黄宪辞荣,初暂同于伦辈。"按:刘胡卒于圣历二年(699)七月九日,春秋七十四,则其孝廉及第当在贞观中。

【吴素】渤海安陵人。约贞观年间孝廉及第,隐名不仕。

《文史》,总第84辑,《大唐故国子博士豪州诸军事豪州刺史吴君(杨吾)墓志铭并序》(赵君平赠拓):"君讳杨吾,字顾名,渤海安陵人也……曾祖贞白,北齐中书博士。祖子彻,隋河南郡博士。父素,孝廉及第,隐名不仕,并学富丘山,德通今古……(杨吾)解褐明经擢第,授司经局校书郎,迁雍州富平县主簿。"按:杨吾卒于景龙三年(709),春秋八十二。

【逯君怀】河内河阳人,逯贞之父。贞观中孝廉及第,释褐幽州参军。又为嘉兴等县丞。官至荆州江陵县丞。

《唐代墓志汇编》神功〇〇三,神功元年(697)十月二十二日《大周故中大夫夏官郎中逯府君(贞)墓志并序》:"君讳贞,字仁杰,河内河阳人也……父君怀,唐孝廉,释褐幽州参军,苏州嘉兴、岐州普润、荆州江陵三县丞。"按:逯贞卒于万岁登封元年(696),春秋六十七,贞父中举当在贞观中。

【裴承亮】河东人。贞观年间孝廉擢第,授朝议郎。

《唐文拾遗》卷六一,阙名撰《裴琳德政碑记》:"朝请郎检校令上骑都尉河东裴琳,字元瑶……父承亮,文笔秀异,光彩射人,雄略挺生,英姿迈俗,以孝廉擢第,俄授朝议郎。"按:记作于长安年间,则琳父擢第约在贞观年间。

《登科记考补正》卷二七《附考·明经科》录载裴承亮,按:承亮当为孝廉擢第。

【管琮】平昌人。祖崖,隋青州刺史。约在贞观时孝廉登科。

《全唐文补遗》第三辑,苏预撰天宝元年(742)二月十五日《唐故中大夫福州刺史管府君(元惠)神道碑并序》:"公讳元惠,字元惠,平昌人也……曾,隋青州刺史崖,灵神锡羡。皇考,成均孝廉琮,醇素贻式。"按:据志文,管元惠开元二十六年(738)卒,春秋七十四,据此推之,其皇考管琮孝廉登科约在太宗贞观时。

附考诸科(太宗朝诸科)

【成几】东郡淄川人。贞观时明法及第入仕,应诏举迁雍州万年县尉。官至徐州长史。

《全唐文补遗》第三辑,永隆二年(681)《大唐故朝议郎行徐州长史成公(几)墓志铭并序》:"公讳几,东郡淄川人也……初以明法擢第,历绛州曲□□□。秩满,应诏举迁雍州万年县尉。"按:以永隆二年(681)卒,享年七十推之,成几明法擢第约在贞观时。

【岑文本】字景仁,江陵人。贞观时诸科及第。官至中书侍郎。

《新唐书》卷一〇二《岑文本传》:"岑文本字景仁,邓州棘阳人。祖善方,后梁吏部尚书,更家江陵。"

嘉靖《邓州志》卷七:"诸科:岑文本,棘阳人,见人物传。"同书卷十六人物传云:"岑文本,字景仁,棘阳人。性沉敏,善文词,贞观初为秘书郎,迁中书侍郎。"

附考制科(太宗朝制科)

【王令】字大政,太原人,曾祖昱,隋任青州北海县令,祖秀,唐初邓州录事参军。充赋岁辟,登名散秩,授儒林郎。

《全唐文补遗》第五辑,总章二年(669)三月二十八日《大唐故儒林郎王君(令)墓志铭》:"君讳令,字大政,太原人也……曾昱,隋任青州北海县令……祖秀,皇朝任邓州录事参军……(公)登山峻业,既拾紫而开华;陵云艳词,亦抱玉而成韵。遂得操荣袖里,摧颖宾庭。始充赋于岁辟,乃登名于散秩,爰授儒林郎……贞观廿三年七月十一日,终于私第,春秋六十有八。"

【王贞】字弘济,太原人。贞观年间科举及第,除陈州项城丞,又应制举,授均州司法参军事。官至水衡监丞。

《唐代墓志汇编》长寿〇二一,长寿二年(693)八月二十七日《大周故水衡监丞王君(贞)墓志铭并序》:"君讳贞,字弘济,太原人也……业应匡举,策冠孙科,释褐陈州项城县丞……俄而翘车伫德,顿网征贤,旁求磵谷之奇,冀获盐□之俊。君乃当仁抗志,光应旌招,徐萦冲斗之辉,遽纵闻天之响。穷富平之三篚,充郗桂之一枝,制授均州司法参军事,寻转水衡监丞。"铭文云:"遽应旌贲,还登甲科,既裁图圉,复综山河。"按:据志文,王贞当为科举及第,释褐陈州项城县丞;又应制举,制授均州司法参军事,寻转水衡监丞。又:王贞卒于载初元年(690)六月九日,春秋六十有五,则其科举及第当在贞观年间。

《登科记考补正》卷二七《附考·进士科》、同书卷二七《附考·制科》分别录载王贞。

【王顺孙】字彦升,京兆霸城人。武德初,解褐楚州司法参军,历终南、渭南二县丞。诏举贤良,复为青州千乘、卫州新乡二县令。

《唐代墓志汇编》永徽〇一八,《唐故卫州新乡县令王君墓志铭并序》:"君讳顺孙,字彦升,京兆霸城人也……武德初,解褐楚州司法参军,迁雍州新丰县主簿,历终南、渭南二县丞。望重名流,政甄萌俗。徂来挺干,王尔知其异才;荆岫潜辉,卞和识其奇宝。爰以错节之重,实资利器;烹鲜之要,终伺哲人。乃诏举贤良,君首膺焕拂,复擢为青州千乘、卫州新乡二县令。"按:据墓志所叙仕历,其举贤良当作贞观年间。

【王绍文】字义藻,琅邪临沂人。贞观年间制科高第,授朝散郎、检校潞州司户参军。

《河洛墓刻拾零》,杜审言撰圣历二年(699)十月三日《大周故朝散郎检校潞州司户参军琅邪王君(绍文)墓志铭并序》:"公讳绍文,字义藻,琅邪临沂人也……年甫弱冠,以贞观中应辟射策高第,授朝散郎、检校潞州司户参军事。金门擢秀,已见抽其一枝。"

【王植】字文端,太原晋阳人。武德八年(625)诸科明法及第,历官大理寺录事、长安县尉。贞观初又应诏举,迁魏州武阳县令,官终司宗寺丞上骑都尉。

《全唐文补遗》第三辑,龙朔二年(662)七月十九日《大唐故司宗寺丞上骑都尉王君(植)墓志铭并序》:"君讳植,字文端,太原晋阳人也……祖才,隋胜州录事参军事。父兴,邢州柏人县令……(王植)年廿三,雍州贡明法省试擢第,授大理寺录事。丹笔无冤,黄沙绝滞。迁长安县尉,目览耳听,片言折狱。堆几之案云撤,盈庭之讼雾收。应诏举,迁魏州武阳县令,仍在京删定律令……以龙朔二年二月十日,寝疾卒于会稽郡,时年六十。"按:据仕历,王植诏举当在贞观年间。

【元则】字注详,河南洛阳人,祖惠□,周梁州别驾、豫州长史,父大通,隋吴郡昆山县令。射策登第,初授贝州漳南县尉。迁渝州南平县尉,终岗州录事参军事。

《唐代墓志汇编》显庆〇三四,显庆二年(657)三月八日《大唐故岗州录事参军元府君(则)墓志铭并序》:"君讳则,字注详,河南洛阳人也……君禀灵秀异,天然风骨,器宇宏深,音仪远亮。爰将筮仕,射策兰台,特挺甲科,蒙授贝州漳南县尉,俄迁渝州南平县尉。腰斯黄绶,莅此铜章,擅美当时,名高□彦。又除岗州录事参军事。"按:据墓志,元则祖惠□,周梁州别驾、豫州长史;父大通,隋吴郡昆山县令。

【孔昌寓】字广成。孙述睿,贞观中制科及第。历官魏州司马、膳部郎中。

《新唐书》卷一九六《孔述睿传》:"曾祖昌寓,字广成,贞观中对策高第,历魏州司马,有治状,帝为不置刺史。为政三年,玺书褒美,进膳部郎中。"按:《登科记考》卷二七误录昌寓为述睿之祖,《登科记考补正》卷二七袭误。

(宋)王应麟《玉海》卷一一五《选举·唐制举》:"孔昌寓贞观中对策高第。"

《登科记考》卷二七《附考·制科》录载孔昌寓。

【卢庄道】范阳人。贞观中制科及第。曾官河池尉、长安尉。

(宋)李昉等《太平广记》卷一七四《俊辩二·卢庄道》引《御史台记》:"卢庄道,范阳人也,天下称为名家。聪慧敏悟,冠于今古……太宗召见,策试擢第。年十六授河池尉。满二岁,制举擢甲科。召见,太宗曰:此是朕聪明小儿耶? 特授长安尉。"

《登科记考》卷二七《附考·制科》录载卢庄道。

【田仁汪】字履贞,北平人。贞观初应诏举,移任右领军卫长史。官终司卫正卿。

《唐代墓志汇编续集》乾封〇〇六,乾封元年(666)十一月十日《大唐故兼司卫正卿田君(仁汪)墓志铭》:"君讳仁汪,字履贞,北平人也……义宁之初,任右亲卫。贞观之始,授右卫兵曹参军。侍戟丹陛,飞缨紫闼。寻应诏举,移任右领军卫长史……寻授洛阳宫监,又除司农少卿……加授兼司卫正卿。"

(宋)王钦若等《册府元龟》卷一四《帝王部(十四)·都邑第二》:"显庆元年,敕司农少卿田仁汪,因事东都旧殿余址修乾元殿。"按:校订本标点有误,今改正。

【冉实】字茂实,河南人。贞观十八年(644)进士擢第。两应制举登第。历参军、县令等职,终官河州刺史。

《全唐文》卷二二八,张说撰《河州刺史冉府君神道碑》:"公讳实,字茂实。其先鲁国邹人也……今为河南人焉……弱冠太学生,进士擢第。遭家不造,府君捐馆……服阕,调并州大都督府参军。丁太夫人忧,过哀终丧,有如前制。应八科举,策问高第。授绵州司户参军,转扬州大都督府仓曹参军。又举四科,敷言简帝,除益州导江县令……加朝散大夫,除鄜州长史,仍加关内道支度使……因改恒州长史……乃徙拜凉州都督府长史,仍知赤水军兵马河西诸军支度使……迁使持节河州诸军事河州刺史,仍知营田使……享年七十有一,证圣元年二月十日,寝疾终于官舍。"按:以证圣元年(695)卒,年七十一推之,弱冠当贞观十八年。

《登科记考》卷一贞观十八年(644)进士科、卷二七《附考·制科》分别录载冉实。

【边惠】字处泰,陈留人,祖伯,隋楚州刺史,父师,唐金州平利县令。约贞观时制举及第,官至泗州司马。

《唐代墓志汇编》圣历〇〇九,圣历二年(699)十一月五日《大周故朝散大夫泗州司马上柱国边君(惠)墓志铭并序》:"君讳惠,字处泰,陈留人也……祖伯,隋楚州刺史……父师,唐金州平利县令;(边惠)于是成均教胄,习六艺于虞庠;射策仙台,洞三章于吕训。解褐任隰州司法参军事……万岁通天元(年)七月十三日,授朝散大夫,改泗州司马。"按:据墓志,边惠约在贞观时制举出身。

《登科记考补正》卷二七《附考·进士科》录载边惠为进士出身,证据不足。

【任敬臣】字希古,棣州人。明经及第,又举制科。官终太子舍人。

《旧唐书》卷一九五《孝友·任敬臣传》:"任敬臣字希古,棣州人。五岁丧母,哀毁天至。七岁,问父英曰:'若何可以报母?'英曰:'扬名显亲可也。'乃刻志从学。汝南任处权见其文,惊曰:'孔子称颜回之贤,以为弗如也。吾非古人,然见此儿,信不可及。'十六,刺史崔枢欲举秀才,自以学未广,遁去。又三年业就,举孝廉,授著作局正字。父亡,数殒绝,继母曰:'而不胜丧,谓孝可乎?'敬臣更进饘粥。服除,迁秘书郎。休沐,阖门诵书。监虞世南器其人,岁终,书上考,固辞。召为弘文馆学士,俄授越王府西阁祭酒。当代,王再表留,进朝请郎。举制科,擢许王文学。复为弘文馆学士,终太子舍人。"

(宋)计有功《唐诗纪事》卷六《任希古》:"字敬臣,棣州人。五岁丧母,七岁问父何以报母?父曰:'扬名显亲可也。'乃刻志从学。年十六,刺史崔枢欲举秀才,自以学未广,遁去。后举孝廉。虞世南器其人。为弘文学士,终太子舍人……薛元超永徽初为中书舍人,荐希古、郭正一、王义方、孟和贞、崔融十余人,时论美之。"按:希古举孝廉当在贞观后期,此时云孝廉,当为明经科。

《登科记考》卷二七《附考·明经科》、同卷《附考·制科》录载任敬臣。

【刘应道】字玄寿,广平易阳人。贞观中应诏举,擢授户部员外郎。官终秘书少监。

《唐代墓志汇编续集》开耀〇〇一,开耀元年(681)十一月七日《大唐故秘书少监刘府君(应道)墓志铭并序》:"府君讳应道,字玄寿,广平易阳人,汉景帝之后……年廿一,自弘文馆学生选为太穆皇后挽郎,再为太子通事舍人。出补□州□□县令……今上在东都监国,下令搜扬。府君膺其选,对册高第。贞观廿二年,擢授尚书户部员外郎。"

《新唐书》卷一〇六《刘祥道传》:"刘祥道字同寿,魏州观城人。父林甫,武德时为内史舍人……子齐贤……齐贤三世至两省侍郎,典选。从父应道吏部郎中,从父弟令植礼部侍郎,凡八人前后历吏部郎中、员外,世以为罕。"

【李谓】陇西成纪人。贞观五年(631)明经及第,授常州博士。后又制举高第,授贝州宗城县丞,转蒲州汾阴县丞。

《唐代墓志汇编》龙朔〇四三,《大唐故蒲州汾阴县丞上柱国李府君墓志铭》:"君讳谓,陇西成纪人也……贞观五年,以国子监明经举策问高第,解巾蒙授常州博士,又迁慈州司仓参军事。又应诏举策,复高第,转授贝州宗城县丞。"

【张山㠊】字伯仁,南阳人,祖文为,官上轻车都尉。贞观时武制举及第,授皮氏府旅帅。

《全唐文补遗》第五辑,开元十一年(723)十月十七日《唐故张君(山㠊)墓志铭并序》:"君讳山㠊,字伯仁,南阳人也……起家自举,武艺超绝,越阶授皮氏府旅帅。"按:据志文,山㠊祖文为,官上轻车都尉。以卒于乾封元年(666),享年五十五推之,其擢第当在贞观年间。

《登科记考补正》卷二七《附考·武举》系山㠊为武举及第,误。唐代武举设于武后长安二年(702),贞观时只有武制举。

【张览】字智周,清河人。贞观十六年,任东宫左卫翊卫。制举及第,授蒋王府参军。

《唐代墓志汇编》垂拱〇二〇,《大唐故蒋王府参军张府君墓志铭并序》:"君讳览,字智周,清河人也……贞观十六年四月,任东宫右卫翊卫。文简及第,随牒蒋王府参军。"

【张梵信】安定乌氏人。贞观初年制举及第。官至密府咨议。

《全唐文补遗》千唐志斋新藏专辑,龙朔元年(661)十月二十三《大唐故密府咨议张府君(梵信)墓志铭》:"府君讳梵信,安定乌氏人也,汉常山景王耳后……府君籍甚遗风,嗣膺余庆。诏加荣秩,授朝请郎,除陇州录事……俄而诏辟四科,允膺嘉选,策第居最,显级再加……春秋八十有二。粤以显庆五年八月十四日,薨于宣州之公馆。"按:据志文,梵信"诏辟四科,允膺嘉选"后,即在贞观三年(629)改授越州都督府兵曹,则其参加制举考试当在贞观初年。

【张弼】字义辅,南阳西鄂人。武德五年(622)应诏举贤良,射策甲科。贞观年间三应诏举,官至始州黄安县令。

《大唐西市博物馆藏墓志》一〇二,调露元年(679)十月十四日《大唐故始州黄安县令南阳县开国公张府君墓志铭并序》:"公讳弼,字义辅,南阳西鄂人也……(武德)五年二月,诏举贤良,射策甲科,独高时辈……又膺令辟,为太子通事舍人……(太宗)六年,又应明诏,举直中书省……十年,除卫尉寺丞。又丁内忧,毁瘠殆灭。闻其号泣,梓树为其生寒;需其涕泪,柏叶因而夺彩。服阕,应诏举。十四年,除尚书水部员外郎……寻又有诏,举县令。十九年,授承议郎,行魏县令……(永徽)五年十二月七日,终于县之官舍,春秋六十。"按:据墓志,张弼至少有四次应举制科,其中武德五年(622)贤良科一次,贞观年间三次。

【明恪】字敬,平原鬲人。贞观五年(631)应诏举射策甲科,解褐襄州安养县尉。后又两次应诏举及第,官终豫州刺史。

《洛阳新见墓志》调露元年(679)十月二十三日《唐故豫州刺史明府君墓志铭并序》:"公讳恪,字敬,平原鬲人也……贞观五年应诏举射策甲科,解褐襄州安养县尉……应诏举授恒州灵寿县令……又应诏举授少府监丞转卫尉寺丞。"

【郑肃】贞观年间以甲科除简州录事参军事。小传见附考秀才科郑肃条。

《唐代墓志汇编》嗣圣〇〇二,嗣圣元年(684)正月二十六日《大唐故朝议大夫守刑部侍郎郑公(肃)墓志铭并序》:"公讳肃,字仁恭,荥阳开封人也……解巾以秀才拜定州恒阳县尉。俄丁内忧去职。复阙,授雍州始平县尉。应诏明扬,以甲科除简州录事参军事。"

【贾隐】洛阳人。贞观时制举入仕,起家补鸡林道兵曹。官至检校桂府户曹参军事。

《全唐文补遗》第五辑,长寿二年(693)二月十二日《贾隐及妻合祔墓志》:"君讳隐,洛阳人也……始以廉洁孝悌举,随例为郎。及辰韩逆命,方资运策。起家补鸡林道兵曹。又检校子营总管……以君检校桂府户曹参军事。"按:贞观十九年(645)太宗伐高丽,则贾氏制举在此之前。

【夏侯绚】沛国谯人。贞观初年制举及第。官至睦州刺史。

《全唐文补遗》第三辑,永徽六年(655)十月二十五日《大唐故使持节睦州诸军事睦州刺史夏侯府君(绚)之墓志铭并序》:"公讳绚,沛国谯人也……贞观元年,除宜州土门县令……首应明扬,射策高第。六年,徙河东县令。"按:绚"射策高第",当为制举及第。据墓志,绚父诚,隋太子舍人、户部侍郎、汶山县开国公。祖裕,周中书侍郎、广阿县开国公。

【郭□】太原榆次人。应制举,释褐为绛州太平县丞。

《唐代墓志汇编》开元一五三,乡贡进士孙沈尤撰开元十年(722)八月三日《大唐故宣义郎行邢州柏仁县丞太原郭君(承亨)墓志铭并序》:"君讳承亨,字涣,太原榆次人也……祖应制举,授绛州太平县丞。"按:承亨祖制举及第时间,约在武德、贞观之间。

【高俨仁】字俨仁,渤海蓚人。贞观时制举入仕,授扬州高邮县丞。官至始州黄安县丞。

《全唐文补遗》第六辑,永徽六年(655)十二月二十五日《唐故始州黄安县丞高君(俨仁)墓志铭并序》:"君讳俨仁,字俨仁,渤海蓚人也……爰应仲舒之举,俯拾孙弘之第……以贞观十五年除扬州高邮县丞,寻迁始州黄安县丞。"按:俨仁当以制举入仕。

【黄元徹】贞观中明经及第。又中制举,官司刑丞。

《全唐文补遗》第七辑,长安四年(704)十一月二日《黄君墓志》:"父元徹,唐明经□,制举对策,□□□□□丞□德□□□言应物……公即司刑丞之长子。"按:据志文,黄君卒于长安四年(704),春秋七十一,则其父元徹第明经、中制举当在贞观年间。

【崔诚】字守诚,博陵安平人。祖博,隋虞部侍郎、泗州刺史;父文康,雍州池阳县令、和州司马。贞观时擢第四科,授吏部承务郎。

《唐代墓志汇编》显庆一二八,显庆五年(660)二月十三日《大唐故承务郎(诚)墓志铭并序》:"君讳诚,字守诚,博陵安平人,太公望之胤。远祖子玉,列乎前史。高祖秉,魏司徒公;大父子博,隋虞部侍郎、泗州刺史;父文康,雍州池阳县令、和州司马……(君)大学□清,就业余金,擢第四科,俯登一命,授吏部承务郎。"按:崔诚卒于贞观十一年(637),时年二十三。

【傅爽】望出北地泥阳，籍美原县。本官右武卫仓曹。贞观初应武举，授游击将军、长上果毅。

《唐代墓志汇编》圣历〇〇三，圣历元年(698)九月二十八日《大周故傅君(思谏)墓志铭并序》："君讳思谏，字庭芝，北地泥阳人也。因官徙地，而为美原县人焉……祖爽，唐右武卫仓曹，应武举，制授游击将军、长上果毅。"按：其孙卒于圣历元年，十八岁，则武举当在贞观中，此武举应是制举之一种。

【雷处讷】字敏行，本望平阳，魏郡汲人。贞观中制举及第。官至梓州盐亭县令。

《全唐文补遗》第六辑，开元十二年(724)十一月十六日《唐梓州盐亭县令霍府君(处讷)墓志铭并序》："君讳处讷，字敏行，本望平阳，因官今为魏郡汲人也……乃应制举，对扬高□，拜并州太谷县令，转梓州盐亭令。"按：处讷卒于上元二年(761)，享年六十九，则其制举及第当在贞观年间。

【裴行俭】字守约，绛州闻喜人。贞观中举明经。又应诏举，迁长安令。高宗时官吏部侍郎，官至礼部尚书，兼右卫大将军，封闻喜县公。

《全唐文》卷二二八，张说《赠太尉裴公神道碑》："公讳行俭，字守约，河东闻喜人也……明经，补左屯卫仓曹。诏举转雍州司士，迁金部户部二员外，历都官郎中、长安令……为吏部侍郎，加银青光禄大夫……迁礼部尚书，加上柱国，又特降恩命兼右卫大将军……乃封公闻喜县开国公。"永淳元年卒。

《旧唐书》卷八四《裴行俭传》："裴行俭字守约，绛州闻喜人。父仁基，隋光禄大夫……(行俭)幼引荫补弘文生。贞观中，举明经，调左屯卫仓曹参军。"

《新唐书》卷一〇八《裴行俭传》："行俭幼引荫补弘文生，贞观中举明经，调左屯卫仓曹参军。"

《登科记考》卷二七《附考·明经科》、《登科记考补正》卷二七《附考·明经科》分别录载裴行俭。

附考科目未详（太宗朝科目未详）

【朱延度】字开十，吴郡钱塘人。贞观初科举及第。官至仓部郎中。

《人唐西市博物馆藏墓志》五八，显庆三年(658)十月十二日《大唐故仓部郎中朱府君墓志铭并序》："君讳延度，字开士，吴郡钱塘人也……君门资淳懿，性履中和。凤擅孝慈之表，幼承诗礼之训。每横经请益，师逸功倍。滥觞云肇，俄成浴日之深；覆篑始基，遂仰凌云之峻。子将月旦，早贻鉴奖。黄童日下，远闻京洛。于是乡邦推揖，公卿藉其。贞观开元，励精政术。傍求俊乂，以阐大猷。时膺褒然之举，用光多士之选。利见苍龙之阙，待诏金马之门。缛藻霞舒，奇谟波属。射策高第，授魏王府典签。"按：据墓志朱延度当为科举出身，曾参与魏王李泰主编的《括地志》编写，因损益尤多，超加四阶，并赐绢帛。

【王甀生】名未详，字甀生，洛州洛阳县人。贞观初科举及第，科目未详。

《唐代墓志汇编》咸亨〇六六，十一月十五日《唐故处士王君墓志铭并序》："君讳□，字甄生,洛州洛阳县人也……君年惟绮岁,言行早彰,文武兼资,材宏见重,乃射策甲科,遂超石渠之用。"按:据墓志,王氏卒于咸亨三年(672),享年六十,则其"绮岁"当在贞观初期。

《登科记考补正》卷二七《附考·进士科》录载王甄生,证据不足。今以科目未详录载,俟考。

【王贞】字弘济,太原人。贞观年间科举及第,除陈州项城丞。又应制举,授均州司法参军事。官至水衡监丞。

《唐代墓志汇编》长寿〇二一,长寿二年(693)八月二十七日《大周故水衡监丞王君(贞)墓志铭并序》:"君讳贞,字弘济,太原人也……业应匡举,策冠孙科,释褐陈州项城县丞……俄而翘车伫德,顿网征贤,旁求涧谷之奇,冀获盐□之俊。君乃当仁抗志,光应旌招,徐萦冲斗之辉,遽纵闻天之响。穷富平之三箧,充都桂之一枝,制授均州司法参军事,寻转水衡监丞。"铭文云:"遽应旌贲,还登甲科,既裁图圄,复综山河。"按:据志文,王贞当为科举及第,释褐陈州项城县丞;又应制举,制授均州司法参军事,寻转水衡监丞。又:王贞卒于载初元年(690)六月九日,春秋六十有五,则其科举及第当在贞观年间。

《登科记考补正》卷二七《附考·进士科》、同卷《附考·制科》分别录载王贞。

【关师】字有觉,洛阳人。贞观年间科举及第。官终朝议郎、洪州高安县丞。

《唐代墓志汇编》延载〇〇一,延载元年(694)五月二十六日《周故朝议郎洪州高安县丞上柱国关君(师)之铭并序》:"君讳师,字有觉,洛阳人也……公绮年流闻,青衿受兰室之词;弱岁飞声,绛帐承杏坛之论。名行双著,器用两彰,既养翮以弹冠,亦因时以摇落。抗对宣室,擢策甲科,授高安县丞,申渐陆也。"按:关师"擢策甲科",当为科举出身,科目未详。以卒于长寿三年(694)五月二日,春秋六十有六推之,时间约为贞观时期。

《登科记考补正》卷二七《附考·进士科》录载关师,证据不足。

【兰师】字光韶,南阳人。贞观年间科举及第。官终仆寺厩牧署令。

《唐代墓志汇编》永淳〇一一,《唐故仆寺厩牧署令兰君(师)墓志铭》:"公讳师,字光韶,南阳人也……公幼负奇节,孤标雅誉,览丘坟于早岁,拾青紫于昌辰。万顷洪波,溢黄陂而沃日;一枝月干,凌都□以腾芳。风霜之气凛然,岳渎之灵斯在。爰于弱冠,即预簪缨。"按:据志文,兰师当为科举出身,科目未详。以卒于长寿三年(694)五月二日,春秋六十有六推之,及第约在贞观年间。

《登科记考补正》卷二七《附考·进士科》录载兰师,证据不足。

【赵爽】字义明,河南新安人。贞观年间科举及第。官终济州东阿县尉。

《唐代墓志汇编》永徽〇七五,永徽四年(653)四月十日《大唐故济州东阿县尉赵君(爽)墓志铭并序》:"公讳爽,字义明,河南新安人也……君□华嵩峤,禀涧光河,风度凝明,徽猷峻上。郁辞峰于琼岫,朗心镜于瑶池,妙群英以高察,雄州间而擢秀。射策高第,释褐东阿,抚翼丘园,翰飞河济。"按:赵爽"射策高第,释褐东阿",当以科举入仕,然其及第科目难以确定,暂录科目未详。以卒于永徽三年(652)四月十日,春秋四十四推之,及第约在贞观年间。

《登科记考补正》卷二七《附考·进士科》录载赵爽,证据不足。

【董务忠】字基孝,冯翊频阳人。贞观年间科举及第。官终朝散大夫行遂州司马。

《全唐文补遗》第三辑,天授二年(691)十月十二日《唐朝散大夫行遂州司马董君(务忠)墓志铭并序》:"公讳务忠,字基孝,冯翊频阳人也……逮乎志学立身,砥砺名行。策名入士,观国之光。且豹子初成,便起吞牛之意;松生数寸,已显笼云之心。少以磔鼠爱书,遂以金科在虑。随器而处,超授评事之官。"按:据墓志,董氏当为科举及第,科目未详。以卒于垂拱四年(688)五月,春秋六十七推之,及第约在贞观年间。

《登科记考补正》卷二七《附考·进士科》录载董务忠,证据不足。

卷

三

唐高宗（李治）朝（650—683）

永徽元年庚戌（650）

正月辛丑朔，改元。《旧唐书》。

秀才科

【刘鋈】永徽元年（650）秀才及第。

（宋）王应麟《玉海》卷一一五《选举·唐六科》："按登科记，永徽元年犹有秀才刘鋈一人，二年始停秀才举。"

《登科记考》卷二永徽元年（650）秀才科录载刘鋈。

进士科

【赵义】字怀敬，天水人。祖玄，唐朝孝廉。永徽元年（650）进士及第，授文林郎。显庆元年，转洺州曲周县尉。乾封二年，迁淄州高苑县丞。

《唐代墓志汇编》永淳〇二三，王允元撰永淳元年（682）十一月二十五日《大唐故淄州高苑县丞赵君（义）墓志铭并序》："君讳义，字怀敬，天水人也……乃祖玄，皇朝孝廉，举魏州顿丘县令……父吉祥，宋州下邑县令……（赵义）永徽元载，应试甲科，选部随班，爰从散秩，授文林郎。显庆元年，授洺州曲周县尉……乾封二年，授淄州高苑县丞。"

明经科

【王师协】字景和，琅琊临沂人。永徽元年（650）明经及第。历官常州江阴县尉、邛州依政主簿、广州南海县尉、韶州乐昌县令。

《全唐文补遗》第五辑，徐彦伯撰神功元年（697）十月二十日《□故韶州乐昌县上柱国王府君（师协）墓志铭并序》："府君讳师协，字景和，琅琊临沂人……曾祖嵩，陈侍中。大父允，陈太子洗马。考修惠，唐房州司仓……（师协）弱冠，明经射策高第，授常州江阴县尉，时季廿三……转邛州依政主簿，合县寮案，悉缘公坐，乃贬授广州南海县尉，调补韶州乐昌县令。"按：师协卒于神功元年（697），春秋六十七，则其弱冠在永徽元年。

【崔誾】博陵安平人。永徽元年（650）明经及第，初授雍州参军事。历官左骁卫兵曹、蒲州司法、尚书库部员外郎、喜安令、澧泉令、润州司马，官终朝散大夫守汝州长史。

《唐代墓志汇编》大历〇六二，吴少微、富嘉谟撰神龙元年（697）十一月二十四日《有唐朝散大夫守汝州长史上柱国安平县开国男赠卫尉少卿崔公（誾）墓志》："伊博陵崔公讳誾，岁十有八，以门胄齿太学。明年，精《春秋左氏传》登科，冠曰慈明，首拜雍州参军事，次左骁卫兵曹，次蒲州司法……迁尚书库部员外郎，时年卅八。帝有恤人之命，特除公为喜安令……徙为澧泉令……登除渑池令，迁润州司马，加朝散大夫。"按：崔氏卒于神龙元年（705），享年七十有四，则其十九岁时在本年。

诸科

【吴本立】字元恽,濮阳人。永徽元年(650)医举及第,寻授太医监,转太医令。历官太子药藏监、朝散大夫、殿中尚药奉御。祖季,隋朝散大夫、行贝州临清县令。父嗣,唐朝议郎、行太医令。

《全唐文补遗》第五辑,神龙二年(706)十二月二十日《大唐故尚药奉御上柱国吴君(本立)墓志铭并序》:"君讳本立,字元恽,濮阳人也……祖季,隋朝散大夫、行贝州临清县令……父嗣,皇朝朝议郎、行太医令……(本立)永徽元年,医举及第,寻授太医监,俄转令,又任太子药藏监……万岁通天元年,授朝散大夫……又加朝议大夫。神龙二年,制授殿中尚药奉御。"

制科

【孙处约】字茂道,汝州郏城人。武德中科举及第,永徽元年(650)复应制举,授著作佐郎。历礼部员外郎、考功员外郎、中书舍人、中书侍郎等,麟德元年拜相。

《唐代墓志汇编》咸亨〇六八,咸亨三年(672)十一月二十二日《唐故司成孙公(处约)墓志铭并序》:"公讳处约,字茂道,本□乘乐安人也……(考子起)因官汝颍,又编贯于襄城郡之郏城县焉……永徽元年,礼部尚书骠骑都尉申公应诏举,游情文藻,下笔成章,射策甲科。蒙敕授著作佐郎,又迁授礼部员外郎,转考功员外郎、弘文馆直学士、骑都尉,有频蒙敕授守考功郎中、上□都尉,又迁守给事中、中书舍人……寻迁朝议大夫、司礼少□伯、□车都尉,又受东台侍郎、知军国事□□□兼□□台事,□正除西台侍郎……乾封二年诏除少司成。"

《新唐书》卷一〇六《孙处约传》:"孙处约,始名道茂,汝州郏城人。贞观中,为齐王祐记室。祐多过失,数上书切谏。王诛,帝得其书,咨叹之,擢中书舍人。高宗即位,令杜正伦请增舍人员。帝曰:'处约一人,足办我事。'止不除。以论譔劳,数赐段物。再迁司礼少常伯。麟德元年,以西台侍郎同东西台三品。为少司成,以老致仕,卒。"

【裴皓】字圆照,河东闻喜人。贞观八年进士及第。历官右屯卫骑曹参军。永徽元年(650)以贤良应诏,除尚书兵部员外郎,官终宫府大夫兼检校司驭少卿。

《全唐文补遗》第七辑,龙朔三年(663)十月五日《大唐故宫府大夫兼检校司驭少卿裴君(皓)墓志铭并序》:"君讳皓,字圆照,河东闻喜人也……贞观八年,以茂才应举,射策甲科,授右屯卫骑曹参军,寻迁尚辇直长,转通事舍人……永徽元年以贤良应诏,除尚书兵部员外郎,寻迁守驾部郎中……俄迁兵部郎中,又转吏部郎中。五戎务殷,九流任切。参典其要,智效克彰。累加上轻车都尉,迁太子家令,兼检校太仆少卿。寻以官名改刑,授宫府大夫,兼检校司驭少卿。"

永徽二年辛亥(651)

诸科

【皇甫文备】字孝忠,洛州缑氏人。永徽二年(6511)明法及第,拜登仕郎。官至姚州都督。

《唐代墓志汇编》长安〇六三,长安四年(704)八月十九日《大周故正议大夫使持节都督姚宗等卅六州诸军事守姚州刺史上柱国皇甫君(文备)墓志》:"君讳文备,字孝忠,安定郡人也。往以大业年中,述职江左,皇唐创历,徙第河南,仙峤帝乡,即为河南洛州缑氏人也……弱冠以明法擢第,拜登仕郎……又迁姚府都督,使持节姚、宗、匡、靡卅六州诸军事。"按:皇甫氏长安四年(704)卒,春秋七十三,则其弱冠之岁在永徽二年(651)。

永徽三年壬子(652)

明经科

【王大义】字大义,琅琊人。永徽三年(652)明经及第,授江华主簿。官至名山尉。

《唐代墓志汇编》开元一二〇,开元九年(721)八月九日《大唐故雅州名山县尉王府君(大义)墓志》:"君讳大义,字大义,琅琊人也……以永徽三年明经擢第,拜江华主簿,寻迁连谷主簿……俄迁名山尉。"

【吴续】字光绍,洛州合宫县人。永徽三年(652)明经及第,授承奉郎。曾祖孝直,陈散骑常侍、太舟卿;大父敏恭,陈晋安王刑狱参军,湘乡、醴陵二县令;父景达,隋尚药奉御,唐秦王祭酒、中散大夫、尚药奉御、永安县开国男。

《唐代墓志汇编》久视〇〇四,韩思复撰久视元年(700)七月二十六日《大周故承奉郎吴府君(续)墓志之铭并序》:"君讳续,字光绍,其先濮阳人也。祖考从宦京洛,今复为洛州合宫县人也……曾祖孝直,陈散骑常侍、太舟卿;大父敏恭,陈晋安王刑狱参军,湘乡、醴陵二县令;王考景达,隋尚药奉御,唐秦王祭酒、中散大夫、尚药奉御、永安县开国男……(吴续)以永徽三年明经擢第,琢玉篆金之器,弘之在人;高下才调之悲,莫逢知己。授承奉郎。"按:徐松《登科记考》云永徽三年不贡举,疑误。

【高隆基】字继,渤海蓨人。永徽三年(652)明经及第,补并州参军。终蒲州猗氏县令。高祖德政,北齐侍中、左仆射、仪同三司、冀州大中正、渤海郡王;曾祖伯坚,北齐司徒东阁祭酒;祖王臣,北齐给事中广德将军,袭封蓝田公;父敬言,唐给事中、吏部侍郎、许州刺史。

《唐代墓志汇编》长安〇四三,卢粲撰长安三年(703)十月三日《大唐故蒲州猗氏县令□府君(隆基)墓志铭并序》:"府君讳隆基,字继,渤海蓨人也……高祖德政,北齐侍中、左仆射、仪同三司、冀州大中正、渤海郡王,赠太保尚书令康公,配享高祖庙;曾祖伯坚,北齐司徒东阁祭酒,赠海州刺史;祖王臣,北齐给事中广德将军,袭封蓝田公;父敬言,唐给事中、吏部侍郎、许州刺史……(隆基)弱冠以国子监明经,射策高第,调补并州参军……除并州仓曹参军事,稍迁晋州岳阳县令,又转蒲州猗氏县令。"按:以调露二年(680)正月十五日卒,春秋卅八推之,隆基弱冠岁在永徽三年(652)。

陈尚君《〈登科记考〉正补》,高隆基条:"拓本姓氏已泐去。今考渤海蓨为高氏郡望;《志》复云:'高祖德政,齐侍中、左仆射','曾祖伯坚,北齐司徒东阁祭酒',均与《北齐书》卷三〇《高德政传》相合,故知志主当为高姓。"按:墓志云高隆基卒于调露二年(680),陈补录为调露元年(679),因而系年有误。

《登科记考补正》卷二永徽三年(652)明经科增补高隆基。

诸科

【潘智】字智广,宋郡人。永徽三年(652)明法及第,补郓州锯野主簿。官至潞州乡县尉。

《全唐文补遗》第八辑,开元二十四年(736)五月五日《大唐故潞州乡县尉上柱国潘府君(智)墓志铭并序》:"公讳智,字智广,宋郡人也……弱冠,以明法高第,调补郓州锯野主簿。"按:以万岁登封元年(696)卒,春秋六十四推之,潘智弱冠明法及第时在永徽三年。

永徽四年癸丑(653)

进士科

【王庆】字褒,上党黎城人。永徽四年(653)进士及第,为徐王府幕僚,终身不仕。

《唐代墓志汇编》开元一〇五,开元八年(720)九月十一日《唐故处士王君(庆)之碣》:"君讳庆,字褒,上党黎城人也……祖海,好黄老;父则隐居放言……(君)举进士策高第。牧守希其才,将贡皇阙,会徐王到,遂不复以闻,留之幕府,悉弟子从其受业。"按:据墓志,王庆卒于开元二年(714)十二月,享年八十五;又《旧唐书》卷六四《高祖二十二子·徐王元礼》:"徐王元礼,高祖第十子也。少恭谨,善骑射。武德四年,封郑王。贞观六年,赐实封七百户,授郑州刺史,徙封徐王,前徐州都督。十七年,转绛州刺史,以善政闻,太宗降玺书劳勉,赐以锦彩。二十三年,加实封千户。永徽四年,加授司徒,兼潞州刺史。"据唐初上党县隶属河东道潞州,可知王庆举进士在高宗永徽四年。

【王景之】字崇业,太原祁人。永徽四年(653)进士及第,授郑王府典签。官至雍州美原县丞。

《唐代墓志汇编》景龙〇二八,景龙三年(709)十月二十六日《大唐故雍州美原县丞王君(景之)墓志铭并序》:"公讳景之,字崇业,太原祁人也……高祖兴,字义起,齐举秀才,任兖州高平县令,后加宁朔将军,子孙因居于高平龚丘焉。曾祖让,齐下邳县令;祖敏,隋任光州别驾;父祎,皇朝辰、蕲二州别驾,具州司马;并誉洽能官,芳传良史。公天才卓绝,孝行超人,有国士之门风,总乡闾之令望。永徽四年乡贡进士及第,登汉策之甲科,光郗诜之片玉。解褐郑王府典签。"按:徐松《登科记》云永徽四年不贡举,疑误。

明经科

【李懿】字纳言,赵郡元氏人。永徽四年(653)明经及第,授梓州飞乌尉。后举清白尤异科,授洛阳丞,官至亳州刺史。

《唐代墓志汇编》神龙〇二一,神龙二年(706)正月二十一日《大唐故使持节亳州诸军事亳州刺史李府君(懿)墓志铭并序》:"公讳懿,字纳言,赵郡元氏人也……弱冠明经及第,调补梓州飞乌尉……服阙,举清白尤异,对策昇科,授洛阳丞。"按:李氏卒于神龙元年(705),春秋七十二,则其弱冠岁在永徽四年(653)。

【杨再思】名綝,以字行,郑州源武人。永徽四年(653)明经及第,初授原武尉。历官天官员外郎、左右肃政台御史大夫、鸾台侍郎、同凤阁鸾台平章事,官终尚书右仆射。弟季昭,进士及第,官殿中侍御史。

《全唐文补遗》第七辑,岑羲撰《大唐故尚书右仆射赠特进并州大都督郑国公杨恭公(再思)□□并序》:"公讳□,字再思,其先居于恒农之华阴,今为郑州源武人也……弱冠明经及第,解褐授□□□武尉。"按:据《新唐书》卷七一下《宰相世系表》一下"杨氏":"綝字再思,相武后、中宗。"以景龙三年(709)卒,春秋七十六推之,志主弱冠年在永徽四年(653)。

《旧唐书》卷九〇《杨再思传》:"杨再思,郑州源武人也。少举明经,授玄武尉……累迁天官员外郎,历左右肃政台御史大夫。延载初,守鸾台侍郎、同凤阁鸾台平章事。证圣初,转凤阁侍郎,依前同平章事,兼太子右庶子。寻迁内史,自弘农县男累封至郑国公……长安四年,以本官检校京兆府长史,又迁检校扬州大都督府长史。中宗即位,拜户部尚书,兼中书令,转侍中,以宫僚封郑国公,赐实封三百户。又为册顺天皇后使,赐物五百段,鞍马称是。时武三思将诬杀王同皎,再思与吏部尚书李峤、刑部尚书韦巨源并受制考按其狱,竟不能发明其枉,致同皎至死,众冤之。再思俄复为中书令、吏部尚书。景龙三年,迁尚书右仆射,加光禄大夫。其年薨,赠特进、并州大都督,陪葬乾陵,谥曰恭。子植、植子献,并为司勋员外郎。再思弟季昭为考功郎中,温玉为户部侍郎。"

《新唐书》卷一〇九《杨再思传》:"杨再思,郑州源武人,第明经;为人佞而智。初,调玄武尉……累迁天官员外郎,历左肃政御史中丞。延载初,擢鸾台侍郎、同凤阁鸾台平章事,加兼左肃政御史大夫。封郑县侯,迁内史……中宗立,拜户部尚书、同中书门下三品、京师留守,封弘农郡公,加兼扬州长史,检校中书令。改侍中,郑国公,赐实封户三百,为顺天皇后封册使。武三思诬陷王同皎,再思与李峤、韦巨源按狱,希意抵同皎死,众以为冤。复拜中书令,监修国史,迁尚书右仆射,仍同三品。卒,赠特进、并州大都督,陪葬乾陵,谥曰恭。弟季昭,中茂才第,为殿中侍御史。"

【张远助】字守谦,赵郡中山人。永徽四年(653)乡贡明经,解褐壁州广纳县尉。官至司卫少卿。

《全唐文补遗》第八辑,神功元年(697)十月二十一日《大周故司卫少卿张君(远助)墓志铭并序》:"公讳远助,字守谦,赵郡中山人也……永徽四年,乡贡明经,解褐壁州广纳县尉……(大周万岁登封元年)腊月二日,薨于武临县之西境,时年六十六。"

【黄□】名未详,父元徹,唐明经、制举及第,官司刑丞。永徽四年(653)明经及第。后又应八科举,官终持节都督洪虔吉等五州诸军事、洪州刺史。

《全唐文补遗》第七辑,长安四年(704)十一月二日《黄君墓志》:"父元徹,唐明经□,制举对策,□□□□□□丞□德□□□言应物……公即司刑丞之长子……弱冠国子明经擢第,解褐拜兰台校书郎……又应八科举及第,迁司直,寻加朝散大夫,拜司刑丞……拜澧州、徐州、泽州刺史,又转饶州刺史……改授持节都督洪虔吉等五州诸军事、洪州刺史。"按:据志文,黄君卒于长安四年(704),春秋七十一,则其弱冠第明经在永徽四年(653),八科举及第亦当在高宗时。

制科

【毕正义】字正义,太原人。永徽四年(653)制科及第,官益州都督法曹大理丞。

《全唐文补遗》第六辑,《大唐故益州都督法曹大理丞毕君(正义)墓志铭》:"君讳正义,字正义,太原人也……永徽四年,应诏举对策高第,诏授大理。"

永徽五年甲寅(654)

进士科

【王庆祚】字嘉胤,太原晋阳人。永徽五年(654)进士及第,授澧州澧阳县主簿。官至岐州雍县尉。

《唐代墓志汇编》圣历〇一七,卢俌撰圣历二年(699)二月十二日《唐故岐州雍县尉太原王君(庆祚)墓志铭并序》:"君讳庆祚,字嘉胤,太原晋阳人也……逮乎器光琢玉,业蕴藏金,帝学盛枢衣之仪,王廷有观光之美。射策高第,解褐除澧州澧阳县主簿……以唐咸亨四年九月廿五日遘疾,终于洛州淳风里第,春秋卅有九。"按:孟二冬《登科记考补正》考云:"又铭曰:'艺成弱冠,翻飞上庠。'以弱冠岁推之,其登第时间当在永徽五年。"

制科

【张夐】清河人,曾祖达,齐左光禄、周开府仪同三司、本郡大中正,祖璋,隋宗州别驾,唐宜君令,父选,唐益州郫县丞、相州司仓、司农寺主簿。永徽五年(654)制科及第。历官易州永乐县主簿,宋州宁陵、扬州江都、魏州贵乡三县尉,官终朝散郎行左监察御史。

《唐代墓志汇编》垂拱〇五六,垂拱四年(688)七月十七日《大唐故左□□□监察御史张府君(夐)墓志铭并序》:"君讳夐,字□□,清河人也……曾祖达,齐左光禄、周开府仪同三司、本郡大中正;祖璋,隋宗州别驾,皇朝宜君令;父选,皇朝益州郫县丞、相州司仓、司农寺主簿……早预国子学,应诏自举,诏□问焉。封奏者千有余人,君蔚为举首。爰降明诏曰:少年聪颖,机神博达,对□策问,词义可称,可待诏弘文馆,准学士例,供食随仗,入内供奉。时年十九……寻授易州永乐县主簿,又徙授宋州宁陵、扬州江都、魏州贵乡三县尉……迁司刑评事,寻于御史里行,俄授朝散郎行左监察御史。"按:以垂拱四年(688)春秋五十三推之,张氏十九岁时为永徽五年。

永徽六年乙卯(655)

明经科

【孙知节】字忠孝,太原中都人。永徽六年(655)明经及第,授梓州郪县尉。官至郑州中牟县令。

《大唐西市博物馆藏墓志》一四八,长安二年(702)十一月十九日《大周郑州中牟县令孙府君墓志铭并序》:"君讳知节,字忠孝,本太原中都人也……弱冠明经擢第,授梓州郪县尉……神功元年八月廿九日,终洛阳延福里第,春秋六十有七。"按:以享年六十七推算,知节弱冠年在永徽六年(655)。

【豆卢轨】字钦文。弱冠年明经及第,解褐授原州都督府户曹参军。官至蜀州司户参军事。

齐运通《洛阳新获七朝墓志》,豆卢灵均撰长安三年(703)十月十五日《唐故蜀州司户参军事豆卢府君墓志铭并序》:"公讳轨,字钦文……仁孝慈爱,博闻强识,弱冠横经,壮室登仕。解褐授原州都督府户曹参军。"按:据志文,轨"弱冠横经,壮室登仕",当为明经及第。以天授二年(692)卒,春秋五十七推之,其弱冠年在永徽六年(655)。

【李敏】字知仁,赵郡人,曾祖嵩,齐任济州刺史,祖宝,隋赵州司马,父护,未仕。永徽六年(655)明经及第,官德州将陵县丞。

《唐代墓志汇编》垂拱〇四六,垂拱三年(687)十二月九日《大唐故德州将陵县丞李府君(敏)墓志铭并序》:"君讳敏,字知仁,赵郡人也……曾祖嵩,齐任济州刺史;祖宝,隋任赵州司马……父护……清虚不仕……(君)永徽六年,岁贡明经高第,解褐汾州灵石县主簿。秩满,任洺州永年县尉,又任扬州江都县尉,又任德州将陵县丞。"

【赵思廉】字思廉,天水人。永徽六年(655)明经及第,授郑州荥阳主簿。曾官监察御史,终荆州大都督府法曹参军。

《唐代墓志汇编》天宝〇六九,天宝四载(745)十月十三日《大唐故监察御史荆州大都督府法曹参军赵府君(思廉)墓志铭并序》:"公讳思廉,字思廉,天水人……弱冠明经登甲科,解褐郑之荥阳主簿。"按:思廉卒于大足元年(701),春秋六十六,则其弱冠岁在永徽六年。参见《全唐文》卷九九五,阙名撰《赵思廉墓志铭》。

【慕容知礼】字思恭,昌黎棘城人。永徽六年(655)明经及第。

《全唐文补遗》第五辑,咸亨四年(673)二月二十八日《唐故三品孙慕容君(知礼)墓志铭并序》:"君讳知礼,字思恭,其先昌黎棘城人也……曾祖绍宗,魏尚书左仆射、东南道大行台。祖叁藏,隋金紫光禄大夫、淮南太守。父正言,唐朝请大夫、行兖州都督府司马……(君)年甫十五,身长八尺,雅性好学,服膺儒素。明经拾紫,业用斯优。"按:以显庆四年(659)卒,享年一十九推之,知礼十五岁时在永徽六年。

科目未详

【裴抁】字思敬,河东闻喜人。曾祖尼,周小御正、镇远将军,祖爽,隋洛州渑池令、唐正议大夫、招慰蜀汉道,父希庄,唐太子左赞善大夫陈州刺史。永徽六年(655)宿卫高第,科目未详。历官洛州偃师县丞、荆州都督府兵曹、雍州司法、朝散大夫行洛州录事、武泰县令、冀州长史、泗州刺史,官终宁州刺史。

《唐代墓志汇编》开元一二九,开元九年(721)十月二十九日《大唐故通议大夫使持节宁州诸军事宁州刺史上柱国裴公(抁)墓志铭并序》:"公讳抁,字思敬,河东闻喜人也……曾祖尼,周小御正、镇远将军,赠辅国将军、随州刺史,周书有传……祖爽,隋洛州渑池令、皇朝受正议大夫、招慰蜀汉道……父希庄,皇朝太子左赞善大夫陈州刺史……(裴抁)弱冠以宿卫高第,解褐拜舒州司户,从常调也……秩满,除洛州偃师县丞……受荆州都督府兵曹……又除雍州司法……诏加朝散大夫行洛州录事……旋除武泰县令……除潞州司马,俄而累迁冀州长史……诏迁使持节泗州刺史……诏迁使持节宁州刺史。"按:以太极元年(712)春秋七十七推之,裴氏弱冠岁在永徽六年。

《登科记考补正》卷二,录裴抁进士及第,考云:"志言'以宿卫高第',则科目未详。然据志文所叙其德行仪表,及'尤工音律'云云,似为进士科。今附载于此。"按:据志文,未见裴氏进士及第之直接证据,当系"科目未详"。

显庆元年丙辰(656)

进士科

【苏瑰】字昌容,雍州武功人。显庆元年(656)进士及第,补恒州参军。累授豫王府录事参军。中宗复政,景龙三年拜尚书右仆射同中书门下三品,进封许国公。卒年七十二,赠司空、荆州大都督,谥文贞。

《全唐文》卷一六八,作者小传:"瑰字昌容,京兆武功人,弱冠举进士,补恒州参军,累迁扬州大都督府长史,徙同州刺史。神龙初入为尚书右丞,再迁户部尚书加侍中,充西京留守,迁吏部尚书。景龙三年拜右仆射同中书门下三品,进封许国公,监修国史。景云元年转太子少傅。卒年七十二,赠司空荆州大都督。谥曰文贞。开元四年加赠司徒。"

(唐)杜牧《樊川文集》卷一二《上宣州高大夫书》:"苏氏父子,皆进士也。大许公为相于武后朝酷吏中,不失其正,于中宗朝,诛反贼郑普思于韦后党中;小许公佐玄宗朝,号为苏、宋。"按:苏瑰进封许国公,其子苏颋袭封,故有大许公、小许公之说。

《旧唐书》卷八八《苏瑰传》:"苏瑰字昌容,京兆武功人,隋尚书右仆射威曾孙也。祖夔,隋鸿胪卿。父宣,贞观中台州刺史。瑰弱冠本州举进士,累授豫王府录事参军。长史王德真、司马刘祎之皆器重之。长安中,累迁扬州大都督府长史……景龙三年,转尚书右仆射、同中书门下三品,进封许国公……景云元年,以老疾转太子少傅。是岁十一月薨,赠司空、荆州大都督,谥曰文贞。"

《新唐书》卷一二五《苏瑰传》:"苏瑰字昌容,雍州武功人,隋尚书仆射威之曾孙。擢进士第,补恒州参军。"

《登科记考》卷二显庆元年(656)进士科、麟德三年(666)幽素科分别录载苏瓌。

嘉靖《常德府志》卷一二《官志·历官》:"(苏瓌)擢进士第。"

明经科

【郭品】字大品,太原人。显庆元年(656)明经科及第。官至泉州长史。

《全唐文补遗》千唐志斋新藏专辑,先天元年(712)十月二十五日《故泉州长史太原郭君(品)墓志铭并序》:"君讳品,字大品……弱冠,明经试春秋周易甲第。"按:以景龙三年(709)卒,春秋七十三推之,其弱冠年在显庆元年(656)。

孝廉科

【孟玄一】字味真,琅琊平昌人。高宗显庆元年(656)孝廉及第,授徐王府参军。官至将作少匠。

《唐代墓志汇编》开元〇一九,开元三年(715)四月九日《大唐故渭州刺史将作少匠孟府君(玄一)墓志铭并序》:"公讳玄一,字味真,琅琊平昌人也。中叶从宦,迁居洛阳。祖嵩,朝散大夫、唐州刺史,声芳随日;父颙,朝请郎、太子中允,望蔼唐年……(公)弱冠以孝廉对策高第,试徐王府参军,寻正授焉。"按:玄一卒于长寿元年(692)十二月十二日,春秋五十六,则其孝廉擢第当在高宗显庆元年。

制科

【乐鉴虚】字鉴虚,南阳人。显庆元年(656)对策高第。官至亳州山桑县令。

《全唐文补遗》第八辑,景龙三年(709)十月十四日《唐故亳州山桑县令王府主簿乐君(鉴虚)墓志铭并序》:"君讳鉴虚,字鉴虚,南阳人也……以唐显庆元年,对策高第。"按:以景龙元年(707)卒,春秋六十七推之,鉴虚显庆元年(656)对策高第时十六岁。

显庆二年丁巳(657)

明经科

【田嵩】字峤,河南武临人,祖直,官同州刺史,父谌,官定州长史。显庆二年(657)明经及第,授滕王府记室参军事。

《唐代墓志汇编》开元一五八,开元十一年(723)正月二十八日《大唐故滕王府记室参军田府君(嵩)墓志并序》:"君讳嵩,字峤,本雁门郡,高曾因官,今为河南武临人也。祖直,银青光禄大夫、同州刺史、乐平侯;父谌,朝散大夫、定州长史……(公)弱冠乡贡,明经擢第,授滕王府记室参军事。"按:田嵩开元十一年(723)卒,享年八十六,则其明经第在显庆二年。

【姚处贤】河东人,祖宝,谷州渑池令,父能,肃州酒泉令。显庆二年(657)明经擢第,授坊州博士。历官至德州平原主簿。则天时,制举及第,官终濮州司法参军事。

《唐代墓志汇编》长安〇七一,长安四年(704)十一月二十八日《大周故濮州司法参军姚府君(处贤)墓志铭并序》:"君讳处贤,宅彦累叶,河东人也……祖宝,谷州渑池令;父能,肃州酒泉令……(公)弱冠以明经擢第,解褐坊州博士……□常调补忠州清水尉。居无何,以考最□改授德州平原主簿……晚年,尤工易象庄老书艺,有制征诣洛京,历试高第。"按:以长安四年(704)卒,春秋六十七推之,其弱冠在显庆二年(657)。

制科

【刘仁愿】字士元,雕阴大斌人也。显庆二年(657)应诏举文武高第,升进三阶。

《全唐文》卷九九〇,《唐刘仁愿纪功碑》:"君名仁愿,字士元,雕阴大斌人也……显庆元年,迁左骁卫郎将。二年,应诏□(举)文武高第,升进三阶。"

显庆三年戊午(658)

进士科

【崔禹锡】字洪范,登显庆三年(658)进士第,为中书舍人。

(宋)计有功《唐诗纪事》卷十四《崔禹锡》:"禹锡,字洪范,登显庆三年进士第,为中书舍人。"

明经科

【崔玄暐】博陵安平人,本名晔,以字行。显庆三年(658)举明经,为高阳主簿。长安三年拜鸾台侍郎、同凤阁鸾台平章事,官至中书令,封博陵郡王。

《唐代墓志汇编》开元〇二六,李乂撰开元三年(715)十月一日《大唐故特进中书令博陵郡王赠幽州刺史崔公(玄暐)墓志铭并序》:"君讳晔,字玄暐,博陵安平人。弱冠明经及第,解褐汾州孝义、雍州泾阳县尉。"按:玄暐卒于神龙二年,则其弱冠岁在显庆三年。

《洛阳新获七朝墓志》,姜文撰大历十三年(778)七月十三日《大唐故凉王府仓曹崔府君墓志铭并序》:"府君博陵崔氏,名蒙,字孔明。博陵安定人也。后因移居恒州井陉县,今为井陉人也。祖讳暐,特进中书令,神龙年中于国有兴复社稷大勋,封博陵郡王,食邑三千户。"

《旧唐书》卷九一《崔玄暐传》:"崔玄暐,博陵安平人也。父行谨,为胡苏令。本名晔,以字下体有则天祖讳,乃改为玄暐。少有学行,深为叔父秘书监行功所器重。龙朔中,举明经,累补库部员外郎……长安元年,超拜天官侍郎……三年,拜鸾台侍郎、同凤阁鸾台平章事,兼太子左庶子。四年,迁凤阁侍郎,加银青光禄大夫……中宗将授方术人郑普思为秘书监,玄暐切谏,竟不纳。寻进爵为王,赐实封四百户,检校益州大都督府长史,兼知都督事。其后被累贬,授白州司马,在道病卒。建中初,赠太子太师。"

《新唐书》卷一二〇《崔玄暐传》:"崔玄暐,博陵安平人,本名晔,武后时,有所避,改焉。

少以学行称,叔父秘书少监行功器之,举明经,为高陵主簿……(长安)三年,授鸾台侍郎、同凤阁鸾台平章事,兼太子左庶子。四年,迁凤阁侍郎。"

《登科记考》卷二显庆二年(657)明经科,录载崔玄晔,《登科记考补正》卷二据墓志改系显庆三年(658)明经科,考云:"考《旧唐书》卷七《中宗纪》,崔玄晔神龙二年(706)六月戊寅贬为白州司马,同书本传又称在道病卒,则其卒当在神龙二年。可推之其弱冠岁约在显庆三年(658)。"

弘治《保定郡志》卷十三《人物》:"崔玄晔,博陵人,举明经,为高阳主簿。"

【康希铣】字南金,会稽人。显庆三年(658)明经登第,后又制举登科。历海、濮、饶、房、台、睦六州刺史。

《全唐文》卷三四四,颜真卿撰《银青光禄大夫海濮饶房睦台六州刺史上柱国汲郡开国公康使君(希铣)神道碑铭》:"君讳希铣,字南金……僧朗生陈给事中、五兵尚书宗谔,为山阴令,子孙始居会稽,遂为郡人焉。曾祖孝范,江夏王府法曹、临海县令。祖英,隋齐王府骑曹、江宁县令,皇朝随郡王行军仓曹。父国安,明经高第,以硕学掌国子监,领三馆进士教之,策授右典戎卫录事参军,直崇文馆太学助教,迁博士白兽门内供奉、崇文馆学士,赠杭州长史。君即长史府君之叔子也。年十四,明经登第,补右内率府胄曹。应词藻宏丽举甲科,拜秘书省校书郎,转左金吾卫录事参军。应博通文史举高第,授太府寺主簿,转丞。又应明于政理举,拜洛州河清令,加朝散大夫泾州司马、德州长史,转定州……迁濮州,加银青光禄大夫,累封汲郡开国公,策勋上柱国。转饶州,入为国子司业。以言事贬房州,转睦州,迁台州。所至之邦,必闻美政,开元初入计至京,抗表请致仕,元宗不许。仍留三年,请归乡,敕书褒美,赐衣一袭,并杂彩等,仍给传驿至本州。冬十月二十有二日,不幸遘疾薨于会稽觉允里第,春秋七十一……君之先君至南华,四代进士,登甲科者七人,举明经者一十三人。"按:康希铣卒于开元三年(715),春秋七十一,则其十四岁明经及第,时在显庆三年(658)。

《登科记考》卷二显庆三年(658)明经科录载康希铣。

万历《会稽志》卷十一《人物传》:"(康希铣)年十四明经登第。"

制科

【韩思彦】字英远,邓州南阳人。高宗显庆二年(658)举下笔成章志烈秋霜科,除监察御史官。终于贺州司马。

(宋)王溥《唐会要》卷七六《贡举中·制科举》:"显庆三年二月,志烈秋霜科,韩思彦及第。"

(宋)王钦若等《册府元龟》卷六四五《贡举部(七)·科目》:"(显庆)三年二月志烈秋霜科。(韩思彦及第。)"

《新唐书》卷一一二《韩思彦传》:"韩思彦字英远,邓州南阳人。游太学,事博士谷那律。律为匪人所辱,思彦欲杀之,律不可。万年令李乾祐异其才,举下笔成章志烈秋霜科擢第。授监察御史,昌言当世得失……迁贺州司马,卒。"

（宋）王应麟《玉海》卷一一五《选举·唐制举》："志烈秋霜韩思彦。""崔圆、韩思彦、琬，中二科。"

（宋）费枢《廉吏传》卷下《韩思彦》："韩思彦，字英远，邓州南阳人。万年令李乾祐异其才，举下笔成章志烈秋霜科，擢第。授监察御史。"

《登科记考》卷二显庆三年（658）志烈秋霜科、同卷仪凤二年（677）下笔成章科分别录载韩思彦。

嘉靖《邓州府志》卷一六《人物列传》："（韩思彦）高宗时举下笔成章志烈秋霜科，除监察御史。"

【魏哲】字知人，钜鹿阳曲人。显庆三年（658）志烈秋霜科及第。官终辽东道行军总管，检校安东都护。

（唐）杨炯著，祝尚书笺注《杨炯集笺注》第三册卷八《唐右将军魏哲神道碑》："公讳哲，字知人，钜鹿曲阳人也。七代祖靖非，前秦征北大将军，镇北地上郡，其后子孙，因居于宁州襄乐县……贞观十五年，起家补国子学生……十六年，敕授左翊卫北门长上，禄赐同京官，仍令为飞骑等讲礼……二十年诏除游击将军、右武候信义府左果毅都尉，长上如故。显庆二年，以内忧解职……三年，诏除左卫清宫府左果毅都尉，寻围谷府折冲都尉，并长上如故。又以应诏举，对策甲科，迁左骑卫郎将……四年，诏公为铁勒道行军总管……麟德元年，诏迁左骁骑中郎将，寻检校右监门左武卫将军，本官如故……乾封元年，诏加明威将军，本官如故……是岁也，诏公为辽东道行军总管……二年，诏加上柱国，仍检校安东都护……总章二年三月十六日，遘疾薨于府第，春秋五十有四。呜乎哀哉！诏赠左监门将军，礼也。"

《登科记考补正》卷二显庆三年（658）志烈秋霜科增补魏哲。

显庆四年己未（659）

明经科

【尹思贞】京兆长安人。显庆四年（659）举明经，补隆州参军，官至工部尚书。谥曰简。

《旧唐书》卷一〇〇《尹思贞传》："尹思贞，京兆长安人也。弱冠明经举，补隆州参军……累转明堂令，以善政闻。三迁殿中少监，检校洛州刺史……长安中，七迁秋官侍郎，以忤张昌宗被构，出为定州刺史，转晋州刺史。寻复入为司府少卿……思贞前后为十三州刺史，皆以清简为政，奏课连最。睿宗即位，征为将作大匠，累封天水郡公……俄兼申王府长史，迁户部尚书，转工部尚书。以老疾累表请致仕，许之。开元四年卒，年七十七，赠黄门监，谥曰简。"按：以开元四年（716）卒，年七十七推之，其弱冠在是年。

《新唐书》卷一二八《尹思贞传》："尹思贞，京兆长安人，弱冠以明经第，调隆州参军事。"

《登科记考》卷二显庆四年（659）明经科录载尹思贞。

【束良】字嘉庆，魏郡元城人。显庆四年（659）明经及第。后两应清白著称举，官至永州刺史。

《唐代墓志汇编》景龙〇一五,南金续撰景龙三年(709)二月九日《大唐永州刺史束君(良)墓志铭并序》:"君名良,字嘉庆,魏郡元城人也……祖斐,唐许州长社令;父液,唐泗州录事参军。惟君弱冠乡贡,明经及第,即授江王府仓曹,又授单于大都督府功曹。应清白著称举,敕授代州五台县令;又应清白著称举,又授恒州藁城县令;又授左台殿中侍御史;又授洛州阳翟县令;又授濮州司马;又授秦州司马;又授九城宫总监摄陇州长史;又授南州刺史;又授衡州刺史;又授永州刺史。"按:束良卒于景龙元年(707)九月二日,春秋六十八,则其弱冠岁在显庆四年(659)。

【张弘雅】曲江人,祖君政,韶州别驾,父子虔,窦州录事参军。显庆四年(659)明经及第。

《新唐书》卷七二下《宰相世系表》二下,始兴张氏:"弘雅,明经及第。"按:弘雅父子虔,窦州录事参军;祖君政,韶州别驾。

《登科记考》卷二七《附考·明经科》录载张弘雅,《登科记考补正》卷二显庆四年(659)明经科据方志重新系年。

乾隆《广东通志》卷三一《选举》:"显庆四年己未,进士,张弘雅,曲江人。"按:言"进士",误。同书卷六《编年一·唐纪》:"高宗显庆四年己未,岭南初举进士、明经,张弘雅及第。唐志,刘思立奏加进士杂文、明经帖经,从之。曲江张弘雅首举明经及第。"同书卷四四《人物志一·忠烈·韶州府》:"张弘雅,晋司空张华之后……高宗显庆四年,岭南帅府举弘雅明经,填帖皆中,首得及第。粤俗自是彬彬多经学士矣。"

诸科

【杨炯】华州华阴人。显庆四年(659)神童举及第,授校书郎。

(元)辛文房撰,傅璇琮主编《唐才子传校笺》(册一)卷一《杨炯》条云:"炯,华阴人。显庆六年,举神童,授校书郎。永隆二年,皇太子舍奠,表豪俊充崇文馆学士。后为婺州盈川县令,卒。有《盈川集》三十卷行于世。"按云迥"显庆六年"举神童,误。

《登科记考》卷二显庆六年(661)诸科录载杨迥,《登科记考补正》卷二据《唐才子传校笺》(册一)卷一《杨炯传》笺文,改系显庆四年(659)诸科及第。

制科

【李巢】显庆四年(659)制科及第。

(宋)王钦若等《册府元龟》卷六四三《贡举部(五)·考试》:"高宗显庆四年二月,引诸色目举人谒见,下诏策问之。凡九百余人,唯李巢、张昌宗、秦相如、崔行功、郭待封五人为上第,令待诏弘文馆,仍随仗供奉。"

《登科记考》卷二显庆四年(659)制科录载李巢,考云:"《册府元龟》载是年制科五人,即本纪所云五人居上第也。第统言制科,不知某人举某科;今附于此科之下俟考。"

【张玄弼】字神匡,范阳方城人。显庆四年(659)制科及第。官至益州大都督府功曹参军。

《唐文拾遗》卷一六，张柬之《张玄弼墓志铭序》："以贤良征，册入甲科，未拜职。"

《唐代墓志汇编》天授〇三九，《唐故益州大都督府功曹参军事张君墓志铭并序》："府君讳玄弼，字神匡，范阳方城人也。阀阅游宦之资，详之碣文别传。五岁而孤，志学，伏膺于大儒谷那律。律为谏议大夫，绁书秘府。府君以明经擢第，随律典校坟籍……以贤良征，册入甲科，未拜职，以龙朔元年五月十九日终于洛阳，春秋五十有五。"按：据墓志，玄弼制科及第当在显庆四年。

《登科记考》卷二七《附考·制科》录载张玄弼。《登科记考补正》卷二显庆四年(659)改系玄弼是年贤良方正科及第。

【张昌宗】显庆四年(659)制科及第。

(宋)王钦若等《册府元龟》卷六四三《贡举部(五)·考试》："高宗显庆四年二月，引诸色目举人谒见，下诏策问之。凡九百余人，唯李巢、张昌宗、秦相如、崔行功、郭待封五人为上第，令待诏弘文馆，仍随仗供奉。"

《登科记考》卷二显庆四年(659)制科录载张昌宗，考云："《册府元龟》载是年制科五人，即本纪所云五人居上第也。第统言制科，不知某人举某科；今附于此科之下俟考。"

【赵越宝】字连成，汝州梁县人。显庆四年(659)制科及第。官至通直郎行杭州司士参军。

《唐代墓志汇编》长安〇〇九，《大周故通直郎行杭州司士参军上骑都尉赵府君(越宝)墓志铭并序》："公讳越宝，字连成，其先天水人也，今为汝州梁县人焉……春秋廿，应幽素举及第，授门下典仪。"按：据墓志，越宝卒于长安二年(702)，春秋六十三，则其二十岁时在显庆四年。

《唐代墓志汇编》开元二七六，《大唐故杭州司士参军赵府君故夫人张氏(柔范)墓志铭并序》："府君……讳越宝，字连成。十八幽素擢第，解褐门下典仪。"按：两方墓志关于越宝擢第年记载不一，今以前志为据。

【郭待封】显庆四年(659)制科及第。

(宋)王钦若等《册府元龟》卷六四三《贡举部(五)·考试》："高宗显庆四年二月，引诸色目举人谒见，下诏策问之。凡九百余人，唯李巢、张昌宗、秦相如、崔行功、郭待封五人为上第，令待诏弘文馆，仍随仗供奉。"

《登科记考》卷二显庆四年(659)制科录载郭待封，考云："《册府元龟》载是年制科五人，即本纪所云五人居上第也。第统言制科，不知某人举某科；今附于此科之下俟考。"

【崔行功】恒州井陉人。显庆四年(659)制科及第。官至秘书少监。上元元年卒，有集六十卷。

《旧唐书》卷一九〇上《文苑上·崔行功传》："崔行功，恒州井陉人，北齐钜鹿太守伯让曾孙也，自博陵徙家焉……高宗时，累转吏部郎中。以善敷奏，尝兼通事舍人、内供奉。坐事贬为游安令，寻征为司文郎中。当时朝廷大手笔，多是行功及兰台侍郎李怀俨之词。先是，太宗命秘书监魏徵写四部群书，将进内贮库，别置雠校二十人、书手一百人。征改职之后,令虞世南、颜师古等续其事。至高宗初,其功未毕。显庆中,罢雠校及御书手,令工书人缮写,计直酬傭,择散官随番雠校。其后又诏东台侍郎赵仁本、东台舍人张文瓘及行功、怀俨等相次充使检校。又置详正学士以校理之,行功仍专知御集。迁兰台侍郎。咸亨中,官名复旧,改为秘书少监。上元元年,卒官。有集六十卷。"

《全唐文补遗》第八辑,龙朔二年(662)十一月十七日《大唐故刑部郎中定州司马辛君(骥)墓志铭并序》,署"长水县令崔行功制"。按:《登科记考补正》卷二显庆四年(659)系行功"学综古今科"及第,考云:"行功,恒州井陉人,见《旧书·文苑传》。"

(宋)王钦若等《册府元龟》卷六四三《贡举部(五)·考试》:"高宗显庆四年二月,引诸色目举人谒见,下诏策问之。凡九百余人,唯李巢、张昌宗、秦相如、崔行功、郭待封五人为上第,令待诏弘文馆,仍随仗供奉。"

《登科记考》卷二显庆四年(659)制科录载崔行功,考云:"《册府元龟》载是年制科五人,即本纪所云五人居上第也。第统言制科,不知某人举某科;今附于此科之下俟考。"

【崔相如】显庆四年(659)制科及第。

(宋)王钦若等《册府元龟》卷六四三《贡举部(五)·考试》:"高宗显庆四年二月,引诸色目举人谒见,下诏策问之。凡九百余人,唯李巢、张昌宗、秦相如、崔行功、郭待封五人为上第,令待诏弘文馆,仍随仗供奉。"

《登科记考》卷二显庆四年(659)制科录载崔相如,考云:"《册府元龟》载是年制科五人,即本纪所云五人居上第也。第统言制科,不知某人举某科;今附于此科之下俟考。"

显庆六年辛酉(661)

进士科

【张贞】京兆人。进士及第。后出家为僧。

《唐代墓志汇编》开元四七〇,沈兴宗撰开元二十六年(738)七月十五日《大唐开元寺故禅师贞和上宝塔铭》:"禅师讳贞,兹郡京兆人也,俗姓张氏……年弱冠,秀才登科,知名太学,已为儒家非正,谛文字,增妄想,故去彼取此,而为上乘。"按:以开元十三年(725)春秋八十四推之,张贞弱冠岁在显庆六年。

明经科

【袁义全】汝南人。显庆六年(661)明经擢第。官文林郎。

《全唐文补遗》第六辑,先天元年(712)十一月七日《大唐故文林郎袁府君(义全)郭夫人墓志铭并序》:"君讳义全,其先汝南人也……年廿有五,乡贡明经擢第,拜文林郎。"按:义全卒于圣历二年(699),春秋六十三,则其二十五岁时在显庆六年。

制科

【高像护】字景卫,祖籍渤海蓨县人,徙居阳翟。龙朔元年(661),制举忠鲠科,试守永州湘源县尉。终曹州离狐县丞。

《唐代墓志汇编》天授〇三二,陈子昂撰天授二年(691)十月二十三日《大周故宣义郎骑都尉行曹州离狐县丞高府君(像护)墓志铭》:"君讳像护,字景卫,其渤海蓚人也,因仕居洛,今为阳翟人……唐龙朔元年,有制举忠鲠,君对策及第,试守永州湘源县尉。"

《登科记考》卷二显庆六年(661)应制及第录载高□,《登科记考补正》卷二据墓志补名。

龙朔二年壬戌(662)

进士科

【韦承庆】字延休,京兆杜陵人也。龙朔二年(662)太学进士及第。官终黄门侍郎兼修国史。

《全唐文补遗》第三辑,岑义、郑愔撰神龙二年(706)十二月二十四日《大唐故黄门侍郎兼修国史赠礼部尚书上柱国扶阳县开国子韦府君(承庆)墓志铭并序》:"公讳承庆,字延休,京兆杜陵人也……年甫廿有三,太学进士,对策高第。"按:韦氏卒于神龙二年(706),春秋六十七,其二十三岁时在龙朔二年。

《旧唐书》卷八八《韦思谦传》:"韦思谦,郑州阳武人也。本名仁约,字思谦,以音类则天父讳,故称字焉。其先自京兆南徙,家于襄阳。举进士,累补应城令……二子:承庆、嗣立。承庆字延休。少恭谨,事继母以孝闻。弱冠举进士,补雍王府参军。府中文翰,皆出于承庆,辞藻之美,擅于一时。累迁太子司议郎……长寿中,累迁凤阁舍人,兼掌天官选事。承庆属文迅捷,虽军国大事,下笔辄成,未尝起草。寻坐忤大臣旨,出为沂州刺史。未几,诏复旧职,依前掌天官选事。久之,以病免,改授太子谕德。后历豫、虢等州刺史,颇著声绩,制书褒美。长安初,入为司仆少卿,转天官侍郎,兼修国史。承庆自天授以来,三掌天官选事,铨授平允,海内称之。寻拜凤阁侍郎、同凤阁鸾台平章事,仍依旧兼修国史。神龙初,坐附推张易之弟昌宗失实,配流岭表。时易之等既伏诛,承庆去巾解带而待罪。时欲草赦书,众议以为无如承庆者,乃召承庆为之。承庆神色不挠,援笔而成,辞甚典美,当时咸叹服之。岁余,起授辰州刺史,未之任,入为秘书员外少监,兼修国史。寻以修《则天实录》之功,赐爵扶阳县子,赍物五百段。又制撰《则天皇后纪圣文》,中宗称善,特加银青光禄大夫。俄授黄门侍郎,仍依旧兼修国史,未拜而卒……赠秘书监,谥曰温。子长裕,膳部员外郎。"

《登科记考》卷二七《附考·进士科》录载韦承庆,《登科记考补正》卷二龙朔二年(662)进士科据墓志文系年。

明经科

【李元轨】字玄哲,赵郡栾城人。龙朔二年(662)明经及第,入为国子监大成。官至秘书省校书郎。

《唐代墓志汇编》永淳〇〇九,《唐故秘书省校书郎赵郡李君(元轨)墓志铭并序》:"君讳元轨,字玄哲,赵郡栾城人也……年廿四,补国子生,居义窟而析经,希马郑而同志,究词场而振藻,庶潘陆以齐风。以龙朔二年二月十二日射策高第,拜国子监大成。"按:《登科记考补正》卷二,龙朔二年(662)系李元轨进士及第,误。唐代国子监大成,皆取明经及第之人。参见《登科记考》卷二八《别录上》。

制科

【张希会】字晋客,赵国中山人。龙朔二年(662)应制高第。历官卫尉寺主簿、大理寺司直,官至果州西充县令。

《全唐文补遗》第八辑,景龙三年(709)十月二十六日《大唐故果州西充县令张府君(希会)墓志铭并序》:"君讳希会,字晋客,赵国中山人……龙朔二年,制举孝廉,君应制高第,敕授卫尉寺主簿,寻授大理寺司直。"按:以上元二年(675)卒,享年五十六推之,希会龙朔二年(662)制举及第时年四十三。

龙朔三年癸亥(663)

明经科

【乐鉴虚】字鉴虚,南阳人。龙朔三年(663)明经及第。官至亳州山桑县令。

《全唐文补遗》第八辑,景龙三年(709)十月十四日《唐故亳州山桑县令王府主簿乐君(鉴虚)墓志铭并序》:"君讳鉴虚,字鉴虚,南阳人也……年廿三,州郡察孝廉,以明经举。"按:以景龙元年(707)卒,春秋六十七推之,鉴虚二十三岁时在龙朔三年。

【乔崇隐】字玄寂,京兆渭南人。龙朔三年(663)明经及第,授陕州桃林县尉。又应洞晓章程举,授大理寺评事。曾祖达,骠骑将军期城郡公;祖宽,左骁卫大将军,营、幽二州总管;父琳,朝散大夫、扬州江都县令、饶州司马。

《唐代墓志汇编》开元二四七,李系撰开元十五年(727)二月二十九日《唐故大理寺评事梁郡乔公(崇隐)墓志铭并序》:"公讳崇隐,字玄寂,京兆渭南人也。曾祖达,骠骑将军期城郡公;祖宽,左骁卫大将军,营、幽二州总管;父琳,朝散大夫、扬州江都县令、饶州司马……(公)志学之岁,齿胄国庠,明年,以精书传高第,褐拜陕州桃林县尉,次补蒲州虞乡县尉……满岁,应洞晓章程举,授大理寺评事。"按:"志学之年"源出孔子"吾十有五而志于学",崇隐卒于证圣元年(695),则其十六岁时在龙朔三年。

【郑崇道】字惠连,荥阳开封人。龙朔三年(663)乡贡明经擢第。官至歙州歙县令。

《全唐文补遗》千唐志斋新藏专辑,邵昺撰开元二年(714)五月十日《唐故歙州歙县令郑府君(崇道)墓志铭并序》:"君讳崇道,字惠连,荥阳开封人也……弱冠,乡以明经贡,对策高第。"按:以景龙三年(709)卒,春秋六十六推之,其弱冠年在龙朔三年。

科目未详

【宋扐】字去伐。龙朔三年(663年)及第,科目未详。官至亳州城父县令。

《全唐文补遗》第八辑,长安元年(701)二月十二日《大周故朝散大夫行亳州城父县令宋府君(扐)墓志铭并序》:"公讳扐,字去伐……唐龙朔三年,以才地蠲采,高步国庠。下惟精心,绝编不倦。郁为秀造,翻然鸿骞。即以其年射策甲第。寻授幽州安次县丞……圣历二年三月廿六日遘疾终于温邑之私第,春秋六十有一。"按:据《偃师杏园唐墓》所载《宋扐墓志》拓片,宋氏卒于圣历三年二月,享年六十一,则其龙朔三年(663年)科举及第时二十四岁。又:宋扐究为常科还是制科及第,仅依墓志难以遽定,暂列"科目未详"。

麟德元年甲子(664)

进士科

【支敬伦】陈留人。麟德元年(664)进士及第,授文林郎。

《唐代墓志汇编》麟德○五八,麟德二年(665)九月二十一日《大唐故文林郎支君(敬伦)墓志铭并序》:"君讳敬伦,陈留人也……雅好篇籍,精玩典坟。蒙宾贡于王庭,授文林于上第。所冀抟飞冲汉,噭清响于高云;孰谓茂蕊夙零,埋玉树于穷壤。麟德二年九月八日卒于时邕里,春秋卅有四。"

《登科记考补正》卷二麟德元年(664)进士科录载支敬伦,考云:"知其初授文林郎职后不久即去世。按《记考》卷二麟德二年(665)'进士并落下',而龙朔三年记'不贡举',故推知其登第时间约在本年,今附此俟考。"

【李峤】字巨山,赵州赞皇人,父镇恶,襄城令。麟德元年(664)登进士第,又中制举,累迁给事中。武后、中宗时先后拜相,封赵国公。

《旧唐书》卷九四《李峤传》:"李峤,赵州赞皇人,隋内史侍郎元操从曾孙也。代为著姓,父镇恶,襄城令。峤早孤,事母以孝闻。为儿童时,梦有神人遗之双笔,自是渐有学业。弱冠举进士,累转监察御史。时岭南邕、严二州首领反叛,发兵讨击,高宗令峤往监军事。峤乃宣朝旨,特赦其罪,亲入獠洞以招谕之。叛者尽降,因罢兵而还,高宗甚嘉之。累迁给事中……圣历初,与姚崇偕迁同凤阁鸾台平章事,俄转鸾台侍郎,依旧平章事,兼修国史。久视元年,峤舅天官侍郎张锡入知政事,峤转成均祭酒,罢知政事及修史,舅甥相继在相位,时人荣之。峤寻检校文昌左丞、东都留守。长安三年,峤复以本官平章事,寻知纳言事。明年,迁内史。峤后固辞烦剧,复拜成均祭酒,平章事如故……中宗即位,峤以附会张易之兄弟,出为豫州刺史。未行,又贬为通州刺史。数月,征拜吏部侍郎,封赞皇县男。无几,迁吏部尚书,进封县公。神龙二年,代韦安石为中书令……三年,又加修文馆大学士,监修国史,封赵国公。景龙三年,罢中书令,以特进守兵部尚书、同中书门下三品。睿宗即位,出为怀州刺史,寻以年老致仕……有文集五十卷。"

《新唐书》卷一二三《李峤传》:"李峤字巨山,赵州赞皇人。早孤,事母孝。为儿时,梦人遗双笔,自是有文辞,十五通五经,薛元超称之。二十擢进士第,始调安定尉。举制策甲科,迁长安。"

（宋）计有功《唐诗纪事》卷一〇《李峤》条:"峤,字巨山,为儿时,梦人遗双笔,自是有文词。十五通五经,二十擢进士第,与骆宾王、刘光亚齐名,相中宗。"

（宋）晁公武《郡斋读书志校证》卷一七《别集类上》录《李峤集》一卷,注云:"右唐李峤,巨山也。赞皇人,擢进士第,制策甲科,拜为监察御史。武后时,同凤阁鸾台平章事。"

（元）辛文房撰,傅璇琮主编《唐才子传校笺》（册一）卷一《李峤》:"峤字巨山,赵州人。十五通五经,二十擢进士,累迁为监察御史。武后时,同凤阁鸾台平章事。后因罪贬庐州别驾,卒。"

《登科记考》卷二七《附考·进士科》、同卷《附考·制科》分别录载李峤。《登科记考补正》卷二麟德元年(664)进士科系年,按语云:《新唐书》本传云:"及玄宗嗣位,获其表宫中,或请诛之。张说曰:'峤诚懵逆顺,然为当时谋,吠非其主,不可追罪。'天子亦顾数更赦,遂免,贬滁州别驾,听随子虔州刺史畅之官。改庐州别驾,卒,年七十。"《资治通鉴》卷二一〇开元元年(713)载:"中宗之崩也,同中书门下三品李峤密表韦后,请出相王诸子于外。上即位,于禁中得其表,以示侍臣。峤时以特进致仕,或请诛之,张说曰:'峤虽不识逆顺,然为当时之谋,则忠矣。'上然之。九月,壬戌,以峤子率更令畅为虔州刺史,令峤随畅之官。"又《旧唐书》卷八《玄宗纪》上,开元二年(714)云:"三月甲辰,青州刺史郇国公韦安石为沔州别驾,太子宾客逍遥公韦嗣立为岳州别驾,特进致仕李峤先随子在袁州,又贬滁州别驾,并员外置。"《资治通鉴》卷二一一开元二年(714)载:"御史中丞姜晦以宗楚客等改中宗遗诏,青州刺史韦安石、太子宾客韦嗣立、刑部尚书赵彦昭、特进致仕李峤,于时同为宰相,不能匡正,令监察御史郭震弹之;且言彦昭拜巫赵氏为姑,蒙妇人服,与妻乘车诣其家。甲辰,贬安石为沔别驾,嗣立为岳州别驾,彦昭为袁州别驾,峤为滁州别驾。"由上考知,李峤卒年当在开元二年,以年七十推之,其二十岁当在是年。今移正。

光绪《畿辅通志》卷三四《选举·唐·进士》:"武后时,李峤,赞皇人,见制科,吏部尚书。"

【张玒】一作"张弘道",新安人。麟德元年(664)进士及第,初历御史。出判饶州。

《登科记考补正》卷二麟德元年(664)进士科增补,考云:"按《记考》麟德二年'进士并落下',三年正月改元乾封,故附于元年。"

嘉靖《新安名族志》上卷《张姓·休宁·石磴张村》:"在邑西二十里。先世派出汉留文成侯,居陈留……历十三世曰济,为唐睦州刺史,迁金华。生子曰玒,擢麟德进士,初历御史,出判饶州,弃官居新安黟之赤山镇。"同上书《张姓名·祁门》:"张之先,金华人,唐有讳弘道者,麟德间进士,由御史出判饶州,逸居新安赤山镇,即祁门也。"

制科

【平贞眘】字密,一字闲从,燕国蓟人,祖子敬,官秘书郎,父直容,官偃师令。进士及第,麟德元年(664)举制科藏器下僚,官终常州刺史。

《全唐文》卷二二九,张说撰《常州刺史平君（贞眘）神道碑》:"公讳贞眘,字密,一字闲从。燕国蓟人也……公即北齐司空公鉴之曾孙,秘书郎子敬之季孙,故偃师令直容之叔子……始以司成馆进士补庐州慎县尉,刺史卢宝允举器藏下僚,转冀州大都督府曲沃县尉,换晋州洪洞县主簿。北平阳道昕,气尚标举;河东裴知礼,鉴裁精拔。阳推以孝友资身,裴亦荐以经邦兴化,徙雍州新丰县尉。"

《登科记考》卷二七《附考·进士科》、卷二麟德元年(664)制科藏器下僚分别录载平贞容。

【严善思】名撰,以字行,同州朝邑人。麟德元年(664)消声幽薮科举擢第。则天时授监察御史、内供奉。中宗景龙中,迁礼部侍郎,出为汝州刺史。睿宗时拜右散骑常侍,官至礼部尚书,知吏部选事。

《旧唐书》卷一九一《方伎·严善思传》:"严善思,同州朝邑人也……初应消声幽薮科举擢第。则天时为监察御史,兼右拾遗、内供奉……景龙中,迁礼部侍郎,出为汝州刺史……召拜右散骑常侍。唐隆元年,郑愔谋册谯王重福为帝,乃草伪制,除善思为礼部尚书,知吏部选事。"

《新唐书》卷二〇四《方技·严善思传》:"严善思名撰,同州朝邑人,以字行……高宗封泰山,举应消声幽薮科及第,调襄阳尉……及睿宗立,崇以语闻,召拜右散骑常侍。"

《登科记考》卷二麟德元年(664)制科录载严善思。

【李思训】字建,麟德元年(664)制科及第。官至右武卫大将军。开元六年(716)卒,赠秦州都督,陪葬桥陵。

(唐)李邕《云麾将军碑》:"公讳思训,字建,陇西狄道人。年十四,补崇文生。举经明行修甲科。"按:碑言思训卒于开元四年(716),年六十六,是年为十四岁。

《旧唐书》卷六〇《宗室·李思训传》:"孝斌子思训,高宗时累转江都令。属则天革命,宗室多见构陷,思训遂弃官潜匿。神龙初,中宗初复宗社,以思训旧齿,骤迁宗正卿,封陇西郡公,实封二百户。历益州长史。开元初,左羽林大将军,进封彭国公,更加实封二百户,寻转右武卫大将军。开元六年卒。赠秦州都督,陪葬桥陵。"按:云卒于开元六年者,误。

《新唐书》卷七八《宗室·李孝协传》附李思训:"弟孝斌为原州都督府长史。生子思训,为江都令。"

《登科记考》卷二麟德元年(664)制科录载李思训。。

麟德二年乙丑(665)

进士科

【李无亏】字有待,陇西成纪人。麟德二年(665)进士擢第,授秘书省雠校。官终沙州刺史。

《全唐文补遗》第八辑,万岁登封元年(696)正月十八日《大周故太中大夫使持节沙州诸军事守沙州刺史兼豆卢军经略使上柱国长城县开国公赠使持节嘉州诸军事嘉州刺史李府君(无亏)墓志铭并序》:"公讳无亏,字有待,本陇西成纪人,汉丞相蔡之后也……初为国子生,麟德二年以进士擢第,即选授秘书省雠校。"

明经科

【刘寿】束城人。麟德二年(665)明经擢第,授常州博士。官终苏州吴县主簿。

《全唐文补遗》第四辑,载初元年(690)十二月二十五日《大唐故苏州吴县主簿刘府君(寿)墓志铭并序》:"君讳寿,束城人也……麟德二年,三经应举,制策擢第,授常州博士。"

乾封元年丙寅(666)

进士科

【王上客】郡望太原,贯河南偃师县亳邑乡。麟德三年(666)进士。官兵部员外郎、灵州都督、朔方道总管。

《全唐文》卷六〇九,刘禹锡撰《唐故监察御史赠尚书右仆射王公(俊)神道碑》:"公讳俊,字真长,其先叶黄帝……曾祖敬忠,成州刺史。大父上客,高宗封岳,进士及第,历侍御史主客兵部员外郎,累迁兵右金吾卫将军冀州刺史灵州都督朔方道总管。见《职官仪》及衣□。烈考瞰,宣州宣城县令,赠工部郎中。娶河东裴氏,乃生仆射。季睦馀力工为文。始以崇文生应深谋秘策,考入上第,拜监察御史。天之赋予,莫能两大,既扬令名,而不以景福,享龄五十五。葬于河南府偃师县亳邑乡。"按:据两《唐书·王彦威传》,王俊出太原王氏,郡望太原。

《登科记考》卷二麟德三年(666)进士科录载王上客。

【魏知古】深州陆泽人。武后时第进士,拜黄门侍郎。累授著作郎、兼修国史。官至侍中,以右散骑常侍同中书门下三品。开元三年(715)卒,年六十九。赠幽州都督,谥曰忠。

(唐)杜牧《樊川文集》卷一二载《上宣州高大夫书》:"魏公知古,亦进士也,为宰相,废太平公主谋以佐玄宗。及卒也,宋开府哭之曰:'叔向古之遗直,子产古之遗爱,兼而有者,其魏公乎。'"

《旧唐书》卷九八《魏知古传》:"魏知古,深州陆泽人也。性方直,早有才名。弱冠举进士,累授著作郎,兼修国史。长安中,历迁凤阁舍人、卫尉少卿。时睿宗居藩,兼检校相王府司马。神龙初,擢拜吏部侍郎,仍并依旧兼修国史,寻进位银青光禄大夫。明年,丁母忧去职,服阕起授晋州刺史。睿宗即位,以故吏召拜黄门侍郎,兼修国史。景云二年,迁右散骑常侍……开元元年,官名改易,改为黄门监。二年,还京,上屡有顾问,恩意甚厚,寻改紫微令。姚崇深忌惮之,阴加谗毁,乃除工部尚书,罢知政事。三年卒,时年六十九……赠幽州都督,谥曰忠。"

《新唐书》卷一二六《魏知古传》:"魏知古,深州陆泽人。方直有雅才,擢进士第,以著作郎修国史,累迁卫尉少卿,检校相王府司马。"

《登科记考》卷二麟德三年(666)进士科录载魏知古,卷二七《附考·进士科》重复录载,误。

弘治《保定郡志》卷十三《人物》:"魏知古……方直有守,擢进士第。"

光绪《畿辅通志》卷三四《选举·唐·进士》:"武后时,魏知古,深州陆泽人,垂拱年第,工部尚书。"

明经科

【**沈齐文**】字正人,吴兴武康人。乾封元年(666)明经及第,授秘书省校书郎。官至右金吾卫胄曹参军。

《唐代墓志汇编》垂拱〇六一,韦承庆撰垂拱四年(688)十月十七日《唐故右金吾卫胄曹参军沈君(齐文)墓志铭》:"君讳齐文,字正人,吴兴武康人也……乾封元年,以国子明经擢第,补秘书省校书郎。"

【**萧谦**】字思仁,兰陵人。乾封元年(666)明经及第,补许昌丞。官至滁州别驾。

《唐代墓志汇编》开元四二〇,徐安贞撰开元二十三年(735)九月八日《唐故朝散大夫滁州别驾萧府君(谦)墓志铭并序》:"公讳谦,字思仁,兰陵人也……年十六,国子明经擢第。仕之初筮也,调补许昌丞。"按:以开元十二年(724)七月十四日卒,春秋七十四推之,其十六岁时在乾封元年。

制科

【**王勃**】字子安,绛州龙门人。乾封元年(666)幽素科对策高第,授朝散郎。后补虢州参军。

《全唐文》卷一九一,杨炯撰《王勃集序》:"君讳勃,字子安,太原祁人。""年十有四,时誉斯归,太常伯刘公巡行风俗,见而异之曰:此神童也。因加表荐,对策高第,拜为朝散郎。""乃求补虢州参军,坐免。"

《旧唐书》卷一九〇上《文苑上·王勃传》:"王勃字子安,绛州龙门人。祖通,隋蜀郡司户书佐……勃年未及冠,应幽素举及第。"

《新唐书》卷二〇一《文艺上·王勃传》:"王勃字子安,绛州龙门人。六岁善文辞,九岁得颜师古注《汉书》读之,作《指瑕》以擿其失。麟德初,刘祥道巡行关内,勃上书自陈,祥道表于朝,对策高第。年未及冠,授朝散郎,数献颂阙下……父福畤,繇雍州司功参军坐勃故左迁交阯令……勃兄勮,弟助,皆第进士。"

(宋)晁公武《郡斋读书志校证》卷一七《别集类上》录《王勃集》二十卷,注云:"右唐王勃,子安也。通之孙。麟德初,刘祥道荐其才,对策高等,授朝散郎。"

(元)辛文房撰,傅璇琮主编《唐才子传校笺》(册一)卷一《王勃》条云:"勃字子安,太原人,王通之诸孙也。六岁,善辞章。麟德初,刘祥道表其材,对策高第。未及冠,授朝散郎。"

《登科记考》卷二乾封元年(666)幽素举录载王勃。

【**刘令彝**】河间人,祖安和,隋泸、合、通三州刺史,父端,唐梁州金牛令,沁州司马。乾封元年(666)幽素科及第,补密州莒县尉。

《唐代墓志汇编》开元〇五五,开元五年(717)八月五日《大唐故梓州长史河间刘公(彦之)墓志并序》:"君讳彦之,字彦之,本沛国酆人也……至大汉勃兴,祚传景帝,其子始封河间郡王,引徙居河间郡,子孙蝉联,史谍纷郁,虽百代可知也。曾祖安和,隋泸、合、通三州刺史……祖端,皇朝梁州金牛令,沁州司马……皇考令彝,举幽素及第,补密州莒县尉。"

《登科记考补正》卷二乾封元年(666)制举幽素科录载刘令彝,按语云:"按本年有幽素科,因附焉。"

【刘讷言】乾封元年(666)幽素科及第。

(宋)王溥《唐会要》卷七六《贡举中·制科举》:"乾封元年,幽素科,苏瓌、解琬、苗神客、格辅元、徐昭、刘讷言、崔谷神及第。"

(宋)王钦若等《册府元龟》卷六四五《贡举部(七)·科目》:"乾封元年,幽素科。(苏瓌、解琬、苗神客、格辅元、徐昭、刘讷言、崔谷神及第。)"

《登科记考》卷二乾封元年(666)幽素举录载刘讷言。

【苏瓌】乾封元年(666)幽素科及第。

(宋)王溥《唐会要》卷七六《贡举中·制科举》:"乾封元年,幽素科,苏瓌、解琬、苗神客、格辅元、徐昭、刘讷言、崔谷神及第。"

(宋)王钦若等《册府元龟》卷六四五《贡举部(七)·科目》:"乾封元年,幽素科。(苏瓌、解琬、苗神客、格辅元、徐昭、刘讷言、崔谷神及第。)"

(宋)王应麟《玉海》卷一一五《选举·唐制举》:"幽素科苏瓌。"

《登科记考》卷二乾封元年(666)幽素举录载苏瓌。

【李敬】字守礼。望出陇西成纪,徙居雍州。乾封元年(666)八科举及第,授鄜州洛州尉。官至庄州都督。

《唐代墓志汇编》开元一二〇,开元十二年(724)十二月十一日《唐故庄州都督李府君(敬)墓志铭并序》:"君讳敬,字守礼,陇西成纪人也,顷因官徙而为雍州人焉……十八应制,八科举擢第,解褐鄜州洛州尉。"按:李敬卒于开元十年(722),春秋七十四,则其十八岁时在乾封元年。

【张远助】字守谦,赵郡中山人。乾封三年丙寅(666)应藏器下僚举及第。官至司卫少卿。

《全唐文补遗》第八辑,神功元年(697)十月二十一日《大周故司卫少卿张君(远助)墓志铭并序》:"公讳远助,字守谦,赵郡中山人也……唐大帝东封岱岳,广引贤良。公应藏器下僚举,射策高第。"按:高宗麟德三年(666,即乾封元年)正月泰山封禅,远助应"藏器下僚"举当在是年。

【苗神客】乾封元年(666)幽素科及第。

(宋)王溥《唐会要》卷七六《贡举中·制科举》:"乾封元年,幽素科,苏瓌、解琬、苗神客、格辅元、徐昭、刘讷言、崔谷神及第。"

（宋）王钦若等《册府元龟》卷六四五《贡举部（七）·科目》："乾封元年，幽素科。（苏瓌、解琬、苗神客、格辅元、徐昭、刘讷言、崔谷神及第。）"

《登科记考》卷二乾封元年（666）幽素举录载苗神客。

【明崇俨】洛州偃师人，父恪，豫州刺史，子珪，开元中仕至怀州刺史。乾封元年（666）岳牧举及第，调黄安丞。历冀王府文学、正谏大夫。

《旧唐书》卷一九一《方伎·明崇俨传》："明崇俨，洛州偃师人。其先平原士族，世仕江左。父恪，豫州刺史……（崇俨）乾封初，应封岳举，授黄安丞……擢授冀王府文学。仪凤二年，累迁正谏大夫，特令入阁供奉……（崇俨子）珪，开元中仕至怀州刺史。"按：据本纪，高宗于本年正月封禅泰山。

《旧唐书》卷五《本纪第五·高宗下》："麟德三年春正月戊辰朔，车驾至泰山顿……己巳，帝升山行封禅之礼……壬申，御朝觐坛受朝贺。改麟德三年为乾封元年。"

《新唐书》卷二〇四《方技·明崇俨传》："（明崇俨）乾封初，应岳牧举，调黄安丞，以奇技自名。"

【格辅元】汴州浚仪人。明经及第，乾封元年（666）幽素科及第。小传见附考明经（高宗朝明经）格辅元条。

（宋）王溥《唐会要》卷七六《贡举中·制科举》："乾封元年，幽素科，苏瓌、解琬、苗神客、格辅元、徐昭、刘讷言、崔谷神及第。"

（宋）王钦若等《册府元龟》卷六四五《贡举部（七）·科目》："乾封元年，幽素科。（苏瓌、解琬、苗神客、格辅元、徐昭、刘讷言、崔谷神及第。）"

《登科记考》卷二乾封元年（666）幽素科、卷二七《附考·明经科》分别录载格辅元。

【徐昭】乾封元年（666）幽素科及第。

（宋）王溥《唐会要》卷七六《贡举中·制科举》："乾封元年，幽素科，苏瓌、解琬、苗神客、格辅元、徐昭、刘讷言、崔谷神及第。"

（宋）王钦若等《册府元龟》卷六四五《贡举部（七）·科目》："乾封元年，幽素科。（苏瓌、解琬、苗神客、格辅元、徐昭、刘讷言、崔谷神及第。）"

《登科记考》卷二乾封元年（666）幽素举录载徐昭。

【郭敬同】原籍太原平阳，徙居洛阳。乾封元年（666）幽素举及第，以孝不仕。

《唐代墓志汇编》景云〇二五，景云二年（711）十二月十五日《唐故孝子朝议郎行大理司直上柱国郭府君（思训）墓志铭并序》："公讳思训字逸，太原平阳人也……曾祖兴，周上党郡守、平东将军……祖则，隋淮陵郡守、度支郎、银青光禄大夫……父敬同，徙居洛阳，今为洛阳人也。幽素举及第，以孝不仕。"

《唐代墓志汇编》开元一三六，《大唐故苏州常熟县令孝子太原郭府君（思谟）墓志铭并序》："公讳思谟，太原平阳人……严考敬同，皇幽素举高第，养亲不仕。"

《登科记考》卷二乾封元年（666）幽素举录载郭敬同。

【崔谷神】乾封元年（666）幽素科及第。

杨作龙、赵水森《洛阳新出土墓志释录》崔翘撰天宝四载（745）十月十三日《唐故陈王府长史崔君(尚)志文》:"君讳尚,字庶几,清河东武城人……考谷神,制高第,陕州河北县尉,文集三卷。"

(宋)王溥《唐会要》卷七六《贡举中·制科举》:"乾封元年,幽素科,苏瓛、解琬、苗神客、格辅元、徐昭、刘讷言、崔谷神及第。"

(宋)王钦若等《册府元龟》卷六四五《贡举部(七)·科目》:"乾封元年,幽素科。(苏瓛、解琬、苗神客、格辅元、徐昭、刘讷言、崔谷神及第。)"

《登科记考》卷二乾封元年(666)幽素举录载崔谷神。

【解琬】魏州元城人。少应乾封元年(666)幽素举,拜新政尉。累转成都丞。景云中,授右武卫大将军,兼检校晋州刺史,赐爵济南县男。

《旧唐书》卷一○○《解琬传》:"解琬,魏州元城人也。少应幽素举,拜新政尉,累转成都丞。因奏事称旨,超迁监察御史,丁忧离职……景云二年,复为朔方军大总管……寻授右武卫大将军,兼检校晋州刺史,赐爵济南县男。以年老乞骸骨,拜表讫,不待报而去。优诏加金紫光禄大夫,听致仕,其禄准品全给……开元五年,出为同州刺史。明年卒,年八十余。"

(宋)王溥《唐会要》卷七六《贡举中·制科举》:"乾封元年,幽素科,苏瓛、解琬、苗神客、格辅元、徐昭、刘讷言、崔谷神及第。"

(宋)王钦若等《册府元龟》卷六四五《贡举部(七)·科目》:"乾封元年,幽素科。(苏瓛、解琬、苗神客、格辅元、徐昭、刘讷言、崔谷神及第。)"

《新唐书》卷一三○《解琬传》:"解琬,魏州元城人。举幽素科,中之,调新政尉。"

《登科记考》卷二乾封元年(666)幽素举录载解琬。

乾封二年丁卯(667)

进士科

【苏味道】赵州栾城人。乾封二年(667)弱冠进士及第。累迁咸阳尉,圣历初官至凤阁侍郎、同凤阁鸾台三品。

《旧唐书》卷九四《苏味道传》:"苏味道,赵州栾城人也。少与乡人李峤俱以文辞知名,时人谓之苏、李。弱冠,本州举进士。累转咸阳尉……延载初,历迁凤阁舍人、检校凤阁侍郎、同凤阁鸾台平章事,寻加正授,证圣元年,坐事,出为集州刺史,俄召拜天官侍郎。圣历初,迁凤阁侍郎、同凤阁鸾台三品……长安中,请还乡改葬其父,优制令州县供其葬事。味道因此侵毁乡人墓田,役使过度,为宪司所劾,左授坊州刺史。未几,除益州大都督府长史。神龙初,以亲附张易之、昌宗贬授郿州刺史。俄而复为益州大都督府长史,未行而卒,年五十八,赠冀州刺史。"

《新唐书》卷一一四《苏味道传》:"苏味道,赵州栾城人。九岁能属辞,与里人李峤俱以文翰显,时号'苏李'。逮冠,州举进士,中第。累调咸阳尉。"

《登科记考》卷二七《附考·进士科》录载苏味道。《登科记考补正》卷二进士科系年,考云："按以神龙元年年五十八推之，其二十岁在是年。"

光绪《畿辅通志》卷三四《选举·唐·进士》："高宗年，苏味道，栾城人，永徽年第，凤阁舍人。"

【李尚贞】字崇道，赵郡房子人。乾封二年（667）进士及第，补兖州平陆主簿。官至博州刺史。

《唐代墓志汇编》开元一五六，贾曾撰开元十年（722）十二月九日《唐故银青光禄大夫博州刺史柱国李君（尚贞）墓志铭并序》："君讳尚贞，字崇道，赵郡房子人也……弱冠，本州贡进士，策第，调补兖州平陆主簿。"按：尚贞卒于开元十年（722），春秋七十五，则其弱冠岁在乾封二年（667）。又：《登科记考补正》卷二系李尚贞仪凤二年（677）进士及第，误。

【辅简】字易从，南阳人也。乾封二年（667）进士及第。官至魏州武圣县尉。

《邙洛碑志三百种》，神龙三年（707）五月三日《大唐故魏州武圣尉辅君（简）墓志铭并序》："君讳简，字易从，南阳人也……览典籍为山岳，弄笔墨为渊海。道既成矣，学亦优矣。弱冠乡举秀才擢第，调补雅州庐山尉。"按：辅简卒于神龙元年（705），春秋五十八，弱冠之岁为乾封二年（667）。

【程芝】字灵秀，广平人。乾封二年（667）进士及第，授本州司户。

《唐文续拾》卷二，据《长治县志》录王汝《程司马墓志》："君讳芝，字灵秀，广平人也……十八秀才举入东京，三张减价，二陆罕俦，声振洛阳，名高贾谊，初授本州司户。"按：以先天元年（712）卒，春秋六十三推之，程芝十八岁时在乾封二年（667）。又：唐代秀才科废于永徽二年（651），之后所谓秀才者，皆为进士及第者。

陈尚君《〈登科记考〉正补》增补程芝。

明经科

【王行淹】字通理，郡望太原，河南县人。乾封二年（667）明经及第，授文林郎。后归隐。

《唐代墓志汇编》垂拱〇二一，垂拱二年（686）四月四日《大唐故高士王府君（行淹）墓志铭并序》："君讳行淹，字通理，太原人也。因官徙地，家于河南，故今又为县人焉……以乾封二年明经高第，授文林郎，非其好也。解巾从职，虽陪南宫之礼；挂冠辞荣，遽蹑东都之迹。"

制科

【杨纯】字纯，弘农人。乾封二年（667）孝通神明科及第，授密王府参军，官终晋州霍邑县令。

《唐代墓志汇编》开元一二四，开元九年（721）十月十一日《唐故晋州霍邑县令杨府君（纯）墓志铭并序》："君讳纯，字纯，弘农人也……乾封中，以孝通神明举授密王府参军。"按：乾封凡三年，杨纯及第年无考，因附本年。

《登科记考补正》卷二乾封二年（667）孝通神明科增补杨纯。

乾封三年戊辰（668）

二月丙寅，改元为总章元年。《旧唐书·本纪》本纪。

明经科

【骞思哲】字知人。乾封三年（668）明经及第，授宋城县尉。官终抚州南城县令。

《全唐文补遗》第五辑，景云元年（710）十一月二日《唐故抚州南城县令上柱国骞府君（思哲）志铭并序》："公讳思哲，字知人……弱冠明经出身，解褐宋城县尉。"

《登科记考补正》卷二乾封三年（668）明经科增补骞思哲。

总章二年己巳（669）

进士科

【刘宪】字元度，高阳人，一作宋州宁陵人，父思立，官至考功员外郎。总章二年（669）进士及第，载初元年（690）制举拔萃。官至正议大夫守太子詹事兼修国史、崇文馆学士。卒赠兖州刺史。有文集三十卷。

《洛阳新获七朝墓志》岑羲撰景云二年（711）十月八日《大唐故正议大夫守太子詹事兼修国史崇文馆学士赠使持节都督兖州诸军事兖州刺史上柱国中山刘府君墓志铭并序》："君讳宪，字元度，高阳人……年十五，进士擢第。上元二年待制公□，征拜冀州阜城县尉，随班例也。时年甫弱冠而政声傍溢，守皓洁之迹不栖尘利，行至公之道有若神明……又制举授洛州伊阙尉。"按：据《刘宪墓志》可知，宪年十五进士擢第，以景云二年（711）卒，春秋五十七推算，其进士擢第年在总章二年（669）。

《旧唐书》卷一九〇中《文苑中·刘宪传》："刘宪，宋州宁陵人也。父思立，高宗时为侍御史……后迁考功员外郎，始奏请明经加帖、进士试杂文，自思立始也。寻卒官。宪弱冠举进士，累除冬官员外郎。天授中……贬渍水令。再迁司仆丞。及俊臣伏诛，擢宪为给事中，寻转凤阁舍人。神龙初，坐尝为张易之所引，自吏部侍郎出为渝州刺史。俄复入为太仆少卿，兼修国史，加修文馆学士。景云初，三迁太子詹事……宪卒，赠兖州都督。有集三十卷。初则天时，敕吏部糊名考选人判，以求才彦，宪与王适、司马锽、梁载言相次判入第二等。"

《登科记考》卷二七《附考·进士科》录载刘宪，《登科记考补正》卷三载初元年（690）拔萃科增补刘宪。

明经科

【王行淳】太原人。总章二年（669）国子明经擢第。官至洪州建昌县令。

《文史》，总第84辑，《大唐故洪州建昌县令王君（行淳）墓志铭》（赵君平赠拓）："公讳行淳，其先太原人也……弱冠，国子明经擢第。"按：行淳卒于景龙三年（709），享年六十，则弱冠年在总章二年。又:《登科记考》云是年"不贡举",疑误。

总章三年庚午(670)

三月甲戌朔,改元为咸亨元年。《旧唐书·本纪》。

进士科

【宋守节】咸亨元年(670)状元及第。

(元)辛文房撰,傅璇琮主编《唐才子传校笺》(册一)卷一《杜审言》条云:"审言,字必简,京兆人。预之远祖。咸亨元年宋守节榜进士,为隰城尉。"

《登科记考》卷二咸亨元年(670)进士科录载宋守节。

【杜审言】字必简,襄州襄阳人。咸亨元年(670)第进士,为国子监主簿,官至修文馆学士。

《旧唐书》卷一九〇上《文苑上·杜审言传》:"审言,进士举,初为隰城尉……累转洛阳丞。坐事贬授吉州司户参军……拜著作佐郎。俄迁膳部员外郎。神龙初,坐与张易之兄弟交往,配流岭外。寻诏授国子监主簿,加修文馆直学士。年六十余卒。有文集十卷。次子闲,闲子甫。"

《新唐书》卷二〇一《文艺上·杜审言传》:"杜审言字必简,襄州襄阳人,晋征南将军预远裔。擢进士,为隰城尉。"

(宋)李昉等《太平广记》卷二六五《轻薄一·杜审言》条:"杜审言,襄阳人,擢进士,为隰城尉。恃才高,以傲世见疾……杜审言初举进士,恃才謇傲,甚为时辈所妒。"

(宋)晁公武撰,孙猛校证《郡斋读书志校证》卷一七《别集类上》录《杜审言集》一卷,注云:"右唐杜审言,必简也。襄阳人。预之后裔。擢进士。"

(元)辛文房撰,傅璇琮主编《唐才子传校笺》(册一)卷一《杜审言》条云:"审言,字必简,京兆人。预之远祖。咸亨元年宋守节榜进士,为隰城尉。"

(明)陶宗仪《书史会要》卷五:"杜审言,字必简,襄州人,擢进士第,官至修文馆学士。"

《登科记考》卷二咸亨元年(670)进士科录载杜审言。

【李问政】字就列,陇西成纪人。咸亨元年(670)乡贡进士及第,除陆浑丞。官至正议大夫行郑州别驾。

《全唐文补遗》千唐志斋新藏专辑,开元八年(720)十一月十一日《大唐正议大夫行郑州别驾李公(问政)墓志铭并序》:"君讳问政,字就列,陇西成纪人也……好学善属文,年十有九,乡贡进士对策上第……属封禅之际,岳牧荐贤,公应其选,除陆浑丞。"按:李问政开元八年(720)卒,春秋六十九,其十九岁时在咸亨元年。

【高瑾】渤海蓨人。唐高宗咸亨元年(670)登进士第。官至朝散大夫、洛州巩县令。

《秦晋豫新出墓志蒐佚续编》六八〇,高子金撰贞元三年(787)八月十日《唐故洛州巩县令高府君墓志新铭并序》："公讳瑾,字□,渤海蓚人也……公以秀才擢第,铜章字人,累至朝散大夫、洛州巩县令。"

《高氏三宴诗集》卷上:"高瑾,渤海人,咸亨元年进士。"

(宋)计有功《唐诗纪事》卷七《高瑾》:"瑾,士廉之孙。登咸亨元年进士第。"

《登科记考》卷二咸亨元年(670)进士科录载高瑾。

光绪《畿辅通志》卷三四《选举·唐·进士》:"高宗年,高瑾,蓚人,咸亨元年进士。"

明经科

【郑谌】字叔信,荥阳开封人。咸亨元年(670)明经及第,授润州参军。官至青州刺史。

《唐代墓志汇编》开元四一二,杨宗撰开元二十三年(735)二月二十三日《唐故大中大夫使持节青州诸军事青州刺史上柱国荥阳郑公(谌)墓志铭并序》:"公讳谌,字叔信,荥阳开封人也……弱冠国子明经高第,授润州参军。"按:以开元二十二年(734)卒,春秋八十四推之,郑谌弱冠岁在咸亨元年。

孝廉科

【王思齐】字思齐,冀州枣强人。咸亨元年(670)孝廉及第,补宣州溧阳县尉。官至蓬州宕渠县令。

《唐代墓志汇编》开元二六六,开元十五年(727)十月五日《唐故朝议郎行蓬州宕渠县令王府君(思齐)墓志铭并序》:"君讳思齐,字思齐,其先太原人也……今为冀州枣强人也……咸亨元年,州辟孝廉擢第,调补宣州溧阳县尉。"

《登科记考补正》卷二总章三年(670)明经科录载王思齐,按据墓志,思齐当为孝廉及第。

咸亨二年辛未(671)

进士科

【弓嗣初】咸亨二年(671)第一人登第。

(宋)计有功《唐诗纪事》卷七《弓嗣初》:"弓嗣初,咸亨二年第一人登第。"按:《登科记考》云咸亨二年不贡举,疑误。

明经科

【许坚】字惟贞,高阳新城人。咸亨二年(671)明经及第,授儒林郎。后选授宣州参军事。

《唐代墓志汇编》垂拱〇三四,垂拱三年(687)二月十五日《大唐故宣州参军事许君(坚)墓志铭并序》:"君讳坚,字惟贞,高阳新城人也……年廿五,本州明经举,对策高第,授儒林郎,崇文德也。后以选补授宣州参军事。"按:以调露元年(679)卒春秋三十二推之,许坚二十五岁时在咸亨二年。

科目未详

【衡守直】字守直。咸亨二年(671)科举及第,科目未详。官终仙州刺史。

《全唐文补遗》千唐志斋新藏专辑,苏颋撰开元九年(721)二月七日《大唐故仙州刺史衡府君(守直)墓志铭并序》:"临淄衡公讳守直,字守直……公之生也,诞发庆灵。六岁,太夫人河南君□授□经数十字,闻则便诵,因而叹曰:光亨我宗,其在是矣。八岁,读老、庄,阅坟素,至理冥授,玄问洞开。器则浩然,未可量也。十六,游太学,讨群书。十八,旋本郡,应宾举。"按:衡守直十八岁时应宾举,"允矣人望,扬于王庭",当指科举及第,然科目未详。以开元六年(718)卒,春秋六十五推之,守直十八岁时在咸亨二年。

咸亨三年壬申(672)

进士科

【崔释】字研几,清河东武城人。咸亨三年(672)举进士,补任丘主簿。官至洛州永昌县丞。

《河洛墓刻拾零》,刘宪撰圣历元年(698)二月十一日《周故承议郎行洛州永昌县丞清河崔君(释)墓志铭并序》:"君讳释,字研几,清河东武城人。曾祖德仁,宇文朝司徒府长史。祖君实,唐许州司马。考悬解,宜君丞。君十八举进士,补任丘主簿。"按:崔释圣历元年(698)卒,春秋四十四,则其十八岁时在咸亨三年。

《登科记考》卷二咸亨三年(672)云"不贡举",疑误。

明经科

【贾伯卿】字伯卿,武威姑臧人。咸亨三年(672)明经擢第,初授校书郎。官终陈州长史。

《河洛墓刻拾零》,开元八年(720)二月十七日《唐故朝议大夫陈州长史贾君(伯卿)墓志铭并序》:"君讳伯卿,字伯卿,武威姑臧人也……弱冠,崇文馆明经擢第,解巾秘书省著作局校书郎。"按:贾伯卿卒于开元六年(718),享年六十六,则弱冠年在咸亨三年。

【高力牧】字力牧,渤海蓨人,父大器,孝廉登科。咸亨三年(672)明经擢第。历官潞州参军、宋州司仓、鸿州司户。官终正议大夫、洺州刺史。

《洛阳新获七朝墓志》开元十九年(731)二月十七日《唐故正议大夫洺州刺史高府君墓志铭并序》:"公讳力牧,字力牧,渤海蓨人也……父大器,孝廉登科,秀而不实,未官先世。公五岁而孤,七岁袭爵。弱不好弄,幼而有成……弱冠国子生明经擢第,授潞州参军,转宋州司仓、鸿州司户。"按:高力牧卒于开元十八年(730)九月十二日,春秋七十有八,则其弱冠年在咸亨三年。

咸亨四年癸酉(673)

知贡举：考功员外郎杜易简

进士科

【韦琼之】京兆杜陵人。咸亨四年(673)进士及第。长寿年制举及第。官至中大夫行考功郎中。

《全唐文补遗》千唐志斋新藏专辑，神龙三年(707)九月七日《唐故中大夫行考功郎中临都县开国男上柱国韦君(琼)墓志铭并序》："君讳琼之，字□□，京兆杜陵人也……咸亨年，年十九若干，从国子生举进士，对册高第。调露年，授绛州夏县尉。垂拱年，授左骁卫仓曹参军事……长寿年，应荐升第，除通事舍人，寻加朝散大夫。"按：以神龙三年(707)卒，享年五十三推之，琼之十九岁时在咸亨四年。

【李迥秀】字茂之，陇西人，或雍州泾阳人，李大亮族孙。及进士第，又弱冠应英材杰出举，拜相州参军。累转考功员外郎，长安初，历天官、夏官二侍郎，大足中进同凤阁鸾台平章事。

《唐代墓志汇编》开元一二七，李昇期撰开元九年(721)十月二十三日《唐故正议大夫使持节相州诸军事相州刺史上柱国河南贺兰公(务温)墓志铭并序》："(贺兰务温)举茂异，与太原王适、陇西李迥秀，并对册高第。"

《旧唐书》卷六二《李大亮传附李迥秀传》："李大亮，雍州泾阳人……迥秀，大亮族孙也。祖玄明，济州刺史。父义本，宣州刺史。迥秀弱冠应英材杰出举，拜相州参军，累转考功员外郎。则天雅爱其材，甚宠待之。掌举数年，迁凤阁舍人……长安初，历天官、夏官二侍郎，俄同凤阁鸾台平章事……景龙中，累转鸿胪卿、修文馆学士，又持节为朔方道行军大总管……俄代姚崇为兵部尚书，病卒。"

《新唐书》卷九九《李大亮传附李迥秀传》："大亮祖孙迥秀。迥秀字茂之，及进士第，又中英才杰出科，调相州参军事。"

《登科记考》卷二咸亨四年(673)进士科、咸亨五年(674)英才杰出科分别录载李迥秀。

【郭震】字元振，魏州贵乡人。咸亨四年(673)第进士，睿宗时官兵部尚书、同中书门下三品，封代国公。

《全唐文》卷二三三，张说撰《兵部尚书代国公赠少保郭公行状》："公名震，字元振，本太原阳曲人也，大父任相州汤阴令，因居于魏。公少倜傥，廓落有大志，仪观雄杰，身长七尺，美须髯。十六入太学，与薛稷、赵彦昭同业……十八擢进士第，其年判入高等，时辈皆以校书正字为荣，公独请外官，授梓州通泉尉……睿宗即位，征拜太仆卿……至京，同中书门下三品，加银青光禄大夫，迁兵部尚书，封馆陶县男，依旧知政事。寻转吏部尚书，知选举。嘱请不行，大收草泽，睿宗屡下诏褒美。后默啜大寇边，拜刑部尚书，充朔方道行军大总管，筑丰安、定远等城，以拒贼路。寻加金紫光禄大夫，再迁兵部尚书知政事，仍旧元帅。"

（唐）杜牧《樊川文集》卷一二《上宣州高大夫书》："郭代公元振，亦进士也，镇凉州仅十五年，北却突厥，西走吐蕃，制地一万里，提兵三十万。武后惕息不敢移唐社稷。"

《新唐书》卷一二二《郭震传》："郭震字元振，魏州贵乡人，以字显……十八举进士，为通泉尉。"

《登科记考》卷二咸亨四年(673)进士科、拔萃科分别录载郭震。

光绪《畿辅通志》卷三四《选举·唐·进士》："武后时，郭震，魏州贵乡人，年十八登第，官吏部尚书。"

明经科

【马怀素】字贞规，润州人，寓居江都。咸亨四年(673)明经及第，调露二年(680)第进士，又中文学优赡科。补郇尉，官秘书监，长安中为左台监察御史，开元初为户部侍郎，加银青光禄大夫，封常山县开国公，谥曰文。

《全唐文》卷九九五，《故银青光禄大夫秘书监兼昭文馆学士侍读上柱国常山县开国公赠润州刺史马公墓志铭》："公讳怀素，字贞规……十五徧诵《诗》《礼》《骚》《雅》，能属文，有史力。长史鱼承嗢特见器异，举孝廉，引同载入洛。"按：所谓"举孝廉"，即云明经及第。徐松《登科记考》卷二咸亨四年(673)诸科认为："《旧书》本传言举进士，墓志不载，盖即举孝廉之误也。"陈尚君认为："至顺《镇江志》卷十九《科目》：'马怀素，调露二年进士第，又应制举中文学博赡科。'《旧唐书》卷一〇二《马怀素传》：'举进士，又应制举登文学优赡科。'与此合。《全唐文》卷九九五佚名《马怀素墓志铭》则云年十五后举孝廉（明经），弱冠后'以文学优赡对策乙科'。不言其进士及第事。徐氏据以录入咸亨四年及仪凤元年，而疑本传为误。今参元时方志，尚难遽疑《旧传》为误。故并存，俟考详。"

《旧唐书》卷一〇二《马怀素传》："举进士，又应制举，登文学优赡科，拜郇尉。"

《新唐书》卷一九九《马怀素传》："（马怀素）擢进士第，又应制举，中文学优赡科，补郇尉。积劳，迁左台监察御史。……开元初，为户部侍郎，封常山县公，进兼昭文馆学士。"

《登科记考》卷二咸亨四年(673)诸科、卷二上元三年(676)制举文学优赡科分别录载马怀素。

《登科记考补正》卷二咸亨四年(673)马怀素诸科改为明经科，卷二上元三年(676)制举文学优赡科仍从《登科记考》。卷二调露二年(680)进士科、卷二七《附考·明经科》分别增补马怀素。

嘉定《镇江志》卷一八《人物》："马怀素，字惟日，丹徒人，进士第，又应制举，中文学优赡科，补郇尉……迁秘书监……谥文。"

至顺《镇江志》卷一九《科目·唐马怀素》："调露二年进士第，又应制举，又中文学优赡科，补郇尉。"

万历《丹徒志》卷三《人物》："马怀素……博通经史，擢进士第，又中文学优赡科，补郇尉。"按：调露无二年，《记考》考为咸亨四年中诸科。

【崔韶】字子华,清河东武城人。约咸亨四年(673)明经及第。

《唐代墓志汇编》圣历〇一二,圣历二年(699)一月二十八日《唐故前国子监太学生武骑尉崔君(韶)墓志并序》:"君讳韶,字子华,清河东武城人也……总章元年,补国子监大学生……寻举□□明经,射策高第。"按:据志文,崔氏明经及第在咸亨年间,以咸亨五年(674)卒,春秋二十五,则其及第约在是年。

《登科记考补正》卷二咸亨四年(673)明经科增补崔韶。

制科

【郭震】字元振,魏州贵乡人。咸亨四年(673)擢进士,其年判入高等。小传详见本年进士科。

《全唐文》卷二三三,张说撰《兵部尚书代国公赠少保郭公行状》:"公名震,字元振,本太原阳曲人也,大父任相州汤阴令,因居于魏。公少倜傥,廓落有大志,仪观雄杰,身长七尺,美须髯。十六入太学,与薛稷、赵彦昭同业……十八擢进士第,其年判入高等,时辈皆以校书正字为荣,公独请外官,授梓州通泉尉。"

《登科记考》咸亨四年(673)进士科、拔萃科分别录载郭震。

咸亨五年甲戌(674)

八月,改咸亨五年为上元元年。《旧唐书·本纪》。

知贡举:考功员外郎王方庆

进士科

【李扐】字季□,陇西狄道人。咸亨五年(674)进士及第。

《全唐文补遗》第六辑,上元三年(676)四月十二日《大唐故国子监□□李府君(扐)墓志铭并序》:"君讳扐,字季□,陇西狄道人也……咸亨五年,答策高第。"

【李璹】字义璹,陇西成纪人。咸亨五年(674)进士及第,初授建州录事参军。历官叶县、曲沃、屯留三县令。

《洛阳新出土墓志释录》,开元二十四年(736)十一月十五日《大唐故潞州屯留县令李府君(璹)墓志铭并序》:"府君讳璹,字义璹,陇西成纪人也……府君幼挺聪敏,老成摽器,得先王之要道,穷易象之精微。志学初年,秀才高第,授建州录事参军,叶县、曲沃、屯留三县令……命舛才博,位不充名,终于私第,春秋七十七。"按:据志文,李璹卒于开元二十四年(736),以享年七十七推之,当生于高宗显庆四年(659)。秀才科于高宗永徽二年(651)停废,则志文所云秀才高第,是指进士科及第。又:李璹"志学初年,秀才高第",则其进士及第在咸亨五年。

【张守贞】咸亨五年(674)进士及第。

（五代）王定保《唐摭言》卷一《乡贡》："咸亨五年,七世伯祖鸾台凤阁龙石白水公,时任考功员外郎下覆试十一人,内张守贞一人乡贡。"

《登科记考》咸亨五年(674)进士科录载张守贞。

【周彦晖】 咸亨五年(674)进士及第。

《高氏三宴诗集》卷上："周彦晖,咸亨五年进士。"

（宋）计有功《唐诗纪事》卷七《周彦晖》："彦晖,登咸亨五年进士第。"

《登科记考》咸亨五年(674)进士科录载周彦晖。

明经科

【王基】 琅琊郡人。咸亨五年(674)明经及第,授岗州司法参军。官至武荣州南安令。

《唐代墓志汇编》开元〇一七,开元三年(715)三月二十日《大唐故通直郎守武荣州南安县令王府君(基)墓志铭并序》："君讳基,字□□,琅琊郡人也……弱冠明经擢第,补岗州司法参军。"按:志主开元三年(715)卒,享年六十一,则其弱冠岁在咸亨五年。

制科

【王适】 太原人。茂异及第。

《唐代墓志汇编》开元一二七,李昇期撰开元九年(721)十月二十三日《唐故正议大夫使持节相州诸军事相州刺史上柱国河南贺兰公(务温)墓志铭并序》："公讳务温,字茂弘,河南洛阳人也……举茂异,与太原王适、陇西李迥秀,并对册高第。解褐授郑州参军。"

《登科记考补正》卷二咸亨五年(674)英才杰出科增补王适。

【李迥秀】 字茂之,陇西人,雍州泾阳人(或京兆泾阳人)。李大亮族孙。及进士第,又弱冠应英材杰出举,拜相州参军。累转考功员外郎,长安初,历天官、夏官二侍郎,大足中进同凤阁鸾台平章事。

《唐代墓志汇编》开元一二七,李昇期撰开元九年(721)十月二十三日《唐故正议大夫使持节相州诸军事相州刺史上柱国河南贺兰公(务温)墓志铭并序》："公讳务温,字茂弘,河南洛阳人也……举茂异,与太原王适、陇西李迥秀,并对册高第。解褐授郑州参军。"

《旧唐书》卷六二《李大亮传附李迥秀传》："李大亮,雍州泾阳人……迥秀,大亮族孙也。祖玄明,济州刺史。父义本,宣州刺史。迥秀弱冠应英材杰出举,拜相州参军,累转考功员外郎。则天雅爱其材,甚宠待之。掌举数年,迁凤阁舍人……长安初,历天官、夏官二侍郎,俄同凤阁鸾台平章事……景龙中,累转鸿胪卿、修文馆学士,又持节为朔方道行军大总管……俄代姚崇为兵部尚书,病卒。"

《新唐书》卷九九《李大亮传附李迥秀传》："大亮族孙迥秀。迥秀字茂之,及进士第,又中英才杰出科,调相州参军事。"

《登科记考》卷二咸亨四年(673)进士科、咸亨五年(674)英才杰出科分别录载李迥秀。

【贺兰务温】 字茂弘,河南洛阳人。上元初举茂异,授郑州参军,载初中应大礼举,拜太子家令丞。官至相州刺史。

《唐代墓志汇编》开元一二七,李昇期撰开元九年(721)十月二十三日《唐故正议大夫使持节相州诸军事相州刺史上柱国河南贺兰公(务温)墓志铭并序》:"公讳务温,字茂弘,河南洛阳人也……举茂异,与太原王适、陇西李迥秀,并对册高第。解褐授郑州参军……载初中应大礼举,诏问前殿,天子异其册,拜家令丞。"按:李迥秀咸亨四年登进士第。

《登科记考补正》卷二咸亨五年(674)英才杰出科增补贺兰务温。

上元二年乙亥(675)

知贡举:考功员外郎骞味道

进士科

【郑益】上元二年(675)状元及第。

(元)辛文房撰,傅璇琮主编《唐才子传校笺》(册一)卷一《沈佺期》条云:"佺期,字云卿,相州人。上元二年郑益榜进士。"

(明)徐应秋《玉芝堂谈荟》卷二《历代状元》:"上元二年,进士四十五人,状元郑益。"

《登科记考》上元二年(675)进士科录载郑益。

【王悌】一作王恺。上元二年(675)进士及第。

(五代)王定保《唐摭言》卷八《别头及第》:"别头及第,始于上元二年钱令绪、郑人政、王悌、崔志恂等四人,亦谓之承优及第。"

《登科记考》上元二年(675)进士科录载"王恺",按"恺""悌"形近,未知孰是。

【刘希夷】颖川人。上元二年(675)进士。

(元)辛文房撰,傅璇琮主编《唐才子传校笺》(册一)卷一《刘希夷》条云:"希夷,字廷芝,颖川人。上元二年郑益榜进士,时年二十五,射策有文名。"

《登科记考》上元二年(675)进士科录载刘希夷。

【沈佺期】字云卿,相州内黄人。上元二年(675)第进士。官给事中,为起居郎,中书舍人,弘文馆直学士。

《新唐书》卷二〇一《沈佺期传》:"(沈佺期)及进士第,由协律郎累除给事中。"

(宋)晁公武《郡斋读书志校证》卷一七《别集类上》录《沈佺期集》五卷,注云:"右唐沈佺期,云卿也。相州人。及进士第,由协律郎累迁弘文馆直学士。"

(元)辛文房撰,傅璇琮主编《唐才子传校笺》(册一)卷一《沈佺期》条云:"佺期,字云卿,相州人。上元二年郑益榜进士。"

《登科记考》上元二年(675)进士科录载沈佺期。

嘉靖《内黄县志》卷六《人物》:"(沈佺期)举进士,累除给事中,为起居郎。"

【宋之问】字延清,汾州人。上元二年(675)进士,历官尚方监丞、考功郎。以知举贿赂狼藉,下迁越州长史。

（元）辛文房撰，傅璇琮主编《唐才子传校笺》（册一）卷一《宋之问》条云："之问字延清，汾州人。上元二年进士……累转尚方监丞……谄事张易之，坐贬泷州。后逃归，匿张仲之家。闻仲之谋杀武三思，乃告变，擢鸿胪簿。迁考功郎。复媚太平公主。以知举贿赂狼藉，下迁越州长史。"

《登科记考》上元二年（675）进士科录载宋之问。

【张鷟】字文成，深州陆泽人。上元二年（675）第进士。神龙元年，中才膺管乐科。景云二年，中贤良方正科。曾官监察御史，终司门员外郎。又中下笔成章、才高位下、词标文苑等科。或云调露初进士及第，八举制科甲科。卒年七十三岁。

（唐）莫休符《桂林风土记》："张鷟，字文成，深州深泽人也……弱冠应举下笔成章，中书侍郎薛元超特授襄乐尉……卒年七十三岁。""文成凡七举四参选，皆中甲科。"

（唐）刘肃《大唐新语》卷八《文章第十八》："张文成以词学知名，应下笔成章、才高位下、词标文苑等三入科，俱登上第。"

（唐）张鷟《朝野佥载》卷三："鷟初举进士，至怀州，梦庆云覆其身。其年对策，考功员外骞味道以为天下第一。"按：上元二年骞味道知贡举。

《旧唐书》卷一四九《张荐传》："张荐字孝举，深州陆泽人。祖鷟，字文成，聪警绝伦，书无不览。为儿童时，梦紫色大鸟，五彩成文，降于家庭。其祖谓之曰：'五色赤文，凤也；紫文，鷟鸒也，为凤之佐，吾儿当以文章瑞于明廷。'因以为名字。初登进士第，对策尤工，考功员外郎骞味道赏之曰：'如此生，天下无双矣！'调授岐王府参军。又应下笔成章及才高位下、词标文苑等科。鷟凡应八举，皆登甲科。再授长安尉，迁鸿胪丞。凡四参选，判策为铨府之最……开元中，入为司门员外郎卒。"

（宋）李昉等《太平广记》卷二七七《梦二·张鷟》引《朝野佥载》条："鷟初举进士，至怀州，梦庆云覆其身，其年对策，考功员外骞味道，以为天下第一……其年应举及第，授鸿胪丞，未经考而授五品，此其应也。"

《新唐书》卷一六一《张荐传》："张荐字孝举，深州陆泽人。祖鷟，字文成，早慧绝伦，书无不览。祖鷟，早惠绝伦……调露初，登进士第……八以制举皆甲科，再调长安尉，迁鸿胪丞。"

（宋）洪迈《容斋续笔》卷一二《龙筋凤髓判》："张鷟，字文成，史云：'调露中，登进士第，考功员外郎骞味道见所对，称天下无双。'按《登科记》，乃上元二年，去调露尚六岁。是年，进士四十五人，鷟名在二十九，既以为天下无双，而不列高第？"

（宋）王应麟《玉海》卷一一五《选举·唐制举》："张鷟应下笔成章等七科皆中。"

（明）徐应秋《玉芝堂谈荟》卷五《梦凤集肩》："《太平广记》张鷟初举进士，至怀州，梦庆云覆其身，其年对策考功第一。"

《登科记考》卷二上元二年（675）进士科、同卷仪凤二年下笔成章科、卷四神龙二年（706）才高位下科、卷五景云二年（711）贤良方正科分别录载张鷟。

光绪《畿辅通志》卷三四《选举·唐·进士》："高宗年，张鷟，深泽人，调露初年第，又应制举，御史。"

【陈该】字彦表,绵州显武人。上元二年(675)登进士第,释褐授将仕郎。历官茂州石泉县主簿、隆州苍溪县主簿、怀州河内县尉等。

《全唐文》卷二一六,《周故内供奉学士怀州河内县尉陈君石人铭》:"君讳该,字彦表,绵州显武人也,其先自颍川迁蜀矣。曾祖寄,祖曾,考永贵,皆养高不仕。君少好学,能属文,上元元年州贡进士,对策高第,释褐授将仕郎。其明年制敕天下文儒,司属少卿杨守讷荐君应词殚文律,对策高第,敕授茂州石泉县主簿。开耀元年制举,太子舍人司议郎大府少卿元知让应制荐君于朝堂,对策高第,敕授隆州苍溪县主簿。垂拱四年又应制学综古今,对策高第,敕授怀州河内县尉。凡历所职,皆以清廉仁爱著闻。有周革命,天授三年恩敕自河内追入阁供奉。居未期,不幸遇疾,于神都积善坊考终厥命,年六十三。"

《登科记考》上元二年(675)进士科录载陈该。

【附不疑】望出新平。上元二年(675)登进士第。

(宋)郑樵《通志》卷二九《氏族略第五·代北四字姓》"附氏"载上元登科有附不疑,望出新平。按:上元改元在八月,则无元年贡举;又三年不贡举,故知在此年。

《登科记考》上元二年(675)进士科录载附不疑。

【郑人政】上元二年(675)别敕进士及第。

(五代)王定保《唐摭言》卷八《别头及第》:"别头及第,始于上元二年钱令绪、郑人政、王悌、崔志恂等四人,亦谓之承优及第。"

《登科记考》上元二年(675)进士科录载郑人政。

【钱令绪】上元二年(675)别敕进士及第。

(五代)王定保《唐摭言》卷八《别头及第》:"别头及第,始于上元二年钱令绪、郑人政、王悌、崔志恂等四人,亦谓之承优及第。"

《登科记考》上元二年(675)进士科录载钱令绪。

【崔志恂】上元二年(675)别敕进士及第。

(五代)王定保《唐摭言》卷八《别头及第》:"别头及第,始于上元二年钱令绪、郑人政、王悌、崔志恂等四人,亦谓之承优及第。"

《登科记考》上元二年(675)进士科录载崔志恂。

【梁载言】上元二年(675)进士及第,载初元年(690)制科及第。

《旧唐书》卷一九〇中《文苑中·刘宪传》:"初,则天时,敕吏部糊名考选人判,以求才彦,宪与王适、司马锽、梁载言相次判入第二等。"

《登科记考》上元二年(675)进士科录载梁载言,考云:"《书录解题》:'梁载言,上元二年进士。'"按:《书录解题》当指宋人陈振孙所撰《直斋书录解题》,今人徐小蛮、顾美华点校本未见梁载言进士及第之记载。

《登科记考补正》卷二上元二年(675)进士科、载初元年(690)制科分别录载梁载言。

【魏愻】字处实,钜鹿曲阳人。上元二年(675)进士及第,授宣州当涂县尉。官至郑州长史。

《唐代墓志汇编》开元〇七五,开元六年(718)十月二十四《大唐故郑州长史钜鹿魏君

（愨）墓志铭并序》：“公讳愨,字处实,钜鹿曲阳人……十五志学,三十而立,以秀才甲科,调补宣州当涂县尉……以大唐开元六年十月三日遘疾,终于官第,春秋七十有三。”按:据墓志,魏氏而立之岁在上元二年。又:唐代秀才科废于永徽初年,则其秀才甲科,当为进士及第。

明经科

【李弌】字玄辩,陇西人。上元二年(675)明经及第,解褐授文林郎。官至徐州沛县令。

《全唐文补遗》千唐志斋新藏专辑,开元七年(719)六月二十二日《故朝议郎前行徐州沛县令李府君（弌）墓志铭并序》：“公讳弌,字玄辩,其先陇西人也……年十有五,俶□于学,日□数千言。孝廉乡间,荐之台省。策问无滞,对杨神□。果行育德,寔曰聪敏者也。弱冠,乡贡及第,解褐授文林郎。□家□拟□□范阳二县尉……春秋六十有四,以大唐开元七年五月朔四日壬辰,遘疾卒于河南府河南县道光□私第。”按:李弌开元七年(719)卒,春秋六十四,则其弱冠岁在上元二年。

【李璋】字仲京,赵郡人。上元二年(675)明经高第,又应八科举。官至郑州录事参军。

《全唐文补遗》第八辑,圣历三年(700)五月十二日《大周故朝散大夫郑州录事参军柱国赵郡李府君（璋）墓志铭并序》：“君讳璋,字仲京,赵郡人也……唐上元二年,弱冠宿卫,举明经高第。”“寻又应八科举,射策称最,擢授并州都督府参军。”按:《登科记考补正》卷二七《附考·明经科》以罗补为据录载李璋,云李璋“字仲象”。又:唐大中二年(848)进士及第之李璋,别是一人。

诸科

【李景由】字逆客,陇西成纪人。上元二年(675)神童举及第,初授太子通事舍人。官终蒲州猗氏县令。

《全唐文补遗》第六辑,开元二十六年(738)十一月十五日《唐故蒲州猗氏县令陇西李府君（景由）墓志铭并序》：“公讳景由,字逆客,陇西成纪人也……故年在总丱,应神童举。高宗亲自召见,因上便宜十余事,兼诵诗雅。□动左右,听者竦然。上顾中书令郝处俊等曰:今之甘罗、项橐也。殿□咸呼万岁,贺圣主之得贤。由是起家,拜太子通事舍人。”按:以开元五年(717)卒,春秋五十四推之,景由出生于龙朔三年(663);又据《旧唐书》卷八四《郝处俊传》,郝处俊任中书令时在上元二年(675)前后,则李景由神童举当在是年。

《登科记考补正》卷二上元二年(675)诸科增补李景由。

制科

【王英】字人杰,太原祁人。上元二年(675)应制甲科,授洺州鸡泽主簿。官终兖州刺史。

《洛阳新出土墓志释录》,开元二十七年(739)二月十日《唐故中大夫使持节都督兖州诸军事守兖州刺史上柱国王府君（英）墓志铭并序》：“府君讳英,字人杰,太原祁人……弱冠应制甲科,授洺州鸡泽主簿……开元廿六年遘疾,八月九日薨于洛阳审教里之私第,春秋八十有三。"按:以开元二十六年(738)卒,年八十三推之,王英应制甲科在上元二年。

【杨炯】华阴人。显庆六年(661)神童举,授校书郎。上元二年(675)应制举,转詹事司直,终婺州盈川令。卒赠著作郎。

《旧唐书》卷一九〇上《文苑上·杨炯传》:"杨炯,华阴人。伯祖虔威,武德中官至右卫将军。炯幼聪敏博学,善属文。神童举,拜校书郎,为崇文馆学士……俄迁詹事司直。则天初,坐从祖弟神让犯逆,左转梓州司法参军。秩满,选授盈川令。"

(宋)李昉等《太平广记》卷二六五《轻薄一·盈川令》:"杨炯,华阴人。幼聪敏博学,以神童举,与王勃、卢照邻、骆宾王齐名。"

《新唐书》卷二〇一《文艺上·杨炯传》:"炯,华阴人。举神童,授校书郎。永隆二年,皇太子已释奠,表豪俊充崇文馆学士,中书侍郎薛元超荐炯及郑祖玄、邓玄挺、崔融等,诏可。迁詹事司直。俄坐从父弟神让与徐敬业乱,出为梓州司法参军。迁盈川令,张说以箴赠行,戒其苛。至官,果以严酷称,吏稍忤意,搒杀之,不为人所多。卒官下,中宗时赠著作郎。"

(宋)晁公武《郡斋读书志校证》卷一七《别集类上》录《杨炯盈川集》二十卷,注云:"右唐杨炯也。华阴人。显庆六年举神童,授校书郎,终婺州盈川令。"

(元)辛文房撰,傅璇琮主编《唐才子传校笺》(册一)卷一《杨炯》条云:"炯,华阴人。显庆六年,举神童,授校书郎。永隆二年,皇太子舍奠,表豪俊充崇文馆学士。后为婺州盈川县令,卒。有《盈川集》三十卷行于世。"按:校笺云炯"显庆六年"举神童误,可参看。

《登科记考》卷二显庆六年(661)诸科、同卷上元二年(675)应制及第分别录载杨炯。

上元三年丙子(676)

进士科

【杨令一】字令一,太州仙掌人。上元三年(676)进士及第。官至宣威将军行右卫翊府郎将。

《全唐文》卷二二六,张说《大周故宣威将军杨君(令一)碑并序》:"公讳令一,字令一,太州仙掌人也,隋司徒观王之元孙,周孝明高后之归孙,今司卫卿之元子……年十九,举进士高第,授潞州参军,转千牛胄曹,迁洛阳尉,从班次也。居无何,拜朝散大夫,行通事舍人,俄而加太中大夫检校天官员外郎……除宣威将军行右卫翊府郎将……年四十一,圣历元年夏六月辛丑,遘疾而卒。"按:以圣历元年(698)卒,年四十一推之,其十九岁时在上元三年(676)。

《登科记考补正》卷二上元三年(676)进士科增补杨令一。

明经科

【韦希损】字又损,京兆杜陵人。上元三年(676)明经擢第,授梁州城固主簿。官终京兆府功曹。

《唐代墓志汇编》开元〇九五,魏璞玉撰开元八年(720)正月八日《大唐故朝议郎京兆府功曹上柱□(国)韦君(希损)墓志铭并序》:"君讳希损,字又损,京兆杜陵人也……廿而冠,同先儒之经,起家国子生擢第,补梁州城固主簿。"按:以开元七年(719)卒,享年六十三推之,希损弱冠岁在上元三年。

【房逸】字文杰,魏郡清河人。上元三年(676)明经及第,授扬州海陵县尉。官终贝州清河县尉。

《唐代墓志汇编》圣历〇二〇,圣历二年(699)二月十七日《大周故贝州清河县尉柱国房府君(逸)墓志铭并序》:"君讳逸,字文杰,魏郡清河人也……上元三年,以明经举,射策甲第,解褐补扬州海陵县尉。"

【孟慈】一作"孟立",字孝立,邹人。上元三年(676)明经擢第,官授蕲州蕲春县尉。

《全唐文补遗》第二辑,开元十五年(727)八月二十日《大唐故蕲州蕲春县尉孟府君(立)墓志铭并序》:"君讳□,字孝立,邹人也……弱冠以大学明经擢第,四十强而从仕,任蕲州蕲春县尉。"按:《咸阳碑石》补墓主"讳立,字孝立"。以开元十五年(727)卒,春秋七十一推之,其弱冠岁在是年。

《全唐文补编》下册,开元十五年(727)八月二十日《大唐故蕲州蕲春县尉孟府君(慈)墓志铭并序》:"君讳慈,字孝立,邹人也……弱冠以大学明经擢第,四十强而从仕,任蕲州蕲春县尉……以开元十五年六月二十九日遘疾终于私第,春秋七十有一。"

【崔安俨】字安俨,博陵安平人。上元三年(676)明经擢第,解褐滑州参军。历绛州闻喜、华州华阴二县尉,官终汉州长史。

《洛阳新出土墓志释录》,韦子金撰开元二十六年(738)三月五日《唐故朝散大夫汉州长史上柱国博陵崔公(安俨)墓志铭并序》:"公讳安俨,字安俨,博陵安平人也……弱冠明经擢第,解褐滑州参军,历绛州闻喜、华州华阴二县尉……以开元廿六年正月十八日遇疾终于东都归仁里之私第,春秋八十二。"按:以开元二十六年(738)卒,年八十二推之,崔安俨明经擢第在上元三年。

制科

【马怀素】上元三年(676)文学优赡科及第。小传见咸亨四年明经科马怀素条。

《全唐文》卷九九五,《故银青光禄大夫秘书监兼昭文馆学士侍读上柱国常山县开国公赠润州刺史马公墓志铭》:"公讳怀素,字贞规……十五徧诵《诗》《礼》《骚》《雅》,能属文,有史力。长史鱼承嚝特见器异,举孝廉,引同载入洛。"按:所谓"举孝廉",即云明经及第。徐松《登科记考》卷二认为:"《旧书》本传言举进士,墓志不载,盖即举孝廉之误也。"陈尚君认为:"至顺《镇江志》卷十九《科目》:'马怀素,调露二年进士第,又应制举中文学优赡科。'《旧唐书》卷一〇二《马怀素传》:'举进士,又应制举登文学优赡科。'与此合。《全唐文》卷九九五,佚名《马怀素墓志铭》则云年十五后举孝廉(明经),弱冠后'以文学优赡对策乙科'。不言其进士及第事。徐氏据以录入咸亨四年及仪凤元年,而疑本传为误。今参元时方志,尚难遽疑《旧传》为误。故并存,俟考详。"

《登科记考》卷二咸亨四年(673)诸科、卷二上元三年(676)制举文学优赡科分别录载马怀素。

《登科记考补正》卷二咸亨四年(673)马怀素诸科改为明经科,卷二上元三年(676)制举文学优赡科仍从《登科记考》。卷二调露二年(680)进士科、卷二七《附考·明经科》分别增补马怀素。

【阳峤】河南洛阳人。擢八科。历尚书右丞、魏州刺史、兖州都督、荆州长史,官终国子祭酒。累封北平伯,卒谥曰敬。

《旧唐书》卷一八五下《良吏下·阳峤传》:"阳峤,河南洛阳人,其先自北平徙焉,北齐右仆射休之玄孙也。仪凤中应八科举,授将陵尉,累迁詹事司直……睿宗即位,拜尚书右丞。时分建都督府以统外台,精择良吏,以峤为泾州都督府,寻停不行。又历魏州刺史,充兖州都督、荆州长史,为本道按察使,所在以清白闻。魏州人诣阙割耳,请峤重临其郡,又除魏州刺史。入为国子祭酒,累封北平伯,荐尹知章、范行恭、赵玄默等为学官,皆称名儒……寻以年老致仕,卒于家,谥曰敬。"

(宋)潘自牧《记纂渊海》卷三七《科举部·科目》:"张鷟、阳峤、陆元方、员半千皆试中八科举。"

(宋)王应麟《玉海》卷一一五《选举·唐制举》:"员半千、陆元方、崔融、阳峤,举八科皆中。"

《登科记考》卷二上元三年(676)制科录载阳峤。《登科记考补正》卷二上元三年(676)制科录载阳峤,又在卷二七《附考·制科》录载杨峤,考云:张补云:"《嘉靖河间府志》卷十五:'杨峤,其先北平人。世徙洛阳,北齐尚书右仆射休之四世孙,举八科皆中,调将陵尉,累迁詹事司直。'"今按:地方志所载之"杨峤",显然为"阳峤"之误。

【李至远】始名鹏,赵州高邑人。进士及第。上元时制策高第。历司勋吏部员外郎中,迁天官侍郎。出为壁州刺史,卒年四十八。

《全唐文》卷四三五,李至远小传:"至远始名鹏,赵州高邑人。上元时制策高第。历司勋吏部员外郎中。迁天官侍郎,出为壁州刺史,卒年四十八。"

《新唐书》卷一九七《李素立传附孙至远》:"李素立,赵州高邑人……孙至远,始名鹏……上元时,制策高第,授明堂主簿。"按:《登科记考补正》卷二应制及第系李至远上元二年,至远究为何年及第,尚待证实,上元凡三年,今系三年俟考。

正德《赵州府志》卷五《高邑县志·人物》:"(李至远)上元间制策高第,历天官侍郎。"

光绪《畿辅通志》卷三四《选举·唐·进士附录》:"李至远,高邑人。"

【员半千】始名余庆,字荣期,齐州全节人。早年举童子科,后举八科,永隆元年(680)岳牧举第。累为弘文馆直学士,睿宗时召为太子右谕德。或曰上元初应六科举,又第岳牧举,累迁太子右谕德,封平原郡公。

(宋)王溥《唐会要》卷七六《贡举中·制科举》:"永隆元年,岳牧举,武陟县尉员半千及第。"

《新唐书》卷一一二《员半千传》："员半千字荣期,齐州全节人。其先本彭城刘氏,十世祖凝之,事宋,起部郎,及齐受禅,奔元魏,以忠烈自比伍员,因赐姓员,终镇西将军、平凉郡公。半千始名余庆,生而孤,为从父鞠爱,羁丱通书史。客晋州,州举童子,房玄龄异之,对诏高第,已能讲《易》《老子》。长与何彦先同事王义方,以迈秀见赏。义方常曰:'五百岁一贤者生,子宜当之。'因改今名。凡举八科,皆中⋯⋯睿宗初,召为太子右谕德,仍学士职。累封平原郡公。"

(宋)计有功《唐诗纪事》卷六《员半千》:"半千,字荣期,齐州人⋯⋯举八科皆中,累为弘文馆学士。睿宗立,召为太子右谕德。"

(宋)潘自牧《记纂渊海》卷三七《科举部·科目》:"张鷟、阳峤、陆元芳、员半千皆试中八科。"

(宋)王应麟《玉海》卷一一五《选举·唐制举》:"岳牧员半千,永隆元年。""员半千、陆元方、崔融、阳峤举八科皆中。"

《登科记考》卷二上元三年(676)制科、调露二年(680)岳牧举分别录载员半千。

嘉靖《山东通志》卷二八《人物志》:"(员半千)凡举八科,皆中,尉武陵。"

【陈该】字彦表,绵州显武人。上元三年(676)登词殚文律科,授茂州石泉县主簿。

《全唐文》卷二一六,《周故内供奉学士怀州河内县尉陈君石人铭》:"君讳该,字彦表,绵州显武人也,其先自颍川迁蜀矣。曾祖寄,祖曾,考永贵,皆养高不仕。君少好学,能属文,上元元年州贡进士,对策高第,释褐授将仕郎。其明年制敕天下文儒,司属少卿杨守讷荐君应词殚文律,对策高第,敕授茂州石泉县主簿。开耀元年制举,太子舍人司议郎大府少卿元知让应制荐君于朝堂,对策高第,敕授隆州苍溪县主簿。垂拱四年又应制学综古今,对策高第,敕授怀州河内县尉。凡历所职,皆以清廉仁爱著闻。有周革命,天授三年恩敕自河内追入阁供奉。居未期,不幸遇疾,于神都积善坊考终厥命,年六十三。"

《登科记考》卷二上元三年(676)制举词殚文律科录载陈该。

【崔融】字安成,齐州全节人。初应八科举高第,累补宫门丞。则天时,官至司礼少卿。上元三年(676)正月词殚文律科。迁内史凤阁舍人。卒于中宗时,年五十四岁,谥曰文。

《洛阳新获七朝墓志》崔安潜撰咸通五年(864)八月十八日《唐立山郡司马权知军州事清河崔公墓志铭并序》:"公讳师蒙,字养正,清河东武城人。高祖讳融,唐国子司业,以德行文学冠当时,薨谥文。公曾祖讳翘,以礼部尚书东都留守,薨赠太子太傅。"

《旧唐书》卷九四《崔融传》:"崔融,齐州全节人。初,应八科举擢第。累补宫门丞,兼直崇文馆学士。中宗在春宫,制融为侍读,兼侍属文,东朝表疏,多成其手。圣历中,则天幸嵩岳,见融所撰《启母庙碑》,深加叹美,及封禅毕,乃命融撰朝观碑文。自魏州司功参军擢授著作佐郎,寻转右史。圣历二年,除著作郎,仍兼右史内供奉。四年,迁凤阁舍人。久视元年,坐忤张昌宗意,左授婺州长史。顷之,昌宗怒解,又请召为春官郎中,知制诰事。长安二年,再迁凤阁舍人。三年,兼修国史⋯⋯四年,除司礼少卿,仍知制诰。时张易之兄弟颇招集文学之士,融与纳言李峤、凤阁侍郎苏味道、麟台少监王绍宗等俱以文才降节事之。及易之伏诛,融左授袁州刺史。寻召拜国子司业,兼修国史。神龙二年,以预修《则天实录》成,封清河县子,赐物五百段,玺书褒美。融为文典丽,当时罕有其比,朝廷所须《洛出宝图颂》《则天哀册文》及诸大手笔,并手敕付融。撰哀册文,用思精苦,遂发病卒,时年五十四。以侍读之恩,追赠卫州刺史,谥曰文。有集六十卷。二子禹锡、翘,开元中,相次为中书舍人。"

（宋）王溥《唐会要》卷七六《贡举中·制科举》:"上元三年正月,辞殚文律科,崔融及第。"

（宋）王钦若等《册府元龟》卷六四五《贡举部（七）·科目》:"上元三年正月,词殚文律科。（崔融及第。）"

《新唐书》卷一一四《崔融传》:"崔融字安成,齐州全节人。擢八科高第。累补宫门丞、崇文馆学士。"

（宋）计有功《唐诗纪事》卷八《崔融》:"融,字安成,齐州人。擢八科高第。"

（宋）潘自牧《记纂渊海》卷三七《科举部·科目》:"崔融擢八科高第,《本传》。"

（宋）王应麟《玉海》卷一一五《选举·唐制举》:"员半千、陆元方、崔融、阳峤,举八科皆中。"

（宋）王应麟《玉海》卷一一五《选举·唐制举》:"辞殚文律崔融。"

《登科记考》卷二上元三年（676）制举词殚文律科录载崔融。

嘉靖《山东通志》卷二八《人物一》:"（崔融）擢八科,累补崇文馆学士。"

【裴守真】一作裴守贞。上元三年（676）制科及第。小传见附录:及第时间无考者裴守真条。

《旧唐书》卷一八八《孝友·裴守真传》:"裴守真,绛州稷山人也。后魏冀州刺史叔业六世孙也。父眘,大业中为淮南郡司户……贞观中,官至�令……守真早孤,事母至孝……初举进士,及应八科举,累转乾封尉。"

《新唐书》卷一二九《裴守真传》:"裴守真,绛州稷山人,后魏冀州刺史叔业六世孙。父眘,隋大业中为淮安司户参军……守真……举进士,六科连中,累调乾封尉。"

（宋）王应麟《玉海》卷一一五《选举·唐制科》:"裴守贞,六科连中。"

《登科记考》卷二上元三年（676）制科录作裴守贞,卷二七《附考·进士科》录作裴守真。

仪凤二年丁丑（677）

进士科

【陈宪】字令将,平阳临汝人。仪凤二年（677）进士及第,授荥泽主簿。官至太子宾客,封岳阳县开国伯。

《唐代墓志汇编》开元二三七,开元十四年（726）十一月十六日《唐银青光禄大夫太子宾客岳阳县开国伯食邑五百户陈公（宪）墓志铭并序》:"公讳宪,字令将,平阳临汾人……年卅,乡贡进士,对策上第,其年解褐荥泽主簿。"按:《全唐文》卷九九五,录作《陈宪墓志铭》。

《登科记考补正》卷二仪凤二年(677)进士科增补陈宪。

制科

【王无竞】字仲烈,东莱人,父侃,棣州司马。仪凤二年(677)擢下笔成章科。官监察御史、苏州司马。贬岭外,卒广州,年五十四。

《旧唐书》卷一九〇中《文苑中·王无竞传》:"王无竞者,字仲烈。其先琅邪人,因官徙居东莱,宋太尉弘之十一代孙。父侃,棣州司马。无竞有文学,初应下笔成章举及第,解褐授赵州栾城县尉,历秘书省正字,转右武卫仓曹、洛阳县尉,迁监察御史,转殿中……转无竞为太子舍人。神龙初,坐诃诋权幸,出为苏州司马。及张易之等败,以尝交往,再贬岭外,卒于广州,年五十四。"

《新唐书》卷一〇七《王无竞传》:"王无竞者,字仲烈。世徙东莱,宋太尉弘之远裔。家足于财,颇负气豪纵。擢下笔成章科,调栾城尉,三迁监察御史,改殿中……徙无竞太子舍人。神龙初,诋权幸,出为苏州司马。张易之等诛,以尝交往,贬广州,仇家矫制榜杀之。"

《登科记考》卷二仪凤二年(677)下笔成章科录载王无竞。

嘉靖《山东通志》卷三三《人物六·莱州府》:"(王无竞)擢下笔成章科,累迁监察御史。"

【王洛客】字炅,太原祁人。仪凤二年(677)下笔成章举及第。

《书法丛刊》2002年第3期录载马克麾撰先天元年(712)十月十三日《唐正议大夫试大著作上柱国太原王君(洛客)墓志铭并序》(香港中文大学文物馆藏石):"君讳洛客,字炅,太原祁人也……仪凤年,属帝道文明,海内贞观,求材而理,野无遗贤,爰下明制,使中书侍郎河东薛元超求遗才于天下,君乃迫时命而应征焉。从下笔成章举解褐,敕授许州长社尉,充定襄军管记。"按:《登科记考》卷二录载仪凤元年十二月求贤诏,仪凤二年录载下笔成章科及第者张鷟、姚元崇、韩思彦、王无兢等四人,徐松注云:"按去冬下诏,应科举在是年。"又:《旧唐书》卷五《高宗纪》下:仪凤元年十二月,"戊午,遣使分道巡抚:宰相来恒河南道,薛元超河北道,左丞崔知悌等江南道"。

【张庭珪】一作张廷珪,字温玉,范阳方城人。曾祖惠湛,官陈宣猛将军、散骑常侍、永嘉郡太守。祖子爽,唐朝巴州曾口县令、尚食奉御。父孝昊,并州乐平、荆州公安二县令。庭珪进士及第,仪凤二年(677)贤良方正科及第。历冀氏、白水、伊阙三县尉,迁右台监察殿中、左台侍御史。再为起居、中书舍人、礼部侍郎、尚书左丞、黄门侍郎、少府监,持节颍、洪、沔、苏、宋、魏、汴、饶、同等州刺史,前后充河北宣劳、江西按察、河南沟渠等三使,进阶金紫光禄大夫,策勋上柱国,封范阳县子,以太子詹事致仕。卒赠工部尚书,谥号贞穆。

《全唐文补遗》第五辑,徐浩撰天宝五载(746)二月十四日《唐故赠工部尚书张公(庭珪)墓志铭并序》:"惟开元廿二载秋八月十九日,金紫光禄大夫、太子詹事致仕、上柱国、范阳县开国子张公薨于河南大同里第,春秋七十有七。优诏追赠工部尚书,赐绢布各百段,米粟各百石,有司谥行曰贞穆……公讳庭珪,字温玉,范阳方城人……曾祖讳惠湛,陈宣猛将军、散骑常侍、永嘉郡太守。祖讳子爽,皇朝巴州曾口县令、尚食奉御。考讳孝昊,并州乐平、荆州公安二县令……弱冠,制举贤良射策第二等。历冀氏、白水、伊阙三县尉、右台监察殿中、左台侍御史。再为起居,一为吏部员外、中书舍人、礼部侍郎、尚书左丞、黄门侍郎、少府监,持节颍、洪、沔、苏、宋、魏、汴、饶、同等州刺史,前后充河北宣劳、江西按察、河南沟渠等三使,进阶金紫光禄大夫,策勋上柱国,封范阳县子,太子詹事致仕。凡任官廿四。三执宪简,再案史笔。四登丹地,三入粉闱。一司内府,九典外郡。"按:卒于开元二十二年(734)享年七十七推之,其弱冠在仪凤二年(677)。

《旧唐书》卷一○一《张廷珪传》:"张廷珪,河南济源人,其先自常州徙焉。庭珪少以文学知名,性慷慨,有志尚。弱冠应制举。长安中,累迁监察御史……景龙末,为中书舍人,再转洪州都督,仍为江南西道按察使。开元初,入为礼部侍郎……出为沔州刺史,又历苏、宋、魏三州刺史。入为少府监,加金紫光禄大夫,封范阳男。四迁太子詹事,以老疾致仕。二十二年卒,年七十余,赠工部尚书,谥曰贞穆。"

《新唐书》卷一一八《张廷珪传》:"张廷珪,河南济源人。慷慨有志尚。第进士,补白水尉。举制科异等。累迁监察御史,按劾平直……入为少府监,封范阳县男。以太子詹事致仕。卒,赠工部尚书,谥贞穆。"

《登科记考补正》卷二仪凤二年(677)贤良方正科录载张庭珪(张廷珪),按语云:"两《唐书》本传俱作'张廷珪',然《唐郎官石柱题名考》卷四、《唐会要》卷七七、《书小史》卷一○俱作'张庭珪'。今观徐浩所撰墓志,则知两《唐书》所记张氏之籍贯、封爵等亦皆有误。"

【张鷟】字文成,深州陆泽人。仪凤二年(677)下笔成章科及第。

(唐)刘肃《大唐新语》卷八《文章第十八》:"张文成以词学知名,应下笔成章、才高位下、词标文苑等三入科,俱登上第。"

(唐)张鷟《朝野佥载》卷三:"鷟初举进士,至怀州,梦庆云覆其身。其年对策,考功员外骞味道以为天下第一。"按:上元二年骞味道知贡举。

《旧唐书》卷一四九《张荐传》:"张荐字孝举,深州陆泽人。祖鷟,字文成,聪警绝伦,书无不览。为儿童时,梦紫色大鸟,五彩成文,降于家庭。其祖谓之曰:'五色赤文,凤也;紫文,鷟鷟也,为凤之佐,吾儿当以文章瑞丁明廷。'因以为名字。初登进士第,对策尤工,考功员外郎骞味道赏之曰:'如此生,天下无双矣!'调授岐王府参军。又应下笔成章及才高位下、词标文苑等科。鷟凡应八举,皆登甲科。再授长安尉,迁鸿胪丞。凡四参选,判策为铨府之最……开元中,入为司门员外郎卒。"

《新唐书》卷一六一《张荐传》:"张荐字孝举,深州陆泽人。祖鷟,字文成,早慧绝伦,书无不览。祖鷟,早惠绝伦……调露初,登进士第……八以制举皆甲科,再调长安尉,迁鸿胪丞。"

(宋)王应麟《玉海》卷一一五《选举·唐制举》:"张鷟应下笔成章等七科皆中。"

《登科记考》卷二上元二年(675)进士科、同卷仪凤二年(677)下笔成章科、卷四神龙二年(706)才高位下科、卷五景云二年(711)贤良方正科分别录载张鹭。

【姚元崇】字元之,陕州硖石人。仪凤二年(677)下笔成章科及第。官开府仪同三司、上柱国。

《全唐文》卷二三〇,张说撰《故开府仪同三司上柱国赠扬州刺史大都督梁国公姚文贞公神道碑奉敕撰》:"有唐元宰曰梁文贞公者,位为帝之四辅,才为国之六翮,言为代之轨物,行为人之师表:盖维岳降神,应时间出者也。公讳崇,字元之,姚姓。有虞之后,远自吴兴,近徙于陕,今家洛阳焉……弱冠补孝敬挽郎,又制举高第,历佐濮郑,并有声华。入为司刑丞,天授之际,狱吏峻密,公持法无颇,全活者众。进夏官员外郎郎中侍郎,朝廷曰能,遂掌军国。迁凤阁侍郎监修国史兼相王府长史……凡三处兵部尚书,三入中书令,一为礼部尚书左庶子,又肃政大夫总灵武军兵马,又司仆卿知陇右监牧使,出典亳宋常越许申徐潞扬同十郡。景云初,以藩邸旧僚,封梁国公,食赋百室。"

(唐)杜牧《樊川文集》卷一二《上宣州高大夫书》:"姚梁公元崇,登第下笔成章举,首佐玄宗起中兴业,凡三十年,天下几无一人之狱。"

《旧唐书》卷九六《姚崇传》:"本名元崇,陕州硖石人……元崇为孝敬挽郎,应下笔成章举,授濮州司仓,五迁夏官郎中。"

【韩思彦】字英远,邓州南阳人。仪凤二年(677)举下笔成章科。

《新唐书》卷一一二《韩思彦传》:"万年令李乾祐异其才,举下笔成章、志烈秋霜科擢第。授监察御史,昌言当世得失……迁贺州司马,卒。"

(宋)费枢《廉吏传》卷下《韩思彦》:"韩思彦,字英远,邓州南阳人。万年令李乾祐异其才,举下笔成章、志烈秋霜科,擢第。授监察御史。"

嘉靖《邓州府志》卷一六《人物列传》:"(韩思彦)高宗时举下笔成章志烈秋霜科,除监察御史。"

上书拜官

【裴怀古】字德度,河东闻喜人,一说寿州寿春人。仪凤二年(677)上书拜官,授同州下邽主簿。官终幽州都督左威卫大将军。

《全唐文补遗》第九辑,魏焰撰先天二年(713)三月二十二日《大唐故幽州都督左威卫大将军兼左羽林军上下赠使持节都督兖州诸军事兖州刺史河东郡开国公裴府君(怀古)墓志铭并序》:"公讳怀古,字德度,河东闻喜人也……仪凤二年,举贤良,乃诣阙上书。圣上览新语而叹陆生,坐宣室而高贾谊。权授同州下邽主簿。"按:《登科记考补正》,仪凤三年(678)录载裴怀古,考云:"上书拜官:裴怀古。《旧唐书》本传:'裴怀古,寿州寿春人也。仪凤中,诣阙上书,授下邽主簿。'"据墓志,裴怀古上书拜官在仪凤二年。

仪凤三年戊寅(678)

进士科

【元希古】字希古,河南洛阳人。仪凤三年(678)进士及第,授定州鼓城县尉。官至密州刺史。

《唐代墓志汇编》开元○四五,开元五年(717)正月五日《大唐故朝议大夫使持节密州诸军事守密州刺史上柱国元府君(希古)墓志铭并序》:"君讳希古,字希古,河南洛阳人也……曾祖麟,宇文朝骠骑将军、使持节延州刺史、谷阳县开国公;祖大保,皇朝滑州卫南、贝州经城二县令;父正则,皇朝苏州录事参军安南都护府南定县令……(希古)以仪凤三年秀才擢第,授定州鼓城、彭州唐昌县尉,洛州王屋、合宫主簿,来庭县丞……又授洛州司功,陆浑、咸阳□□令……俄出为定州长史,寻迁密州刺史。"按:高宗永徽二年(651)秀才科废除。

明经科

【李准】字幼均,陇西成纪人。仪凤三年(678)明经及第。

《全唐文补遗》第六辑,李亘撰长寿三年(694)五月十三日《大周故成均监明经李君(准)墓志铭并序》:"君名准,字幼均,陇西成纪人也……年十九,自成均生明经射策甲科。"按:李准卒于如意元年(692),春秋五十三,则其十九岁明经擢第在仪凤三年。又:《登科记考补正》卷二系李准仪凤四年(679)明经科,误。

【宋智亮】字博,广平曲周人。仪凤三年(678)明经及第,授将仕郎。

《唐代墓志汇编》万岁通天○○七,万岁通天元年(696)五月二十六日《大周将仕郎宋氏(智亮)墓志并序》:"君讳智亮,字博,广平曲周人也……年叁拾玖,明经擢第,拜将仕郎。"按:以春秋五十三,如意元年(692)卒推之,宋氏明经擢第在是年。

诸科

【崔泰之】字泰之,清河东武城人。仪凤三年(678)神童举及第。官终银青光禄大夫守工部尚书。

《唐代墓志汇编》开元一七四,崔沔撰开元十一年(723)十月五日《大唐故银青光禄大夫守工部尚书赠荆州大都督清河郡开国公上柱国崔公(泰之)墓志并序》:"公讳泰之,字泰之,清河东武城人也……年十有二,游昭文馆对策高第。"按:泰之"年十有二,游昭文馆对策高第",则为神童举及第,卒于开元十一年(723),春秋五十七,则其十二岁时在仪凤三年。

制科

【王敏】字元敏,洛州永昌县人。仪凤三年(678)应举及第,授上骑都尉任左领军卫长上旅帅。延载元年,又应举及第,授左卫白渠府长上折冲。官至壮武将军右鹰扬卫翊右郎将。

《唐代墓志汇编》长安〇六五,长安四年(704)九月二十三日《大周故壮武将军行右鹰扬卫翊府右郎将王君(敏)墓志□并序》:"君讳敏,字元敏,其先太原晋阳人也,因官遂居于洛州永昌县焉……仪凤三年,应举及第,解褐以上骑都尉任左领军卫长上旅帅。"按:当是制举。

【魏靖】字昭绪,钜鹿曲阳人。仪凤三年(678)制举及第,授成武尉。官至右金吾将军。

《唐代墓志汇编》开元二四一,刘升撰开元十五年(727)正月二十四日《大唐故右金吾将军魏公(靖)墓志铭并序》:"公讳靖,字昭绪,钜鹿曲阳人……弱冠应制举,授成武尉。"按:魏靖卒于开元十四年(726),春秋六十八,则其弱冠岁在仪凤三年(678)。

仪凤四年己卯(679)

进士科

【李晏】字景宁,陇西成纪人。仪凤四年(679)进士及第,释褐相州滏阳县尉。官至洛州济源县尉。

《河洛墓刻拾零》,长安四年(704)七月十四日《周故洛州济源县尉李君(晏)墓志铭》:"□讳晏,字景宁,陇西成纪人也……公年廿三,补国子学生,寻以进士擢第,释褐相州滏阳县尉。"按:李晏卒于长安四年(704),享年四十八,则其二十三岁进士及第时在仪凤四年。

制科

【梁屿】字希杭,京兆长安人。仪凤四年(679)制科及第。官终亳州谯县令。

《唐代墓志汇编》开元三六三,开元二十一年(733)二月十六日《大唐故亳州谯县令梁府君(屿)之墓志》:"公讳屿,字希杭,京兆长安人也……逮乎冠稔,博通经史,诸所著述,众挹清齐,制试杂文《朝野多欢娱诗》《君臣同德赋》及第。"按:梁屿卒于开元二十年(732),春秋七十三,弱冠年在仪凤四年。

调露二年庚辰(680)

进士科

【马怀素】咸亨四年(673)明经及第,调露二年(680)第进士。小传见咸亨四年明经科马怀素条。

《全唐文》卷九九五,《故银青光禄大夫秘书监兼昭文馆学士侍读上柱国常山县开国公赠润州刺史马公墓志铭》:"公讳怀素,字贞规……十五徧诵《诗》《礼》《骚》《雅》,能属文,有史力。长史鱼承嗑特见器异,举孝廉,引同载入洛。"按:所谓"举孝廉",即云明经及第。徐松《登科记考》卷二认为:"《旧书》本传言举进士,墓志不载,盖即举孝廉之误也。"陈尚君认为:"《至顺镇江志》卷十九《科目》:'马怀素,调露二年进士第,又应制举中文学优赡科.'《旧唐书》卷一〇二《马怀素传》:'举进士,又应制举登文学优赡科.'与此合.《全唐文》卷九九五,佚名《马怀素墓志铭》则云年十五后举孝廉(明经),弱冠后'以文学优赡对策乙科'.不言其进士及第事.徐氏据以录入咸亨四年及仪凤元年,而疑本传为误.今参元时方志,尚难遽疑《旧传》为误.故并存,俟考详."

《旧唐书》卷一〇二《马怀素传》:"举进士,又应制举,登文学优赡科,拜郿尉."

《新唐书》卷一九九《马怀素传》:"(马怀素)擢进士第,又应制举,中文学优赡科,补郿尉."

《登科记考》卷二咸亨四年(673)诸科、同卷上元三年文学优赡科分别录载马怀素.《登科记考补正》卷二咸亨四年(673)明经科录载马怀素.

嘉定《镇江志》卷一八《人物》:"马怀素,字惟曰,丹徒人,进士第,又应制举,中文学优赡科,补郿尉……迁秘书监……谥文."

至顺《镇江志》卷一九《科目·唐马怀素》:"调露二年进士第,又应制举,又中文学优赡科,补郿尉."

万历《丹徒志》卷三《人物》:"马怀素……博通经史,擢进士第,又中文学优赡科,补郿尉."按:调露无二年,《记考》考为咸亨四年中诸科.

【苏颋】字廷硕,武功人,苏瓌子.调露二年(680)弱冠举进士第,授乌程尉.累迁左台监察御史.举贤良方正异等.开元四年迁紫微侍郎同黄门紫微平章事,即中书侍郎、同平章事.袭爵许国公,卒谥文宪.

《全唐文》卷二九五,韩休《唐金紫光禄大夫礼部尚书上柱国赠尚书右丞相许国文宪公苏颋文集序》:"(苏颋)十七游太学,对策甲科."

(唐)杜牧《樊川文集》卷一二《上宣州高大夫书》:"苏氏父子,皆进士也.大许公为相于武后朝酷吏中,不失其正,于中宗朝,诛反贼郑普思于韦后党中;小许公佐玄宗朝,号为苏、宋."按:苏瓌进封许国公,其子苏颋袭爵,故有大许公、小许公之说.

《旧唐书》卷八八《苏瓌传附苏颋传》:"苏瓌字昌容,京兆武功人,隋尚书右仆射威曾孙也.祖夔,隋鸿胪卿.父亶,贞观中台州刺史.瓌弱冠本州举进士,累授豫王府录事参军……瓌子颋,少有俊才,一览千言.弱冠举进士,授乌程尉,累迁左台监察御史……神龙中,累迁给事中,加修文馆学士,俄拜中书舍人.寻而颋父同中书门下三品,父子同掌枢密,时以为荣……开元四年,迁紫微侍郎、同紫微黄门平章事,与侍中宋璟同知政事……十三年,从驾东封,玄宗令颋撰朝觐碑文.俄又知吏部选事.颋性廉俭,所得俸禄,尽推与诸弟,或散之亲族,家无余资.十五年卒,年五十八."

《新唐书》卷一二五《苏颋传》:"颋字廷硕,弱敏悟,一览五千年,辄覆诵.第进士,调乌程尉.武后封嵩高,举贤良方正异等,除左司御率府胄曹参军."

(宋)王谠撰,周勋初校证《唐语林校证》卷三《识鉴》:"中宗尝召宰相苏瓌、李峤子进见,二子皆同年."

(宋)晁公武《郡斋读书志校证》卷一七《别集类上》录《苏颋许公集》二十卷,注云:

"右唐苏颋,廷硕也。武功人。调露二年进士、贤良方正异等,除左司御率府胄曹。玄宗时,中书舍人、知制诰。开元四年,同紫薇黄门平章事。"

《登科记考》卷二调露二年(680)进士科、卷四天册万岁二年(696)贤良方正科、同卷万岁通天二年(697)绝伦科分别录载苏颋。

同治《湖州府志》卷六三《名宦录三》:"(苏颋)举进士第,调乌程尉。"

【李福业】调露二年(680)登进士第。后为御史。

(宋)计有功《唐诗纪事》卷六《李福业》:"福业,调露二年登第,后为御史。"

【宋璟】邢州南和人,其先自广平迁徙而来。第进士,擢制科,累转凤阁舍人、吏部侍郎。睿宗践祚,迁吏部尚书、同中书门下三品。开元十七年迁尚书右丞相。卒赠太尉,谥文贞。

《全唐文》卷二五二,苏颋撰《授姚元之等兼太子庶子制》:"银青光禄大夫守兵部尚书同中书门下三品上柱国梁县开国公姚元之、中散大夫检校吏部尚书同中书门下三品宋璟等,并以贤良方正、茂才异等著于天下,扬于王庭。"

(唐)杜牧《樊川文集》卷一二《上宣州高大夫书》:"宋开府璟,亦进士也,与姚唱和,致开元太平者。"

《旧唐书》卷九六《宋璟传》:"宋璟,邢州南和人,其先自广平徙焉,后魏吏部尚书弁七代孙也。父玄抚,以璟贵,赠邢州刺史。璟少耿介有大节,博学,工于文翰。弱冠举进士,累转凤阁舍人……睿宗践祚,迁吏部尚书、同中书门下三品……开元初,征拜刑部尚书。四年,迁吏部尚书,兼黄门监。明年,官名改易,为侍中,累封广平郡公……俄授璟开府仪同三司,罢知政事……十七年,迁尚书右丞相,与张说、源乾曜同日拜官……二十五年薨,年七十五,赠太尉,谥曰文贞。"

《新唐书》卷一二四《宋璟传》:"宋璟,邢州南和人……璟耿介有大节,好学,工文辞,举进士中第。"

《登科记考》卷二调露二年(680)进士科、卷二七《附考·制科》分别录载宋璟。

嘉靖《彰德府志》卷五《官师志》:"(宋璟)第进士……神龙初自吏部侍郎迁黄门侍郎。"

光绪《畿辅通志》卷三四《选举·唐·进士》:"武后时,宋璟,南和人,尚书,赠太傅,谥文贞。"

制科

【孙行】字符一,太原中都人。调露二年(680)岳牧举及第。官终太子中允。

《邙洛碑志三百种》,徐彦伯撰久视元年(700)十二月十六日《大周故太子中允孙公(行)志文并序》:"公讳行,字符一,太原中都人也……好读书,富词彩,丛箧能记,下笔不休。调露中,应岳牧举对策甲科,授郿州洛支县尉。"按:《登科记考补正》以《旧唐书》《册府元龟》为据系员半千调露二年(680)岳牧举及第,孙行当属同年及第。

【员半千】永隆元年(680)岳牧举及第。曾官武陟尉。小传见上元三年(676)制科员半千条。

（宋）王钦若等《册府元龟》卷六四五《贡举部（七）·科目》："永隆元年，岳牧举。（武陟尉员半千及第。）"

《登科记考》卷二上元三年（676）制科、调露二年（680）岳牧举分别录载员半千。

【殷楷】字文绚，陈郡人。调露二年（680）岳牧举及第。曾官大理丞。

《全唐文》卷六二四，冯宿《天平军节度使殷公（侑）家庙碑》："大和甲寅岁，天平军节度使检校尚书右仆射陈郡殷公侑建家庙于京师永平里之东北隅，礼也……十九代至工部府君讳楷字文绚，高宗朝四岳举高第，释褐拜雍州新丰尉，累迁大理丞，天授中以议狱平反，为酷吏所陷，贬台州永宁丞，今上大和八年七月，诏追赠工部侍郎。"

《登科记考》卷二调露二年（680）岳牧举录载殷楷。

永隆二年辛巳（681）

知贡举：考功员外郎刘思立

进士科

【李乂】本名尚真，赵州房子人。武后时永隆二年（681）第进士，茂才异等。为监察御史。景龙中累迁中书舍人。开元中官紫微侍郎，刑部尚书。

《全唐文》卷二五八，苏颋撰《唐紫微侍郎赠黄门监李乂神道碑》："公讳乂，字尚真，赵房子人也……十九郡举茂才策第，考功郎刘思立一见又如之。调补潞州壶关、婺州武义尉，羁云逸而在泥蟠也。秩满诣选，吏部侍郎苏味道，伟藏器而嗟韫椟也，特授蓝田尉。又策高第，累迁乾封万年尉，雍州长史薛季泉视事咨谋，推诚悦服，主画诺而班诏书也。擢为监察御史，历殿中侍御……（景龙中）加朝散大夫，迁尚书司勋左司二员外右司郎中中书舍人，立义起草，司言挥翰，盖闲练而芳蔚也。遂长兼昭文馆学士，云龙待问，天马成歌，群士跃鳞，系公称旨。太子上即位，检校吏部郎中，正关键端也，持刀尺审也。建是无挠，翕然有声。二岁迁黄门侍郎，加银青光禄大夫，进爵中山郡开国公，食邑二千户。四岁转紫微侍郎，掌制数月，兼刑部尚书。明年正除检校尚书，校郡国考绩凡二岁……享年六十，开元丙辰岁仲春癸酉，薨於京师宣阳里第。"按：据墓志，李乂卒于开元丙辰，即开元四年（716），享年六十，则其十九岁擢第时在上元二年（675）。徐松认为"其间数年不贡举，而刘思立于是年知举，盖上元二年举于州，是年方登第"。陈尚君认为当系李乂于上元二年，可备一说。参见《登科记考补正》卷二永隆二年（681）进士科"李乂"条考证。

《旧唐书》卷一〇一《李乂传》："李乂，本名尚真，赵州房子人也。少与兄尚一、尚贞俱以文章见称，举进士。景龙中，累迁中书舍人……景云元年，迁吏部侍郎，与宋璟、卢从愿同时典选，铨叙平允，甚为当时所称。寻转黄门侍郎……开元初，姚崇为紫微令，荐乂为紫微侍郎，外托荐贤，其实引在己下，去其纠驳之权也。俄拜刑部尚书。乂方雅有学识，朝廷称其有宰相之望，会病卒。兄尚一，清源尉，早卒；尚贞，官至博州刺史。兄弟同为一集，号曰《李氏花萼集》,总二十卷。"

《新唐书》卷一一九《李乂传》:"李乂字尚真,赵州房子人……第进士、茂才异等,累调万年县尉。"

(宋)王应麟《玉海》卷一一五《选举·唐制举》:"李乂茂才异等。"

《登科记考》卷二永隆二年(681)进士科录载李乂。

隆庆《赵州志》卷七《人物》:"李乂……沉正方雅,第进士。"

光绪《畿辅通志》卷三四《选举·唐·进士》:"武后时,李乂,赵州房子人,刑部尚书,谥曰贞。"

【姜晞】登永隆二年(681)进士第。

(宋)计有功《唐诗纪事》卷一五《姜晞》:"晞,登永隆二年进士第。"

【梁屿】字希杭,京兆长安人。仪凤四年(679)制科及第,永隆二年(681)进士及第。官终亳州谯县令。

《唐代墓志汇编》开元三六三,开元二十一年(733)二月十六日《大唐故亳州谯县令梁府君(屿)之墓志》:"公讳屿,字希杭,京兆长安人也……逮乎冠稔,博通经史,诸所著述,众挹清齐,制试杂文:《朝野多欢娱诗》《君臣同德赋》及第。编在史馆,对策不入甲科,还居学。间岁举进士至省,莺迁于乔,鸿渐于陆。"按:梁屿卒于开元二十年(732),春秋七十三,弱冠年在仪凤四年(679),间岁举进士则在永徽二年(681)。

明经科

【崔日新】字子昇,安平博陵人。永隆二年(681)明经高第。官终司农寺主簿。

《全唐文补遗》第五辑,苏颋撰景龙二年(708)七月十六日《唐故司农寺主簿崔君(日新)墓志铭并序》:"君讳日新,字子昇,安平博陵人也……弱冠明经高第,授郑州中牟尉,转渭南丞。"按:日新于景龙二年(708)卒,享年四十七,则其弱冠岁在永隆二年。

《洛阳新获七朝墓志》开元二十七年(739)十月二十六日《唐崔日新墓志》:"有唐开元廿七年十月乙酉怀州参军事崔复葬其父司农府君于洛阳金谷原之先茔,王母彭城刘氏祔焉,礼也。府君讳日新,字日新,博陵安平人也……弱冠明经升第,补中牟县尉。"按:志载日新春秋四十九,比较苏颋所撰墓志的四十七岁多了两年。从墓志撰写时间来看,苏颋所撰墓志早于佚名所撰墓志三十一年时间,当以前志所载时间为是。

孝廉科

【李延明】字昱,陇西狄道人。永徽二年(681)举孝廉登科。官终中大夫、陕州别驾、上柱国。

《洛阳新获七朝墓志》,郑齐婴撰开元十五年(727)六月二十日《大唐故中大夫陕州别驾上柱国陇西李府君墓志铭并序》:"君讳延明,字昱,陇西狄道人也……弱冠举孝廉登科,参宁州军事。"按:李延明卒于开元十五年(727)三月二十九日,春秋六十有六,则其弱冠年在永隆二年(681)。

制科

【陈该】字彦表,绵州显武人。开耀元年(681)制举,授隆州苍溪县主簿。

《全唐文》卷二一六,陈子昂撰《周故内供奉学士怀州河内县尉陈君石人铭》:"君讳该,字彦表,绵州显武人也,其先自颍川迁蜀矣。曾祖寄,祖曾,考永贵,皆养高不仕。君少好学,能属文,上元元年州贡进士,对策高第,释褐授将仕郎。其明年制敕天下文儒,司属少卿杨守讷荐君应词殚文律,对策高第,敕授茂州石泉县主簿。开耀元年制举,太子舍人司议郎大府少卿元知让应制荐君于朝堂,对策高第,敕授隆州苍溪县主簿。垂拱四年又应制学综古今,对策高第,敕授怀州河内县尉。凡历所职,皆以清廉仁爱著闻。有周革命,天授三年恩敕自河内追入阁供奉。居未期,不幸遇疾,于神都积善坊考终厥命,年六十三。"

《登科记考》卷二开耀元年(681)制举录载陈该。

【臧怀亮】字时明,东莞莒人。永隆二年(681)制科穿叶附枝举及第,授左玉钤翊府长上。官至冠军大将军、左羽林军大将军。

《全唐文》卷二六五,李邕撰开元十八年(730)秋七月《左羽林大将军臧公墓志铭》:"公讳怀亮,字时明,东莞莒人也。其先派于后稷,演于于公,洎鲁孝公子臧,因而为氏……曾祖满府君,隋银青光禄大夫海州总管东海公;祖宠府君,皇朝请大夫灵州长史;袭东海公。考德府君,皇朝散大夫原州司马,赠银州刺史上柱国……(公)自左卫勋应穿叶附枝举登科,授左玉钤翊府长上,始足下也……以开元十七年八月二十二日,薨于京师平康里之私第,春秋六十有八。"

《全唐文补遗》第五辑,开元十八年(730)十月二十一日《大唐故冠军大将军左羽林军大将军上柱国东莞郡开国公臧府君(怀亮)墓志并序》:"公讳怀亮,字时明,东莞莒人也……曾祖满府君,隋银青光禄大夫、海州总管、东海公;祖宠府君,皇朝请大夫、灵州长史,袭东海公。考德府君,皇朝散大夫、原州司马,赠银州刺史上柱国……(公)年廿,应穿叶附枝举登科,授左玉钤翊府长上,迁鸿洲长道府左果毅长上……以开元十七年八月廿二日,薨於京师平康之私第,春秋六十有八。"

《登科记考》卷二七《附考·制科》录载臧怀亮,《登科记考补正》卷二永隆二年(681)制科穿叶附枝举,以墓志所载应举年龄为据系年。

开耀二年壬午(682)

知贡举: 考功员外郎刘思立

进士科

【韦凑】字彦宗,万年人。开耀二年(682)进士及第,授婺州参军官,终太原尹兼节度支度营田大使,卒赠幽州都督,谥曰文。

《旧唐书》卷一〇一《韦凑传》:"韦凑,京兆万年人。曾祖瓒,隋尚书右丞。祖叔谐,蒲州刺史。父玄,桂州都督府长史。湊,永淳二年,解褐婺州参军……景龙中历迁将作少匠、司农少卿。尝以公事忤宗楚客,出为贝州刺史。睿宗即位,拜鸿胪少卿,加银青光禄大夫。景云二年,转太府少卿,又兼通事舍人……寻出为陕州刺史,无几,转汝州刺史。开元二年夏,敕靖陵建碑,征料夫匠。湊以自古园陵无建碑之礼,又时正旱俭,不可兴功,飞表极谏,工役乃止。寻迁岐州刺史。四年,入为将作大匠……湊前后上书论时政得失,多见采纳。再迁河南尹,累封彭城郡公。以公事左授杭州刺史,转汾州刺史。十年,拜太原尹兼节度支度营田大使。其年卒官,年六十五。赠幽州都督,谥曰文。子见素,自有传。湊从子虚心。”

《新唐书》卷一一八《韦湊传》:“韦湊字彦宗,京兆万年人。祖叔谐,贞观中为库部郎中,与弟吏部郎中叔谦、兄主爵郎中季武同省,时号‘三列宿’。湊,永淳初,解褐婺州参军事。”

《登科记考补正》卷二开耀二年(682)进士科录载韦湊。

四库本《陕西通志》卷三〇《选举志》一《进士科》:“韦湊,万年人,永淳元年。”按:开耀二年癸未,改元永淳。

【刘子玄】本名知几,睿宗时,因名与太子隆基音同,改为子玄,一说以字行,徐州彭城人,父藏器。开耀二年(682)进士,授获嘉主簿,长安中累迁左史,兼修国史。擢拜凤阁舍人、太子中允、太子左庶子、兼崇文馆学士,开元初,迁左散骑常侍。封居巢县子,谥曰文。有《史通》等著述传世。

《旧唐书》卷一〇二《刘子玄传》:“刘子玄,本名知几,楚州刺史胤之族孙也。少与兄知柔俱以词学知名,弱冠举进士,授获嘉主簿……长安中累迁左史,兼修国史。擢拜凤阁舍人,修史如旧。景龙中,再转太子中允,依旧修国史……景云中,累迁太子左庶子,兼崇文馆学士,仍依旧修国史,加银青光禄大夫。时玄宗在东宫,知几以名音类上名,乃改子玄……开元初,迁左散骑常侍,修史如故……有集三十卷……(卒后)追赠汲郡太守;寻又赠工部尚书,谥曰文。”

《新唐书》卷一三二《刘子玄传》:“刘子玄名知几,以玄宗讳嫌,故以字行。年十二,父藏器为授《古文尚书》,业不进,父怒,楚督之。及闻为诸兄讲《春秋左氏》,冒往听,退辄辨析所疑,叹曰:‘书如是,儿何怠!’父奇其意,许授《左氏》。逾年,遂通览群史。与兄知柔俱以善文词知名。擢进士第,调获嘉主簿……封居巢县子……殁后,帝诏河南就家写《史通》,读之称善。追赠工部尚书,谥曰文。”

《登科记考》卷二开耀二年(682)进士科录载刘知几,考云:“《旧书·刘子玄传》传:‘本名知几,楚州刺史胤之族孙也。’《新书》:‘父藏器。’《旧书》:‘知几少与兄知柔俱以词学知名,弱冠举进士。’按子玄卒在开元九年,年六十一,开耀元年年二十,惟是年进士一人,故载是耳。”

《登科记考补正》卷二开耀二年(682)进士科录载刘知几,按语云:“刘知几《自述》:‘洎年登弱冠,射策入朝。’”

乾隆《江南通志》卷一六六《人物·刘知几》:“刘知几,彭城人,藏器子。博览群书,善文辞,举进士,累迁凤阁舍人,修国史。"

【刘穆】字穆之,河间鄚人。开耀二年(682)进士及第,授曹州冤朐县尉,寻应制改绛州翼城尉。官终石州刺史。

《唐代墓志汇编》先天○○七,先天二年(713)十一月十二日《唐故石州刺史刘君(穆)墓志铭并序》:"君讳穆,字穆之,河间鄚人也……开耀二年,以乡贡进士擢第……俄而从常调选,补曹州冤朐县尉,寻应制改绛州翼城尉,又除华州郑县尉。"

【雍思泰】开耀二年(682)进士及第。

(五代)王定保《唐摭言》卷一《乡贡》:"开耀二年,刘思立下五十一人,内雍思泰一人乡贡。"

《登科记考》卷二开耀二年(682)进士科录载雍思泰。

明经科

【高宪】字志平。开耀二年(682)明经及第,补汴州参军。官至秦州别驾。

《唐代墓志汇编》开元二六四,高盖撰开元十五年(727)闰九月十七日《先府君(高宪)玄堂刻石记》:"先府君讳宪,字志平,族高氏,弱冠明经高第,补汴州参军陕州司兵,尉万年一岁,宰郾城,考五载,许之襄城,数月同之蒲城。蒲城者,左辅之地也,开元始,睿宗崩,山则奉为园陵,邑则编为畿甸,复居奉先令五岁,制为邓司马。一年迁遂长史,始进朝散大夫勋上柱国。三载奏课,除秦之别驾,口加朝请焉。到官视事累月而寝疾,有唐开元十五年岁丁卯春正月十日,弃背于郡之官舍,享年六十有五。"按:以唐开元十五年(727)正月十日卒,享年六十五推之,高宪弱冠在是年。

永淳二年癸未(683)

知贡举:考功员外郎贡大隐

进士科

【元求仁】永淳二年(683)乡贡进士及第。

(五代)工定保《唐摭言》卷一《乡贡》:"永淳二年,刘廷奇下五十五人,内元求仁一人。"

《登科记考》卷二永淳二年(683)进士科录载元求仁。

【严识玄】字识玄,冯翊重泉人。永淳二年(683)乡贡进士及第。官朝议大夫行兵部郎中。

《全唐文补遗》第三辑,张希迥撰开元六年(718)正月十四日《大唐故朝议大夫行尚书兵部郎中上柱国冯翊严府君(识玄)墓志铭并序》:"公讳识玄,字识玄,冯翊重泉人也……永淳年,以乡贡进士擢第,又应文藻流誉科及第,授襄州安养县尉。"按:开耀二年(682)二月癸未改永淳,永淳二年(683)十二月己酉改元弘道,则墓志所云"永淳中"当为永淳二年。

《登科记考补正》卷二永淳三年进士科、卷三嗣圣元年(684)制举分别增补严识玄。

明经科

【李仲思】名未详,字仲思,赞皇人。永淳二年(683)以明经高第,补益州温江县尉。官终京兆府蓝田县主簿。

《秦晋豫新出墓志蒐佚》四〇〇,崔尚撰开元十二年(724)闰十二月二十四日《唐故京兆府蓝田县主簿李府君墓志铭并序》:"君讳□,字仲思,赵大将军武安君牧之后,故今为赞皇人……弱冠,以明经高第,补益州温江县尉。"按:仲思卒于开元十二年(724),享年五十一,则其弱冠在永淳二年(683)。

【高惩】字志肃,渤海蓨人。永淳二年(683)明经及第,补豫州参军。官至光禄少卿,封渤海郡开国公。

《唐代墓志汇编》开元三一八,开元十八年(730)《唐故银青光禄大夫行光禄少卿上柱国渤海郡开国公高府君(惩)墓志铭并序》:"公讳惩,字志肃,渤海蓨人也……弱冠以太学明经擢第,调补豫州参军。"按:以开元十七年(729)卒,春秋六十六推之,其弱冠岁在永淳二年。又:补豫州参军时,正越王贞进兵反时,时垂拱中。

【崔谔之】字符忠,清河东武城人。永淳二年(683)明经及第。官至光禄大夫太府卿少府监。

《全唐文补遗》第八辑,开元七年(719)十月十五日《唐故银青光禄大夫太府卿少府监赠兖州都督上柱国赵国公崔府君(谔之)墓志并序》:"君讳谔之,字符忠,清河东武城人也……十三,以孝廉筮仕……春秋卌九,以开元七年岁次己未八月景戌朔三日戊子,薨于东都永丰里私第。"按:《登科记考补正》卷二以《全唐文补遗》册六,所载墓志系谔之为开耀二年(682)明经及第。《全唐文补遗》第八辑,重录时注云:本文曾收入《全唐文补遗》(第六辑),题作《崔□之墓志》。今据《考古与文物》二〇〇一年一期发表拓照重新录文,以补前阙。《全唐文补遗》第八辑新录墓志云谔之十三岁"以孝廉筮仕",以开元七年(719)卒,年四十九推之,则其明经及第在永淳二年。

附考(高宗朝)

附考进士(咸亨进士)

【于季子】登高宗咸亨年间(670—674)进士第。官侍御史。

(宋)计有功《唐诗纪事》卷七《于季子》:"季子,登咸亨进士第。"按:王仲镛《唐诗纪事校笺》卷七《于季子》条"校笺"云:"《国秀集》载其《南行别弟》五绝一首,目录题'侍御史于季子'。"

《登科记考补正》卷二七《附考·进士科》录载于季子,考云:"登咸亨进士第,见《唐诗纪事》卷七。"

【赵谦光】高宗咸亨年间(670—674)登进士第。历官彭州司马、大理正、户部员外郎。

（宋）计有功《唐诗纪事》卷二〇《赵谦光》："谦光,登咸亨进士第。"按:（唐）刘肃《大唐新语》卷一三《谐谑第二十八》："晋、宋以还,尚书始置员外郎分判曹事。国朝弥重其迁。旧例:郎中不历员外郎拜者,谓之'土山头果毅。'言其不历清资,便拜高品,有似长征兵士,便得边远果毅也。景龙中,赵谦光自彭州司马入为大理正,迁户部郎中。贺遂涉时为员外,戏咏之曰:'员外由来美,郎中望不优。谁言粉署里,翻作土山头。'谦光酬之曰:'锦帐随情设,金炉任意薰。唯愁员外署,不应列星文。'"

《登科记考》卷二七《附考·进士科》录载赵谦光,考云："咸亨进士第,见《唐诗纪事》。"

附考进士（高宗朝进士）

【于知微】字辨机,京兆万年人。燕国公志宁之孙,太仆少卿立政之子。官终兖州都督。

《全唐文》卷二〇六,姚崇《兖州都督于知微碑》："君讳知微,字辨机……今为京兆万年人也……永徽元年,补宏文生。爰以佩觿之年,且恋过庭之训,特降恩旨,许其在家。比及三冬,方齐□哲,擢第释褐。"按:据志文,知微祖志宁,官秦王友、礼部尚书、侍中、尚书左仆射、太子太傅、太师、蒲岐华三州刺史、上柱国、燕国公。卒赠幽州都督,谥曰"定"。父立政,官吏部郎中、国子司业、太子率更令、渠虢二州刺史、太仆少卿。

《登科记考》卷二七《附考·进士科》录载于知微。

【乔知之】同州冯翊人,弟侃、备,并以文词知名。进士及第。则天时迁左司郎中。

《旧唐书》卷一九〇中《文苑中·乔知之传》："乔知之,同州冯翊人也。父师望,尚高祖女庐陵公主,拜驸马都尉,官至同州刺史。知之与弟侃、备,并以文词知名。知之尤称俊才,所作篇咏,时人多讽诵之。则天时,累除右补阙,迁左司郎中。"

《登科记考补正》卷二七《附考·进士科》录载乔知之。

四库本《陕西通志》卷三〇《选举·唐·进士》："乔知之,同州人。"

【乔侃】同州冯翊人。父师望,尚高祖女庐陵公主,拜驸马都尉,官至同州刺史。进士及第。开元初为兖州都督。兄知之,进士及第,则天时迁左司郎中。弟备,并以文词知名。

《旧唐书》卷一九〇中《文苑中·乔知之传》："乔知之,同州冯翊人也。父师望,尚高祖女庐陵公主,拜驸马都尉,官至同州刺史。知之与弟侃、备,并以文词知名。知之尤称俊才,所作篇咏,时人多讽诵之。则天时,累除右补阙,迁左司郎中……侃,开元初为兖州都督。"

《登科记考补正》卷二七《附考·进士科》录载乔侃。

四库本《陕西通志》卷三〇《选举·唐·进士》："乔侃之,同州人。"按:"乔侃之",当作"乔侃"。

【司马慎微】字慎微,河内温人。永徽初进士及第。官至梓州通泉县尉。

《秦晋豫新出墓志蒐佚》三七四,开元十年(722)二月十二日《大唐故梓州通泉县尉上柱国司马公墓志并序》:"公名慎微,字慎微,河内温人也……年未弱冠,应茂才举高第。童子知名,臧洪始游于太学;弱龄对策,阮种便擢于甲科。解褐授襄州襄阳县尉,秩满,改梓州通泉县尉。"按:慎微卒于调露二年(680),春秋卌八,则其未弱冠当在高宗永徽初年。

【阳修己】字仲容,右北平无终人。弱冠乡贡进士及第。官至工部员外郎。

《河洛墓刻拾零》,阳润撰天宝四载(745)十月二十五日《唐故工部员外郎阳府君(修己)墓志铭并序》:"公讳修己,字仲容,右北平无终人也……爰在童蒙,便归问望,弱冠乡贡进士擢第。"

【许圉师】安州安陆人,许绍少子。约贞观、永徽间举进士。累迁至黄门侍郎、同中书门下三品,兼修国史。官终户部尚书。仪凤四年卒,赠幽州都督,陪葬恭陵,谥曰简。

《旧唐书》卷五九《许绍传》:"许绍字嗣宗,本高阳人也,梁末徙于周,因家于安陆。祖弘,父法光,俱为楚州刺史……绍少子圉师,有器干,博涉艺文,举进士。显庆二年,累迁黄门侍郎、同中书门下三品,兼修国史。三年,以修实录功封平恩县公,赐物三百段。四迁,龙朔中为左相……上元中,再迁户部尚书。仪凤四年卒,赠幽州都督,陪葬恭陵,谥曰简。"

《登科记考》卷二七《附考·进士科》录载许圉师。

【杜审权】字殷衡,京兆杜陵人。第进士。官尚书左仆射,吏部尚书,同平章事。

《旧唐书》卷一七七《杜审权传》:"杜审权字殷衡,京兆人也。国初莱成公如晦六代孙。祖佐,位终大理正。佐生二子,元颖、元绛。元颖,穆宗朝宰相。绛位终太子宾客。绛生二子,审权、蔚,并登进士第。审权,释褐江西观察判官,又以书判拔萃,拜右拾遗,转左补阙。大中初,迁司勋员外郎,转郎中知杂。又以本官知制诰,正拜中书舍人。十年,权知礼部贡举。十一年,选士三十人,后多至达官。正拜礼部侍郎。其年冬,出为陕州大都督府长史、陕虢都团练观察使,加检校户部尚书、河中尹、河中晋绛节度使。懿宗即位,召拜吏部尚书。三年,以本官同平章事,累加门下侍郎、右仆射。九年罢相,检校司空,兼润州刺史、镇海军节度使、苏杭常等州观察使……数年以本官兼许州刺史、忠武军节度观察等使,入为太子少傅,分司东都。卒,赠太师,谥曰德。三子:让能、彦林、弘徽。"

《新唐书》卷九六《杜审权传》:"审权字殷衡,第进士,辟浙西幕府,举拔萃中,为右拾遗。宣宗时,入为翰林学士,累迁兵部侍郎、学士承旨。懿宗立,进同中书门下平章事,再迁门下侍郎,出为镇海军节度使、同平章事……进检校司空,入为尚书左仆射、襄阳郡公。继领河中、忠武节度使。卒,赠太子太师,谥曰德。"

《登科记考》卷二七《附考·进士科》录载杜审权。

【李至远】始名鹏,赵州高邑人。进士及第。上元时制策高第。历司勋吏部员外郎中,迁天官侍郎,知选事。出为壁州刺史,卒年四十八。

《全唐文》卷四三五,李至远小传:"至远始名鹏,赵州高邑人。上元时制策高第。历司勋吏部员外郎中。迁天官侍郎,出为壁州刺史,卒年四十八。"

《新唐书》卷一九七《李素立传附孙至远》:"李素立,赵州高邑人……孙至远,始名鹏……上元时,制策高第,授明堂主簿……久乃历司勋、吏部员外郎中。迁天官侍郎,知选事……出为壁州刺史,卒,年四十八。"按:《登科记考补正》卷二应制及第系李至远上元二年,至远究为何年及第,尚待证实,上元凡三年,今系三年俟考。

正德《赵州府志》卷五《高邑县志·人物》:"(李至远)上元间制策高第,历天官侍郎。"

光绪《畿辅通志》卷三四《选举·唐·进士附录》:"李至远,高邑人。"

【李师】字守俨,郡望陇西狄道,后徙居河南县。曾祖怀,隋任宜军郡丞。祖辩,隋任许州长社县令。父达,唐朝前东宫家令寺丞。弱冠策名王府,进士及第,释褐授嘉州龙游县尉,后迁宣州溧阳县尉。

《唐代墓志汇编》调露〇二七,调露二年(680)六月十七日《唐故宣州溧阳县尉李公(师)墓志铭并序》:"君讳师,字守俨,陇西狄道人也。其后徙居河南县,故今为县人……曾祖怀,隋任宜军郡丞……祖辩,隋任许州长社县令……父达,皇朝前东宫家令寺丞……(李师)年登弱冠,策名王府,勤加日用,初编柳□之书;功倍月将,俄擢桂枝之第。龙朔初,释褐授嘉州龙游县尉,后迁宣州溧阳县尉。"按:据志文,李师弱冠策名王府,擢第桂枝,当为进士出身。以仪凤四年(679)六月十七日卒,春秋五十有一推之,其登科约在高宗时期。

《登科记考补正》卷二七《附考·进士科》录载李师。

【李思玄】一作"李思元",字文成,高安人。高宗时举进士,为文林郎。滕王元婴为洪州都督,待以师友之礼。

《全唐文》卷二〇一,"李思元"小传:"思元字文成,高安人。举进士,为文林郎。滕王元婴为洪州都督,待以师友之礼。"

(宋)王象之《舆地纪胜》卷二七《江南西路·瑞州·人物》唐代:"李思元,唐贤良科。"

《登科记考》卷一九长庆元年(821)博通坟典,达于教化科录载李思玄,别是一人。

天一阁藏正德《瑞州府志》卷八《选举志·科第·唐》:"李思玄,文成,高安人。十六举进士,见传。"是书卷一〇《人物志·文学》:"李思玄,字文成,高安人。好学擅文,行谊高洁。年十六举进士,为文林郎。时滕王为豫章太守,待以师友之礼。"按:《旧唐书》卷六四《高祖二十二子》载:"滕王元婴,高祖第二十二子也……(永徽)三年,迁苏州刺史,寻转洪州都督。"可知滕王任洪州都督在永徽初年,则李思玄进士及第当在高宗年间。

【杨季昭】郑州原武人。再思弟。进士及第。官至殿中侍御史。

《旧唐书》卷九〇《杨再思传》:"再思弟季昭为考功郎中,温玉为户部侍郎。"

《新唐书》卷一〇九《杨再思传》:"杨再思,郑州原武人,第明经;为人佞而智。初,调玄武尉……弟季昭,中茂才第,为殿中侍御史。"按:此云"茂才第",当即进士科及第。

《登科记考补正》卷二七《附考·进士科》录载杨季昭。

【宋元同】河南人。祖满,唐汾州司马。父令达,绛州闻喜县令。初举神异,再擢茂才。官至莱州司马。子琇,开元二十三年(735)孝廉及第。

《大唐西市博物馆藏墓志》二五九,任瑗撰天宝七载(748)《唐故孝廉宋君墓志铭并序》:"君讳琇,字秀。世为西河著姓,后因宦,遂迁于河南……大父,皇绛州开喜县令达……烈考,皇莱州司马讳元同。初举神异,再擢茂才……(君)年廿三,孝廉擢第。"按:志主宋琇开元二十八年(740)四月六日卒,春秋二十八,则其孝廉擢第在开元二十三年,其父元同进士及第约在高宗武后之时。

【明琰】字琰,平原人,曾祖奉世,隋侍御史、都官郎中,祖恪,唐濕、豫二州刺史,父崇嗣,唐朝散大夫、河南洛阳二县丞、饶州鄱阳县令。进士及第,制举入仕。官至申州义阳县令。

《洛阳新获七朝墓志》刘安期撰开元二十七年(739)八月十二日《唐故朝散大夫行申州义阳县令上柱国平原明府君临淮刘夫人墓志铭并序》:"府君讳琰,字琰,平原人也,姓明氏……大父皇朝濕、豫二州刺史讳恪。显考皇朝朝散大夫、河南洛阳二县丞、饶州鄱阳县令讳崇嗣……(府君)自国子进士及第,调补太常寺奉礼郎。"按:明琰长寿三年(694)三月二十二日卒,年四十六,则其进士及第约在高宗年间。

【孟景仁】平昌安丘人。仪凤中进士高第。官衢州龙丘县令,卒赠殿中丞。

《全唐文补遗》第八辑,孟球撰大中十四年(860)四月十四日《唐故朝请大夫守京兆少尹上柱国孟公(璯)墓志铭》:"公讳璯,字虞颂,平昌安丘人……曾祖景仁,仪凤中进士高第,历官衢州龙丘县令,赠殿中丞。"

《洛阳新获七朝墓志》孟球撰咸通七年(866)十一月二十九日《唐故朝散大夫使持节都督寿州诸军事守寿州刺史充本州团练使兼御史中丞柱国赐紫金鱼袋孟公墓志铭》:"公讳珏,字廷硕,德州平昌人……曾祖景仁,进士及第,衢州龙丘县令,赠殿中丞。"

【郑齐望】荥阳人。进士及第,拔萃登科。官至太子洗马。

《全唐文补遗》千唐志斋新藏专辑,崔颢撰天宝九载(750)十一月二十四日《唐故太子洗马荥阳郑府君(齐望)墓志铭并序》:"惟唐六世开元八载夏六月廿有三日,太子洗马荥阳郑公终于长安崇德里之私第,春秋卌有五……始以进士擢第,一拔萃,三应制,并升高等,名震京师。"

【胡元礼】定城人。进士擢第。历官洛阳尉、右台员外监察、司刑少卿、滑州刺史、广州都督。

(宋)李昉等《太平广记》卷二六九《酷暴三·胡元礼》引《御史台记》:"唐胡元礼,定城人也。进士擢第,累授洛阳尉。则天朝,右台员外监察,寻即真,加朝请大夫。丁忧免,起复,寻检校秋官郎中。累迁司刑少卿滑州刺史广州都督。"

《登科记考》卷二七《附考·进士科》录载胡元礼。

【胡楚宾】宣州秋浦人,一说池州贵池人。高宗朝进士及第。历官殷王文学、右史、崇贤直学士。

《旧唐书》卷一九○中《文苑中·胡楚宾传》:"胡楚宾者,宣州秋浦人。属文敏速,每饮半酣而后操笔。高宗每令作文,必以金银杯盛酒令饮,便以杯赐之。楚宾终日酣宴,家无所藏,费尽复入待诏,得赐又出。然性慎密,未尝言禁中事,醉后人或问之,答以他事而已。自殷王文学拜右史、崇贤直学士而卒。"

《登科记考补正》卷二七《附考·进士科》录载胡楚宾。

天一阁藏嘉靖《池州府志》卷七《人物篇·甲科·贵池·唐》:"胡楚宾。"

万历《池州府志》卷五《选举·甲科·唐》:"高宗朝(年缺):胡楚宾,贵池人,召为右史,号北门学士。"

【柳徵】河东人。进士及第。历黎城、丰城、嘉兴数丞尉。

《大唐西市博物馆藏墓志》二七四,乾元二年(759)《唐故括州司仓赵府君夫人河东柳氏墓志铭并序》:"夫人讳姬,河东人。曾、高,前史有传。父徵,唐进士擢第,养高不仕。晚年以不容于俗,与时浮沉。历黎城、丰城、嘉兴数丞尉。"按:据志文,柳徵进士及第约在高宗武后之时。

【姚元庆】字威合,河东芮城人。曾祖粲,隋高平郡赞持。祖崧,唐扬州高邮县令。父运,骑都尉。永徽中进士擢第。又应制举。官终检校房州刺史。

《全唐文补遗》第七辑,天授二年(691)一月十日《大唐故朝散大夫守文昌台司门郎中检校房州刺史姚府君(元庆)墓志铭并序》:"公讳元庆,字威合,河东芮城人也……曾祖粲,隋上开府员外散骑常侍、高平郡赞持。祖崧,隋汉南郡法曹书佐,唐扬州高邮县令。父运,唐骑都尉,高尚不仕……(元庆)永徽中进士擢第,授均州丰利县尉,寻徙晋州洪洞县尉……寻应制举,授监察御史,转右台殿中侍御史……制授朝散大夫、守司门郎中、检校房州刺史。"

《登科记考补正》卷二七《附考·进士科》、同卷《附考·制科》分别录载姚元庆。

【姚昄】字昄。进士及第。官至冀州刺史。

《全唐文补遗》千唐志斋新藏专辑,陈希烈撰开元二十年(732)二月二十四日《大唐故太中大夫使持节冀州诸军事守冀州刺史上柱国姚君(昄)墓志文并序》:"君讳昄,字昄,有虞之后……早岁进士登科,解褐秘省正字,擢授华州下邽县尉……春秋五十五,以开元十九年十二月十一日,寝疾薨于洛阳县丰财里私第。"

【殷子慎】字仲烈,陈郡人,曾祖英童,周御史大夫,隋益州晋熙郡守,祖闻礼,唐著作郎,中书舍人,父令德,唐右卫中郎将,太子左清道率。进士擢第,授嘉州玉津县主簿。

《大唐西市博物馆藏墓志》一三六,万岁通天二年(697)腊月五日《大周故嘉州玉津县主簿□□殷□君墓志铭并序》:"君讳子慎,字仲烈,陈郡人也……曾祖英童,周御史大夫,随益州晋熙郡守……祖闻礼,唐著作郎,中书舍人。父令德,唐右卫中郎将,太子左清道率……(公)少以进士擢第,授嘉州玉津县主簿。"按:以天册万岁元年(695)二月七日卒,时年四十五推之,其进士擢第约在高宗年间。

【高智周】常州晋陵人。高宗朝第进士。历官费县令、寿州刺史、正谏大夫。仪凤初进同中书门下三品,官终右散骑常侍。卒赠越州都督府。

《旧唐书》卷一八五上《良吏上·高智周传》:"高智周,常州晋陵人。少好学,举进士。累补费县令,与丞、尉均分俸钱,政化大行,人吏刊石以颂之……俄起授寿州刺史,政存宽惠,百姓安之。每行部,必先召学官,见诸生,试其讲诵,访以经义及时政得失,然后问及垦田狱讼之事。咸亨二年,召拜正谏大夫,兼检校礼部侍郎。寻迁黄门侍郎、同中书门下三品,兼修国史。俄转御史大夫,累表固辞烦剧之任,高宗嘉其意,拜右散骑常侍。又请致仕,许之。永淳二年十月,卒于家,年八十二,赠越州都督府。"

(宋)李昉等《太平广记》卷一四七《定数二·高智周》:"高智周,义兴人也……智周尝出家为沙门,乡里惜其才学,勉以进士充赋,擢第,授越王府参军,累迁费县令。"

（宋）王钦若等《册府元龟》卷七〇三《令长部（三）·教化》："唐高智周，常州晋陵人。高宗朝举进士，补费县令。与丞尉均分俸钱，政化大行，人刊石以颂之。"

《新唐书》卷一〇六《高智周传》："（高智周）第进士，补越王府参军。"

《登科记考》卷二七《附考·进士科》录载高智周。

咸淳《毗陵志》卷十六："智周第进士……后至中书门下平章事。"

成化《中都志》卷六《名宦》："（高智周）举进士，高宗时寿州刺史。"

成化《重修毗陵志》卷二十《人物》："（高智周）第进士，为费令。"

【郭仙期】太原人。进士出身。任景城郡盐山县尉。

《全唐文补遗》千唐志斋新藏专辑，天宝七载（748）十一月六日《大唐故临川郡崇仁县丞郭府君（福该）墓志并序》："君字上品，讳福该，太原人也……公有一子仙期，进士出身，任景城郡盐山县尉。"

【崔悬解】清河东武城人。进士高第。官坊州宜君县丞，有文集五卷行于世。

《洛阳新出土墓志释录》，崔翘撰天宝四载（745）十月十三日《唐故陈王府长史崔君（尚）志文》："君讳尚，字庶几，清河东武城人……王父悬解，进士高第，坊州宜君县丞，文集五卷，行于世。"

【崔韶】字子华，清河东武城人。咸亨中明经及第。

《唐代墓志汇编》圣历〇一二，圣历二年（699）一月二十八日《唐故前国子监大学生武骑尉崔君（韶）墓志并序》："君讳韶，字子华，清河东武城人也……总章元年，补国子监大学生……属咸亨之岁……散归乡第……寻举□□明经，射策高第。"

【裴志】字景略，河东闻喜人。进士及第，授郑州荥阳县尉。

《全唐文补遗》千唐志斋新藏专辑，裴恕撰天宝八载（749）三月八日《唐宣义郎行河东郡永乐县主簿裴君（志）墓志并序》："公讳志，字景略，河东闻喜人……年廿四，秀才擢第，调授郑州荥阳县尉。"按：唐秀才科废于永徽二年（651），则志载"秀才擢第"，当为"进士及第"。

【魏玄同】字和初，定州鼓城人。举进士。历官司列大夫、岐州长史、吏部侍郎、文昌左丞，官至地官尚书、同中书门下三品。武后时迁太中大夫、鸾台侍郎，依前知政事。垂拱三年，加银青光禄大夫，检校纳言，封钜鹿男。

《旧唐书》卷八七《魏玄同传》："魏玄同，定州鼓城人也。举进士。累转司列大夫……拜岐州长史。累迁至吏部侍郎……弘道初，转文昌左丞，兼地官尚书、同中书门下三品。则天临朝，迁太中大夫、鸾台侍郎，依前知政事。垂拱三年，加银青光禄大夫，检校纳言，封钜鹿男。"

《新唐书》卷一一七《魏玄同传》："玄同字和初，定州鼓城人。祖士廓，仕齐为轻车将军。玄同进士擢第，调长安令。"

《登科记考》卷二七《附考·进士科》录载魏玄同。

光绪《畿辅通志》卷三四《选举·唐·进士》："高宗年，魏元同，鼓城人。"

【乙速孤行俨】字行俨，京兆澧泉人。高宗时明经及第。历官绵州司马、万州刺史，终右武卫将军。

《金石萃编》卷七五，刘宪撰景龙二年（708）二月十六日《大唐故右武卫将军上柱国乙速孤（行俨）府君碑铭》："公讳行俨，字行俨，本姓王氏，太原人也，五代祖有功于魏□□□□焉，因居京兆之澧泉县……（公）永徽中司成生，擢第。"按：据碑文，行俨卒于景龙元年（707），春秋七十二，卒后葬雍州澧泉县白鹿乡李中川。

《全唐文》卷二〇一，苗神客撰龙朔三年（663）二月十九日《大唐故右虞侯副率检校左领军卫将军上柱国乙速孤（神庆）府君碑铭》："公讳神庆，字昭祐，其先王氏，太原人也……五代祖显，后魏拜骠骑大将军……遂赐姓为乙速孤氏，始为京兆澧泉人焉……子国子明经高第，朝请大夫、行绵州司马行俨，宁远将军守岐阳府长上折冲行均，游击将军守甘泉府左果毅都尉行方等，或传经综业；或良弓嗣美。"

（唐）林宝《元和姓纂》卷一〇《乙速孤氏》："代人，随魏南徙。河南。后魏仪同乙速孤明；生台，梁郡太守；生贵，北齐和仁公、隋左庶子。贵生安、晟。晟生神庆，唐卫率左领将军。神庆生行均、行俨、行方。"

杨娟，王菁《新见〈乙速孤行俨夫人贺若氏墓志〉考略》录载贺若氏墓志为：《大周中大夫使持节万州诸军事守万州刺史上柱国乙速孤行俨故夫人常乐县君贺若氏之墓志铭并序》，又：《唐代墓志汇编》景龙〇〇三，录载贺若氏墓志为：《大□中大夫使持节万州诸军事万州刺史上□□乙速孤行俨故夫人□□□□贺若氏之墓志铭并序》。

《登科记考》卷二七《附考·明经科》录载乙速孤行俨。

【马克忠】扶风人。祖士幹，官鹰扬郎将。父果，官获嘉令。高宗时太学明经及第。官至洛阳尉，卒赠朝散大夫。

《全唐文》卷二二七，张说撰《故洛阳尉赠朝散大夫马府君碑》："君讳某，字某，扶风人也……我高祖汾州刺史讳归欢，我大父鹰扬郎将讳士幹，严考获嘉令讳果……（君）入太学，举明经，补巴西尉……秩满，转洛阳尉，当周之兴也……永昌元年孟夏辛卯，卒官，春秋五十有七。帝用悼之，赠朝散大夫……阙子撝、据、择，皆国之良也。"

《登科记考》卷二七《附考·明经科》录为马□。《登科记考补正》卷二七《附考·明经科》录为马克忠，考云：考《新唐书·宰相世系表》二下马氏："仲绪，隋荆府长史"；子"匡武、匡俭"；俭子"克忠，洛阳尉"；克忠子"携，驾部员外郎；据；择，兵部员外郎、河间太守"。所记人名与碑文略异，而"马□实即马克忠。"参见《元和姓纂》卷七《扶风茂陵马氏》岑校。

【王元感】濮州鄄城人。少举明经。拜太子司议郎兼崇贤馆学士。

《旧唐书》卷一八九下《儒学下·王元感传》："王元感，濮州鄄城人也。少举明经，累补博城县丞。兖州都督、纪王慎深礼之，命其子东平王续从元感受学。天授中，稍迁左卫率府录事，兼直弘文馆。是后则天亲祠南郊及享明堂，封嵩岳，元感皆受诏共诸儒撰定仪注，凡所立议，众咸推服之。转四门博士，仍直弘文馆……长安三年，表上其所撰《尚书纠谬》十卷、《春秋振滞》二十卷、《礼记绳愆》三十卷，并所注《孝经》《史记》稿草，请官给纸笔,写上秘书阁……中宗即位,以春宫旧僚,进加朝散大夫,拜崇贤馆学士。寻卒。"

（宋）王钦若等《册府元龟》卷七一〇《宫臣部（三）·讲习》："王元感,濮州甄城人也。少举明经,累补博城县丞、兖州都督,纪王真深礼之,命其子东平王续从元感受学。"

《新唐书》卷一九九《儒学中·王元感传》："王元感,濮州鄄城人。擢明经高第,调博城丞。"

《登科记考》卷四长安三年（703）上书拜官条、卷二七《附考·进士科》分别录载王元感。

嘉靖《濮州志》卷五《郡人志》："（王元感）擢明经高第,调博城丞。"

嘉靖《山东通志》卷三一《人物四·东昌府》："（王元感）擢明经,天授中尝直弘文馆后转四门博士。"

【王师】字行则,太原人,祖洪,隋汾州别驾,父陇,隋孝廉,唐杭州於潜县令。约在高宗时及第。

《唐代墓志汇编》开元〇三三,开元三年（715）十月二十五日《大唐故明经举王府君（师）墓志铭并序》："君讳师,字行则,太原人也……祖洪,周本郡从事,隋汾州别驾……父陇,隋孝廉、贝州剻县户曹,皇朝定州安喜县丞、杭州於潜县令……君令问幼拐奇,清通早慧,志谐棲隐,赏出风尘。每以黄老安排,特谓神仙有道。晚而慷慨曰:'公孙卌始薛《春秋》。'遂锐意诗书,澡身庠塾,侍中重席,其所仰止,郄诜一枝,果升嘉擢。"按:据志文王师当为明经出身,以卒于咸亨元年（670）七月十一日,春秋五十六推之,其擢第约在高宗时。

【王尚恭】字知礼,洛州河南人。高宗时明经及第。

《全唐文补遗》千唐志斋新藏专辑,李休复撰神功二年（698）正月十日《大周王府君（尚恭）墓志铭并序》："君讳尚恭,字知礼,其先并州太原人也。次后因官,徙为洛州河南人也……往在弱冠,明经及第……以神功元年十月六日,卒于洛州景行坊之私第。"按:以卒年推之,尚恭弱冠年当在高宗时。

【王烈】字□威,太原人。约在高宗初年明经及第。官终唐州录事参军事。

《唐代墓志汇编》仪凤〇一八,仪凤三年（678）正月二十七日《大唐故通直郎行唐州录事参军事王府君（烈）墓志铭》："公讳烈,字□威,太原人也……曾祖纂,衍袭隋开府仪同三司,恒、定等四州诸军事,赵州刺史;祖士昂,皇朝浚仪令……父赟,齐王文学齐州司马……（公）荷载参玄,名纷于早岁;明经拾紫,誉重于当时。解褐授金州行参军……俄授邢州任县丞,行唐州录事参军事。"按:王烈咸亨五年（674）卒,春秋五十二,结合其宦历推之,其明经及第约在高宗初年。

【王秘】字逊之,太原人。十九岁明经及第。官至游击将军守左领军右郎将、上柱国。赐爵敦煌县开国公。

《全唐文补遗》第六辑,赵子羽撰开元十七年（729）《唐故游击将军守左领军右郎将上柱国敦煌县开国公太原王公（秘）墓志铭并序》："公讳秘,字逊之,太原人也。曾祖□,金紫光禄大夫、守光禄卿、兼检校吏部尚书、修武郡开国公,谥曰睿。祖师道,黎州黎阳令。父璿,右监门卫兵曹……（君）时春秋一十有九,明经擢第,解褐调补襄州襄阳尉、安乐公主府骑曹、太子家令、太常主簿、河南县少府监二丞……开元十七年春二月十四日,终于河南府私第。"按:志文未载享年,据宦历推测,其十九岁明经擢第,约在高宗至武后时期。

【王朗】其先太原人,因官迁晋,祖遑,隋潞州司马,父忻,唐郑州别驾。高宗时明经及第。

《唐代墓志汇编》开元一三一,开元九年(721)十一月三日《大周故岳领军副使王府君(修福)墓志铭并序》:"君讳修福,字修福,其先太原人也,因官今为晋人矣……曾祖遑,隋潞州司马……祖忻,唐郑州别驾……父朗,明经擢第。"按:志主开元四年(716)五月十二日,春秋五十五,则其父明经及第当在高宗时。

【王素臣】中山人,祖恕,唐赵州司马,父德感,绛州万泉县令。高宗时明经及第。官至申州罗山县令。

《唐代墓志汇编》景龙〇〇五,景龙二年(708)二月二十四日《大唐故申州罗山县令王府君(素臣)墓志铭并序》:"君讳素臣,中山人也……曾祖崇,隋太子率;祖恕,皇朝赵州司马;父德感,绛州万泉县令……(君)明经擢第,捧檄隋班。解褐授并州盂县尉、宋州虞城丞、申州罗山令……以长安五年七月廿九日终于庄,春秋六十。"按据志文,素臣明经擢第当在高宗年间。

【王晙】沧州景城人,徙家于洛阳。祖有方,岷州刺史。晙弱冠明经擢第。官至户部尚书。卒赠尚书左丞相,谥曰忠烈。

《旧唐书》卷九三《王晙传》:"王晙,沧州景城人,徙家于洛阳。祖有方,岷州刺史。晙弱冠明经擢第,历迁殿中侍御史,加朝散大夫……(开元)十四年,累迁户部尚书,复为朔方军节度使。二十年卒,年七十馀,赠尚书左丞相,谥曰忠烈。"按:王晙弱冠年在高宗后期。

《登科记考》卷二七《附考·明经科》录载王晙。

【王震】字伯举,琅琊临沂人。高宗时明经及第,授许州鄢陵县尉。又应清白著称科,加朝请大夫,官至洋州长史。

《唐代墓志汇编》景龙〇三二,梁载言撰景龙三年(709)十月二十六日《大唐故朝议大夫行洋州长史上柱国王府君(震)墓志铭并序》:"君讳震,字伯举,琅琊临沂人也……高祖嵩,陈散骑常侍、侍中;曾祖允,陈太子洗马;祖修惠,怀州修武县丞……父师顺,监察御史、仓部员外郎、司门郎中、硖州刺史、雍州司马……(君)弱冠,入太学,以明经擢第,除许州鄢陵县尉,授陕州硖石、湖州安吉两县丞……加朝散大夫,行江州都昌县令,寻累勋至上柱国。侍御史吕元嗣以君历职清白,举应是科,所司承旨,天下类例,四任清白,一人而已。乃加朝请大夫,寻进朝议大夫。"按:王震卒于神龙三年(707),享年五十九,弱冠岁在乾封三年(668),则其明经擢第在此后不久。

【元让】雍州武功人。高宗初明经擢第。官终太子司议郎。

《旧唐书》卷一八八《孝友·元让传》:"元让,雍州武功人也。弱冠明经擢第。以母疾,遂不求仕。躬亲药膳,承侍致养,不出闾里者数十余年……咸亨中,孝敬监国,下令表其门闾。永淳元年,巡察使奏让孝悌殊异,擢拜太子右内率府长史……圣历中,中宗居春宫,召拜太子司议郎。"按:元让弱冠擢第后数十余年未入仕,则其当为高宗时明经。

《登科记考》卷二七《附考·明经科》录载元让。

【韦安石】京兆万年人，祖津，大业末为民部侍郎，唐初官至陵州刺史，父琬，官成州刺史，兄叔夏，高宗时明经及第，官终国子祭酒。高宗应明经举。历乾封尉、并州刺史、太子左庶子等，先后相武后、中宗、睿宗。卒赠蒲州刺史，天宝初，以子贵，追赠开府仪同三司、尚书左仆射、郇国公，谥曰文贞。

《旧唐书》卷九二《韦安石传》："韦安石，京兆万年人，周大司空、郇国公孝宽曾孙也。祖津，大业末为民部侍郎……高祖与津有旧，征授谏议大夫，检校黄门侍郎。出为陵州刺史，卒。父琬，成州刺史。叔琨，户部侍郎。琨弟璪，仓部员外。安石应明经举，累授乾封尉，苏良嗣甚礼之。永昌元年，三迁雍州司兵……擢拜膳部员外郎、永昌令、并州司马……俄拜并州刺史，又历德、郑二州刺史……久视年，迁文昌右丞，寻拜鸾台侍郎、同凤阁鸾台平章事，兼太子左庶子。长安三年，为神都留守，兼判天官、秋官二尚书事。后与崔神庆等同为侍读，寻知纳言事。是岁，又加检校中台左丞，兼太子左庶子、凤阁鸾台三品如故……四年，出为扬州大都督府长史。神龙初，征拜刑部尚书。是岁，又迁吏部尚书，复知政事。俄代张柬之为中书令，封郇国公，以尝为宫僚，赐实封三百户，又兼相王府长史。俄转户部尚书，复为侍中，监修国史……睿宗践祚，拜太子少保，改封郇国公。俄又历侍中、中书令。景云二年，加开府仪同三司……俄而迁尚书左仆射，兼太子宾客，依旧同中书门下三品，虽假以崇宠，实去其权。其冬，罢知政事，拜特进，充东都留守……（卒）年六十四。开元十七年，赠蒲州刺史。天宝初，以子贵，追赠开府仪同三司、尚书左仆射、郇国公，谥曰文贞。二子陟、斌，并早知名。"

《新唐书》卷一二二《韦安石传》："韦安石，京兆万年人。曾祖孝宽，为周大司空、郇国公。祖津，隋大业末为民部侍郎……高祖素与津善，授谏议大夫，检校黄门侍郎，陵州刺史，卒。父琬，仕为成州刺史。安石举明经，调乾封尉，雍州长史苏良嗣器之。永昌元年，迁雍州司兵参军。"

《登科记考》卷二七《附考·进士科》录载韦安石。

【韦叔夏】京兆万年人。祖津，大业末为民部侍郎，唐初官至陵州刺史，父琬，官成州刺史，弟安石，明经及第，相武后、中宗、睿宗。高宗时明经及第。官终国子祭酒，累封沛国郡公。卒赠兖州都督、修文馆学士，谥曰文。

《旧唐书》卷一八九下《儒学下·韦叔夏传》："韦叔夏，尚书左仆射安石兄也。少而精通《三礼》……举明经。调露年，累除太常博士。后属高宗崩，山陵旧仪多废缺，叔夏与中书舍人贾太隐、太常博士裴守贞等，草创撰定，由是授春官员外郎……累迁成均司业……长安四年，擢春官侍郎。神龙初，转太常少卿，充建立庙社使。以功进银青光禄大夫。三年，拜国子祭酒。累封沛国郡公。卒时年七十余。撰《五礼要记》三十卷，行于代。赠兖州都督、修文馆学士，谥曰文。子绍，太常卿。"

《旧唐书》卷九二《韦安石传》："韦安石，京兆万年人，周大司空、郇国公孝宽曾孙也。祖津，大业末为民部侍郎……高祖与津有旧，征授谏议大夫，检校黄门侍郎。出为陵州刺史，卒。父琬，成州刺史。"

《登科记考》卷二七《附考·进士科》录载韦叔夏。

【韦昱】字照容,京兆杜陵人。约高宗时明经高第,授陇州行参军。官至泸州都督府参军。

《全唐文补遗》第九辑,王仲亨撰垂拱二年(686)八月二十二日《大唐故泸州都督府参军韦君(昱)墓志铭并序》:"君讳昱,字照容,京兆杜陵人也……寻以明经应举,射策高第。授陇州行参军。虽名位卑微,而声芳籍甚。"按:韦昱明经高第当在高宗年间。

【韦勉】字进业,京兆杜陵人。祖全璧,路、易二州别驾,父悦,给事中、太史令。高宗时明经高第,拜岐州参军。官至復州刺史。

《全唐文补遗》第七辑,开元十二年(724)十二月五日《唐故朝请大夫使持节復州诸军事守復州刺史京兆韦府君(勉)墓志铭并序》:"公讳勉,字进业,京兆杜陵人也……曾祖寿光男韦津,隋户部尚书,唐黄门侍郎……乃祖讳全璧,路易二州别驾……烈考讳悦,给事中、太史令……(公)始以明经高第,拜岐州参军。"按:韦氏开元十二年(724)七月十七日卒,享年六十五,则其明经高第当在高宗时。

【冯廓】字师寿,潞州上党人。约高宗时明经及第。

《全唐文补遗》第三辑,天授二年(691)五月三日《周故处士冯君(廓)之墓志铭并序》:"君讳廓,字师寿,潞州上党人也……曾祖康,齐太尉。祖业,宇文青州别驾,父绪,唐朝散大夫……(君)少标聪察,起家任成均学生。澄衿璧沼,砥行石渠,横经擅槐肆之英,射策伫兰台之秀。"按:据志文,冯氏当为明经出身。以天授二年(691)三月九日卒,春秋七十一推之,其擢第约在高宗时。

【任协】河东郡人。约在高宗到武后年间明经及第。父琰,官涟水、单父二县令。子崇,官朝请大夫密州别驾。

《全唐文补遗》千唐志斋新藏专辑,吕向撰天宝元年(742)四月二十三日《唐故朝议郎行鲁郡兵曹参军事任府君(晖)墓志铭并序》:"府君讳晖,字伯达,先乐安人,后代因官,家于河东郡……公即皇朝涟水单父二县令琰之曾孙,明经高第协之孙,皇朝朝请大夫密州别驾崇之长子。"

【刘仁景】彭城人。高宗永徽时明经及第。官终司农卿。

《全唐文》卷二五七,苏颋撰《司农卿刘公神道碑》:"公讳某,字某,彭城人也……我曾祖讳某,仕至晋州刺史左卫大将军普安郡公;我大父讳某,仕至蔚州刺史袭普安郡公。皇运之纂图也,我先君讳某,仕至江王友上柱国袭普安公,追赠陈州刺史者……(公)弱冠修文,明经高第,解褐赵王文学……拜公为右卫将军司农卿,转右金吾大将军副京师留守……享年七十有七,以景龙三年太岁癸酉十二月十五日,薨于长安光德里之私第。"按:以景龙三年(709)卒,享年七十七推之,其弱冠在永徽初年。

《登科记考》卷二七《附考·明经科》录载刘□。按:据《唐刺史考全编》卷七〇《河南道·沂州(琅邪郡)》"刘仁景"条考证,"司农卿刘公",当即刘仁景。

【刘寂】字无声,梁国濉阳人。约高宗时明经及第,授洺州参军。官至沔、兴二州刺史。

《唐代墓志汇编》神龙〇四一,神龙二年(706)十一月三十日《大唐故通议大夫使持节兴州诸军事兴州刺史上柱国刘府君（寂）墓志铭并序》："府君讳寂，字无声，梁国濉阳人也……年未弱冠，明经甲科，解褐洺州参军，历职十四政，入登尚书郎，出抚郡国，位至通议大夫，沔、兴二州刺史。"

【孙谋道】字宗玄，琅琊临沂人，祖亮，陈给事中黄门侍郎，父颙，朝散大夫。高宗时明经及第，官至和州刺史。

《唐代墓志汇编》开元一二三，开元九年（721）十月十日《唐故银青光禄大夫和州刺史上柱国琅琊县开国伯颜府君（谋道）墓志铭》："公讳谋道，字宗玄，琅琊临沂人也……曾祖庆，梁镇北将军散骑常侍永嘉郡太守临沂县开国伯；祖亮，陈给事中黄门侍郎；父颙……敕召授朝散大夫、蜀王及兼巴州治中……公乃应孙弘之举，即受生刍；以郗诜之才，还蒙擢桂。遂授婺州司户参军事，又任扬州大都督府仓曹参军事……优诏转和州刺史，改封琅琊县开国伯，加银青光禄大夫……春秋八十，以开元九年七月廿九日薨于东都之兴艺坊之私第。"按：据谋道生卒年，其擢第当在高宗时。

【苏珦】雍州蓝田人。高宗时明经及第。官至太子宾客、检校詹事。开元三年卒，年八十一，赠兖州都督，谥曰文。

《旧唐书》卷一〇〇《苏珦传》："苏珦，雍州蓝田人。明经举，累授鄠县尉……垂拱初，拜右台监察御史……寻迁左事中，累授左肃政台御史大夫……（神龙初）转为右御史大夫。寻出为岐州刺史，复为右台大夫。会节愍太子败，诏珦穷其党与。时睿宗在藩，为得罪者所引，珦因辩析事状，密奏以保持之。中宗意解，因是多所原免，擢珦为户部尚书，赐爵河内郡公。寻授太子宾客、检校詹事，以年老致仕。开元三年卒，年八十一，赠兖州都督，谥曰文。"

《登科记考》卷二七《附考·明经科》录载苏珦。

【苏幹】京兆武功人，父勖，贞观中尚南康公主，拜驸马都尉，官至吏部侍郎、太子左庶子。高宗时擢明经第。官终冬官尚书。

《旧唐书》卷八八《苏瓌传附苏幹传》："苏瓌字昌容，京兆武功人……幹，瓌从父兄也。父勖，武德中为秦王府文学馆学士。贞观中，尚南康公主，拜驸马都尉，累选魏王泰府司马……后历吏部郎、太子左庶子，卒。幹少以明经累授徐王府记室参军……垂拱中，历迁魏州刺史……召拜右羽林将军，寻迁冬官尚书。"按：苏幹明经擢第当在高宗时。

《新唐书》卷一二五《苏瓌传附苏幹传》："苏瓌字昌容，雍州武功人……幹，瓌从父兄也。父勖，字慎行，武德中，为秦王谘议、典签、文学馆学士，尚南康公主，拜驸马都尉。迁魏王泰府司马，博学有美名，泰重之。劝开馆引文学士，著书名家。历吏部侍郎、太子左庶子，卒。幹擢明经，授徐王府记室参军……垂拱中，迁魏刺史……拜右羽林军将军，迁冬官尚书。"

【杜景俭】一作杜景佺，初名元方，冀州武邑人。少举明经，累除殿中侍御史。武后天授、圣历年间两度为相，官终并州长史。卒赠相州刺史。

《旧唐书》卷九〇《杜景俭传》："杜景俭，冀州武邑人也。少举明经，累除殿中侍御史。出为益州录事参军……入为司宾主簿，转司刑丞。天授中……累迁洛州司马。寻转凤阁侍郎、同凤阁鸾台平章事……延载初,为凤阁侍郎周允元奏景俭党于李昭德,左迁溱州刺史。后累除司刑卿。圣历二年,复拜凤阁侍郎、同凤阁鸾台平章事……岁余,转秋官尚书。坐漏洩禁中语,左授司刑少卿,出为并州长史。道病卒,赠相州刺史。"

(宋)李昉等《太平广记》卷二一六《卜筮·溱州筮者》引《御史台记》:"杜景佺,信都人也,本名元方,垂拱中更为景佺。进士擢第,后为鸾台侍郎平章事。"按:两《唐书》本传均言明经及第。

《新唐书》卷一一六《杜景俭传》:"杜景俭,冀州武邑人。性严正。举明经中第。累迁殿中侍御史。出为益州录事参军……初名元方,垂拱中改今名。"

《登科记考》卷二七《附考·明经科》录为杜景佺,赵守俨校云:"《通鉴考异》以为当作'景俭',作'佺'者乃以草书致误。见天授元年条。"

【李元福】赵郡人。高宗时明经及第。

《全唐文》卷三二一,李华撰《李夫人传》:"夫人赵郡李氏,讳某,字某,号惠日。自后魏义丰懿公璨,七代至明经君元福。道义德礼,归于一门。《魏史》所谓'事亲孝谨,风度审正'是也。年十三,归于贵乡丞范阳卢公善观……开元元年终,春秋五十。无子,有女一人。孝慈明惠,如夫人之德,归于安邑令赵郡李公。遗孤检校吏部员外华,不及逮事,感慕罔极,闻于外家,十不存一,哀书大略,敢告史官。"按:据志文,元福当于高宗时明经及第。

《登科记考》卷二七《附考·明经科》录载李元福。

【李元确】字居贞,赵郡平棘人。祖公源,隋离狐县令。父善愿,唐刑部郎中、大理正。约高宗时明经及第,不仕。

《唐代墓志汇编》开元一〇三,开元八年(720)五月八日《大唐故国子明经吏部常选赠赵州长史赵郡李府君(元确)墓志铭并序》:"府君讳元确,字居贞,赵郡平棘人也……曾祖希仁,北齐国子祭酒兼侍中,赠吏部尚书,谥曰文昭公;祖公源,隋离狐县令;父善愿,皇朝刑部郎中大理正。君即正之第四子也……登甲科于秘府,不让华谭;致有道于仙舟,尝留郭泰。"

《唐代墓志汇编》景龙〇四八,景龙四年(710)六月四日《大唐前并州竹马府果毅罗承先夫人□李氏墓志》:"夫人讳柔,字体□,赵郡赞皇人也……曾祖公源,隋银青光禄大夫卫州刺史;祖善愿,皇朝散大夫大理正;父元礭,明经孝廉高第不仕。"按:李氏夫人卒于景龙四年(710),春秋五十二,其父举明经盖高宗时。又:墓志云"父元礭",礭乃确之异体字。

【李迶】字季珍,陇西成纪人。约在高宗到武后年间明经及第,授怀州参军。官终通议大夫、宗正少卿、上柱国。

《全唐文补遗》千唐志斋新藏专辑,李升期撰开元十四年(726)十一月八日《唐故通议大夫宗正少卿上柱国陇西李府君(迶)墓志铭并序》:"公讳迶,字季珍,陇西成纪人也……以明经登科,授怀州参军……以开元十四年七月十一日,终于东京崇柔里之私第,春秋七十有一。"按:以卒年推之,李迶明经登科约在高宗到武后年间。

【李述】字处直,赵郡元氏人,后迁相州。未弱冠,以明经擢第,解褐授汉州金堂县尉。秩满,调补洛州陆浑主簿。又应制举,授洛阳县尉。历太常博士、太子文学、金部员外郎、赞善大夫、给事中、将作少监、少府少监、齐州刺史。官终中散大夫守少府少监。

《全唐文补遗》第六辑,席豫撰开元十八年(730)十一月十日《大唐故中散大夫守少府监上柱国赵郡李府君(述)墓志铭并序》:"君讳述,字处直,赵郡元氏人。仕齐,因家于邺,今之相州也……未弱冠,以明经擢第,常调入官。属吏部侍郎骞味道、孟履忠递掌铨衡,咸加赏叹。而积微以著,升高自下。解褐授汉州金堂县尉。秩满,调补洛州陆浑主簿……未几,为中书舍人韦嗣立所荐,对策甲科,授洛阳县尉。俄拜太常博士,累迁太子文学、金部员外郎、赞善大夫、给事中、将作少监、少府少监、齐州刺史,重授少府少监……以开元十年贰月十日,遘疾终于东都陶化里之私第,春秋五十有八。"按:据志文,李述曾祖孝端,隋怀州司法、洛州司兵参军。祖知本,唐雍州司兵,华州华阴、并州晋阳二县令。父慙,侍御史、驾部员外郎、度支郎中、泗贝亳三州刺史。

【李昭德】京兆长安人。父乾祐,官至桂州都督、司刑太常伯。高宗时举明经。长寿二年迁凤阁鸾台平章事。

《旧唐书》卷八七《李昭德传》:"李昭德,京兆长安人也。父乾祐,贞观初为殿中侍御史……永徽初,继受邢、魏等州刺史。乾祐虽强直有器幹,而昵于小人,既典外郡,与令史结友,书疏往返,令伺朝廷之事。俄为友人所发,坐流爱州。乾封中,起为桂州都督,历拜司刑太常伯……昭德,即乾祐之孽子也。强干有父风。少举明经,累迁至凤阁侍郎。长寿二年,增置夏官侍郎三员,时选昭德与娄师德、侯知一为之。是岁,又迁凤阁鸾台平章事,寻加检校内史。长寿中,神都改作文昌台及定鼎、上东诸门,又城外郭,皆昭德创其制度,时人以为能。"

《登科记考》卷二七《附考·明经科》录载李昭德。

【李隐吉】陇西人。约高宗时明经及第。

《唐代墓志汇编》开元一六六,《大唐故太子仆寺丞王府君夫人陇西李氏墓志铭并序》:"父隐吉,明经。"按:夫人卒于开元十一年,寿六十九岁,其父举明经约高宗时。

【杨去盈】字流谦,弘农华阴人。明经及第。

《全唐文》卷一九五,杨炯撰《从弟去盈墓志铭》:"国子进士杨去盈,字流谦,宏农华阴人也。曾祖讳初,周大将军,隋宗正卿常州刺史顺阳公,皇朝左光禄大夫华山郡开国公,食邑本乡二千五百户……王考讳安,伪郑王充遥授二十八将,封郿国公。寻谋归顺,为充所害,皇朝赠大将军,旌忠烈也……父某,润州句容遂州长江二县令朝散大夫行邓州司马……(去盈)成如麟角,道尊于璧水之前;翼若鸿毛,俯拾于金门之下……春秋二十有六,以上元三年五月二十二日,殡于京师胜业里。"又铭文云:"明经太学,射策鸿都。扬名天子,高揖司徒。"按:《登科记考》卷二七《附考·明经科》录载杨去盈,今从之。

【杨师善】字綝,祖籍弘农。明经及第,授太州参军。官终叠州密恭县丞。

《唐代墓志汇编》天授〇一一,天授二年(691)二月七日《唐故叠州密恭县丞杨公(师善)及夫人丁氏墓志文并序》:"公讳师善,字綝,汉太尉震之后也。家本弘农,因官徙居于此焉。曾祖具,魏瀛州刺史;祖球,齐太子宾客平昌县公;父德伦,隋鸿胪丞,唐相州成安、洪州豫章二县令……(公)明经擢第,起家太州参军。"按:师善卒于龙朔元年(661)十月十六日。

【杨行祎】字代□,弘农华阴人。高宗显庆前明经及第。显庆元年授安州应城县主簿,官终虔州鄡都县主簿。

《唐代墓志汇编》总章〇三四,总章二年(669)八月二十六日《大唐故杨君(行祎)墓志铭并序》:"君讳行祎,字代□,弘农华阴人也……祖兰,齐任金城郡守弘农县开国公;父及,隋任河涧县令……(君)皇朝明经高第,以显庆元年任安州应城县主簿,又任虔州鄡都县主簿。"按:杨氏总章元年(668)卒,其明经擢第当在高宗永徽时。

【杨绍基】字克构,祖籍弘农,迁居洛州合宫。约高宗时明经及第,授襄州义清县主簿。官至渠州司仓参军事。

《唐代墓志汇编》天授〇二八,天授二年(691)十月十二日《唐故渠州司仓杨府君(绍基)墓志文并序》:"府君讳绍基,字克构,家本弘农,后因从宦,为洛州合宫人焉……曾祖球,齐汝州刺史,封弘农郡开国公;祖贵,隋任左卫布政府鹰扬郎将;父德,唐任洪州豫章县令……(君)明经及第,释褐襄州义清县主簿。"按:绍基垂拱二年(686)卒,春秋六十四,则其明经及第约在高宗时。

【杨政】字武,陕州芮城县人。祖志明,隋孝廉举擢第,任晋阳郡丞。高宗显庆年中明经擢第,麟德二年(665)补桃林县博士。

《全唐文补遗》第五辑,万岁通天二年(697)十月二十一日《大周故陕州桃林县博士杨君(政)墓志铭并序》:"君讳政,字武,弘农华阴人也……七代祖震任陕州太守,故今为芮城县人焉……祖志明,隋孝廉举擢第,任晋阳郡丞……父武政……(君)唐显庆年中,明经擢第……至麟德二年,被本州刺史卢承业追召补桃林县博士……有子五人……第二明经擢第、天官常选。"按:杨政卒于调露年间,春秋五十五。

【来景晖】字日新,南阳新野人。高宗时明经及第。补岐州参军,官至饶州刺史。

《河洛墓刻拾零》,蔡遊晋撰开元六年(718)正月十一日《大唐故银青光禄大夫饶州刺史来府君(景晖)墓志铭并序》:"公讳景晖,字日新,南阳新野人也……国子明经擢第,起家调补岐州参军。"按:景晖卒于开元五年(717),春秋七十,则其明经擢第当在高宗时。

【吴杨吾】渤海安陵人。约高宗时明经及第,授司经局校书郎。迁雍州富平县主簿。官终国子博士、豪州刺史。

《文史》,总第84辑,《大唐故国子博士豪州诸军事豪州刺史吴君(杨吾)墓志铭并序》(赵君平赠拓):"君讳杨吾,字顾名,渤海安陵人也……曾祖贞白,北齐中书博士。祖子彻,隋河南郡博士。父素,孝廉及第,隐名不仕,并学富丘山,德通今古……(杨吾)解褐明经擢第,授司经局校书郎,迁雍州富平县主簿。"按:杨吾卒于景龙三年(709),春秋八十二。

【何福】蜀郡人,祖璟,隋巴州司马,父净,唐太子司马。约高宗时举明经。

《唐代墓志汇编》开元四六七,裴泆撰开元二十六年(738)四月十一日《唐故河南府兵曹何府君(寁)墓志铭并序》:"公讳寁,蜀郡人也……曾祖璟,隋巴州司马;祖净,皇太子司马;父福,明经常选。"按:何寁卒于开元二十六年(738),春秋七十,其父何福明经及第约在高宗时。

【辛仲平】陇西狄道人,祖良,东宫庶子,父玄道,官比部郎中。约高宗时明经高第,曾官司马。

《全唐文补遗》第七辑,《(上阙)司马上柱国辛府君(仲平)墓志铭并序》:"君讳仲平,□□□陇西狄道人也……大父良,东宫庶子。皇考玄道,比部郎中……(公)初以明经(下阙)……大理司直,更□□□司马。"按:墓志脱文较多,辛氏当为明经出身,曾官大理司直、司马等。以开元十四年(726)卒,享年六十推之,辛氏擢第约在高宗年间。

【宋庆礼】洺州永年人。举明经,授卫县尉,官终贝州刺史。卒赠工部尚书,谥曰敬。

《旧唐书》卷一八五下《良吏下·宋庆礼传》:"宋庆礼,洺州永年人。举明经,授卫县尉。则天时,侍御史桓彦范受诏于河北断塞居庸、岳岭、五回等路,以备突厥,特召庆礼以谋其事。庆礼雅有方略,彦范甚礼之。寻迁大理评事,仍充岭南采访使……开元中,累迁贝州刺史,仍为河北支度营田使……七年卒,赠工部尚书……乃谥曰敬。"按:庆礼明经及第当在高宗年间。

《登科记考》卷二七《附考·明经科》录载宋庆礼。

【张无择】字君选,慈溪人。由进士举明经。曾任醴泉尉、汴州参军。

嘉靖《浙江通志》卷三八《人物志》:"(张无择)永隆初由进士举明经,调醴泉尉,改汴州参军。"

【张义】河东人。约高宗年间明经及第。官至成纪丞,赠秦州都督。

《全唐文补遗》第六辑,贞元三年(787)十月《张延赏墓志铭并序》:"我府君讳延赏,河东人也。祖义府君,以明经仕成纪丞,赠秦州都督。父嘉贞府君,皇中书令。光佐玄宗,名焯四海。"按:张义为嘉贞父,延赏祖,其明经及第约在高宗年间。

【张怀器】字志成,贝州武成人。高宗时明经出身,又应制举登第。曾官翼城县令。

《登科记考补正》卷二七《附考·明经科》、同卷《附考·制科》分别录载张怀器。

天一阁藏嘉靖《翼城县志》卷三《官师志》有唐翼城县令张怀器,注引卢照邻撰《去思碑》:"公名怀器,字志成,贝州武城人也……起家补成均生,明经擢第……甲乙登其高第,青紫因其俯拾。俄补麟台雠校……应清白举及第,授武功县尉……应大礼举及第……以嗣圣元年授公此邑。"按:怀器当于高宗年间擢明经第。

【张肃珪】字肃珪,清河人,祖俭,邺郡临河县令,父智言,东京总监西面监。约在高宗至武后时明经及第,官终上谷郡司功参军。

《全唐文补遗》第一辑,王寰撰天宝四载(745)四月二十二日《大唐故上谷郡司功参军张府君(肃珪)墓志铭并序》:"府君讳肃珪,字肃珪,其先清河人也。曾祖英,定襄郡长史……祖俭,邺郡临河县令……大父智言,东京总监西面监……君以起家,补清庙斋郎,以明经举也。"按:志载"祖俭,邺郡临河县令","大父智言,东京总监西面监",又云"府君即监之长子也",则"大父智言"为"父智言"之误。以卒于开元四年(716),春秋六十推之,肃珪明经擢第约在高宗至武后之时。

【张景】字世雄,京兆高陵安道里人,祖问,隋官至庆州司马,父志,隋晋州录事。约在高宗时明经及第。官至秦州仓曹参军事。

《唐代墓志汇编》神龙〇一三,神龙元年(705)十月二十七日《南阳白水郡张公(景)墓志铭并序》:"公讳景,字世雄,即京兆高陵安道里人也……祖问……隋朝官至庆州司马……父志……隋朝累迁至晋州录事……公遂唱策五经,躬参百揆,时膺选妙,惟公得人,解褐拜金州参军,旬月,更为秦州仓曹参军事。"按:墓志未载张景卒年,享年四十五,据志文推测,其五经擢第约在高宗时。

【张愃】字承寂,魏州昌乐县人,张公谨之孙。高宗时明经及第,授霍王府记室参军。官至益州郫县令。

《唐代墓志汇编》神功〇〇四,神功元年(697)十月二十二日《唐故朝散大夫益州大都督府郫县□张君(愃)墓志铭》:"君讳愃,字承寂,魏州昌乐县人也……曾祖□儒,唐使持节深州诸军事深州刺史谥曰昭;祖公谨……唐朝授公右武侯长史,随、邹、处三州别驾太子右内率,右武侯将军,定远郡开国公,泉州、庆州、定襄三总管,雍州道安抚大使,代、襄二州都督邹国公,食邑五千户,赠左骁卫大将军郯国公。谥曰哀……父大素……唐任秘书□校左千牛蜀王府记室参军,迁越州都督府户曹参军事、著作佐郎、司文郎左史,除朝散大夫,守东台舍人、幽州司马、怀州长史……(张愃)唐弘文□明经对册甲科,授霍王府记室参军事、恒州司兵参军事、赵州司仓参军事、并州士曹参军事、朝散大夫,行益州郫县令。"按:张愃卒于万岁登封元年(696)三月五日,春秋五十二,则其明经及第当在高宗时。

按:唐代有同名进士,及第时间无考,别是一人。

【狄仁杰】字怀英,并州太原人。举明经,授汴州判佐。官至鸾台侍郎、同凤阁鸾台平章事。卒赠文昌右相,谥文惠。

《旧唐书》卷八九《狄仁杰传》:"狄仁杰字怀英,并州太原人也。祖孝绪,贞观中尚书左丞。父知逊,夔州长史。仁杰……后以明经举,授汴州判佐……仪凤中为大理丞……天授二年九月丁酉,转地官侍郎、判尚书、同凤阁鸾台平章事……神功元年,入为鸾台侍郎、同凤阁鸾台平章事,加银青光禄大夫,兼纳言……(卒)赠文昌右相,谥曰文惠。"

《新唐书》卷一一五《狄仁杰传》:"狄仁杰,字怀英,并州太原人……举明经,调汴州参军。"

《登科记考》卷二七《附考·明经科》录载狄仁杰。

嘉靖《太原县志》卷二《人物》:"狄仁杰,太原人,举明经。"

【陆元方】字希仲,苏州吴县人,祖山仁,官荆州当阳县丞,父元之,官豫章尉。高宗时举明经。又应八科举,则天朝两度入相,官终文昌左丞。

《全唐文》卷二三一,张说撰《文昌左丞陆公墓志》:"公讳元方,字希仲,苏州吴县人也……公即陈给事黄门侍郎琛之曾孙,唐荆州当阳县丞山仁之孙,司仪郎东之之侄,豫章尉元之之子。体元黄之纯粹,峻清白之隆名,鹏翼载轩,骐鸣自远。始以司成明经业优擢第,补三水、扶风、渭南三县尉,授裹行监察殿中三御史,迁凤阁舍人兼太子中舍。又判凤阁,又守秋官,行鸾台三守侍郎同凤阁銮台平章事。坐公事降为绥州刺史,居无何,检校春官。又试天官二侍郎兼司尉卿,复除鸾台侍郎同凤阁鸾台平章事,转右庶子,转文昌左丞;前后掌选及知考各二岁……大足元年二月七日,寝疾而终,春秋六十有三。"

《旧唐书》卷八八《陆元方传》:"陆元方,苏州吴县人。世为著姓。曾祖琛,陈给事黄门侍郎。伯父柬之,以工书知名,官至太子司议郎。元方举明经,又应八科举,累转监察御史。则天革命,使元方安辑岭外……使还称旨,除殿中侍御史。即以其月擢拜凤阁舍人,仍判侍郎事。俄为来俊臣所陷,则天手敕特赦之。长寿二年,再迁鸾台侍郎、同凤阁鸾台平章事。延载初,又加凤阁侍郎。证圣初,内史李昭德得罪,以元方附会昭德,贬绥州刺史。寻复为春官侍郎,又转天官侍郎、尚书左丞,寻拜鸾台侍郎、平章事……责授太子右庶子,罢知政事。寻转文昌左丞,病卒。"

《登科记考》卷二七《附考·明经科》、同卷《附考·制科》分别录载陆元方。

【陆孝斌】字顺,河南洛阳人,祖元亮,隋鹰扬郎将。约在高宗时明经及第。官至赵州录事参军。圣历元年(698)卒,年六十二。先天二年(713)以故吏赠齐州司马。

《全唐文》卷二三〇,张说撰《唐故赠齐州司马陆公神道碑》:"公讳孝斌,字顺,姓陆,河南洛阳人也……曾祖彦睿北齐以文艺高选,任秘书郎,以至德表所居,号终孝里。祖元亮,隋鹰扬郎将。父淳感……(公)举国子明经,选绛州参军始州司法……授楚王府兵曹参军……换赵州录事参军,以病去职。圣历元年,匈奴入赵,公危邦不处,尽室以行,望河南而将济,至黎阳而疾甚。年六十有二,十月丁未,终于姚邨之逆旅,归殡于淲阳之郭北。先天二年,皇帝践祚,以故吏赠齐州司马。"

《登科记考》卷二七《附考·明经科》录载陆孝斌。

【罗道琮】蒲州虞乡人。高宗时举明经。官至太学博士。

《旧唐书》卷一八九上《儒学上·罗道琮传》:"罗道琮,蒲州虞乡人也。祖顺,武德初,为兴州刺史。勤于学业,而慷慨有节义……道琮寻以明经登第。高宗末,官至太学博士。"按:道琮明经及第当在高宗年间。

《登科记考》卷二七《附考·明经科》录载罗道琮。

【周利贞】字正,汝南庐江人。约高宗时明经及第,授铙曹尉。官至邕州长史。

《唐代墓志汇编》开元一〇七,孙浩然撰开元八年(720)十月十八日《唐故正议大夫上柱国巢县开国男邕府长史周君(利贞)墓志铭并序》:"君讳利贞,字正,汝南庐江人也……初以门胄,入于国庠,明经擢第,解褐为铙曹尉……转邕州长史。"按:周氏开元七年(719)闰七月廿六日卒,春秋六十四,其明经擢第约在高宗年间。

【郑元璲】字元璲,荥阳开封人,祖管才,唐上仪同大将军,父遇,黔州司武。高宗时明经及第。官终德州司仓。

《唐代墓志汇编》开元二一九,开元十三年(725)九月十六日《唐故朝议郎德州司仓郑君(元璲)墓志铭并序》:"君讳元璲,字元璲,荥阳开封人也……君始以明左氏学,射策甲科,初补尉氏主簿,历奉天、同官二尉,汝州司兵,左降德州司仓参军……盖有隋之彭城太守荥阳侯曰达,君之曾也;有唐之上仪同大将军曰管才,君之大父也;黔州司武曰遇,君之皇考也。"按:元璲"以明左氏学"而"射策甲科",则为明经及第。以开元十三年(725)九月四日卒,春秋七十三推之,其擢第当在高宗时。

【郑友】荥阳人。约在高宗时期明经及第。

《全唐文补遗》第八辑,韦诜撰贞元八年(792)十二月二十一日《唐前长安县尉韦诜故太夫人荥阳郑氏墓志铭并序》:太夫人"祖友,皇明经擢第。"按:太夫人卒于贞元八年,享年六十三,据此推算,其祖明经擢第约在高宗时期。

【郑孝本】字某,荥阳开封人。高宗时明经及第,解褐润州参军。官至沧、贝二州刺史。

《全唐文》卷三一三,孙逖撰《沧州刺史郑公墓志铭》:"有唐之德让君子曰原武男郑公,讳孝本,字某,荥阳开封人也。父曰荆州松滋令乾瓒,松滋之父曰士志秘书,秘书之父曰华州刺史襄城公讳某……(公)始以明经高第,解褐润州参军……授泗州虹县令……已而永淳大饥,关辅尤甚,能布其德而恤灾,人不离散,下无捐瘠,乃耕乃亩,嗣岁以登。时皇储监国,多公善政,特赐考词褒异。睿文光被,列郡荣之。改怀州司马,历夏州长史,以母老乞罢官,优诏换瀛州长史。东表不宁也,命公为平州刺史,兼充使知营府支度营田,刺郡实边,能成二事;中土之作也,命公为洛阳令,又转洛州司马,理烦佐剧,为则四方……寻除贝州刺史,转安西都护,以疾不堪诣部,改授沧州刺史……圣历元年九月,以致仕终于东郡之敦行里,春秋六十有七。"

《全唐文补遗》第七辑,郑深撰大历五年(770)四月二十二日《唐故监察御史贬岳州沅江县尉荥阳郑府君(洵)墓志铭并序》:"唐大历四年三月廿七日,前监察御史、贬岳州沅江县尉荥阳郑府君讳洵,春秋五十三,卒于巴陵之官舍……曾祖乾瓒,朝散大夫、京兆府金城县令。大父孝本,沧贝二州刺史。烈考晖之,尚辇奉御、苏州长史。"

《全唐文补遗》第七辑,柳识撰大历十三年(778)正月《唐故朝议郎行监察御史上柱国郑府君(洵)墓志铭并序》:"府君讳洵,字洵,荥阳人也……府君五代祖讳伟,后魏尚书左仆射、襄城郡开国公。曾祖乾瓒,皇朝散大夫、京兆府金城县令。祖孝本,洛州司马,沧贝二州刺史。考晖之,朝散大夫、尚辇奉御、苏州长史。"

《登科记考》卷二七《附考·明经科》录载郑孝本。

【郑素】荥阳开封人。约高宗时明经。

《唐代墓志汇编》开元二五九,开元十五年(727)七月二十七日《大唐故汾州崇儒府折冲荥阳郑府君(仁颖)墓志铭并序》:"君讳仁颖,字惟一,荥阳开封人也……父素,皇明经擢第。"按:郑氏卒于开元十五年,七十岁,则其父中举当在高宗时。又:唐有贞元十四年(798)进士及第之郑素,别是一人。

【屈突伯起】字震代,京兆长安人,父诠,官瀛洲刺史。高宗时明经及第。官终朝议郎行辰州司仓参军事。

《唐代墓志汇编》天授〇三一,天授二年(691)十月十八日《故朝议郎行辰州司仓参军事屈突府君(伯起)墓志铭并序》:"君讳伯起,字震代,本昌黎之族,因官徙居京兆,今为长安人也……曾祖长卿,周开府仪同三司、少宫伯、司木大夫,邠、陇二州刺史,□□□□□大将军、唐兵部尚书、使持节洛州都督、左光禄大夫、尚书左仆射、蒋国公,谥曰□□□□阁赠司空,食实封九百户……父诠,营州都督、瀛洲刺史,大周银青光禄大夫、行笼州刺史、上柱国、燕郡开国公……(君)年甫弱冠,以门荫补弘文馆学生。左雄专业,大成增甲乙之科;郭宪当时,中朝有凤凰之赋。以咸亨元年勅授宣德郎、太子宫门丞里行……至垂拱元年,勅授辰州司仓参军事。"按:志文云伯起"左雄专业,大成增甲乙制科",则为明经及第;以永昌元年(689)九月二十一日卒,春秋三十九推之,其擢第在高宗时。

【封□】名未详,渤海蓚人。祖德舆,官隋扶风郡南由县令,父安寿,官唐湖州刺史。约在高宗时明经擢第,官终临邛县令。

《全唐文》卷二一五,陈子昂撰《临邛县令封君遗爱碑》:"公名□,字□,渤海蓚人也……曾祖子绣,齐颍川渤海二郡太守霍州刺史。隋通直郎通州刺史……祖德舆,北齐著作郎,隋扶风郡南阳县令……父安寿,皇朝尚衣直长怀州司马、豪(一作濠)州刺史、湖州刺史。良二千石,闻乎共理之尊;肇十二州,荣多刺举之首。公则使君第某子也……某年以明经擢第,解褐守恒州参军,秩满,补许州司法参军……某年选补临邛县令。"

《唐代墓志汇编》咸亨○五八,咸亨三年(672)八月十四日《大唐中大夫使持节湖州诸军事湖州刺史封公(泰)墓志铭并叙》:"公讳泰,字安寿,渤海蓚人也……祖子绣,齐颍川渤海太守、隋通州刺史……父德舆,齐著作郎、隋扶风南由令……嗣子中牟令玄郎、次子玄景、玄震、玄节、玄庆。"按:志载封泰五子,官临邛县令究系何人,尚需史料佐证。

《登科记考》卷二七《附考·明经科》录载封□。

【赵睿】字玄俊,酒泉郡人。高宗时明经及第,授太州参军。则天时官至司礼寺主簿。

《唐代墓志汇编》万岁通天○一九,万岁通天二年(697)四月二十日《大周故朝请大夫行司礼寺主簿赵公(睿)墓志铭并序》:"公讳睿,字玄俊,酒泉郡人也……曾祖才,隋金紫光禄大夫左武侯卫大将军;祖道兴,唐辅国大将军左金吾卫大将军上柱国天水县开国伯赠杨州大都督;父通天中犹任明威将军检校左金吾卫将军……(公)西序横经,未屑情于拖紫;南台射策,即扬名而拾青。解褐太州参军。"按:据志文,赵睿当为明经出身,以卒于证圣元年(695)四月二十九日,春秋四十五推之,其擢第当在高宗时。

【赵濬】其先广平郡人。高宗时明经及第,授文林郎。

《唐代墓志汇编》万岁通天○二八,万岁通天二年(697)八月二十一日《大周洛州永昌县故赵府君(元智)墓志铭并序》:"君讳元智,其先广平郡人也……曾祖卿,隋任怀州武德县令……祖良,隋任德州司士参军……父濬,唐明经及第,授文林郎。"按:赵元智卒于万岁通天二年,春秋五十七,其父明经当在高宗时。

【南郭生】洛州合宫县人。高宗龙朔二年后明经及第,授安东都护府录事参军事。载初元年,改授尚方监强山冶正监。

《唐代墓志汇编》证圣○○六,证圣元年(695)十二月二十三日《大周故朝议大夫南君(郭生)墓志铭并序》:"君讳郭生,其先固安人也……因官就封,今为洛州合宫人焉。曾祖彦,隋任蒲州刺史任国公;祖和,隋任洛州新安县令;父讳斌,任国公,唐任左监门直长……惟公蓝田玉种,丹山凤雏,砺岳畴荣,已传封于千代;抠衣就学,几横经于四门。洎乎岁在佩觽,志怀投笔,时当犯塞,方事从戎。即以龙朔二年,乐浪道征……寻授上柱国。惟书惟剑,乃武乃文,行擢第于两经,坐均芳于拾紫……解褐擢授安东都护府录事参军事……至载初元年,蒙恩制授尚方监强山冶正监。"按:据志文,郭生擢第于两经,当为明经出身。

【姚班】姚思廉之孙,姚璹之弟,其先吴兴人,陈亡后迁京兆万年。高宗时举明经第。

官至户部尚书。

《旧唐书》卷八九《姚璹传》："姚璹字令璋,散骑常侍思廉之孙也。少孤,抚弟妹以友爱称。博涉经史,有才辩。永徽中明经擢第。累补太子宫门郎……弟珽。珽,少好学,以勤苦自立,举明经,累除定、汴、沧、虢、幽等五州刺史,加银青光禄大夫,转秦州刺史。以善政有闻,玺书褒美,赐绢百匹。神龙元年,累封宣城郡公,三迁太子詹事,仍兼左庶子……睿宗即位,累授户部尚书,转太子宾客。先天二年,加金紫光禄大夫,复拜户部尚书。珽与兄璹,数年间俱为定州刺史、户部尚书,时人荣之。开元二年卒,年七十四。珽尝以其曾祖察所撰《汉书训纂》,多为后之注《汉书》者隐没名氏,将为己说。珽乃撰《汉书绍训》四十卷,以发明旧义,行于代。"

《新唐书》卷一〇二《姚思廉传附姚璹传》："姚思廉,本名简,以字行,陈吏部尚书察之子。陈亡,察自吴兴迁京兆,遂为万年人……孙璹。璹字令璋,少孤,抚昆娣友爱。力学,才辩捷迈。永徽中,举明经第,补太子宫门郎……弟珽。珽,笃学有立志,擢明经。历六州刺史,政皆有绩,数被褒赐,累封宣城郡公。迁太子詹事,兼左庶子。"按:珽兄璹永徽中举明经,则珽明经及第亦当在高宗时。

《登科记考》卷二七《附考·明经科》录载姚珽。

【姚璹】字令璋,姚思廉之孙,其先吴兴人,陈亡后迁京兆万年。永徽中举明经第。补太子宫门郎,官文昌左丞同凤阁鸾台平章事。卒赠越州都督,谥曰成。

《旧唐书》卷八九《姚璹传》："姚璹字令璋,散骑常侍思廉之孙也。少孤,抚弟妹以友爱称。博涉经史,有才辩。永徽中明经擢第。累补太子宫门郎……长寿二年,迁文昌左丞、同凤阁鸾台平章事……证圣初,璹加秋官尚书、同平章事……俄拜地官尚书。岁馀,转冬官尚书,仍西京留守。长安中,累表乞骸骨,制听致仕,进爵为伯。遇官名复旧,为工部尚书。神龙元年卒,遗令薄葬,赠越州都督,谥曰成。"

《新唐书》卷一〇二《姚思廉传附姚璹传》："姚思廉,本名简,以字行,陈吏部尚书察之子。陈亡,察自吴兴迁京兆,遂为万年人……孙璹。璹字令璋,少孤,抚昆娣友爱。力学,才辩捷迈。永徽中,举明经第,补太子宫门郎。以论撰劳,进秘书郎。稍迁中书舍人,封吴兴县男。武后时,擢夏官侍郎。"

《登科记考》卷二七《附考·明经科》录载姚璹。

同治《湖州府志》卷六七《人物传列传四》："(璹)永徽中举明经第,补太子宫门郎,以论撰劳进秘书郎。"

【格辅元】汴州浚仪人。约高宗时明经及第,乾封元年(666)幽素科及第。历官御史大夫、地官尚书、同凤阁鸾台平章事。

《旧唐书》卷七〇《岑文本传附格辅元传》："格辅元者,汴州浚仪人也……辅元弱冠举明经,历迁御史大夫、地官尚书、同凤阁鸾台平章事。"

(宋)王溥《唐会要》卷七六《贡举中·制科举》："乾封元年,幽素科,苏瓌、解琬、苗神客、格辅元、徐昭、刘讷言、崔谷神及第。"

(宋)王钦若等《册府元龟》卷六四五《贡举部(七)·科目》："乾封元年,幽素科。(苏璥、解琬、苗神客、格辅元、徐昭、刘讷言、崔谷神及第。)"

《新唐书》卷一〇二《岑文本传附格辅元传》:"辅元者,汴州浚仪人。父处仁,仕隋为剡丞,与同郡王孝逸、繁师元、靖君亮、郑祖咸、郑师善、李行简、卢协皆有名,号'陈留八俊'。辅元擢明经,累迁殿中侍御史,历御史中丞、同凤阁鸾台平章事。既持承嗣不可,遂及诛。子遵,亦举明经第,为太常寺太祝,亡命匿中牟十余年。神龙初,诉父冤,擢累赞善大夫。"按:"父处仁",《旧唐书》作"伯父德仁"。

《登科记考》卷二乾封元年幽素科、卷二七《附考·明经科》分别录载格辅元。

【秦贞】陇西汧阳郡人。高宗时明经及第,授文林郎。

《全唐文补遗》千唐志斋新藏专辑,万岁通天二年(697)八月二十一日《大周洛州合宫县故文林郎秦府君(贞)墓志并序》:"君讳贞,陇西汧阳郡人也……明经及第,授文林郎……奄以万岁通天贰年捌月柒日,卒于张监村之里私第,春秋叁拾有捌。"按:据志文,秦贞明经及第时在高宗年间。

【贾举】雍州咸阳人,祖道真,隋沙州刺史,父履新,唐陇州汧阳县令。高宗时明经及第。

《全唐文补遗》第六辑,景云二年(711)七月二十九日《大唐故毛处士夫人贾氏(三胜)墓志铭并序》:"毛氏夫人姓贾氏,讳三胜,字正念,雍州咸阳人。曾祖道真,隋沙州刺史。祖履新,皇任陇州汧阳县令。父举,明经擢第。"按:志载贾三胜卒于景云二年(711)六月九日,春秋七十四,其父明经擢第当在高宗年间。

【徐有功】高宗时举明经,补蒲州司法参军。武后时官至司仆少卿。

《旧唐书》卷八五《徐有功传》:"徐有功,国子博士文远孙也。举明经,累转蒲州司法参军,绍封东莞男……起为左台侍御史,则天特褒异之。时远近闻有功授职,皆欣然相贺……转司仆少卿。长安二年卒,年六十二,赠司刑卿。"

《旧唐书》卷一七九《徐彦若传》:"徐彦若,天后朝大理卿有功之裔。"

《新唐书》卷一一三《徐有功传》:"徐有功,名弘敏,避孝敬皇帝讳,以字行,国子博士文远孙也。举明经,累补蒲州司法参军,袭封东莞县男……累迁司刑丞。时武后借位,畏唐大臣谋己……累转秋官郎中……俄起为左肃政台侍御史……起拜左司郎中,转司刑少卿……改司仆少卿。卒,年六十八,赠司刑卿。中宗即位,加赠越州都督。"

《登科记考》卷二七《附考·明经科》录载徐有功。

【高子贡】和州历阳人。高宗时举明经。官至朝散大夫、成均助教。

《旧唐书》卷一八九下《儒学下·高子贡传》:"高子贡者,和州历阳人也。弱冠游太学,遍涉《六经》,尤精《史记》。与文伟及亳州朱敬则为莫逆之交。明经举,历秘书正字、弘文馆直学士……以功擢授朝散大夫,拜成均助教。"

《旧唐书》卷一八九下《儒学下·邢文伟传》:"邢文伟,滁州全椒人也。少与和州高子贡、寿州裴怀贵俱以博学知名于江淮间。咸亨中,累迁太子典膳丞。"

【萧文裕】约在高宗时明经及第。曾官飞乌县主簿。

《全唐文》卷一九一,杨炯撰《飞乌县主簿萧文裕赞》:"文裕就列,明经擢第。优哉游哉,聊以卒岁。"按:杨炯为高宗武后时人,萧文裕约为高宗时明经。

《登科记考》卷二七《附考·明经科》录载萧文裕。

【萧思一】兰陵人。萧梁王室后裔,曾祖岑,梁吴王,祖球,隋秘书监、仁化侯,父缋,衢州刺史、兰陵县开国男。约在高宗时明经及第,授珍州录事参军。

《唐代墓志汇编》圣历〇三七,圣历二年(699)十月十六日《萧录事公(思一)墓志铭并序》:"君姓萧氏,兰陵人也。曾祖岑,梁吴王;祖球,隋秘书监仁化侯;鼎鼎相承,公侯必复。父缋,银青光禄大夫衢州刺史兰陵县开国男……君讳思一,则兰陵公之第六子也。弱不好弄,长而不群,覃思研精,先彰下帷之业;怀仁服德,早奉趋庭之训。起家国子学生,横经璧沼,入太学而腾芳;射策金门,登甲科而取儁。授珍州录事参军,从班例也。"按:墓志未载思一卒年与享年,据志文推测,其当为明经擢第,时间约在高宗时。

【崔无固】字理通,博陵安平人。显庆六年(661)之前明经及第。官至朝议大夫行汴州司马、上柱国。

《全唐文补遗》第八辑,房昶撰圣历三年(700)三月五日《大周故朝议大夫行汴州司马上柱国崔府君(无固)墓志铭并序》:"君讳无固,字理通,博陵安平人也……初,补国子生,明经擢第,授汝州参军……以圣历三年腊月廿三日,寝疾终于官舍,春秋五十有九。"又云:"自弱岁从政,中年在官,清白无负于明神,公正不欺于暗室。"按:无固"弱岁从政",当为弱冠之年入仕,以圣历三年(700)卒,年五十九推之,其明经及第在显庆六年(661)之前。又:志云崔无固圣历三年腊月二十三日卒,又云圣历三年三月五日安葬,时间上不合,疑撰刻有误。

【崔讷】字思默,博陵安平人,祖德厚,隋邓州冠军县令,父行成,唐鄂州刺史。约高宗时明经及第,为训教。官至雍州鄠县丞。

《唐代墓志汇编》景龙〇一七,景龙三年(709)二月十五日《唐故雍州鄠县丞博陵崔君(讷)墓志铭并序》:"君讳讷,字思默,博陵安平人也……曾祖君讚,徐、兖二州长史,郑州讚治;祖德厚,隋邓州冠军县令……父行成,皇朝侍御史、历司勋、考功员外郎、司元大夫、雍州长安县令、鄂州刺史……(君)起家以明经擢第为训教,调补虢州阌乡县主簿,从班例也。"按:崔氏卒于永淳三年(684)三月四日,春秋五十二,则其明经擢第当在高宗时。

【崔神庆】贝州武城人,父义玄,兄神基。约高宗时明经及第。官至太子右庶子,赐爵魏县子。卒赠幽州都督。

《旧唐书》卷七七《崔义玄传》:"崔义玄,贝州武城人也……子神基袭爵。长寿中,为司宾卿、同凤阁鸾台平章事。为相月余,为酷吏所陷,减死配流。后渐录用,中宗初,为大理卿。神基弟神庆。神庆,明经举,则天时,累迁莱州刺史……长安中,累转礼部侍郎,数上疏陈时政利害,则天每嘉纳之。转太子右庶子,赐爵魏县子……神龙初,昌宗等伏诛,神庆坐流于钦州。寻卒,年七十余。明年,敬晖等得罪,缘昌宗被流贬者例皆雪免,赠神庆幽州都督。"

《登科记考》卷二七《附考·明经科》录载崔神庆。

【崔暟】博陵安平人。永徽元年(650),三传科(《春秋左氏传》)及第,拜雍州参军事。

官至汝州长史,爵安平县开国男。

《唐代墓志汇编》大历〇六三,大历十三年(778)四月八日《有唐朝散大夫守汝州长史上柱国安平县开国男赠卫尉少卿崔公(暄)墓志》:"伊博陵崔公讳暄,岁十有八,以门胄齿太学。明年,精《春秋左氏传》登科,冠曰慈明,首拜雍州参军事。"

【崔晕】字玄昈,博陵安平人。高宗时明经及第,初授汾州孝义尉。官至中书令,封博陵郡王。

《唐代墓志汇编》开元〇二六,李乂撰《大唐故特进中书令博陵郡王赠幽州刺史崔公(晕)墓志铭并序》:"公讳晕,字玄昈,博陵安平人……弱冠明经擢第,解褐汾州孝义、雍州泾阳县尉,高陵、渭南主簿,明堂县尉,万年县丞,少府监丞。"

【常怀德】新丰人。明经及第。仪凤二年(677)任潮州刺史。

(明)凌迪知《万姓统谱》卷五一"唐":"常怀德,新丰人,习三礼,明经及第。仕历郡邑,俱有治声,为潮州刺史。"

《唐刺史考全编》卷二五九《岭南道·潮州(潮阳郡)》:"常怀德:仪凤二年。雍正《广东通志》卷一二《职官表》:'常怀德,新丰人,仪凤二年潮州刺史,有传。据黄志。'"

乾隆《广东通志》卷三八《名宦一·潮州府》:"常怀德,新丰人,少习三礼,明经及第,仕历郡邑有声,高宗仪凤间刺潮,厓山贼寇郡,遣兵讨之。"

【梁皎】字元亮,安定乌氏人。高宗时明经及第,初授秘书省校书郎。官至鄜州司功。

《唐代墓志汇编》开元一三三,梁炫撰开元九年(721)十一月六日《大唐赠怀州河内县令梁公(皎)石志哀□》:"公讳皎,字元亮,安定乌氏人……公之先也,隋刑部尚书、邯郸侯之孙,昨城令龙州司马之第二子……(公)以明经秘书校书,历嘉州参军、豪州司法、润州司士、鄜州司功……春秋四十九,天授二年八月廿九日终。"按:据志,梁皎当为高宗时明经及第。

【敬晖】绛州太平人。弱冠举明经。武后朝历官卫州刺史、夏官侍郎、泰州刺史、洛州长史、中台左丞、右羽林将军。官终崖州司马。睿宗朝赠秦州都督,谥曰肃愍。建中初,重赠太尉。

《旧唐书》卷九一《敬晖传》:"敬晖,绛州太平人也。弱冠举明经。圣历初,累除卫州刺史……再迁夏官侍郎,出为泰州刺史。大足元年,迁洛州长史。天后幸长安,令晖知副留守事。在职以清干著闻;玺书劳勉,赐物百段。长安三年,拜中台右丞,加银青光禄大夫。神龙元年,转右羽林将军。以诛张易之、昌宗功,加金紫光禄大夫,擢拜侍中,赐爵平阳郡公,食实封五百户。寻进封齐国公。天后崩,遗制加实封通前满七百户……晖到崖州,竟为周利贞所杀。睿宗即位,追复五王官爵,赠晖秦州都督,谥曰肃愍。建中初,重赠太尉。"

《登科记考》卷二七《附考·明经科》录载敬晖。

【骞思泰】字有道,京兆金城人。约高宗时明经及第,授太子司经局雠校。又应贤良方正举登科,迁楚王府法曹参军事,官终益州都督府士曹参军事。

《全唐文补遗》第三辑,侯郢玲撰开元九年(721)二月七日《大唐故益州都督府士曹参军事骞府君(思泰)墓志铭并序》:"公讳思泰,字有道,京兆金城人也……生知自然,性与天道。孝行为立身之本,明经为取位之资,解褐授太子司经局雠校……寻应贤良方正举,对策高第,迁楚王府法曹参军事……以万岁登封元年十二月廿五日卒官,春秋卌九。"按:据志文,思泰曾祖礼,隋沇州溢乐县令。祖暄,隋益州郫县令、湖州司马。父基,大理寺丞、洛州河南县令、详刑大夫、太子宫府大夫、朗坊延利果五州诸军事、五州刺史。

【裴炎】字子隆,绛州闻喜人。高宗时明经及第,相高宗。武后光宅元年(684)被诛,睿宗践祚,赠益州大都督。

《旧唐书》卷八七《裴炎传》:"裴炎,绛州闻喜人也。少补弘文生,每遇休假,诸生多出游,炎独不废业。岁馀,有司将荐举,辞以学未笃而止。在馆垂十载,尤晓《春秋左氏传》及《汉书》。擢明经第,寻为濮州司仓参军。累历兵部侍郎、中书门下平章事、侍中、中书令……光宅元年十月,斩炎于都亭驿之前街……睿宗践祚,下制曰:'饰终追远,斯乃旧章;表德旌贤,有光恒策。故中书令裴炎……可赠益州大都督。'"

《新唐书》卷一一七《裴炎传》:"裴炎字子隆,绛州闻喜人。宽厚,寡言笑,有奇节。补弘文生,休澣,它生或出游,炎读书不废。有司欲荐状,以业未就,辞不举,服勤十年,尤通《左氏春秋》。举明经及第。补濮州司仓参军,历御史、起居舍人,寝迁黄门侍郎。调露二年,同中书门下三品。进拜侍中。高宗幸东都,留皇太子京师,以炎调护。帝不豫,太子监国,诏炎与刘齐贤、郭正一于东宫平章政事,及大渐,受遗辅太子,是为中宗。改中书令。"

《登科记考》卷二七《附考·明经科》录载裴炎。

【裴德】河东闻喜人,父正,隋长平郡赞治。约在高宗时太学明经出身,辞疾不仕。子守祚,官至泗州下邳县令。

《唐代墓志汇编》天宝一三八,王稷撰天宝七载(748)十一月三十《大唐故前济阳郡卢县令王府君(同福)并夫人裴氏(雍熙)墓志铭并序》:"夫人讳雍熙,字大和,河东闻喜人也……曾祖正,隋长平郡赞治;祖德,太学明经出身,辞疾不仕。父守祚,皇泗州下邳县令。"按:裴氏夫人卒于天宝七载(748)十一月十八日,春秋五十,据此推算,其祖太学明经擢第约在高宗时。

【慕容知廉】字道贞,昌黎棘城人。祖三藏,隋金紫光禄大夫,河内郡公。父正言,唐朝请大夫、兖州都督府司马。高宗时明经及第,授虢州参军。制举及第,授雍州鄠县主簿,又应文擅词场举,授雍州蓥屋县丞,官至左肃政台侍御史。

《唐代墓志汇编》圣历〇三二,圣历二年(699)八月九日《大周故左肃政台侍御史慕容府君(知廉)墓志铭并序》:"公讳知廉,字道贞,昌黎棘城人也……曾祖绍宗,北齐尚书令、东南道大行台……祖三藏,隋金紫光禄大夫,芳、叠等七州诸军事,河内郡公……父正言,唐朝请大夫、兖州都督府司马……(公)以明经擢第,解褐虢州参军……应举制及第,授雍州鄠县主簿。又应文擅词场举,□第,改授雍州蓥屋县丞,寻迁雍州乾封县尉……文明元年擢授殿中侍御史里行。寻而即真……恩勅摄右肃台政监察御史。"按:知廉卒于武后时,年五十九,及第当在高宗时。

《全唐文补遗》第六辑,陈齐卿撰天宝元年(742)十月十三日《大唐故朝散大夫上柱国行河内郡武德县令慕容府君(相)兼夫人晋昌县君唐氏志文并序》:"君讳相,字嵩高,其先河内人也……曾祖三藏,隋金紫光禄大夫、淮南太守。祖正言,皇朝鲁郡司马。父知廉,皇朝对策高第,累迁侍御史。"

【慕容思廉】字激贪,昌黎棘城人。祖三藏,隋淮南郡守。父守则,隋陇州吴山县令。高宗时明经及第。官至太中大夫隰州司马。

《唐代墓志汇编》太极〇〇七,太极元年(712)十月二十四日《唐故太中大夫隰州司马慕容府君(思廉)墓志铭并序》:"公讳思廉,字激贪,其先昌黎人也……曾祖绍宗,后魏光禄大夫骠骑大将军仪同三司并州刺史尚书左仆射,薨赠尚书令,谥曰景惠公,追赠武威郡王……祖三藏,隋金紫光禄大夫、河内县开国公、和州刺史、淮南郡守。父守则,隋陇州吴山县令……(公)弱冠授左卫翊卫,附学明经,解褐授璧州司仓、成州司户。"按:思廉卒于太极元年(712)三月五日,享年八十三,其明经及第当在高宗时。

【戴开】其先谯郡人,后迁长沙,祖俨,陈南台侍御史、南康王国侍郎,父集,隋衡阳王国侍郎、湘乡令。高宗时明经及第,授文林郎。

《唐代墓志汇编》开元〇一〇,贺知章撰开元二年(714)十二月七日《唐故朝议大夫给事中上柱国戴府君(令言)墓志铭并序》:"府君讳令言,字应之,本谯郡谯人也……追府君大父为湘乡令而寓居长沙,故今为郡人也。曾祖俨,陈南台侍御史、南康王国侍郎;祖集,隋衡阳王国侍郎,转湘乡令。父开,皇朝明礼,授文林郎。"按:明礼属明经类,以戴开开元二年(714)正月廿日卒,春秋五十六推之,明经及第当在高宗时。

【魏体玄】获嘉县人,祖浴,隋陇州刺史,父纲,唐润州曲阿、虢州宏农二县令。高宗时明经及第,授楚州司法参军。官至澧州司马。

《唐代墓志汇编》景龙〇二五,景龙三年(709)十月十一日《唐故朝议大夫上柱国澧州司马魏府君(体玄)墓志铭并序》:"公讳体玄,其先钜鹿鼓城人也。属隋失金镜,避地于怀,今为获嘉县人焉……曾祖景通,北齐召补秘书郎……转祠部郎中……祖浴,隋方州六合县令、灵州司马、陇州刺史……父纲,皇朝杭州余杭县尉……转太州郑县主簿……转晋州洪洞县丞,润州曲阿、虢州宏农二县令……(公)皇朝明经擢第,解褐授楚州司法参军……转豫州西平县令、汴州司仓参军……迁滑州韦城县令、澧州司马。"按:据志文,体玄卒于景龙二年(708),春秋七十二,其明经擢第当在高宗时。

附考孝廉(高宗朝孝廉)

【于玄基】河南人。父士俊,延洛二州刺史。高宗时孝廉擢第,授□州司户。

《全唐文补遗》第六辑,开元十五年(727)八月二日《□故朝议郎□州长史河南于府君(秉庄)墓志铭并序》:"君讳秉庄,字□□,河南人也……祖士俊,延洛二州刺史……父玄基,孝廉擢第,授□州司户。"按:秉庄卒于开元十四年(726)七月十八日,其父玄基孝廉擢第约在高宗时。

【王贞】字子正,河南洛阳人,祖德,隋任岐州司马,父义,唐文林郎守并州太原县丞。

高宗时孝廉及第,授文林郎。

《唐代墓志汇编》长安〇一九,长安三年(703)二月十四日《大唐故文林郎王府君(贞)墓志铭并序》:"君讳贞,字子正,河南洛阳人也……祖德,隋任岐州司马……父义,唐文林郎守并州太原县丞……(君)皇唐以孝廉授文林郎。"按:以卒于长寿三年(694)三月十五日,享年五十一推之,王贞孝廉擢第当在高宗时。

【王胡】字仁,太原郡祁县人,祖幹,隋任扬州大都督府仓曹参军事,父胡仁,唐上骑都尉。高宗时孝廉擢第。官至上骑都尉。

《全唐文补遗》第五辑,开元三年(715)正月二日《大唐上骑都尉王君(胡)墓志铭》:"君讳胡,字仁,太原郡祁县人也……祖幹,隋任扬州大都督府仓曹参军事。父胡仁,皇朝上骑都尉。君即府君之第六子也……郡举孝廉,射□高第……以开元二年六月十八日终于私第,春秋八十有一。"按:据志文,王胡孝廉擢第约在高宗时。

【孙□】名未详,京兆泾阳人。孙常楷祖父。约高宗时孝廉及第。

《全唐文》卷四二九,于邵撰《内侍省内常侍孙常楷神道碑》:"公姓孙氏,讳常楷,京兆泾阳人也。有魁岸之姿,有沉毅之略。年甫羁卯,而筮仕焉。委质四朝,咸著声绩。在元宗朝,拔乎群萃之中,始受赏,九层之构,兆于此矣……本其族姓,则春秋时在卫世卿,三国时有吴称帝,魏晋而下,代生明哲。至大父,孝廉擢第。烈考庭玉,右金吾卫中侯,赠兖州刺史。"按:据志文,常楷卒于贞元五年,七月二十三日,享年六十一。其祖父约为高宗时人。

【毕诚】东平人,后迁始安,祖炎,贞观初官并州白马府右果毅都尉右卫郎将,父义,官蒲州河东令、桂州归义县丞。举孝廉,不仕。

《全唐文》卷二九三,张九龄撰《故安南副都护毕公墓志铭并序》:"公讳某字某,东平人。四世祖义云,北齐度支郎中青州刺史。曾祖炎,贞观初并州白马府右果毅都尉右卫郎将。祖义,蒲州河东令,坐事左转桂州归义县丞,因家于始安。父诚,举孝廉,高尚不仕。"

《登科记考补正》卷二七《附考·明经科》录载,按墓志云毕诚举孝廉。

【光楚客】乐安郡人。高宗时孝廉擢第。历官邕州都督长史、授检校邕州都督、安南副都护贺州刺史、容州都督府都督。

《全唐文》卷二三八,卢藏用撰《景星寺碑铭》:"容州都督府景星寺者,高宗天皇大帝所建也……今都督光府君名楚客,乐安郡人也……始以孝廉擢第,倅西城尉,历增城南海令韶州司马广州都督府长史兼经略副使,制加朝散大夫,充岭南五府安抚经略副使。以功倅游骑将军,守右骁卫翊府右郎将兼检校广州都督府长史。以亲累贬授藤州司马,守之晏如也。寻授朝散大夫,守邕州都督长史。未几,擢授检校邕州都督,充开马援古路使,北转安南副都护贺州刺史。"

《登科记考》卷二七《附考·明经科》录载光楚客。

【朱行斌】字行斌,沛国人,祖昺,隋任怀州河内县丞,父信,丁隋乱不仕。高宗时孝廉及第,授滁州参军。官至并州阳曲县主簿。

《唐代墓志汇编》开元二四五,开元十五年(727)二月十七日《大唐故并州阳曲县主簿朱君（行斌）墓志铭并序》："君讳行斌，字行斌，沛国人也……曾祖英，隋任扬州都督府司录；祖昺，隋任怀州河内县丞……父信，丁隋乱不仕，学穷道奥，识洞机先，捨轩冕之荣，合行藏之旨。君资神秀出，含章挺生……俄而州举孝廉擢第，拜滁州参军，又摄濮州临濮县丞，迁并州阳曲县主簿。"按：行斌卒于载初元年（690），享年五十余，则其举孝廉当在高宗时。

《唐代墓志汇编》开元二四六，开元十五年（727）二月十七日《大唐故高士朱君（君信）墓志铭并序》："君讳君信，字君信，沛国人也……嗣子行斌，业畅三冬，孝廉擢第，累迁州县之职。"

【许伯会】越州萧山人。高宗时举孝廉。上元中，为衡阳博士。

《新唐书》卷一九五《孝友·许伯会传》："许伯会，越州萧山人。或曰玄度十二世孙。举孝廉。上元中，为衡阳博士。"

《登科记考》卷二七《附考·明经科》录载许伯会，考云："《旧书·孝友传》：'伯会，越州萧山人。举孝廉。'"按云："《旧书》，误，伯会事迹载《新书》。"

【李潜】字晏，陇西成纪人。约高宗时孝廉擢第。官终幽州大都督府士曹参军。

《全唐文补遗》千唐志斋新藏专辑，《唐故汝州司兵参军新授幽州大都督府士曹参军李府君（潜）墓志》："擢自孝廉，列于州郡……君讳潜，字晏，陇西成纪人也。"按：据墓志，李潜第二任妻子为相国萧至忠之女，而萧相国是中宗、睿宗时的著名大臣，由此可定会昌三年（843）进士科所载之李潜，别是一人。

【张锡】字奉孝，清河东武城人。高宗时孝廉登科。历官霍王府参军、英王府法曹参军，官至银青光禄大夫、工部尚书、绛州刺史、上柱国、平原郡开国公。

《全唐文补遗》千唐志斋新藏专辑，邢巨撰开元十四年（726）九月二十七日《唐故银青光禄大夫工部尚书绛州刺史上柱国平原郡开国公张府君（锡）墓志铭并序》："公讳锡，字奉孝，清河东武城人也……年十九，郡举秀才。明年，又以孝廉登科，发迹霍王府参军，转英王府法曹参军。"按：据志文，张锡孝廉登科当在高宗时。

【郑进思】字光启，开封人。父怀节，官卫州刺史。高宗时孝廉及第，授韩王府典签。官至襄陵县令。

《唐代墓志汇编》开元三六一，开元年间《大唐故赠博州刺史郑府君（进思）墓志并序》："□之家世，源于开封，百代相承，千古无昧……高祖述祖，北齐侍中、开府仪同三司、尚书左仆射、谥平简公；曾祖武叔，冠军将军、太□□□□道授隋广陵、下邳二郡守；父怀节，皇朝澧州司马□卫州刺史。府君即卫州之长子也，讳进思，字光启，皇朝举孝廉，□褐授韩王府典签，转梁州南郑丞洛州河阳丞雍□□□□□州襄陵县令，赠博州刺史。"按：进思卒于上元二年（675）二月，享年五十，其孝廉擢第约在永徽初。

【郑俭】字元礼，洛阳人。高宗时孝廉及第，授文林郎。官至曹州济阴尉。

《唐代墓志汇编》开元〇〇二，开元二年（714）正月二十三日《大唐故通直郎行曹州济阴县尉郑君（俭）墓志并序》："君讳俭，字元礼，其先荥阳人……因官居洛，为洛人也……孝廉擢第，初膺拾芥之荣；列邑分官，即事牵丝之役。起家孝廉，授文林郎，寻调江州寻阳尉,秩满邓州向城主簿,又迁豫州褒信,又加曹州济阴尉。"按:其夫人于如意元年(692)卒于豫州褒信,当是在其任上,则其孝廉及第已经很迟,盖在高宗后期。

【崔回】字崇庆,博陵安平人。高宗时孝廉及第,授汾州介休尉。累至晋州司马。

《全唐文补遗》千唐志斋新藏专辑,开元七年(719)七月十六日《唐故中散大夫行晋州司马上柱国崔府君(回)墓志铭并序》:"君讳回,字崇庆,博陵安平人……察孝廉,授汾州介休尉,累至晋州司马……开元七年六月四日,殁于河南府惠训里第,春秋六十有六。"按:据志文,崔回孝廉及第当在高宗时。

【崔恕】字□,清河东武城人。祖虔道,黄州黄陂县丞。父奉节,德州安陵县令。约在高宗时孝廉及第,官至朝议郎行括苍令。

《唐代墓志汇编》开元五二〇,开元二十八年(740)十二月二十六日《唐故朝议郎前行括苍令崔府君(恕)墓志铭并序》:"公讳恕,字□,清河东武城人也……王父虔道,皇朝黄州黄陂县丞;皇考奉节,皇朝德州安陵县令……(公)始以孝廉登科,俄参□之军事。"按:崔恕卒于开元二十八年(740),享年八十八,其擢第约在高宗时。

【路恽】字子重,阳平郡人,祖操,唐随州枣阳县令,父玄卿,京兆府三原县丞。高宗时孝廉及第,官至蒲州桑泉县丞。

《唐代墓志汇编》开元三五三,开元二十年(732)九月三十日《大唐故朝议郎行蒲州桑泉县丞轻车都尉路府君(恽)墓志》:"府君讳恽,字子重,阳平郡人也……曾祖承伯,隋兖州别驾;祖操,唐随州枣阳县令;父玄卿,唐京兆府三原县丞……(公)举孝廉为郎,誉满时听,解褐拜润曲阿县主簿,又迁蒲州河□县主簿,又迁怀州武德县主簿,器蕴珊瑚,位□□棘,又迁蒲州桑泉县丞。"按:志云路恽卒于开元二十年(732)六月廿四日,未载享年,其孝廉擢第约在高宗至武后之时。

【路庭礼】字寰中,魏郡阳平人。约高宗时孝廉及第,官至右肃政台主簿。

《唐代墓志汇编》久视〇二二,久视元年(700)十二月十七日《大周故右肃政台主簿路府君(庭礼)志石文》:"公讳庭礼,字寰中,魏郡阳平人也。世以冠族显。祖操,隋唐州枣阳县令;父玄赜,唐定州安喜县令……(公)始以孝廉擢第,历赵州房子主簿,怀州武陟县尉,迁右羽林军兵曹参军,来庭县尉,尚方监主簿。制授右肃政台主簿。"按:路氏卒于久视元年(700)十二月六日,享年卌七,则其孝廉擢第约在高宗时。

【裴悌】字悌,河东闻喜人。高宗时孝廉及第,授潞王府典签。官至并州太原县令。

《全唐文补遗》第八辑,辛怡谏撰开元五年(717)十月十九日《大唐故朝散大夫并州太原县令裴府君(悌)墓志铭并序》:"君讳悌,字悌,河东闻喜人也……起家以孝廉征,俄而对策高第。解褐授潞王府典签……以开元四年八月廿五日,终于陕州官舍,寿八十四。"按:据卒年推之,裴悌举孝廉当在高宗年间。

附考诸科(高宗朝诸科)

【吉怀恽】字崇东,冯翊人。高宗时明法及第。官至东宫左勋卫骑都尉、宣义郎。

《唐代墓志汇编》垂拱〇三二,垂拱三年(687)闰正月二十五日《唐故东宫左勋卫骑都尉宣义郎冯翊吉君(怀恽)墓志铭并序》:"君讳怀恽,字崇东,冯翊人也……君覃精三尺,镜十简之明科;专怀九章,洞五刑之妙赜。既该条宪,俄应褒然,高第文昌,伫升清列。方振图南之羽,遽阅归东之流,以垂拱三年闰正月十日遭疾,卒于延福里第,享年卅有五。"按:据志文,怀恽当在高宗时明法及第。

【许枢】字思言,高阳新城人。高宗时明法及第,授详刑评事。官至禤州刺史,封高阳县开国男。

《唐代墓志汇编》久视○○五,邵昇撰久视元年(700)闰七月六日《大周故正议大夫使持节禤州诸军事守禤州刺史上柱国高阳县开国男许君(枢)墓志铭并序》:"君讳枢,字思言,高阳新城人也……(公)解褐以明法授详刑评事,迁大理丞。"按:龙朔二年改大理寺为详刑寺,到光宅元年为司刑寺,其任详刑评事当在龙朔后。

【李正本】高宗时明法及第,又应八科举。官至洋州长史。

《全唐文补遗》第四辑,洪子兴撰开元二年(714)十一月六日《唐故朝散大夫行洋州长史李府君(正本)墓志铭并序》:"君讳正本,字虚源,陇西狄道人也……乃明法举及第,解褐慈州昌宁县主簿。未几,应八科举,敕除陕州河北县尉。"按:据志文,正本卒于开元二年(714),享年七十二,其科举及第约在高宗时。

【员半千】字荣期,齐州全节人。早年举童子科,后举八科。睿宗时召为太子右谕德。封平原郡公。

《新唐书》卷一一二《员半千传》:"员半千字荣期,齐州全节人。其先本彭城刘氏,十世祖凝之,事宋,起部郎,及齐受禅,奔元魏,以忠烈自比伍员,因赐姓员,终镇西将军、平凉郡公。半千始名余庆,生而孤,为从父鞠爱,羁丱通书史。客晋州,州举童子,房玄龄异之,对诏高第,已能讲《易》《老子》。长与何彦先同事王义方,以迈秀见赏。义方常曰:'五百岁一贤者生,子宜当之。'因改今名。凡举八科,皆中……睿宗初,召为太子右谕德,仍学士职。累封平原郡公。"

【贾言忠】高宗时神童举及第。官至吏部员外。

(唐)刘肃《大唐新语》卷八《聪敏第十七》:"贾言忠数岁记讽书,一日万言,七岁神童擢第。事亲以孝闻,迁监察御史……(高宗时)累迁吏部员外。"

《登科记考》卷二七《附考·诸科》录载贾言忠。

【梁师亮】字永徽,安定乌氏人。高宗时明医类科目及第。官至珍州荣德县丞。

《唐代墓志汇编》万岁通天○一七,万岁通天二年(697)三月六日《大周珍州荣德县丞梁君(师亮)墓志铭并序》:"君讳师亮,字永徽,安定乌氏人也……(君)起家任唐朝左春坊别教医生,抠衣鹤禁,函丈龙楼,究农皇之草经,研葛洪之药录。术兼元化,可以涤疲疴;学该仲景,因而升上第……以万岁通天元年七月二日终于益州蜀县,春秋卅有七。"按:据志文,师亮当在高宗时以明医类科目及第。

附考制科(高宗朝制科)

【马颋】扶风茂陵人,祖士儒,为隋江、亳二州刺史,父伯达,入唐举进士,为怀河内尉,乐黄老长生之说,弃官从孙思邈游隐于茅山。举进士,又举八科士。高宗天后朝为御史、尚书兵部郎。

《全唐文》卷七一四,李宗闵《马公家庙碑》:"元和十五年夏六月,有诏天平军节度使检校礼部尚书兼郓州刺史御史大夫扶风县开国伯马公作三庙于京师……公名惣,字会元,扶风茂陵人也……公之五代祖曰士儒,为隋江、亳二州刺史。亳州生伯达,入唐举进士,为怀河内尉,乐黄老长生之说,弃官从孙思邈游隐于茅山。河内生顗,举进士,又举八科士,于高宗天后朝为御史尚书兵部郎……兵部生光粹,五岁而能诗,举进士,为荥阳令,功化甚美,县人传之。荥阳生皇考讳俊,年十岁,则受《左氏春秋》,日记万言。后方以经明行高,历仕诸侯,由检校尚书职方郎中为吉州刺史,治行卓尤,升闻于朝,进褒州名,加赐命服,竟以官卒。"

《登科记考》卷二七《附考·制科》录载马顗。

【王及德】字文晖,太原人。制举及第,授通直郎行楚州司户参军事。终司仆寺长泽监。

《唐代墓志汇编》神龙〇〇六,神龙元年(705)三月六日《大唐故朝议郎行司仆寺长泽监王君(及德)墓志铭并序》:"公讳及德,字文晖,太原人也……曾祖仪,隋太子舍人、太子右卫率;祖粲,唐左监门卫长史;父询,郴州录事参军□……(公)挺生天纵,窃誉乡曲,擢材甲乙,起家通直郎行楚州司户参军事。"按:王氏卒于神龙元年(705),春秋五十九,则其擢第约在高宗时。《登科记考补正》卷二七《附考·制科》以铭文"经明行修,乡党令德"为据系为制举及第。

【王玄默】琅琊临沂人,父德仁,隋举孝廉,授剑州临津县主簿。入唐后应制,再登甲科。官汴州浚仪县令。

《唐代墓志汇编》天宝二〇五,天宝十一载(752)八月二十八日《大唐故钜鹿郡南和县令□(王)府君念墓志铭并序》:"公讳念,字同光,琅琊临沂人也……曾祖讳德仁,隋举孝廉,授剑州临津县主簿;祖讳玄默,唐应制,再登甲科,累授汴州浚仪县令;父讳□庆,唐举孝廉擢第,优游经史,不趋于名。"按:志主为玄默之孙,卒于天宝十一载(752)七月八日,享年六十九,则其祖玄默应制甲科约在高宗时。

【王英】字人杰,太原祁人。高宗时应制高第。官终兖州刺史。

《洛阳新出土墓志释录》,开元二十七年(739)二月十日《唐故中大夫使持节都督兖州诸军事守兖州刺史上柱国王府君(英)墓志铭并序》:"府君讳英,字人杰,太原祁人……又应制高第,授左拾遗,迁宫尹府司直,转左补阙。"

【王震】字伯举,琅琊临沂人。高宗时明经及第,授许州鄢陵县尉。又应清白著称科,加朝请大夫,官至洋州长史。

《唐代墓志汇编》景龙〇三二,梁载言撰景龙三年(709)十月二十六日《大唐故朝议大夫行洋州长史上柱国王府君(震)墓志铭并序》:"君讳震,字伯举,琅琊临沂人也……高祖嵩,陈散骑常侍、侍中;曾祖允,陈太子洗马;祖修惠,怀州修武县丞……父师顺,监察御史、仓部员外郎、司门郎中、硖州刺史、雍州司马……(君)弱冠,入太学,以明经擢第,除许州鄢陵县尉,授陕州硖石、湖州安吉两县丞……加朝散大夫,行江州都昌县令,寻累勋至上柱国。侍御史吕元嗣以君历职清白,举应是科,所司承旨,天下类例,四任清白,一人而已。乃加朝请大夫,寻进朝议大夫。"按:王震卒于神龙三年(707),享年五十九,弱冠岁在乾封三年(668),则其明经擢第在此后不久。

【邓行俨】南阳新野人,邓森之父。约高宗时科举及第。官至松州嘉城县令。

《唐代墓志汇编》景云〇〇七,王绍望撰景云二年(711)二月七日《大唐故中散大夫守荆州大都督府司马上柱国南阳邓府君(森)墓志铭并序》:"公讳森,字茂林,南阳新野人也……父行俨,皇朝应举擢第,蒙授松州嘉城县令。"按:行俨及第后授县令,当为制科。又:行俨子邓森天授二年(691)进士及第。

【成几】东郡淄川人。贞观时明法及第入仕。应诏举迁雍州万年县尉,官至徐州长史。

《全唐文补遗》第三辑,永隆二年(681)《大唐故朝议郎行徐州长史成公(几)墓志铭并序》:"公讳几,东郡淄川人也……初以明法擢第,历绛州曲□□□。秩满,应诏举迁雍州万年县尉。"按:以永隆二年(681)卒,享年七十推之,成几明法擢第约在贞观时。

【成循】字万述,上谷人,祖粲,隋济州东阿县长,父贵,唐豳州永寿县令。约在高宗时制科及第。官终朝请大夫行陈州司马、上轻车都尉。

《唐代墓志汇编》万岁通天〇〇八,万岁通天元年(696)十月二十二日《大周故朝请大夫行陈州司马上轻车都尉公士成公(循)墓志铭并序》:"公讳循,字万述,上谷人也。曾祖恪,宇文朝金州安康县令;祖粲,隋济州东阿县长……父贵,唐豳州永寿县令……公玉种传芳,珠胎毓粹,马门待制,奏议居三道之先;鳣序横经,文学列四科之首。释褐坊州中部陕州芮城洛州密新安等县尉。"按:据志文,成循当为制科出身。以万岁通天元年(696)十月廿二日卒,春秋六十有三推之,其登科约在高宗时期。

《登科记考补正》卷二七《附考·进士科》录载成循,证据不足。王其祎补入附考"制科",从之。

【权若讷】天水略阳人,祖文诞,平凉公,父崇本,滑州匡城县令。进士及第。永徽后曾登制科,官至梓州刺史。

《全唐文》卷四九三,权德舆《唐故通议大夫梓州诸军事梓州刺史上柱国权公(若讷)文集序》:"公讳若讷,字某,天水略阳人……以至平凉公文诞,生滑州匡城县令崇本,即匡城府君第二子。纯碬粹气,积为清和。文谊内富,英华外发。弱冠与伯氏无待、叔氏同光同游太学,连登上第。永徽、开耀之后,以人文求士应诏,累践甲科。"

《登科记考》卷二七《附考·进士科》录载权氏若讷、无待、同光三人;同卷《附考·制科》录载权若讷。

【乔崇隐】字玄寂,京兆渭南人。高宗时应洞晓章程举及第。小传参见龙朔三年(663)明经科乔崇隐条。

《唐代墓志汇编》开元二四七,李系撰开元十五年(727)二月二十九日《唐故大理寺评事梁郡乔公(崇隐)墓志铭并序》:"公讳崇隐,字玄寂,京兆渭南人也。曾祖达,骠骑将军期城郡公;祖宽,左骁卫大将军,营、幽二州总管;父琳,朝散大夫、扬州江都县令、饶州司马……（公）志学之岁，齿胄国庠，明年，以精书传高第，褐拜陕州桃林县尉，次补蒲州虞乡县尉……满岁，应洞晓章程举，授大理寺评事。"

【刘穆】字穆之，河间鄚人。开耀二年（682）进士及第，授曹州冤朐县尉。寻应制改绛州翼城尉，官终石州刺史。

《唐代墓志汇编》先天〇〇七，先天二年（713）十一月十二日《唐故石州刺史刘君（穆）墓志铭并序》："君讳穆，字穆之，河间鄚人也……开耀二年，以乡贡进士擢第……俄而从常调选，补曹州冤朐县尉，寻应制改绛州翼城尉。"

【刘璿】字如璿，天水上邽人。贞观时明经及第，高宗时又中八科举。官至兖州刺史。小传见附考明经科（太宗朝）刘璿条。

《全唐文补遗》第五辑，长安二年（702）十一月二十七日《大周故兖州都督彭城刘府君（璿）墓志铭并序》："公讳璿，字如璿，天水上邽人也……曾祖宇文朝黄瓜、白石二县令，隋康州司马。祖唐秦州总管府记室参军、检校上邽县令、泾州安定县令，父唐监察御史、绵州龙安县令……（君）五岁诵骚雅，七岁读诗书……十三游太学，虽篇章妙绝，取贵文场，而思理精微，更专儒术。寻而州乡推择，以明经充赋，射策甲科，选授益州唐隆县尉……八科举，制授雍州乾封县尉，累迁监察御史、殿中侍御史、侍御史、礼部员外郎、夏官郎中……改授中大夫、使持节都督兖州诸军事守兖州刺史……春秋七十二，长安元年十二月十五日终于官舍。"按：据志文，刘璿当在贞观后期明经及第，高宗时又中八科举。

【阳珤】字珤，北平无终人。永徽中制举贤良登科。历官怀州武陟县令、爱州长史。

《河洛墓刻拾零》，广德元年（763）十月十五日《大唐故怀州武陟县令爱州长史阳公（珤）墓志铭并序》："公讳珤，字珤，北平无终人也……永徽中，州举贤良待诏登科，属王师有伐辽之役，诏以谋从军，还，例授上柱国，寻拜怀州武陟县令。"

【李正本】高宗时明法及第，又应八科举。官至洋州长史。

《全唐文补遗》第四辑，洪子兴撰开元二年（714）十一月六日《唐故朝散大夫行洋州长史李府君（正本）墓志铭并序》："君讳正本，字虚源，陇西狄道人也……乃明法举及第，解褐慈州昌宁县主簿。未几，应八科举，敕除陕州河北县尉。"按：据志文，正本卒于开元二年（714），享年七十二，其科举及第约在高宗时。

【李全节】赵郡平棘人。仪凤年间应八科举及第。官至朝散大夫行常州晋陵县令。

《全唐文补遗》千唐志斋新藏专辑，阎朝隐撰开元六年（718）十二月一日《唐故朝散大夫行常州晋陵县令李公（全节）墓志铭并序》："公讳全节，字口，赵郡平棘人也……仪凤中，应八科举，擢高第。一枝之秀，既已得其人；千乘之邑，又使理其赋。"

【李怀远】字广德，邢州柏仁人。进士及第。官至鸾台侍郎同凤阁鸾台平章事。卒赠侍中，谥曰成。

（元）洪景《新编古今姓氏遥华录》庚集卷三："李怀远，字广德，邢州进士，擢鸾台侍郎平章事。"按《旧唐书》卷六《则天皇后本纪》："（大足元年）二月，鸾台侍郎李怀远同凤阁鸾台平章事。"

《旧唐书》卷九〇《李怀远传》："李怀远，邢州柏仁人也。早孤贫好学，善属文。有宗人欲以高荫相假者,怀远竟拒之,退而叹曰:'因人之势,高士不为;假荫求官,岂吾本志?',未几,应四科举擢第,累除司礼少卿。出为邢州刺史,以其本乡,固辞不就,改授冀州刺史。俄历扬、益等州大都督府长史,未行,又授同州刺史。在职以清简称。入为太子左庶子,兼太子宾客,历迁右散骑常侍、春官侍郎。大足年,迁鸾台侍郎,寻同凤阁鸾台平章事。岁余,加银青光禄大夫,拜秋官尚书,兼检校太子左庶子,赐爵平乡县男。长安四年,以老辞职,听解秋官尚书,正除太子左庶子,寻授太子宾客。神龙初,除左散骑常侍、兵部尚书、同中书门下三品,加金紫光禄大夫,进封赵郡公,特赐实封三百户。俄以疾请致仕,许之。中宗将幸京师,又令以本官知东都留守……神龙二年八月卒,唐中宗特赐锦被以充敛,辍朝一日,亲为文以祭之,赠侍中,谥曰成。"

《登科记考补正》卷二七《附考·进士科》、同卷《附考·制科》分别录载李怀远。

【李述】约高宗时明经擢第。应贤良方正举登科。小传见附考明经科(高宗朝)李述条。

《全唐文补遗》第六辑,席豫撰开元十八年(730)十一月十日《大唐故中散大夫守少府监上柱国赵郡李府君(述)墓志铭并序》:"君讳述,字处直,赵郡元氏人。仕齐,因家于邺,今之相州也……未弱冠,以明经擢第,常调入官。属吏部侍郎骞味道、孟履忠递掌铨衡,咸加赏叹。而积微以著,升高自下。解褐授汉州金堂县尉。秩满,调补洛州陆浑主簿……未几,为中书舍人韦嗣立所荐,对策甲科,授洛阳县尉。俄拜太常博士,累迁太子文学、金部员外郎、赞善大夫、给事中、将作少监、少府少监、齐州刺史,重授少府少监……以开元十年贰月十日,遘疾终于东都陶化里之私第,春秋五十有八。"按:据志文,李述曾祖孝端,隋怀州司法、洛州司兵参军。祖知本,唐雍州司兵,华州华阴、并州晋阳二县令。父愆,侍御史、驾部员外郎、度支郎中、泗贝亳三州刺史。

【李思玄】一作"李思元"。高宗时举进士,又登贤良科。小传见附考进士科(高宗朝)李思玄条。

(宋)王象之《舆地纪胜》卷二七《江南西路·瑞州·人物》唐代:"李思元,唐贤良科。"

【李峤】字巨山,赵州赞皇人,父镇恶,襄城令。高宗时登进士第,又中制举。累迁给事中。武后、中宗时先后拜相,封赵国公。

《旧唐书》卷九四《李峤传》:"李峤,赵州赞皇人,隋内史侍郎元操从曾孙也。代为著姓,父镇恶,襄城令。峤早孤,事母以孝闻。为儿童时,梦有神人遗之双笔,自是渐有学业。弱冠举进士,累转监察御史。时岭南邕、严二州首领反叛,发兵讨击,高宗令峤往监军事。峤乃宣朝旨,特赦其罪,亲入獠洞以招谕之。叛者尽降,因罢兵而还,高宗甚嘉之。累迁给事中……圣历初,与姚崇偕迁同凤阁鸾台平章事,俄转鸾台侍郎,依旧平章事,兼修国史。久视元年,峤舅天官侍郎张锡入知政事,峤转成均祭酒,罢知政事及修史,舅甥相继在相位,时人荣之。峤寻检校文昌左丞、东都留守。长安三年,峤复以本官平章事,寻知纳言事。明年,迁内史。峤后固辞烦剧,复拜成均祭酒,平章事如故……中宗即位,峤以附会张易之兄弟,出为豫州刺史。未行,又贬为通州刺史。数月,征拜吏部侍郎,封赞皇县男。无几,迁吏部尚书,进封县公。神龙二年,代韦安石为中书令……三年,又加修文馆大学士,监修国史,封赵国公。景龙三年,罢中书令,以特进守兵部尚书、同中书门下三品。睿宗即位,出为怀州刺史,寻以年老致仕……有文集五十卷。"

《新唐书》卷一二三《李峤传》:"李峤字居山,赵州赞皇人。早孤,事母孝。为儿时,梦人遗双笔,自是有文辞,十五通五经,薛元超称之。二十擢进士第,始调安定尉。举制策甲科,迁长安。"

(宋)计有功《唐诗纪事》卷一〇《李峤》条:"峤,字巨山,为儿时,梦人遗双笔,自是有文词。十五通五经,二十擢进士第,与骆宾王、刘光亚齐名,相中宗。"

(宋)晁公武《郡斋读书志校证》卷一七《别集类上》录《李峤集》一卷,注云:"右唐李峤,巨山也。赞皇人。擢进士第,制策甲科,拜为监察御史。武后时,同凤阁鸾台平章事。"

(元)辛文房撰,傅璇琮主编《唐才子传校笺》(册一)卷一《李峤》:"峤字巨山,赵州人。十五通五经,二十擢进士,累迁为监察御史。武后时,同凤阁鸾台平章事。后因罪贬庐州别驾,卒。"

《登科记考》卷二七《附考·进士科》、同卷《附考·制科》分别录载李峤。

光绪《畿辅通志》卷三四《选举·唐·进士》:"武后时,李峤,赞皇人,见制科,吏部尚书。"

【李悫】字纳言,赵郡元氏人。永徽四年(653)明经及第,授梓州飞乌尉。后举清白尤异科,授洛阳丞,官至亳州刺史。

《唐代墓志汇编》神龙〇二一,神龙二年(706)正月二十一日《大唐故使持节亳州诸军事亳州刺史李府君(悫)墓志铭并序》:"公讳悫,字纳言,赵郡元氏人也……弱冠明经及第,调补梓州飞乌尉……服阙,举清白尤异,对策升科,授洛阳丞。"按:李氏卒于神龙元年(705),春秋七十二,则其弱冠岁在永徽四年(653)。

【李璋】字仲京,赵郡人。上元二年(675)明经高第,又应八科举。官至郑州录事参军。

《全唐文补遗》第八辑,圣历三年(700)五月十二日《大周故朝散大夫郑州录事参军柱国赵郡李府君(璋)墓志铭并序》:"君讳璋,字仲京,赵郡人也……唐上元二年,弱冠宿卫,举明经高第。""寻又应八科举,射策称最,擢授并州都督府参军。"

按:《登科记考补正》卷二七《附考·明经科》以罗补为据录载李璋,云李璋"字仲象"。又:唐大中二年(848)进士及第之李璋,别是一人。

【杨训】字玄明,河南偃师人。武周以前制举及第,授文林郎。

《唐代墓志汇编》如意〇〇三,如意元年(692)八月十日《大周故文林郎杨府君(训)墓志铭并序》:"君讳训,字玄明,河南偃师人也……唐任成均生,应制举,射册及第,授文林郎。"

【杨志诚】弘农华阴人。年十三调太宗挽郎,补潞王典签。显庆中举贤良。后又应文擅词场举,官至陇州司马。中宗时以子贵赠太州刺史

《全唐文》卷二二九,张说撰《赠太州刺史杨公神道碑》:"公讳志诚,字某,宏农华阴人也……大王父隋直阁将军岷蔚抚豪道五州刺史邢国公讳贵,大父故右卫副率慈汾二州刺史静公讳誉,考故常州刺史工部侍郎鸿胪卿金紫光禄大夫散骑常侍太子少师赠仪同三司

上柱国郑国懿公讳崇敬……(公)年十三调太宗挽郎,寻补潞王典签。大夫门子,执绋桥山;王国词人,曳裾睢苑:皆一时之选也。明庆中,诏郡国举贤良,公对策天朝,无能出其右者,迁太子通事舍人。再举高第,徙国子监丞,坊监清流,才地兼择……又应文擅词场举,策试为天下第一……乃拜公陇州司马。未及赴官,遘疾卒于长安之私第,春秋若干……(中宗)以公二子在章绶之列,追赠公使持节太州诸军事太州刺史。"

按《登科记考》卷四大足元年(701)"文擅词场科"录载杨志诚,陈尚君补正云:"今按碑不载志诚卒年,然载其卒后,'九子呱呱,哀缞丧位,赖夫人(赵氏)是顾是复,日就月将,徙宅依仁,阃门成训。三十年内,八子登朝'。赵氏景龙二年卒,是志诚当卒于高宗之世,不见及大足元年。徐氏失考。高宗时未见有文擅词场科,故尚难系年。"

【杨约】字君素,洛州永昌人。祖威,隋任陕州芮城县令。父才,未仕。约高宗时制举及第,未仕而卒。

《唐代墓志汇编》万岁通天〇一二,万岁通天二年(697)二月十七日《唐故处士杨君(约)墓志铭并序》:"君讳约,字君素,洛州永昌人也……祖威,隋任陕州芮城县令;父才……(君)经明行修,擢充高选。芳兰欲茂,棠阴遽移,春秋二十有八,以咸亨三年三月十八日卒于绥福里第。"按:杨约当为制举及第。

【杨顺】字师整,河南洛阳人。高宗时制举及第。官至检校左金吾郎将。

《唐代墓志汇编》长寿〇二二,长寿二年(693)八月二十七日《大周故检校左金吾郎将杨府君(顺)墓志铭并序》:"公讳顺字师整,河南洛阳人也……历任左卫翊卫帖仗,应举及第,除蔚州开阳镇将……长寿二年四月十五日终于道光里第,春秋五十。"按:据志文,杨顺当为制举及第。

【束良】字嘉庆,魏郡元城人。高宗显庆四年(659)明经及第,后两应清白著称举。官至永州刺史。

《唐代墓志汇编》景龙〇一五,南金续撰景龙三年(709)二月九日《大唐永州刺史束君(良)墓志铭并序》:"君名良,字嘉庆,魏郡元城人也……祖斐,唐许州长社令;父液,唐泗州录事参军。惟君弱冠乡贡,明经及第,即授江王府仓曹,又授单于大都督府功曹。应清白著称举,敕授代州五台县令;又应清白著称举,又授恒州槀城县令;又授左台殿中侍御史;又授洛州阳翟县令;又授濮州司马;又授秦州司马;又授九城宫总监摄陇州长史;又授南州刺史;又授衡州刺史;又授永州刺史。"按:束良卒于景龙元年(707)九月二日,春秋六十八,则其弱冠岁在显庆四年(659)。

【宋璟】邢州南和人。第进士,擢制科。小传见调露二年进士科宋璟条。

《全唐文》卷二五二,苏颋撰《授姚元之等兼太子庶子制》:"银青光禄大夫守兵部尚书同中书门下三品上柱国梁县开国公姚元之、中散大夫检校吏部尚书同中书门下三品宋璟等,并以贤良方正、茂才异等著于天下,扬于王庭。"

(唐)杜牧《樊川文集》卷一二《上宣州高大夫书》:"宋开府璟,亦进士也,与姚唱和,致开元太平者。"

《新唐书》卷一二四《宋璟传》:"宋璟,邢州南和人……璟耿介有大节,好学,工文辞,举进士中第。"

《登科记考》卷二调露二年（680）进士科、卷二七《附考·制科》（1106）分别录载宋璟。

【陆元方】高宗时举明经，又应八科举。小传见附考明经科（高宗朝）陆元方条。

《旧唐书》卷八八《陆元方传》："陆元方，苏州吴县人。世为著姓。曾祖琛，陈给事黄门侍郎。伯父柬之，以工书知名，官至太子司议郎。元方举明经，又应八科举，累转监察御史。"

《登科记考》卷二七《附考·明经科》、同卷《附考·制科》分别录载陆元方。

【张怀器】字志成，贝州武城人。高宗时明经出身，又应制举登第。曾官翼城县令。

《登科记考补正》卷二七《附考·明经科》、同卷《附考·制科》分别录载张怀器。

天一阁藏嘉靖《翼城县志》卷三《官师志》有唐翼城县令张怀器，注引卢照邻撰《去思碑》："公名怀器，字志成，贝州武城人也……起家补成均生，明经擢第……甲乙登其高第，青紫因其俯拾。俄补麟台雠校……应清白举及第，授武功县尉……应大礼举及第……以嗣圣元年授公此邑。"按：怀器当于高宗年间擢明经第。

【张识】清河人。大礼出身。官慈州司法参军。

《唐代墓志汇编》大历〇二六，李系撰大历六年（771）八月十九日《唐故河南府新安县令张公（炅）墓志》："公讳炅，字仙客……清河人也……父识，皇大礼出身，慈州司法参军。"按：大礼出身，当属制科。张炅卒于开元十一年（723），享年五十八，其父制科登第当在高宗时。

【张炅】清河人。父张识，大礼出身，官慈州司法参军。制举及第，官终河南府新安县令。

《唐代墓志汇编》大历〇二六，李系撰大历六年（771）八月十九日《唐故河南府新安县令张公（炅）墓志》："公讳炅，字仙客……清河人也。祖寿禄，皇朝请大夫宁州司马；父识，皇大礼出身，慈州州司法参军……（公）凤龄以制举见用，初守怀州武德尉，次授河清尉，又拜贝州司士参军，寻改瀛洲平舒县令兼平卢节度判官，转魏州顿丘县令……洎顿丘秩满，有敕进朝散大夫，除河南府新安县令。"按：以卒于开元十一年（723），享年五十八推之，张炅"凤龄以制举见用"，当在高宗武后之时。

【张承休】吴郡吴人。应八科举，改郑州录事参军。又举贤良方正，迁扬州司录参军，移苏州常熟令。官终恒州长史。

《全唐文》卷二三一，张说撰开元九年（721）十月《恒州长史张府君墓志铭》："君讳承休，字某，吴郡吴人也……曾祖冲，在陈为文帝师，入隋为汉王学士；祖后允，授经太宗，尊之以祭酒，既封新野，又赠以宗伯；考少师，位不充量，止于朱阳宰……（君）初以南郊斋郎补衮州兵曹……再任始州司仓，应八科举，改郑州录事参军。又举贤良方正，迁扬州司录参军，移苏州常熟令。历政皆有能名，加朝散大夫。入为司农丞……乃授济源令，风行畿甸，河润洛师。加朝议大夫上柱国，拜隆州司马，转恒州长史，简而有孚，权而中道。婴风恙去职，就医还京，春秋六十有二，终于颁政里。"

《登科记考》卷二七《附考·制科》分别录载张承休。

【郑赡】字行该,荥阳荥泽人。高宗时武制举及第,出任坊州司仓参军事。又应八科,授英王府法曹参军,转太子詹事府主簿,终瀛州束城县令。

《唐代墓志汇编》永昌〇〇三,永昌元年(689)十月十五日《大唐故瀛州束城郑明府君(赡)墓志铭并序》:"君讳赡字行该,荥阳荥泽人也……以门荫调授左卫翊卫,俄擢艺能,迁左金吾卫引驾。既弘武术,仍厕文场,材预铨衡,出任坊州司仓参军事。秩满入为右金吾卫兵曹参军,寻应八科举,授英王府法曹参军,转太子詹事府主簿。"按:据《旧唐书·中宗纪》:"仪凤二年,徙封英王,改名哲,授雍州牧。永隆元年,章怀太子废,其年立为皇太子。"则郑氏应八科在仪凤二年至永隆元年间。

《登科记考补正》卷二七《附考·武举》系郑赡武举及第,误。

【赵行本】字士则,望出天水,家于洛阳,祖明哲,隋殿中监,父师立,唐朔硖银蔚四州刺史、泸松二州都督。龙朔初,以宿卫入仕,迁容州都督府兵曹参军。后应制科举,迁郴州南平县令。官终邵州邵阳县令。

《全唐文补遗》第六辑,圣历二年(699)二月十一日《大周故邵州邵阳县令赵府君(行本)墓志铭并序》:"君讳行本,字士则,其先天水人也,今家于洛阳焉。曾祖谊,周左鹰扬将军。祖明哲,隋殿中监。父师立,唐朔硖银蔚四州刺史、泸松二州都督……(君)有唐龙朔之始,宿卫岩廊,久之,选授容州都督府兵曹参军事。居无何,丁继母忧,去职。复阙,应举除郴州南平县令。大周革命,加朝散大夫。"

【祝纮】字叔良,雍州始平人。明经及第。官终无极尉。子钦明武后时举明经,天授二年(692)中英才杰出、业奥六经科,官至国子祭酒、同中书门下三品。

《新唐书》卷一〇九《祝钦明传》:"祝钦明字文思,京兆始平人。父纮,字叔良,少通经,颇著书质诸家疑异;门人张后胤既显宦,荐于朝,诏对策高第,终无极尉。钦明擢明经,为东台典仪。永淳、天授间,又中英才杰出、业奥《六经》等科,拜著作郎,为太子率更令。中宗在东宫,钦明兼侍读,授太子经,兼弘文馆学士。中宗复位,擢国子祭酒、同中书门下三品。进礼部尚书,封鲁国公,食实封户三百。"

《登科记考补正》卷二七《附考·明经科》录载祝纮。

【皇甫镜几】字晤道,安定朝那人。麟德年间制举幽素科及第。

《唐代墓志汇编》文明〇〇九,文明元年(684)八月五日《大唐故征士皇甫君(镜几)墓志铭并序》:"君讳镜几,字晤道,安定朝那人也……应诏举幽素,三府支辟,一时英妙。方登甲乙之科,奄遘膏肓之疾,麟德二年三月廿五日终于私第,春秋廿三。"

【赵知俭】高宗时应抱德幽栖举。吏部三拟吴王府文学。

《全唐文补遗》第五辑,开元十五年(727)闰九月二十三日《大唐故抱德幽栖举吏部常选天水赵君(知俭)志铭并序》:"君讳知俭,其先造父之后也……行有余力,兼以学文。皇抱德幽栖举,吏部三拟吴王府文学。"按:知俭卒于仪凤三年(678)正月,享年四十五,则其及第当在高宗时。

【姚元庆】字威合,河东芮城人,曾祖粲,隋高平郡赞持,祖崧,唐扬州高邮县令,父运,骑都尉。永徽中进士擢第,又应制举。官终检校房州刺史。

《全唐文补遗》第七辑,天授二年(691)一月十日《大唐故朝散大夫守文昌台司门郎中检校房州刺史姚府君(元庆)墓志铭并序》:"公讳元庆,字威合,河东芮城人也……曾祖粲,隋上开府员外散骑常侍、高平郡赞持。祖崧,隋汉南郡法曹书佐,唐扬州高邮县令。父运,唐骑都尉,高尚不仕……(元庆)永徽中进士擢第,授均州丰利县尉,寻徙晋州洪洞县尉……寻应制举,授监察御史,转右台殿中侍御史……制授朝散大夫、守司门郎中、检校房州刺史。"

《登科记考补正》卷二七《附考·进士科》、同卷《附考·制科》分别录载姚元庆。

【姚崇】本名元崇,则天时,因与突厥叱利元崇同名,改为元之,一说字元之。开元时,避开元尊号,改名为崇。陕州硖石人。父善意,贞观中为嶲州都督。为高宗太子李弘挽郎,高宗时应下笔成章举,授濮州司仓。五迁夏官郎中。官至紫薇令。睿宗时拜兵部尚书,同中书门下三品,进中书令。

《旧唐书》卷九六《姚崇传》:"姚崇,本名元崇,陕州硖石人也。父善意,贞观中,任嶲州都督。元崇为孝敬挽郎,应下笔成章举,授濮州司仓,五迁夏官郎中。时契丹寇陷河北数州,兵机填委,元崇剖析若流,皆有条贯。则天甚奇之,超迁夏官侍郎,又寻同凤阁鸾台平章事……时突厥叱利元崇构逆,则天不欲元崇与之同名,乃改为元之。俄迁凤阁侍郎,依旧知政事。长安四年,元之以母老,表请解职侍养,言甚哀切,则天难违其意,拜相王府长史,罢知政事,俾获其养。其月,又令元之兼知夏官尚书事、同凤阁鸾台三品……改为司仆卿,知政事如故,使充灵武道大总管。神龙元年,张柬之、桓彦范等谋诛易之兄弟,适会元之自军还都,遂预谋,以功封梁县侯,赐实封二百户……无几,出为亳州刺史,转常州刺史。睿宗即位,召拜兵部尚书、同中书门下三品,寻迁中书令……先天二年,玄宗讲武在新丰驿,召元之代郭元振为兵部尚书、同中书门下三品,复迁紫微令。避开元尊号,又改名崇,进封梁国公。固辞实封,乃停其旧封,特赐新封一百户……(开元)九年薨,年七十二,赠扬州大都督,谥曰文献。"

《新唐书》卷一二四《姚崇传》:"姚崇字元之,陕州硖石人……崇少倜傥,尚气节,长乃好学。仕为孝敬挽郎,举下笔成章,授濮州司仓参军。"

《登科记考》卷二仪凤二年(677)制举下笔成章科录载姚元崇。

【袁嘉祚】高宗时应制举,授垣县县丞。

(宋)李昉等《太平广记》卷四五一《狐五·袁嘉祚》引《纪闻》:"唐宁王傅袁嘉祚,年五十,应制授垣县县丞。"

【徐彦伯】兖州瑕丘人,名洪,以字显。高宗时制举对策高第。调永寿尉、蒲州司兵参军,睿宗时官至右散骑常侍、太子宾客。开元二年(714)卒,有文集二十卷,行于时。

《旧唐书》卷九四《徐彦伯传》:"徐彦伯,兖州瑕丘人也。少以文章擅名,河北道安抚大使薛元超表荐之,对策擢第,累转蒲州司兵参军……彦伯圣历中累除给事中……神龙元年,迁太常少卿,兼修国史,以预修《则天实录》成,封高平县子,赐物五百段。未几,出为卫州刺史,以善政闻,玺书劳勉。俄转蒲州刺史,入为工部侍郎,寻除卫尉卿,兼昭文馆学士。景龙三年,中宗亲拜南郊,彦伯作《南郊赋》以献,辞甚典美。景云初,加银青光禄大夫,迁右散骑常侍、太子宾客,仍兼昭文馆学士。先天元年,以疾乞骸骨,许之。开元二年卒……有文集二十卷,行于时。"

《新唐书》卷一一四《徐彦伯传》:"徐彦伯,兖州瑕丘人,名洪,以字显。七岁能为文。结庐太行山下。薛元超安抚河北,表其贤,对策高第。调永寿尉、蒲州司兵参军。时司户韦暠善判,司士李亘工书,而彦伯属辞,时称'河东三绝'。迁职方员外郎,奉迎中宗房州,进给事中。武后撰《三教珠英》,取文辞士,皆天下选,而彦伯、李峤居首。迁宗正卿,出为齐州刺史。帝复位,改太常少卿。以修《武后实录》劳,封高平县子。为卫州刺史,政善状,玺书嘉劳。移蒲州,以近畿,会郊祭,上《南郊赋》一篇,辞致典缛。擢修文馆学士、工部侍郎。历太子宾客。以疾乞骸骨,许之。开元二年卒。"

《登科记考》卷二七《附考·制科》录载徐彦伯。

【黄□】名未详。父元徹,唐明经、制举及第,官司刑丞。永徽四年(653)明经及第。后又应八科举,官终持节都督洪虔吉等五州诸军事、洪州刺史。

《全唐文补遗》第七辑,长安四年(704)十一月二日《黄君墓志》:"父元徹,唐明经□,制举对策,□□□□□丞□德□□□言应物……公即司刑丞之长子……弱冠国子明经擢第,解褐拜兰台校书郎……又应八科举及第,迁司直,寻加朝散大夫,拜司刑丞……拜澧州、徐州、泽州刺史,又转饶州刺史……改授持节都督洪虔吉等五州诸军事、洪州刺史。"按:据志文,黄君卒于长安四年(704),春秋七十一,则其弱冠第明经在永徽四年(653),八科举及第亦当在高宗时。

【黄师】字玄绮,江夏安陆人,祖满,大理寺丞,父粲,蒙州录事参军事。制举及第。官至游击将军。

《唐代墓志汇编》垂拱〇一六,垂拱元年(685)十二月十三日《大唐故游击将军黄君(师)墓志铭并序》:"君讳师,字玄绮,其先江夏安陆人也……雄摽侠窟,勇冠戎场。列眦冲冠,幼挺拔山之力;穿杨落雁,多奇饮羽之能。应辟扬明,超名甲第,诏授左骁卫翊府长上,即于洮河道征……以垂拱元年十一月十八日卒于私第,春秋卅有八。"按:据志文,黄师祖满,大理寺丞。父粲,蒙州录事参军事。

《登科记考补正》卷二七《附考·武举》系黄师武举及第,误。

【崔玄隐】字少徽,博陵安平人。约高宗时制举及第。拜扬州大都督府参军。又制举授许州司户,官至尚书比部员外郎。

《唐代墓志汇编》开元五〇一,开元二十七年(739)十月二十六日《大唐故朝散大夫检校尚书比部员外郎博陵崔府君(玄隐)墓志铭并序》:"公讳玄隐,字少徽,博陵安平人也……曾祖叔胤,北齐安东将军、濮阳太守;祖孝康,隋长平郡陵川县令;父世标,唐饶州司户参军、婺州龙丘县令……公即龙丘府君第二子也。庭习钟鼓,家传礼仪。敏洽天成,词华代许,射策擢第,拜扬州大都督府参军。行满专城,誉流江国,无何,制举授许州司户。"按:据墓志,崔玄隐卒于万岁通天元年(696)八月十九日,春秋六十有四,其"射策擢第"与制举当在高宗年间。

【康希铣】一作"希诜",字南金,会稽人。高宗显庆三年(658)明经登第。后又制举登科。小传见显庆三年明经科康希铣条。

《全唐文》卷三四四,颜真卿撰《银青光禄大夫海濮饶房睦台六州刺史上柱国汲郡开国公康使君神道碑铭》:"君讳希铣,字南金……年十四,明经登第,补右内率府胄曹。应词藻宏丽举甲科,拜秘书省校书郎,转左金吾卫录事参军。应博通文吏举高第,授太府寺主簿,转丞。又应明于政理举,拜洛州河清令,加朝散大夫泾州司马、德州长史,转定州。"

《登科记考》未录希铣制举信息,《登科记考补正》卷二七《附考·制科》补入。

【董行思】一作董行文。高宗时应诏四科举及第。

《登科记考》卷二,显庆五年(660)徐松按语云:"又按《河朔访古记》载藁城县九门城西有唐高宗上元三年建浮图碑,题云'唐应诏四科举董行文撰文',《宝刻丛编》载《集古录目》引作'前应诏四科举董行思',当亦此年制举。"

《登科记考补正》卷二七《附考·制科》增补。

【骞思泰】约高宗时明经及第。又应贤良方正举登科。小传见附考明经科骞思泰条。

《全唐文补遗》第三辑,侯郢玲撰开元九年(721)二月七日《大唐故益州都督府士曹参军事骞府君(思泰)墓志铭并序》:"公讳思泰,字有道,京兆金城人也……生知自然,性与天道。孝行为立身之本,明经为取位之资,解褐授太子司经局雠校……寻应贤良方正举,对策高第,迁楚王府法曹参军事……以万岁登封元年十二月廿五日卒官,春秋卅九。"按:据志文,思泰曾祖礼,隋泌州溢乐县令。祖暄,隋益州郫县令、湖州司马。父基,大理寺丞,洛州河南县令、详刑大夫、太子宫府大夫、朗坊延利果五州诸军事、五州刺史。

【慕容知廉】字道贞,昌黎棘城人。制举及第,授雍州鄠县主簿。小传见附考明经科(高宗朝)慕容知廉条。

《唐代墓志汇编》圣历○三二,圣历二年(699)八月九日《大周故左肃政台侍御史慕容府君(知廉)墓志铭并序》:"公讳知廉,字道贞,昌黎棘城人也……曾祖绍宗,北齐尚书令、东南道大行台……祖三藏,隋金紫光禄大夫,芳、叠等七州诸军事,河内郡公……父正言,唐朝请大夫、兖州都督府司马……(公)以明经擢第,解褐虢州参军……应制举及第,授雍州鄠县主簿。又应文擅词场举,□第,改授雍州鄠屋县丞,寻迁雍州乾封县尉……文明元年擢授殿中侍御史里行。寻而即真……恩勅摄右肃政监察御史。"按:知廉卒于武后时,年五十九,及第当在高宗时。

《全唐文补遗》第六辑,陈齐卿撰天宝元年(742)十月十三日《大唐故朝散大夫上柱国行河内郡武德县令慕容府君(相)兼夫人晋昌县君唐氏志文并序》:"君讳相,字嵩高,其先河内人也……曾祖三藏,隋金紫光禄大夫、淮南太守。祖正言,皇朝鲁郡司马。父知廉,皇朝对策高第,累迁侍御史。"

【樊文】字彦藻,南阳人。以功擢授昭州恭诚县令,迁广州洊安县令。应制及第,官至司卫少卿。

《全唐文补遗》第五辑,长安二年(702)三月六日《大周银青光禄大夫司卫少卿上柱国新城郡开国公樊公(文)墓志铭并序》:"公讳文,字彦藻,南阳人也……以功擢授昭州恭诚县令,迁广州洊安县令……制使访召贤良,征公诣阙,献书丹扆,伏奏青蒲。或陈金镜之枢机,或荐玉钤之秘要。冕旒垂鉴,欣此得贤。擢以甲科,每令入阁供奉。"按:樊文当以应制及第。

【魏奉古】制举及第,授雍丘尉。官终兵部侍郎。

(唐)刘肃《大唐新语》卷八《聪敏第十七》:"魏奉古制举擢第,授雍丘尉……终兵部侍郎。"

《登科记考》卷二七《附考·制科》录载魏奉古。

附考科目未详(高宗朝科目未详)

【万俟师】字范,河南洛阳人,祖才,官隋右卫郎将,父诚,官右监门直长。科举出身,科目未详。官滕王府参军。

《唐代墓志汇编续集》万岁通天〇〇五,万岁通天二年(697)二月十七日《大周故万俟府君(师)墓志铭并序》:"君讳师,字范,河南洛阳人也……祖才,隋右卫郎将;父诚,右监门直长……惟君禀岳渎之灵,挺珪璋之质。识标天纵,学冠生成。观国宾王,射策高第,解褐唐滕王府参军。"按:志云万俟氏"射策高第",当为科举出身,科目未详。

《登科记考补正》卷二七《附考·进士科》录载万俟师,证据不足。

【王养】字仁,郡望太原晋阳,河南洛阳人。约高宗时乡贡擢第,授魏州莘县尉。

《唐代墓志汇编》长安〇二八,长安三年(703)二月二十八日《大周故魏州莘县尉太原王府君(养)及夫人中山成氏墓志铭并序》:"府君讳养字仁,太原晋阳人也。远祖因官,遂家于洛……曾祖岊,周任荆州司马;祖昶,隋任赵州录事参军事……君仁,幼以学成,长而弥博,乡贡擢第,授魏州莘县尉。"按:据志文,王养以"乡贡擢第",当即科举出身。以咸亨元年(670)四月十三日卒,春秋三十九推之,其擢第时间当在高宗时期。

《登科记考补正》卷二七《附考·进士科》录载王养,证据不足。

【卢行毅】字子明,范阳涿人。约高宗时科举及第,授邓州司仓,终鼎州三原县令。

《唐代墓志汇编》大足〇〇八,《大周故朝请大夫鼎州三原县令卢府君墓志铭并序》:"公讳行毅,字子明,范阳涿人也……肇自宾贡,扬于铨列,解褐邓州司仓。"

【司马论】字伏愿,河内人。高宗时射策甲科,授郎官。

《唐代墓志汇编》长安〇〇四,长安二年(702)正月二十八日《大周长安二年岁次壬寅正月己巳朔廿八日景申故司□君(论)墓志铭》:"君讳论,字伏愿,河内人也……祖□□任扬州户曹……□父干,唐任汝州司马……君愿观□利用射策甲科,词倾郭象□□□□楚人之水,遂擢为□□郎。"按:司马氏卒于乾封元年(666)五月,春秋二十九,则其"射策甲科"当在高宗年间。

《登科记考补正》卷二七《附考·进士科》录载司马论,证据不足。

【孙恭】字怀信,吴郡富春人。唐前期科举及第,科目未详,授益州郫县尉。龙朔三年,改授虢州阌乡县丞。

《唐代墓志汇编》乾封〇五〇,乾封二年(667)闰十二月十一日《唐故虢州阌乡县丞孙君(恭)墓志并序》:"君讳恭,字怀信,吴郡富春人也……观光上国,射策甲科,释褐授益州郑县尉。"按:据志文,孙恭"观光上国,射策甲科"当为科举及第,释褐入仕,但科目未详。以麟德二年(665)七月卒,春秋四十八推之,孙恭科举及第当在太宗至高宗时期。

【李果】字智果,望出赵郡平棘,河南洛阳人。科举出身,科目未详。官终赵州象城县尉。

《唐代墓志汇编》永徽一一八,永徽五年(654)十二月十九日《唐故象城县尉李君(果)墓志铭并序》:"君讳果,字智果,其先赵郡平棘人;远祖因宦河南,今即河南洛阳人也……君缅籍昭庆,凤禀英规,励志庠门,飞名金马。年始弱冠,永徽二年,乃除吏部文林郎、赵州象城尉。"按:志云李果"励志庠门,飞名金马",当为科举出身,科目未详。

《登科记考补正》卷二七《附考·进士科》录载李果,证据不足。

【李释子】字爽,陇西狄道人。高宗年间科举及第。官至巂州都督。

《河洛墓刻拾零》褚秀撰开元十八年(730)十二月二十九日《唐故巂州都督李府君(释子)之墓志铭并序》:"公讳释子,字爽,陇西狄道人也……弱冠补国子生,丁忧,宿卫文简及第,一选授燕州司户。"按:释子"宿卫文简及第",当指科举及第。以卒于开元九年(721),享年八十推之,其及第当在高宗年间。

【张贵宽】字恕之,南阳白水人。约高宗时擢第于金门,官文林郎。

《唐代墓志汇编》永淳〇一九,永淳元年(682)十月二十六日《唐故文林郎柱国张君(贵宽)墓志铭并序》:"君讳贵宽,字恕之,南阳白水人也……祖运,父迪……学映韦篇,早观光于兰署;业高夏紫,方擢第于金门。兼以翩翩文藻。即揽鹏霄;凛凛霜气,直冲牛斗。器局淹雅,量旬黄叔之陂;笔妙精通,词润陆衡之海。"按:贵宽"擢第于金门",当即科举出身。以永淳元年(682)十月六日卒,春秋四十七推之,其擢第时间当在高宗时期。

《登科记考补正》卷二七《附考·进士科》录载张贵宽,证据不足。

【张黄】南阳西鄂人。科举及第,科目未详。官蔚州参军事。

《唐代墓志汇编》垂拱〇三八,《大唐故上柱国右武卫长史张府君(成)墓志铭并序》:"府君讳成,字文德,南阳西鄂人也……曾祖护,祖列,并学优才赡,移孝登朝,显位扬名,尽忠光国。父黄,皇朝蔚州参军事,而金门射策,方同王子之年;玉宸承荣,始逮终军之岁。"按:据墓志,张成之父张黄"金门射策",当为科举出身,科目未详。

《登科记考补正》卷二七《附考·进士科》录载张黄,证据不足。

【杨孝弼】字恭,望出恒农华阴,后迁河南郡,曾祖洛,周永平具令,祖润,周使持节岐州诸军事岐州刺史,父建,唐玄戈军右六府车骑将军。科举出身,科目未详。官至朝散大夫、许州司马。

《唐代墓志汇编》先天〇〇三,先天元年(712)十月二十五日《唐徵士朝散大夫许州司马杨君(孝弼)墓志铭并序》:"公讳孝弼,字恭,恒农华阴人也……今为河南郡人也焉。曾祖洛,周永平县令;祖润,周使持节岐州诸军事岐州刺史;父建,唐朝请大夫、右侯卫温泉府鹰扬郎将。武德初,累迁玄戈军右六府车骑将军……(公)枢衣问道,入孔肆以登科;膏吻飞谈,下邹庭而炙輠。贞观之际,严尊遽殁;显庆之初,慈亲见背。"按:据志文,孝弼当为科举出身,科目未详。

《登科记考补正》卷二七《附考·明经科》录载杨孝弼,未知何据。

【郑知贤】字道鉴,荥阳开封人,曾祖振,官安都太守,祖元轨,官缑氏令,父玄巨,官新繁令。约高宗时进士及第,授德州司仓。官至蜀州长史。

《唐代墓志汇编》圣历〇二九,圣历二年(699)六月七日《周中大夫行蜀州长史上柱国郑公(知贤)墓志铭并序》:"公讳知贤,字道鉴,荥阳开封人也……五代祖幼儒,魏吏部尚书;誉重山裴,天下推其藻鉴。曾祖振,安都太守。祖元轨,缑氏令。父玄巨,新繁令;望隆许郭,海内挹其清尘。公宅粹五行,资灵三象,扬漪笔海,擢第文昌,解巾德州司仓,徙尚方丞,迁汉州司马……除蜀州长史。"按:知贤"擢第文昌",当为科举及第。以圣历元年(698)五月二十五日卒,春秋六十七推之,其擢第时间当在高宗时期。

《登科记考补正》卷二七《附考·进士科》录载郑知贤,证据不足。

【郭恒】字知常,太原介休人,曾祖孝恭,官安州安陆县令,祖敬玄,官并州大都督府司马,父大宝,官卫州长史。科举出身,科目未详。官终龙州刺史。

《唐代墓志汇编》景龙〇一三,景龙二年(708)十一月十四日《大唐故中大夫使持节龙州诸军事龙州刺史郭府君(恒)墓志铭并序》:"君讳恒,字知常,太原介休人也……曾祖孝恭,隋袭封长安县开国男、翊军将军、大都督、安州安陆县令,改封崇义县开国男。祖敬玄,并州大都督府司马、勋官大将军。父大宝,卫州长史……君凤□其敏,擢第甲科,解褐授绛州参军,除原府法曹、始州司士、宣州司法。"按志云郭恒"擢第甲科",当为科举出身,科目未详。以卒于景龙二年(708)十月四日,春秋七十九推之,其擢第当在高宗年间。

《登科记考补正》卷二七《附考·进士科》录载郭恒,证据不足。

【崔玄隐】字少徽,博陵安平人。约高宗时科举及第,拜扬州大都督府参军。又制举授许州司户,官至尚书比部员外郎。

《唐代墓志汇编》开元五〇一,开元二十七年(739)十月二十六日《大唐故朝散大夫检校尚书比部员外郎博陵崔府君(玄隐)墓志铭并序》:"公讳玄隐,字少徽,博陵安平人也……曾祖叔胤,北齐安东将军、濮阳太守;祖孝康,隋长平郡陵川县令;父世标,唐饶州司户参军、婺州龙丘县令……公即龙丘府君第二子也。庭习钟鼓,家传礼仪。敏洽天成,词华代许,射策擢第,拜扬州大都督府参军。行满专城,誉流江国,无何,制举授许州司户。"按:据墓志,崔玄隐卒于万岁通天元年(696)八月十九日,春秋六十有四,其"射策擢第"与制举当在高宗年间。

《登科记考补正》卷二七《附考·进士科》录载崔玄隐,证据不足。

【路岩】字山基,其先阳平人,后迁洛阳,曾祖护,官隋白马令,祖顺,官隋通议大夫左御卫郎将,父举,官隋深州司法。科举及第,官至文林郎。

《唐代墓志汇编》万岁通天〇二四,万岁通天二年(697)五月二十五日《大周文林郎路府君(岩)墓志铭并序》:"君讳岩,字山基,其先阳平人也。七世祖靖,宋明帝时为河南郡丞,因官葺宅于洛阳,即今为洛阳人也……曾祖护,隋白马令……祖顺,隋通议大夫左御卫郎将……父举,隋深州司法……(君)方从小学,便已大成,对问兰台之英,爰擢太常之第。寻授文林郎。"按:路岩"爰擢太常之第",当为科举出身,科目未详。以春秋七十卒于私第,万岁通天二年(687)与夫人合葬的时间推算,其科举及第约在太宗至高宗时期。

【裴咸】字思容,河东闻喜人,祖涤,官隋司农丞、随州司马,父方产,官唐侍御史,尚书比部、左司二郎中,雍州长安县令。约高宗时擢第,初授益州导江尉。官至太子谕德。

《唐代墓志汇编》圣历○○五,圣历元年(698)十月四日《大周故正议大夫行太子左谕德裴公(咸)墓志铭并序》:"公讳咸,字思容,河东闻喜人也……曾祖孝忠,齐著作佐郎、中书舍人;祖涤,隋司农丞、随州司马。考方产,唐侍御史,尚书比部、左司二郎中,雍州长安县令……(裴咸)解褐自益州导江尉,华州郑县尉,雍州泳阳尉,历左台监察御史里行,右台监察御史,殿中侍御史,文昌天官员外郎,秋官郎中,给事中,太子左谕德,春秋六十三……公爰始甲科,累从剧县,四为御史,二为郎官,六载居给事中,一迁至左谕德。"按:以圣历元年(698)八月卒,春秋六十三推之,裴咸擢第当在高宗年间。

《登科记考补正》卷二七《附考·进士科》录载裴咸,证据不足。

卷四

嗣圣元年甲申(684)

正月甲申朔,改元嗣圣。《旧唐书·本纪》。

二月,废中宗为庐陵王。立豫王李旦为皇帝,改元文明。《资治通鉴》。

九月甲寅,改元光宅。《册府元龟》《唐大诏令集》。

知贡举:考功员外郎刘廷奇

进士科

【许旦】一作"许且",嗣圣元年(684)进士科状元及第。

(元)辛文房撰,傅璇琮主编《唐才子传校笺》(册一)卷一《陈子昂》条云:"子昂字伯玉,梓州人。开耀二年许旦榜进士。"按笺云:"按子昂登第年有歧说。此云开耀二年(682),另一说为文明元年(684)。《旌德碑》:'年二十四,文明元年,进士射策高第,其年高宗崩于洛阳宫,陵驾将归于乾陵,公乃献书阙下。天后览其书而壮之,召见金华殿,因言伯王大略,君臣明道,拜麟台正字。由是海内词人,靡然而风,乃谓司马相如、扬子云复起于岷峨之间矣。'按据《旧唐书》卷五《高宗纪》,高宗卒于永淳二年(683),'文明元年八月庚寅,葬于乾陵';又《资治通鉴》卷二〇二光宅元年(684),'五月丙申,高宗灵驾西还',皆与《旌德碑》所言合。《陈氏别传》亦云:'以进士对策高第。属唐高宗大帝崩于洛阳宫,灵驾将西归,子昂乃献书阙下。时皇上以太后居摄,览其书而壮之,召见问壮。子昂貌寝寡援,然言王伯大略,君臣之际,甚慷慨焉。上壮其言而未深知也,乃敕曰:"梓州人陈子昂,地籍英灵,文称伟晔",拜麟台正字。时洛中传写其书,市肆闾巷,吟讽相属,乃至转相货鬻,飞驰远迩。两《唐书》本传所载亦略同。'……子昂之进士登第年应是文明元年,《才子传》作开耀二年非。"

《登科记考》卷三开耀二年(682)进士科作"许且"。《登科记考补正》卷三改系许且嗣圣元年(684)进士科及第。

【陈子昂】字伯玉,梓州射洪人。文明初(684)举进士。官右拾遗。

《全唐文》卷二三八,卢藏用《陈了昂别传》:"陈了昂字伯玉,梓州射洪县人也,本居颍川……年二十一,始东入咸京,游大学,历抵群公,都邑靡然属目矣,由是为远近所籍甚。以进士对策高第,属唐高宗大帝崩于洛阳宫,灵驾将西归,子昂乃献书阙下。"

《全唐文》卷七三二,赵儋《大唐剑南东川节度观察处置等使户部尚书兼御史大夫梓州刺史鲜于公为故拾遗陈公建旌德之碑》:"公讳子昂,字伯玉。梓州射洪县人也……年二十四,文明元年进士,射策高第,其年高宗崩于洛阳宫。"按:《登科记考》考为开耀二年(682)进士登科。

《新唐书》卷一〇七《陈子昂传》:"陈子昂十八未知书……它日入乡校,感悔,即痛修饬,文明初,举进士。"

【郑繇】郑州人。嗣圣元年(684)进士。

(宋)计有功《唐诗纪事》卷一五《郑繇》:"繇,郑州人,登嗣圣元年进士第。"

《登科记考》卷三嗣圣元年(684)进士科录载郑繇。

【郜贞铉】光宅登科。

(明)凌迪知《万姓统谱》卷一〇四《唐》:"郜贞铉,光宅登科。"

【康庭芝】嗣圣元年(684)乡贡进士。

(五代)王定保《唐摭言》卷一《乡贡》:"光宅元年闰七月二十四日,刘廷奇重试下十六人,内康庭芝一人。"

《登科记考》卷三嗣圣元年(684)进士科录载康庭芝。

【梁知微】嗣圣初登进士第。

(宋)计有功《唐诗纪事》卷二二《梁知微》:"知微,嗣圣初登进士第。"

明经科

【晋休景】字休景,平阳人。嗣圣元年(684)孝廉擢第,授润州城参军。官至扬州大都督府江都县令。

《邙洛碑志三百种》,晋克构撰开元十四年(726)五月十九日《唐故朝散大夫行扬州大都督府江都县令上柱国晋府君(休景)墓志铭并序》:"君讳休景,字休景,平阳人也……七岁能属文,十三专易象,博综群艺,网罗百家。弱冠补弘文生,以成诵在心,孝廉擢第,解褐授润州参军。"按:休景卒于开元十一年(723),春秋五十九,则其弱冠年在嗣圣元年(684)。

制科

【王旦】光宅元年(684)词标文苑科登第。

(宋)王溥《唐会要》卷七六《贡举中·制科举》:"垂拱四年十二月,辞标文苑科,房晋、皇甫琼、王旦及第。"

(宋)王钦若等《册府元龟》卷六四五《贡举部(七)·科目》:"则天垂拱四年十二月,词标文苑科。(房晋、皇甫琼、王旦及第。)"按:《登科记考》卷三嗣圣元年(684)制科录载王旦。

【严识玄】字识玄,冯翊重泉人。永淳二年(683)乡贡进士及第。翌年应文藻流誉科及第。官朝议大夫行兵部郎中。

《全唐文补遗》第三辑,张希迥撰开元六年(718)正月十四日《大唐故朝议大夫行尚书兵部郎中上柱国冯翊严府君(识玄)墓志铭并序》:"公讳识玄,字识玄,冯翊重泉人也……永淳年,以乡贡进士擢第,又应文藻流誉科及第,授襄州安养县尉。"

《登科记考补正》卷二永淳三年进士科、卷三嗣圣元年(684)制举分别增补严识玄。

【房晋】光宅元年(684)词标文苑科登第。

(宋)王溥《唐会要》卷七六《贡举中·制科举》:"垂拱四年十二月,辞标文苑科,房晋、皇甫琼、王旦及第。"

（宋）李昉等《文苑英华》卷四八一《策五》《词标文苑科策》下注："光宅元年。"录有房晋之对策，《登科记考》卷三载入嗣圣元年（684）。

（宋）王钦若等《册府元龟》卷六四五《贡举部（七）·科目》："则天垂拱四年十二月，词标文苑科。（房晋、皇甫琼、王旦及第。）"按：《登科记考》卷三载入嗣圣元年（684）。

（宋）王应麟《玉海》卷一一五《选举·唐制举》："辞标文苑房晋三人，垂拱四年。"

【皇甫伯琼】一作皇甫琼。光宅元年（684）词标文苑科登第。

（宋）王溥《唐会要》卷七六《贡举中·制举》："垂拱四年十二月，辞标文苑科，房晋、皇甫琼、王旦及第。"

（宋）李昉等《文苑英华》卷四八一《策五》《词标文苑科策》下注："光宅元年。"录有皇甫琼之对策，下注"《登科记》作皇甫伯琼"。《登科记考》卷三载入嗣圣元年（684）制科。

（宋）王钦若等《册府元龟》卷六四五《贡举部（七）·科目》："则天垂拱四年十二月，词标文苑科。（房晋、皇甫琼、王旦及第。）"按：《登科记考》卷三载入嗣圣元年（684）。

【郭敬之】华州郑县人、子仪之父。登嗣圣元年（684）、永昌元年（689）将帅举。历绥、渭、桂、寿、泗五州刺史，以子贵，赠太保，追封祁国公。

《全唐文》卷三三九，颜真卿撰《有唐故中大夫使持节寿州诸军事寿州刺史上柱国赠太保郭公（敬之）庙碑铭并序》："（敬之）弱冠，以邦乡之赋骤膺将帅之举，四擢高第有声。"按：敬之以天宝三年（744）卒，年七十八，是年十八岁。

《旧唐书》卷一二〇《郭子仪传》："郭子仪，华州郑县人。父敬之，历绥、渭、桂、寿、泗五州刺史，以子贵，赠太保，追封祁国公。"

【寇洋】字若水，上谷昌平人。光宅元年（684）材称栋梁举擢第，久视初（700）登拔萃出类科，授魏州昌乐尉。神龙元年（705）应县令举甲科。官至恒王府长史。

《唐代墓志汇编》天宝一三六，贺兰弼撰天宝七载（748）十一月《唐故广平郡太守恒王府长史上谷寇府君（洋）墓志铭并序》："公讳洋，字若水，上谷昌平人……弱冠应材称栋梁举，策居第二；又试拔萃出类科，与邵升、齐瀚同时超等，授魏州昌乐尉，换洛州兴泰尉。神龙初，大徵儒秀，精择令长，荐与卢藏用等高第，敕授虢州卢氏令，后除申王府记室参军，改并州录事参军。"按：《新唐书》卷一二三本传，卢藏用"应县令举甲科"，则寇洋神龙初所举亦当为县令举。

光宅二年乙酉（685）

正月丁未，改元垂拱元年。《旧唐书·本纪》。

知贡举：考功员外郎刘廷奇

进士科

【吴道古】一作吴师道,垂拱元年(685)状元及第。

(五代)王定保《唐摭言》卷一《试杂文》:"垂拱元年,吴师道等二十七人及第。"

(宋)李昉等《太平广记》卷一七八《贡举一·试杂文》引《摭言》:"垂拱元年,吴道古等二十七人及第。"

(明)徐应秋《玉芝堂谈荟》卷二《历代状元》:"武后垂拱元年,状元吴道古。"

《登科记考》卷三垂拱元年(685)进士科录载吴师道。

【颜元孙】字聿修,琅琊临沂人,或京兆长安人。嗣圣初第进士。官太子舍人、华州刺史。

《全唐文》卷三四〇,颜真卿《唐故通议大夫行薛王友柱国赠秘书少监国子祭酒太子少保颜君碑铭》:"生我伯父讳元孙泉君……举进士。"

《全唐文》卷三四一,颜真卿《秘书省著作郎夔州都督长史上护军颜公神道碑》:"君讳勤礼,字敬。琅琊临沂人……孙元孙,举进士。"

《全唐文》卷三四一,《朝议大夫守华州刺史上柱国赠秘书监颜君神道碑铭》:"君讳元孙,字聿修,京兆长安人……举进士,素未习尚书,六日而兼注必究,省试《九河铭》《高松赋》。"

《旧唐书》卷一八七下《忠义下·颜杲卿传》:"(颜杲卿)父元孙,垂拱初登进士第。"

《登科记考》卷三垂拱元年(685)进士科录载颜元孙。

嘉靖《山东通志》卷三〇《人物三·兖州府》:"(颜元孙)嗣圣初举进士,历官太子舍人。"

明经科

【李尚隐】万年人。举明经。玄宗中官户部尚书,东都留守。谥曰贞。

《旧唐书》卷一八五下《良吏下·李尚隐传》:"李尚隐,其先赵郡人,世居潞州之铜鞮,近又徙家京兆之万年。弱冠明经累举,补下邽主簿。时姚珽为同州刺史,甚礼之。景龙中,为左台监察御史……累迁御史中丞……寻转兵部侍郎,再迁河南尹……累转京兆尹,历蒲、华二州刺史,加银青光禄大夫,赐爵高邑伯,入为大理卿,代王鉷为御史大夫……二十四年,拜户部尚书、东都留守。二十八年,转太子宾客。寻卒,年七十五,谥曰贞。"

《新唐书》卷一三〇《李尚隐传》:"李尚隐,其先出赵郡,徙贯万年。年二十举明经,再调下部主簿,州刺史姚珽说其能,器之。"

《全宋文》册39,蒋之奇《唐广州都督五府经略使太子宾客谥曰贞李尚隐》:"尚隐之先,出自赵郡。徙贯万年,明经得俊。神龙之岁,监察左台……卒于开元,归重清议。"

《登科记考》卷三垂拱元年(685)明经科录载李尚隐。

【张嘉贞】字嘉贞,蒲州猗氏人。弱冠应五经举。拜平乡尉,开元八年(720)官中书侍郎、同中书门下平章事,十七年(729)卒,年六十四,赠益州大都督。谥曰恭肃。

《旧唐书》卷九九《张嘉贞传》:"张嘉贞,蒲州猗氏人也。弱冠应五经举,拜平乡尉,坐事免归乡里。长安中……擢拜监察御史。累迁中书舍人,历秦州都督、并州长史,为政严肃,甚为人吏所畏。开元初,因奏事至京师,上闻其善政,数加赏慰……八年春,宋璟、苏颋罢知政事,擢嘉贞为中书侍郎、同中书门下平章事。数月,加银青光禄大夫,迁中书令……十七年,嘉贞以疾请就医东都,制从之。至都,目瞑无所见,上令医人内直郎田休裕、郎将吕弘泰驰传往省疗之。其秋卒,年六十四,赠益州大都督。谥曰恭肃。"

《新唐书》卷一二七《张嘉贞传》:"张嘉贞字嘉贞,本范阳旧姓,高祖子吒,仕隋终河东郡丞,遂家蒲州,为猗氏人。以五经举,补平乡尉,坐事免。"

《登科记考》卷三垂拱元年(685)明经科录载张嘉贞。

诸科

【贾黄中】邺郡人。垂拱初科举及第。补连州司户,官至广府兵曹参军、摄韶州长史。

《唐代墓志汇编》开元〇七七,开元六年(718)十月二十四日《大唐故广府兵曹贾君(黄中)墓志铭并序》:"君讳黄中,邺郡人也……弱冠以斋郎及第,调补连州司户。秩满,补广府兵曹参军。莅职清明,六曹为最。黜陟使以君才堪上佐,而沉在下寮,遂表奏摄韶州长史……粤以开元六年遘疾,至十月四日,终于私第,时年五十三。"按:据志文,黄中及第当在垂拱初。

《登科记考补正》卷三光宅二年(685)诸科录载贾黄中。

制科

【张景尚】字希望,南阳西鄂人。光宅二年(685)制科及第,授亳州永城县丞。官至凤州别驾。

《河洛墓刻拾零》,开元二十九年(741)八月六日《大唐故凤州别驾张府君(景尚)墓志铭并序》:"君讳景尚,字希望,南阳西鄂人也……年十有七,应制举,擢甲科,授亳州永城县丞。"按:景尚卒于开元二十八年(740),享年七十二,则其十七岁时在光宅二年。

垂拱二年丙戌(686)

孝廉科

【皇甫无言】字无言,安定人。垂拱二年(686)举孝廉。历官太须昌县令、武进县令、舒州长史,官至郓州司马。

《秦晋豫新出墓志蒐佚续编》四八三,开元二十二年(734)十一月二十八日《唐故朝议大夫护军郓州司马皇甫公墓志铭并序》:"公讳无言,字无言,安定人也……公弱冠举孝廉,解褐从叙进再转太须昌县令,无何宰武进,为舒州长史。"按:无言卒于开元二十二年(734),享年六十八,则其弱冠在垂拱二年(686)。

【袁恂】字恂,汝南人。垂拱二年(686)孝廉擢第。历官相州参军、齐州司士,官至济州卢县令。

《河洛墓刻拾零》,开元十二年(724)十一月四日《大唐故济州卢县令袁公(愔)墓志铭并序》:"君讳愔,字恂,汝南人也……弱岁,孝廉擢第,补相州参军,转齐州司士参卿之职。"按:袁愔享年五十七,以开元十一年(723)六月四日卒于卢县官舍,其孝廉擢第年在垂拱二年。

垂拱三年丁亥(687)

进士科

【陈伯玉】垂拱三年(687)进士科状元及第。

(明)徐应秋《玉芝堂谈荟》卷二《历代状元》:"垂拱三年,状元陈伯玉。"

《登科记考》卷三垂拱三年(687)进士科录载陈伯玉。

孝廉科

【王豫】字安舒,琅邪临沂人。垂拱三年州举孝廉,调补清庙台斋郎。

《唐代墓志汇编》神功〇〇七,谢士良撰神功元年(697)十月二十二日《大周故右翊卫清庙台斋郎天官常选王豫墓志铭》:"王豫字安舒,琅邪临沂人也……洎廿一,门调宿卫,州举孝廉,调补清庙台斋郎。"按:王豫卒于延载元年(694),春秋二十八,则其二十一岁时在垂拱三年。

制科

【李帝臣】字帝臣,陇西狄道人。垂拱三年(687)制科及第。官终天官使者文林郎。

《全唐文补遗》千唐志斋新藏专辑,万岁通天元年(696)五月二十一日《大周天官使者文林郎陇西故李君(帝臣)墓志铭并序》:"君讳帝臣,字帝臣,陇西狄道人也……爰从卯角,州牧名闻;对策甲科,天下唯一。即垂拱三年之利用观光也。时人为之语曰:家有神童之课,异人于是间出。门生稀世之珍,果有非常之宝……以长寿二年八月五日,奄终于睦州之亭馆,春秋廿有五。"按:志云帝臣"爰从卯角,州牧名闻;对策甲科,天下唯一",则当为童子科出身;又云及第时在垂拱三年(687),以长寿二年(693)卒,春秋二十五推之,帝臣是年十九岁。十九岁的人尚云"卯角",难以成立;按唐童子考试之法,十九岁的人是没有资格参加童子科考试的。故录帝臣于"制科"。

【赵潔】字思贞,天水人。垂拱中武科制举及第,授左羽林卫长上。后又制举英雄盖伐科,授左领军卫司戈。官至锦州刺史,卒于开元中。

《唐代墓志汇编》开元一八九,开元十二年(724)二月一日《大唐故锦州刺史赵府君(潔)墓志文并序》:"公讳潔,字思贞,天水人也……公去垂拱中武举及第,制授左羽林卫长上……后制举英雄盖伐,词令抑扬,公第以甲,授左领军卫司戈。"按:《登科记考补正》卷三系赵潔武举及第,误。唐代武举常科设立于长安二年(702),赵潔属于武科制举及第。又垂拱凡四年,今系于三年,俟考。

垂拱四年戊子(688)

进士科

【刘处仁】金华人,垂拱四年(688)进士及第。

《宝刻丛编》卷十三据《诸道石刻录》著录:"唐赤松岩字碑:唐进士刘处仁撰,垂拱四年六月立。"

《登科记考补正》卷三垂拱四年(688)进士科增补刘处仁。

万历《金华府志》卷一八《科第·唐进士》:"垂拱戊子:刘处仁,金华人。"

四库本《浙江通志》卷一二三《选举一·唐·进士》:"天后垂拱:刘处仁,金华人。"

明经科

【尹守贞】天水冀人。垂拱四年(688)明经及第,授大成。

《全唐文》卷二三一,张说《四门助教尹先生墓志铭》:"先生讳守贞,天水冀人,盖好学博古者也。本乎官族,称为尹氏……大父珍,唐棣州蒲台令,父文,唐通州三冈令。先生……垂拱四年,以明经高第,遂授大成。"

《登科记考》卷三垂拱四年(688)明经科录载尹守贞。

【司马诠】字元衡,河内温人,曾祖运,隋国宾龙泉郡丞,封琅邪公,祖玄祚,隋国宾琅邪公,唐朝膳部郎中、礼部侍郎、通直散骑常侍、琅邪县开国男,父希奭唐初举秀才,授梓州永泰主簿,官至雍州长安县尉。神龙初,追赠怀州长史。垂拱四年(688)成均生明经擢第。官至薛王傅、上柱国。

《唐代墓志汇编》开元三三五,张修文撰开元十九年(731)十一月二十七日《大唐故薛王傅上柱国司马府君(诠)墓志铭并序》:"君讳诠,字元衡,河内温人也……曾祖运,隋国宾龙泉郡丞,封琅邪公;祖玄祚,隋国宾琅邪公,皇朝膳部郎中、礼部侍郎、通直散骑常侍、琅邪县开国男……父希奭,皇朝举秀才,解褐梓州永泰主簿,陕州芮城县丞,雍州万年、明堂、长安三县尉;甲科登第,策名筮仕,每安时以处顺,无朵颐而躁求。故才高于人,位不充量。神龙初,以长子中书侍郎锦追赠怀州长史……公则府君之第二子也。垂拱四年,以成均生明经擢第,解褐授湖州安古县尉,次授蒲州永乐丞,充巡察使判官。论功课最,擢授左肃政台监察御史殿中侍御史,转尚书比部员外郎、库部郎中……久之,除慈州刺史。时天子广忧人瘼,傍求共理,吏之本也,以公为能,丁内忧去职,服阕,授户部郎中,转太子家令,迁光禄卿。荣参列棘,甫践九卿;职是握兰,颇同三人。改仙州刺史,入为薛王府长史,转宋州刺史,授薛王傅。"

【何寀】蜀郡人。父福,约高宗时举明经。垂拱四年(688)明经及第。调选补简州平泉、邛州临邛二簿。应制举,授绛州夏尉。官至河南府兵曹。

《唐代墓志汇编》开元四六七,裴法撰开元二十六年(738)四月十一日《唐故河南府兵曹何府君(寀)墓志铭并序》:"公讳寀,蜀郡人也……曾祖璟,隋巴州司马;祖净,皇太子司马;父福,明经常选……(公)年弱冠,宿卫通经高第,调选补简州平泉、邛州临邛二簿。应制举,授绛州夏尉。"按:以开元二十六年(738)卒,春秋七十推之,何宷弱冠年在垂拱四年。

【崔孝昌】字庆之,清河东武城人。垂拱四年(688)明经及第,授洛州参军。官至太子右赞善大夫。

《唐代墓志汇编》太极〇〇三,太极元年(712)二月二十一日《唐故正议大夫行太子右赞善大夫判太子率更令上柱国清河崔府君(孝昌)墓志铭并序》:"公讳孝昌,字庆之,清河东武城人也……年甫十三,以门子补修文生,明经上第,解褐洛州参军。"按:据铭文,孝昌"弱冠登朝,嘉声云起",则其登第当在弱冠之年,以景云二年(708)春秋四十三推之,登第在垂拱四年。

《登科记考补正》卷三垂拱四年(688)明经科增补崔孝昌。

孝廉科

【杨承福】字名远,弘农华阴人。垂拱中,州举孝廉,拜文林郎。授灵州回乐县主簿,官至梓州铜山县尉。

《唐代墓志汇编》景龙〇四二,寇淑撰景龙四年(710)二月二十八日《大唐故梓州铜山县尉弘农杨府君(承福)墓记并序》:"君讳承福,字名远,弘农华阴人也……垂拱中,年弱冠,州举孝廉,太常对策,拜文林郎,调选授灵州回乐县主簿,又迁儒林郎骁骑尉,行梓州铜山县尉……以景龙三年十一月卅日终于洛阳毓财里,春秋五十七。"按:据志文,承福弱冠年当在高宗咸亨年间,与"垂拱中"不符。暂系垂拱四年及第,俟考。

诸科

【王训】字庭训,太原人。垂拱四年童子举及第。先天二年,授和义郡参军,官至桂阳郡临武县令。

《唐代墓志汇编》天宝〇六二,天宝四载(745)二月二十一日《□故桂阳郡临武县令王府君(训)墓志铭并序》:"公讳训,字庭训,其先太原人……垂拱四年,以神童擢第。先天二载,授和义郡参军。开(元)十四年,转延安郡肤施县丞。天宝三载三月,迁桂阳郡临武县令。"

【裴耀卿】字涣之,绛州稷山人。垂拱四年(688)童子举。弱冠拜秘书正字,俄补相王府典签。天宝元年,官至尚书左仆射,封赵城侯。卒赠太子太傅,谥曰文献。

《全唐文》卷三二六,《裴仆射齐州遗爱碑》:"公名耀卿,字涣之,河东闻喜人也……八岁神童举,试《毛诗》《尚书》《论语》及第。解褐补秘书省校书郎,历睿宗安国相王府典签。"按:河东闻喜为裴氏族望,两《唐书·裴守真传》皆云耀卿之父为绛州稷山人。

《旧唐书》卷九八《裴耀卿传》:"裴耀卿,赠户部尚书守真子也。少聪敏,数岁解属文,童子举。弱冠拜秘书正字,俄补相王府典签。时睿宗在藩,甚重之,令与掾丘悦、文学韦利器更直府中,以备顾问,府中称为学直。及睿宗升极,拜国子主簿。开元初,累迁长安令……十三年,为济州刺史……又历宣、冀二州刺史,皆有善政,入为户部侍郎。二十年,礼部尚书、信安王祎受诏讨契丹,诏以耀卿为副……其冬,迁京兆尹……寻拜黄门侍郎、同中书门下平章事,充转运使……明年,迁侍中。二十四年,拜尚书左丞相,罢知政事,累封赵城侯……天宝元年,改为尚书右仆射,寻转左仆射。一岁薨,年六十三,赠太子太傅,谥曰文献。"

《新唐书》卷一二七《裴耀卿传》:"(裴耀卿)数岁能属文,擢童子举,稍迁秘书省正字,相王府典签。"

(宋)王应麟《玉海》卷一一五《选举·唐童子科》:"裴耀卿数岁能属文,擢童子举。"

《登科记考》卷三垂拱四年(688)诸科录载裴耀卿。

制科

【王齐丘】字尚一,河东人。则天时制举及第,授越州会稽县尉。官至右台殿中侍御史。

《唐代墓志汇编》景龙〇二九,路敬潜撰景龙三年(709)十月二十六日《故右台殿中侍御史王君(齐丘)墓志铭并序》:"君讳齐丘,字尚一,本太原人。八代祖遵业,为魏黄门侍郎,生安喜。安喜为河东太守,子孙家焉,故今为郡人也……大周有制,察天下文儒,朝廷荐君,词标文苑,对策高第,解褐越州会稽县尉,寻为右拾遗。"按:据《登科记》,本年有"词标文苑科",则王氏当于是年登第。

《登科记考补正》卷三垂拱四年(688)制科增补王齐丘。

【陈该】字彦表,绵州显武人。垂拱四年(688)登学综古今制举,授怀州河内县尉。

《全唐文》卷二一六,《周故内供奉学士怀州河内县尉陈君石人铭》:"君讳该,字彦表,绵州显武人也,其先自颖川迁蜀矣。曾祖寄,祖曾,考永贵,皆养高不仕。君少好学,能属文,上元元年州贡进士,对策高第,释褐授将仕郎。其明年制敕天下文儒,司属少卿杨守讷荐君应词殚文律,对策高第,敕授茂州石泉县主簿。开耀元年制举,太子舍人司议郎大府少卿元知让应制荐君于朝堂,对策高第,敕授隆州苍溪县主簿。垂拱四年又应制学综古今,对策高第,敕授怀州河内县尉。凡历所职,皆以清廉仁爱著闻。有周革命,天授三年恩敕自河内追入阁供奉。居未期,不幸遇疾,于神都积善坊考终厥命,年六十三。"

《登科记考》卷三垂拱四年(688)制科录载陈该。

科目未详

【赵全璧】字升,河南洛阳人。垂拱年间擢第。长安年间授衡阳郡司法参军。官终朝议郎上护军缙云郡司仓参军。

《大唐西市博物馆藏墓志》二三九,天宝元年(742)四月二十六日《唐故朝议郎上护军缙云郡司仓参军赵府君墓志》:"公讳全璧,字升,河南洛阳人也……公有温良恭俭让之风,行仁义礼智信之德。夫有大才而无贵仕者,则信有之矣。垂拱年,擢第。长安年,授衡阳郡司法参军。"按:全璧垂拱年间擢第,今附于此。

永昌元年乙丑（689）

进士科

【元澹】字行冲，以字显，河南人。永昌元年（689）进士及第。官至太子宾客，弘文馆学士。累封常山郡公。

《旧唐书》卷一〇二《元行冲传》："元行冲，河南人，后魏常山王素连之后也……举进士，累转通事舍人……九迁至陕州刺史，兼陇右、关内两道按察使，未行，拜太常少卿。……开元初，自太子詹事出为岐州刺史，又充关内道按察使……七年，复转左散骑常侍。九迁国子祭酒，月馀，拜太子宾客、弘文馆学士。累封常山郡公……行冲俄又累表请致仕，制许之。"

《新唐书》卷二〇〇《儒学下·元行冲传》："元澹字行冲，以字显，后魏常山王素之后。少孤，养于外祖司农卿韦机。及长，博学，尤通故训。及进士第，累迁通事舍人。狄仁杰器之……景云中，授太常少卿。"

【宁悌原】名愷，字悌原，一作"愿悌"，以字行，钦州人。永昌元年（689）进士，官至谏议大夫兼修国史。

（唐）林宝撰，岑仲勉校记《元和姓纂（附四校记）》卷九钦州甯氏："师宗孙愷，谏议大夫，撰国史。"按：岑仲勉校云："按《会要》六八，景云元年有谏议大夫宁原悌，同书五〇，景云二年下作'悌原'。唐人往往名字互用，愷、悌意义相关，应即此人。《广州通志·列传》三亦云：'是原悌本名愷，原悌当以字行。'《元龟》一六二，先天元年，谏议大夫宁悌原宣劳岭南。"

《舆地纪闻》卷一一九《广南西路·钦州·人物》："宁悌原，钦州人，少好学，入郎济山读书，登唐永昌第。元宗时兼修国史。"

（明）李贤等《明一统志》卷八二《廉州府·人物·唐》："宁悌原，钦州人，少好学，永昌中进士，累官至谏议大夫兼修国史。"

《登科记考补正》卷三永昌元年（689）进士科增补宁原悌。

嘉靖《钦州志》卷八《人物》："（甯悌原）少好学，永昌中进士，屡官至谏议大夫兼修国史。"按：同书卷五《科贡·钦州·唐·进士》同。

明经科

【高嵘】字若山，渤海人。永昌元年（689）明经及第，授荆州参军。官至右监门卫中郎将。

《唐代墓志汇编》开元二九五，魏承休撰开元十七年（729）十月十六日《大唐故右监门卫中郎将高府君（嵘）墓志铭并序》："君讳嵘，字若山，渤海人也……君弱冠崇文生明经擢第，授荆州参军。"按：以春秋六十，开元十七年（729）卒推之，其弱冠岁在永昌元年。

【王洛客】字炅,太原祁人。永昌元年(689)明堂大礼科及第。官至正议大夫试大著作。

《书法丛刊》2002年第3期录载马克麾撰先天元年(712)十月十三日《唐正议大夫试大著作上柱国太原王君(洛客)墓志铭并序》:君"讳洛客,字炅,太原祁人也……永昌年,应大礼举,授合宫尉。"按:永昌惟一年,《登科记考补正》卷三永昌元年(689)载是年有明堂大礼科及第之赵叡冲等人,则王洛客亦应在永昌元年大礼举及第。

【孔季诩】字季和,越州山阴人。永昌初擢制科。终左补阙。

《新唐书》卷一九九《儒学中·孔若思传》:"孔若思,越州山阴人,陈吏部尚书奂四世孙……从父祯,第进士,历监察御史,门无宾谒,时讥其介。高宗时,再迁绛州刺史,封武昌县子,谥曰温。子季诩,字季和。永昌初,擢制科,授秘书郎。陈子昂常称其神清韵远,可比卫玠。终左补阙。"

《登科记考》卷三永昌元年(689)制科录载孔季诩。《登科记考补正》卷三永昌元年(689)制科录载孔季诩,按语云:张说《孔补阙集序》:"唐会稽孔季诩,字季和,识真之士也。弱冠制举授校书郎,转国子博士,年三十一卒于左补阙。祖绍安,中书舍人。考植,绛州刺史。"见《文苑英华》卷七○一。

【张柬之】字孟将,襄州襄阳人。进士擢第,永昌元年(689)贤良方正第一。官侍中书令,封汉阳郡王,加授特进。

(唐)杜牧《樊川文集》卷一二《上宣州高大夫书》:"汉阳王张公柬之,亦进士也,年八十为相,敺致四王,手提社稷,上还中宗。"

《旧唐书》卷九一《张柬之传》:"张柬之字孟将,襄州襄阳人也。少补太学生,涉猎经史,尤好《三礼》,国子祭酒令狐德棻甚重之。进士擢第,累补青城丞。永昌元年,以贤良征试,同时策者千余人,柬之独为当时第一,擢拜监察御史。圣历初,累迁凤阁舍人。神功初,出为合州刺史,寻转蜀州刺史……后累拜荆州大都督府长史。长安中,召为司刑少卿,迁秋官侍郎。时夏官尚书姚崇为灵武军使,将行,则天令举外司堪为宰相者。崇对曰:'张柬之沉厚有谋,能断大事,且其人年老,惟陛下急用之。'则天登时召见,寻同凤阁鸾台平章事。未几,迁凤阁侍郎,仍知政事。及诛张易之兄弟,柬之首谋其事。中宗即位,以功拜天官尚书、凤阁鸾台三品,封汉阳郡公,食实封五百户。未几,迁中书令。监修国史。月余,进封汉阳郡王,加授特进,令罢知政事。"

(宋)李昉等《文苑英华》卷四八二《策六》,《贤良方正策》录有张柬之对策文。

(宋)潘自牧《记纂渊海》卷三七《科举部·贤良科》:"张柬之以贤良召对,时年七十,对策者千余,柬之为第一。"

(宋)王应麟《玉海》卷一一五《选举·唐制举》:"张柬之,永昌元年贤良第一,时对策者千余。"

《登科记考》卷三永昌元年(689)制科、卷二七《附考·进士科》分别录载张柬之。

【李文尉】一作"李文蔚"。载初元年(689)抱儒素之业科及第。

（宋）王钦若等《册府元龟》卷六四五《贡举部（七）·科目》："永昌元年正月,蓄文藻之思科（彭景直及第）,抱儒素之业科（李文蔚及第）。"

《登科记考》卷三载初元年（689）抱儒素之业科录载李文蔚。

【林元泰】字履贞。永昌元年擢制科。终瀛洲刺史。

《林氏续庆图》："林孝宝,字宗珍。孝宝生文济,字季悦。文济生国都,字帝举。国都生元泰,字履贞,永昌元年举茂才,对策第三,拜内校文章博士,迁瀛洲刺史。"按:茂才,当即"贤良方正,茂才异等"科也。

《登科记考》卷三永昌元年（689）制科录载林元泰。

【赵叡冲】天水人。永昌元年（689）中明堂大礼科。官至同州河西丞。

《全唐文》卷四五二,邵说《唐故同州河西县丞赠虢州刺史太常卿天水赵公（叡冲）神道碑并序》："惟天水赵公讳叡冲。公惟隋员外散骑常侍平东将军渭源公显和之元孙,开府仪同三司博州刺史世立之曾孙,皇朝监察御史君煦之孙,虢王府法曹参军徵之子……天后时应明堂大礼科,上异获对,授陕州陕县尉,转汾州平遥尉,嚣剧之地,以干敏称。秩满,从调吏部,侍郎萧至忠以公所试超等,授大理评事。公迫于禄养,请署同州河西丞……以景云二年冬十月二旬有一日,终于县馆,享年五十二。"

《登科记考》卷三永昌元年（689）制科录载赵叡冲。

陈尚君《〈登科记考〉正补》："《登科记考》本年有明堂大礼科赵叡冲,系据邵说《赵叡冲神道碑》'天后时,应明堂大礼举'的记载,以为'武后享明堂在是年'。检《旧唐书》卷六《则天皇后纪》,武后自本年始,几乎每年皆亲享明堂。系于本年实未允。"按:陈说不无道理,但未解决系年问题。今仍从徐松说,以待后考。

【倪若水】字若水,中山藁城人。永昌元年（689）制科及第。官终尚书右丞。

《全唐文补遗》第六辑,开元七年（319）十一月六日《大唐故尚书右丞倪公（泉）墓志铭并序》："公讳泉,字若水,中山藁城人也……年甫七岁,□诵万言。诗书礼乐之英,黼黻鼗鼗之妙。曾未弱冠,声已芬于河朔矣。应八道使举射□登科,授秘书正字。复以举迁右骁卫兵曹参军,俄转洛州福昌县丞。又应封岳举,授雍州□□□丞,调补长安县丞。"按:据《唐书》本传,"公讳泉"当作"公讳子泉"。

罗继祖《登科记考补》之《尚书右丞倪子泉墓志》："字若水,中山藁城人也。曾未弱冠,声已芬于河朔矣。应八道使举,授秘书正字。"按是年六月诏曰:"其有报梁栋之才,可以丹青神化;蕴韬钤之略,可以振耀天威;资道德之方,可以奖训风俗;践孝友之行,可以劝率生灵;抱儒素之业,可以师范国胄;蓄文藻之思,可以方驾词人;守贞亮之节,可以直言无隐;履清白之操,可以守职不渝:凡此八科,实该三道"云云,若水志所谓"八道使科",盖谓此也。天授三年,《德州修县令苏卿墓志》,若水所撰,天授三年,至永昌元年,相距仅二年,而若水署衔正作"麟台正字"（麟台即秘阁,武后改名）,可为佐证。又志称名子泉,字若水,而《唐书》本传作名若水,字子泉;苏志亦作若水。盖当时以字行,志失书其事,传则误名为字耳。

《登科记考补正》卷三永昌元年（689）制科录载倪若水。

光绪《畿辅通志》卷三四《选举·唐·进士》："武后时,倪若水,藁城人,汴州刺史。"按:墓志等史料未云若水进士及第事,疑误。

上书拜官

【来子珣】永昌元年(689)以上书陈事,授左台监察御史。

《旧唐书》卷一八六上《酷吏上·来子珣传》:"来子珣,雍州长安人。永昌元年四月,以上书陈事,除左台监察御史……则天委之按制狱,多希旨,赐姓武氏,字家臣。天授中,丁父忧,起复朝散大夫、侍御史……俄又转为游击将军、右羽林中郎将。常衣锦半臂,言笑自若,朝士诮之。长寿元年,配流爱州卒。"

天授元年庚寅(690)

进士科

【王珣】字伯玉,并州祁人。天授初进士及第。应制科,迁蓝田尉,官至右散骑常侍。卒赠户部尚书,谥曰孝。

《新唐书》卷一一一《王方翼传》:"王方翼字仲翔,并州祁人……子珣,字伯玉,与兄屿、弟瑨以文学称,时号'三王'。天授初,珣及进士第,应制科,迁蓝田尉。以拔萃擢长安尉,因进见,武后召问刑政,嘉之。询其族氏,对曰:'废后,臣之姑也。'后不悦,左迁亳州司法参军。神龙初,为河南丞,武三思矫制贬临川令。宋璟辅政,召授侍御史。出许州长史。岁旱,珣时假刺史事,开廪振民,即自劾,玄宗赦之。累迁工部侍郎。而瑨至中书舍人。珣尝为秘书少监,数年而瑨继职。终右散骑常侍,卒。赠户部尚书,谥曰孝。"

《登科记考》卷三载初元年(天授元年,689)进士科、卷二七《附考·制科》分别录载王珣。

成化《中都志》卷六《名宦》:"(王珣)及进士第,擢长安尉,左迁亳州司法参军。"

嘉靖《许州志》卷五《官纪·宦绩》:"(王珣)天授初及进士,应制科,迁蓝田尉。"

【崔湜】字澄澜,定州安喜人,崔仁师之孙。载初元年(690)由太学生登进士第。累转左补阙,曾官中书侍郎同中书门下三品,中书令。

(五代)王定保《唐摭言》卷一《两监》:"又郭代公、崔湜、范履冰辈,皆由太学登第。"

《旧唐书》卷七四《崔仁师传附崔湜传》:"崔仁师,定州安喜人。武德初,应制举,授管州录事参军……永徽初,起授简州刺史,寻卒,年六十余。神龙初,以子挹为国子祭酒,恩例赠同州刺史。挹子湜。湜少以文辞知名,举进士,累转左补阙,预修《三教珠英》,迁殿中侍御史。神龙初,转考功员外郎……湜,景龙二年迁兵部侍郎,挹为礼部,父子同为南省副贰,有唐已来未有也。时昭容上官氏屡出外宅,湜托附之。由是中宗遇湜甚厚,俄拜吏部侍郎,寻转中书侍郎、同中书门下平章事。与郑愔同知选事,铨综失序,为御史李尚隐所劾,愔坐配流岭表,湜左转为江州司马。上官昭容密与安乐公主曲为申理,中宗乃以愔为江州司马,授湜襄州刺史。未几,入为尚书左丞。韦庶人临朝,复为中书侍郎、同中书门下三品。睿宗即位,出为华州刺史,俄又拜太子詹事。"

（宋）李昉等《太平广记》卷四九四《杂录二·崔湜》引《翰林盛事》:"唐崔湜,弱冠进士登科,不十年,掌贡举,迁兵部。父撝,亦尝为礼部,至是父子累日同省为侍郎。后三登宰辅,年始三十六。"

《新唐书》卷九九《崔仁师传附崔湜传》:"湜字澄澜。少以文词称。第进士,擢累左补阙,稍迁考功员外郎。"

（宋）潘自牧《记纂渊海》卷三六《仕宦部·父子同朝》:"崔湜弱冠登科,不十年掌贡举,迁兵部。父撝亦尝为礼部,至是父子累日同省为侍郎。翰林盛事。"

《登科记考》卷四,列圣历二年(699),误。《登科记考补正》卷三进士科录载崔湜,按语云:考两《唐书》及《资治通鉴》卷二一〇皆载崔湜卒于先天二年(713),卒年四十三。则其弱冠之岁在载初元年(690)。又《新唐书·崔仁师传》:"湜执政时,年三十八。"徐氏考误。

光绪《畿辅通志》卷三四《选举·唐·进士》:"武后时,崔湜,定州安喜人,吏部侍郎。"

制科

【王适】载初元年(690)制科及第。

《旧唐书》卷一九〇中《文苑中·刘宪传》:"刘宪,宋州宁陵人也……初则天时,敕吏部糊名考选人判,以求才彦,宪与王适、司马锽、梁载言相次判入第二等……王适,幽州人。官至雍州司功。"

《登科记考补正》卷二载初元年(690)制科增补王适。

【王珫】字元□,洛州洛阳人。载初元年(690)制科及第。官左卫大将军。

《全唐文补遗》第四辑,长安三年(703)三月十一日《大周故检校胜州都督左卫大将军全节县开国公上柱国王君（珫）墓志铭并序》:"君讳珫,字元□,其先太原晋阳人也,因官遂居于洛州洛阳县焉……垂拱二年,解褐以护军任朔州北楼戍主。如意元年,改授渭州渭源镇副。载初元年,应制举及第,加上柱国,改授右武卫绛川府左果毅都尉长上。"

《登科记考补正》卷三载初元年(690)应制及第增补王珫。

【司马锽】洛州温人。载初元年(690)制科及第。神龙中,卒于黄门侍郎。

《旧唐书》卷一九〇中《文苑中·刘宪传》:"刘宪,宋州宁陵人也……初则天时,敕吏部糊名考选人判,以求才彦,宪与王适、司马锽、梁载言相次判入第二等……司马锽,洛州温人也。神龙中,卒于黄门侍郎。"

《登科记考补正》卷二载初元年(690)制科增补司马锽。

【刘宪】字元度,高阳人,一作宋州宁陵人,父思立,官至考功员外郎。总章二年(669)进士及第。官至正议大夫守太子詹事兼修国史、崇文馆学士。卒赠兖州刺史。有文集三十卷。

《洛阳新获七朝墓志》岑羲撰景云二年(711)十月八日《大唐故正议大夫守太子詹事兼修国史崇文馆学士赠使持节都督兖州诸军事兖州刺史上柱国中山刘府君墓志铭并序》:

"君讳宪,字元度,高阳人……年十五,进士擢第。上元二年待制公□,征拜冀州阜城县尉,随班例也。时年甫弱冠而政声傍溢,守皓洁之迹不栖尘利,行至公之道有若神明……又制举授洛州伊阙尉。"按:据《刘宪墓志》可知,宪年十五进士擢第,以景云二年(711)卒,春秋五十七推算,其进士擢第在总章二年(669)。

《旧唐书》卷一九〇中《文苑中·刘宪传》:"刘宪,宋州宁陵人也。父思立,高宗时为侍御史……后迁考功员外郎,始奏请明经加帖、进士试杂文,自思立始也。寻卒官。宪弱冠举进士,累除冬官员外郎。天授中,……贬渍水令。再迁司仆丞。及俊臣伏诛,擢宪为给事中,寻转凤阁舍人。神龙初,坐尝为张易之所引,自吏部侍郎出为渝州刺史。俄复入为太仆少卿,兼修国史,加修文馆学士。景云初,三迁太子詹事……宪卒,赠兖州都督。有集三十卷。初则天时,敕吏部糊名考选人判,以求才彦,宪与王适、司马锽、梁载言相次判入第二等。"

《登科记考》卷二七《附考·进士科》录载刘宪。

【李文愿】一作李文蔚。载初元年(690)抱儒素之业科及第。

(宋)王溥《唐会要》卷七六《贡举中·制科举》:"永昌元年正月,蓄文藻之思科,彭景直及第。抱儒素之业科,李文愿及第。"

(宋)王钦若等《册府元龟》卷六四五《贡举部(七)·科目》:"永昌元年正月,蓄文藻之思科(彭景直及第),抱儒素之业科(李文愿及第)。"

《登科记考》卷三载初元年(690)制科录载李文蔚。

【张说】字道济,或字说之,洛阳人。载初元年(690)制科及第,授太子校书郎。官至尚书左丞相,燕国公,谥曰文贞。

(唐)刘肃《大唐新语》卷八《文章第十八》:"则天初革命……亲自临试,张说对策,为天下第一。"

(唐)杜牧《樊川文集》卷一二《上宣州高大夫书》:"张燕公说登制策科,排张易之兄弟,赞睿宗请玄宗监国,竟诛太平公主,招置文学士,开内学馆;玄宗好书尚古,封中太山,祀后土,因燕公也。"

《旧唐书》卷九七《张说传》:"张说,字道济,其先范阳人,代居河东,近又徙家河南之洛阳。弱冠应诏举,对策乙第,授太子校书,累转右补阙,预修《三教珠英》……中宗即位,召拜兵部员外郎,累转工部侍郎。景龙中,丁母忧去职,起复授黄门侍郎,累表固辞,言甚切至,优诏方许之。是时风教紊类,多以起复为荣,而说固节恳辞,竟终其丧制,大为识者所称。服终,复为工部侍郎,俄拜兵部侍郎,加弘文馆学士。睿宗即位,迁中书侍郎,兼雍州长史。景云元年秋……玄宗在东宫,说与国子司业褚无量俱为侍读,深见亲敬。明年,同中书门下平章事,监修国史。是岁二月……下制皇太子监国。明年,又制皇太子即帝位。俄而太平公主引萧至忠、崔湜等为宰相,以说为不附己,转为尚书左丞,罢知政事,仍令往东都留司。说既知太平等阴怀异计,乃因使献佩刀于玄宗,请先事讨之,玄宗深嘉纳焉。及至忠等伏诛,征拜中书令,封燕国公,赐实封二百户。其冬,改易官名,拜紫微令……十七年,复拜尚书左丞相、集贤院学士,寻代源乾曜为尚书左丞相。视事之日,上敕所司供帐,设音乐,内出酒食,御制诗一篇以叙其事。寻以修谒陵仪注功,加开府仪同三司。时长子均为中书舍人,次子坦尚宁亲公主,拜驸马都尉,又特授说兄庆王傅光为银青光禄大夫。当时荣宠,莫与为比。十八年,遇疾,玄宗每日令中使问疾,并手写药方赐之。十二月薨,时年六十四……玄宗为说自制神道碑文,御笔赐谥曰文贞。"

(宋)李昉等《文苑英华》卷四七七《策一》之《词标文苑策科》(永昌元年)录有张说对策文。按:《词标文苑策科》当为《词标文苑科策》,时间当为垂拱四年十二月,登第当在永昌元年。

《新唐书》卷一二五《张说传》:"永昌中,武后策贤良方正,诏吏部尚书李景谌糊名较覆,说所对第一,后署乙等,授太子校书郎,迁左补阙。"

(宋)晁公武《郡斋读书志校证》卷一七《别集类上》录《张说集》三十卷,注云:"右唐张说,道济也。洛阳人。永昌元年,贤良方正策第一,累为凤阁舍人。睿宗时,兵部侍郎、平章事。开元十八年,终左丞相,燕国公。"

(宋)潘自牧《记纂渊海》卷三七《科举部·考官》:"永昌元年应举综古今科一人,张说第一等。"按:"应举综古今科",当为"应学综古今科"。

(宋)王应麟《玉海》卷一一五《选举·唐制举》:"永昌中武后策贤良方正,诏吏书李景谌糊名校覆,张说所对第一。后置乙等,授太子校书郎。"

(元)辛文房撰,傅璇琮主编《唐才子传校笺》(册一)卷一《张说》条云:"说字道济,洛阳人。垂拱四年举学综古今科,中第三等,考策日封进,授太子校书。"

《登科记考》卷三垂拱四年(688)制科录载张说,《登科记考补正》卷三据《唐才子传校笺》卷一《张说传》笺注,改系张说载初元年(690)制科及第。

【柳冲】蒲州虞乡人。载初元年(690)制科及第。历官太子詹事、太子宾客、宋王傅、昭文馆学士。

《旧唐书》卷一八九下《儒学下·柳冲传》:"柳冲,蒲州虞乡人也,隋饶州刺史庄曾孙也。其先仕江左,世居襄阳。陈亡,还乡里。父楚贤,大业末,为河北县长……高祖甚悦,拜侍御史。贞观中,累转光禄少卿,使突厥存抚李思摩,突厥赠马百匹及方物,悉拒而不受。累转交、桂二州都督,皆有能名。卒于杭州刺史。冲博学,尤明世族,名亚路敬淳。天授初,为司府主簿,受诏往淮南安抚。使还,赐爵河东县男。景龙中,累迁为左散骑常侍,修国史……冲后历太子詹事、太子宾客、宋王傅、昭文馆学士,以老疾致仕。开元二年,又敕冲及著作郎薛南金刊定《系录》,奏上,赐绢百匹。五年卒。"

《新唐书》卷一九九《儒学中·柳冲传》:"柳冲,蒲州虞乡人,隋饶州刺史庄曾孙。父楚贤,大业中为河北县长……冲好学,多所研总。天授初,为司府寺主簿,诏遣安抚淮南,使有指,封河东县男。中宗景龙中,迁左散骑常侍,修国史。初,太宗命诸儒撰《氏族志》,甄差群姓。其后门胄兴替不常,冲请改修其书,帝诏魏元忠、张锡、萧至忠、岑羲、崔湜、徐坚、刘宪、吴兢及冲共取德、功、时望、国籍之家,等而次之。夷蕃酋长袭冠带者,析著别品。会元忠等继物故,至先天时,复诏冲及坚、兢与魏知古、陆象先、刘子玄等讨缀,书乃成,号《姓系录》。历太子宾客、宋王师、昭文馆学士,以老致仕。开元初,诏冲与薛南金复加刊窜,乃定。"

《登科记考补正》卷三载初元年(690)制科增补柳冲。

四库本《陕西通志》卷六五《科目》:"天授元年贤良方正科:柳冲,虞乡人,昭文馆学士。"

【贺兰务温】字茂弘,河南洛阳人。载初中应大礼举,拜太子家令丞。官至相州刺史。

《千唐志斋藏志》六一六李升期撰开元九年(721)十月二十三《唐故正议大夫使持节相州诸军事守相州刺史上柱国河南贺兰公(务温)墓志铭并序》:"公讳务温,字茂弘,河南洛阳人也……载初中应大礼举,诏问前殿,天子异其册,拜家令丞。"

《登科记考补正》卷三永昌元年(689)增补贺兰务温明堂大礼举及第。按:陈尚君《〈登科记考〉正补》永昌元年赵睿沖条考证云:"《登科记考》本年有明堂大礼科赵叡沖,系据邵说《赵叡沖神道碑》'天后时,应明堂大礼科'的记载,以为'武后享明堂在是年'。检《旧唐书》卷六《则天皇后纪》,武后自本年始,几乎每年皆亲享明堂。系于本年实未允。"孟二冬引用了陈尚君的考证数据,但没有接受陈氏观点,仍将贺兰务温系于永昌元年(689)明堂大礼科。今按永昌元年十一月改元载初,依周正建子月为正月。九月九日壬午,革唐命,改国号为周,改元为天授。志云务温"载初中应大礼举",则当系载初元年大礼举及第。

【梁载言】博州聊城人。上元二年(675)进士及第,载初元年(690)制科及第。中宗时官至怀州刺史。

《旧唐书》卷一九〇中《文苑中·刘宪传》:"刘宪,宋州宁陵人也……初则天时,敕吏部糊名考选人判,以求才彦,宪与王适、司马锽、梁载言相次判入第二等……梁载言,博州聊城人。历凤阁舍人,专知制诰。撰《具员故事》十卷,《十道志》十六卷,并传于时。中宗时为怀州刺史。"

《登科记考》上元二年(675)进士科录载梁载言,考云:"《书录解题》:'梁载言,上元二年进士。'"按:《书录解题》当指宋人陈振孙所撰《直斋书录解题》,今人徐小蛮、顾美华点校本未见梁载言进士及第之记载。

《登科记考补正》卷二上元二年(675)进士科、载初元年(690)制科分别录载梁载言。

【彭景直】载初元年(690)蓄文藻之思科及第。

(宋)王溥《唐会要》卷七六《贡举中·制科举》:"永昌元年正月,蓄文藻之思科,彭景直及第。抱儒素之业科,李文愿及第。"

(宋)王钦若等《册府元龟》卷六四五《贡举部(七)·科目》:"永昌元年正月,蓄文藻之思科(彭景直及第),抱儒素之业科(李文愿及第)。"

(宋)王应麟《玉海》卷一一五《选举·唐制举》:"文藻儒素彭景直二人。"

《登科记考》卷三载初元年(690)制科录载彭景直。

【颜惟贞】字叔坚,琅琊临沂人。载初元年(690)制科及第,官至通议大夫行薛王友柱国。赠秘书少监、国子祭酒、太子太保。

《全唐文》卷三四〇,颜真卿撰《唐故通议大夫行薛王友柱国赠秘书少监国子祭酒太子太保颜君(惟贞)碑铭》:"君讳惟贞,字叔坚……自鲁居于琅琊临沂孝悌里……君仁孝友悌,少孤,育舅殷仲容氏,蒙教笔法。家贫无纸笔,与兄以黄土扫壁本石画而习之,故特以草隶擅名。天授元年,糊名考试,判入高等。以亲累授衢州参军,与盈川令杨炯、信安尉桓彦范相得甚欢。又选授洛州温县、永昌二尉,每选皆判入高科。侍郎苏味道以所试示介众曰:'选人中乃有如此书判!'嗟叹久之。遂代兄为长安尉、太子文学,以清白五为察访使魏奉古等所荐。五邸初开,盛选僚属,拜薛王友柱国……累赠秘书少监、国子祭酒、太子少保。"按:《旧唐书》卷六《则天皇后纪》:载初元年春正月,神皇亲享明堂,大赦天下。依周制建子月为正月,改永昌元年十一月为载初元年正月。九月九日壬午,革唐命,改国号为周,改元为天授。

《登科记考》卷三载初元年(690)拔萃科、卷二七《附考·制科》分别录载颜惟贞。

天授二年辛卯(691)

进士科

【邓森】字茂林,南阳新野人。天授二年(691)进士及第,授右台监察御史里行。官至荆州大都督府司马。

《唐代墓志汇编》景云〇〇七,王绍望撰景云二年(711)二月七日《大唐故中散大夫守荆州大都督府司马上柱国南阳邓府君(森)墓志铭并序》:"公讳森,字茂林,南阳新野人也……总章二年,任国子监学生;天授二年,应举□策。观光入辟,先飞隐士之星;射策登科,遽擢太常之第。蒙授右台监察御史里行。"

《登科记考补正》卷三天授二年(691)进士科增补邓森。

【卢朓】范阳人。天授二年(691)进士擢第,应制拔萃甲科。历官奉常太祝、左金吾卫骑曹,官终饶阳郡司马。

《全唐文补遗》第八辑,李林宗撰大和九年(835)四月十日《唐故楚州营田巡官将仕郎徐州彭城县主簿范阳卢府君(处约)墓志铭并序》:"君讳处约,字得之,范阳人……曾祖朓,年十七,擢进士上第。著龙门篇,播于洛中。历秘书郎、深邓二州司马。"又:《全唐文补遗》千唐志斋新藏专辑,卢绘撰会昌六年(846)《大唐故宣德郎前守苏州海盐县令绘并前妻故陇西李氏合祔墓志文自叙》:"唐故宣德郎、前守苏州海盐县令卢绘,北祖大房七世祖讳昌衡……曾祖讳朓,皇朝进士判等拔萃,秘书郎、深邓二州司马。"按:卢朓卒于开元二十一年(733),春秋五十九,《卢处约墓志》云其曾祖卢朓擢进士上第,则卢朓当于天授二年(691)进士擢第。若按《卢朓墓志》"弱冠,进士擢第",则卢朓进士擢第应在长寿三年(694)。古人称"弱冠"一般为二十岁左右,并非特指二十岁,在无佐证的情况下,一般均以二十岁计算;但若有明确的年龄记载,则应予以确认。

《文史》,总第84辑,《大唐故朝请大夫饶阳郡司马上柱国卢府君(朓)墓志铭并序》(赵君平赠拓):"君讳朓,范阳人也……弱冠,进士擢第,应制拔萃甲科,署奉常太祝,历左金吾卫骑曹。"

【薛稷】字嗣通,蒲州汾阴人。天授二年(692)擢进士第。累转中书舍人,官至太子少保,封晋国公,睿宗时赐死。

《旧唐书》卷七三《薛收传附薛稷传》:"薛收,字伯褒,蒲州汾阴人,隋内史侍郎道衡子也……收子元超……元超从子稷……稷举进士,累转中书舍人。时从祖兄曜为正谏大夫……遂转为户部尚书。稷又于帝前面折崔日用,递相短长,由是罢知政事,迁左散骑常侍,历工部、礼部二尚书。以翊赞睿宗功封晋国公,赐实封三百户,除太子少保。睿宗常召稷入宫中参决庶政,恩遇莫与为比。及窦怀贞伏诛,稷以知其谋,赐死于万年县狱中。"

《新唐书》卷九八《薛收传附薛稷传》:"稷字嗣通,道衡曾孙。擢进士第,累迁礼部郎中、中书舍人。"

(明)陶宗仪《书史会要》卷五:"薛稷,字嗣通,河东汾阴人,擢进士第,官至太子少保,封晋国公。"

《登科记考》卷三长寿三年(694)制科、卷二七《附考·进士科》分别录载。《登科记考补正》卷三据陈尚君《〈登科记考〉正补》,改系薛稷天授二年(691)进士科及第。

乾隆《山西通志》卷六五:"薛稷,天授中进士。"

制科

【卢朓】范阳人。天授二年(691)进士擢第,应制拔萃甲科。小传见本年进士科。

《文史》总第84辑,《大唐故朝请大夫饶阳郡司马上柱国卢府君(朓)墓志铭并序》(赵君平赠拓):"君讳朓,范阳人也……弱冠,进士擢第,应制拔萃甲科,署奉常太祝,历左金吾卫骑曹。"

【祝钦明】字文思,雍州始平人,父綝,字叔良,官终无极尉。武后时举明经,天授二年(692)中英才杰出业奥六经科。官至国子祭酒、同中书门下三品。

《旧唐书》卷一八九下《儒学下·祝钦明传》:"祝钦明,雍州始平人也。少通《五经》,兼涉众史百家之说。举明经。长安元年,累迁太子率更令,兼崇文馆学士。中宗在春宫,钦明兼充侍读。二年,迁太子少保。中宗即位,以侍读之故,擢拜国子祭酒、同中书门下三品,加位银青光禄大夫,历刑部、礼部二尚书,兼修国史,仍旧知政事,累封鲁国公,食实封三百户。"

《新唐书》卷一〇九《祝钦明传》:"祝钦明字文思,京兆始平人。父綝,字叔良,少通经,颇著书质诸家疑异;门人张后胤既显宦,荐于朝,诏对策高第,终无极尉。钦明擢明经,为东台典仪。永淳、天授间,又中英才杰出、业奥六经等科,拜著作郎,为太子率更令。中宗在东宫,钦明兼侍读,授太子经,兼弘文馆学士。中宗复位,擢国子祭酒、同中书门下三品。进礼部尚书,封鲁国公,食实封户三百。"

《登科记考》卷三天授二年(691)制举英才杰出、业奥大经科录有祝钦明,考云:《文献通考》引李巽岩家有《唐制举科目图》一卷。在天授中,祝钦明中英才杰出、业奥大经科。按:《新书·祝钦明传》:"永淳、天授间,中英才杰出、业奥六经科。"是"大"为"六"字之讹。英才杰出与业奥六经,亦非一科也。附此俟考。

《登科记考》卷二七《附考·明经科》录载祝钦明。

上书拜官

【柳顺】字娘奴,河东解人。天授二年(691)上书陈事,授右武威卫兵曹参军事。官至卫尉寺丞。

《全唐文补遗》第一辑,何茂撰景龙四年(710)五月二十二日《大唐故朝议郎行卫尉寺丞柳府君(顺)墓志铭并序》:"公讳顺,字娘奴,自幼以字行,河东解人也……奉天授二年腊月九日□,柳娘奴箕裘无替,诗礼有闻。早采赤伏之符,预识黄星之运。上书陈事,频献乃诚。□有褒升,用旌忠恳。可承务郎,守右武威卫兵曹参军事。"

天授三年壬辰(692)

四月改元为如意;九月庚子,改元为长寿。

进士科

【敬守德】河东人,祖志文,冀州枣强县令,父玄奭,茂州石泉县令。则天时,进士及第。又应抚字举及第,授宁州罗川县尉。开元初,应强干有闻科及清白科,授河南府阳翟县尉。官至晋州洪洞县令。

《唐代墓志汇编》开元五〇七,开元二十八年(740)二月十五日《唐故朝请大夫行晋州洪洞县令敬公(守德)墓志铭并序》:"公讳守德,其先平阳人也……其后因官南徙,今为河东人矣。曾祖坦,隋河间郡丞;祖志文,皇冀州枣强县令;父玄奭,皇茂州石泉县令。公石泉府君之子也。弱冠以进士出身应抚字举及第,授宁州罗川县尉。开元初,献书直谏,敕授幽州新平县主簿。应强干有闻科第二等,同清白第三等,授河南府阳翟县尉,授绛州万泉县令,加朝散大夫转晋州洪洞县令。"按:以开元二十八年(740)正月十二日卒,时年六十八推之,守德弱冠岁在天授三年。

明经科

【赵怀珬】字怀珬,天水人。天授三年(692)明经及第,授易州参军。官至洛交郡长史。

《唐代墓志汇编》至德〇〇一,至德二年(757)九月二十二日《□□□□□大夫洛交郡长史上柱国赵府君(怀珬)墓志铭并述》:"因封著姓……故今为天水令望也……君讳怀珬,字怀珬……始冠明经,授易州参军。"按:怀珬卒于天宝十五载(756),享年八十四,则其始冠之年在天授三年。

【崔茂宗】字季昌,安平博陵人。如意元年(692)明经及第。官终郑州荥阳县令。

《文史》,总第84辑,王缙撰《大唐故朝议郎郑州荥阳县令崔府君(茂宗)墓志铭并序》(赵君平赠拓):"公讳茂宗,字季昌,安平博陵人也……比年廿,文学足用,以明经上第,选补宁州参军。"按:茂宗卒于开元二十九年(741),享年六十九,则其二十岁时在如意元年。

【崔晙】清河东武城人。如意元年(692)与弟崔景晊同登明经第。

《全唐文》卷三一八,李华《唐赠太子少师崔公(景晊)神道碑》:"少师讳景晊,清河东武城人也……年十七,与亲兄晙一举明经,同年擢第。二十三调补梁州南郑县尉,以能政闻。转蜀州晋原县尉,以清白器干为按察使倪若水表荐大理评事。以亲累贬利州葭萌丞,历梓州盐亭丞、晋州司法参军……开元三年终於官舍,春秋四十。"按:以开元三年(715)卒,春秋四十推之,崔晙兄弟明经及第年在如意元年(692)。

《登科记考》卷四系崔晙大足元年(701)明经科及第,误。《登科记考补正》卷三据陈尚君《〈登科记考〉正补》,改系崔晙如意元年(692)明经科及第。

【崔景晊】清河东武城人。如意元年(692)与兄崔晙同登明经第。曾官晋州司法参军。

《全唐文》卷三一八,李华《唐赠太子少师崔公(景晊)神道碑》:"少师讳景晊,清河东武城人也……年十七,与亲兄晙一举明经,同年擢第。二十三调补梁州南郑县尉,以能政闻。转蜀州晋原县尉,以清白器干为按察使倪若水表荐大理评事。以亲累贬利州葭萌丞,历梓州盐亭丞、晋州司法参军……开元三年终于官舍,春秋四十。"按:以开元三年(715)卒,春秋四十推之,崔景晊兄弟明经及第年在如意元年(692)。

《登科记考》卷四系崔景晊大足元年(701)明经科及第,误。《登科记考补正》卷三据陈尚君《〈登科记考〉正补》,改系崔景晊如意元年(692)明经科及第。

孝廉科

【敬昭道】字皎,河南缑氏人。天授三年(692)孝廉及第,授汝州武兴县主簿。官至太子舍人。

《唐代墓志汇编》开元二二二,《唐故太子舍人敬府君(昭道)墓志铭并序》:"公讳昭道,字皎,河南缑氏人也……及乎弱冠,擢以孝廉,于是君子知其大成也。"按:敬氏卒于开元十三年(725)九月十四日,春秋五十三,则其弱冠岁在天授三年。

制科

【公孙思观】河洛人。长寿元年(692)擢第,授翊麾校尉行右金吾卫左司戈。开元三年官至武州刺史。

《唐代墓志汇编》开元一〇〇,欧阳植撰开元八年(720)二月十九日《唐故正议大大使持节武州诸军事行武州刺史上柱国公孙府君(思观)墓志》:"公讳思观,其先辽西襄平人,家代因官,居于河洛……长寿初祀,□欲搜扬,公以武艺超伦,其年擢第,敕授翊麾校尉行右金吾卫左司戈。二年,恩制加阶,授致果副尉行本任。"

【吴嘉宾】渤海人。如意元年(692)五臣举擢第。官至梓州刺史。

《全唐文补遗》千唐志斋新藏专辑,吴巩撰开元二十六年(738)五月十七日《唐故梓州刺史渤海吴公(嘉宾)墓志铭并序》:"公讳嘉宾,渤海人也……如意年中,以五臣举擢第,拜右卫执戟……春秋六十有八,以开元廿五年太岁丁丑正月朔廿五日,终梓州之公馆。"按:以开元二十五年(737)卒,春秋六十八推之,嘉宾如意年(692)五臣举擢第时二十三岁。

科目未详

【张况】字尚絜,魏郡人。崇文生高第,补遂州司兵参军。官至太中大夫、同州刺史。

《洛阳新获七朝墓志》赵良玉撰开元二十八年(740)十一月十五日《大唐故太中大夫使持节同州诸军事守同州刺史上柱国张府君墓志铭并序》:"公讳况,字尚絜,魏郡人也……年十八,以崇文生高第,丁相国府君忧,泣血三年未尝见齿,服阕调补遂州司兵参军。"按:张况卒于开元二十八年(740)五月三日,春秋六十六,则其十八岁时在武后如意元年(692)。

长寿二年癸巳(693)

进士科

【赵夏日】河南府河南县人。长寿二年(693)登进士科。历宋城、朝邑两县尉。开元中,制举高第,官至邠王府文学。

(唐)林宝《元和姓纂》卷七《中山赵氏》:"【中山】称本自天水徙中山曲阳,今定州鼓城县。后周信州长史赵达,孙协,生宝符。宝符生不器。不器生夏日、和璧、冬曦、安贞、居贞、汇贞、颐贞,兄弟七人举进士。"

《唐代墓志汇编》开元三四四,开元二十年(732)六月十一日《唐故邠王文学天水赵公(夏日)墓志铭并序》:"公讳夏日,其先天水人。七世祖崇,东魏开府仪同三司,封下曲阳公,因家之。至父不器,为监察御史,徙居河南,故今为河南府河南县人也。家世以秀才进士见用,六世于兹矣。公幼而聪慧,八岁善属文,十八入大学,才名冠诸生,弱冠以进士擢第,历宋城、朝邑两县尉。开元中,诏择能为县宰者,公应诏高第,除平□令,风化大行,巡察使以名升,进为第一等,擢拜邠王府文学。王以公名重,常敬事之,逾于师傅……以开元廿年六月十一日,终于私第,春秋五十有九。"

《旧唐书》卷一〇二《韦述传》:"中书令张说专集贤院事,引述为直学士,迁起居舍人。说重词学之士,述与张九龄、许景先、袁晖、赵冬曦、孙逖、王翰常游其门。赵冬曦兄冬日,弟和璧、居贞、安贞、颐贞等六人,述弟迪、逌、迥、迟、巡亦六人,并词学登科。说曰'赵、韦昆季,今之杞梓'。"按:赵冬曦兄冬日,当作"夏日";弟和璧,当作"和璧"。

(宋)乐史《广卓异记》卷一九《一家八人进士及第·赵不器》条云:"右按《登科记》:赵不器子夏日、冬曦、和璧、安贞、居贞、颐贞、汇贞,父子八人皆进士及第。内冬曦、安贞,神龙二年考功崔彦昭下兄弟二人及第。"

《登科记考》卷二七《附考·进士科》、《登科记考补正》卷三长寿二年(693)进士科、同书卷二七《附考·制科》分别录载赵夏日。

明经科

【杨玠】字温玉,弘农华阴人。长寿二年(693)明经及第,解褐补汉州什邡县尉。官终豫章郡司马。

《秦晋豫新出墓志蒐佚续编》五八九，天宝十载(751)十一月五日《唐故豫章郡司马杨君墓志铭并序》："公讳玠，字温玉，弘农华阴人也……年廿七以孝廉登科，解褐补汉州什邡县尉。"按：以开元二十六年(738)卒，春秋七十有二推之，杨玠二十七岁明经及第在长寿二年(693)。

【张贻玘】字淑宝，清河东武城人。长寿二年(693)明经及第。官终广平郡武安县令。

《全唐文补遗》千唐志斋新藏专辑，王武撰大历四年(769)十月十五日《唐故朝请大夫广平郡武安县令张公(贻玘)墓志铭并序》："公讳贻玘，字淑宝，张姓，清河东武城人也……弱冠太学，举经明左氏传，射策高第，荣冠士林……以天宝七载寅月，寝疾卒于新昌里私第，春秋七十五。"按：以天宝七载(748)卒，春秋七十五推之，其弱冠年在长寿二年。

制科

【王元】字大禄，河南县人。长寿二年(693)制科及第，授右监门卫右司戈、上柱国。官至宣威将军洛州永嘉府折冲都尉。

《唐代墓志汇编》开元〇九〇，开元九年(719)九月五日《大唐故宣威将军左骁卫河南府永嘉府折冲都尉上柱国王府君(元)墓志铭并序》："君讳元，字大禄，其先太原人，因官迁于河南府，今为河南县人也……弱不好弄，弥敦志学。年廿三，丁洪杜府君忧，哀毁过礼，迄于终制，孝极天经，遂投笔从军，荷戈应募，西登赤岭，展戎算于疆场；东泛沧波，振英声于绝域。昭阳茂秩，旌级畴庸，仄陋明扬，便应妙选。长寿二年擢第，受右监门卫右司戈、上柱国。"按：《登科记考补正》卷三系王元于长寿三年(693)进士及第，证据不足。王元擢第后即授职右监门卫右司戈、上柱国。左、右监门卫掌守宫殿门及宫门屯兵，司戈秩正八品下或从八品下。上柱国乃勋官品级，唐代勋阶的授予，多由战功，勋官最高一阶称为"上柱国"，视正二品，享受授田三十顷的待遇。从墓志所述王元生平事迹来看，以武官身份考中制举的可能性最大。

【杨处济】字远客，弘农人。长寿二年(693)，孝悌举，授朝散郎吏部常选。

《河洛墓刻拾零》，景龙三年(709)十月二十六日《大唐故上骑都尉朝散郎吏部常选杨公(处济)墓志铭并序》："公讳处济，字远客，弘农人也……长寿二年应孝悌举，授朝散郎吏部常选。"

【药元】字绍元。长寿二年(693)，恩制武举擢第，左羽林军飞骑宿卫。

《全唐文补遗》第八辑，天宝六载(747)十月二十八日《唐故药府君(元)墓志铭并序》："公讳元，字绍元……年甫十八，恩制武举擢第，左羽林军飞骑宿卫……以天宝五载，寝疾不瘳，终于家，春秋七十有一。"按：以天宝五载(746)卒，春秋七十一推之，药元十八岁武制举及第时在长寿二年。

长寿三年甲午(694)

五月甲午,改元为延载。

诸科

【苗艮琼】字继甫。长寿三年(694)以神童擢第,授将仕郎。

《文史》,总第84辑,《大唐故吏部常选苗府君(艮琼)墓志铭并序》(赵君平赠拓):"府君讳艮琼,字继甫……十五以神童擢第,授将仕郎。"按:艮琼卒于开元四年(716),春秋三十七,则其十五岁神童及第在长寿三年。

制科

【王敏】字元敏,洛州永昌县人。仪凤三年(678)应举及第,授上骑都尉任左领军卫长上旅帅。延载元年(694),又应举及第,授左卫白渠府长上折冲。官至壮武将军右鹰扬卫翊右郎将。小传见仪凤三年制科王敏条。

《唐代墓志汇编》长安〇六五,长安四年(704)九月二十三日《大周故壮武将军行右鹰扬卫翊府右郎将王君(敏)墓志□并序》:"君讳敏,字元敏,其先太原晋阳人也,因官遂居于洛州永昌县焉……延载元年,应举试高第,授左卫白渠府长上折冲。"

【寇泚】长寿三年(694)临难不顾殉节宁邦科及第。又举神龙三年(707)贤良方正科。

(宋)王溥《唐会要》卷七六《贡举中·制科举》:"长寿三年四月,临难不顾绚节宁邦科,薛稷、寇泚及第。"

(宋)王钦若等《册府元龟》卷六四五《贡举部(七)·科目》:"长寿三年四月,临难不顾,绚节宁邦科。(薛稷、寇泚及第。)"

《登科记考》卷三长寿三年(694)制科、卷四神龙三年(707)制科分别录载寇泚。

【薛稷】长寿三年(694)制科及第。

(宋)王溥《唐会要》卷七六《贡举中·制科举》:"长寿三年四月,临难不顾殉节宁邦科,薛稷、寇泚及第。"

(宋)李昉等《文苑英华》卷四七九《策三》《临难不顾殉节宁邦科》(长寿三年)录有薛稷对策文。

(宋)王钦若等《册府元龟》卷六四五《贡举部(七)·科目》:"长寿三年四月,临难不顾,殉节宁邦科。(薛稷、寇泚及第。)"

(宋)王应麟《玉海》卷一一五《选举·唐制举》:"殉节宁邦薛稷二人。"

《登科记考》卷三长寿三年(694)制科、卷二七《附考·进士科》分别录载薛稷。

科目未详

【王廉】字守廉,太原晋阳人。长寿三年(694)登科,科目未详。官至上党郡大都督黎城县令。

《文史》,总第84辑,刘长卿撰天宝十一载(752)二月二十四日《大唐故朝议郎行上党郡大都督府黎城县令上柱国太原王公(廉)墓志铭并序》(赵君平赠拓):"公讳廉,字守廉,太原晋阳人也……弱冠登科,授太子家令寺主簿。"按:王廉卒于天宝二年(743),春秋六十九,则其登科之年在长寿三年。

证圣元年乙未(695)

正月辛巳,改元证圣。九月甲寅,改元为天册万岁。

知贡举:考功员外郎李迥秀

进士科

【许南容】证圣元年(695)进士及第。

(宋)李昉等《文苑英华》卷五〇二《策二十六》,《书史百家》录有许南容对策文。

《登科记考》卷四证圣元年(695)进士科录载许南容。

【孙嘉之】潞州涉县人。天册元年(695)进士擢第。曾官王屋县主簿,官至宋州司马,终襄邑令。

《全唐文》卷三一三,孙逖《宋州司马先府君墓志铭》:"府君讳嘉之,字某,魏郡武水人也。故属安乐,盖齐大夫书之后……曾祖孝敏,隋大业中并州晋阳县令,所居之聚,聊设衡关,至称为晋阳里。祖仲将,皇朝郓州寿张县丞;父希庄,皇朝韩王府典签。自晋阳至府君,四世而传一子,故五服之内,无近属焉。府君四岁而孤,无所怙恃。外祖刘士杰,因官居于潞之涉县,府君自幼及长,外族焉依……天册中以进士擢第,与崔日用、苏晋俱为考功郎中李迥秀特所标赏。久视初预拔萃,与邵炅、齐澣同升甲科。解褐蜀州新津县主簿,又补河南府缑氏县尉,改王屋县主簿……历洺州曲周、宋州襄邑二县令。秩满之后,遂绝迹人世,屏居园林,怡神大和,以适初愿。居数岁,适长子逖拜中书舍人,实掌丝纶。皇上以府君在义方之训,特授朝散大夫宋州司马,仍听致仕。手诏褒美,亲族荣之。享年八十三,以开元二十七年四月二十四日,弃背于东都集贤里之私第。"

《唐代墓志汇编》会昌〇一〇,《唐故汝州司马孙府君墓志铭并序》:"曾祖府君讳嘉之,皇朝天册中,举进士,擢高第。"

《唐代墓志汇编》大中一二〇,《孙府君墓志铭并序》:"曾王父讳嘉之,天册中,升进士拔萃二科。"

《旧唐书》卷一九〇中《文苑中·孙逖传》:"孙逖,潞州涉县人。曾祖仲将,祖希庄,韩王府典签。父嘉之,天册年进士擢第,又以书判拔萃,授蜀州新津主簿,历曲周、襄邑二县令,以宋州司马致仕,卒年八十三。"

《新唐书》卷二〇二《文艺中·孙逖传》:"(孙嘉之)第进士,终襄邑令。"

《登科记考》卷四证圣元年(695)进士科、卷四大足元年(701)制科分别录载孙嘉之。

光绪《畿辅通志》卷三四《选举·唐·进士》:"武后时,孙嘉之,武强人,垂拱年第,襄邑令。"

【李令琛】证圣元年(695)进士及第。

(宋)李昉等《文苑英华》卷五〇二《策二十六》之《书史百家》录有李令琛对策文。

《登科记考》卷四证圣元年(695)进士科录载李令琛。

【苏晋】雍州蓝田人,苏珦之子。弱冠天册元年(695)进士及第,又应大礼举。先天中累迁中书舍人,兼崇文馆学士。官至户部侍郎,太子左庶子。

《全唐文》卷三一三,孙逖《宋州司马先府君墓志铭》:"天册中(孙嘉之)以进士擢第,与崔日用、苏晋俱为考功郎中李迥秀特所标赏。"

《旧唐书》卷一〇〇《苏珦传附苏晋传》:"苏珦,雍州蓝田人。明经举,累授鄠县尉……子晋,亦知名……弱冠举进士,又应大礼举,皆居上第。先天中,累迁中书舍人,兼崇文馆学士。玄宗监国,每有制命,皆令晋及贾曾为之。晋亦数进谠言,深见嘉纳。俄出为泗州刺史,以父老乞辞职归侍,许之。父卒后,历户部侍郎,袭爵河内郡公。开元十四年,迁吏部侍郎……出为汝州刺史。三迁魏州刺史,加银青光禄大夫,入为太子左庶子。"

《新唐书》卷一二八《苏珦传附苏晋传》:"子晋,数岁知为文,作《八卦论》……举进士及大礼科,皆上第。"

(宋)王应麟《玉海》卷一一五《选举·唐开元礼举》:"苏晋传,举大礼科上第。"

《登科记考》卷四证圣元年(695)进士科、同卷天册万岁二年(696)制科、神龙三年(707)制科分别录载苏晋。

成化《中都志》卷六《名宦》:"(苏晋)举进士,及大礼科,皆上第,为中书令。"

【贺知章】字季真,越州会稽人。证圣初第进士,授国子四门博士。迁太常博士,太子宾客,秘书监。又举超拔群类科,官太子右庶子,迁礼部侍郎兼集贤院学士。赠兵部尚书。

(唐)李冗《独异志》卷上:"唐贺知章,会稽永真人,进士擢第,太常少卿,秘书监,为太子诸王侍读。"

《旧唐书》卷一九〇中《文苑中·贺知章传》:"贺知章,会稽永兴人,太子洗马德仁之族孙也。少以文词知名,举进士。初授国子四门博士,又迁太常博士,皆陆象先在中书引荐也。开元十年,兵部尚书张说为丽正殿修书使,奏请知章及秘书员外监徐坚、监察御史赵冬曦皆入书院,同撰《六典》及《文纂》等,累年,书竟不就。后转太常少卿。十三年,迁礼部侍郎,加集贤院学士,又充皇太子侍读……由是改授工部侍郎,兼秘书监同正员,依旧充集贤院学士。俄迁太子宾客、银青光禄大夫兼正授秘书监……天宝三载,知章因病恍惚,乃上疏请度为道士,求还乡里,仍舍本乡宅为观。上许之,仍拜其子典设郎曾为会稽郡司马,仍令侍养。御制诗以赠行,皇太子已下咸就执别。至乡无几寿终,年八十六。"

《新唐书》卷一九六《隐逸·贺知章传》:"贺知章字季真,越州永兴人……证圣初,擢进士,超拔群类科,累迁太常博士。"

《宣和书谱》卷一八:"贺知章,字季真,越州永兴人,擢第后复登超拔群类科……赠兵部尚书。"

（元）辛文房撰，傅璇琮主编《唐才子传校笺》（册一）卷三《贺知章》条云："知章字季真，会稽人。少以文词知名。性旷夷，善谈论笑谑。证圣初，擢进士，超拔群类科。"

（明）陶宗仪《书史会要》卷五："贺知章，字季真，自号四明狂客，越州永兴人。擢第，官至秘书外监，赠兵部尚书。"

《登科记考》卷四证圣元年（695）进士科录载贺知章。

宝庆《四明志》卷八："贺知章，字季真……证圣初擢进士，超拔群类科，迁太常博士……寻迁太子右庶子。"

嘉靖《浙江通志》卷三八《人物志》："（贺知章）证圣初擢进士，超拔群类，累迁太常博士。"

嘉靖《萧山县志》卷五《列传·名臣》："（贺知章）证圣初擢进士，超拔群类科，累迁太常博士。"

【崔日用】滑州灵昌人，其先自博陵迁徙而来。证圣元年（695）进士及第，授芮成尉。官至黄门侍郎，吏部尚书。参知机务，封齐国公，谥曰昭。

《全唐文》卷四九，崔祐甫《齐昭公崔府君集序》："我族叔父齐昭公讳日用……弱冠乡贡进士擢第。"

《全唐文》卷三一三，孙逖《宋州司马先府君墓志铭》："天册中（孙嘉之）以进士擢第，与崔日用、苏晋俱为考功郎中李迥秀特所标赏。"

《旧唐书》卷九九《崔日用传》："崔日用，滑州灵昌人，其先自博陵徙家焉。进士举，初为芮城尉。大足元年，则天幸长安，路次陕州。宗楚客时为刺史，日用支供顿事，广求珍味，称楚客之命，遍馈从官。楚客知而大加赏叹，盛称荐之，由是擢为新丰尉。无几，拜监察御史……（神龙中）以功授银青光禄大夫、黄门侍郎，参知机务，封齐国公，食实封二百户。为相月余，与中书侍郎薛稷不协，于中书忿竞，由是转雍州长史，停知政事。寻出为扬州长史，历婺、汴二州刺史、兖州都督、荆州长史……寻出为常州刺史，削实封三百户，转汝州刺史……（开元）十年，转并州大都督长史。寻卒，时年五十，赠吏部尚书，谥曰昭。"

《新唐书》卷一二一《崔日用传》："崔日用，滑州灵昌人。擢进士第，为芮城县尉。"

《登科记考》卷四证圣元年（695）进士科录载崔日用。

明经科

【卢悦】字子儒，范阳人。证圣元年（695）明经擢第，拜密州司户。官终司农寺丞。

《河洛墓刻拾零》，开元二十四年（736）十二月二十八日《大唐故司农寺丞卢府君（悦）墓志铭并序》："府君讳悦，字子儒，范阳人也……年十八大学明经擢第，令问令望，为龙为光，解褐拜密州司户。"按：卢悦卒于开元二十一年（733），春秋五十六，则其十八岁时在证圣元年。

制科

【张猗】一作张倚，原籍范阳方城，后迁襄阳，祖元弼，官安州刺史，父柬之，进士及第，官至特进、中书令、汉阳王。武周时举成均馆进士,证圣元年(695)制举长才广度沉迹下僚科及第。官至著作佐郎。

《唐代墓志汇编》开元三八一,张子愿撰开元二十一年(733)孟冬月《唐故朝散大夫著作郎张府君墓志铭并序》:"君讳漪,字若水,范阳方城人。四代祖策,从后梁宣帝入西魏,子孙遂家襄阳焉。隋澧阳令、讳则府君之曾孙;皇都督安、隋、郢、沔四州诸军事,安州刺史,讳元弼府君之嫡孙;特进、中书令、汉阳王讳柬之府君之冢子。天纵明达,家传孝友,质而能史,文而不华。周举成均进士擢第。上圣历封事,一命怀州武陟尉。后应长才广度科,再转洛州登封主簿。"按:据志文,张漪历官左补阙、著作佐郎。

(宋)李昉等《文苑英华》卷四七九《策三》之《长才广度沉迹下僚策》(证圣元年)录有张倚对策文,注云:"《登科记》作漪。"

(宋)王钦若等《册府元龟》卷六四五《贡举部(七)·科目》:"证圣元年,长才广度、沉迹下僚科。(张河及第。)"按:"河"当作"漪"。

(宋)王应麟《玉海》卷一一五《选举·唐制举》:"长才广度张漪。"

《登科记考》卷四证圣元年(695)制科、卷二七《附考·进士科》分别录载张漪。

【贺知章】证圣元年(695)举超拔群类科。小传见证圣元年进士科贺知章条。

《旧唐书》卷一九〇中《文苑中·贺知章传》:"少以文词知名,举进士,初授国子四门博士,又迁太常博士,皆陆象先在中书引荐也。"

《新唐书》卷一九六《隐逸·贺知章传》:"贺知章字季真,越州永兴人……证圣初,擢进士,超拔群类科,累迁太常博士。"

《宣和书谱》卷一八:"贺知章,字季真,越州永兴人,擢第后复登超拔群类科……赠兵部尚书。"

(元)辛文房撰,傅璇琮主编《唐才子传校笺》(册一)卷三《贺知章》条云:"知章字季真,会稽人。少以文词知名。性旷夷,善谈论笑谑。证圣初,擢进士,超拔群类科。"

《登科记考》卷四证圣元年(695)制科录载贺知章。

宝庆《四明志》卷八:"贺知章,字季真……证圣初擢进士,超拔群类科,迁太常博士……寻迁太子右庶子。"

嘉靖《浙江通志》卷三八《人物志》:"(贺知章)证圣初擢进士,超拔群类,累迁太常博士。"

嘉靖《萧山县志》卷五《列传·名臣》:"(贺知章)证圣初擢进士,超拔群类科,累迁太常博士。"

科目未详

【郑翰】字子鸾。证圣元年(695)射策高第,科目未详。

《全唐文补遗》千唐志斋新藏专辑,崔澄撰开元十四年(726)正月三十日《大唐故河南府寿安县主簿郑公(翰)墓志铭并序》:"唐故寿安主簿荥阳郑翰,字子鸾,所为吏隐者也……唐证圣年,以公侯之胤嗣,警卫天禁,补右卫翊一府附学,射策高第。解褐拜许州参军。"按:郑翰"射策高第"当为科举及第,时在证圣元年(695),科目俟考。

上书拜官

【成敬奇】证圣元年(695)上书拜官,授校书郎。累拜监察大理正。

(宋)李昉等《太平广记》卷二五九《嗤鄙二·成敬奇》引《御史台记》:"唐成敬奇有俊才,天策(册)中,诣阙自陈,请日试文章三十道。则天乃命王勃试之,授校书郎,累拜监察大理正。"

《登科记考》卷四证圣元年(695)制科录载。

天册万岁二年丙申(696)

腊月甲申,封神岳,改元万岁登封。

三月丁巳,新明堂成,改元万岁通天。

知贡举:考功员外郎李迥秀

进士科

【郑遂初】万岁通天元年(696)进士第。

(宋)计有功《唐诗纪事》卷一三《郑遂初》:"郑遂初,万岁通天元年,李迥秀下登第。"

《登科记考》卷四天册万岁二年(696)进士科录载郑遂初。

【崔沔】字若冲,一字善冲,京兆长安人。万岁登封元年(696)第进士,拜麟台校书郎。天册万岁二年(696)举贤良方正第一。历秘书监、中书侍郎、魏州刺史、太子宾客、怀州刺史等。卒后赠礼部尚书,谥曰孝。

《全唐文》卷三一五,李华《赠礼部尚书清河孝公崔沔集序》:"帝唐文行大臣太子宾客赠礼部尚书博陵孝公崔氏,讳沔,字若冲,安平公暄之少子也……进士登第,举贤良方正对策第一,召见拜校书郎,历陆浑主簿。朝廷以公直躬正词,擢左补阙,以公嫉邪忿佞,除殿中侍御史;文端武淑,迁起居舍人;学该典礼,拜尚书祠部员外郎;议事惟允,迁给事中;立言成训,改中书舍人;辞乞就养,授虞部郎中;节高天下,擢御史中丞;刚亦不吐,降著作郎;道冠儒林,迁秘书少监;动为人范,除左庶子;宜均大政,拜中书侍郎;望尊地逼,出为魏州刺史;人惟求旧,入为左散骑常侍贰东宫居守、集贤院学士、秘书监、太子宾客兼怀州刺史。罢州复职副守,薨于位,时开元二十四年冬仲月旬有七日,春秋六十七。赠礼部尚书。"按:据《崔沔墓志》,其卒年为开元二十七年(739)。

《唐代墓志汇编》大历〇六〇,李邕撰开元二十九年(741)十二月二十九日《有唐通议大夫守太子宾客赠尚书左仆射崔公(沔)墓志》:"公讳沔字若冲,博陵安平人也……曾祖讳弘峻府君,隋银青光禄大夫、赵王长史;祖讳俨府君,皇朝益州洛阳令;考讳暟府君,朝散大夫、汝州长史、安平县开国男,赠卫尉少卿……公廿四,乡贡进士擢第,其年封中岳,诏牧伯举贤良,公与兄故监察御史浑双名居右,敕拜麟台校书郎。满岁,补洛州陆浑主簿……入为左散骑常侍兼判国子祭酒。始东都副留守,复秘书监。上籍田东都留守册太子宾客兼怀州刺史。俄而去兼,加通议大夫。终东都副留守。时春秋六十有七。呜呼!以开元廿七年十一月十七日薨于居守之内馆。门下省居守以闻,圣上哀悼,追赠礼部尚书,赙以粟帛。太常考行,谥曰孝。"按:以开元二十七年(739)卒,春秋六十七推之,崔沔二十四岁登进士第,时在万岁登封元年(696)。

《旧唐书》卷一八八《孝友·崔沔传》:"崔沔,京兆长安人……初应制举,对策高第。"

(宋)李昉等《文苑英华》卷四八一《策五》之《应封神岳举对贤良方正策三道》下注:"神功元年。"按:《登科记考》卷四考应为天册万岁二年登第。

《新唐书》卷一二九《崔沔传》:"崔沔字善冲,京兆长安人……纯谨无二言,事亲笃孝,有才章。擢进士,举贤良方正第。"

(宋)计有功《唐诗纪事》卷一四《崔沔》:"沔,字善冲,举贤良方正第一,最受知于张说。"

(宋)王应麟《玉海》卷一一五《选举·唐覆试》:"崔沔举贤良方正高第,不中者诵訾之。武后敕有司覆试,对益工,遂为第一。"

《登科记考》卷四天册万岁二年(696)进士科、同年制科分别录载崔沔。

明经科

【崔翘】字明微,清河东武城人。万岁登封元年(696)明经及第,官终银青光禄大夫、礼部尚书。卒赠太子太傅。

《全唐文补遗》第九辑,崔至撰天宝十载(751)十月二十一日《唐故银青光禄大夫礼部尚书上柱国清河县开国男赠江陵郡大都督谥曰成崔府君(翘)墓志铭并序》:"公讳翘,字明微,清河东武城人也……四岁敏嘲咏,七岁善隶书,八岁工文章,遂穷览载籍。十四明经高第,十六拔萃甲科,补太子右率府铠曹参军,徙陈州司户参军、右卫铠曹参军……名震京师,廉察使举公文吏高第,诏授右补阙。"按:据墓志,崔翘卒于天宝九载(750)冬十二月三日,享年四百有八甲子(68岁)。则其十四岁明经及第时在万岁登封元年。

《洛阳新获七朝墓志》,崔安潜撰咸通五年(864)八月十八日《唐立山郡司马权知军州事清河崔公墓志铭并序》:"公讳师蒙,字养正,清河东武城人。高祖讳融,唐国子司业,以德行文学冠当时,薨谥文。公曾祖讳翘,以礼部尚书东都留守,薨赠太子太傅。"

孝廉科

【韦虚心】字无逸,京兆杜陵人。父维,进士及第,官至左庶子。弟虚舟,举孝廉,官至刑部侍郎。天册万岁二年(696)孝廉及第。历官大理丞、侍御史、御史中丞、左右丞、兵部侍郎、荆扬潞长史兼采访使。官终户部尚书、东京留守。卒年六十七岁。

《全唐文》卷三一三,孙逖撰《东都留守韦虚心神道碑》:"公讳虚心,字某,京兆杜陵人也……越在童冠,升于胶序,介然独立,异于诸生。国子博士范颐尝与均礼,考功员外郎李迥秀擢以高第。"

《旧唐书》卷一〇一《韦虚心传》:"虚心父维,少习儒业,博涉文史,举进士。自大理丞累至户部郎中……终于左庶子。虚心举孝廉,为官严整,累至大理丞、侍御史……后迁御史中丞、左右丞、兵部侍郎、荆扬潞长史兼采访使,所在官吏振肃,威令甚举,中外以为标准。历户部尚书、东京留守,卒,年六十七。"

《新唐书》卷一一八《韦虚心传》:"虚心字无逸,维子。举孝廉。迁大理丞、侍御史……景龙中……迁御史中丞。历荆、潞、扬三大都督府长史……入为工部尚书、东京留守。累封南皮郡子。卒,赠扬州大都督,谥曰正。弟虚舟,历洪、魏二州刺史,有治名。入为刑部侍郎。初,维为郎,莳柳于廷,及虚心兄弟居郎省,对之辄敛容。自叔谦后,至郎中者数人,世号'郎官家'。"

《登科记考》卷四天册万岁二年(696)进士科、卷二七《附考·明经科》分别录载韦虚心。按:虚心当为孝廉及第,云其进士、明经科及第没有证据。

制科

【许景先】名呆,以字行,常州义兴人。进士及第。制举登科,授陕州夏县尉。官至吏部侍郎。

《全唐文补遗》千唐志斋新藏专辑,韩休撰开元十八年(730)十一月二十日《大唐故吏部侍郎高阳许公(呆)墓志铭并序》:"君讳呆,字景先,高阳人也……弱冠,应贤良方正举擢第,授陕州夏县尉……寻以文史兼优举对策甲科,授扬府兵曹参军……以开元十八年八月九日,遘疾终于京兆宣阳私第,春秋五十有四。"按:墓志未言景先进士及第。

《旧唐书》卷一九〇中《文苑中·许景先传》:"许景先,常州义兴人,后徙家洛阳。少举进士,授夏阳尉。神龙初,东都起圣善寺报慈阁。景先诣阙献《大象阁赋》,词甚美丽,擢拜左拾遗。累迁给事中……俄转中书舍人……(开元十三年)自吏部侍郎出为虢州刺史。后转岐州,入拜吏部侍郎,卒。"

《新唐书》卷一二八《许景先传》:"许景先,常州义兴人。曾祖绪,武德时以佐命功,历左散骑常侍,封真定公,遂家洛阳。景先由进士第释褐夏阳尉……举手笔俊拔、茂才异等连中,进扬州兵曹参军。"

《登科记考》卷二七《附考·进士科》录载许景先。按:许景先科举及第,《登科记考补正》卷四龙三年(709)录为茂才异等科;卷五景云三年(712)录为制举手笔俊拔超越流辈科;卷二七《附考·进士科》录为及第时间无考之进士。这三处记载与墓志出入甚大。据墓志,许呆(景先)弱冠年(万岁登封元年,696)以制举贤良方正科及第,释褐授陕州夏县尉。之后又应文吏兼优对策高第,授扬府兵曹参军。未载其进士及第事。

【苏晋】雍州蓝田人,苏珦之子。天册万岁元年(695)进士及第,又应大礼举。先天中累迁中书舍人,兼崇文馆学士。官至户部侍郎,太子左庶子。

《旧唐书》卷一〇〇《苏珦传附苏晋传》:"苏珦,雍州蓝田人。明经举,累授鄠县尉……子晋,亦知名……弱冠举进士,又应大礼举,皆居上第。先天中,累迁中书舍人,兼崇文馆学士。玄宗监国,每有制命,皆令晋及贾曾为之。晋亦数进谠言,深见嘉纳。俄出为泗州刺史,以父老乞辞职归侍,许之。父卒后,历户部侍郎,袭爵河内郡公。开元十四年,迁吏部侍郎……出为汝州刺史。三迁魏州刺史,加银青光禄大夫,入为太子左庶子。"

《新唐书》卷一二八《苏珦传附苏晋传》:"子晋,数岁知为文,作《八卦论》……举进士及大礼科,皆上第。"

(宋)王应麟《玉海》卷一一五《选举·唐开元礼举》:"苏晋传,举大礼科上第。"

《登科记考》卷四证圣元年(695)进士科、同卷天册万岁二年(696)制科、神龙三年(707)制科分别录载苏晋。

成化《中都志》卷六《名宦》:"(苏晋)举进士,及大礼科,皆上第,为中书令。"

【苏颋】天册万岁二年(696)举贤良方正异等。小传见进士科。

《新唐书》卷一二五《苏颋传》:"颋字廷硕,弱敏悟,一览五千言,辄覆诵。第进士,调乌程尉。武后封嵩高,举贤良方正异等,除左司御率府胄曹参军。"

《登科记考》卷二调露二年(680)进士科、卷四天册万岁二年(696)贤良方正科、同卷万岁通天二年(697)绝伦科分别录载苏颋。

【崔沔】天册万岁二年(696)举贤良方正。小传见本年进士科。

《全唐文》卷三一五,《赠礼部尚书清河孝公崔沔集序》:"进士登第,举贤良方正对策第一。"

《唐代墓志汇编》大历〇六〇,《有唐通议大夫守太子宾客赠尚书左仆射崔公(沔)墓志》:"公讳沔字若冲,博陵安平人也……公廿四,乡贡进士擢第,其年封中岳,诏牧伯举贤良,公与兄故监察御史讳浑双名居右,敕拜麟台校书郎。"

《旧唐书》卷一八八《孝友·崔沔传》:"崔沔,京兆长安人……初应制举,对策高第。"

(宋)李昉等《文苑英华》卷四八一《策五》之《应封神岳举对贤良方正策三道》下注:"神功元年。"按:《登科记考》卷四考应为天册万岁二年登第。

《新唐书》卷一二九《崔沔传》:"崔沔字善冲,京兆长安人……纯谨无二言,事亲笃孝,有才章。擢进士,举贤良方正第。"

颜鲁公《博陵崔孝公宅陋室铭记》:"公讳沔,字若冲,博陵安平人。年二十四,举乡贡进士。考功郎李迥秀器异之,曰:'王佐才也。'遂擢高第。其年举贤良方正,对策数公,独居其一,而兄浑亦在甲科。典试官梁载言、陈子昂叹曰:'虽公孙、鼌都不及也。'"

(宋)计有功《唐诗纪事》卷一四《崔沔》:"崔沔,字善冲,举贤良方正第一,最受知于张说。"

(宋)王应麟《玉海》卷一一五《选举·唐覆试》:"崔沔举贤良方正高第,不中者诵訾之。武后敕有司覆试,对益工,遂为第一。"

《登科记考》卷四证圣元年(695)进士科、同年制科分别录载崔沔。

【崔浑】崔沔兄。天册万岁二年(696)举贤良方正科。官监察御史。

《唐代墓志汇编》大历〇六〇,《有唐通议大夫守太子宾客赠尚书左仆射崔公(沔)墓志》:"公讳沔字若冲,博陵安平人也……公廿四,乡贡进士擢第,其年封中岳,诏牧伯举贤良,公与兄故监察御史讳浑双名居右,敕拜麟台校书郎。"

(唐)颜真卿《博陵崔孝公宅陋室铭记》:"公讳沔,字若冲,博陵安平人。年二十四,举乡贡进士。考功郎李迥秀器异之,曰:'王佐才也。'遂擢高第。其年举贤良方正,对策数公,独居其一,而兄浑亦在甲科。典试官梁载言、陈子昂叹曰:'虽公孙、鼌郤不及也。'"

《登科记考》卷四证圣元年(695)制科录载崔浑。

【韩琬】字茂贞,邓州南阳人。举茂才第,又万岁通天元年(696)举文艺优长,神龙三年(707)举贤良方正科。开元中官至殿中侍御史。

(宋)王钦若等《册府元龟》卷六四五《贡举部(七)·科目》:"万岁通天元年,文艺优长科。(韩琬及第。)"

《新唐书》卷一一二《韩思彦传》:"韩思彦字英远,邓州南阳人……子琬。琬字茂贞,喜交酒徒,落魄少崖检。有姻劝举茂才,名动里中。刺史行乡饮饯之,主人扬觯曰:'孝于家,忠于国,今始充赋,请行无算爵。'儒林荣之。擢第,又举文艺优长、贤良方正,连中。拜监察御史……出监河北军,兼按察使……开元中,迁殿中侍御史,坐事贬官,卒。"按:《唐会要》作"韩璘",误。

(宋)王应麟《玉海》卷一一五《选举·唐制举》:"文艺优长韩琬。"

(宋)王应麟《玉海》卷一一五《选举·唐制举》:"崔圆、韩思彦、琬中二科。"

(宋)王应麟《玉海》卷一一五《选举·唐制举》:"韩琬举茂才,名动里中。刺史行乡饮饯之,主人扬觯曰:'孝于家,忠于国,今始充赋,请行无算爵。'儒林荣之。擢第,又举文艺优长、贤良方正连中。"

《登科记考》卷四天册万岁二年(696)制举文艺优长科、同卷神龙三年(707)贤良方正科分别录载韩琬。

【裴灌】绛州闻喜人。天册万岁二年(696)大礼科及第,拜陈留主簿。累迁监察御史。官至吏部尚书、太子宾客。开元二十四年(736)卒,年七十余,赠礼部尚书,谥曰懿。

《旧唐书》卷一○○《裴灌传》:"裴灌,绛州闻喜人也。世为著姓。父琰之,永徽中,为同州司户参军……灌色养劬劳,十数年不求仕进。父卒后,应大礼举,拜陈留主簿,累迁监察御史。时吏部侍郎崔湜、郑愔坐赃为御史李尚隐所劾,灌同鞫其狱。安乐公主及上官昭容阿党湜等,灌竟执正奏其罪,甚为当时所称。三迁中书舍人……开元五年,迁吏部侍郎,典选数年,多所持拔。再转黄门侍郎,代书抗为御史大夫。灌早与张说特相友善,时说在相位,数称荐之。灌又善于敷奏,上亦嘉重焉。由是擢拜吏部尚书,寻转太子宾客。灌家世俭约,既久居清要,颇饰妓妾,后庭有绮罗之赏,由是为时论所讥。二十四年卒,年七十余,赠礼部尚书,谥曰懿。"

《登科记考》卷四证圣元年(695)制科录载裴灌。

万岁通天二年丁酉(697)

九月壬寅,改元为神功。

进士科

【璩抱朴】望出豫章。神功元年(697)进士及第。

(宋)郑樵《通志》卷二九《氏族略第五·代北四字姓名》"璩氏"载唐神功登科者有璩抱朴,望出豫章。

《登科记考》卷四万岁通天二年(697)进士科录载璩抱朴。

制科

【卢从愿】神功元年(697)又举绝伦制科高第。小传见附考明经科卢从愿条。

(唐)郑处诲《明皇杂录》卷下:"从愿少家相州,应明经,常从五举,制策三等,授夏县尉。自明经至吏部侍郎才十年,自吏部员外至侍郎只七个月。"

《旧唐书》卷一〇〇《卢从愿传》:"卢从愿,相州临漳人,后魏度支尚书昶六代孙也。自范阳徙家焉,世为山东著姓。弱冠明经举,授绛州夏县尉,又应制举,拜右拾遗。"

(宋)王溥《唐会要》卷七六《贡举中·制科举》:"神功元年九月,绝伦科,苏颋、崔元童、袁仁敬、何凤、孟兼礼、洪子舆、卢从愿、赵不欺及第。"

(宋)王钦若等《册府元龟》卷六四五《贡举部(七)·科目》:"神功元年九月,绝伦科。(苏颋、崔元童、袁仁敬、何凤、孟兼礼、洪子舆、卢从愿、赵不欺及第。)"

《新唐书》卷一二九《卢从愿传》:"(卢从愿)擢明经,为夏尉。又举制科高第,拜右拾遗,迁监察御史。"

(宋)王应麟《玉海》卷一一五《选举·唐制举》:"绝伦科苏颋、卢从愿。"

《登科记考》卷四万岁通天二年(697)制举绝伦科、卷二七《附考·明经科》分别录载卢从愿。

正德《临漳县志》卷八《人物·历代名贤》:"(卢从愿)擢明经,为夏尉,又举制科高第,拜右拾遗。"

【苏颋】神功元年(697)绝伦科及第。

(宋)王溥《唐会要》卷七六《贡举中·制科举》:"神功元年九月,绝伦科,苏颋、崔元童、袁仁敬、何凤、孟兼礼、洪子舆、卢从愿、赵不欺及第。"

(宋)王钦若等《册府元龟》卷六四五《贡举部(七)·科目》:"神功元年九月,绝伦科。(苏颋、崔元童、袁仁敬、何凤、孟兼礼、洪子舆、卢从愿、赵不欺及第。)"

(宋)王应麟《玉海》卷一一五《选举·唐制举》:"绝伦科苏颋、卢从愿。"

《登科记考》卷二调露二年(680)进士科、卷四天册万岁二年(696)贤良方正科、同卷万岁通天二年(697)绝伦科分别录载苏颋。

【何凤】神功元年(697)绝伦科及第。

（宋）王溥《唐会要》卷七六《贡举中·制科举》："神功元年九月，绝伦科，苏颋、崔元童、袁仁敬、何凤、孟兼礼、洪子舆、卢从愿、赵不欺及第。"

（宋）王钦若等《册府元龟》卷六四五《贡举部（七）·科目》："神功元年九月，绝伦科。（苏颋、崔元童、袁仁敬、何凤、孟兼礼、洪子舆、卢从愿、赵不欺及第。）"

《登科记考》卷四万岁通天二年（697）绝伦科录载何凤。

【孟兼礼】神功元年（697）绝伦科及第。

（宋）王溥《唐会要》卷七六《贡举中·制科举》："神功元年九月，绝伦科，苏颋、崔元童、袁仁敬、何凤、孟兼礼、洪子舆、卢从愿、赵不欺及第。"

（宋）王钦若等《册府元龟》卷六四五《贡举部（七）·科目》："神功元年九月，绝伦科。（苏颋、崔元童、袁仁敬、何凤、孟兼礼、洪子舆、卢从愿、赵不欺及第。）"

《登科记考》卷四万岁通天二年（697）绝伦科录载孟兼礼。《登科记考补正》卷四万岁通天二年（697）绝伦科录作"孟温礼"。

【赵不欺】神功元年（697）绝伦科及第。

（宋）王溥《唐会要》卷七六《贡举中·制科举》："神功元年九月，绝伦科，苏颋、崔元童、袁仁敬、何凤、孟兼礼、洪子舆、卢从愿、赵不欺及第。"

（宋）王钦若等《册府元龟》卷六四五《贡举部（七）·科目》："神功元年九月，绝伦科。（苏颋、崔元童、袁仁敬、何凤、孟兼礼、洪子舆、卢从愿、赵不欺及第。）"

《登科记考》卷四万岁通天二年（697）绝伦科录载赵不欺。

【洪子舆】神功元年（697）绝伦科及第。

（宋）王溥《唐会要》卷七六《贡举中·制科举》："神功元年九月，绝伦科，苏颋、崔元童、袁仁敬、何凤、孟兼礼、洪子舆、卢从愿、赵不欺及第。"

（宋）王钦若等《册府元龟》卷六四五《贡举部（七）·科目》："神功元年九月，绝伦科。（苏颋、崔元童、袁仁敬、何凤、孟兼礼、洪子舆、卢从愿、赵不欺及第。）"

《登科记考》卷四万岁通天二年（697）绝伦科录载洪子舆。

【袁仁敬】字道周，陈郡阳夏人。天授年间（689—692）从国子进士应养志丘园科举对策高第，神功元年（697）绝伦科及第。历官相州汤阴县尉，转尉氏福昌尉。官终大理卿、上柱国。

《洛阳新获七朝墓志》，开元二十一年（733）十月二十七日《大唐故大理卿上柱国袁府君墓志铭并序》："公讳仁敬，字道周，陈郡阳夏人也……天授年，从国子进士应养志丘园科举对策高第，解褐勑授相州汤阴县尉，转尉氏福昌尉。"

（宋）王溥《唐会要》卷七六《贡举中·制科举》："神功元年九月，绝伦科，苏颋、崔元童、袁仁敬、何凤、孟兼礼、洪子舆、卢从愿、赵不欺及第。"

（宋）王钦若等《册府元龟》卷六四五《贡举部（七）·科目》："神功元年九月，绝伦科。（苏颋、崔元童、袁仁敬、何凤、孟兼礼、洪子舆、卢从愿、赵不欺及第。）"

《登科记考》卷四万岁通天二年（697）绝伦科录载袁仁敬。

【崔元童】神功元年（697）绝伦科及第。

（宋）王溥《唐会要》卷七六《贡举中·制科举》："神功元年九月,绝伦科,苏颋、崔元童、袁仁敬、何凤、孟兼礼、洪子舆、卢从愿、赵不欺及第。"

（宋）王钦若等《册府元龟》卷六四五《贡举部（七）·科目》："神功元年九月,绝伦科。（苏颋、崔元童、袁仁敬、何凤、孟兼礼、洪子舆、卢从愿、赵不欺及第。）"

《登科记考》卷四万岁通天二年（697）绝伦科录作"崔玄童"。

科目未详

【房承先】万岁通天二年（697）以崇文生升第,科目未详。

《全唐文补遗》第六辑,杨拯撰天宝十载（751）十月二十四日《唐故朝议郎行东海郡录事参军房府君（承先）吴夫人墓志铭并序》："公讳承先,字承先,清河人也……年弱冠,以崇文生升第,解褐补东海郡录事参军……以开元有三年二月廿二日,不幸遭疾,终于豫章郡,春秋卅有八。"据志文,房氏弱冠及第年在万岁通天二年。按:《登科记考补正》卷四增补房承先为万岁通天二年（697）进士,其唯一依据是志主"以崇文生升第",实际上房承先并不一定是进士科及第,彭炳金《墓志中所见弘文馆和崇文馆明经、清白科及医举》（载《中国史研究》,2005 年第 1 期）一文即系房承先为明经出身。此外也有可能是其他科目出身,在没有确切的史料可依的情况下,最好以"科目未详"载录。

圣历元年戊戌（698）

正月甲子朔冬至,改元。

进士科

【冯复】字万石,河南颍阳人。圣历元年（698）进士及第。官终朝散大夫起居舍人。

《全唐文补遗》千唐志斋新藏专辑,天宝六载（747）四月二十一日《唐故朝散大夫起居舍人冯府君（复）墓志铭并序》："君讳复,字万石,河南颍阳人……居顷,郡举季才及第……寝疾于开元十一载,终于河南道化里,春秋卅有七。"按:"郡举季才及第",当作"郡举秀才及第"。又:《登科记考补正》,卷四圣历元年（698）进士科录有冯万石,考云:"（宋）乐史《广卓异记》引《登科记》:'冯万石,圣历元年进士及第。'"《墓志》云冯复（字万石）开元十一载（723）卒,春秋四十七。《登科记》载冯万石圣历元年（698）进士及第,则《墓志》与《登科记》（万石以字行）记载的极有可能为同一人。

（宋）乐史《广卓异记》卷一九《九登科选》："右按《登科记》:冯万石,圣历元年进士及第,大足元年嫉恶科,神龙二年才高位下科,景云三年怀能抱器科,开元二年重考及第,六年超群拔类科,十三年考判入等,十六年又判入等,二十六年文词雅丽科,凡九度登科选。"

《登科记考》卷四圣历元年（698）进士科录载冯万石。

【齐澣】字洗心,定州义丰人。圣历元年（698）进士及第。大足元年（701）拔萃出类科。官汴州刺史。

《全唐文》卷三一三,孙逖撰《宋州司马先府君墓志铭》:"府君讳嘉之,字某,魏郡武水人也……久视初,预拔萃,与邵昃齐澣同升甲科。"

《新唐书》卷一二八《齐澣传》:"齐澣字洗心,定州义丰人……圣历初,及进士第,以拔萃调蒲州司法参军。"按:《旧唐书》卷一九〇中《文苑中·齐澣传》:"齐澣,定州义丰人。少以词学称。弱冠以制科登第,释褐蒲州司法参军。景云二年,中书令姚崇用为监察御史……开元中,崇复用为给事中,迁中书舍人……改秘书少监。寻丁忧免。十二年,出为汴州刺史……中书令张说择左右丞之才,举怀州刺史王丘为左丞,以澣为右丞。李元纮、杜暹为相,以开府、广平公宋璟为吏部尚书,又用户部侍郎苏晋与澣为吏部侍郎,当时以为高选……二十五年,迁润州刺史,充江南东道采访处置使……数年,复为汴州刺史。"

《登科记考》卷四大足元年(701)拔萃科录载齐澣。岑仲勉《订补》曰拔萃科当为拔萃出类科。

明经科

【褚庭询】字立节。武后圣历元年(698)明经擢第。官至正议大夫行历阳郡太守、上柱国。

《洛阳新获七朝墓志》,天宝七载(748)十一月十八日《唐故正议大夫行历阳郡太守上柱国舒国公褚府君墓志铭并序》:"公讳庭询,字立节……年十六国子明经擢第,解褐授门下省典仪,朝廷仪礼必参预焉。"按:以天宝七载(748)卒,春秋六十六推算,其年十六明经擢第时在武后圣历元年(698)。

【樊庭观】字宏,南阳人。圣历元年(698)明经及第。后又应制举及第,授河南府怀音府右果毅都尉。官至京兆府宣化府折冲摄右卫郎将横野军副使。

《唐代墓志汇编》开元一九六,《故京兆府宣化府折冲摄右卫郎将横野军副使樊公(庭观)墓志铭并序》:"君讳庭观,字宏,南阳人也……爰居弱冠之辰,遂以明经擢第……次应举及第授河南府怀音府右果毅都尉。"按:以开元十二年(724)卒,春秋四十六推之,其弱冠中明经当在圣历元年。

《登科记考补正》卷四圣历元年(698)明经科、卷二七《附考·制科》分别录载樊庭观。

孝廉科

【卢含】字子章,范阳人。祖昭度,制举贤良策试三等,由伊阙县尉拜监察御史。父诩,官朝散大夫、岐州中兵掾。圣历元年(698)孝廉及第,授桑泉县尉。官至郓州寿张县令。

《全唐文补遗》千唐志斋新藏专辑,卢蕃撰元和十五年(820)三月二十八日《唐故越州剡县尉卢府君(广)夫人陇西李氏合祔墓志铭并序》:"先君讳广,字符表……曾祖昭度,伊阙县尉,以贤良就征,策试三等,拜监察御史。"

《唐代墓志汇编》天宝二二四,崔泉撰天宝十二载(753)十月六日《唐故东平郡寿张县令卢公(含)墓志铭并序》:"公讳含,字子章,范阳人也……至于我曾王父彦恭府君,固安公,有隋为西亳州刺史;我大父昭度府君,皇朝为监察御史;我皇考诩府君,朝散大夫,皇朝为歧州中兵揆……弱冠孝廉擢第,首尉于桑泉。"按:以开元十五年(727)卒,春秋四十九推之,卢含弱冠年在圣历元年(698)。

制科

【王佺】字元奖,洛州洛阳人。圣历元年(698)制举及第。官终检校胜州都督。

《唐代墓志汇编》长安○三一,《大周故检校胜州都督左卫大将军全节县开国公上柱国王府君(佺)墓志铭并序》:"君讳佺,字元奖,其先太原晋阳人也,因官遂居洛州洛阳县焉……如意元年改授渭州渭源镇副,载初九年应制举及第,加上柱国。"按:据陈尚君《〈登科记考〉正补》、孟二冬《登科记考补正》卷四考证,暂系王佺圣历元年,俟考。

【崔翘】字明微,清河东武城人。万岁登封元年(696)明经及第,圣历元年(698)拔萃科及第。官终银青光禄大夫、礼部尚书。

《全唐文补遗》第九辑,崔至撰天宝十载(751)十月二十一《唐故银青光禄大夫礼部尚书上柱国清河县开国男赠江陵郡大都督谥曰成崔府君(翘)墓志铭并序》:"公讳翘,字明微,清河东武城人也……四岁敏嘲泳,七岁善隶书,八岁工文章,遂穷览载籍。十四明经高第,十六拔萃甲科,补太子右率府铠曹参军,徙陈州司户参军、右卫铠曹参军。"按:崔翘卒于天宝九载(750)冬十二月三日,享年四百有八甲子(68岁),则其十六岁拔萃科及第时在圣历元年(698)。

圣历二年己亥(699)

进士科

【吉顼】洛州人。圣历二年(699)登进士第,官至天官侍郎、同凤阁鸾台平章事。

《旧唐书》卷一八六上《酷吏上·吉顼传》:"吉顼,洛州河南人也。身长七尺,阴毒敢言事。进士举,累转明堂尉……则天召顼检校相州刺史,以断贼南侵之路……圣历二年腊月,迁天官侍郎、同凤阁鸾台平章事。"

《登科记考》卷二七《附考·进士科》录载吉顼。《登科记考补正》卷四据《河南通志》改系圣历二年(699)进士科。

乾隆《河南通志》卷四五《选举志》二《进士科》:"吉顼,洛阳人,圣历二年第,天官侍郎。"

【刘幽求】冀州武强人。圣历二年(699)登进士第。圣历年举制科中第,授阆中尉。先天元年为尚书右仆射、同中书门下三品。开元初授尚书左丞相,兼黄门监。谥曰文献。

(唐)杜牧《樊川文集》卷一二载《上宣州高大夫书》:"刘幽求登制策科,与玄宗徒步诛韦氏,立睿宗者。"

《旧唐书》卷九七《刘幽求传》:"刘幽求,冀州武强人也。圣历年,应制举,拜阆中尉……先天元年,拜尚书右仆射、同中书门下三品,监修国史……开元初,改尚书左右仆射为左右丞相,乃授幽求尚书左丞相,兼黄门监。未几,除太子少保,罢知政事。姚崇素嫉忌之,乃奏言幽求郁怏于散职,兼有怨言,贬授睦州刺史,削其实封六百户。岁余,稍迁杭州刺史。三年,转桂阳郡刺史,在道愤恚而卒,年六十一,赠礼部尚书,谥曰文献,配享睿宗庙庭。建中三年,重赠司徒。"

《登科记考》卷四圣历三年(700)制科录载刘幽求。

光绪《畿辅通志》卷三四《选举·唐·进士》:"武后时,刘幽求,武强人,圣历年第。"按:圣历凡三年,三年五月癸丑改元为久视。今附本年。

明经科

【开休元】字长蒨,广陵江都人。圣历二年(699)明经及第。为国子监大成,后转婺州兰溪丞,官至国子司业。

《唐代墓志汇编》开元三九〇,郭虚己撰开元二十一年(733)十一月九日《唐故朝散大夫国子司业上柱国开君(休元)墓志并序》:"君讳休元,字长蒨,广陵江都人也……廿一,乡贡明经擢第,其年预大成……寻转婺州兰溪丞,秩满,调补梁州兵曹参军……除国子司业。"按:以开元二十一年(733)卒,时年五十五推之,休元二十一岁时在圣历二年。

【郑鼎】字万钧,荥阳开封人。圣历二年(699)明经擢第。尚寿光县主,拜尚衣直长加五品。官至银青光禄大夫、卫尉卿。卒赠工部尚书、驸马都尉。

《秦晋豫新出墓志蒐佚续编》五六八,郑如岫撰天宝七载(748)五月二十七日《大唐故银青光禄大夫卫尉卿赠工部尚书驸马都尉上柱国荥阳郡开国公郑府君墓志铭并序》:"公讳鼎,字万钧,荥阳开封人也……生而知礼,弱不好弄,年十七,明经擢第,寻以文华尚寿光县主,拜尚衣直长加五品。"按:以开元二十八载卒,春秋五十八推之,郑鼎十七岁明经及第在圣历二年(699)。

【徐恽】字辑,东海人也。圣历二年(699)明经及第,拜国子大成。官终陈留郡太守、河南采访处置使。

《全唐文补遗》第八辑,天宝五载(746)正月三十日《唐通议大夫使持节陈留郡诸军事守陈留郡太守河南采访处置使上柱国徐公(恽)墓志铭并序》:"君讳恽,字辑,东海人也……弱冠,明经,拜国子大成……以天宝四载十月七日,薨于午桥里之私第,春秋六十有六。"按:徐恽天宝四载(745)卒,春秋六十六,其弱冠之年为圣历二年。

孝廉科

【李庭芝】字邻几,陇西狄道人。圣历二年(699)孝廉及第。官至中散大夫、襄阳郡别驾。

《全唐文补遗》千唐志斋新藏专辑,梁涉撰天宝四载(745)七月十七日《大唐故中散大夫襄阳郡别驾上柱国李府君(庭芝)墓志铭并序》:"君讳庭芝,字邻几,陇西狄道人也……始冠以孝廉甲科。"按:庭芝卒于天宝三载(744),春秋六十有五,则其始冠之年在圣历二年。

制科

【郑齐丘】字千里,荥阳开封人。圣历二年(699)制举贤良方正及第。官至朝请大夫守都水使者。

《全唐文补遗》第八辑,崔沔撰天宝七载(748)正月二十五日《唐故朝请大夫守都水使者荥阳郑府君(齐丘)墓志铭并序》:"公讳齐丘,字千里,荥阳开封人也……弱冠,制举贤良方正,对策高第,授秘书省校书郎……春秋卅有五,以开元十二年四月廿五日,遘疾终于京兆怀真里第。"按:以开元十二年(724)卒,年四十五推之,齐丘制举贤良方正及第在圣历二年。

【董守贞】字崇,陇西狄道人。圣历中,应迹隐缠肆科及第。次年,补左威卫司戈。官至左卫窦泉府左果毅都尉。

《唐代墓志汇编》开元一六〇,开元十一年(723)二月一日《大唐故董府君(守贞)墓志铭并序》:"君讳守贞,字崇,陇西狄道人也……圣历年中,应迹隐缠肆科及第。明年,调选授左威卫司戈。……迁游击将军、左卫窦泉府左果毅都尉、上柱国。"按:圣历凡三年,三年五月癸丑改元为久视,今附本年。

圣历三年庚子(700)

五月癸丑,改元为久视。《旧唐书·本纪》。

进士科

【张纮】一作张浤、张法、张泫,吴郡人,张从师父。登久视元年(700)进士第。

《全唐文》卷三九三,独孤及撰《唐故河南府法曹参军张公(从师)墓表》:"有唐逸士吴郡张从师,冲和纯粹,辩博宏达,卓荦好古,倪荡逸群。言不近名,惟代耕是谋;贞不绝俗,以忘机为心。秀才高第,起家临濮县尉,历冯翊、伊阙二县主簿,乾元元年拜监察御史。御史中丞郑炅(一作旻)之拥旄济江,辟为从事,转河南府法曹参军。凡历官五政,享年五十八……初公祖损之,隋大业中进士甲科,位至侍御史、尚书水部郎。损之生烈考浤(一作法),以硕学丽藻,名动京师,亦举进士,自监察御史为会稽令。"

(宋)计有功《唐诗纪事》卷一四《张法》:"法,登久视元年进士第。"

《登科记考》卷四,圣历三年进士科录有张纮,考云《唐诗纪事》:"纮登久视六年进士第。"按:久视无六年,"六"为"元"之讹。独孤及《张从师墓表》:"烈考法,以硕学丽藻,名动京师,亦举进士。自监察御史为会稽令。"疑"浤"即"纮"之讹。"浤"又作"法"。

【崔尚】字庶几,清河东武城人。登久视元年(700)进士第,初授秘书省著作局校书郎。历氾水县尉、大理评事、起居舍人、汝阳郡太守、祠部郎中、东平郡太守等,官终陈王府长史。

(宋)计有功《唐诗纪事》卷一四《崔尚》:"尚,登久视元年进士第,官至祠部郎中。"

《洛阳新出土墓志释录》,崔翘撰天宝四载(745)十月十三日《唐故陈王府长史崔君

(尚)志文》:"君讳尚,字庶几,清河东武城人……君国子进士高第,中书令燕国公张说,在考功员外时,深加赏叹……以天宝四载七月九日终于京师静恭里之私第,时年六十六。"按:《登科记考补正》,圣历三年(700)进士科录有崔尚,考云:"《唐诗纪事》:'尚登久视六年进士第。'按:'六'亦'元'字之讹。杜甫《壮游诗》:'斯文崔魏徒。'注:'崔郑州尚。'"崔尚任官"祠部郎中"一职见于《唐诗纪事》《全唐诗》《全唐文》等,由该墓志可知崔尚进士及第后,初任秘书省著作局校书郎,后不断升迁,历官汜水县尉、大理评事、右补阙、起居舍人、汝阳郡太守、祠部郎中、东平郡太守等,官终陈王府长史。

制科

【云遂】字勖,河南人。久视元年(700)制科沉谋秘策举及第,授洛州永嘉府果毅。又应武艺绝伦举,授温王府右帐典军。官终泉州刺史。

《河洛墓刻拾零》,程浩撰天宝十二载(753)八月四日《唐故朝议大夫泉州刺史上柱国鄱阳县开国男云府君(遂)墓志铭并序》:"公讳遂,字勖,河南人……久视中,对沉谋秘策举,授洛州永嘉府果毅。无何,应武艺绝伦举,授温王府右帐典军。"按:圣历三年五月癸丑,改元久视,次年正月丁丑改元大足,则云遂当为是年对沉谋秘策举,授洛州永嘉府果毅。

【齐澣】定州义丰人,久视初(700)拔萃出类科。小传见圣历元年进士科。

《全唐文》卷三一三,孙逖撰《宋州司马先府君墓志铭》:"府君讳嘉之,字某,魏郡武水人也……久视初,预拔萃,与邵昪齐澣同升甲科。"

《唐代墓志汇编》天宝一三六,贺兰弼撰天宝七载(748)十一月三十日《唐故广平郡太守恒王府长史上谷寇府君(洋)墓志铭并序》:"公讳洋,字若水,上谷昌平人……弱冠应材称栋梁举,策居第二;又试拔萃出类科,与邵升、齐澣同时超等,授魏州昌乐尉,换洛州兴泰尉。"

《旧唐书》卷一九〇中《文苑中·齐澣传》:"弱冠以制科登第,释褐蒲州司法参军。"

《登科记考》卷四大足元年(701)拔萃科录载齐澣。岑仲勉《订补》曰拔萃科当为拔萃出类科。

【刘幽求】冀州武强人。圣历二年(699)登进士第,圣历三年(700)年举制科中第,授阆中尉。先天元年为尚书右仆射、同中书门下三品。开元初授尚书左丞相,兼黄门监。谥曰文献。

《全唐文》卷七五二,杜牧《上宣州高大夫书》:"刘幽求登制策科,与元宗徒步诛韦氏立睿宗者。"

《旧唐书》卷九七《刘幽求传》:"刘幽求,冀州武强人也。圣历年,应制举,拜阆中尉……先天元年,拜尚书右仆射、同中书门下三品,监修国史……开元初,改尚书左右仆射为左右丞相,乃授幽求尚书左丞相,兼黄门监。未几,除太子少保,罢知政事。姚崇素嫉忌之,乃奏言幽求郁怏于散职,兼有怨言,贬授睦州刺史,削其实封六百户。岁余,稍迁杭州刺史。三年,转桂阳郡刺史,在道愤恚而卒,年六十一,赠礼部尚书,谥曰文献,配享睿宗庙庭。建中三年,重赠司徒。"

《新唐书》卷一二一《刘幽求传》:"刘幽求,冀州武强人。圣历中,举制举中第。"

《登科记考》卷四圣历三年(700)制科录载刘幽求。

嘉靖《浙江通志》卷二四《官师志》:"刘幽求……圣历中举制举中第,授朝邑尉。"

【孙嘉之】魏郡武水人。久视初(700)登萃出类科。小传见证圣元年进士科。

《全唐文》卷三一三,孙逖撰《宋州司马先府君墓志铭》:"府君讳嘉之,字某,魏郡武水人也……久视初,预拔萃,与邵昺齐澣同升甲科。"

《登科记考》卷四证圣元年(695)进士科、卷四大足元年(701)制科分别录载孙嘉之。

【邵升】安阳邺人,父处珣,官扬州大都督府江杨县尉,兄昺,进士及第。久视初(700)登萃出类科。

《全唐文补遗》千唐志斋新藏专辑,姚重晟撰开元十五年(727)正月十二日《唐故朝请大夫行尚书考功员外郎上柱国魏郡安阳邵府君(昺)墓志铭并序》:"公讳昺,字昺,安阳邺人也……初,以乡赋进士擢第。居无何,制授蒲州汾阴县尉,又改汴州浚仪尉……越开元四年五月廿二日,春秋卌有九,遇疾终于京兆万年县道政里之私第。"

《全唐文补遗》千唐志斋新藏专辑,录有刘澄澜撰开元十五年(727)正月十二日《大唐故杨州大都督府江杨县尉邵府君(处珣)夫人钜鹿郡魏氏墓志铭并序》,云邵处珣、魏氏夫妇育有二子:邵升、邵昺,可证《元和姓纂》所云邵升、邵昺系昆弟而非同一人之说。

《唐代墓志汇编》天宝一三六,贺兰弼撰天宝七载(748)十一月三十日《唐故广平郡太守恒王府长史上谷寇府君(洋)墓志铭并序》:"公讳洋,字若水,上谷昌平人……弱冠应材称栋梁举,策居第二;又试拔萃出类科,与邵升、齐澣同时超等,授魏州昌乐尉,换洛州兴泰尉。"

【寇洋】字若水,上谷昌平人。光宅元年(684)材称栋梁举擢第。久视初(700)登拔萃出类科,授魏州昌乐尉。神龙元年(705)应县令举甲科。官至恒王府长史。

《唐代墓志汇编》天宝一三六,贺兰弼撰天宝七载(748)十一月三十日《唐故广平郡太守恒王府长史上谷寇府君(洋)墓志铭并序》:"公讳洋,字若水,上谷昌平人……弱冠应材称栋梁举,策居第二;又试拔萃出类科,与邵升、齐澣同时超等,授魏州昌乐尉,换洛州兴泰尉。神龙初,大徵儒秀,精择令长,荐与卢藏用等高第,敕授虢州卢氏令,后除申王府记室参军,改并州录事参军。"

《新唐书》卷一二三《卢藏用传》云,卢藏用"应县令举甲科",则寇洋神龙初所举亦当为县令举。

大足元年辛丑(701)

正月,改元。《旧唐书·本纪》。

十月辛酉,改元为长安。《旧唐书·本纪》《新唐书·本纪》。

进士科

【邢巨】字巨，河间人。长安元年（701）进士及第。官至监察御史。

《河洛墓刻拾零》，萧昕撰开元二十六年（738）十一月二十日《唐监察御史邢府君（巨）墓志铭并序》："君讳巨，字巨，河间人也……弱岁，进士擢第，拔萃授秘书①校书郎，改汴州尉氏丞。"按：邢巨卒于开元二十六年（738），享年五十七，则其进士擢第在是年。又：《全唐文补遗》千唐志斋新藏专辑，开元十四年（726）九月二十七日《唐故银青光禄大夫工部尚书绛州刺史上柱国平原郡开国公张府君（锡）墓志铭并序》，署"大理评事□州员外司户河间邢巨撰"。

【席豫】襄州襄阳人。长安元年（701）进士及第。又举学兼流略、词擅文场，擢上第。又中手笔俊拔科，又举贤良方正异等。开元初，举超拔群类科，官至尚书左丞，检校礼部尚书。

《旧唐书》卷一九〇中《文苑中·席豫传》："豫，襄阳人，湖州刺史固七世孙。徙家河南。豫进士及第。开元中，累官至考功员外郎，典举得士，为时所称。三迁中书舍人，与韩休、许景先、徐安贞、孙逖相次掌制诰，皆有能名。转户部侍郎……天宝初，改尚书左丞，寻检校礼部尚书，封襄阳县子。"

《新唐书》卷一二八《席豫传》："（席豫）长安中，举学兼流略、词擅文场科，擢上第，时年十六。以父丧罢。复举手笔俊拔科，中之。补襄邑尉，奏事阙下，会节愍太子难……俄举贤良方正异等……开元初……复举超拔群类科。"

《登科记考》卷四长安元年（701）进士科、同年制科、卷五景云三年（709）制科、开元二年（714）制科、开元六年（718）制科分别录载席豫。

【章仇嘉勉】一作"章仇嘉勔""章仇嘉昂"，长安元年（701）进士及第。

（唐）林宝《元和姓纂》卷五《章仇氏》："长安元年右史知贡举张说进士章仇嘉昂。"

《岑植德政碑》："句容县尉章仇加勔。"

（宋）郑樵《通志》卷二八《氏族略第四·以事为氏》"章仇氏"载"汉有章弇，因避仇，遂加仇字。唐长安元年，右史知贡举张说下进士章仇嘉勉。"

《登科记考》长安元年（701）进士科录载章仇嘉勉。

明经科

【郑岩】字良石，河南荥阳人。大足元年（701）明经及第。初授临河尉，官至少府监。

《秦晋豫新出墓志蒐佚》五六四，张均撰天宝十一载（752）五月十五日《唐故少府监郑君墓志铭并序》："君讳岩，字良石，河南荥阳人也……年十四，明经擢第，弱冠署临河尉。"按：以天宝十一载（752）卒，春秋六十有五推之，郑岩十四岁明经及第在大足元年（701）。

---

① 墓志文此处疑缺一"省"字。

孝廉科

【王念】字同光,琅琊临沂人,祖玄默,官汴州浚仪县令,父□庆,唐举孝廉,授胜州都督府户曹参军。大足元年(701)孝廉及第,授相州饶城县丞。官至钜鹿郡南和县令。

《唐代墓志汇编》天宝二〇五,天宝十一载(752)八月二十八日《大唐故钜鹿郡南和县令□(王)府君念墓志铭并序》:"公讳念,字同光,琅琊临沂人也……曾祖讳德仁,隋举孝廉,授剑州临津县主簿;祖讳玄默,唐应制,再登甲科,累授汴州浚仪县令;父讳□庆,唐举孝廉擢第,优游经史,不趋于名……晚授胜州都督府户曹参军……(公)年十八,举孝廉,授相州尧城县丞。"按:天宝十一载(752)七月八日,享年六十九,则其十八岁在大足元年。

【薛重明】河东汾阴人。大足元年(701)孝廉登科。历官鄂州司仓、秦府户曹、蒲州司法、太常博士、武功令。官终夔州都督府司马。

《洛阳新获七朝墓志》,韦述撰开元十五年(727)八月二十七日《唐故夔州都督府司马薛府君墓志铭并序》:"君讳重明,河东汾阴人也……弱冠孝廉登科,历鄂州司仓、秦府户曹、蒲州司法。入拜太常博士,出为武功令转夔州都督府司马。"按:重明卒于开元十五年(727)三月二十六日,春秋四十有六,则其弱冠年在大足元年。

制科

【王易从】京兆杜陵人,祖喆,唐晋州司仓参军、同州河西县令,父庆,赵州房子、冀州枣强二县主簿。登进士科,又中大足元年(701)文擅词场科。官至扬州大都督府长史。

《全唐文》卷二五八,苏颋撰《扬州大都督长史王公(易从)神道碑》:"霸城王府君。讳易从,字某……高祖明远,隋雍州大中正玄化郡守司金上士银青光禄大夫,书大旂,勒大鼎,猗那成绩,繁衍重世。曾祖寿,隋州都七职主簿,隋氏沦胥,炀皇板荡,竟全孤竹之操,不败幽兰之芳。祖喆,皇朝晋州司仓参军同州河西县丞。父庆,赵州房子、冀州枣强二县主簿……公八岁工词赋,十五读典坟,十八历涉代史,十九初游太学,二十升甲科。三倾五城,一日千里,阶选部,册天门,出九流之先,当万夫之特。授亳州城父尉……授华州华阴县尉。复册甲科,转京兆府美原县尉,换华原丞……擢拜左台监察御史……迁殿中侍御史,无何。拜尚书户部员外郎,转祠部、主爵、考功三郎中……拜给事中,转中书舍人……出为扬州大都督府长史……以年月日,遘疾终于府之官舍,享年六十。"按:"祖喜",当作"祖喆"。

《全唐文》卷三一三,孙逖撰《太子右庶子王公(敬从)神道碑》:"公讳敬从,字某,京兆人也……明远,隋司金上士。远生寿,隋州都七职主簿。寿生喆,皇朝同州河西县令。喆生庆,皇朝冀州枣强主簿……公兄曰易从,故吏部侍郎弟。曰择从,今京兆府士曹,咸以文学,齐名当代。公始以对策高第,则易从同科。"

《旧唐书》卷一七八《王徽传》:"王徽字昭文,京兆杜陵人,其先出于梁魏。魏为秦灭,始皇徙关东豪族实关中,魏诸公子徙于霸陵。以其故王族,遂为王氏。后周同州刺史熊,徽之十代祖,葬咸阳之凤岐原,子孙因家焉。曾祖择从兄易从,天后朝登进士第。从弟明从、言从,睿宗朝并以进士擢第。昆仲四人,开元中三至凤阁舍人,故时号'凤阁王家'。"

《新唐书》卷七二中《宰相世系表》二中："明远,周司金上士,"生"寿,隋州都七职主簿,"生"喆,河西令,"生"庆,浦州长史,"生"易从,扬州刺史。"

《登科记考》卷四大足元年(701)文擅词场科、卷二七《附考·进士科》分别录载王易从。

【王敬从】京兆人。大足元年(701)文擅词场科。曾官太子右庶子。

《全唐文》卷三一三,孙逖撰《太子右庶子王公(敬从)神道碑》："公讳敬从,字某,京兆人也……大定(足)中举文擅词场,景龙岁辟茂才异等,开元初徵文藻词丽,公三对策,诏皆为甲科。"

《登科记考》卷四大足元年(701)制科录载王敬从。

【冯万石】名复,以字行。大足元年(701)嫉恶科及第。凡九科登第。

《全唐文补遗》千唐志斋新藏专辑,天宝六载(747)四月二十一日《唐故朝散大夫起居舍人冯府君(复)墓志铭并序》："君讳复,字万石,河南颖阳人……居顷,郡举季("季"疑为"秀"字)才及弟。明年,应文可以经邦国举,射策登甲科,拜陈留郡封丘尉。秩未满,又应怀疾恶之诚举,射策独高第,转浚仪尉……秩满,举贤良,又擢甲科,授河南府济源主簿。未几,属郊祀举,又□□高第,试河南主簿……且一擢乡举,四登制科……寝疾于开元十一载,终于河南道化里,春秋册有七。"按:在唐代科举史上,冯复"一擢乡举,四登制科",可谓是考场高手。所谓"一擢乡举",当是指其进士及第,本章《附考·进士科》据《墓志》已录载。所谓"四登制科",当是指其先后考中文可以经邦国举、怀疾恶之诚举、贤良举和郊祀举。

(宋)乐史《广卓异记》卷一九《九登科选》："右按《登科记》:冯万石,圣历元年进士及第,大足元年嫉恶科,神龙二年才高位下科,景云三年怀能抱器科,开元二年重考及第,六年超群拔类科,十三年考判入等,十六年又判入等,二十六年文词雅丽科,凡九度登科选。"按:(宋)乐史《广卓异记》等传世文献记载与《墓志》不一,今仍录存,以俟后考。

(宋)王溥《唐会要》卷七六《贡举中·制科举》："大足元年,理选使孟诜试拔萃科,崔翘、郑少微及第。疾恶科,冯万石及第。"

(宋)王钦若等《册府元龟》卷六四五《贡举部(七)·科目》："大足元年,理选使孟诜试拔萃科(崔翘、郑少微及第),疾恶科(冯万石及第)。"

(宋)王应麟《玉海》卷一一五《选举·唐制科》："疾恶科冯万石。""才高位下冯万石。"

《登科记考》卷四大足元年(701)疾恶科录载冯万石。

【李霞光】名未详,字霞光,赵郡人。太极中,制举贤良科及第。官至太子舍人。

《唐代墓志汇编》天宝○九九,尹□源撰天宝五年(746)十二月《大唐故太子舍人李府君墓志铭并序》："圣唐天宝丙戌岁十二月□□□□□□赵郡李□字霞光,享年□十一……太极岁,上在青宫,大搜髦士。公以贤良应召,对策甲科。"按:志主名未详,以字录入。又:天宝丙戌岁为天宝五年(746)。

【郑少微】大足元年(701)拔萃科及第。

（宋）王钦若等《册府元龟》卷六四五《贡举部（七）·科目》："大足元年，理选使孟诜试拔萃科（崔翘、郑少微及第），疾恶科（冯万石及第）。"

《登科记考》卷四大足元年（701）拔萃科录载郑少微，考云："见《册府元龟》《唐会要》。"

【席豫】襄州襄阳人。长安元年（701）进士及第。又举词擅文场科上第。小传见本年进士科。

《旧唐书》卷一九〇中《文苑中·席豫传》："豫，襄阳人，湖州刺史固七世孙。徙家河南。豫进士及第。"

《新唐书》卷一二八《席豫传》："（席豫）长安中，举学兼流略、词擅文场科，擢上第，时年十六。以父丧罢。复举手笔俊拔科，中之。补襄邑尉，奏事阙下，会节愍太子难……俄举贤良方正异等……开元初……复举超拔群类科。"

【崔翘】字明微，清河东武城人。万岁登封元年（696）明经及第，圣历元年（698）拔萃科及第。大足元年（701）拔萃科及第。小传见天册万岁二年明经科。

（宋）王钦若等《册府元龟》卷六四五《贡举部（七）·科目》："大足元年，理选使孟诜试拔萃科（崔翘、郑少微及第），疾恶科（冯万石及第）。"

《登科记考》卷四大足元年（701）拔萃科录载崔翘，考云：《册府元龟》。《唐语林》：'大足元年置拔萃，始于崔翘。'"

【裴宽】绛州闻喜人。明经及第，拔萃登科。小传见附考明经科（中宗武后睿宗）裴宽条。

《旧唐书》卷一〇〇《裴漼传附裴宽传》："裴漼，绛州闻喜人也……漼从祖弟宽。宽父无晦，袁州刺史。宽通略，以文词进，骑射、弹棋、投壶特妙。景云中，为润州参军，刺史韦铣为按察使，引为判官，清干善于剖断，铣重其才，以女妻之。后应拔萃，举河南丞。再转为长安尉。"

《登科记考》卷四大足元年（701）拔萃科录载裴宽。

长安二年壬寅（702）

知贡举：考功员外郎沈佺期

进士科

【宋遥】字仲远，广平列人人。长安二年（702）由国子进士补东莱郡录事参军。先天元年（712）超越流辈科及第。官终上党郡大都督府长史。

《秦晋豫新出墓志蒐佚》四六〇，开元二十五年（737）四月十九日《上党郡大都督府长史广平宋府君夫人荥阳郡君郑氏墓志铭》："夫人荥阳郡原武人也……既笄而醮，归于我宋公讳遥，弱冠进士擢第入台，累迁三御史、南省两郎官，拜中书舍人、除御史中丞、户部礼部吏部三侍郎、荥阳绛魏襄阳武当七郡太守、河北河南山南三采访。"按：宋遥弱冠进士擢第，以天宝六载(747)卒,享龄六十五推之,其登进士科在长安二年(702)。

《千唐志斋藏志》八三七,宋鼎撰天宝七载(748)正月十一日《唐故上党郡大都督府长史宋公(遥)墓志铭并序》:"公讳遥,字仲远,广平列人人也……自国子进士补东莱郡录事参军,举超绝流辈,移密县尉……天宝六载二月五日终于上党公舍,享龄六十有五。"

【张九龄】字子寿,一名博物,曲江人。长安二年(702)登进士第。官校书郎。又以道侔伊吕科策高第,应举登乙科,拜校书郎。又对策高第,迁右拾遗。开元二十一年拜中书侍郎、同中书门下平章事。明年,迁中书令,兼修国史。六十八岁卒,赠荆州大都督,谥文献。

(唐)杜牧《樊川文集》卷一二《上宣州高大夫书》:"张曲江九龄,亦进士也,排李林甫、牛仙客,骂张守珪不斩安禄山,谪老南服,年未七十。"

(唐)莫休符《桂林风土记》:"张中令(名九龄)一名博物,韶州曲江人也。以文学进士及高第,与赵冬曦齐名,俄应制,以明皇嗣位,久未南郊,上表抗论,由是名价益重……薨年六十八。"

《旧唐书》卷九九《张九龄传》:"张九龄字子寿,一名博物。曾祖君政,韶州别驾,因家于始兴,今为曲江人。父弘愈,以九龄贵,赠广州刺史。九龄幼聪敏,善属文。年十三,以书干广州刺史王方庆,大嗟赏之,曰:'此子必能致远。'登进士第,应举登乙第,拜校书郎。玄宗在东宫,举天下文藻之士,亲加策问,九龄对策高第,迁右拾遗……开元十年,三迁司勋员外郎。时张说为中书令,与九龄同姓,叙为昭穆,尤亲重之,常谓人曰:'后来词人称首也。'九龄既欣知己,亦依附焉。十一年,拜中书舍人。十三年,车驾东巡,行封禅之礼。说自定侍从升中之官,多引两省录事主书及己之所亲摄官而上,遂加特进阶,超授五品……初,张说知集贤院事,常荐九龄堪为学士,以备顾问。说卒后,上思其言,召拜九龄为秘书少监、集贤院学士,副知院事。再迁中书侍郎。常密有陈奏,多见纳用。寻丁母丧归乡里。二十一年十二月,起复拜中书侍郎、同中书门下平章事。明年,迁中书令,兼修国史……二十三年,加金紫光禄大夫,累封始兴县伯……因遇疾卒,年六十八,赠荆州大都督,谥曰文献。"

(宋)计有功《唐诗纪事》卷一五《张九龄》:"九龄登进士第,应拔萃,登乙科,拜校书郎。玄宗在东宫,举天下文章之士,亲加策问,九龄对策高第。"

(宋)晁公武《郡斋读书志校证》卷一七《别集类上》录《张九龄曲江集》二十卷,注云:"右唐张九龄,子寿也。曲江人。长安二年进士,调校书郎,以道侔伊吕科策高等,为左拾遗。开元中为中书令,卒,谥'文献'。"

(明)陶宗仪《书史会要》卷五:"张九龄,字子寿,韶州曲江人,擢进士第,官至右丞相,谥'文献'。"

《登科记考》卷四长安二年(702)进士科录载张九龄。

嘉靖《南安府志》卷二六《官迹传一·制使》:"(张九龄)擢进士,以道侔伊吕科策高第,为左拾遗内共。"

【徐秀】东海郯人。长安二年(702)进士及第。曾官临淮郡长史。

《全唐文》卷三四三,颜真卿《朝议大夫赠梁州都督上柱国徐府君(秀)神道碑铭》:"君讳秀(《唐书·宰相世系表》作琇),东海郯人也……年十五,为崇文生应举,考功员外郎沈佺期再试《东堂壁画赋》,公援翰立成,沈公骇异之,遂擢高第。调补幽都县尉,充相国尚书赵彦昭朔方节度判官。以事去职,又历蔡州参军,为御史宋遥关内覆囚判官……转瀛州司法参军。侍御史赵颐贞辟宣慰判官,历湖州德清长城润州丹阳三县令。天宝二载春二月加朝散大夫,敕摄新安郡别驾,采访使齐瀚、梁昇卿并奏为判官。六载秋七月拜临淮郡长史,加朝请大夫。九载夏四月除济南郡司马,加朝议大夫。十二载春三月拜信都郡长史,不幸感疾。天宝十三载秋七月九日,终于郡之官舍,春秋七十。"

《登科记考》卷四长安二年(702)进士科录载徐秀。

明经科

【庞履温】字若水,南安人。长安二年(702)明经及第。曾官元氏县令。

《全唐文》卷三六四,邵混之撰《元氏县令庞君(履温)清德碑》:"君姓庞氏,名履温,字若水,南安人也……起家补昭文生,从勋阀也。长安二年明经擢第,拜宣州参军,寻授莫州司功参军事……开元十九年春会府,遂拜公为此县令。"

《登科记考》卷四长安二年(702)明经科录载庞履温。

孝廉科

【李迪】字安道,赞皇人。孝廉及第,授扬州大都督府扬子县尉。官至清河郡宗城县尉。

《唐代墓志汇编》天宝一一五,天宝六载(747)十一月二十五日《赵郡李府君(迪)墓志铭并序》:"君讳迪,字安道,赵国人也……廿孝廉擢第,卅解褐受官……首任扬州大都督府杨子县尉,次任岐州雍县主簿,其次任河南府永宁县主簿,公事被劾,左授建州参军,会恩量移清河郡宗城县尉。"按:李迪卒于天宝六载(747),享年六十五,则其二十岁在长安二年。

光绪《畿辅通志》卷三四《选举·唐·进士·附录》:"李迪,赞皇人。"

【周诚】字子谅,汝南平舆人。祖仁廓,利州□史。父绍,金州西城县丞。长安二年(702)孝廉及第,补润州金坛尉。官至监察御史。

《唐代墓志汇编》开元四八三,开元二十七年(739)正月廿八日《大唐故朝议郎行监察御史周府君(诚)墓志铭并序》:"君讳诚,字子谅,分族于周,汝南平舆之著姓也。曾祖和举,左散骑常侍、宣州刺史;皇祖仁廓,利州□史;先父绍,金州西城县丞……(诚)弱冠国学生,孝廉擢第,解褐补润州金坛尉。"按:以开元二十五年(737)卒,享年五十五推之,其弱冠岁在长安二年。

《登科记考补正》卷四长安二年(702)明经科录载周诚。

诸科

【骞晏】字承晖。长安二年(702)明法擢第。官终宜君县令。

《全唐文补遗》第二辑,邬载撰天宝四载(745)二月十四日《唐故朝议郎行中部郡宜君县令骞府君(晏)墓志铭并序》:"公讳晏,字承晖,其先闵子骞之裔也……弱冠,以工甲令擢第,补洋州司法参军。"按:"甲令擢第"当为明法擢第。以开元二十七年(739)卒,春秋五十七推之,其弱冠岁在长安二年。

制科

【冯克庵】长安二年(702)龚黄科及第。

(宋)王溥《唐会要》卷七六《贡举中·制科举》:"长安二年,龚黄科,冯克庵及第。"

(宋)王钦若等《册府元龟》卷六四五《贡举部(七)·科目》:"长安二年龚黄科。(冯克庵及第。)"

《登科记考》卷四长安二年(702)制举龚黄科录载冯克庵。

科目未详

【裴好古】字好古,河东闻喜人。长安二年(702)擢第,官至仙州方城县尉。

《秦晋豫新出墓志蒐佚》六三八,裴晟撰贞元九年(793)八月二十七日《大唐故仙州方城县尉裴府君墓志铭并序》:"府君姓裴氏,讳好古,字好古,先河东闻喜人也……公少至诗礼,弱冠擢第。"按:裴好古天宝初载(742)卒,享年六十,则其弱冠擢第在长安二年(702)。

长安三年癸卯(703)

进士科

【王择从】京兆杜陵人,祖喆,唐晋州司仓参军、同州河西县丞,父庆,赵州房子、冀州枣强二县主簿。长安三年(703)第进士,先天元年(712)又登贤良方正科。官京兆士曹参军,充丽正殿学士。

《全唐文》卷二五八,苏颋撰《扬州大都督长史王公(易从)神道碑》:"霸城王府君,讳易从,字某……高祖明远,隋雍州大中正宏化郡守司金上上银青光禄大夫,书大旆,勒大鼎,猗那成绩,繁衍重世。曾祖寿,隋州都七职主簿,隋氏沦胥,炀皇板荡,竟全孤竹之操,不败幽兰之芳。祖喜,皇朝晋州司仓参军同州河西县丞。父庆,赵州房子、冀州枣强二县主簿。"按:"祖喜",当作"祖喆"。

《全唐文》卷三一三,孙逖撰《太子右庶子王公(敬从)神道碑》:"公讳敬从,字某,京兆人也……公兄曰易从,故吏部侍郎弟。曰择从,今京兆府士曹,咸以文学,齐名当代。公始以对策高第,则易从同科。"

《旧唐书》卷一七八《王徽传》:"王徽字昭文,京兆杜陵人,其先出于梁魏。魏为秦灭,始皇徙关东豪族实关中,魏诸公子徙于霸陵。以其故王族,遂为王氏。后周同州刺史熊,徽之十代祖,葬咸阳之凤岐原,子孙因家焉。曾祖择从兄易从,天后朝登进士第。从弟明从、言从,睿宗朝并以进士擢第。昆仲四人,开元中三至凤阁舍人,故时号'凤阁王家'……择从,大足三年登进士第,先天中,又应贤良方正制举,升乙第,再迁京兆士曹参军,充丽正殿学士。"按:大足三年即长安三年。

《新唐书》卷七二中《宰相世系表》二中:"明远,周司金上士。"生"寿,隋州都七职主簿。"生"喆,河西令。"生"庆,浦州长史。"生"择从,京兆士曹参军、丽正殿学士。"

(宋)邓名世《古今姓氏书辨证》:"王择从登第,又制举升乙第,充丽正殿学士。"

《登科记考》卷四长安三年(703)进士科、卷五景云三年(712)贤良方正科分别录载王择从。

【任瑗】字湿。长安三年(703)进士及第。历官广平郡临洺县尉、河间司法参军、沧城郡南皮县令,官终乐安县令。

《全唐文补遗》第八辑,天宝十三载(754)十月八日《大唐故乐安县令任府君(瑗)墓志文并序》:"府君讳瑗,字湿,其先殷周二代五侯九卿之后……府君弱冠,太学秀才焉,即任广平郡临洺县尉、河间司法参军、沧城郡南皮县令……府君春秋七十有一,九月九日寝疾而谢。"按:墓志作于天宝十三载,云任瑗以太学秀才任职广平郡临洺县尉等职,当为进士出身。至于任瑗卒年,墓志先载九月九日去世,次叙其夫人博陵崔氏春秋六十,于天宝十载(751)卒于家,又载天宝十三载(754)十月八日安葬,疑天宝十三载即为志主去世之年,任瑗弱冠之年在长安三年(703)。今附此俟考。

明经科

【李庭训】长安三年(703)明经及第,解褐申王府参军。官至济南郡禹城县令。

《唐代墓志汇编》天宝一六七,杜镇撰天宝九载(750)十一月十七日《故济南郡禹城县令李府君(庭训)墓志铭并序》:"公讳庭训,字庭训,陇西成纪人也……公弱冠孝廉擢第,解褐申王府参军。"按:庭训卒于开元二十一年(733),春秋五十,则其弱冠岁在长安三年。

【萧谖】字谖。长安三年(703)崇文生明经及第。官至中散大夫义阳郡太守。

《全唐文补遗》千唐志斋新藏专辑,邢宇撰天宝二年(743)十一月二日《□唐故中散大夫义阳郡太守萧府君(谖)墓志铭并序》:"维大唐天宝二年五月廿一日己未,义阳郡太守兰陵萧公即世于郡之之(注:原志此句疑因提行衍一"之"字)路寝□也……公讳谖,字谖……年廿,崇文生明经及第。"按:据志文,萧谖卒于天宝二年(743),享年六十,则其明经及第在长安三年(703)。

【慕容瑾】荥阳人。长安三年(703)明经及第,授岐州参军。官至河南府渑池县丞。

《唐代墓志汇编》开元三四六,开元二十年(732)八月十四日《唐故河南府渑池县丞慕容君(瑾)墓志铭并序》:"君讳瑾,其先昌黎棘城人,始后魏都洛,徙于荥阳也……年廿,明经擢第,解褐岐州参军。"按:以开元二十年(732)卒,春秋四十九推之,慕容氏二十岁时在长安三年。

孝廉科

【郑曜】字临之,荥阳开封人。长安三年(703)孝廉擢第,解褐授相州滏阳县尉。官至朝散大夫行太子典膳郎。

《洛阳新获七朝墓志》,天宝四载(745)十一月七日《大唐故朝散大夫行太子典膳郎荥阳郑府君墓志铭并序》:"君讳曜,字临之,荥阳开封人也……志学之年,孝廉擢第,解褐以材望超授相州滏阳县尉。"按:"志学之年"一般指十五岁,以天宝四载(745)卒,春秋五十七推算,郑曜及第年在武后长安三年(703)。

上书拜官

【王元感】濮州鄄城人。少举明经,拜崇贤馆学士。长安三年(703)上书,拜太子司议郎。

《旧唐书》卷一八九下《儒学下·王元感传》:"王元感,濮州鄄城人也。少举明经,累补博城县丞。兖州都督、纪王慎深礼之,命其子东平王续从元感受学。天授中,稍迁左卫率府录事,兼直弘文馆。是后则天亲祠南郊及享明堂,封嵩岳,元感皆受诏共诸儒撰定仪注,凡所立议,众咸推服之。转四门博士,仍直弘文馆……长安三年,表上其所撰《尚书纠谬》十卷、《春秋振滞》二十卷、《礼记绳愆》三十卷,并所注《孝经》《史记》稿草,请官给纸笔,写上秘书阁……中宗即位,以春宫旧僚,进加朝散大夫,拜崇贤馆学士。寻卒。"

(宋)王溥《唐会要》卷七七《贡举下·论经义》:"长安三年三月,四门博士王元感,表上《尚书纠谬》十卷、《春秋振滞》二十卷、《礼记绳愆》三十卷,并所注《孝经》《史记》《汉书》藁,请官给纸笔,写上秘阁。制令宏文崇文两馆学士,及成均博士,详其可否。宏文馆学士祝钦明,崇文馆学士李宪、赵元亨,成均博士郭山恽,皆专守先儒章句,深讥元感掎摭旧义。元感随方应答,竟不之屈。唯凤阁舍人魏知古、司封郎中徐坚、左史刘知几、右司张思敬雅好异闻,每为元感申理其义。由是擢拜太子司议郎。诏曰:'王元感质性温敏,博闻强记,手不释卷,老而弥笃。掎前达之失,究先贤之旨,是谓儒宗,不可多得。可授太子司议郎。'"

(宋)王钦若等《册府元龟》卷七一〇《宫臣部(三)·讲习》:"王元感,濮州甄城人也。少举明经,累补博城县丞、兖州都督,纪王真深礼之,命其子东平王续从元感受学。"

《新唐书》卷一九九《儒学中·工元感传》:"工元感,濮州鄄城人。擢明经高第,调博城丞。"

《登科记考》卷四长安三年(703)上书拜官条、卷二七《附考·进士科》分别录载王元感。

嘉靖《濮州志》卷五《郡人志》:"(王元感)擢明经高第,调博城丞。"

嘉靖《山东通志》卷三一《人物四·东昌府》:"(王元感)擢明经,天授中尝直弘文馆后转四门博士。"

长安四年甲辰(704)

知贡举：考功员外郎崔湜

进士科

【李温玉】苏州人。长安四年(704)乡贡进士及第。

(五代)王定保《唐摭言》卷一《乡贡》："长安四年,崔湜下四十一人,李温玉称苏州乡贡。"

孝廉科

【明俊】字仁俊,陕郡芮城人。长安四年(704)孝廉及第。官终太府寺平准署侯。

《全唐文补遗》第四辑,范济撰天宝二年(743)十月十九日《唐故太府寺平准署侯明府君(俊)墓志铭并序》："公讳俊,字仁俊,其先陕郡芮城人也……弱冠,察孝廉。"按:明俊卒于天宝二年(743)八月八日,春秋五十九,则其弱冠年在长安四年(704)。

唐中宗神龙元年乙巳(705)

正月壬午朔,改元。乙巳,天后传位于皇太子。丙午,中宗即位。《资治通鉴》。

二月甲寅,复国号曰唐。《资治通鉴》。

知贡举：考功员外郎崔湜

进士科

【姚仲豫】神龙元年(705)状元及第。

(明)徐应秋《玉芝堂谈荟》卷二《历代状元》："中宗神龙元年,进士六十一人,状元姚仲豫。"

【杨相如】南昌人,神龙元年(705)擢进士第。官怀州别驾。

《新唐书》卷五九《艺文三》："杨相如《君臣政理论》三卷。"

(明)李贤等《明一统志》卷四九《南昌府·人物·唐》："杨相如,南昌人。聪明博古,神龙初进士,补当涂尉。屡上书言事,改历晋陵、陆浑。又上《君臣政要》三卷,明皇曰:'朕身之宝也。'拜右拾遗。开元末,复上书,语益切直,出为怀州别驾。"

《登科记考补正》卷四神龙元年(705)进士科增补杨相如。

【褚璆】字伯玉,钱塘人。神龙元年(705)擢进士第。官至侍御史、礼部员外郎。

《新唐书》卷一〇五《褚遂良传附褚璆传》："遂良曾孙璆,字伯玉,擢进士第,累拜监察御史里行……迁侍御史,拜礼部员外郎。"

《登科记考》卷二七《附考·进士科》录载褚璆,《登科记考补正》卷四神龙元年(705)进士科系年,考证过程可参阅。

乾隆《杭州府志》卷一〇七《选举志》一《唐制科》引《唐登科记》:"神龙二年才膺管乐科:褚璆,钱塘人。元年进士,礼部员外郎。"同卷《唐进士》:"神龙元年乙巳姚仲豫榜:褚璆,见制科。"

明经科

【田诚】字昌言,北平人。神龙元年(705)明经及第。官至朝议郎行郑州司法参军。

《全唐文补遗》第八辑,刘准撰开元二十六年(738)八月十三日《唐故朝议郎行郑州司法参军北平田府君(诚)墓志铭并叙》:"君讳诚,字昌言,其先北平人也……弱冠,游太学,明经射策甲科。解褐郓王府参军,盖九层之累土……以开元廿六年,终于河南县委粟乡安昌里之私第,春秋五十有三。"按:以开元二十六年(738)卒,春秋五十三推之,田诚弱冠之年为神龙元年。

【崔嘉祉】字嘉祉,博陵人。神龙元年(705)明经及第,补濮州鄄城县尉。官至尚辇直长。

《唐代墓志汇编》开元三九九,开元二十二年(734)四月六日《大唐尚辇直长崔公(嘉祉)墓志明》:"崔公讳嘉祉,字嘉祉,博陵人也……弱冠以明经选调,补濮州鄄城县尉。"按:志文参见《千唐志斋藏志》七三八。嘉祉卒于开元二十二年(734),享年四十九,则其弱冠岁在神龙元年。

【裴光庭】字连城,河东闻喜人。神龙初明经擢第,授家令寺丞。开元中官至中书侍郎同中书门下平章事。二十一年(733)卒,赠太师,谥忠献。

《全唐文》卷二九一,《大唐金紫光禄大夫行侍中兼吏部尚书宏文馆学士赠太师正平忠献公裴公(光庭)碑铭并序》:"公讳光庭,字连城,河东闻喜人……幼以孝闻,寻补宏文馆学士。神龙初明经擢第,授家令寺丞,转太常丞,加朝散大夫。景龙中以亲累外转,寻入为陕王友,改右卫郎将……(开元中)特拜司门郎中,转兵部。仙台之文,始应列宿,鸿渐之羽,可用为仪。迁鸿胪少卿,以观其能也……既而拜中书侍郎同中书门下平章事兼御史大夫……寻加银青光禄大夫,换黄门侍郎,俄迁侍中兼吏部尚书宏文馆学士……二十有一年春二月癸卯,遘疾薨于京师平康里之私第,春秋五十八……有诏赠太师,谥曰忠献。"

孝廉科

【卢伯明】字伯明,范阳人。神龙元年(705)孝廉甲科。官幽州都督府仓曹参军。

《洛阳新获七朝墓志》史翔撰开元二十九年(741)二月二十日《唐故范阳卢府君墓志铭并序》:"公讳伯明,字伯明,范阳人也……弱冠孝廉甲科,充河北道营田十屯判官,试幽州都督府仓曹参军。"按:卢伯明卒于开元二十六年(738)十月四日,春秋五十三,则其弱冠之年在中宗神龙元年。

【卢藏用】字子潜，幽州范阳人，父璥，官魏州司马。登进士第，应县令举甲科。历职中书舍人、兵吏工户黄门五侍郎、尚书右丞、修文馆学士。

《全唐文补遗》千唐志斋新藏专辑，郑琬撰天宝十载（751）正月二十五日《唐故尚书右丞卢府（藏用）夫人荥阳郑氏（冲）墓志铭并序》："夫人讳冲，荥阳开封人也……爰及笄年，配合嘉偶，适范阳卢府君讳藏用。历职中书舍人、兵吏工户黄门五侍郎、尚书右丞、修文馆学士。"

《旧唐书》卷九四《卢藏用传》："卢藏用字子潜，度支尚书承庆之侄孙也。父璥，有名于时，官至魏州司马。藏用少以辞学著称。初举进士选，不调，乃著《芳草赋》以见意。寻隐居终南山，学辟谷、练气之术。长安中，征拜左拾遗……神龙中，累转起居舍人，兼知制诰，俄迁中书舍人……景龙中，为吏部侍郎。藏用性无挺特，多为权要所逼，颇隳公道。又迁黄门侍郎，兼昭文馆学士，转工部侍郎、尚书右丞。先天中，坐托附太平公主，配流岭表。开元初，起为黔州都督府长史，兼判都督事，未行而卒，年五十余。有集二十卷。"

《新唐书》卷一二三《卢藏用传》："卢藏用字子潜，幽州范阳人。父璥，魏州长史，号才吏。藏用能属文，举进士，不得调。与兄征明偕隐终南、少室二山……长安中，召为左拾遗……姚元崇持节灵武道，奏为管记。还应县令举，甲科，为济阳令。神龙中，累擢中书舍人、数纠驳伪官。历吏部、黄门侍郎、修文馆学士。坐亲累，降工部侍郎。进尚书右丞。"

《登科记考》卷二七《附考·进士科》、同卷《附考·制科》分别录载卢藏用。

光绪《畿辅通志》卷三四《选举·唐·进士》："武后时，卢藏用，涿州人，集贤院学士。"

【冯宏之】字宏之，长乐人。天授中应五臣举高第，神龙元年又应贤良方正科及第。官至定州北平县尉。

《秦晋豫新出墓志蒐佚》四六二，开元二十六年（738）五月二十九日《唐故定州北平县尉长乐冯君墓志铭并序》："君讳宏之，字宏之，长乐人也……天授中，应五臣举高第，拜洺州清漳县主簿，秩满，调补定州北平县尉。神龙元年又以贤良方正，徵至卫州新乡界。"

【严挺之】名浚，以字行。华州华阴人。举进士，神龙元年，制举擢第，授义兴尉。开元中历考功员外郎、考功郎中、给事中。官终绛郡太守。

《旧唐书》卷九九《严挺之传》："严挺之，华州华阴人。叔父方巋，景云中户部郎中。挺之少好学，举进士。神龙元年，制举擢第，授义兴尉。遇姚崇为常州刺史，见其体质昂藏，雅有吏干，深器异之。及崇再入为中书令，引挺之为右拾遗……开元中，为考功员外郎。典举二年，大称平允，登科者顿减二分之一。迁考功郎中，特敕又令知考功贡举事，稍迁给事中……寻迁濮、汴二州刺史……与张九龄相善，九龄入相，用挺之为尚书左丞，知吏部选，陆景融知兵部选，皆为一时精选……九龄罢相，挺之出为洺州刺史，二十九年，移绛郡太守……子武，广德中黄门侍郎、成都尹、剑南节度使。"

《新唐书》卷一二九《严挺之传》："严挺之名浚，以字行，华州华阴人。少好学，资质轩秀。举进士，并擢制科，调义兴尉，号材吏。"

《登科记考》卷四神龙元年（705）制科、卷二七《附考·进士科》分别录载严挺之。

【吴缙】字子臧,郡望渤海郡。国子生明经登第,始授莱州之昌阳尉。神龙初元应制举学该经史识达古今甲科,除温王府祭酒。官终朝议大夫行濮州长史。

《秦晋豫新出墓志蒐佚》三五三,胡皓撰开元五年(717)二月一日《大唐故朝议大夫行濮州长史上柱国吴府君墓志铭并序》:"君讳缙,字子臧,其望氏出于渤海郡……少为国子生,以明经登第,始授莱州之昌阳尉……神龙初元,举学该经史、识达古今甲科,除温王府祭酒,寻授文学,除秘书郎加朝散大夫,又除太子舍人,又加朝议大夫。久之,迁濮州长史。"

【房诞】字文绚,魏郡清河人。神龙元年(705)制举擢第,授洪州丰城县令、上柱国。

《唐代墓志汇编续集》景龙○○二,景龙元年(707)十一月一日《唐故朝散大夫行洪州都督府丰城县令上柱国公士谯郡清河房府君(诞)墓志铭并序》:"君讳诞,字文绚,魏郡清河人也……以乾封年授轻车都尉,解褐授宣德郎、行沧州胡苏县丞……继而周运□□,唐祚再隆,责帛旌贤,制举及第。俄授洪州丰城县令、上柱国,经考归致仕。"按:据志文,"周运□□,唐祚再隆",当指中宗复位之事,时在神龙元年。以神龙三年(707)卒,春秋七十六推之,房诞制举及第时已经七十四岁。

【席豫】字建侯,襄州襄阳人。长安元年(701)进士及第,又举学兼流略、词擅文场,擢上第。又中手笔俊拔科,又举贤良方正异等。开元初,举超拔群类科。小传参见进士科。

《旧唐书》卷一九○中《文苑中·席豫传》:"豫,襄阳人,昌州刺史固七世孙。徙家河南。豫进士及第。"

《新唐书》卷一二八《席豫传》:"(席豫)长安中,举学兼流略、词擅文场科,擢上第,时年十六。以父丧罢。复举手笔俊拔科,中之。补襄邑尉,奏事阙下,会节愍太子难……俄举贤良方正异等……开元初……复举超拔群类科。"按:节愍事在神龙三年,是席豫登手笔俊拔科在元、二年间。今附本年。

(宋)计有功《唐诗纪事》卷一四《席豫》:"豫,字建侯。年十六,举手笔俊拔科,中之。后为中书舍人。"

【寇洋】字若水,上谷昌平人。光宅元年(684)材称栋梁举擢第,久视初(700)登拔萃出类科,授魏州昌乐尉,神龙元年(705)应县令举甲科。官至恒王府长史。

《唐代墓志汇编》天宝一三六,贺兰弼撰天宝七载(748)十一月三十日《唐故广平郡太守恒工府长史上谷寇府君(洋)墓志铭并序》:"公讳洋,字若水,上谷昌平人……弱冠应材称栋梁举,策居第二;又试拔萃出类科,与邵升、齐瀚同时超等,授魏州昌乐尉,换洛州兴泰尉。神龙初,大徵儒秀,精择令长,荐与卢藏用等高第,敕授虢州卢氏令,后除申王府记室参军,改并州录事参军。"按:据《新唐书》卷一二三《卢藏用传》,卢藏用"应县令举甲科",则寇洋神龙初所举亦当为县令举。

神龙二年丙午(706)

知贡举：考功员外郎赵彦昭

进士科

【**赵冬曦**】定州鼓城人,不器子。神龙二年(706)进士擢第,景云三年(712)制举藻思清华登科。历左拾遗,官中书舍人、国子祭酒。

(唐)林宝《元和姓纂》卷七《中山赵氏》:"【中山】称本自天水徙中山曲阳,今定州鼓城县。后周信州长史赵达,孙协,生宝符。宝符生不器。不器生夏日、和璧、冬曦、安贞、居贞、汇贞、颐贞,兄弟七人举进士。"

《旧唐书》卷一○二《韦述传》:"中书令张说专集贤院事,引述为直学士,迁起居舍人。说重词学之士,述与张九龄、许景先、袁晖、赵冬曦、孙逖、王翰常游其门。赵冬曦兄冬日,弟和璧、居贞、安贞、颐贞等六人,述弟迪、逋、迥、迟、巡亦六人,并词学登科。说曰'赵、韦昆季,今之杞梓'。"按:赵冬曦兄冬日,当作"夏日";弟和璧,当作"和璧"。

《新唐书》卷二○○《儒学下·赵冬曦传》:"赵冬曦,定州鼓城人。进士擢第,历左拾遗……开元初,迁监察御史,坐事流岳州,召还复官,与秘书少监贺知章、校书郎孙季良、大理评事咸廙业入集贤院修撰。是时,将仕郎王嗣琳、四门助教范仙厦为校勘,翰林供奉吕向、东方颢为校理。未几,冬曦知史官事,迁考功员外郎。逾年,与季良、廙业、知章、吕向皆为直学士。冬曦俄迁中书舍人内供奉,以国子祭酒卒。冬曦性放达,不屑世事。弟和璧、安贞、居贞、颐贞、汇贞,皆擢进士第。安贞给事中,居贞吴郡采访使,颐贞安西都护。居贞子昌,别传。"

(宋)乐史《广卓异记》卷一九《一家八人进士及第·赵不器》条云:"右按《登科记》:赵不器子夏日、冬曦、和璧、安贞、居贞、颐贞、汇贞,父子八人皆进士及第。内冬曦、安贞,神龙二年考功崔彦昭下兄弟二人及第。"

《登科记考》卷四神龙二年(706)进士科、卷五景云三年(712)制举藻思清华科分别录载赵冬曦。

弘治《保定郡志》卷一三《人物》:"赵冬曦……进士擢第,历左拾遗。"

隆庆《岳州府志》卷一四《侨寓传》:"(赵冬曦)擢进士第,开元初迁御史。"

光绪《畿辅通志》卷三四《选举·唐·进士》:"中宗年,赵冬曦,鼓城人,国子祭酒。"

【**赵安贞**】定州鼓城人。神龙二年(706)第进士。官给事中。

(唐)林宝《元和姓纂》卷七《中山赵氏》:"【中山】称本自天水徙中山曲阳,今定州鼓城县。后周信州长史赵达,孙协,生宝符。宝符生不器。不器生夏日、和璧、冬曦、安贞、居贞、汇贞、颐贞,兄弟七人举进士。"

《旧唐书》卷一○二《韦述传》:"中书令张说专集贤院事,引述为直学士,迁起居舍人。说重词学之士,述与张九龄、许景先、袁晖、赵冬曦、孙逖、王翰常游其门。赵冬曦兄冬日,弟和璧、居贞、安贞、颐贞等六人,述弟迪、逋、迥、迟、巡亦六人,并词学登科。说曰'赵、韦昆季,今之杞梓'。"按:赵冬曦兄冬日,当作"夏日";弟和壁,当作"和璧"。

《新唐书》卷二〇〇《儒学下·赵冬曦传》:"赵冬曦,定州鼓城人。进士擢第,历左拾遗……开元初,迁监察御史,坐事流岳州,召还复官,与秘书少监贺知章、校书郎孙季良、大理评事咸廙业入集贤院修撰。是时,将仕郎王嗣琳、四门助教范仙廙为校勘,翰林供奉吕向、东方颢为校理。未几,冬曦知史官事,迁考功员外郎。逾年,与季良、廙业、知章、吕向皆为直学士。冬曦俄迁中书舍人内供奉,以国子祭酒卒。冬曦性放达,不屑世事。弟和璧、安贞、居贞、颐贞、汇贞,皆擢进士第。安贞给事中,居贞吴郡采访使,颐贞安西都护。居贞子昌,别传。"

(宋)乐史《广卓异记》卷一九《一家八人进士及第·赵不器》条云:"右按《登科记》:赵不器子夏日、冬曦、和璧、安贞、居贞、颐贞、汇贞,父子八人皆进士及第。内冬曦、安贞,神龙二年考功崔彦昭下兄弟二人及第。"

《登科记考》卷四神龙二年(706)进士科录载赵安定。按:安定,当为"安贞"。

光绪《畿辅通志》卷三四《选举·唐·进士》:"睿宗年,赵安贞,冬曦弟,给事中。"

【徐安贞】始名楚璧,字子珍,信安龙丘人。神龙二年(706)第进士,三应制举登甲科。开元中官中书舍人、集贤学士。终中书侍郎。

《旧唐书》卷一九〇中《文苑中·席豫传附徐安贞传》:"徐安贞者,信安龙丘人。尤善五言诗,尝应制举,一岁三擢甲科,士人称之。开元中为中书舍人、集贤院学士。上每属文及作手诏,多命安贞视草。甚承恩顾。累迁中书侍郎。天宝初卒。"

(宋)计有功《唐诗纪事》卷二五《徐安贞》:"徐安贞,始名楚璧。应制举,三登甲科。开元中中书舍人、集贤学士。帝属文,多令视草。终中书侍郎。"

《登科记考》卷二七《附考·制科》录载徐安贞。《登科记考补正》卷四进士科据《金华府志》等地方志资料增补徐安贞为神龙二年进士。

弘治《衢州府志》卷九《事功》:"(徐安贞)尝应制科……俱及第。"

万历《金华府志》卷一八《科第·唐进士》:"神龙丙午,徐安贞,兰溪人。"又同上卷一〇五《人物》:"徐安贞,旧名楚璧,字子珍,本乌伤人,其地后属长山县,今为兰溪。善五言,尝应制科,一岁三上,俱及第。神龙二年第进士。开元六年以武陟尉选入殿判正。"按:唐代制科及第即可授官,徐安贞既然三应制科俱及第,则不可能再应进士科及第。疑行文有误,当先第进士,后应制科。又:两《唐书》均未载安贞进士及第事。

【薛令之】字珍君,闽之长溪人。神龙二年(706)第进士。迁右庶子,官左补阙兼太子侍讲。

(五代)王定保《唐摭言》卷一五《闽中进士》:"薛令之,闽中长溪人,神龙二年及第,累迁左庶子。"

(宋)李昉等《太平广记》卷四九四《杂录二·薛令之》引《闽川名仕传》:"神龙二年,闽长溪人薛令之登第。开元中,为东宫侍读。"

(宋)王谠撰,周勋初校证《唐语林校证》卷五《补遗·起高祖至代宗》:"薛令之,闽之长溪人。神龙二年,赵彦昭下进士及第,后为左补阙兼太子侍讲。"

（宋）计有功《唐诗纪事》卷二〇《薛令之》："令之，闽之长溪人。及第，迁右庶子……肃宗为太子，贺知章自右庶子迁宾客，授秘书监。令之以右补阙兼侍读。"

《登科记考》卷四神龙二年（706）进士科录载薛令之。

淳熙《三山志》卷二六："神龙元年丙午姚仲豫榜，薛令之，字珍君，长溪人，终左补阙、太子侍读。"

明经科

【卢友度】字友度，范阳人。神龙二年（706）明经及第。官终司农主簿。

《唐代墓志汇编》天宝〇四五，天宝三载（744）三月九日《唐故司农主簿范阳卢府君（友度）墓志铭并序》："公讳友度，字友度，范阳人也……弱冠知名，善属文，举孝廉擢第，拜德州安陵尉。"按：以天宝三载（744）卒，春秋五十八推之，卢氏弱冠岁在是年。

【李夷吾】字兴国。神龙二年（706）明经及第，授亳州参军事。官终中散大夫庆王府司马。

《河洛墓刻拾零》，李挺撰天宝九载（750）《唐故中散大夫庆王府司马李府君（夷吾）墓志铭并序》："公讳夷吾，字兴国……学究坟籍，文含温丽，年在弱冠，以门胄补弘文馆生，应明经高第，解褐授亳州军事。"按：夷吾卒于天宝八载（749），享年六十三，弱冠年在神龙二年（706）。

孝廉科

【赵陵阳】字陵阳，天水上邽人。神龙二年（706）孝廉及第。官终监察御史。

《全唐文补遗》第七辑，开元二十五年（737）十一月十五日《大唐故监察御史天水赵府君（陵阳）墓志铭并序》："君讳陵阳，字陵阳，其先天水上邽人也……年十有九，孝廉充赋，一举登科。"按：以开元二十五年（737）卒，享年五十推之，陵阳十九岁时在神龙二年。又：《登科记考补正》卷四系陵阳制科出身，今不取。

制科

【卢绚】神龙二年（706）才膺管乐科及第。

（宋）王溥《唐会要》卷七六《贡举中·制科举》："神龙二年，才膺管乐科，张大求、魏启心、魏愔、卢绚、张文成、褚璆、成廙业、郭璘、赵不为及第。才高位下科，冯万石、晁良贞、张敬及第。"

（宋）王钦若等《册府元龟》卷六四五《贡举部（七）·科目》："（神龙）二年二月，令举天下鸿儒硕学之士。是年，有才膺管乐科（张大求、魏启心、魏愔、卢绚、张文成、褚璆、成廙业、郭隆、赵不为及第），才高位下科（冯万石、晁良贞、张敬及第）。"

（宋）王应麟《玉海》卷一一五《选举·唐制举》："才膺管乐科卢绚九人。"

《登科记考》卷四神龙二年（706）才膺管乐科录载卢绚。

【冯万石】神龙二年（706）才高位下科及第。

（宋）乐史《广卓异记》卷一九《九登科选》："右按《登科记》:冯万石,圣历元年进士及第,大足元年嫉恶科,神龙二年才高位下科,景云三年怀能抱器科,开元二年重考及第,六年超群拔类科,十三年考判入等,十六年又判入等,二十六年文词雅丽科,凡九度登科选。"

（宋）王溥《唐会要》卷七六《贡举中·制科举》:"神龙二年,才膺管乐科,张大求、魏启心、魏悟、卢绚、张文成、褚璆、成廙业、郭璘、赵不为及第。才高位下科,冯万石、晁良贞、张敬及第。"

（宋）王钦若等《册府元龟》卷六四五《贡举部（七）·科目》:"（神龙）二年二月,令举天下鸿儒硕学之士。是年,有才膺管乐科（张大求、魏启心、魏悟、卢绚、张文成、褚璆、成廙业、郭隆、赵不为及第）,才高位下科（冯万石、晁良贞、张敬及第）。"

《登科记考》卷四长安元年（701）才高位下科录载冯万石。

【成廙业】神龙二年（706）才膺管乐科及第。

（宋）王溥《唐会要》卷七六《贡举中·制科举》:"神龙二年,才膺管乐科,张大求、魏启心、魏悟、卢绚、张文成、褚璆、成廙业、郭璘、赵不为及第。才高位下科,冯万石、晁良贞、张敬及第。"

（宋）王钦若等《册府元龟》卷六四五《贡举部（七）·科目》:"（神龙）二年二月,令举天下鸿儒硕学之士。是年,有才膺管乐科（张大求、魏启心、魏悟、卢绚、张文成、褚璆、成廙业、郭隆、赵不为及第）,才高位下科（冯万石、晁良贞、张敬及第）。"

《登科记考》卷四神龙二年（706）才膺管乐科录载成廙业。

【张大求】神龙二年（706）才膺管乐科及第。

（宋）王溥《唐会要》卷七六《贡举中·制科举》:"神龙二年,才膺管乐科,张大求、魏启心、魏悟、卢绚、张文成、褚璆、成廙业、郭璘、赵不为及第。才高位下科,冯万石、晁良贞、张敬及第。"

（宋）王钦若等《册府元龟》卷六四五《贡举部（七）·科目》:"（神龙）二年二月,令举天下鸿儒硕学之士。是年,有才膺管乐科（张大求、魏启心、魏悟、卢绚、张文成、褚璆、成廙业、郭隆、赵不为及第）,才高位下科（冯万石、晁良贞、张敬及第）。"

《登科记考》卷四神龙二年（706）才膺管乐科录载张大求。

【张敬】神龙二年（706）才高位下科及第。

（宋）王溥《唐会要》卷七六《贡举中·制科举》:"神龙二年,才膺管乐科,张大求、魏启心、魏悟、卢绚、张文成、褚璆、成廙业、郭璘、赵不为及第。才高位下科,冯万石、晁良贞、张敬及第。"

（宋）王钦若等《册府元龟》卷六四五《贡举部（七）·科目》:"（神龙）二年二月,令举天下鸿儒硕学之士。是年,有才膺管乐科（张大求、魏启心、魏悟、卢绚、张文成、褚璆、成廙业、郭隆、赵不为及第）,才高位下科（冯万石、晁良贞、张敬及第）。"

《登科记考》卷四神龙二年（706）制科录载张敬。

【张鷟】神龙二年（706）才膺管乐科、才高位下科及第。小传见上元二年进士科张鷟条。

（宋）乐史《广卓异记》卷一八《文士声名播蛮夷》："右按《唐书》：张文成下笔成篇，七应举，四参选制策，皆登甲科。员半千曰：'张子之文，如青铜钱，万选万中，未闻退时。'时人号为'青钱学士'。"

（宋）王溥《唐会要》卷七六《贡举中·制科举》："神龙二年，才膺管乐科，张大求、魏启心、魏愔、卢绚、张文成、褚璆、成廙业、郭璘、赵不为及第。才高位下科，冯万石、晁良贞、张敬及第。"

（宋）王钦若等《册府元龟》卷六四五《贡举部（七）·科目》："（神龙）二年二月，令举天下鸿儒硕学之士。是年，有才膺管乐科（张大求、魏启心、魏愔、卢绚、张文成、褚璆、成廙业、郭隆、赵不为及第），才高位下科（冯万石、晁良贞、张敬及第）。"

（宋）王钦若等《册府元龟》卷六五〇《贡举部（十二）·应举》："张鷟，应下笔成章及才高位下、词标文苑等科，鷟凡应八举，皆登甲科。"

（宋）潘自牧《记纂渊海》卷三七《科举部·科目》："张鷟、阳峤、陆元芳、员半千皆试中八科。"

（宋）潘自牧《记纂渊海》卷三七《科举部·及第》："张鷟字文成，登进士第，应下笔成章及才高位下、词翰文苑等科，凡应八举，皆登科甲。"

（宋）晁公武《郡斋读书志校证》卷一七《别集类上》录《张鷟龙筋凤髓判》十卷，注云："右唐张鷟，字文成。辞章藻丽，尝八中制科。"

（宋）洪迈《容斋续笔》卷一二《龙筋凤髓判》："神龙元年，中才膺管乐科，于九人中为第五。"

《登科记考》卷四神龙二年（706）才膺管乐科、才高位下科分别录载张鷟。

【赵不为】 神龙二年（706）才膺管乐科及第。

（宋）王溥《唐会要》卷七六《贡举中·制科举》："神龙二年，才膺管乐科，张大求、魏启心、魏愔、卢绚、张文成、褚璆、成廙业、郭璘、赵不为及第。才高位下科，冯万石、晁良贞、张敬及第。"

（宋）王钦若等《册府元龟》卷六四五《贡举部（七）·科目》："（神龙）二年二月，令举天下鸿儒硕学之士。是年，有才膺管乐科（张大求、魏启心、魏愔、卢绚、张文成、褚璆、成廙业、郭隆、赵不为及第），才高位下科（冯万石、晁良贞、张敬及第）。"

《登科记考》卷四神龙二年（706）才膺管乐科录载赵不为。

【晁良贞】 神龙二年（706）才高位下科及第。

（宋）王溥《唐会要》卷七六《贡举中·制科举》："神龙二年，才膺管乐科，张大求、魏启心、魏愔、卢绚、张文成、褚璆、成廙业、郭璘、赵不为及第。才高位下科，冯万石、晁良贞、张敬及第。"

（宋）王钦若等《册府元龟》卷六四五《贡举部（七）·科目》："（神龙）二年二月，令举天下鸿儒硕学之士。是年，有才膺管乐科（张大求、魏启心、魏愔、卢绚、张文成、褚璆、成廙业、郭隆、赵不为及第），才高位下科（冯万石、晁良贞、张敬及第）。"

《登科记考》卷四长安元年（701）才高位下科录载晁良贞。

【郭思训】字逸,原籍太原平阳,后迁居洛阳。初任建德县主簿,应吏职清白举及第,转沧州乐陵县丞。神龙二年(706)孝悌廉让科及第,授大理司直。

《唐代墓志汇编》景云〇二五,景云二年(711)十二月十五日《唐故孝子朝议郎行大理司直上柱国郭府君(思训)墓志铭并序》:"公讳思训,字逸,太原平阳人也……曾祖兴,周上党郡守、平东将军……祖则,隋淮陵郡守、度支郎、银青光禄大夫……父敬同,徙居洛阳,今为洛阳人也。幽素举及第,以孝不仕……(公)袭门绪,解褐睦州建德县主簿,应吏职清白举及第,转沧州乐陵县丞……应孝悌廉让举及第,敕授大理司直。"

《登科记考》卷四神龙二年(706)制举孝悌廉让科录载郭思训。《登科记考补正》卷二七《附考·制科》增补郭思训。

【郭思谟】原籍太原平阳,徙居洛阳。敬同子,思训弟。神龙二年(706)孝悌廉让科及第,授武功尉。

《唐代墓志汇编》开元一三六,孙翌撰开元九年(721)十一月十七日《大唐故苏州常熟县令孝子太原郭府君(思谟)墓志铭并序》:"公讳思谟,太原平阳人……严考敬同,皇幽素举高第,养亲不仕……公始以孝子徵,解褐拜定州安平县丞……复阙,转江阳县丞。又应廉让举,擢武功尉。秩满,迁常熟令……公之二昆:长曰思海,易州司马;次曰思训,大理司直。"按:思谟春秋五十九,开元九年(721)正月二日卒。

《唐代墓志汇编》景云〇二五,景云二年(711)十二月十五日《唐故孝子朝议郎行大理司直上柱国郭府君(思训)墓志铭并序》:"公讳思训字逸,太原平阳人也……曾祖兴,周上党郡守、平东将军……祖则,隋淮陵郡守、度支郎、银青光禄大夫……父敬同,徙居洛阳,今为洛阳人也。幽素举及第,以孝不仕。"

《登科记考》卷四神龙二年(706)制举孝悌廉让科录载郭思谟。

【郭璘】神龙二年(706)才膺管乐科及第。

(宋)王溥《唐会要》卷七六《贡举中·制科举》:"神龙二年,才膺管乐科,张大求、魏启心、魏愔、卢绚、张文成、褚璆、成廙业、郭璘、赵不为及第。才高位下科,冯万石、晁良贞、张敬及第。"

(宋)王钦若等《册府元龟》卷六四五《贡举部(七)·科目》:"(神龙)二年二月,令举天下鸿儒硕学之士。是年,有才膺管乐科(张大求、魏启心、魏愔、卢绚、张文成、褚璆、成廙业、郭隆、赵不为及第),才高位下科(冯万石、晁良贞、张敬及第)。"按:郭隆,《登科记考》依《唐会要》作"郭璘"。

《登科记考》卷四神龙二年(706)才膺管乐科录载郭璘。

【盖景昌】字重阳,清河人。神龙二年(706)贤良方正科及第,拜幽州会昌县丞。

《全唐文补遗》千唐志斋新藏专辑,开元二十年(732)六月一日《唐故朝散郎行幽州会昌县丞盖公(景昌)墓志铭并序》:"公讳景昌,字重阳,汉司隶之裔,司隶魏人也。今之清河,亦古□□,故公为清河人焉……年十九,以贤良方正就辟,射策上第。天子嘉之,拜幽州会昌县丞……以延和贰年五月贰拾壹日,泯焉于苴茔之中,时年廿六。"按:盖景昌延和二年(713)卒,享年二十六,则其十九岁制举贤良方正科及第时在神龙二年(706)。

【褚璆】神龙二年(706)才膺管乐科及第。

(宋)王溥《唐会要》卷七六《贡举中·制科举》:"神龙二年,才膺管乐科,张大求、魏启心、魏憕、卢绚、张文成、褚璆、成廙业、郭璘、赵不为及第。才高位下科,冯万石、晁良贞、张敬及第。"

(宋)王钦若等《册府元龟》卷六四五《贡举部(七)·科目》:"(神龙)二年二月,令举天下鸿儒硕学之士。是年,有才膺管乐科(张大求、魏启心、魏憕、卢绚、张文成、褚璆、成廙业、郭隆、赵不为及第),才高位下科(冯万石、晁良贞、张敬及第)。"

《登科记考》卷四神龙二年(706)才膺管乐科录载褚璆。

【魏启心】神龙二年(706)才膺管乐科及第。

(宋)王溥《唐会要》卷七六《贡举中·制科举》:"神龙二年,才膺管乐科,张大求、魏启心、魏憕、卢绚、张文成、褚璆、成廙业、郭璘、赵不为及第。才高位下科,冯万石、晁良贞、张敬及第。"

(宋)王钦若等《册府元龟》卷六四五《贡举部(七)·科目》:"(神龙)二年二月,令举天下鸿儒硕学之士。是年,有才膺管乐科(张大求、魏启心、魏憕、卢绚、张文成、褚璆、成廙业、郭隆、赵不为及第),才高位下科(冯万石、晁良贞、张敬及第)。"

《登科记考》卷四神龙二年(706)才膺管乐科录载魏启心。

【魏憕】神龙二年(706)才膺管乐科及第。

(宋)王溥《唐会要》卷七六《贡举中·制科举》:"神龙二年,才膺管乐科,张大求、魏启心、魏憕、卢绚、张文成、褚璆、成廙业、郭璘、赵不为及第。才高位下科,冯万石、晁良贞、张敬及第。"

(宋)王钦若等《册府元龟》卷六四五《贡举部(七)·科目》:"(神龙)二年二月,令举天下鸿儒硕学之士。是年,有才膺管乐科(张大求、魏启心、魏憕、卢绚、张文成、褚璆、成廙业、郭隆、赵不为及第),才高位下科(冯万石、晁良贞、张敬及第)。"

《登科记考》卷四神龙二年(706)才膺管乐科录载魏憕。

神龙三年丁未(707)

九月庚子,改元为景龙。

知贡举:考功员外郎苏颋

进士科

【权澈】一作"权彻(澈)",字幼明,陇西天水人。神龙三年(707)进士及第。

独孤及《毗陵集》卷八《唐故朝议大夫高平郡别驾权公(澈)神道碑铭》:"公讳澈,字幼明,陇西天水人也……其乡举也,考功郎中苏颋拔诸群萃之中。"按:据陈尚君考证,苏颋知神龙三年举。又据《山右石刻丛编》卷九《琵琶泓石壁诗》刻石,所署"朝议大夫高平郡别驾权澈词"可知,名当作"澈"。

《登科记考》卷二七《附考·进士科》著录权徹,《登科记考补正》卷四神龙三年进士科系年。考证过程可参阅。

【李钦让】神龙三年(707)进士及第。

(五代)王定保《唐摭言》卷一《乡贡》:"景龙元年,李钦让称定州乡贡附学。"

《登科记考》卷四神龙三年(707)进士科录载李钦让。

【张思鼎】河东桑泉人。神龙三年(707)进士及第,补潞州铜鞮县尉。又举茂才,迁宋州宋城县尉。官至唐州刺史。

《唐代墓志汇编》天宝〇四三,天宝三载(744)闰二月八日《大唐故朝散大夫使持节唐州诸军事守唐州刺史张公(思鼎)墓志铭并序》:"君讳思鼎,字□□,河东桑泉人也……神龙年,郡辟秀才,擢第调补潞州铜鞮县尉……举茂才,寻迁宋州宋城县尉。"按:志云"神龙中"秀才擢第,神龙凡三年。三年九月庚子改元景龙。今附三年俟考。

明经科

【卢有邻】字慕真,范阳涿人。神龙三年(707)明经及第,解褐授徐州沛县主簿。

《全唐文补遗》千唐志斋新藏专辑,石岑撰开元十九年(731)十一月二十七日《大唐故文林郎守徐州沛县主簿范阳卢府君(有邻)墓志铭并序》:"君讳有邻,字慕真,范阳涿人也……年十九,孝廉擢第,解褐授徐州沛县主簿……以开元十七年七月廿三日,遘疾终于私第,春秋卌有一。"按:卢有邻开元十七年(729)卒,春秋四十一,其十九岁明经及第时在神龙三年(707)。

【裴处珽】河东闻喜人。神龙三年(707)明经及第。不为官。

《唐代墓志汇编》天宝二二五,天宝十二载(753)十月六日《唐故高士哲人河东裴府君(处珽)墓志铭并序》:"君讳处珽,河东闻喜人也……神龙载中,明经擢第。"按:据徐松《登科记考》体例,凡某某年号中擢第者,均系该年号末年。

制科

【卢怡】神龙三年(707)贤良方正科及第。

(宋)王溥《唐会要》卷七六《贡举中·制科举》:"二年,材堪经邦科,张九龄、康元瑰及第。贤良方正科,苏晋、宋务光、寇泚、卢怡、吕恂及第。"

(宋)王钦若等《册府元龟》卷六四五《贡举部(七)·科目》:"(神龙)三年,材堪经邦科(张九龄、康元瑰及第),贤良方正科(苏晋、宋务光、寇泚、卢怡、吕恂及第)。"

《登科记考》卷四神龙三年(707)制科录载卢怡。

【吕恂】神龙三年(707)贤良方正科及第。

(宋)王溥《唐会要》卷七六《贡举中·制科举》):"二年,材堪经邦科,张九龄、康元瑰及第。贤良方正科,苏晋、宋务光、寇泚、卢怡、吕恂及第。"

(宋)王钦若等《册府元龟》卷六四五《贡举部(七)·科目》:"(神龙)三年,材堪经邦科（张九龄、康元瑰及第），贤良方正科（苏晋、宋务光、寇泚、卢怡、吕恂及第）。"

《登科记考》卷四神龙三年（707）制科录载吕恂。

【江璀】字思庄，济阳金乡人。神龙三年（707）制科武艺超绝举及第，官庆王府典军。

《唐代墓志汇编》开元三九二，开元二十一年（733）十一月二十二日《大唐故庆王府典军江府君（璀）墓志并序》："君讳璀，字思庄，济阳金乡人也……始应制科武艺超绝举及第。"按：据徐松《登科记考》，是年诏举有武艺超绝科。

《登科记考补正》卷四神龙三年（707）制科增补江璀。

【苏诜】字廷言，雍州武功人，神龙三年（707）举贤良方正高第，官徐州刺史。

《新唐书》卷一二五《苏瓌传》："苏瓌字昌容，雍州武功人，隋尚书仆射威之曾孙。擢进士第，补恒州参军……瓌诸子，颋、诜显……诜字廷言，举贤良方正高第，补汾阴尉，迁秘书详正学士，累迁给事中……出徐州刺史，治有迹。"

《登科记考》卷四神龙三年（707）制科录载苏诜。

【苏晋】神龙三年（707）贤良方正科及第。

（宋）王溥《唐会要》卷七六《贡举中·制科举》："二年，材堪经邦科，张九龄、康元瑰及第。贤良方正科，苏晋、宋务光、寇泚、卢怡、吕恂及第。"

（宋）王钦若等《册府元龟》卷六四五《贡举部（七）·科目》："（神龙）三年，材堪经邦科（张九龄、康元瑰及第），贤良方正科（苏晋、宋务光、寇泚、卢怡、吕恂及第）。"

（宋）李昉等《文苑英华》卷四八〇《策四》之《贤良方正科策》下注："神龙二年。"录有苏晋对策文。

（宋）王应麟《玉海》卷一一五《选举·唐制举》："制举科以贤良方正及第者，在神龙三年则有苏晋等五人。"

《登科记考》卷四证圣元年（695）进士科、同卷天册万岁二年（696）制科、神龙三年（707）制科分别录载苏晋。

【宋务光】字子昂，一名烈，汾州西河人。举进士及第，神龙三年（707）贤良方正科及第。历官洛阳尉、右卫骑曹参军、监察御史、殿中侍御史，官终右台。

（宋）王溥《唐会要》卷七六《贡举中·制科举》："二年，材堪经邦科，张九龄、康元瑰及第。贤良方正科，苏晋、宋务光、寇泚、卢怡、吕恂及第。"

（宋）王钦若等《册府元龟》卷六四五《贡举部（七）·科目》："（神龙）三年，材堪经邦科（张九龄、康元瑰及第），贤良方正科（苏晋、宋务光、寇泚、卢怡、吕恂及第）。"

《新唐书》卷一一八《宋务光传》："宋务光字子昂，一名烈，汾州西河人。举进士及第，调洛阳尉。迁右卫骑曹参军……俄以监察御史巡察河南道……以考最，进殿中侍御史。迁右台。"

《登科记考》卷四神龙三年（707）贤良方正科、卷二七《附考·进士科》分别录载宋务光。

【张九龄】神龙三年（707）中材堪经邦科。

（宋）王溥《唐会要》卷七六《贡举中·制科举》："二年，材堪经邦科，张九龄、康元瑰及第。贤良方正科,苏晋、宋务光、寇洫、卢怡、吕恂及第。"

(宋)王钦若等《册府元龟》卷六四五《贡举部(七)·科目》:"(神龙)三年,材堪经邦科(张九龄、康元瑰及第),贤良方正科(苏晋、宋务光、寇洫、卢怡、吕恂及第)。"

(宋)洪迈《容斋续笔》卷一二《唐制举科目》:"张九龄以道侔伊吕策高第……九龄于神龙二年中材堪经邦科,本传不书。"

(宋)王应麟《玉海》卷一一五《选举·唐制举》:"材堪经邦张九龄。""道侔伊吕张九龄。"

《登科记考》卷四神龙三年(707)制科录载张九龄。

【康元瑰】神龙三年(707)中材堪经邦科。

(宋)王溥《唐会要》卷七六《贡举中·制科举》:"二年,材堪经邦科,张九龄、康元瑰及第。贤良方正科,苏晋、宋务光、寇洫、卢怡、吕恂及第。"

(宋)王钦若等《册府元龟》卷六四五《贡举部(七)·科目》:"(神龙)三年,材堪经邦科(张九龄、康元瑰及第),贤良方正科(苏晋、宋务光、寇洫、卢怡、吕恂及第)。"

《登科记考》卷四神龙三年(707)制科录载康元瑰。

【寇洫】长寿三年(694)四月临难不顾殉节宁邦科及第。又举神龙三年(707)贤良方正科。

(宋)王溥《唐会要》卷七六《贡举中·制科举》:"二年,材堪经邦科,张九龄、康元瑰及第。贤良方正科,苏晋、宋务光、寇洫、卢怡、吕恂及第。"

(宋)王钦若等《册府元龟》卷六四五《贡举部(七)·科目》:"(神龙)三年,材堪经邦科(张九龄、康元瑰及第),贤良方正科(苏晋、宋务光、寇洫、卢怡、吕恂及第)。"

《登科记考》卷三长寿三年(694)制科、卷四神龙三年(707)制科分别录载寇洫。

【韩琬】字茂贞,邓州南阳人。举茂才第。又万岁通天元年(696)举文艺优长、神龙三年(707)举贤良方正科,开元中官至殿中侍御史。

(唐)刘肃《大唐新语》卷六《举贤第十三》:"韩琬少负才学,长安中为高邮主簿。使于都场,以州县徒劳,率然题壁曰:'筋力尽于高邮,容色衰于主簿。岂言行之缺,而友朋之过歟?'景龙中,自亳州司户应制,集于京,吏部员外薛钦绪考琬,策入高等,谓琬曰:'今日非朋友之过歟?'"

(宋)王钦若等《册府元龟》卷六四五《贡举部(七)·科目》:"万岁通天元年,文艺优长科。(韩琬及第。)贤良方正科。(苏晋、宋务光、寇洫、卢怡、吕恂及第。)"

《新唐书》卷一一二《韩思彦传》:"韩思彦字英远,邓州南阳人……子琬。琬字茂贞,喜交酒徒,落魄少崖检。有姻劝举茂才,名动里中。刺史行乡饮饯之,主人扬觯曰:'孝于家,忠于国,今始充赋,请行无算爵。'儒林荣之。擢第,又举文艺优长、贤良方正,连中。拜监察御史……出监河北军,兼按察使……开元中,迁殿中侍御史,坐事贬官,卒。"按:《唐会要》作"韩璘",误。

(宋)王应麟《玉海》卷一一五《选举·唐制举》:"文艺优长韩琬。"

(宋)王应麟《玉海》卷一一五《选举·唐制举》:"崔圆、韩思彦、琬中二科。"

（宋）王应麟《玉海》卷一一五《选举·唐制举》："韩琬举茂才，名动里中。刺史行乡饮饯之，主人扬觯曰：'孝于家，忠于国，今始充赋，请行无算爵。'儒林荣之。擢第，又举文艺优长、贤良方正连中。"

《登科记考》卷四天册万岁二年（696）制举文艺优长科、同卷神龙三年（707）贤良方正科分别录载韩琬。

科目未详

【陈祎】字争，南朝颍川人。神龙三年（707）以斋郎擢第，科目未详。官终宁海县令。

《全唐文补遗》第三辑，魏凌撰天宝九载（750）正月六日《唐故承议郎行临海郡宁海县令陈府君（祎）墓志铭并序》："公讳祎，字争，南朝颍川人也……弱冠以斋郎擢第，解褐任睦州参军事。"按：陈祎卒于天宝七载（748）六月二十一日，享载六十一，则其弱冠岁在神龙三年。又：《登科记考补正》卷四系陈祎是年明经及第，未知何据，今不取。

景龙二年戊申（708）

知贡举：考功员外郎马怀素

进士科

【丁韶】字子韶，鲁郡济阳人。景龙二年（708）明经及第，授隐太子庙丞。官至延王府户曹参军。

《唐代墓志汇编》天宝一二九，天宝七载（748）十月二十三日《唐故延王府户曹丁府君（韶）墓志铭并序》："公讳韶，字子韶，鲁郡济阳人也……弱冠明经擢第，释褐授隐太子庙丞。"按：以卒于天宝七载（748），春秋六十推之，丁韶弱冠岁在景龙二年。

【张谔】中宗景龙二年（708）进士及第，官山茌丞。

《新唐书》卷八一《惠文太子范传》："驸马都尉裴虚己善谶纬，坐私与范游，徙岭南，廷琦贬雅州司户，谔为山茌丞，然帝于范无少间也。"

（宋）计有功《唐诗纪事》卷一五《张谔》："谔，登景龙进士第。岐王范好儒士，与阎朝隐、刘廷琦、郑繇等饮酒赋诗。驸马都尉裴虚己善谶纬，坐私与范游，徙岭南，廷琦贬雅州司户，谔山茌丞，然明皇于范无间也。"

明经科

【李迥】字美秀，赵郡赞皇人。景龙二年（708）明经及第。官至承议郎晋州临汾县尉。

《邙洛碑志三百种》，开元十八年（730）□月十七日《大唐故承议郎晋州临汾县尉李公（迥）墓志铭》："公讳迥，字美秀，赵郡赞皇人也……及冠，应孝廉举擢第，□一命晋州神山主簿……以开元十八年正月卅日终于洛阳县会节里之私第，春秋卅有二。"又《邙洛碑志三百种》，建中二年（781）二月十三日《唐故晋州临汾县尉李府君（迥）并夫人刘氏墓志铭并序》："公讳迥,字美秀,赵郡人也……修词立诚,学优登仕。弱冠明经出身,解褐授□□□□□,次授晋州临汾尉……以开元十九年正月廿日,终于东都尊贤里之私第,春秋卅有□。"按:前志载李迥卒于开元十八年(730),享年四十二。后志作于建中二年(781),当以前志为据,则李迥弱冠明经擢第在景龙二年(708)。

武举

【单重忻】字长年,冤句人。景龙二年(708)应平射举高第,解褐京兆围谷府左别将。官至昭武校尉守同州南乡府折冲都尉、威远营副使,上柱国。

《洛阳新获七朝墓志》,开元二十七年(739)十二月八日《唐故昭武校尉守同州南乡府折冲都尉威远营副使上柱国赐绯鱼袋单府君墓志铭并序》："君讳重忻,字长年,冤句人也……习射则五善皆和,弯弓则七札俱彻,弱冠应平射举高第,解褐京兆围谷府左别将,仍左羽林军长上平射内供奉。"按:重忻卒于开元二十七年(739)七月二十八日,春秋五十一,则其弱冠年在景龙二年(708)。唐代武举设置于长安二年(702),有武举、平射举二科。

景龙三年己酉(709)

知贡举:考功员外郎宋之问

进士科

【韦述】司农卿韦弘机之曾孙。景龙三年(709)进士及第。开元五年,授栎阳尉,官国子司业、充集贤学士。官至工部侍郎,封方城县侯。

《旧唐书》卷一〇二《韦述传》："韦述,司农卿弘机曾孙也。父景骏,房州刺史……景龙中,景骏为肥乡令,述从父至任……举进士,西入关。时述甚少,仪形眇小,考功员外郎宋之问曰:'韦学士童年有何事业?'述对曰:'性好著书。述有所撰《唐春秋》三十卷,恨未终篇。至如词策,仰待明试。'之问曰:'本求异才,果得迁、固。'是岁登科。开元五年,为栎阳尉,……转右补阙……中书令张说专集贤院事,引述为直学士,迁起居舍人。说重词学之士,述与张九龄、许景先、袁晖、赵冬曦、孙逖、王翰常游其门。赵冬曦兄冬日,弟和璧、居贞、安贞、颐贞等六人,述弟迪、迥、逈、迡、巡亦六人,并词学登科。说曰'赵、韦昆季,今之杞梓也'。"

《新唐书》卷一三二《韦述传》："韦述,弘机曾孙……弟逈、迪,学业亦亚述。与逈对为学士,与迪并礼官,搢绅高之……开元初,为栎阳尉……改国子司业,充集贤学士,累迁工部侍郎,封方城县侯。"

(宋)乐史《广卓异记》卷一九《兄弟六人进士及第》："右按《登科记》:韦述并弟迪、逈、迥、巡、逈等六人,皆进士及第。"注云:"模按:原本逈讹逈又脱迪字,据唐书并世族大全纲目尚友录等书改增。"按:(宋)乐史《广卓异记》与《旧唐书》记载略有不同,今从后者。

《登科记考》卷四景龙二年(708)进士科录载韦述,《登科记考补正》卷四改系韦述为景龙三年(709)进士。

【刘惟正】字无惑,河间饶阳人。景龙三年(709)进士及第。官徐州丰县尉。

《全唐文补遗》第五辑,《大唐故徐州丰县尉河间刘公(惟正)墓志铭并序》:"公讳惟正,字无惑,河间饶阳人也……始从小学,中游上庠,果射高墉之隼,克奋垂天之翼。故廿五徵秀才,逮乎卅服官政,乃尉徐之丰。"按:以开元十二年(724)卒,春秋四十推之,其二十五岁时在是年。

明经科

【严仁】字明,余杭郡人。景龙三年(709)进士及第。官绛州龙门县尉。

《全唐文补遗》第三辑,张万顷撰天宝元年(742)十二月一日《唐故绛州龙门县尉严府君(仁)墓志铭并序》:"君讳仁,字明,余杭郡人也……卯岁闻诗礼,弱冠穷精奥,以明经甲科为郎,调补洪州达昌尉。"按:以天宝元年(742)卒,春秋五十三推之,其弱冠岁在景龙三年。

【张九皋】范阳人,后居曲江。景龙三年(709)明经及第。曾官南海太守兼五府节度经略采访处置等使,摄御史中丞。卒赠广陵郡大都督府长史。

《全唐文》卷三五五,萧昕《唐银青光禄大夫岭南五府节度经略采访处置等使摄御史中丞赐紫金鱼袋殿中监南康县开国伯赠扬州大都督长史张公(九皋)神道碑》:"公讳九皋,其先范阳人也……晋末以永嘉南渡,迁于江表;皇朝以因官乐土,家于曲江。高祖守礼,隋钟离郡涂山令。曾祖君政,皇朝韶州别驾。祖子胄,皇朝越州剡县令。烈考宏愈,皇朝太常卿、广州都督……(公)弱冠孝廉登科,始鸿渐也。岭南按察使尚书裴伷先幕府求贤,辂车问俗,以公后进之秀,藉以从军,表授海丰郡司户。水变贪泉,珠还合浦,时所称也……特加朝散大夫,迁巴陵郡别驾。初丞相曲江,公之元昆,自始安郡太守兼五府按察使,以为越井殊方,广江剽俗,怀柔之寄,实在腹心。奏公俱行,可为同气,遂授南康郡别驾;季弟九章,以为桂阳郡长史……及元昆出牧荆镇,公亦随贬外台,遂历安康淮安彭城睢阳四郡守……乃除南海太守兼五府节度经略采访处置等使,摄御史中丞,赐紫金鱼袋……天子嘉之,特赐银青光禄大夫,兼手诏益封开国伯,食邑七百户,旌其能也……以天宝十四载四月二十日,疾亟薨于西京常乐里之私第,春秋六十有六……遂赠广陵郡大都督府长史。"按:九皋卒于天宝十四载(755)四月二十日,春秋六十六,则其弱冠岁在景龙三年(709)。

(宋)李昉等《太平广记》卷一七九《贡举二·王维》引《集异记》:"王维右丞年未弱冠,文章得名……时进士张九皋声称籍甚。"按:九皋为明经出身。

《登科记考》卷二七《附考·明经科》录载张九皋,《登科记考补正》卷四系年。

诸科

【卢自省】字子慎,范阳涿人。景龙三年(709)童子科及第。历官永王府录事参军。

《唐代墓志汇编》天宝二五六,房由撰天宝十三载(754)闰十一月十一日《大唐故永王府录事参军卢府君(自省)墓志铭并序》:"公讳自省,字子慎,范阳涿人……弱岁以明经及

第。时吏部宋公秉林宗之誉,器公之樯岸绵邈,重公之阀阅清华,以其子妻之。"按:景龙三年(709)宋之问知贡举。又:自省卒于天宝十三载(754)四月十九日,春秋五十四,则其及第时年仅九岁,故曰"弱岁"。

【张泚】范阳方城人。景龙三年(709)明法及第。官至吴郡常熟县令。

《唐代墓志汇编》天宝〇八四,天宝四载(745)十一月十九日《大唐故吴郡常熟县令上柱国张公(泚)墓志铭并序》:"公讳泚,范阳方城人……弱冠举明法高第。"按:张氏卒于甲申岁,即天宝三载(744)十一月一日,时年五十五,则其弱冠岁在景龙三年。

制科

【王敬从】京兆人。景龙三年(709)茂才异等科及第。曾官太子右庶子。

《全唐文》卷三一三,孙逖撰《太子右庶子王公(敬从)神道碑》:"公讳敬从,字某,京兆人也……大定(足)中举文擅词场,景龙岁辟茂才异等,开元初徵文藻词丽,公三对策,诏皆为甲科。"

(宋)王溥《唐会要》卷七六《贡举中·制科举》:"景龙二年,抱器怀能科,夏侯銛及第。茂才异等科,王敬从、卢重元及第。"

(宋)王钦若等《册府元龟》卷六四五《贡举部(七)·科目》:"景龙三年,抱器怀能科(夏侯銛及第),茂才异等科(王敬从、卢重玄及第)。"

《登科记考》卷四景龙三年(709)制科录载王敬从。

【卢重玄】一作"卢重元",景龙三年(709)茂才异等科及第。

(宋)王溥《唐会要》卷七六《贡举中·制科举》:"景龙二年,抱器怀能科,夏侯銛及第。茂才异等科,王敬从、卢重元及第。"

(宋)王钦若等《册府元龟》卷六四五《贡举部(七)·科目》:"景龙三年,抱器怀能科(夏侯銛及第),茂才异等科(王敬从、卢重玄及第)。"

《登科记考》卷四景龙三年(709)制科录载卢重玄。

【许景先】名杲,以字行,常州义兴人。进士及第,制举登科,授陕州夏县尉。官至吏部侍郎。

《全唐文补遗》千唐志斋新藏专辑,韩休撰开元十八年(730)十一月二十日《大唐故吏部侍郎高阳许公(杲)墓志铭并序》:"君讳杲,字景先,高阳人也……弱冠,应贤良方正举擢第,授陕州夏县尉……寻以文史兼优举对策甲科,授扬府兵曹参军……以开元十八年八月九日,遘疾终于京兆宣阳私第,春秋五十有四。"按:墓志未言景先进士及第。

《旧唐书》卷一九〇中《文苑中·许景先传》:"许景先,常州义兴人,后徙家洛阳。少举进士,授夏阳尉。神龙初,东都起圣善寺报慈阁。景先诣阙献《大象阁赋》,词甚美丽,擢拜左拾遗。累迁给事中……俄转中书舍人……(开元十三年)自吏部侍郎出为虢州刺史。后转岐州,入拜吏部侍郎,卒。"

《新唐书》卷一二八《许景先传》:"许景先,常州义兴人。曾祖绪,武德时以佐命功,历左散骑常侍,封真定公,遂家洛阳。景先由进士第释褐夏阳尉……举手笔俊拔、茂才异等连中,进扬州兵曹参军。"

《登科记考》卷二七《附考·进士科》录载许景先。按:许景先科举及第,《登科记考补正》卷四景龙三年(709)录为茂才异等科;卷五景云三年(712)录为制举手笔俊拔超越流辈科;卷二七《附考·进士科》录为及第时间无考之进士。这三处记载与墓志出入甚大。据墓志,许杲(景先)弱冠年(万岁登封元年,696)以制举贤良方正科及第,释褐授陕州夏县尉。之后又应文吏兼优举对策高第,授扬府兵曹参军。未载其进士及第事。

【夏侯銛】景龙三年(709)抱器怀能科及第。

(宋)王溥《唐会要》卷七六《贡举中·制科举》:"景龙二年,抱器怀能科,夏侯銛及第。茂才异等科,王敬从、卢重元及第。"

(宋)王钦若等《册府元龟》卷六四五《贡举部(七)·科目》:"景龙三年,抱器怀能科(夏侯銛及第),茂才异等科(王敬从、卢重玄及第)。"

(宋)王应麟《玉海》卷一一五《选举·唐制举》:"抱器怀能夏侯銛。"

《登科记考》卷四景龙三年(709)制科据《会要》考作"夏侯銛"。

景龙四年庚戌(710)

六月壬午,中宗崩于神龙殿。皇后临朝摄政,改元唐隆。《资治通鉴》。

庚子夜,临淄王隆基举兵诛诸韦、武。甲辰,睿宗即位。己巳,改元为景云。《旧唐书·本纪》《资治通鉴》。

知贡举:考功员外郎武平一

进士科

【王翰】字子羽,并州晋阳人。景云元年(710)第进士。又举直言极谏科。又举超拔群类科。官通事舍人、驾部员外郎。

《新唐书》卷二〇二《文艺中·王翰传》:"王翰字子羽,并州晋阳人。少豪健侍才,及进士第……复举直言极谏,调昌乐尉,又举超拔群类。方说辅政,故召为秘书正字,擢通事舍人、驾部员外郎……说罢宰相,翰出为汝州长史,徙仙州别驾……坐贬道州司马,卒。"

(元)辛文房撰,傅璇琮主编《唐才子传校笺》(册一)卷一《王翰》条云:"翰字子羽,并州人。景云元年卢逸下进士及第。又举直言极谏,又举超拔群类科。"

《登科记考》卷五景云二年(711)进士科录载王翰,《登科记考补正》卷四改系景龙四年(710)进士科。

【郑虔】字趋庭,荥阳人。景龙四年(710)进士及第。官终台州司户。

《全唐文补遗》千唐志斋新藏专辑,卢季长撰大历四年(769)八月二十五日《大唐故著作郎贬台州司户荥阳郑府君(虔)并夫人琅琊王氏墓志铭并序》:"公讳虔,字趋庭,荥阳人也……弱冠举秀才,进士高第……终于官舍,享年六十有九,时乾元二年九月廿日也。"按:

以乾元二年(759)卒,享年六十九推之,其弱冠年在景龙四年(710)。

明经科

【阴叔玉】字儿儿,武威郡人。景龙四年(710)明经及第。调补邢州平乡县尉。

《秦晋豫新出墓志蒐佚续编》四八二,裴士淹撰开元二十二年(734)十一月十五日《唐故邢州平乡县尉阴府君墓志铭并序》:"君讳叔玉,字儿儿,武威郡人……年二十六以明经擢第,调补邢州平乡县尉。"按:叔玉开元二十二年(734)卒,春秋五十,则其明经及第年在景龙四年(710)。

【徐浚】字孟江,东海郯人。景龙四年(710)明经及第。官终朝议郎行冯翊郡司兵参军。

《全唐文补遗》第八辑,徐浩撰天宝十载(751)八月十日《唐故朝议郎行冯翊郡司兵参军徐府君(浚)墓志铭并序》:"府君讳浚,字孟江,其先东海郯人也……府君童稚善属词,十七明经高第……春秋五十八,天宝十载四月十一日,遘疾终于冯翊官舍。"按:以天宝十载(751),春秋五十八推之,徐浚明经高第时在景龙四年(710)。

【魏兼爱】字平,钜鹿下曲阳人。景龙四年(710)明经及第。官至河内郡河内县令。

《洛阳新获七朝墓志》天宝五载(746)五月二十一日《唐故朝散大夫前行河内郡河内县令上柱国钜鹿魏公墓志铭并序》:"公讳兼爱,字平,钜鹿下曲阳人也……公弱冠以专经对策乙第,署颍川郡参军。"按:魏兼爱"以专经对策乙第",当为明经及第。以天宝五载(746)卒,春秋五十有六推算,其弱冠年在景龙四年(710)。

制科

【王仁皎】字鸣鹤,太原祁人,玄宗废后父。景龙四年(710)以将帅举,授甘泉果毅。迁左卫中郎将,历官将作大匠、太仆卿,迁开府仪同三司,封祁国公。开元七年(719)卒,赠太尉。

《全唐文》卷二三〇,张说《赠太尉益州大都督王公(仁皎)神道碑奉勅撰》:"公讳仁皎,字鸣鹤,太原祁人……初以翊卫调同州参军,换晋州司兵。应将帅举,授甘泉府果毅,迁左卫中郎将。"

《旧唐书》卷一八三《外戚·王仁皎传》:"王仁皎,玄宗王庶人父也。景龙中,官至长上果毅。玄宗即位,以后父,历将作大匠、太仆卿,迁开府仪同三司,封祁国公。仁皎不预朝政,但厚自奉养,积子女财货而已。开元七年卒,赠太尉。"

《新唐书》卷二〇六《外戚·王仁皎传》:"王仁皎,字鸣鹤,玄宗废后父也。景龙中,以将帅举,授甘泉府果毅,迁左卫中郎将。帝即位,以后故,擢将作大匠,进累开府仪同三司,封祁国公,食户三百。仁皎避职不事,委远名誉,厚奉养,积媵妾赀货而已。卒年六十九,赠太尉、益州大都督,谥昭宣。"

睿宗景云二年辛亥(711)

知贡举：考功员外郎卢逸

进士科

【王言从】京兆杜陵人。景云二年(711)进士擢第。

《旧唐书》卷一七八《王徽传》："王徽字昭文,京兆杜陵人……曾祖择从兄易从,天后朝登进士第。从弟明从、言从,睿宗朝并以进士擢第。昆仲四人,开元中三至凤阁舍人,故时号'凤阁王家'。其后,易从子定,定子逢,逢弟仲周,定兄密,密子行古,行古子收,收子超,皆以进士登第。"

《登科记考》卷五景云二年(711)进士科录载王言从。

【王明从】京兆杜陵人。景云二年(711)进士擢第。

《旧唐书》卷一七八《王徽传》："王徽字昭文,京兆杜陵人……曾祖择从兄易从,天后朝登进士第。从弟明从、言从,睿宗朝并以进士擢第。昆仲四人,开元中三至凤阁舍人,故时号'凤阁王家'。其后,易从子定,定子逢,逢弟仲周,定兄密,密子行古,行古子收,收子超,皆以进士登第。"

《登科记考》卷五景云二年(711)进士科录作"朋从",误。

【方竦】景云二年(711)进士。累官鸾台侍郎。

嘉靖《广信府志》卷一七《人物志·宦业》："(方竦)景云进士,累官鸾台侍郎。"

【张秀明】景云二年(711)进士及第。后登超拔群流等七次制科。

(宋)乐史(宋)乐史《广卓异记》卷一九《举选·七登科选》："右按《登科记》:张秀明,景云二年进士及第,三年拔超群流科,开元二年重考及第,七年超拔群类科,十八年吏部考判入等,十九年又判入等,二十三年宰拔科。凡七登科选。"

《登科记考》卷五景云二年(711)进士科录载张秀明。

【张嵩】景云二年(711)进士及第。官安西都护,开元十年(722)转太原尹,卒官。

《全唐文补遗》第六辑,席豫撰开元八年(720)十一月二十三日《大唐故通议大夫沂州司马清苑县开国子刘府君(敦行)神道记》："景云初,以尚书郎为淮南道宣劳使,举□□言、张嵩、段同□等四十余人,皆天下英秀,时所推重,射策登科者过十道之半。"按:《登科记考》卷二七《附考·进士科》录有"张孝嵩",乃"张嵩"之误。

《旧唐书》卷一〇三《郭虔瓘传》："其后,又以张嵩为安西都护以代虔瓘。嵩身长七尺,伟姿仪,初进士举,常以边任自许。及在安西,务农重战,安西府库,遂为充实。十年,转太原尹,卒官。"

【段同泰】景云二年(711)进士及第。

《全唐文补遗》第六辑,席豫撰开元八年(720)十一月二十三日《大唐故通议大夫沂州司马清苑县开国子刘府君(敦行)神道记》："景云初,以尚书郎为淮南道宣劳使,举□□言、张嵩、段同□等四十余人,皆天下英秀,时所推重,射策登科者过十道之半。"按:据《元和姓纂》卷九岑校补,段氏名曰"同泰"。

《登科记考补正》卷五景云二年(711)进士科增补段同泰。

制科

【王楚玉】景云二年(711)第抱一史知其本末科(一史科)。

(宋)王应麟《玉海》卷一一五《选举·唐三传科·史科》:"(景云)二年王楚玉等八人以一史中第。"

《登科记考》卷五景云二年(711)制科录载王楚玉。

【李俊之】一作"李俊文",景云二年(711)制举藏名负俗科及第。

(宋)王溥《唐会要》卷七六《贡举中·制科举》:"景云二年,文以经国科,袁晖、韩朝宗及第。藏名负俗科,李俊之及第。"

(宋)王钦若等《册府元龟》卷六四五《贡举部(七)·科目》:"(睿宗景云)二年,文以经国科(袁晖、韩朝宗及第),藏名负俗科(李俊之及第)。"

(宋)王应麟《玉海》卷一一五《选举·唐制科》:"藏名负俗李俊之。"

《登科记考》卷五景云二年(711)制科录载李俊文,注云:"按《会要》作俊之。"

【张鷟】景云二年(711)中贤良方正科。小传见上元二年进士科张鷟条。

(宋)洪迈《容斋续笔》卷一二《龙筋凤髓判》:"景云二年,中贤良方正科,于二十人中为第三。所谓制举八中甲科者,亦不然也。"

【袁晖】景云二年(711)文以经国科及第。

(宋)王溥《唐会要》卷七六《贡举中·制科举》:"景云二年,文以经国科,袁晖、韩朝宗及第。藏名负俗科,李俊之及第。"

(宋)王钦若等《册府元龟》卷六四五《贡举部(七)·科目》:"(睿宗景云)二年,文以经国科(袁晖、韩朝宗及第),藏名负俗科(李俊之及第)。"

《登科记考》卷五景云二年(711)制科录载袁晖。

【韩朝宗】本出昌黎,京兆人。景云二年(711)文以经国举及第,试右拾遗。曾官许州刺史、荆州大都督府长史、山南采访使、京兆尹等,官终吴兴郡别驾。

《全唐文》卷三二七,王维《大唐吴兴郡别驾前荆州大都督府长史山南东道采访使京兆尹韩公(朝宗)墓志铭》:"公讳朝宗,字某。木出昌黎,今为京兆人也……曾祖讳伦,左卫率,赐爵长山县男。祖某,隐居不仕。父讳思复,御史大夫太子宾客,进封长山县伯……(公)年若干,应文以经国举甲科,试右拾遗……拜监察御史、兵部员外郎……除许州刺史、荆州大都督府长史、山南采访使,坐南阳令贬洪州都督,迁蒲州刺史。所履之官,政皆尤异,黜陟使奏课第一,征为京兆尹……顷坐营谷□别业贬高平太守,又坐长安令有罪贬吴兴郡别驾。诸葛田园,未启明主;华阴倾巧,卒败名儒。天宝九载六月二十一日,寝疾薨于官舍,享年六十有五。"

(宋)王溥《唐会要》卷七六《贡举中·制科举》:"景云二年,文以经国科,袁晖、韩朝宗及第。藏名负俗科,李俊之及第。"

（宋）王钦若等《册府元龟》卷六四五《贡举部（七）·科目》："（睿宗景云）二年，文以经国科（袁晖、韩朝宗及第），藏名负俗科（李俊之及第）。"

《登科记考》卷五景云二年（711）制科录载韩朝宗。

附考（中宗武后睿宗朝）

附考进士（中宗武后睿宗朝进士）

【卫知古】瀛州人。唐中宗时进士及第。

光绪《畿辅通志》卷三四《选举·唐·进士》："中宗年，卫知古，瀛州人，景龙年第。"

【王元璟】长安三年（703）前进士及第。

《全唐文补遗》第三辑，大周长安三年（703）二月十一日《大周故处士南阳张君（弘节）夫人吴郡孙氏墓志铭并序》，撰者署"惟大周长安三年二月十一日前成均进士太原王元璟"。

【王勤礼】太原晋阳人。长安三年（703）前进士及第。官武强县尉，充龙山道管记。

《全唐文补遗》第八辑，长安三年（703）十月二日《唐故洛州密县令王府君（神授）墓志铭并序》："公讳神授，太原晋阳人也……第五子勤礼，进士、武强县尉，充龙山道管记。"

【任松龄】进士及第。官户部员外郎、上柱国、朝散大夫。子瑗，字湨，官至乐安县令。

《全唐文补遗》第八辑，天宝十三载（754）十月八日《大唐故乐安县令任府君（瑗）墓志文并序》："府君讳瑗，字湨，其先殷周二代五侯九卿之后……父松龄，词场擢弟，户部员外郎、上柱国、朝散大夫。"

【齐浣】定州义丰人。唐武后时登进士第。又中制科。

《唐代墓志汇编》天宝一三六，贺兰弥撰天宝七载（748）十一月三十日《唐故广平郡太守恒王府长史上谷寇府君（洋）墓志铭并序》："公讳洋，字若水，上谷昌平人……弱冠应材称栋梁举，策居第二；又试拔萃出类科，与邵升、齐瀚同时超等，授魏州昌乐尉，换洛州兴泰尉。"按：墓志所云齐瀚，亦即齐浣。

光绪《畿辅通志》卷三四《选举·唐·进士》："武后时，齐浣，定州义丰人，圣历年第，蒲州司法参军。"

【杜咸】洹水人。唐中宗时登进士第。开元中，官至河北按察使，终睦州司马。

《新唐书》卷一〇六《杜正伦传附杜咸传》："杜正伦，相州洹水人。隋世重举秀才，天下不十人，而正伦一门三秀才，皆高第，为世歆美……从子求仁、从孙咸皆显名……咸擢进士第，累迁右台监察御史。牂柯反，咸监军出讨……迁侍御史，出为汾州长史。开元中，为河北按察使。坐用法深，贬睦州司马。"

《登科记考补正》卷二七《附考·进士科》录载杜咸。

嘉靖《浙江通志》卷二十四《官师表》："杜威，擢进士第，累迁左台监察御史。"

光绪《畿辅通志》卷三四《选举·唐·进士》："杜咸，洹水人。"

【李伯鱼】临淄人。约在则天永昌（689）年登进士第。官至青州司功。

《全唐文》卷二三二,张说撰景龙三年(709)十月《李氏张夫人墓志铭》:"临淄李伯鱼妻者,范阳张氏女,讳德性。孝悌柔婉,能日诵数千言,习礼明诗,达音妙缛,德言容工,盖出人也。伯鱼天下善为文,擢校书郎,出为青州司功而卒。夫人寡居无子,以归宗焉,长安二年,四十有八,倾逝于康俗里,殡于永通门外。景龙三年,家疚居贫,季弟说鬻词取给,冬十月,安厝伯姊于万安山阳。"

(宋)计有功《唐诗纪事》卷一七《李伯鱼》:"伯鱼,临淄人。登开元六年进士第。善为文,擢校书郎,出为青州司功而卒。"此云伯鱼"登开元六年进士第",误。

《登科记考补正》卷二七《附考·进士科》录载李伯鱼。按语云:"《张说年谱》另据说撰《孔补阙集序》考知永昌间伯鱼已任秘书郎,登第当在同年或此前。"

【李希倩】太原文水人。神龙初以进士拜监察御史。

《旧唐书》卷一八七《忠义下·李憕传》:"李憕,太原文水人。父希倩,中宗神龙初,右台监察御史。憕早聪敏,以明经举,开元初为咸阳尉。"

《新唐书》卷一九一《忠义上·李憕传》:"李憕,并州文水人……父希倩,神龙初右台监察御史。憕少秀敏,举明经高第,授成安尉。"

《登科记考补正》卷二七《附考·进士科》录载李希倩(李希靖)。

乾隆《山西通志》卷一〇四《人物四·太原府·唐》:"李希靖,文水人。明经积学,言动恒以礼自检。神龙初以进士拜监察御史。正色立朝,直言敢谏,当时畏其风采,虽诸武擅权,希倩不为屈。然性严厉,不谐于俗,故不大显。子憕。"按:李希靖,两《唐书》皆作"李希倩"。

【李俨】字雅之。神龙间进士。

正德《饶州府志》卷四《人物》:"李俨,字雅之,神龙间进士。"

【张漪】字若水,原籍范阳方城,后迁襄阳,祖元弼官安州刺史,父柬之,官至特进、中书令、汉阳王。武周时举成均馆进士,证圣元年(695)制举长才广度、沉迹下僚科及第。官至著作佐郎。

《唐代墓志汇编》开元三八一,张子愿撰《唐故朝散大夫著作郎张府君墓志铭并序》:"君讳漪,字若水,范阳方城人。四代祖策,从后梁宣帝入西魏,子孙遂家襄阳焉。隋澧阳令、讳则府君之曾孙;皇都督安、隋、郢、沔四州诸军事,安州刺史,讳元弼府君之嫡孙;特进、中书令、汉阳工讳柬之府君之冢子。天纵明达,家传孝友,质而能史,文而不华。周举成均进士擢第。上圣历封事,一命怀州武陟尉。后应长材广度科,再转洛州登封主簿。"按:据志文,张漪历官左补阙、著作佐郎。

(宋)李昉等《文苑英华》卷四七九《策三》之《长才广度沉迹下僚策》张倚之作下注:"《登科记》作漪。"

(宋)王钦若等《册府元龟》卷六四五《贡举部(七)·科目》:"证圣元年,长才广度沉迹下僚科。(张河及第)。"按:"张河"当作"张漪"。

(宋)王应麟《玉海》卷一一五《选举·唐制举》:"长才广度张漪。"

《登科记考》卷四证圣元年(695)《制举长才广度沉迹下僚科》、卷二七《附考进士科》

分别录载张漪。

【余勚】神龙时进士。累官饶州左教练使镇南军节度使。

正德《饶州府志》卷四《人物》："余勚,神龙间进士,累官饶州左教练使镇南军节度使。"

【郑侃】进士及第。官婺州金华县丞。

《全唐文补遗》第八辑,□浦撰天宝十三载(754)八月二十七日《大唐故游击将军横海军副使(李全礼)郑夫人荥阳县君墓志铭并序》："父侃,婺州金华县丞。桂林一枝,早年以文场擢第。才高白云,志洁清冰。"

【郑惟忠】宋州宋城人,仪凤中第进士,天授中制科及第。历井陉尉、汤阴尉、左司御率府胄曹参军、礼部尚书,官至太子宾客,卒赠太子少保。

《旧唐书》卷一○○《郑惟忠传》："郑惟忠,宋州宋城人也。仪凤中,进士举,授井陉尉,转汤阴尉。天授中,应举召见,则天临轩问诸举人:'何者为忠?'诸人对不称旨。惟忠对曰:'臣闻忠者,外扬君之美,内匡君之恶。'则天曰:'善。'授左司御率府胄曹参军,累迁水部员外郎。则天幸长安,惟忠待制引见,则天谓曰:'朕识卿,前于东都言"忠臣外扬君之美,内匡君之恶",至今不忘。'寻加朝散大夫,再迁凤阁舍人。中宗即位,甚敬重之,擢拜黄门侍郎……无何,守大理卿……加银青光禄大夫,封荥阳县男。开元初,为礼部尚书,转太子宾客。十年卒,赠太子少保。"

(宋)王钦若等《册府元龟》卷八三四《总录部(八十四)·词辩第二》："郑惟忠,天授中应举召见。则天临轩,问诸举人:'何者为忠?'诸人对不称旨。惟忠对曰:'忠者,外扬君之美,内隐君之恶。'则天曰:'善。'及为水部员外郎,则天幸长安,惟忠待制未见,则天谓之曰:'朕识卿久矣。前于东部,言忠臣外扬君之美,内隐君之恶,至今不忘。'"按:文中"东部",宋本作"东都"。

《新唐书》卷一二八《郑惟忠传》："郑惟忠,宋州宋城人。第进士,补井陉尉。天授中,以制举召见廷中,武后问举者,何所事为忠,对皆不合旨,惟忠曰:'外扬君之美,内正君之恶。'后曰:'善。'擢左司御胄曹参军事,迁水部员外郎。"

《登科记考》卷二七《附考·进士科》、同卷《附考·制科》分别录载郑惟忠。

嘉靖《归德志》卷七《人物志·宦业》:"(郑惟忠)第进士,天授中以制举召见廷中,武后问举者何所事……武后曰:'善。'擢黄门侍郎。"

【姚略】吴兴人。圣历前进士。官云骑尉。

《唐代墓志汇编》圣历○二五,《大周故西平公主墓志》:"大周故弘化公主李氏赐姓曰武改封西平大长公主墓铭并序,成均进士云骑尉吴兴姚略撰。"按:撰文时为圣历二年,此云进士当为前进士。

【郭义言】武后朝登进士。

嘉靖《翼城县志》卷四《人物志上》:"郭义言,武后朝登进士。"

【崔液】字润甫,定州安喜人。工五言,武后时举进士第一人。官至殿中侍御史。

《旧唐书》卷七四《崔湜传》:"弟液、涤及从兄莅并有文翰,居清要,每宴私之际,自比东晋王导、谢安之家。"

（宋）计有功《唐诗纪事》卷一三《崔液》："液，字润甫，仁师之孙，湜之弟也。工五言，举进士第一人……官至殿中侍御史。"

《登科记考》卷二七《附考·进士科》录载崔液。

光绪《畿辅通志》卷三四《选举·唐·进士》："武后时，崔液，湜弟。"

【袁仁敬】字道周，陈郡阳夏人。天授年间（689—692）从国子进士应养志丘园科举对策高第，神功元年（697）绝伦科及第。历官相州汤阴县尉，转尉氏福昌尉。官终大理卿、上柱国。

《洛阳新获七朝墓志》，开元二十一年（733）十月二十七日《大唐故大理卿上柱国袁府君墓志铭并序》："公讳仁敬，字道周，陈郡阳夏人也……天授年，从国子进士应养志丘园科举对策高第，解褐勒授相州汤阴县尉，转尉氏福昌尉。"按：据墓志，仁敬当为进士出身，应制举入仕。

（宋）王溥《唐会要》卷七六《贡举中·制科举》："神功元年九月，绝伦科，苏颋、崔元童、袁仁敬、何凤、孟兼礼、洪子舆、卢从愿、赵不欺及第。"

（宋）王钦若等《册府元龟》（校订本）卷六四五《贡举部（七）·科目》："神功元年九月，绝伦科。（苏颋、崔元童、袁仁敬、何凤、孟兼礼、洪子舆、卢从愿、赵不欺及第。）"

【阎仙舟】赵州栾城人，朝隐兄。唐武后时登进士第。

《新唐书》卷二〇二《文艺中·阎朝隐传》："阎朝隐字友倩，赵州栾城人，少与兄镜几、仙舟皆著名。"按：《元和姓纂》："监察御史文逸生朝隐、仙舟。"

《永乐大典》引《栾城县志》："阎仙舟举进士，历官朝散大夫。阎兢几，仙舟弟，举进士。乾元中为秘书郎。"

光绪《畿辅通志》卷三四《选举·唐·进士》："武后时，阎仙舟，朝隐弟。"按：《新唐书》云仙舟为朝隐兄。

【阎朝隐】字友倩，赵州栾城人。唐武后时登进士第。又举孝悌廉让科。先天中，为秘书少监。

《新唐书》卷二〇二《文艺中·阎朝隐传》："阎朝隐字友倩，赵州栾城人，少与兄镜几、仙舟皆著名。连中进士、孝悌廉让科，补阳武尉。中宗为太子，朝隐以舍人幸。性滑稽，属辞奇诡，为武后所赏。累迁给事中、仗内供奉……累迁著作郎。先天中，为秘书少监，坐事贬通州别驾，卒。"

《登科记考》卷二七《附考·进士科》、同卷《附考·制科》分别录载阎朝隐。

光绪《畿辅通志》卷三四《选举·唐·进士》："武后时，阎朝隐，朝几弟。"

【阎兢几】一作"阎朝几""阎镜几"，赵州栾城人，朝隐兄。唐武后时登进士第。

《新唐书》卷二〇二《文艺中·阎朝隐传》："阎朝隐字友倩，赵州栾城人，少与兄镜几、仙舟皆著名。"

《永乐大典》引《栾城县志》："阎仙舟举进士，历官朝散大夫。阎兢几，仙舟弟，举进士。乾元中为秘书郎。"

光绪《畿辅通志》卷三四《选举·唐·进士》:"武后时,阎朝几,赵州栾城人,兄弟三人同登孝悌廉让科,官秘书监。旧志作兢几。"

【萧寡尤】字慎言,兰陵人。进士及第,起家为益州什邡主簿。官终朝请大夫行嘉州长史。

《全唐文补遗》第八辑,梁涉撰开元十五年(727)二月二十九日《大唐故朝请大夫行嘉州长史上柱国萧府君(寡尤)墓志铭并序》:"兰陵萧公讳寡尤,字慎言,天下士大夫之杰也……维国有庠,俊人用彰,登于造,进于王,我是以榷桂林之芳;维民思慰,君子来暨,诣公交车,历明试,我是以拜南昌之吏。起家为益州什邡主簿……以开元十四年三月七日,卒于东都,春秋七十有二。"按:观墓志文,寡尤当为进士出身。

附考明经(中宗武后睿宗明经)

【王同人】河东人。约武后时明经及第,授雍州参军。官至泗州刺史。

《唐代墓志汇编》开元二九二,赵不为撰开元十七年(729)八月二十六日《唐故太中大夫使持节泗州诸军事泗州刺史琅琊王公(同人)墓志铭并序》:"公讳同人,周太子晋之后,因号命族,家于河东……早辟孝廉,明经高第,解褐雍州参军。"按:以开元十六年(728)卒,享年五十七推之,其早年明经及第约在武后时。

【王进思】字令怀,洛阳人,祖敬摩,新丰县令,父玄铎,朝散大夫。明经及第,官至尧城令。

《唐文拾遗》卷五一,韩份卿撰《唐尧城令王进思去思祠记》:"□讳进思,字令怀,本太原祁人也。今为洛阳人……曾祖□夫,京兆府长安县令;祖敬摩,河南府虞曹参军□新丰县令□□都督府司马;父玄铎,朝散大夫(缺)……(公)年十八,宿卫附学。明经擢第,授潞州潞城县尉。"

《登科记考》卷二七《附考·明经科》录载王进思。

【元振】字振,河南氏拓跋后也。约在武后时明经及第。官至淮安郡桐柏县令。

《唐代墓志汇编》天宝〇五七,杨光煦撰天宝三载(744)十一月二十六日《大唐故淮安郡桐柏县令元公(振)墓志铭并序》:"公讳振,字振,河南氏拓跋后也。曾安,晋陵、当涂二县令;祖叔明,太清府统军;考龄景,荆王府库真……(公)少游太学,以经术登科,拜武强尉……迁桐柏县令。"按:元振卒天宝三载(744),春秋六十七,则其中举约在武后时。

【韦□】京兆杜陵人。明经及第。官至韶州司马。

《全唐文》卷二九三,张九龄撰《故韶州司马韦府君墓志铭并序》:"君讳□,字□,京兆杜陵人……洎曾祖津,仕随至内史侍郎户部尚书,武德初拜黄门侍郎寿光男,克济美名,以食旧德。大父琨,太子詹事武阳侯,能成休轨,载扬厥问。烈考展,官止少府监主簿,懿业无忝,而大位不充,天爵自高,人伦斯贵。公……始自崇文生明经上第,起家汾州参军……秩满,迁韶州司马。"按:韦氏卒于开元六年(718),享年五十一。明经及第约在武后时。

《登科记考》卷二七《附考·明经科》录载韦□。

【韦抗】京兆万年人,安石从父兄子。祖津,大业末为民部侍郎。武后时应明经举,官终刑部尚书,卒赠太子少傅,谥曰贞。

《旧唐书》卷九二《韦安石传》:"韦安石,京兆万年人,周大司空、郿国公孝宽曾孙也。祖津,大业末为民部侍郎……(唐高祖)征授谏议大夫,检校黄门侍郎。出为陵州刺史……从父兄子抗,从祖兄子巨源。抗,弱冠举明经,累转吏部郎中,以清谨著称。景云初,为永昌令,不务威刑而政令肃一。都辇繁剧,前后为政,宽猛得中,无如抗者。无几,迁右台御史中丞,人吏诣阙请留,不许,因立碑于通衢,纪其遗惠。开元三年,自左庶子出为益州长史。四年,入为黄门侍郎。八年……俄以本官检校鸿胪卿,代王晙为御史大夫,兼按察京畿。时抗弟拯为万年令,兄弟同领本部,时人荣之。寻以荐御史非其人,出为安州都督,转蒲州刺史。十一年,入为大理卿,其年代陆象先为刑部尚书,寻又分掌吏部选事。十四年卒……赠太子少傅,谥曰贞。"

《新唐书》卷一二二《韦安石传》:"韦安石,京兆万年人。曾祖孝宽,为周大司空、郿国公。祖津,隋大业末为民部侍郎……抗者,安石从父兄子。弱冠举明经,累官吏部郎中。景云初,为永昌令,辇毂繁要,抗不事威刑而治,前令无及者。迁右御史台中丞,邑民诣阙留,不听,乃立碑著其惠。开元三年,自太子左庶子为益州大都督府长兄,授黄门侍郎……俄代王晙为御史大夫,兼按察京畿。弟拯方为万年令,兄弟领本部,时以为荣。坐荐御史非其人,授安州都督,改薄州刺史。入为大理卿,进刑部尚书,分掌吏部选,卒……赠太子少傅,谥曰贞。"

《登科记考》卷二七《附考·明经科》录载韦抗。

【韦景骏】雍州万年人。武后时举明经。官至奉先令。

《旧唐书》卷一八五上《良吏上·韦机传》:"韦机,雍州万年人……子余庆。余庆官至右骁卫兵曹,早卒。余庆子岳……岳子景骏。景骏明经举。神龙中,累转肥乡令……开元中为贵乡令……二十年,转奉先令,未行而卒。"

《登科记考》卷二七《附考·明经科》录载韦景骏。

【尹思贞】字季弱,秦州天水人。明《春秋》,擢高第。左右史张说、尹元凯荐为国子大成,后迁四门助教。

《新唐书》卷二〇〇《儒学下·尹愔传》:"尹愔,秦州天水人。父思贞,字季弱。明《春秋》,擢高第。尝受学于国子博士王道珪,称之曰:'吾门人多矣,尹子亘测也。'以亲丧哀毁。除丧,不仕。左右史张说、尹元凯荐为国了大成。每释奠,讲辨二教,听者皆得所未闻。迁四门助教,撰《诸经义枢》《续史记》皆未就。梦天官、麟台交辟,寤而会亲族叙诀,二日卒,年四十。"

《登科记考》卷二显庆四年(659)明经科录载尹思贞,卷二七《附考·明经科》复载,赵守俨校云:"尹思贞已见卷二显庆四年,详《施补》。"按:《登科记考》两处记载之尹思贞,籍贯、享年、任官等皆不一,详见《登科记考补正》卷二七《附考·明经科》考证。

【孔若思】越州山阴人,祖绍安,官至内史舍人。武后时擢明经第。官终汝州刺史、太子右谕德。累封梁郡公。开元十七年卒,谥曰惠。

《旧唐书》卷一九〇上《文苑上·孔绍安传》:"孔绍安,越州山阴人,陈吏部尚书奂之子……绍安孙若思。若思孤,母褚氏亲自教训,遂以学行知名……明经举,累迁库部郎中……寻迁给事中。中宗即位,敬晖、桓彦范等知国政,以若思多识故事,所有改革大事及疑议,多访于若思。再转礼部侍郎,出卫州刺史……俄以清白称,加银青光禄大夫,赐绢百匹。历汝州刺史、太子右谕德,封梁郡公。开元十七年卒,谥曰惠。"

《新唐书》卷一九九《孔若思传》:"孔若思,越州山阴人,陈吏部尚书奂四世孙。祖绍安,与兄绍新早知名……隋大业末,为监察御史。高祖讨贼河东,绍安与夏侯端同监军,礼遇尤密。帝受禅,端先归,拜秘书监。已而绍安间道走长安,帝悦,擢内史舍人,赐宅一区、良马二匹。若思早孤,其母躬训教,长以博学闻……擢明经,历库部郎中……中宗初,敬晖、桓彦范当国,以若思多识古今,凡大政事,必咨质后行。三迁礼部侍郎,出为卫州刺史……以清白擢银青光禄大夫,赐绢百匹,累封梁郡公。开元七年卒,谥曰惠。"按:《旧唐书》云若思开元十七年卒。

《登科记考》卷二七《附考·明经科》录载孔若思。

【卢从愿】字子龚,临漳人。弱冠擢明经。神功元年(697)又举绝伦制科高第,玄宗时官至吏部尚书。开元二十五年卒,年七十余,赠益州大都督,谥曰文。

(唐)郑处诲《明皇杂录》卷下:"从愿少家相州,应明经,常从五举,制策三等,授夏县尉。自明经至吏部侍郎才十年,自吏部员外至侍郎只七个月。"

《旧唐书》卷一○○:"卢从愿,相州临漳人,后魏度支尚书昶六代孙也。自范阳徙家焉,世为山东著姓。弱冠明经举,授绛州夏县尉,又应制举,拜右拾遗。俄迁右肃政监察御史,充山南道黜陟巡抚使,奉使称旨,拜殿中侍御史。累迁中书舍人。睿宗践祚,拜吏部侍郎……(开元)十一年,拜工部尚书,加银青光禄大夫,仍令东都留守。十三年,从升泰山,又加金紫光禄大夫,代韦抗为刑部尚书……十六年,东都留守。时坐子起居郎谕䄢米入官有剩利,为宪司所纠,出为绛州刺史,再迁太子宾客。二十年,河北谷贵,敕从愿为宣抚处置使,开仓以救饥馁。使回,以年老抗表乞骸骨,乃拜吏部尚书,听致仕,给全禄。二十五年卒,年七十余,赠益州大都督,谥曰文。"按:从愿开元二十五年(737)卒,时年七十余,则其弱冠明经举当在武后时。

(宋)王溥《唐会要》卷七六《贡举中·制科举》:"神功元年九月,绝伦科,苏颋、崔元童、袁仁敬、何凤、孟兼礼、洪子舆、卢从愿、赵不欺及第。"

(宋)王钦若等《册府元龟》卷六四五《贡举部(七)·科目》:"神功元年九月,绝伦科。(苏颋、崔玄童、袁仁敬、何凤、孟兼礼、洪子兴、卢从愿、赵不欺及第。)"

《新唐书》卷一二九《卢从愿传》:"(卢从愿)擢明经,为夏尉。又举制科高第,拜右拾遗,迁监察御史。"

(宋)王应麟《玉海》卷一一五《选举·唐制举》:"绝伦科苏颋、卢从愿。"

《登科记考》卷四万岁通天二年(697)制举绝伦科、卷二七《附考·明经科》分别录载卢从愿。

正德《临漳县志》卷八《人物·历代名贤》:"(卢从愿)擢明经,为夏尉,又举制科高第,拜右拾遗。"

【卢仲璠】字伯琰,范阳涿人,祖巨威,郓州寿张令,父延祚,宣州泾县令。武后时明经擢第。官至洛州阳翟县尉。

《全唐文补遗》第六辑,天宝十载(751)八月二十二日《唐故宣德郎□州阳翟县尉卢府君(仲璠)夫人荥阳郑氏墓志铭并序》:"公讳仲璠,字伯琰,范阳涿人也……□祖长谐,隋怀州司兵。祖巨威,郓州寿张令。父延祚,宣州泾县令。府君即泾县令之次子也。明经擢第,□逸超群。解□授润州江□主簿,转并州榆次县尉,迁洛州阳翟县尉……春秋卌有二,以景龙二年十月二日,终于东京河南县崇政里之私第也。"按:据志文,仲璠当在武后时明经及第。

【田归道】雍州长安人,曾祖轨,隋幽州刺史、信都郡公,祖弘,陵州刺史,袭信都郡公,父仁会,武德初应制举,官终右卫将军。武后时明经及第。中宗召拜太仆少卿,迁殿中少监、右金吾将军。卒赠辅国大将军,追封原国公,谥曰烈。

《旧唐书》卷一八五上《良吏上·田仁会传》:"田仁会,雍州长安人。祖轨,隋幽州刺史、信都郡公。父弘,陵州刺史,袭信都郡公。仁会,武德初应制举,授左卫兵曹,累迁左武候中郎将……神龙中,以子归道赠户部尚书。归道,弱冠明经举。"

《新唐书》卷一九七《循吏·田仁会传》:"田仁会,雍州长安人……仁会擢制举,仕累左武候中郎将……转右卫将军……子归道,明经及第,累擢通事舍人内供奉、左卫郎将……乃擢归道夏官侍郎,益亲信。迁左金吾将军、司膳卿,押千骑宿卫玄武门。桓彦范等诛二张,而归道不豫闻,及索骑士,拒不应。事平,彦范欲诛之,以辞直,免还私第。然中宗壮其守,召拜太仆少卿,迁殿中少监、右金吾将军。卒,赠辅国大将军,追封原国公,谥曰烈,帝自为文以祭。子宾庭,开元时至光禄卿。"

《登科记考》卷二七《附考·明经科》录载田归道。

【邢惟彦】河间束城人。科举及第。官至汾州司士参军。

《唐代墓志汇编》开元五三五,开元二十九年(741)十月八日《大唐故相州林虑县尉邢公(超)墓志文并序》:"君讳超,河间束城人也。高齐尚书子良之七叶孙。曾祖同琳,皇朝洛州大基县丞;祖礼安,故监察御史;父惟彦,故汾州司士参军;咸以孝秀登科,清能著位。"按:墓主幼时惟彦已亡,墓主卒开元二十九年(741),春秋三十九,则惟彦及第当在则天时。

【朱守琼】父杲,官楚州录事参军。国子监明经出身。

《新唐书》卷七四下《宰相世系表》四下,朱氏"杲,楚州录事参军",生"守琼,国子监明经"。

《登科记考》卷二七《附考·明经科》录载朱守琼。

【苏昱】武功人。弱冠明经及第。历官右屯卫仓曹参军、绛州闻喜县令、济州刺史。

《唐文续拾》卷一四,《大唐绛州闻喜县令苏府君(昱)德政碑并序》:"苏府君名昱,字□□,魏都亭侯河东相侍中则之十一代孙,扶□武功人也……弱冠明经高第,寻授右屯卫仓曹参军。"

《新唐书》卷七四上《宰相世系表》四上:"昱,济州刺史。"

《登科记考补正》卷二七《附考·明经科》据张补增入。

【苏务寂】武功人。武后时明经及第。官至梓州刺史。

《唐刺史考全编》卷二二九《剑南道·梓州（梓潼郡）》"约开元中"录有苏务寂，考云："《新表四上》苏氏：'务寂，梓州刺史。'乃高宗时宰相苏良嗣之孙。"

（明）康海《武功县志》卷三《选举志第七》载唐人擢明经者有苏务寂。

四库本《陕西通志》卷三〇《选举·唐·明经科》："苏务寂，武功人。"

【苏澄】武功人。武后时明经及第。官至沁州刺史。

《唐刺史考全编》卷八五《河东道·池州（阳城郡）》"约武后时"录有苏澄，考云："《姓纂》卷三邠西苏氏：'澄，沁州刺史。'《新表四上》苏氏同。乃隋左仆射苏威之孙，中宗、睿宗相苏瓌之叔父。"

（明）康海《武功县志》卷三《选举志第七》载唐人擢明经者有苏澄。

四库本《陕西通志》卷三〇《选举·唐·明经科》："苏澄，武功人。"

【杜暹】濮州濮阳人。中宗时明经及第，补婺州参军。开元十二年，拜黄门侍郎，兼安西副大都护。十四年，同中书门下平章事。官终礼部尚书，封魏县侯。卒赠尚书右丞相，谥贞孝。

《旧唐书》卷九八《杜暹传》："杜暹，濮州濮阳人也。父承志，则天初为监察御史……累转天官员外郎……暹尤恭谨，事继母以孝闻。初举明经，补婺州参军……（开元）十二年，安西都护张孝嵩迁为太原尹，或荐暹往使安西，蕃人伏其清慎，深思慕之，乃夺情擢拜黄门侍郎，兼安西副大都护……十四年，诏暹同中书门下平章事，仍遣中使往迎之……俄代李林甫为礼部尚书，累封魏县侯。二十八年，病卒，年六十余，诏赠尚书右丞相……谥曰贞孝。"

《新唐书》卷一二六《杜暹传》："杜暹，濮州濮阳人也。父承志，则天初为监察御史……（暹）擢明经第，补婺州参军。"

（宋）费枢《廉吏传》卷下《杜暹》："杜暹，濮州人，擢明经第，补婺州参军……进礼部尚书，封魏县侯，卒谥曰'贞'。"

《登科记考》卷二七《附考·明经科》录载杜暹。

正德《大名府志》卷七《人物志》："杜暹，擢明经第，补婺州参军。"

嘉靖《开州志》卷七《选举志》："（杜暹）擢明经第，补婺州参军。"

嘉靖《濮州志》卷五《郡人志》："（杜暹）擢明经第，补婺州参军。"

光绪《畿辅通志》卷三四《选举·唐·进士》："中宗年，杜暹，濮阳人。"

【李夐】陇西成纪人。长安二年（702）五月前明经及第。

《唐代墓志汇编续集》长安〇〇三，崔玄晖撰长安二年（702）五月六日《周故宋州砀山县令李府君（义琳）神道碑铭并序》，署："明经天官常选姪孙夐书。"是知李夐在长安二年（702）五月之前明经及第。

【李杰】本名务光，相州滏阳人。举明经第。历官陕州刺史、河南尹、衢州刺史，官终扬州大都督府长史。开元六年（718）卒，赠户部尚书。

《旧唐书》卷一〇〇《李杰传》："李杰，本名务光，相州滏阳人。后魏并州刺史宝之后也,其先自陇西徙焉。杰少以孝友著称,举明经,累迁天官员外郎,明敏有吏才,甚得当时之誉。”

《新唐书》卷一二八《李杰传》:“李杰本名务光,相州釜阳人。后魏并州刺史宝之裔孙。少以孝友著。擢明经第,解褐齐州参军事,迁累天官员外郎……神龙中,为河东巡察黜陟使,课最诸道。先天中,进陕州刺史、水陆发运使。置使自杰始。改河南尹……入代宋璟为御史大夫……护作桥陵,封武威县子。初,杰引侍御史王旭为护陵判官,旭贪赃,杰将绳之,未及发,反为所构,出衢州刺史。迁扬州大都督府长史,复为御史劾免。开元六年卒,帝悼之,特赠户部尚书。”

《登科记考》卷二七《附考·明经科》录载李杰。

【李璿之】景云二年(711)前明经及第。官宜城公主府参军、柱国。

《唐代墓志汇编》太极〇〇一,太极元年(712)正月二十六日《唐李君夫人裴氏墓志并序》:“夫人河东闻喜人也……长子璿之,明经,擢行宜城公主府参军、柱国。”按:裴氏卒于景云二年(711)十月二十九日,春秋五十七,其子璿之明经及第当在景云二年之前。

【杨□】名未详,陕州芮城人,父武政,高宗显庆年中明经擢第,麟德二年(665)补桃林县博士。万岁通天二年(697)前明经及第。

《全唐文补遗》第五辑,万岁通天二年(697)十月二十一日《大周故陕州桃林县博士杨君(政)墓志铭并序》:“君讳政,字武,弘农华阴人也……七代祖震任陕州太守,故今为芮城县人也……祖志明,隋孝廉举擢第,任晋阳郡丞……父武政……(君)唐显庆年中,明经擢第……至麟德二年,被本州刺史卢承业追召补桃林县博士……有子五人……第二明经擢第、天官常选。”按:杨□明经擢第在万岁通天二年(697)之前。

【杨灵夔】字灵夔,弘农华阴人。祖徵,官司农少卿。父务道,官正议大夫、汉州金堂县令。幼以五经上第,释褐入仕,官至滑州匡城县令。

《全唐文》卷四一九,常衮撰《滑州匡城县令杨君墓志铭》:“公讳灵夔,字灵夔,弘农华阴人也。高祖兵部尚书高都公尚希,尚希生宜州别驾丹川公寿旻,寿旻生司农少卿徵,徵生正议大夫汉州金堂县令务道。光昭先君之懿范,其有后于关西乎?公金堂第二子也。幼以五经上第,参卿博陵,贰职鄜邠,孙楚长揖。桓谭不乐,一录州事,会稽称之,再领县尹,自范至匡,化行卫濮,公易百子谅之心根于始矣……天宝十四年十二月十日,寝疾于匡城县归休之私第,春秋七十有三。”按:灵夔“幼以五经上第”,则在武后年间。

《登科记考》卷二七《附考·明经科》录载杨灵夔。

【杨彦】约在武后时期明经及第,擢任亳州山桑县丞。

《全唐文补遗》第八辑,开元二十七年(739)八月二十四日《唐故昭武校尉晋州丰宁府左果毅上柱国杨公(隐)墓志铭并序》:“公讳隐,字孝通,汉太尉公之后也……考彦,以明经擢任亳州山桑县丞。”按:据志文,杨彦明经及第时间约在武后时期。

【张择】吴郡人,字无择。武后朝明经出身,制举精通经史科登第。官至和州刺史。

《全唐文》卷六七八,白居易撰《唐故通议大夫和州刺史吴郡张公(择)神道碑铭并序》:“台州临海令讳鹗,即公之大父也。袁州司马讳孝绩,即公皇考也……公讳择,字无择……既冠好学,能属文,从乡试登明经第,应制举中精通经史科。补宏文馆校书郎,调左金吾录事,换杭州录事参军……移深州司马,转虢州长史。时上方思理,诏求二千石之良者,时宰以公塞诏,擢拜和州刺史……天宝十三载正月二十一日,终于东都利仁里私第,其年二月十二日,葬于河南府伊阙县中李原,享年八十三。"按:据志文,张择及第当在武后时。

《登科记考》卷二七《附考·明经科》、同卷《附考·制科》分别录载张择。

【张路斯】颍上人。年十六中明经第。景龙中官宣城令。

《苏轼集》卷八六:"昭灵侯南阳张公,讳路斯,隋之初,家于颍上县仁社村。年十六,中明经第。唐景龙中,为宣城令,以才能称。"按:据宦历,路斯不可能为隋初之人,疑为武后时明经。

《登科记考》卷二七《附考·明经科》录载张路斯,考云:《唐张公庙碑》:"南阳张公讳路斯,颍上百社村。年十六,中明经第。景龙中为宣城令。"宋苏轼有《昭灵侯庙碑》。

【陆璪】字仲采,苏州吴人,父余庆,制举甲科,武后时官至太子右庶子。举明经,补长安尉,开元中官至西河太守,封平恩县男。

《新唐书》卷一一六《陆元方传》:"陆元方字希仲,苏州吴人……元方从父余庆……迁殿中侍御史、凤阁舍人。后尝命草诏殿上,恐惧不能得一词,降左司郎中。久之,封广平郡公、太子右庶子……(余庆)子璪,字仲采。举明经,补长安尉,以清干称。开元初,中朝臣子弟不任京畿,改新乡令,人为立祠。用按察使宇文融荐,迁渑池令。累迁兵部郎中,柬骥骑使。还,除洛阳令……出为太原少尹。累徙西河太守,封平恩县男。"

《登科记考》卷二七《附考·明经科》录载陆璪,考云:"字仲采,举明经,元方之子。见《新书·陆元方传》。"按云璪为"元方之子",误。璪为元方从父兄余庆之子,与元方乃为平辈兄弟。

【苗臻】上党壶关人。约在武后时明经第。

《全唐文补遗》千唐志斋新藏专辑,苗晋卿撰天宝七载(748)五月二十七日《大唐故朝散大夫行太子内直郎上柱国苗府君(嗣宗)墓志铭并序》:"公名嗣宗,字承家,上党壶关人也……父臻,皇朝前乡贡明经。"

【柳彦初】河东解人。垂拱四年(688)之后明经及第。官至太子家令寺丞。

《全唐文补遗》千唐志斋新藏专辑,开元二年(714)九月十七日《大唐故太子家令寺丞柳府君(彦初)墓志铭并序》:"公讳彦初,河东解人也……弱冠,补国子监大学生。无何,明经策拜上第……春秋四十有六,以大唐开元二年九月十一日,终于河南府河南县积善里之私第。"按:以开元二年(714)卒,春秋四十六推之,彦初弱冠年在垂拱四年,则其明经及第时在垂拱四年(688)之后不久。

【段行琛】字行琛。约在武后时明经及第。

《全唐文》卷四四五,张增撰《段府君神道碑铭》:"君讳行琛,字行琛……府君生知六行之美,学究三经之奥,既齿乡赋,高甲科,简修独耀于锦衣,从事仍屈于黄绶。"按:行琛当为明经及第,以卒于天宝九载(750),享年七十五推之,时间约在武后时。

【姜师度】魏州魏县人。武后时明经及第。官司农卿,河中尹,加金紫光禄大夫,御史中丞。

《旧唐书》卷一八五下《良吏下·姜师度传》:"姜师度,魏人也。明经举。神龙初,累迁易州刺史,兼御史中丞,为河北道监察兼支度营田使……寻加银青光禄大夫,累迁大理卿。景云二年,转司农卿。开元初,迁陕州刺史……六年,以蒲州为河中府,拜师度为河中尹……特加金紫光禄大夫,寻迁将作大匠……师度以十一年病卒,年七十余。"

《新唐书》卷一○○《姜师度传》:"姜师度,魏州魏人。擢明经,调丹陵尉、龙岗令,有清白称。"

《登科记考》卷二七《附考·明经科》录载姜师度。

正德《大名府志》卷七《人物志》:"姜师度,擢明经。"

光绪《畿辅通志》卷三四《选举·唐·明经乡贡》:"武后时,姜师度,魏县人,御史中丞。"

【祝钦明】字文思,雍州始平人,父𬘘,字叔良,官终无极尉。武后时举明经,天授二年(692)中英才杰出、业奥六经科。官至国子祭酒、同中书门下三品。

《旧唐书》卷一八九下《儒学下·祝钦明传》:"祝钦明,雍州始平人也。少通《五经》,兼涉众史百家之说。举明经。长安元年,累迁太子率更令,兼崇文馆学士。中宗在春宫,钦明兼充侍读。二年,迁太子少保。中宗即位,以侍读之故,擢拜国子祭酒、同中书门下三品,加位银青光禄大夫,历刑部、礼部二尚书,兼修国史,仍旧知政事,累封鲁国公,食实封三百户。"

《新唐书》卷一○九《祝钦明传》:"祝钦明字文思,京兆始平人。父𬘘,字叔良,少通经,颇著书质诸家疑异;门人张后胤既显宦,荐于朝,诏对策高第,终无极尉。钦明擢明经,为东台典仪。永淳、天授间,又中英才杰出、业奥《六经》等科,拜著作郎,为太子率更令。中宗在东宫,钦明兼侍读,授太子经,兼弘文馆学士。中宗复位,擢国子祭酒、同中书门下三品。进礼部尚书,封鲁国公,食实封户三百。"

《登科记考》卷三天授二年(691)制举英才杰出、业奥大经科录有祝钦明,考云:《文献通考》引李巺岩家有《唐制举科目图》一卷。在天授中,祝钦明中英才杰出、业奥大经科。按《新书·祝钦明传》:"永淳、天授间,中英才杰出、业奥六经科。"是"大"为"六"字之讹。英才杰出与业奥六经,亦非 科也。附此俟考。

《登科记考》卷二七《附考·明经科》录载祝钦明。

【殷元觉】字元明。登明经科。文宗大和时追赠卫尉少卿。

《全唐文》卷六二四,冯宿《天平军节度使殷公(侑)家庙碑》:"大和甲寅岁,天平军节度使检校尚书右仆射陈郡殷公侑建家庙于京师永平里之东北隅,礼也……十九代至工部府君讳楷字文绚,高宗朝四岳举高第,释褐拜雍州新丰尉,累迁大理丞,天授中以议狱平反,为酷吏所陷,贬台州永宁丞,今上大和八年七月,诏追赠工部侍郎。卫尉府君讳元觉,字元明,十八明经出身,以工部府君处明夷之时。持法不挠,谪居而殁,未归旧阡,茹荼调选,求为宁海尉,既克营护,祔于先兆,遂大布之衣,终身不言禄,与工部府君同日追赠卫尉少卿。"

《登科记考》卷二七《附考·明经科》录载殷元觉。

【格遵】汴州浚仪人,父辅元,明经及第,相高宗。武后时明经及第。官至赞善大夫。

《新唐书》卷一〇二《岑文本传附格辅元传》:"辅元者,汴州浚仪人……辅元擢明经,累迁殿中侍御史,历御史中丞、同凤阁鸾台平章事。既持承嗣不可,遂及诛。子遵,亦举明经第,为太常寺太祝,亡命匿中牟十余年。神龙初,诉父冤,擢累赞善大夫。"按:格遵当在武后时擢明经第。

《登科记考》卷二七《附考·明经科》录载格遵。

【高志远】字悠,渤海蓨人。武后时明经及第,授豫州参军。官终潞州司士参军。

《唐代墓志汇编》长安〇四二,长安三年(703)十月二日《大周故潞州司士参军高君(志远)志文并序》:"公讳志远,字悠,渤海蓨人也。大父敬言,唐吏部侍郎、许州刺史;父崇业,洛州司户参军。公即第三子。兄枢衣负笈,蕴道怀经,孝以心淳,忠由义立。拔篆连汇,拾芥登科,解褐豫州参军,从班例也。秩满,授潞州司士。"按:志远卒于长安二年(702)四月十四日,时年三十七,其登科当在武后时。又据志文"蕴道怀经"云云,疑为明经及第。

【高仲舒】雍州万年人。曾祖颎,隋尚书左仆射。祖表仁,唐谷州刺史。父叡,武后时明经及第,官赵州刺史。约在中宗神龙初擢明经第,官终太子右庶子。

《旧唐书》卷一八七上《忠义上·高叡传》:"高叡,雍州万年人,隋尚书左仆射颎孙也。父表仁,谷州刺史。叡少以明经累除桂州都督,寻加银青光禄大夫,转赵州刺史,封平昌县子……子仲舒,博通经史,尤明《三礼》及诂训之书。神龙中,为相王府文学,王甚敬重之。开元中,累授中书舍人,侍中宋璟、中书侍郎苏颋每询访故事焉……仲舒累迁太子右庶子卒。"

《新唐书》卷一九一《忠义上·高叡传》:"高叡,京兆万年人,隋尚书左仆射颎孙也。举明经,稍迁通义令,有治劳,人刻石载德。历赵州刺史,平昌县子……子仲舒,通故训学,擢明经,为相王府文学,王所钦器。开元初,宋璟、苏颋当秉,多咨访焉。时舍人崔琳练达政宜,璟等礼异之。常语人曰:'古事问高仲舒,时事问崔琳,何复疑?'终太子右庶子。"

【高叡】雍州万年人。祖颎,隋尚书左仆射。父表仁,唐谷州刺史。武后时明经及第。官终赵州刺史,封平昌县子。卒赠冬官尚书,谥曰节。

《旧唐书》卷一八七上《忠义上·高叡传》:"高叡,雍州万年人,隋尚书左仆射颎孙也。父表仁,谷州刺史。叡少以明经累除桂州都督,寻加银青光禄大夫,转赵州刺史,封平昌县子。"

《新唐书》卷一九一《忠义上·高叡传》:"高叡,京兆万年人,隋尚书左仆射颎孙也。举明经,稍迁通义令,有治劳,人刻石载德。历赵州刺史,平昌县子。圣历初……赠冬官尚书,谥曰节。"

《登科记考》卷二七《附考·明经科》录载高叡。

【郭瑜】字无瑕,太原人。约在武后时期明经及第,授国子监大成。官终朝请大夫守禠州都督府别驾兼昆明军副使、上柱国。

《全唐文补遗》千唐志斋新藏专辑,开元二十六年(738)十一月八日《大唐故朝请大夫守巂州都督府别驾兼昆明军副使上柱国郭府君(瑜)墓志并序》:"公讳瑜,字无瑕,太原人也……弱冠,入太学。明年,射策登科,便授国子大成……天命不佑,春秋六十七,构疾终于官舍。"按:郭瑜射策登科后,获授国子监大成,则其当为明经出身。以生卒年推之,及第时间约在武后时期。

【郭豫】冯翊人,祖茂祎,汝州司马,父崇礼,济州刺史。明经及第。官至咸阳县丞。

《全唐文》卷四二〇,常衮撰《咸阳县丞郭君墓志铭》:"公讳某,字某……克祚于曾祖骠骑将军光禄卿仁最,祖汝州司马茂祎,父济州刺史崇礼,咸以文武孝谨,传于子孙。公即济州府君之长子也……(年十二)以明经擢第,历洺州平恩县尉左金吾卫兵曹参军……开元十八年四月十八日,寝疾终于长安里第。"

(唐)林宝《元和姓纂》卷一〇《诸郡郭氏》:"光禄少卿郭仁勖,冯翊人:或云,本党氏,生茂祎。茂祎生崇礼、崇默、崇嗣。崇礼,济州刺史,生震、观、豫……豫生图。图生降。"

《登科记考》卷二七《附考·明经科》录载郭□。《登科记考补正》卷二七《附考·明经科》补名郭豫。

【崔元昕】安平人。武后时明经及第。

光绪《畿辅通志》卷三四《选举·唐·明经乡贡》:"武后时,崔元昕,安平人,吏部侍郎。"

【崔日知】字子骏,滑州灵昌人。明经及第。官终潞州大都督府长史,卒谥襄。

《旧唐书》卷九九《崔日用传》:"崔日用,滑州灵昌人,其先自博陵徙家焉……日用从父兄日知,亦有吏干。景云中为洛州司马……开元十六年,出为潞州大都督府长史。寻以年老致仕,卒,谥曰襄。"

《新唐书》卷一二一《崔日用传》:"崔日用,滑州灵昌人。擢进士第,为芮城尉……日用从父兄日知,字子骏,少孤贫,力学,以明经进至兵部员外郎。与张说同为魏元忠朔方判官,以健吏称……授荆州长史,四迁京兆尹,封安平县侯。坐赃,为御史李如璧所劾,贬歙县丞。后历殿中监,进中山郡公……终潞州长史,谥曰襄。"

《登科记考》卷二七《附考·明经科》录载崔日知。

【崔良佐】郡望博陵,贯卫州。明经及第。官至湖城主簿。

《全唐文》卷四八九,权德舆《比部郎中崔君元翰集序》:"博陵崔君元翰,东汉济北相长岑令之后也。曾祖某,济州刺史。祖某,凤阁舍人。考某,以经明历卫州汲县尉、虢州湖城县主簿,亲殁遂不复仕。探古先微言,著《尚书演范》《周易忘象》及三国春秋幽观之书,门人诸儒易其名曰贞文孝文。"

《新唐书》卷二〇三《文艺下·崔元翰传》:"崔元翰名鹏,以字行。父良佐,与齐国公日用从昆弟也。擢明经甲科,补湖城主簿,以母丧,遂不仕。治《诗》《易》《书》《春秋》,撰《演范》《忘象》《浑天》等论数十篇。隐共北白鹿山之阳。卒,门人共谥曰贞文孝父。"

《登科记考》卷二七《附考·明经科》录载崔良佐。

【麻察】河东人。由明经及第,官殿中侍御史。历大理丞、兴州别驾。

《新唐书》卷一二八《齐澣传附麻察传》："齐澣字洗心,定州义丰人……会大理丞麻察坐事,出为兴州别驾,澣往饯,因道谏语。察素奸佻,遽言状……察者,河东人,由明经第五迁殿中侍御史。"

《登科记考》卷二七《附考·明经科》录载麻察。

【虞从道】字之□,会稽余姚人。神龙年间明经高第。历官扬州六合县尉、徐州彭城县丞。官至南平郡司马赠秘书少监。

《邙洛碑志三百种》,严郢撰大历四年(769)八月《唐故南平郡司马赠秘书少监虞公(从道)墓志铭并序》："公讳从道,字之□,会稽余姚人也……神龙中兴天下,文明幽枉必申。公乃以明经高第,解巾授扬州六合县尉,秩满授徐州彭城县丞。"按:从道卒于天宝五载(746),春秋七十三。

【窦宾】扶风平陵人。明经及第。官至河南少尹。

《全唐文》卷二九二,张九龄撰《故河南少尹窦府君墓碑铭并序》："公讳某,扶风平陵人。自后魏大将军侍中永富公至烈考瀛州刺史赠刑部尚书莘国公六叶矣……(公)以明经上第,授彭州参军事……而年不克祚,位不光宠,遇暴疾而卒,悲夫!是岁有唐开元之九年,春秋五十有六。"

《登科记考》卷二七《附考·明经科》录为窦□,《登科记考补正》卷二七《附考·明经科》据岑仲勉《订补》补名。

【窦兢】字思慎。举明经。官英王府参军、尚乘直长、郏令。

《新唐书》卷一〇九《窦怀贞传》："窦怀贞字从一,左相德玄子……怀贞从子兢,字思慎,举明经,为英王府参军、尚乘直长。调郏令,修邮舍道路,设冠婚丧纪法,百姓德之。"

【褚无量】字弘度,杭州盐官人。明经及第。官至左散骑常侍,兼国子祭酒,封舒国公。卒赠礼部尚书,谥曰文。

《旧唐书》卷一〇二《褚无量传》："褚无量,字弘度,杭州盐官人也。幼孤贫,励志好学……尤精《三礼》及《史记》,举明经,累除国子博士。景龙三年,迁国子司业,兼修文馆学士……景云初,玄宗在春宫,召拜国子司业,兼皇太子侍读……玄宗即位,迁郯王傅,兼国子祭酒。寻以师傅恩迁左散骑常侍,仍兼国子祭酒,封舒国公,实封二百户……(开元八年)无量病卒,年七十五。临终遗言以丽正写书未毕为恨。上为举哀,废朝两日,赠礼部尚书,谥曰文。"

《登科记考》卷二七《附考·明经科》录载褚无量。

【裴子余】绛州稷山人,祖眘,贞观中官至鄮令,父守真,进士出身。举明经,开元时官至冀州刺史、岐王府长史。十四年卒,谥曰孝。

《旧唐书》卷一八八《孝友·裴守真传》："裴守真,绛州稷山人也……子子余,事继母以孝闻。举明经,累补鄮县尉……开元初,累迁冀州刺史,政存宽惠,人吏称之。又为岐王府长史,加银青光禄大夫。十四年卒,谥曰孝。"

《新唐书》卷一二九《裴守真传》："裴守真,绛州稷山人,后魏冀州刺史叔业六世孙。父眘,隋大业中为淮安司户参军……(守真子子余)子余事继母以孝闻,中明经,补鄮尉……开元初,累迁冀州刺史,为政惠裕,人称有恩。入为岐王府长史。卒,谥曰孝。"

《登科记考》卷二七《附考·明经科》录载裴子余。

【裴卓】绛州闻喜人,父无晦,袁州刺史。明经及第,官至岐州刺史。

《旧唐书》卷一〇〇《裴灌传附裴宽传》:"裴灌,绛州闻喜人也……灌从祖弟宽。宽父无晦,袁州刺史……兄弟八人,皆明经及第,入台省、典郡者五人。"

《新唐书》卷七一上《宰相世系表》一上,裴氏:"无晦,袁州长史。"子:"卓,岐州刺史。坦,太平令。昌,弘农太守。宽,礼部尚书。歆,侍御史、大理正。徇,河内太守。晏。京,汝州别驾。"按:无晦官袁州长史,上引《旧唐书》作袁州刺史。

《登科记考补正》卷二七《附考·明经科》增补裴卓。

【裴坦】绛州闻喜人,父无晦,袁州刺史。明经及第,官至太平令。

《旧唐书》卷一〇〇《裴灌传附裴宽传》:"裴灌,绛州闻喜人也……灌从祖弟宽。宽父无晦,袁州刺史……兄弟八人,皆明经及第,入台省、典郡者五人。"

《新唐书》卷七一上《宰相世系表》一上,裴氏:"无晦,袁州长史。"子:"卓,岐州刺史。坦,太平令。昌,弘农太守。宽,礼部尚书。歆,侍御史、大理正。徇,河内太守。晏。京,汝州别驾。"按:无晦官袁州长史,上引《旧唐书》作袁州刺史。

《登科记考补正》卷二七《附考·明经科》增补裴坦。又:唐有大和八年进士之裴坦,别是一人。

【裴昌】绛州闻喜人,父无晦,袁州刺史。明经及第,官至弘农太守。

《旧唐书》卷一〇〇《裴灌传附裴宽传》:"裴灌,绛州闻喜人也……灌从祖弟宽。宽父无晦,袁州刺史……兄弟八人,皆明经及第,入台省、典郡者五人。"

《新唐书》卷七一上《宰相世系表》一上,裴氏:"无晦,袁州长史。"子:"卓,岐州刺史。坦,太平令。昌,弘农太守。宽,礼部尚书。歆,侍御史、大理正。徇,河内太守。晏。京,汝州别驾。"按:无晦官袁州长史,上引《旧唐书》作袁州刺史。

《登科记考补正》卷二七《附考·明经科》增补裴昌。

【裴京】绛州闻喜人,父无晦,袁州刺史。明经及第,官至汝州别驾。

《旧唐书》卷一〇〇《裴灌传附裴宽传》:"裴灌,绛州闻喜人也……灌从祖弟宽。宽父无晦,袁州刺史……兄弟八人,皆明经及第,入台省、典郡者五人。"

《新唐书》卷七一上《宰相世系表》一上,裴氏:"无晦,袁州长史。"子:"卓,岐州刺史。坦,太平令。昌,弘农太守。宽,礼部尚书。歆,侍御史、大理正。徇,河内太守。晏。京,汝州别驾。"按:无晦官袁州长史,上引《旧唐书》作袁州刺史。

《登科记考补正》卷二七《附考·明经科》增补裴京。

【裴宥】河东闻喜人。明经及第。官至贝州宗城县丞。

《全唐文补遗》第六辑,开元二十八(740)正月二十二日《大唐故贝州宗城县丞裴君(宥)墓志铭并序》:"君讳宥,河东闻喜人也……年未弱冠,明经及第。"按:裴宥卒于开元二十七年(740)九月十八日,春秋五十一,其未弱冠明经及第约在睿宗年间。

【裴宽】绛州闻喜人,父无晦,袁州刺史。明经及第,大足元年(701)又举拔萃登科,官至礼部尚书。天宝十四载（755）卒，年七十五。诏赠太子少傅。

《旧唐书》卷一〇〇《裴漼传附裴宽传》："裴漼，绛州闻喜人也……漼从祖弟宽。宽父无晦，袁州刺史。宽通略，以文词进，骑射、弹棋、投壶特妙。景云中，为润州参军，刺史韦铣为按察使，引为判官，清干善于剖断，铣重其才，以女妻之。后应拔萃，举河南丞。再转为长安尉……天宝初，除陈留太守，兼采访使……三载，以安禄山为范阳节度，宽为户部尚书、兼御史大夫……累迁东海太守、襄州采访使、银青光禄大夫，转冯翊太守，入拜礼部尚书。十四载卒，年七十五。诏赠太子少傅，赙帛一百五十段、粟一百五十石。兄弟八人，皆明经及第，入台省、典郡者五人。"

《新唐书》卷七一上《宰相世系表》一上，裴氏："无晦，袁州长史。"子："卓，岐州刺史。坦，太平令。昌，弘农太守。宽，礼部尚书。歆，侍御史、大理正。恂，河内太守。晏。京，汝州别驾。"按：无晦官袁州长史，上引《旧唐书》作袁州刺史。

《登科记考》卷二七《附考·明经科》录载裴宽。

【裴珣】一作裴恂，绛州闻喜人，父无晦，袁州刺史。明经及第。代宗时官至侍御史、河东道租庸判官。

《旧唐书》卷一〇〇《裴漼传附裴宽传》："裴漼，绛州闻喜人也……漼从祖弟宽。宽父无晦，袁州刺史……兄弟八人，皆明经及第，入台省、典郡者五人。宽殁之后，弟珣为河内郡太守……代宗时，为左司郎中、兼侍御史、河东道租庸判官。"

《新唐书》卷七一上《宰相世系表》一上，裴氏："无晦，袁州长史。"子："卓，岐州刺史。坦，太平令。昌，弘农太守。宽，礼部尚书。歆，侍御史、大理正。恂，河内太守。晏。京，汝州别驾。"按：裴恂，上引《旧唐书》作裴珣。

《登科记考》卷二七《附考·明经科》录载裴珣。

【裴歆】绛州闻喜人，父无晦，袁州刺史。明经及第。官至侍御史、大理正。

《旧唐书》卷一〇〇《裴漼传附裴宽传》："裴漼，绛州闻喜人也……漼从祖弟宽。宽父无晦，袁州刺史……兄弟八人，皆明经及第，入台省、典郡者五人。"

《新唐书》卷七一上《宰相世系表》一上裴氏："无晦，袁州长史。"子："卓，岐州刺史。坦，太平令。昌，弘农太守。宽，礼部尚书。歆，侍御史、大理正。恂，河内太守。晏。京，汝州别驾。"按：无晦官袁州长史，上引《旧唐书》作袁州刺史。

《登科记考补正》卷二七《附考·明经科》增补。

【裴晏】绛州闻喜人，父无晦，袁州刺史。明经及第。

《旧唐书》卷一〇〇《裴漼传附裴宽传》："裴漼，绛州闻喜人也……漼从祖弟宽。宽父无晦，袁州刺史……兄弟八人，皆明经及第，入台省、典郡者五人。"

《新唐书》卷七一上《宰相世系表》一上，裴氏："无晦，袁州长史。"子："卓，岐州刺史。坦，太平令。昌，弘农太守。宽，礼部尚书。歆，侍御史、大理正。恂，河内太守。晏。京，汝州别驾。"按：无晦官袁州长史，上引《旧唐书》作袁州刺史。

《登科记考补正》卷二七《附考·明经科》增补。

【裴昚】河东闻喜人。进士及第，又第明经。小传见附考进士（中宗武后睿宗朝进士）

裴眘条。

《全唐文》卷四七九,许孟容撰《唐故侍中尚书右仆射赠司空文献公裴公(耀卿)神道碑铭并序》:"耀卿字子涣,河东闻喜人也……王父眘,皇朝举秀才,授许州司户。登明经高科,迁□□郎。"按:《登科记考补正》卷二七《附考·进士科》、同卷《附考·明经科》分别录载裴眘。又:唐人登进士第后,又第明经者极为鲜见,许孟容、裴眘是也。

【赫连钦若】字惟臣,河南人。约在武后时明经及第,解褐滑州参军。官终坊州刺史。

《邙洛碑志三百种》,开元十八年(730)六月十三日《皇唐故坊州刺史赫连府君(钦若)墓志铭并序》:"君讳钦若,字惟臣,本河南人……始以国子监明经,解褐滑州参军。"按:钦若卒于开元十七年(729),春秋六十七。

【潘好礼】贝州宗城人。第明经,为邠王府长史兼司马。官至豫州刺史。

《旧唐书》卷一八五下《良吏下·潘好礼传》:"潘好礼,贝州宗城人……好礼举明经,累授上蔡令,理有异绩,擢为监察御史。开元三年,累转邠王府长史。俄而邠王出为滑州刺史,以好礼兼邠王府司马,知滑州事……好礼寻迁豫州刺史……俄坐事左迁温州别驾卒。"

《新唐书》卷一二八《潘好礼传》:"潘好礼,贝州宗城人。第明经,累迁上蔡令,治在最,擢监察御史。坐小累,下除芮城令,拜侍御史,徙岐王府司马。居后母丧,诏夺服,固辞不出。开元初,为邠王府长史。王为滑州刺史,好礼兼府司马、知州事……迁豫州刺史……复以公累,徙温州别驾,卒。"

《登科记考》卷二七《附考·明经科》录载潘好礼。

嘉靖《广平府志》卷一〇《选举制》:"潘好礼,贝州人,开元中第明经,任上蔡令。"

嘉靖《威县志》卷七《人物·文政》:"(潘好礼)第明经,博学,能论议。"

光绪《畿辅通志》卷三四《选举·唐·明经乡贡》:"中宗年,潘好礼,宗城人,豫州刺史。《威县志》作咸通四年第,误。"

附考孝廉(中宗武后睿宗朝孝廉)

【王怀良】约在武后时期登孝廉科。官终栾城尉。

《全唐文补遗》第八辑,柳芳撰开元二十三年(735)十月《唐故朝议郎行郿州通义县令上轻车都尉王府君(景元)墓志铭一首并序》:"府君讳景元,字常道,太原祁人也……考怀良……登孝廉科,终栾城尉。"按:据墓志,怀良孝廉登科约在武后时期。

【王贾】太原人,移家覃怀。举孝廉,选授婺州参军。

(宋)李昉等《太平广记》卷三二《神仙三十二·王贾》引《纪闻》:"婺州参军王贾,本太原人,移家覃怀,而先人之茔,在于临汝……贾年十七,诣京举孝廉,既擢第,乃娶清河崔氏。后选授婺州参军。"

《登科记考》卷二七《附考·明经科》录载王贾。

【王琼】字朝阳,太原人。孝廉及第。

《全唐文补遗》第七辑,李方舟撰元和七年(812)十月二十四日《唐故陇州汧阳县尉太原王府君（昇）暮志铭并序》："公讳昇，字朝阳，其先太原人……曾祖讳琼，皇孝廉。祖洪简，皇兵部常选。父嘉训。"按：志主卒于元和七年（812）七月十七日，春秋七十一。

【韦虚舟】京兆万年人。父维，进士及第。举孝廉。官至刑部侍郎、大理卿。

《旧唐书》卷一〇一《韦凑传》："季弟虚舟，亦以举孝廉，自御史累至户部、司勋、左司郎中，历荆州长史，洪、魏州刺史兼采访使，多著能政。入为刑部侍郎，终大理卿。家有礼则，父子兄弟更践郎署，时称'郎官家'。"

《新唐书》卷一一八《韦凑传》："虚心字无逸，维子……弟虚舟，历洪、魏二州刺史，有治名。入为刑部侍郎。初，维为郎，莳柳于廷，及虚心兄弟居郎省，对之辄敛容。自叔谦后，至郎中者数人，世号'郎官家'。"

《登科记考》卷二七《附考·明经科》录载韦虚舟。

【韦绳】万年人。武后时孝廉及第。官终陈王傅。

《新唐书》卷一一八《韦凑传》："韦凑字彦宗，京兆万年人。祖叔谐，贞观中为库部郎中，与弟吏部郎中叔谦、兄主爵郎中季武同省，时号'三列宿'……绳，长文辞。抚养宗属孤幼无异情。举孝廉，以母老不肯仕。逾二十年，乃历长安尉，威行京师。擢监察御史，更泗、泾、鄜三州刺史。天宝初，入为秘书少监，玄宗尚文，视其职如尚书丞、郎。绳刊是图简，以善职称。终陈王傅。"

《登科记考》卷二七《附考·明经科》录载韦绳。

【卢嗣冶】字嗣冶，幽州范阳人。孝廉及第。官至灵石县令。

《全唐文补遗》第六辑，《□□州灵石县令卢府君（嗣冶）墓志铭并序》："公讳嗣冶，字嗣冶，幽州范阳人也……曾祖讳公慧，河南□□水县丞。大父讳崇业，沁州和川县丞……烈考讳全真，杭州余杭县□……公天纵□才，强学代问。一举孝廉上第，解褐汴州封丘□。"按：嗣冶卒于圣武年（756）十一月十六日，春秋六十九。

【陈岩】武阳人，字叶梦。中宗景龙末第明经。官终秦州上邽尉。

（唐）张读撰，萧逸校点《宣室志》卷八："颖州陈岩，字叶梦，武阳人，间侨东吴。景龙末，举孝廉……岩后以明经入仕，终于秦州上邽尉。"

《登科记考》卷二七《附考·明经科》录载陈岩。

附考诸科（中宗武后睿宗朝诸科）

【王丘】一作王邱，字仲山，父同晊，终太子左庶子。十一岁擢童子科，弱冠又应制举，拜奉礼郎，官至礼部尚书。天宝二年卒，赠荆州大都督，谥曰文。

《旧唐书》卷一〇〇《王丘传》："王丘，光禄卿同皎从兄子也。父同晊，左庶子。丘年十一，童子举擢第，时类皆以诵经为课，丘独以属文见擢，由是知名。弱冠，又应制举，拜奉礼郎。"

《新唐书》卷一二九《王丘传》："王丘字仲山，同皎从子也。父同晊，终太子左庶子。丘十一擢童子科，它童皆专经，而独属文，繇是知名。及冠，举制科中第，授奉礼郎。气象清古，行修絜，于词赋尤高。族人方庆及魏元忠更荐之，自偃师主簿擢监察御史。开元初，迁考功员外郎……久之,为黄门侍郎……改太子宾客,袭父封。以疾徙礼部尚书,致仕……天宝二年卒,赠荆州大都督,谥曰文。"

《登科记考》卷二七《附考·制科》、同卷《附考·诸科》分别录载王邱。按:此作"王邱",乃清人避圣人讳所改。

【李朝隐】京兆三原人。武后时以明法举,拜临汾尉。神龙年出为闻喜令。开元中官至御史大夫,充岭南采访处置使。开元二十二年(734)卒,享年七十,赠吏部尚书,谥曰贞。

《旧唐书》卷一〇〇《李朝隐传》:"李朝隐,京兆三原人也。少以明法举,拜临汾尉,累授大理丞。神龙年……出为闻喜令。寻迁侍御史,三迁长安令……(开元)二十一年,兼判广州事,仍摄御史大夫,充岭南采访处置使。明年,卒于岭外,年七十,赠吏部尚书,官给灵舆,兼家口给递还乡,谥曰贞。"

《登科记考》卷二七《附考·诸科》录载李朝隐。

【房兴昌】房逸第四子,魏郡清河人。约则天时明法及第。

《唐代墓志汇编》圣历〇二〇,圣历二年(699)二月十七日《大周故贝州清河县尉柱国房府君(逸)墓志铭并序》:"君讳逸,字文杰,魏郡清河人也……季子乡贡明法及第兴昌等,因心遂远,毁骨庭闱。"按:据志文,兴昌明法及第当在则天时。

【崔光嗣】字光嗣,博陵安平人,祖知德,朝散大夫、果州刺史,父景运,泉州龙溪令。武后时以明三教举高第入仕。官至扬州扬子县令。

《唐代墓志汇编》开元三五八,开元二十年(732)十一月二十一日《故大唐故扬州扬子县令崔府君(光嗣)墓志铭并序》:"君讳光嗣,字光嗣,博陵安平人也。曾祖彭,隋银青光禄大夫、利州刺史;祖知德,皇朝朝散大夫、果州刺史;父景运,皇朝泉州龙溪令……(君)解褐以明三教举高第,授左率府兵曹参军。秩满,选补河青主簿,寻转龚县丞,又迁扬子令……春秋七十有一,大唐开元廿年六月十六日,卒于官舍。"按:据志文,光嗣明三教举高第,当在武后时。

【傅思谏】望出北地泥阳,籍美原县。圣历元年(698)九月之前童子科及第。

《唐代墓志汇编》圣历〇〇三,圣历元年(698)九月二十八日《大周故傅君(思谏)墓志铭并序》:"君讳思谏,字庭芝,北地泥阳人也。因官徙地,而为美原县人焉……祖爽,唐右武卫仓曹,应武举,制授游击将军长上果毅。父节,忠武将军,见任左卫翊一府郎将……君以地望崇绝,天资秀伟,选众而举,擢为清庙台斋郎,旋属玉册披祥,金绳展采,奉郊坛之盛事,陪望秩之大仪,而天造曲成,矜其荐馔之美;上玄垂渥,擢以观光之选。虽年齐英妙,早标童子之名;而赋擅成都,未被将军之用……以圣历元年九月十七日卒于通远坊私第,春秋一十有八。"按:据志文,思谏当童子科及第。

附考制科（中宗武后睿宗朝制科）

【王丘】一作王邱,字仲山。父同晊,终太子左庶子。十一擢童子科。弱冠,又应制举。拜奉礼郎,官至礼部尚书。天宝二年卒,赠荆州大都督,谥曰文。

《旧唐书》卷一〇〇《王丘传》:"王丘,光禄卿同皎从兄子也。父同晊,左庶子。丘年十一,童子举擢第,时类皆以诵经为课,丘独以属文见擢,由是知名。弱冠,又应制举,拜奉礼郎。丘神气清古,而志行修洁,尤善词赋,族人左庶子方庆及御史大夫魏元忠皆称荐之。长安中,自偃师主簿擢第,拜监察御史。开元初,累迁考功员外郎……再转吏部侍郎。典选累年,甚称平允,擢用山阴尉孙逖、桃林尉张镜微、湖城尉张晋明、进士王泠然,皆称一时之秀。俄换尚书左丞。十一年,拜黄门侍郎……二十一年,侍中裴光庭病卒,中书令萧嵩与丘有旧,将荐丘知政事,丘知而固辞,且盛推尚书右丞韩休,嵩因而奏之。及休作相,遂荐丘代崔琳为御史大夫。丘既讷于言词,敷奏多不称旨。俄转太子宾客,袭父爵宿预男,寻以疾拜礼部尚书,仍听致仕……天宝二年卒,赠荆州大都督。”

《新唐书》卷一二九《王丘传》:“王丘字仲山,同晈从子也。父同晊,终太子左庶子。丘十一擢童子科,它童皆专经,而独属文,繇是知名。及冠,举制科中第,授奉礼郎。气象清古,行修絜,于词赋尤高。族人方庆及魏元忠更荐之,自偃师主簿擢监察御史……天宝二年卒,赠荆州大都督,谥曰文。”

《登科记考》卷二七《附考·制科》、同卷《附考·诸科》分别录载王邱。

【王珣】天授初进士及第,应制科。小传见天授元年进士科王珣条。

《新唐书》卷一一一《王方翼传》:“王方翼字仲翔,并州祁人……子珣,字伯玉,与兄屿、弟瑨以文学称,时号‘三王’。天授初,珣及进士第,应制科,迁蓝田尉。”

《登科记考》卷三载初元年(天授元年,689)进士科、卷二七《附考·制科》分别录载王珣。

嘉靖《许州志》卷五《官纪·宦绩》:“(王珣)天授初及进士,应制科,迁蓝田尉。”

【王修福】字修福,其先太原人,因官迁晋,曾祖暹,隋潞州司马,祖忻,唐郑州别驾,父朗,明经及第。制举及第。官至岳领军副使。

《唐代墓志汇编》开元一三一:“君讳修福,字修福,其先太原人也,因官今为晋人矣……曾祖暹,隋潞州司马……祖忻,唐郑州别驾……父朗,明经擢第……(君)暨乎成立之年,有敏捷之致,乃学骑射,妙绝时人。宿卫满,授庆州永业府右果毅。五校斯临,六韬攸寄。应举及第,转岐州洛邑府左果毅。先天元年,御史大夫李杰奏称清谨过人,授本府折冲……勑与绯及鱼袋,定州岳领军副使。”按:据志文,志主应举及第转岐州洛邑府左果毅,时间在先天元年(712)之前,则其制举及第当在中宗至睿宗时。

【王晋俗】太原祁人。则天时,贤良对策及第,授益州蜀县尉,转大理评事。

《唐代墓志汇编》开元三五○,雍惟良撰开元二十年(732)九月二日《唐故朝散郎行潞州长子县尉太原王公(怡)墓志铭并序》:“公讳怡,字友睦,太原人也。其先出自有周,曾祖绘,隋朝散大夫,北浍州别驾;祖琰,唐青州北海县令。烈考晋俗,以贤良对策,价重一时,授益州蜀县尉,转大理评事。”按:其子卒开元二十年(732),三十六岁,则晋俗对策及第当在则天时。

《唐代墓志汇编》大历○二四,崔儒撰大历六年(771)五月十日《唐故大理评事王府君(晋俗)墓志铭并序》:“在天后时,对策高第,授城都尉……公讳晋俗,太原祁人,隋韩州刺史绘之孙,故蓝田县令琰之子。"按:两志关于晋俗制举及第后授官记载不一,今从前志。

【王望之】字光旦,太原晋阳人。武后年间制举及第,官相州邺县尉。

《唐代墓志汇编》圣历〇一八,奉礼郎张氏撰圣历二年(699)二月十二日《大周故相州邺县尉王君(望之)墓志铭并序》(参见《千唐志斋藏志》四五九):"君讳望之,字光旦,太原晋阳人也……大周光膺旦暮,尚想唐虞,求舜阙之昌言,徵汉庭之大对,爰降明制,大举五□。君由是被朝散大夫司农寺主簿李昭先举忠孝,景行对策,考盤□则,哀里登科,当三道而茂陈,顾九德而咸事……可相州邺县尉。"按:望之卒于圣历元年(698)三月廿二日,春秋二十九,则其制举及第时在武后年间。

【王裕】字士宽,并郡太原人。天授前制科及第,授魏州录事。

《唐代墓志汇编》天授〇一六,天授二年(691)四月八日《大周故前魏州录事参军王公(裕)之铭》:"君讳裕,字士宽,并郡太原人也……射策兰台,甲科高第,特授魏州录事。"

《登科记考补正》卷二七《附考·进士科》录载王裕,证据不足。

【韦琼之】京兆杜陵人。咸亨四年(673)进士及第,长寿年制举及第。官至中大夫行考功郎中。

《全唐文补遗》千唐志斋新藏专辑,神龙三年(707)九月七日《唐故中大夫行考功郎中临都县开国男上柱国韦君(琼之)墓志铭并序》:"君讳琼之,字□□,京兆杜陵人也……咸亨年,年十九若干,从国子生举进士,对册高第。调露年,授绛州夏县尉。垂拱年,授左骁卫仓曹参军事……长寿年,应荐升第,除通事舍人,寻加朝散大夫。"按:以神龙三年(707)卒,享年五十三推之,琼之十九岁时在咸亨四年(673)。

【冯万石】九科登第。

(宋)乐史《广卓异记》卷一九《九登科选》:"右按《登科记》:冯万石,圣历元年进士及第,大足元年嫉恶科,神龙二年才高位下科,景云三年怀能抱器科,开元二年重考及第,六年超群拔类科,十三年考判入等,十六年又判入等,二十六年文词雅丽科,凡九度登科选。"

(宋)王溥《唐会要》卷七六《贡举中·制科举》:"大足元年,理选使孟诜试拔萃科,崔翘、郑少微及第。疾恶科,冯万石及第。"

(宋)王钦若等《册府元龟》卷六四五《贡举部(七)·科目》:"大足元年,理选使孟诜试拔萃科(崔翘、郑少微及第),疾恶科(冯万石及第)。"

(宋)王应麟《玉海》卷一一五《选举·唐制科》:"疾恶科冯万石。""才高位下冯万石。"

【冯宏之】字宏之,长乐人。天授中应五臣举高第,神龙元年又应贤良方正科及第。官至定州北平县尉。

《秦晋豫新出墓志蒐佚》四六二,开元二十六年(738)五月二十九日《唐故定州北平县尉长乐冯君墓志铭并序》:"君讳宏之,字宏之,长乐人也……天授中,应五臣举高第,拜洺州清漳县主簿,秩满,调补定州北平县尉。神龙元年又以贤良方正,徵至卫州新乡界。"

【齐浣】定州义丰人。唐武后时登进士第。又中制科。

《唐代墓志汇编》天宝一三六,贺兰彻撰天宝七载(748)十一月三十日《唐故广平郡太守恒王府长史上谷寇府君(洋)墓志铭并序》:"公讳洋,字若水,上谷昌平人……弱冠应材称栋梁举,策居第二;又试拔萃出类科,与邵升、齐瀚同时超等,授魏州昌乐尉,换洛州兴泰尉。"按:墓志所云齐瀚,亦即齐浣。

光绪《畿辅通志》卷三四《选举·唐·进士》:"武后时,齐浣,定州义丰人,圣历年第,蒲州司法参军。"

【何寀】垂拱四年(688)明经及第,调选补简州平泉、邛州临邛二簿。应制举,授绛州夏尉。小传见垂拱四年明经科何寀条。

《唐代墓志汇编》开元四六七,裴洗撰开元二十六年(738)四月十一日《唐故河南府兵曹何府君(寀)墓志铭并序》:"公讳寀,蜀郡人也……曾祖璟,隋巴州司马;祖净,皇太子司马;父福,明经常选……(公)年弱冠,宿卫通经高第,调选补简州平泉、邛州临邛二簿。应制举,授绛州夏尉。"按:以开元二十六年(738)卒,春秋七十推之,何寀弱冠年在垂拱四年。

【杜文范】襄阳人。制举擢第,拜监察御史。官至西台舍人。

(宋)李昉等《太平广记》卷二五四《嘲诮二·杜文范》引《御史台记》:"唐杜文范,襄阳人也。自长安尉应举,擢第,拜监察御史,选殿中,授刑部员外,以承务郎特授西台舍人。"

《登科记考》卷二七《附考·制科》录载杜文范。

【李乂】武后时第进士,茂才异等。小传见永隆二年进士科李乂科。

《全唐文》卷二五八,苏颋撰《唐紫微侍郎赠黄门监李乂神道碑》:"公讳乂,字尚真,赵房子人也……十九郡举茂才策第。"

《新唐书》卷一一九《李乂传》:"李乂字尚真,赵州房子人……第进士,茂才异等,累调万年县尉。"

(宋)王应麟《玉海》卷一一五《选举·唐制举》:"李乂茂才异等。"

《登科记考》卷二永隆二年(681)进士科录载李乂。

【李经】字经,上党人。廿三岁,科举及第,授怀州翊善府别将。

《唐代墓志汇编》天宝一五三,天宝九载(750)二月一日《唐故陇西李公(经)墓志铭》:"公讳经,字经,其先陇西人也。隋朝徙居上党,遂为上党人焉。公季子希玉,任幽州英乐府折冲,转居范阳,今为范阳人也。高祖讳霸,游击将军、右武卫将军、右羽林长上、检校安西副都护、营田使,赏紫金鱼袋;祖讳仁,游击将军右骑卫泽州高平府折冲都尉,赏紫金鱼袋。公操凛言温,长材伟度,文华冠世,武艺绝伦。年廿三,宾荐擢第,便授怀州翊善府别将、游击将军、赏绯鱼袋。"按:李经卒于神龙元年(705),其宾荐擢第,当为制举出身。

《登科记考补正》卷二七《附考·武举》录载李经,误。

【李冲】祖籍赵郡,后居临清县。应八科,授岐山录事参军,改任并州太原县令。

《唐代墓志汇编》永昌〇〇五,永昌元年(689)五月十日《□□□朝议郎行并州大都督府太原县令李君(冲)墓志铭并序》:"君讳冲,赵郡人也,今家临清县焉。左相刘仁轨……

恒推穀仁荐。属有诏行焉,方振九皋之间,爰应八科之首,对策高第,令授岐州录事参军,改任并州太原县令。"按:《旧唐书·职官二》光宅元年改尚书左仆射为左相。李氏应八科当在垂拱中。

【李霞光】赵郡人。太极中,科举及第。官至太子舍人。

《唐代墓志汇编》天宝〇九九,《大唐故太子舍人李府君墓志铭并序》:"太极岁,上在青宫,大搜髦士。公以贤良应召,对策甲科。"

【杨茂谦】清河人。制举及第,拜左拾遗。迁临洺令,官终广州都督。

《旧唐书》卷一八五下《良吏下·杨茂谦传》:"杨茂谦者,清河人。窦怀贞初为清河令,甚重之。起家应制举,拜左拾遗,出为临洺令。时洺州称茂谦与清漳令冯元淑、肥乡令韦景骏,皆有政理之声。茂谦以清白闻,擢为秘书郎。时窦怀贞为相,数称荐之,由是历迁大理正、御史中丞。开元初,出为魏州刺史、河北道按察使,与司马张怀玉本同乡曲,初善而末隙,遂相纠讦,坐贬桂州都督。寻转广州都督,以疾卒。"

《登科记考》卷二七《附考·制科》条录载杨茂谦。

【杨悟虚】同州冯翊人。应贤良制科及第。位终朔州司马。

《旧唐书》卷一七七《杨收传》:"杨收字藏之,同州冯翊人。自言隋越公素之后。高祖悟虚,应贤良制科及第,位终朔州司马。曾祖幼烈,位终宁州司马。祖藏器,邠州三水丞。父遗直,位终濠州录事参军。家世为儒,遗直客于苏州,讲学为事,因家于吴。遗直生四子:发、假、收、严。"

《登科记考》卷二七《附考·制科》条录载杨悟虚。

【宋祯】字麟福,广平人,祖公弼,渠蔚二州刺史,父大师,密县令。武后时制举及第。官至延州刺史。

《全唐文补遗》第四辑,神龙二年(706)十二月二日《大唐故正议大夫使持节延州诸军事延州刺史上柱国宋府君(祯)墓志铭并序》:"君讳祯,字麟福,广平人也……曾祖虔,隋莱州司功参军。祖公弼,皇朝蒲州长史,渠蔚二州刺史。父大师,洛州司法参军事、密县令……(君)垂拱二年,授游击将军、幽州昌平府左果毅都尉,又加宁远将军,除忻州秀容府折冲都尉。守边得李牧之略,保塞用严允之要。寻制举高第,改授朝议大夫、涪州刺史……圣历二年,授庆州刺史,长安三年又加正议大夫,除延州刺史。"

【张□□】张大忠弟。武后时应制举。

《登科记考》卷二七《附考·制科》录载张□□。考云:"敦煌李君莫高窟佛龛碑造于圣历元年,题张大忠书,弟应制举。"按:大忠弟应制举当在武后时。

【张择】吴郡人,字无择。武后朝明经出身,制举精通经史科登第。官至和州刺史。

《全唐文》卷六七八,白居易撰《唐故通议大夫和州刺史吴郡张公(择)神道碑铭并序》:"台州临海令讳鸥,即公之大父也。袁州司马讳孝绩,即公皇考也……公讳择,字无择……既冠好学,能属文,从乡试登明经第,应制举中精通经史科。补宏文馆校书郎,调左金吾录事,换杭州录事参军……移深州司马,转虢州长史。时上方思理,诏求二千石之良者,时宰以公塞诏,擢拜和州刺史……天宝十三载正月二十一日,终于东都利仁里私第,其年二月十二日,葬于河南府伊阙县中李原,享年八十三。"按:据志文,张择及第当在武后时。

《登科记考》卷二七《附考·明经科》、同卷《附考·制科》分别录载张择。

【张仁愿】华州下邽人也,本名仁亶,以音类睿宗讳改。景龙二年(708)拜左卫大将军,同中书门下三品入相,开元三年(715)卒,赠太子少傅。

《旧唐书》卷九三《张仁愿传》:"张仁愿,华州下邽人也。本名仁亶,以音类睿宗讳改焉。少有文武才干,累迁殿中侍御史……景龙二年,拜左卫大将军、同中书门下三品,累封韩国公……睿宗即位,以老致仕,特全给俸禄,又拜兵部尚书,加光禄大夫,依旧致仕。开元二年卒,赠太子少傅。"

《登科记考补正》卷二七《附考·武举》录载张仁愿,误。唐代武举设立于武后长安二年(702),而张仁愿早在万岁通天二年(697)前后已经任职从七品下的殿中侍御史、从六品下的侍御史、从三品的并州大都督府长史。如果张仁愿参加武举创立初期的考试,他的身份应该是三品高官,武举本为初级武官或白身之人提供一个进身之阶,让一个官居三品的人再去报考武科,然后获得一个八九品的初级武官职位,于情理难以讲通。再则,张仁愿在神龙二年(706)官左屯卫大将军,兼检校洛州长史;景龙二年(708)拜左卫大将军,同中书门下三品入相,开元二年卒。即使张仁愿在长安二年(702)武举设置之初参加考试,在短短的三五年期间也绝无可能官拜左卫大将军,同中书门下三品入相。

四库本《陕西通志》卷三三《选举四·武科·唐》:"张仁愿,渭南人,武举。"

【张思鼎】举茂才,迁宋州宋城县尉。小传见神龙三年进士科张思鼎条。

《唐代墓志汇编》天宝○四三,天宝三载(744)闰二月八日《大唐故朝散大夫使持节唐州诸军事守唐州刺史张公(思鼎)墓志铭并序》:"君讳思鼎,字□□,河东桑泉人也……神龙年,郡辟秀才,擢第调补潞州铜鞮县尉……举茂才,寻迁宋州宋城县尉。"

【张廷珪】河南济源人,祖先自常州迁来。弱冠应制举。长安中,累迁监察御史。官至太子詹事,封范阳县男,谥曰贞穆。

《旧唐书》卷一○一《张廷珪传》:"张廷珪,河南济源人,其先自常州徙焉。庭珪少以文学知名,性慷慨,有志尚。弱冠应制举。长安中,累迁监察御史……景龙末,为中书舍人,再转洪州都督,仍为江南西道按察使。开元初,入为礼部侍郎……出为沔州刺史,又历苏、宋、魏三州刺史。入为少府监,加金紫光禄大夫,封范阳男。四迁太子詹事,以老疾致仕。二十二年卒,年七十余,赠工部尚书,谥曰贞穆。"

《新唐书》卷一一八《张廷珪传》:"张廷珪,河南济源人。慷慨有志尚。第进士,补白水尉。举制科异等。累迁监察御史,按劾平直……入为少府监,封范阳县男。以太子詹事致仕。卒,赠工部尚书,谥贞穆。"

【陆余庆】苏州吴县人,元方从叔,璪父。进士及第,举制策甲科。官至太子詹事。

《旧唐书》卷八八《陆元方传》:"陆元方,苏州吴县人。世为著姓……元方从叔余庆,陈右军将军珦孙也。少与知名之士陈子昂、宋之问、卢藏用、道士司马承祯、道人法成等交游,虽才学不逮子昂等,而风流强辩过之。累迁中书舍人。则天尝引入草诏,余庆惶惑,至晚竟不能措一辞,责授左司郎中。累除大理卿、散骑常侍、太子詹事。以老疾致仕,寻卒。"

(宋)李昉等《太平广记》卷三二八《鬼十三·陆余庆》引《御史台记》:"陆余庆,吴郡人,进士擢第。累授长城尉,拜员外监察。久视中,迁凤阁舍人,历陕州刺史、洛州长史、大理寺少府监。主睿宗辒车不精,出授沂州刺史。"按:两《唐书》未载余庆及进士第一事,所述任职亦多有不一,录此俟考。

《新唐书》卷一一六《陆元方传》:"陆元方字希仲,苏州吴人……元方从父余庆。余庆,陈右卫将军珦孙,方雅有祖风……举制策甲科,补萧尉。累迁阳城尉。武后封嵩山,以办具劳,擢监察御史。圣历初,灵、胜二州党项诱北胡寇边,诏余庆招慰,喻以恩信,蕃酋率众内附。迁殿中侍御史、凤阁舍人。后尝命草诏殿上,恐惧不能得一词,降左司郎中。久之,封广平郡公、太子右庶子。余庆于寒品晚进,必悉力荐藉。人有过,辄面折,退无一言。开元初,为河南、河北宣抚使,荐富春孙逖、京兆韦述、吴兴蒋冽、河南达奚珣,后皆为知名士。迁大理卿。终太子詹事,谥曰庄。子璪,字仲采。举明经,补长安尉,以清干称。"

《登科记考》卷二七《附考·进士科》、同卷《附考·制科》分别录载陆余庆。

【陆象先】本名景初,苏州吴县人。应制举,拜扬州参军。睿宗景云二年,同中书门下平章事,监修国史。开元十三年授同州刺史,寻迁太子少保。二十四年卒,年七十二,赠尚书左丞相,谥曰文贞。

《旧唐书》卷八八《陆元方传》:"陆元方,苏州吴县人。世为著姓……子象先。象先,本名景初。少有器量,应制举,拜扬州参军。秩满调选,时吉顼为吏部侍郎,擢授洛阳尉,元方时亦为吏部,固辞不敢当……前左台监察御史,转殿中,历授中书侍郎。景云二年冬,同中书门下平章事,监修国史……(开元)十三年,起复为同州刺史,寻迁太子少保。二十四年卒,年七十二,赠尚书左丞相,谥曰文贞。"

《登科记考》卷二七《附考·制科》录载陆象先。

【苗延嗣】洛阳人。武后时制举及第。官至中书舍人。

《全唐文》卷五六六,韩愈撰《太原府参军苗君墓志铭》:"君讳蕃,字陈师。其先楚之族大夫,亡晋而邑于苗,世遂以苗命氏。其后有守上党者,惠于民,卒遂家壶关。曾大父延嗣,中书舍人;大父含液,举进士第。官卒河南法曹;父颖,扬州录事参军。君少丧父,受业母夫人,举进士第。"按:《五百家注释韩昌黎全集》卷二五《唐故太原府参军苗君墓志铭》云韩注:"贞元十一年登进士第。"

《唐代墓志汇编》大中〇九三,苗恪撰大中九年(855)闰四月二十五日《唐故朝议郎守殿中少监兼通事舍人知馆事上柱国赐紫金鱼袋苗公(弘本)墓志铭》:"公讳弘本,字天赐……曾大父延嗣,登制举科,官至中书舍人、桂管采访使。"按:延嗣见两《唐书·张嘉贞传》,其制举当在武后时。

【郑绩】荥阳开封人,祖玄珪,隋左千牛,父大力,唐衡州攸县令。天后时应诏举贤良,授越州永兴主簿。官至尚书比部郎中。著有《新文类聚》一百五十卷等,皆宪章遂古,贻范后昆。

《全唐文补遗》第一辑,贺知章撰开元十五年(727)十一月二十二日《大唐故中散大夫尚书比部郎中郑公(绩)墓志铭并序》:"公讳绩,字其凝,荥阳开封人……洎王大父德政,隋工部侍郎。王父玄珪,隋左千牛。严考大力,唐衡州攸县令……属圣后诏郡国举贤良,公对策天朝,海内莫比,授越州永兴主簿。"按:据志文,郑绩有《新文类聚》一百五十卷等多部著作,皆宪章遂古,贻范后昆。

【郑愔】举贤良,擢授左补阙。官至吏部尚书。小传见附录:及第时间无考者附考进士科郑愔条。

(宋)乐史《太平寰宇记》卷九《河南道·郑州·人物》:"郑愔,荥阳人。年十七,进士及第。中宗朝弘文馆学士。"

(宋)王钦若等《册府元龟》卷六五〇《贡举部(十二)·应举》:"郑愔,常以言行闻,转桃林丞。又举贤良,玄宗时在春宫,亲问国政,愔对策第一,擢授左补阙。寻判主爵员外郎。"

(宋)计有功《唐诗纪事》卷一一《郑愔传》:"愔,字文靖,年十七,进士擢第。神龙中为中书舍人。"

《登科记考补正》卷二七《附考·进士科》、同卷《附考·制科》分别录载郑愔。

光绪《畿辅通志》卷三四《选举·唐·进士》:"武后时,郑愔,沧州人,年十七成进士,吏部尚书。"

【郑惟忠】宋州宋城人。仪凤中第进士,授井陉尉。转汤阴尉,天授中制科及第,授左司御率府胄曹参军。开元初官礼部尚书,转太子宾客。卒赠太子少保。

《旧唐书》卷一〇〇《郑惟忠传》:"郑惟忠,宋州宋城人也。仪凤中,进士举,授井陉尉,转汤阴尉。天授中,应举召见,则天临轩问诸举人:'何者为忠?'诸人对不称旨。惟忠对曰:'臣闻忠者,外扬君之美,内匡君之恶。'则天曰:'善。'授左司御率府胄曹参军,累迁水部员外郎。则天幸长安,惟忠待制引见,则天谓曰:'朕识卿,前于东都言"忠臣外扬君之美,内匡君之恶",至今不忘。'寻加朝散大夫,再迁凤阁舍人。中宗即位,甚敬重之,擢拜黄门侍郎……无何,守大理卿……加银青光禄大夫,封荥阳县男。开元初,为礼部尚书,转太子宾客。十年卒,赠太子少保。"。

(宋)王钦若等《册府元龟》卷八三四《总录部(八十四)·词辩第二》:"郑惟忠,天授中应举召见。则天临轩,问诸举人:'何者为忠?'诸人对不称旨。惟忠对曰:'忠者,外扬君之美,内隐君之恶。'则天曰:'善。'及为水部员外郎,则天幸长安,惟忠待制未见,则天谓之曰:'朕识卿久矣。前于东部,言忠臣外扬君之美,内隐君之恶,至今不忘。'"按:文中"东部",宋本作"东都"。

《新唐书》卷一二八《郑惟忠传》:"郑惟忠,宋州宋城人。第进士,补井陉尉。天授中,以制举召见廷中,武后问举者,何所事为忠,对皆不合旨,惟忠曰:'外扬君之美,内正君之恶。'后曰：'善。'擢左司御胄曹参军事,迁水部员外郎。"

《登科记考》卷二七《附考·进士科》、卷二七《附考·制科》分别录载郑惟忠。

嘉靖《归德志》卷七《人物志·宦业》："(郑惟忠)第进士,天授中以制举召见廷中,武后问举者何所事……武后曰：'善。'擢黄门侍郎。"

【郑扬】字流谦,荥阳人,祖湛,唐邢州刺史,父知道,中大夫义清县令。弱冠宿卫出身,武后时拔萃举及第。官至济州司户参军。

《唐代墓志汇编》开元四八四,蒋溢撰开元二十七年(739)正月二十八日《大唐故济州司户参军郑府君(扬)墓志铭并述》："公讳扬,字流谦,荥阳人也……弱冠宿卫出身,拔萃举及第。初乃忠诚抗节,侍卫轩墀;终以词藻显名,发挥簪绂。解褐楚州司户,调迁济州司户参军。"按:据志载,郑氏高祖护,周中书令;曾祖伟,隋蓬州刺史;祖湛,唐邢州刺史;父知道,中大夫义清县令。郑氏卒于开元二十六年(738)十二月廿八日,春秋七十,则其拔萃及第在武后时。

【赵潔】字思贞,天水人。约则天时制科及第。小传见垂拱三年制科赵潔条。

《唐代墓志汇编》开元一八九,开元十二年(724)二月一日《大唐故绵州刺史赵府君(潔)墓志文并序》："公讳潔,字思贞,天水人也……后制举英雄盖伐,词令抑扬,公第以甲,授左领军卫司戈。"

【俞仁玩】字崇简。圣历初制举及第。官至东阳郡司马。

《河洛墓刻拾零》,徐隐泰撰天宝四载(745)十月十三日《大唐故东阳郡司马俞公(仁玩)墓志铭并序》："公讳仁玩,字崇简,圣历之初,乡赋上省,贵为造士,岂以甲科铨衡,以说释发明,道义通洽,解巾拜国子直讲……公初擢秀甲科,擅场一登,师位五拜。"按:据墓志,仁玩于圣历之初乡赋上省,擢秀甲科,当为制举及第。

【姚处贤】显庆二年(657)明经擢第。则天时又举制科。小传见显庆二年明经科姚处贤条。

《唐代墓志汇编》长安〇七一,长安四年(704)十一月二十八日《大周故濮州司法参军姚府君(处贤)墓志铭并序》："君讳处贤,宅彦累叶,河东人也……祖宝,谷州渑池令;父能,肃州酒泉令……(公)弱冠以明经擢第,解褐坊州博士……晚年,尤工易象庄老书艺,有制徵诣洛京,历试高第。"按:以长安四年(704)卒,春秋六十七推之,其弱冠在显庆二年(657)。

【袁仁爽】字良辅,陈郡汝南人。武后时两应制举。官至陕郡忠孝府折冲都尉,充幽州经略军副使。

《唐代墓志汇编》天宝〇二〇,天宝元年(742)十二月一日《唐故前游击将军陕郡忠孝府折冲袁府君(仁爽)墓志铭并序》："君讳仁爽,字良辅,陈郡汝南人也……应制天阙,阅武王庭,擢为上第,拜左羽卫长上,转迁宁州麟宝府右果毅。又应举,再登甲科,拜雍州辅德府右果毅。秩满,迁京兆府周城府左果毅,又拜陕郡忠孝府折冲都尉,仍充幽州经略军副使。"按:仁爽卒于天宝元年(742),享年八十一,则其首应制举当在武后时。

【袁仁敬】字道周,陈郡阳夏人。天授年间从国子进士应养志丘园科举对策高第,神功元年(697)绝伦科及第。历官相州汤阴县尉,转尉氏福昌尉。官终大理卿、上柱国。

《洛阳新获七朝墓志》开元二十一年(733)十月二十七日《大唐故大理卿上柱国袁府君墓志铭并序》:"公讳仁敬,字道周,陈郡阳夏人也……天授年,从国子进士应养志丘园科举对策高第,解褐勅授相州汤阴县尉,转尉氏福昌尉。"

(宋)王溥《唐会要》卷七六《贡举中·制科举》:"神功元年九月,绝伦科,苏颋、崔元童、袁仁敬、何凤、孟兼礼、洪子舆、卢从愿、赵不欺及第。"

(宋)王钦若等《册府元龟》(校订本)卷六四五《贡举部(七)·科目》:"神功元年九月,绝伦科。(苏颋、崔元童、袁仁敬、何凤、孟兼礼、洪子舆、卢从愿、赵不欺及第。)"

【徐安贞】始名楚璧。神龙二年(706)第进士,三应制举登甲科。小传见神龙二年进士科徐安贞条。

《旧唐书》卷一九〇中《文苑中·席豫传附徐安贞传》:"徐安贞者,信安龙丘人。尤善五言诗,尝应制举,一岁三擢甲科,士人称之。开元中为中书舍人、集贤院学士。上每属文及作手诏,多命安贞视草。甚承恩顾。累迁中书侍郎。天宝初卒。"

(宋)计有功《唐诗纪事》卷二五《徐安贞》:"安贞,始名楚璧。应制举,三登甲科。开元中中书舍人、集贤学士。帝属文,多令视草,终中书侍郎。"

《登科记考》卷二七《附考·制科》录载徐安贞。《登科记考补正》卷四进士科据《金华府志》等地方志资料增补徐安贞为神龙二年进士。

弘治《衢州府志》卷九《事功》:"(徐安贞)尝应制科……俱及第。"

【郭思训】字逸,原籍太原平阳,后迁居洛阳。初任建德县主簿,应吏职清白举及第,转沧州乐陵县丞。神龙二年(706)孝悌廉让科及第,授大理司直。

《唐代墓志汇编》景云〇二五,景云二年(711)十二月十五日《唐故孝子朝议郎行大理司直上柱国郭府君(思训)墓志铭并序》:"公讳思训字逸,太原平阳人也……曾祖兴,周上党郡守、平东将军……祖则,隋淮陵郡守、度支郎、银青光禄大夫……父敬同,徙居洛阳,今为洛阳人也。幽素举及第,以孝不仕……(公)袭门绪,解褐睦州建德县主簿,应吏职清白举及第,转沧州乐陵县丞……应孝悌廉让举及第,敕授大理司直。"按:思训神龙二年(706)孝悌廉让科及第,则其之前应吏职清白举及第,当在武后时。

《登科记考》卷四神龙二年制举孝悌廉让科录载郭思训。《登科记考补正》卷二七《附考·制科》增补郭思训。

【郭承亨】字涣,太原榆次人。制举贤良,授兖州金乡主簿,又制举奇才,授邢州栢仁县丞。

《唐代墓志汇编》开元一五三,乡贡进士孙沈尤撰开元十年(722)八月三日《大唐故宣义郎行邢州栢仁县丞太原郭君(承亨)墓志铭并序》:"君讳承亨,字涣,太原榆次人也……制举贤良,授兖州金乡主簿。又制举奇才,授邢州栢仁县丞。"按:承亨卒于开元十年(722),享年六十七,其制举时间约在武后至玄宗初年。

【阎朝隐】字友倩,赵州栾城人。唐武后时登进士第,又举孝悌廉让科。先天中,为秘书少监。

《新唐书》卷二〇二《文艺中·阎朝隐传》:"阎朝隐字友倩,赵州栾城人,少与兄镜几、仙舟皆著名。连中进士、孝悌廉让科,补阳武尉。中宗为太子,朝隐以舍人幸。性滑稽,属辞奇诡,为武后所赏。累迁给事中、仗内供奉……累迁著作郎。先天中,为秘书少监,坐事贬通州别驾,卒。"

《登科记考》卷二七《附考·进士科》、同卷《附考·制科》分别录载阎朝隐。

光绪《畿辅通志》卷三四《选举·唐·进士》:"武后时,阎朝隐,朝几弟。"

【敬守德】则天时制科抚字举及第。小传见天授三年进士科敬守德条。

《唐代墓志汇编》开元五〇七,开元二十八年(740)二月十五日《唐故朝请大夫行晋州洪洞县令敬公(守德)墓志铭并序》:"公讳守德,其先平阳人也……其后因官南徙,今为河东人矣。曾祖坦,隋河间郡丞;祖志文,皇冀州枣强县令;父玄奭,皇茂州石泉县令。公石泉府君之子也。弱冠以进士出身应抚字举及第,授宁州罗川县尉。开元初,献书直谏,敕授幽州新平县主簿。应强干有闻科第二等,同清白第三等,授河南府阳翟县尉,授绛州万泉县令,加朝散大夫转晋州洪洞县令。"按:以开元二十八年(740)正月十二日卒,时年六十八推之,守德弱冠岁在天授三年。

【路隐】名未详,字隐,阳平人。永淳二年(683)后应制举。官至朝散郎行永州零陵令。

《唐代墓志汇编》开元〇一四,开元三年(715)二月二十日《大唐阳平郡路府君(隐)并夫人陈氏墓志铭》:"公讳□字隐,阳平人……以永淳二年通直郎行连州司仓参军。任逾未几,高声远振,雅誉遐通,应举,迁朝散郎行永州零陵令。"按:路氏卒于神龙二年(706),寿登七十,则其永淳二年(683)后应制举,已年近五十。

【樊庭观】圣历元年(698)明经及第。后又应制举及第。小传见圣历元年明经科樊庭观条。

《唐代墓志汇编》开元一九六,《故京兆府宣化府折冲摄右卫郎将横野军副使樊公(庭观)墓志铭并序》:"君讳庭观,字宏,南阳人也……爰居弱冠之辰,遂以明经擢第……次应举及第授河南府怀音府右果毅都尉。"按:以开元十二年(724)卒,春秋四十六推之,其弱冠中明经当在圣历元年。

《登科记考补正》卷四圣历元年(698)明经科、卷二七《附考·制科》分别录载樊庭观。

【颜惟贞】载初元年(690)制科及第。后屡登甲科。小传见天授元年制科颜惟贞条。

《全唐文》卷三四〇,颜真卿撰《唐故通议大夫行薛王友柱国赠秘书少监国子祭酒太子太保彦君(惟贞)碑铭》:"君讳惟贞,字叔坚……天授元年,糊名考试,判入高等。以亲累授衢州参军,与盈川令杨炯、信安尉桓彦范相得甚欢。又选授洛州温县、永昌二尉,每选皆判入高科。侍郎苏味道以所试示介众曰:'选人中乃有如此书判!'嗟叹久之。"

《登科记考》卷三载初元年(690)拔萃科、卷二七《附考·制科》分别录载颜惟贞。

附考科目未详（中宗武后睿宗朝科目未详）

【王仁悊】字文达,弘农湖城人。景龙初试策及第,授洋州兴道县尉。官至右领军将军,卒赠虢州刺史。

《秦晋豫新出墓志蒐佚》四二五,开元十九年(731)正月二十三日《唐故右领军将军赠虢州刺史王公墓志铭并序》:"公讳仁悊,字文达,弘农湖城人也……公幼而歧嶷,长而宽仁,出言有章,动容成则。景龙初,试策及第,称为文最,授洋州兴道县尉。"

【郑若励】字庭珪,荥阳开封人。长安中擢第,官拜兰州司户参军事。开元中转□闽府功曹参军。

《秦晋豫新出墓志蒐佚续编》四四〇,开元十二年(724)七月四日《大唐故宣德郎行闽府功曹参军郑府君墓志铭》:"君讳若励,字庭珪,荥阳开封人也……(君)有大材而无贵仕,遂于长安中擢第禁司,调拜兰州司户参军事,寻以开元八年转□闽府功曹参军事。"